LA SUISSE PITTORESQUE

ET SES ENVIRONS.

TABLEAU GÉNÉRAL
DESCRIPTIF, HISTORIQUE ET STATISTIQUE
DES 22 CANTONS, DE LA SAVOIE, D'UNE PARTIE DU PIÉMONT ET DU PAYS DE BADE.

Par Alexandre Martin,
AUTEUR DE L'ERMITE EN SUISSE.

---

1 BEAU VOL. IN-4. IMPRIMÉ A DEUX COLONNES,
Orné de **160** gravures sur acier,

D'APRÈS LES DESSINS DE
Lory, Volontés de Sebastbouse, Wirtzmann, Wetzel, Koenig père et fils, Lami de Bâle, Disard de Berne,

REPRÉSENTANT
Les principaux sites, les lieux célèbres ou remarquables, les curiosités
naturelles, les costumes et les monumens de la
Suisse et de ses environs.

PUBLIÉ EN 40 LIVRAISONS
DE CHACUNE 8 PAGES OU 16 COLONNES DE TEXTE ET 4 GRAVURES.

UNE BELLE CARTE DE LA SUISSE, GRAVÉE AVEC SOIN SUR ACIER, TERMINERA L'OUVRAGE.

5 SOUS LA LIVRAISON
POUR PARIS.

Une livraison paraîtra tous les 10 jours.

A PARIS	EN PROVINCE
Les souscripteurs à l'ouvrage complet, recevront à domicile les livraisons aussitôt leur mise en vente.	Les souscripteurs qui désireront recevoir directement par la poste, ajouteront par livraison 10 centimes

Les livraisons gâtées, déchirées ou perdues seront remplacées au même prix.

ON SOUSCRIT :
CHEZ HIPPOLYTE SOUVERAIN, ÉDITEUR,
RUE DES BEAUX-ARTS, N. 5.
A PARIS.

PROSPECTUS.

S'il est une contrée qui doive inspirer l'artiste, c'est sans contredit la Suisse. Là, tout est réellement *pittoresque*, les hommes comme les sites, les mœurs comme les institutions. Dans quelques cantons, le Suisse a gardé les vêtemens du moyen âge, son habitation rappelle encore, par sa forme et ses distributions, celle du paysan du XIVe siècle. Quand le soir, vous apercevez sur le *Grütli* le pâtre qui rassemble ses troupeaux à sons de trompe, vous diriez d'un de ces compagnons de Stauffacher qui firent si cruellement expier leur insolence aux soldats de l'Autriche. En Suisse, on a religieusement conservé tout ce qui peut éterniser cette lutte si mémorable de l'esclave contre l'oppresseur. La *Chapelle de Guillaume Tell* est bâtie sur le roc même où le *libérateur* s'élança de la barque de Gessler, et le vieux chêne où il appuya son arc pour le viser existe encore.

Parlerons-nous des merveilles naturelles de la Suisse? Qui ne les a visitées, du moins en idée? qui n'a souhaité de contempler les cascades du *Staubach*, du *Reichenbach*, du *Schmadribach*, qui ont inspiré tant de peintres? qui ne s'est transporté en imagination sur l'*Iung frau*, la *Gemmi*, le *Montblanc*, dans quelques uns de ses rêves, sous l'abri d'un de ces chalets alpestres placés à 6,000 pieds de hauteur devant quelque grande chaîne de glaciers?

Et maintenant parmi les hommes qui ont entrepris l'honorable mission de rendre la science vulgaire et de mettre les connaissances générales à la portée de tous, ne doit-on pas s'étonner qu'aucun n'ait encore songé à décrire la Suisse, à la représenter avec ses vieux châteaux, ses ruines féodales, ses costumes si variés, ses torrens, ses beaux lacs, avec son cortége de merveilles que Cooper, dans son dernier roman, *le Bourreau de Berne*, met à côté de ce qu'il a vu de plus extraordinaire en Amérique?

C'est tout cela que nous nous proposons de retracer dans notre *Suisse pittoresque*. Mais ce n'est pas seulement la Suisse dans ses enclaves politiques, c'est la Suisse dans les limites plus grandes et plus généreuses que la nature lui a départies; c'est la Suisse quittant et reprenant les bords du Rhin, et dans sa course jusqu'à Lindau et Constance, se couronnant en chemin de châteaux-forts, d'îles riantes, de sites pittoresques; c'est la Suisse empiétant sur la Savoie et formant autour de Chambéry un arc de cercle où apparaissent le *lac du Bourget*, *Aix*, le *Montblanc*, *Sallanches*, les *Bains de Saint-Gervais*: c'est la Suisse, enfin, traversant le Simplon et finissant aux îles Borromées qu'entoure le lac Majeur.

Chaque canton formera, en général, une livraison.

Les cantons principaux en exigeront nécessairement plusieurs. Nous nous attacherons à donner la physionomie matérielle, historique et *artistique* de la contrée; ainsi, chacun sera représenté sous les points de vue suivans:

Histoire et antiquités. — Topographie. — Idiomes. — Culte. — Histoire naturelle. — Géologie. — Descriptions géographiques des villes, communes, châteaux, etc., etc. — Curiosités naturelles. — Costumes et mœurs. — Biographie des hommes célèbres. — Population, etc., etc.

Tschudi, Müller, Haller, Saussure, Zschokke, Wiss, Bridel, Stolberg, Stapfer, Coxe, Wahlenberg, Steinmüller, de Bonstetten, Richard, de Châteauvieux, Ebel, Lutz, Francescini, seront nos collaborateurs; Lory, Bleuler de *Schaffhouse*, Birrmann, Wetzel, Konig père et fils, Lami de *Bâle*, Visard de *Berne*, les artistes à qui nous emprunterons nos paysages, nos intérieurs, nos costumes, etc., etc., plusieurs voyages en Suisse, un album des sites les plus curieux dessinés sur les lieux, un ouvrage, l'*Ermite en Suisse*, accueilli avec quelque faveur... voilà les sources et les élémens de notre travail, nos gages envers le public et nos espérances de succès.

Une carte de la Suisse pittoresque gravée avec le plus grand soin, conception nouvelle, que personne avant nous n'avait mise à exécution, et où l'on embrassera dans un seul coup d'œil toutes les merveilles naturelles de cette contrée, paraîtra à la fin de l'ouvrage; travail bien préférable, selon nous, à ces petites cartes détachées qui ne donnent le plus souvent des lieux que des idées fausses et imparfaites.

Nous attendrons que la Diète ait achevé la révision du pacte fédéral pour le faire connaître. Ce sera l'objet d'une livraison spéciale.

LIVRAISONS SOUS PRESSE:

1re LIVRAISON. — *Le Valais.* — 2me LIVRAISON. — *Neuchâtel.* — 3me LIVRAISON. — *L'Oberland Bernois.*

NOTA. Tous les renseignemens, dessins, matériaux qu'on jugerait utiles au succès de l'ouvrage, devront être adressés *francs de port* à M. ALEXANDRE MARTIN, rue des Beaux-Arts, n° 12.

Imprimerie de P. BAUDOUIN, rue Mignon, n° 2.

LA
Suisse Pittoresque
ET SES ENVIRONS.

TABLEAU GÉNÉRAL, DESCRIPTIF, HISTORIQUE ET STATISTIQUE

Des 22 Cantons,

DE LA SAVOIE, D'UNE PARTIE DU PIÉMONT,

ET DU PAYS DE BADE.

Par Alexandre Martin,

AUTEUR DE l'Ermite en Suisse.

AU BUREAU CENTRAL,

HIPPOLYTE SOUVERAIN, Éditeur, rue des Beaux-Arts, N° 3 bis.

M DCCC XXXV.

LA

SUISSE PITTORESQUE.

AVIS IMPORTANT.

Quatre erreurs de pagination se sont glissées dans cet ouvrage ; elles sont rectifiées à la table qu'on est prié de consulter.

PARIS.—IMPRIMERIE DE CASIMIR,
RUE DE LA VIEILLE-MONNAIE, n° 12.

LA
SUISSE PITTORESQUE
ET SES ENVIRONS.

TABLEAU GÉNÉRAL, DESCRIPTIF, HISTORIQUE ET STATISTIQUE

DES 22 CANTONS,

DE LA SAVOIE, D'UNE PARTIE DU PIÉMONT

ET DU PAYS DE BADE;

Par Alexandre MARTIN,

AUTEUR DE l'Ermite en Suisse.

PARIS,

HIPPOLYTE SOUVERAIN, ÉDITEUR,

RUE DES BEAUX-ARTS, N° 3 bis.

M DCCC XXXV.

INTRODUCTION.

ESQUISSE HISTORIQUE.

Dès les temps les plus reculés, les Suisses (*Helvétiens*) formaient une nation indépendante, libre et se gouvernant elle-même. L'histoire des Helvétiens sous la république romaine est peu connue. Sauvages et guerriers comme les Gaulois et les Germains, leurs voisins, ils se joignirent aux uns pour envahir l'Italie, sous le règne de Tarquin l'Ancien, aux autres, dans leurs marches dévastatrices à travers l'Italie et la Gaule, du temps de Marius. Un demi-siècle plus tard, César les défait. Ce peuple passe sous le joug romain, et sa servitude est le résultat de son ignorance dans l'art militaire. La nation, qui se composait alors de plus de 350,000 âmes, en y comprenant les vieillards et les enfans, s'avança jusqu'à Genève pour pénétrer dans le pays des Allobroges. Malheureusement César avait fait garder les ponts et tous les passages du Rhône. Cette population héroïque, forcée de déboucher sur la Bresse par les trois chemins de la Cluse, arriva sur les bords de la Saône, où César la battit et la défit complètement. Cent mille Helvétiens obtinrent seuls de revoir leur patrie ; tous les autres arrosèrent de leur sang le champ de bataille. Dès-lors, l'Helvétie fut incorporée dans le grand empire, et ses habitans, jadis indépendans, perdirent sous la domination romaine jusqu'au nom qu'ils portaient.

Rome alors, comme c'était sa coutume, fit occuper la contrée conquise par de nombreuses légions. On trouve des traces du long séjour des Romains dans beaucoup de villes de la Suisse, à Genève, à Nyon, à Avenche, à Zürich, à Windisch.

Les Romains embellirent quelques-unes de ces cités. Avenche vit s'élever dans ses murs des naumachies, des obélisques, des colonnes, des temples, des autels, des thermes, dont les débris épars sur le sol font encore aujourd'hui l'admiration des artistes et des archéologues. Windisch devint le quartier des troupes romaines. Vespasien et Titus, des généraux renommés, résidèrent quelque temps dans la colonie ; mais le colosse romain se brisait de toutes parts.

A la fin du troisième siècle, les Bourguignons et les Allemands envahissent l'Helvétie, incendient ou détruisent Winterthour, Windisch, Avenche : tour à tour vainqueurs et vaincus, ils se reforment aussitôt qu'ils sont détruits ; ils n'ont plus affaire aux vieilles légions de César ; le luxe, la mollesse, ont affaibli leurs ennemis. Cependant Constance Chlore parvient à chasser ces Barbares de l'Helvétie ; une grande bataille est livrée auprès de Windisch, les Romains sont vainqueurs. Constance, pour préserver ses frontières, fait construire la ville qui porte son nom, sur les bords du lac qu'on a nommé la *Mer de Souabe*. Le fils de Constance, Constantin le Grand, transporte le siége de l'empire dans l'Orient. L'Occident échoit à d'imbécilles lieutenans dont la lâcheté ouvre une seconde fois les portes de l'Helvétie aux Barbares. Julien un moment les refoule au-delà du Rhin ; mais après sa mort paraît sur la scène un peuple terrible, les Huns, qui couvrent l'Helvétie de cendres et de ruines. Déchiré ainsi de tous côtés, ce malheureux pays tombe enfin sous la domination des Bourguignons, grande nation dont les lois, les mœurs, étaient dignes d'un siècle plus éclairé. Toute la partie de la Suisse située à l'orient de la Reuss reste dans les mains des Huns et des Allemands.

Genève devint la résidence des rois de Bourgogne. Sous ces monarques, la Suisse jouit d'une grande liberté ; elle était heureuse ; elle ne payait que peu d'impôts. Bientôt les victoires des Francs vinrent l'arracher à cette douce tranquillité. Après la bataille de Tolbiac, le royaume de Bourgogne, enveloppé de toutes parts par la puissante monarchie des Francs, fut obligé de commencer une lutte, où, plus faible, il dut succomber. Gondemar, le dernier des rois bourguignons, défait, en 534, par les fils de Clovis, mourut captif. Les vainqueurs se jetèrent sur ses états comme sur une proie, et la Suisse perdit de nouveau son indépendance : la Suisse occidentale releva des rois d'Orléans, et la Suisse orientale des rois d'Austrasie.

L'histoire de ce pays n'offre plus pendant quelque temps qu'un spectacle sans grandeur et sans intérêt. Traversée de toutes parts par des bandes armées qui pillaient et rançonnaient les habitans, et ne formant plus un état complet, la Suisse ne pouvait plus se défendre : il fallait subir le joug de chaque aventurier assez fort pour le lui imposer. C'est alors que s'élèvent ces monastères si long-temps l'asile protecteur du faible ou du pauvre contre l'insolence du riche ou le despotisme du soldat ; c'est alors que le clergé prend une belle place dans l'histoire helvétique, en essayant de civiliser les Barbares et d'adoucir les mœurs de la contrée. Saint Gall et saint Colomban viennent de la Grande-Bretagne prêcher le christianisme dans la Suisse orientale, où ils fondent l'église célèbre de Saint-Gall. L'abbaye de Pfeffers, au huitième siècle, conserve quelques étincelles du feu sacré des lettres qui menaçait partout de s'éteindre. Zürich prend un grand accroissement et devient la résidence d'un comte qui gouvernait les provinces voisines au nom de Charlemagne. Les petits-fils de cet empereur ne purent long-temps conserver la conquête de leur père : leur faiblesse, leurs rivalités, amenèrent, en 879, la fondation du royaume d'Arles. Boson, fils d'un comte des Ardennes, est choisi par les grands et par les évêques pour régner sur les Alpes, sur les provinces du Rhône et sur la Suisse occidentale. L'empire d'Occident se démembre de nouveau.

En 888, Rodolphe Ier, de la famille des comtes de Stratlingen, sur les bords du lac de Thun, soumet la Bourgogne Transjurane, fonde le second royaume de Bourgogne, et va établir le siège de son empire à Payerne. Sous ce roi et sous quelques-uns de ses successeurs, le pays respire et se relève de ses ruines. Rodolphe II épouse Berthe, fille d'un des ducs de Souabe ; les Suisses conservent encore le souvenir de cette reine, qui fut l'amie des pauvres, qui fit de grands dons au clergé, fonda des églises, et qui filait elle-même ses vêtemens. Vufflens, près de Morges, ce beau château qu'habita si long-temps madame de Montolieu, Champvent, près d'Yverdun, furent bâtis par la reine Berthe, dont les restes ont été, dit-on, naguère trouvés à Payerne.

Rodolphe III fut un prince sans courage. En mourant, il laissa ses états à l'empereur Conrad, son neveu. Alors éclata une guerre cruelle entre ce prince et Eudes, comte de Champagne, qui avait des droits sur le royaume de Bourgogne. La mort d'Eudes, tué sur le champ de bataille, mit fin à cette longue contestation, et Conrad, couronné à Genève par l'archevêque de Milan, fut maître d'un royaume qui s'étendait au nord jusqu'en Allemagne et au centre de la France, et au midi, jusqu'à la Méditerranée, en Provence.

Bientôt ce grand empire se démembra. Il eût fallu une main de fer pour contenir une foule de princes, de grands vassaux, qui cherchaient à se rendre indépendans. Les ducs de Zæringen y réussirent les premiers : nous les voyons, en 1081, obtenir de Brisgau, la Forêt-Noire, une partie du canton de Zürich, et plus tard, tous les pays qui s'étendent à l'est, le long de la chaîne du Jura, et la plus grande partie de l'ancienne Helvétie.

L'histoire n'a que des éloges à donner à ces princes, hommes de cœur, protecteurs des lettres, et à qui l'on doit la fondation des villes de Fribourg et de Berne.

Zürich, Bâle, Genève, Soleure, Schaffhouse, prennent rang parmi les villes importantes de l'Helvétie ; leur commerce est prospère, leurs relations étendues. Mais divisée, morcelée en plusieurs états, la Suisse est alors à chaque instant le théâtre de contestations sanglantes ; une foule de petits souverains s'y disputent le pouvoir. L'illustre maison de Zæringen s'éteint en 1218 ; les maisons de Sontabe et de Kybourg disparaissent bientôt aussi. C'est alors qu'on vit s'élever sur les ruines de ces deux maisons puissantes la famille de Hapsbourg.

Rodolphe fut un maître dont le joug fut doux et léger. Illustre dans la guerre, d'une expérience consommée dans l'administration de ses domaines, ce prince peut être regardé comme un des plus grands hommes de son époque. Si ses successeurs eussent comme lui respecté les priviléges de la nation, donné l'exemple des bonnes mœurs, traité leurs sujets en pères plutôt qu'en maîtres, la maison de Hapsbourg règnerait encore sur la Suisse. Malheureusement le fils de Rodolphe, Albert d'Autriche, voulut joindre l'Helvétie à ses états et obliger les habitans à le reconnaître comme leur souverain immédiat et héréditaire. Berne et Zürich refusèrent de courber sous le joug ; Saint-Gall et Glaris furent contraints de s'y soumettre ; Schwytz, Uri et Unterwald attendirent le moment favorable pour le briser à jamais. Ces derniers faisaient partie des cantons forestiers, que leurs montagnes et leurs épaisses forêts avaient jusqu'alors mis à l'abri de la convoitise de l'étranger. C'était un peuple de pasteurs retirés dans leurs solitudes, soumis aux lois, vassaux obéissans des empereurs, mais attachés de cœur et d'âme à leurs priviléges, aussi anciens que leurs montagnes. Ils élisaient eux-mêmes leurs juges ; ils nommaient leurs landammanns et avaient des assemblées annuelles où s'exerçaient leurs droits de peuple libre. Cette liberté, l'empereur Frédéric II l'avait reconnue dans un diplôme solennel en 1240.

Albert d'Autriche voulut faire fléchir ce peuple indomptable ; il envoya pour les soumettre quelques-uns de ses lieutenans : Landenberg dans l'Unterwald, et Gessler dans le canton d'Uri. Retirés l'un et l'autre dans des châteaux-forts, ils tyrannisaient les habitans de ces contrées et bravaient leur haine et leurs plaintes. Ce joug était devenu insupportable. On murmurait hautement. **Walter Fürst**, d'Uri ; **Werner Stauffacher**, de

Serment du Grutli.

Dévouement de Winkelried.

SUISSE

Schwytz; et Arnold de Melchthal, d'Unterwald, résolurent de délivrer leur patrie. Vers la fin de 1307 ils traversèrent le lac des Quatre-Cantons, gravirent le Grütli, accompagnés chacun de dix amis dont la fidélité était à toute épreuve. Là ces trente-trois grands citoyens firent serment de défendre leurs priviléges, et arrêtèrent le plan de leur délivrance future. Nul d'entre eux ne songeait encore à affranchir entièrement son pays : leur désir était de s'assurer à eux-mêmes et de transmettre à leur postérité la liberté qu'ils avaient héritée de leurs pères. Le Grütli devint le berceau de l'indépendance helvétique.

Gessler avait fait placer au sommet d'une pique un chapeau autrichien que chaque habitant était obligé de saluer en passant, comme le gouverneur lui-même, ou l'empereur dont il tenait la place. Un des patriotes du Grütli, Guillaume Tell, le gendre de Walter Fürst, refusa énergiquement de se soumettre à cet acte d'humiliation et de tyrannie. On connaît son histoire... Arrêté par ordre de Gessler, condamné à abattre d'un coup de flèche une pomme placée sur la tête de son fils, il obéit et enleva la pomme. Il tenait cachée sous ses vêtemens une seconde flèche : Gessler l'aperçoit et lui demande ce qu'il prétendait en faire. « T'en percer le cœur, répond Tell, si j'avais eu le malheur de tuer mon enfant. » Il est arrêté de nouveau, chargé de fers, jeté dans une barque pour être conduit au château de Küssnacht; mais un orage violent s'élève et va submerger l'embarcation. Tell était un batelier habile ; on lui ôte ses chaînes, il saisit la rame, et, malgré la tempête, il guide heureusement le bateau sur une pointe de rocher qui porte depuis le nom de *Tell's-Platte*. Il s'élance sur ce bord libérateur, en repoussant du pied l'esquif au milieu des flots ; il traverse le canton de Schwytz, va se cacher dans un chemin creux, guettant Gessler, qui ne tarde pas à passer, le perce d'une flèche, le tue, et échappe aux satellites de l'infâme gouverneur.

Ce fut le signal de l'insurrection. Il fallait prévenir les Autrichiens... Le premier jour de l'année 1308, les conjurés s'introduisent par ruse dans le château de Wolfenchiess, dont une jeune fille leur a ouvert les portes. Le même jour le château de Landenberg tombe en leur pouvoir, et le dimanche suivant tous les hommes libres des trois cantons se lèvent en masse, jurant de mourir pour la défense de leurs droits, qu'ils regardent comme plus précieux que la vie. Aucune goutte de sang ne souille les vainqueurs. Les Autrichiens désarmés sont reconduits à la frontière sans nul mauvais traitement. Si l'Autriche eût écouté la voix de la sagesse, elle eût maintenu les priviléges de ces braves paysans ; mais elle préféra en appeler à la force brutale, et au lieu d'une insurrection ce fut une révolution complète qui s'opéra.

Peut-être les confédérés eussent-ils payé bien cher leur noble audace, si l'empereur Albert, qui avait juré de les châtier, ne fût mort dans le même temps, assassiné par son neveu Jean d'Autriche. Plus sage, Henri VII de Luxembourg, son successeur sur le trône impérial, essaya les voies de douceur et respecta les priviléges des trois cantons. Mais son règne fut trop court, et sa mort, qui eut lieu en 1313, laissa une libre carrière aux projets oppresseurs des enfans d'Albert. Léopold, l'un d'eux, jura de venger la mémoire de son père et d'écraser ces paysans orgueilleux qui avaient osé braver la puissance de sa maison. Il ne s'en tint pas aux menaces : il leva une armée nombreuse, et, suivi de l'élite de sa noblesse, il vint pour enchaîner les cantons révoltés ; mais tout son orgueil expira à Morgarten, où 2,500 cadavres autrichiens jonchèrent le champ de bataille, et où 11 de ses bannières tombèrent aux mains des vainqueurs.

Après ce grand triomphe obtenu par moins de 1,300 paysans, sur une armée de 15,000 hommes, les confédérés se rassemblèrent à Brünnen, dans le pays de Schwytz, pour y renouveler leur pacte d'union, et des fêtes patriotiques furent instituées pour célébrer la délivrance de la patrie.

La bataille de Morgarten avait porté un coup funeste à la puissance autrichienne. Son sang le plus pur y avait coulé ; elle était trop affaiblie par cette funeste journée pour tenter de nouvelles attaques; d'ailleurs l'Allemagne l'occupait elle-même assez. Une trève fut accordée aux Waldstettes, et à cette trève succéda un long repos que les confédérés employèrent à établir les bases d'une sage constitution.

En 1330, Schwytz, Uri et Unterwald se réunissent à Zürich et s'emparent de la vallée Léventine qui relevait du chapitre de la cathédrale de Milan. En 1332, Lucerne demande à entrer dans la confédération. C'était une ville puissante et dont la conquête était avantageuse à des cantons qui n'étaient formés que de villages et de hameaux. Aussi les ducs d'Autriche s'opposèrent-ils de toutes leurs forces à cette adoption. Un demi-siècle ils luttèrent contre les Lucernois, employant la ruse, la force ouverte, la trahison ; efforts inutiles ! Une seconde fois la cause de la liberté triompha. Las d'une guerre ruineuse, ils consentirent à en appeler à l'arbitrage de Zürich, de Berne et de Bâle, qui se prononcèrent contre la maison d'Autriche. L'indépendance de Lucerne fut reconnue.

Une fois en possession de la liberté, voyons comment les Waldstettes en étendirent la conquête.

Il leur fallait pour alliées des villes puissantes qui présentassent à leurs ennemis autant de boulevards impénétrables. Zürich alors était renommée en Suisse pour son industrie, ses richesses et sa population. On lui fit des propositions; mais elle ne put les écouter, car elle était dans le même temps travaillée par des dissensions intestines.

Un homme du peuple, Rodolphe Brun, habile et intrépide, excita ses concitoyens à la révolte, chassa les magistrats et établit une espèce de gouvernement démocratique divisé en quatorze tribus. Cet état de choses dura jusqu'en 1351, qu'une contre-révolution s'opéra; alors Zurich, calme, consentit à entrer dans l'alliance qu'on lui proposait : elle stipula seulement qu'elle tiendrait le premier rang. On convint que si quelque différend s'élevait, des commissaires se réuniraient à Einsiedeln et les termineraient à l'amiable.

A la tête des villes qui dès leur fondation s'étaient fait remarquer par leur ardent amour pour la liberté, leur courage à maintenir leurs droits et leurs privilèges, Berne tenait sans contredit le premier rang. Avant toutes les autres elle s'était érigée en république, et ses habitans, composés en partie de familles nobles, bravaient la colère et les efforts des princes autrichiens qui voulaient l'asservir ou la détruire. En 1339, seule on la vit, sous la conduite d'un de ses plus vaillans généraux, Rodolphe d'Erlach, et à l'aide d'une poignée de braves que lui avaient envoyés les Waldstettes, résister à une armée formidable formée d'Autrichiens et de troupes suisses qui n'avaient point encore accédé à la confédération. Laupen la délivra... Quatre-vingt-quatre casques couronnés, vingt-sept bannières de seigneurs et de villes, furent le fruit de cette brillante journée qui assura sa tranquillité.

Au malheur de la guerre civile se joignit bientôt pour la Suisse un fléau plus redoutable encore. La peste qui désola l'Europe en 1348 exerça de cruels ravages dans les montagnes helvétiques. On ne trouvait pas assez de prêtres pour secourir les mourans, de fossoyeurs pour enterrer les morts, de cimetières pour recevoir les cadavres. On accusait les Juifs et on les brûlait publiquement.

Mais l'Autriche n'avait pas renoncé à ses prétentions. Elle mit en campagne de nouvelles armées, et porta la guerre dans le canton de Zürich. Glaris et Zug, attaqués séparément, sollicitèrent l'appui des confédérés; ils l'obtinrent et firent dès-lors partie de la ligue helvétique. En 1352, une armée de 30,000 fantassins et de 4,000 cavaliers menaçait Zürich; son héroïque résistance, le patriotisme de ses voisins qui s'étaient hâtés de voler à son secours, décidèrent l'électeur de Brandebourg à proposer une trêve qui fut acceptée.

Il est malheureux pour l'honneur de Berne qu'elle se soit liguée en cette circonstance avec les ennemis du nom helvétique, et qu'elle ait marché dans leurs rangs. Elle ne tarda pas à se repentir, et sollicita d'entrer dans l'alliance. Sa demande fut long-temps discutée à Lucerne. Néanmoins le 6 mars 1353 Berne fit partie de ces huit petits états connus sous le nom d'*anciens cantons de la ligue helvétique*.

Chaque fois que la Suisse obtenait la paix, elle savait mettre à profit le repos qui lui était accordé, et s'agrandissait par quelques acquisitions importantes. Fribourg et Bâle devinrent aussi les nouveaux alliés de la confédération.

Nous allons voir reparaître l'Autriche et cette fois avec des bataillons plus nombreux. En 1386, Léopold, arrière-petit-fils de Rodolphe de Hapsbourg, pénètre en Suisse traînant à sa suite une armée formidable. Bonstetten, un des meilleurs capitaines du siècle, a été choisi pour diriger l'attaque. L'armée ennemie s'avance jusqu'à Sempach. C'est là que se livre, le 9 juillet 1386, l'un des plus glorieux combats que puissent citer les annales helvétiques. Les confédérés étaient trois fois moins nombreux que leurs ennemis : ils n'hésitèrent pas pourtant à les attaquer et se précipitèrent avec la furie du lion sur les phalanges autrichiennes, qui reçurent le choc avec intrépidité... Tout le courage de ces braves vint expirer devant une muraille de piques. Ils chancelaient déjà, quand un nouveau Décius, Arnold Winkelried, sort des rangs et s'écrie : « Compagnons! je vais vous ouvrir un passage... Ayez soin de ma femme et de mes enfans. » Aussitôt il s'élance, saisit de ses bras longs et nerveux autant de piques ennemies qu'il peut en embrasser, et les abaissant sur sa poitrine, il les entraîne dans sa chute et ouvre ainsi à ses concitoyens une large brèche à travers les rangs ennemis. Les Suisses y pénètrent de toutes parts, et la victoire couronne leur courage. Léopold fut trouvé parmi les morts. Les vainqueurs rentrèrent dans leurs villages en chantant des cantiques de réjouissance.

Une victoire plus merveilleuse peut-être, et non moins importante, est celle qu'une poignée de Glaronais remporta, près du village de Naefels, sur Jean de Verdenberg, général autrichien qui commandait un corps de 6,000 hommes, et auquel la trahison venait de livrer Wesen, au bord du lac de Wallenstadt. Chaque année les principaux habitans des diverses parties du canton se rendent encore sur le champ de bataille pour remercier l'Éternel de cette victoire inespérée.

L'Autriche avait éprouvé à ses dépens ce que peut enfanter de courage et de patriotisme l'amour de la liberté. Ici cessèrent ses tyranniques agressions. Les Suisses s'occupèrent de consolider leur alliance par de sages lois, et sans se reposer sur la crainte ou le respect de leurs ennemis, cherchèrent à se prémunir à l'avenir contre l'ambition de conquérans, par des acquisitions de territoire ou par l'amitié de peuples dont les intérêts étaient liés aux leurs.

Les confédérés étendirent leurs conquêtes sur la ville et l'abbaye de Saint-Gall, Bienne, les Grisons, le Valais, Genève, Neuchâtel, une partie de l'évêché de Bâle, Mulhouse et ses dépendances, et pendant quelque temps le pays d'Appenzell. Malheureusement le refus peu généreux de faire entrer ces nouveaux alliés dans la confédération avec des droits égaux annonçait déjà l'oubli de ces principes généreux qui leur avaient valu de si beaux triomphes et l'admiration du monde entier.

La prospérité corrompit malheureusement la ligue helvétique. Des divisions intestines, à défaut d'ennemis, vinrent déchirer la Suisse. De 1436 à 1446, nous voyons Schwytz, Glaris, Zürich, se disputer la possession de quelques coins de terre, et ne déposer ni les armes ni leur haine pendant la peste cruelle qui ravage leur malheureux pays, et décime en moins de quelques mois la malheureuse population de Zürich, qui, trop faible pour résister aux cantons ligués contre elle, se jette dans les mains de l'empereur d'Autriche, traite avec lui et achète sa protection par la cession honteuse du canton de Kybourg. Les Suisses sont indignés : ils veulent tirer vengeance d'une pareille conduite ; Zürich et ses faubourgs sont pris et livrés au pillage. En ce moment l'Autriche, pour détourner le coup qui menaçait son allié, armait contre les cantons 20,000 Français, qui se jettent en Suisse, pillent, brûlent, dévastent tout ce qui s'offre devant eux. Ce sont ces soldats terribles connus sous le nom d'*Armagnacs*, et que le Dauphin de France commandait en personne. Quelques centaines de Bâlois arrêtèrent cette armée puissante près du lazaret de Saint-Jacques, où 700 Suisses trouvèrent la mort ; les vainqueurs eurent à regretter la perte de plus de 6,000 soldats. Frappé d'un si noble courage, le Dauphin traita avec les vaincus. C'est le premier pacte qui unit les deux peuples.

Zürich, éclairée trop tard, abandonna le patronage de l'Autriche, qui, de son côté, renonça à toutes ses prétentions sur ce canton.

Un ennemi nouveau se présenta alors. C'était Charles le Téméraire, duc de Bourgogne. Il ne cacha pas ses projets, et annonça publiquement le dessein qu'il avait conçu de conquérir la Suisse. C'était un prince puissant qui régnait sur les deux Bourgognes et sur les Pays-Bas, et qui voulait ajouter à ces vastes et fertiles provinces les pauvres vallées helvétiques. Son orgueil était flatté d'humilier le peuple le plus généreux, le plus valeureux des temps modernes. A la tête de 60,000 combattans, il pénètre d'abord dans le pays de Vaud, met le siège devant le château de Grandson qui capitule, et dont il fait livrer indignement la garnison au supplice. Cependant les confédérés s'avançaient à marches forcées par Neuchâtel pour venger le supplice de leurs frères. Les deux armées se rencontrèrent à une demi-lieue de Grandson. Charles fut battu. Les vainqueurs firent un butin immense. Quatre cents tentes de soie, six cents bannières et drapeaux, quatre quintaux de vaisselle d'argent, beaucoup de pierres précieuses, entre autres ce diamant célèbre par sa grosseur qui échut depuis à la couronne d'Espagne par le mariage de Marie d'Angleterre avec Philippe II, tombèrent en leur pouvoir.

Charles reparut bientôt avec une armée formée des débris de la première, de nouvelles recrues et de soldats que lui envoyait le comte de Romont, et vint mettre le siège devant Morat. 1,500 hommes de Berne défendaient la ville. L'armée assiégeante comptait plus de 50,000 combattans. Le 22 juin eut lieu cette grande mêlée d'hommes à laquelle on a donné depuis le nom de *bataille de Morat*. L'armée de Charles fut anéantie : 15,000 des siens périrent sur le champ de bataille ou furent engloutis dans les eaux du lac. Les vainqueurs, pour éterniser leur victoire, élevèrent un monument sur la place même où avait été livré le combat (Voir *Canton de Fribourg*). De la journée de Morat date l'indépendance de Fribourg. Berne se fit céder à cette époque les seigneuries de Cerlier, d'Aigle, des Ormonts et de Bex. Charles le Téméraire, après sa défaite, s'était retiré dans la Lorraine pour défendre ses états menacés par René, duc de Lorraine, allié des Suisses, et qui reçut dans cette occasion 8,000 hommes de la confédération. A la mort de Charles, s'éteignit une des plus puissantes maisons de la chrétienté.

Soleure et Fribourg avaient rendu de grands services dans la guerre de Bourgogne ; Berne, Zürich et Lucerne demandèrent leur accession à la confédération. Les petits cantons, jaloux des accroissemens de territoire de leurs voisins, refusèrent formellement d'accueillir cette demande.

Berne revint à la charge : nouveaux refus. On allait se séparer, car la diète s'était réunie extraordinairement à Stanz, et la guerre civile allait déchirer le sein de la patrie commune, lorsqu'un pieux ermite de l'Unterwald, Nicolas de Flüe, parait tout à coup au milieu de l'assemblée : on se tait, on l'écoute; sa sainte éloquence triomphe des cœurs, et Soleure et Fribourg sont admis à faire partie de la ligue helvétique. C'est l'origine du *Convenant de Stanz*. La paix ne dura pas long-temps. Des dissensions intestines déchirèrent les cantons, et l'on vit un des plus purs patriotes, Jean Waldmann, bourguemestre de Zürich, accusé par le peuple de trahison, monter à l'échafaud en présence des députés qui n'avaient pu le sauver des mains de ses ennemis.

Les guerres de Charles VIII, roi de France, en Italie, firent une heureuse diversion. Dans cette grande expédition guerrière du monarque français, les Suisses aidèrent puissamment, par leur valeur, aux succès de leur royal allié. Malheureusement ces fréquens combats, la gloire qu'elle acquérait sur les champs de bataille, la réputation militaire dont elle jouissait dans toute l'Europe, donnèrent à cette nation la passion des armes. Ce besoin était si vif, que les Suisses offraient leurs services à celui qui voulait les payer, peu inquiets des motifs qui faisaient rechercher leur alliance. Une solde régulièrement comptée, l'espoir du butin, suffisaient pour qu'ils sacrifiassent joyeusement leur vie.

Bâle et Schaffhouse sont admis en 1501, et forment les onzième et douzième cantons; Appenzell, en 1513, obtient la même faveur et devient le treizième. Le corps helvétique est complet.

En montant sur le trône, François 1er forme le projet de conquérir l'Italie. Les Suisses, au nombre de 40,000 hommes, auraient pu lui fermer le passage de cette contrée; mais par suite de la désunion qui régnait entre eux, ils refusèrent de combattre; quelques-uns même conclurent avec le roi de France un traité par lequel ils s'engageaient à abandonner la cause de Maximilien Sforce, moyennant une forte somme d'argent. Un grand nombre de confédérés, justement indignés, résistèrent aux offres du monarque et restèrent fidèles à Maximilien. On se battit à Marignan, où 20,000 Suisses, animés par le cardinal Schinner, firent des prodiges de valeur. L'action fut longue et sanglante. Le champ de bataille resta au monarque français. Devenu maître de la Lombardie, François 1er signe, avec les députés de la confédération helvétique, une alliance solennelle. Les Suisses se montrèrent alliés fidèles, et dans la bonne comme dans la mauvaise fortune leur sang coula généreusement pour ce monarque. A la bataille de Pavie, 3,000 furent tués et 4,000 faits prisonniers. La paix conclue à Cambray en 1529, qui dépouilla François 1er de tous ses droits sur la Lombardie et sur Naples, assura à la Suisse un long avenir de repos.

Si les Suisses ne combattirent plus sur des terres étrangères, si leur sang ne coula pas dans des divisions populaires, d'autres luttes vinrent encore les arracher à ce repos qu'ils avaient acheté par tant de combats : c'était l'époque de la réformation. Ulrich Zwingle adopta le premier les dogmes de Luther. Bientôt sa doctrine se répandit : Œcolampade à Bâle, Vadianus à Saint-Gall, Wittenbach et Haller à Bienne et à Berne, Henri Loritz à Glaris, secondèrent les efforts du curé d'Einsiedeln. Zürich la première entra dans les voies de la réformation : son exemple fut bientôt suivi par Saint-Gall, Mulhouse, Bâle, Schaffhouse. On abolit le célibat, le culte des images, les processions, la messe; on détruisit les reliques, on ouvrit les portes des cloîtres. De graves désordres accompagnèrent ces changemens. Schwytz, Uri, Unterwald, Zug, Lucerne, Fribourg et Soleure refusèrent de rien changer au culte de leurs pères; Berne en 1521, Glaris et Appenzell à peu près du même temps, adoptèrent la réforme. Une révolution qui ébranlait aussi vivement les croyances religieuses amena de nouveaux troubles et de nouvelles querelles. On prit les armes, et la guerre civile, avec toutes ses horreurs, allait désoler la Suisse, épuisée au dedans et au dehors par tant de combats, lorsqu'un traité d'accommodement, conclu à Aarau, mit heureusement fin à ces démêlés religieux.

Avec la réforme naquirent une foule de sectes qui accrurent encore les maux de la patrie. Telle était cette secte des anabaptistes, qui affectaient une science sans borne et prêchaient des dogmes destructeurs de tout ordre social. Cette paix que s'étaient promise les dissidens fut troublée à l'occasion d'une querelle que les réformés firent à l'abbé de Saint-Gall. Les cantons catholiques prirent les armes et remportèrent deux victoires sur leurs antagonistes : l'une à Capel, où Zwingle fut tué; l'autre près de Zug, où les réformés perdirent deux mille hommes.

Cependant la réforme grandissait, Genève l'avait proclamée. Dès le quinzième siècle, cette ville s'était distinguée par son amour pour les lettres. En 1478, l'imprimerie s'y était établie. En 1536 Calvin s'y fixa : c'est à lui qu'on doit la fondation du collège, de la bibliothèque et de l'académie, qui existent encore de nos jours.

Les succès de Charles-Quint contre les réformés ne troublèrent pas la paix de la Suisse. Henri II renouvela, vers 1555, le traité d'alliance qui unissait ce pays à la France, et la Suisse paya encore d'une longue fidélité et de nombreuses preuves de dévouement la bienveillance des monarques français. Pendant les guerres de religion, les cantons refusèrent des secours aux deux partis, et gardèrent une stricte neutralité. Ils gémirent du sang versé à la Saint-Barthélemy, et s'empressèrent d'offrir un asile à leurs co-religionnaires français.

La Valteline fut, en 1620, le théâtre d'une guerre cruelle. Les habitans de cette contrée massacrèrent les protestans ; l'Espagne et la maison d'Autriche soutinrent les révoltés : de là une lutte longue et sanglante ; mais enfin les paysans du Prettigau se levèrent, et, armés de massues, secouèrent l'oppression. Cette journée est celle appelée *la journée des massues du désespoir*. L'indépendance des Grisons fut assurée, et bientôt la Suisse entra parmi les états européens, et fut reconnue par les puissances contemporaines, la maison de Hapsbourg ayant renoncé définitivement, par le traité de paix de Westphalie, à toutes ses prétentions sur elle.

La *guerre de Trente ans* n'eut qu'un faible retentissement dans les vallées helvétiques. Quelques querelles religieuses qui s'élevèrent entre les cantons protestans et catholiques en 1665 allumèrent encore les flambeaux de la haine ; mais cette crise fut de courte durée.

Louis XIV envahit la Franche-Comté et soumit cette province avant que la Suisse pût seulement songer à la défendre, tant l'attaque fut prompte. Cette conquête donna à la France une grande prépondérance dans les affaires européennes. La construction de la forteresse de Huningue en face de Bâle, la prise de Strasbourg, l'une des plus anciennes alliées de la Suisse, étaient de graves sujets d'inquiétude pour les cantons ; mais ils n'osèrent s'insurger.

Neuchâtel changea de maître en 1707. Les aspirans à la succession de Marie de Nemours étaient nombreux. Le roi de Prusse se mit sur les rangs et fut préféré.

Pendant tout le cours du dix-huitième siècle, la Suisse cultiva la bonne amitié qui l'unissait à la France. En 1777, une alliance fut signée entre les deux pays à Soleure. Le traité portait qu'elle était conclue « pour entretenir entre les parties contractantes la plus parfaite correspondance, une véritable amitié, et une sincère alliance, et pour la faire servir au bien des peuples des deux dominations. »

La durée de ce traité était fixée à cinquante ans.

Bientôt éclata en France une révolution inouïe dans l'histoire. La Suisse avait, comme on sait, des régimens à la solde de Louis XVI. Le régiment suisse d'Ernesti fut assailli et désarmé à Aix. En vain les cantons réclamèrent-ils contre cet attentat aux droits des nations, l'Assemblée Nationale passa à l'ordre du jour sur leur réclamation. Qui ne se rappelle l'héroïque conduite des Suisses aux journées du 10 août, des 2 et 3 septembre, leur fidélité envers le malheureux Louis XVI, leur courage et leur dévouement. Dans d'autres temps les cantons n'eussent pas souffert patiemment que le sang de leurs enfans coulât sans vengeance ; mais la Diète s'assembla à Aarau et résolut, dans ces circonstances difficiles, de garder une stricte neutralité. Bientôt en France fut proclamée la république. L'heure du danger était venue. Bâle fut envahi par les armées françaises. Avec elles se répandirent les principes révolutionnaires qui germèrent bientôt et se développèrent sous des formes menaçantes. Le gouvernement espérait conjurer l'orage ; il prit des mesures, mais tout fut inutile. Genève vit ses magistrats insultés, destitués et poursuivis par des factions populaires : des comices s'organisèrent de toutes parts. L'abbé de Saint-Gall fut contraint d'accorder de nouvelles franchises à ses vassaux ; Appenzell demanda et obtint la révision de sa constitution. Les Grisons furent livrés à l'élément démocratique ; Zürich, Berne, réclamèrent de vive force et obtinrent de nouveaux priviléges. L'antique pacte de Brünnen fut déchiré... Sans doute la confédération recélait de nombreux germes de dissolution, mais elle ne méritait pas d'être aussi ignominieusement traitée par les vainqueurs. La Suisse, plus que tout autre état de l'Europe, avait conservé au milieu d'une foule d'abus un patriotisme véritable. Si l'Helvétie avait reçu une autre constitution, ce pays serait sorti plus fort des cendres de l'ancienne fédération ; mais l'oppression de la France, sa protection intéressée, la nouveauté des formes du gouvernement qu'on lui imposait, l'esprit de parti, les dissensions intestines, tout vint se réunir pour empêcher que la nouvelle république helvétique se consolidât.

Les victoires de Bonaparte en Italie, l'ascendant que prit à cette époque la France, la gloire du vainqueur, contribuèrent peut-être plus que la force réelle à faciliter l'envahissement du territoire helvétique. La Valteline, le pays des Grisons, furent réunis sans coup férir à la république Cisalpine et milanaise. Genève et Mulhouse virent flotter l'étendard tricolore et prirent le nom de deux départemens français. Les armées françaises s'avançaient appelées par les vœux de quelques cantons.

A leur approche, Lucerne, Bâle, Zürich, Schaffhouse, Soleure, Fribourg et Berne opérèrent leurs révolutions. On croyait ainsi arrêter la marche des Français; on se trompait. La Suisse fut envahie de tous côtés. Le 28 janvier 1798, Brune s'empara de Lausanne à la tête de dix mille hommes. Berne aurait voulu résister; mais, abandonnée de ses confédérés, elle fut aussi obligée de courber la tête. Toutefois ce ne fut pas sans combattre, et la Singine et Fraubrünn furent témoins des efforts désintéressés des Bernois pour sauver leur indépendance. Battus à la dernière affaire, Berne ouvrit ses portes au général français; les riches trésors qu'elle conservait depuis plusieurs siècles, les caisses des établissements publics, l'arsenal de la ville, tout fut envahi. Le Directoire exécutif français donna en revanche à ce pays désolé un constitution formulée sur la constitution française.

Sous les auspices de Brune, une république fut improvisée, la république Rhodanique, qui comprenait cinq cantons, dont les deux principaux étaient celui du Léman, chef-lieu Lausanne, et celui de Sarine-et-Broye, chef-lieu Payerne.

La Suisse accueillit en partie la nouvelle constitution; les petits cantons refusèrent d'y accéder. Les troupes françaises envahirent alors leurs sauvages vallées, qui devinrent le théâtre de luttes acharnées. Bientôt la Suisse septentrionale fut convertie en un champ de bataille où les Russes et les Autrichiens, d'un côté, les Français, de l'autre, se livrèrent d'affreux combats. Alors tous les fléaux fondirent à la fois sur cette malheureuse contrée: la dévastation, la famine, le pillage, l'incendie; près de trois mille maisons devinrent la proie des flammes.

En 1801 une nouvelle constitution amena de nouveaux troubles, et finit bientôt comme les deux premières.

Napoléon, vainqueur des Russes et des Autrichiens, eut la sage idée de renoncer à cette république unitaire qu'on avait voulu imposer aux cantons. Pour prix de la paix que le héros lui avait donnée, la Suisse stipula avec la France un nouveau traité par lequel elle s'engageait à lui fournir un contingent de seize mille hommes.

Neuchâtel, après les grandes victoires de Napoléon sur la Prusse, fut donnée en toute souveraineté à Alexandre Berthier, et le Valais, réuni à la France, vit s'élever une route magnifique et reçut le nom de *département du Simplon*. En Suisse même on reconnaît que Napoléon administra sa conquête avec autant de sagesse que de modération, qu'il ménagea les cantons et leur laissa leur indépendance et leur liberté.

Après la bataille de Leipsick, en 1813, les armées alliées franchirent le Rhin et pénétrèrent en Suisse en violant la neutralité de ce pays.

Genève, qui soupirait après son ancienne indépendance, ouvrit ses portes aux Autrichiens, et le lendemain proclama la restauration de la république.

Un congrès de rois assemblés à Vienne en 1814 et 1815 assura la neutralité de la Suisse, maintint les limites des cantons, donna à Berne, pour la dédommager de ses pertes, Bienne et une partie de l'évêché de Bâle. Le Valais, Neuchâtel et Genève devinrent partie intégrante de la république Helvétique, qui forma 22 cantons. Un nouveau pacte fédéral fut rédigé, qui imprima plus d'unité à la confédération. Lors du retour de Bonaparte en France en 1815, la Suisse s'arma, garnit ses frontières, et s'unit aux alliés pour rétablir le trône de Louis XVIII.

Une longue paix a succédé à ces révolutions successives. Pendant quinze ans rien ne vint la troubler. La révolution opérée en France en 1830 créa en Suisse de nouveaux besoins, de nouvelles espérances. Depuis cette époque presque tous les cantons ont amélioré, amendé ou changé leurs constitutions. Aux vieilles familles patriciennes qui régnaient depuis si long-temps à Berne a succédé une magistrature dont les membres ont été pris dans la classe agricole. Vaud est devenu plus démocratique que les petits cantons. Dans le canton de Bâle une scission complète s'est opérée entre la ville et la campagne: Liestall demandait un démembrement; Bâle fut un moment sur le point de tomber dans les mains des paysans insurgés, et peut-être que la voix des hommes de la campagne eût été étouffée, si l'insurrection de Sarnen, que soutenaient Schwytz, Uri et Unterwald, n'était venue pour renouveler des vœux tant de fois repoussés. La Diète assemblée extraordinairement à Zürich, en décidant l'occupation de Bâle par les troupes fédérales, a formé deux états de ce canton sous le nom de Bâle-Ville et de Bâle-Campagne. Le Valais et les petits cantons ont jusqu'à ce jour énergiquement protesté contre tout changement dans le vieux pacte helvétique.

Telle est l'esquisse de l'histoire de la Suisse dans les temps anciens et dans les temps modernes. Nous n'avons pu ici en donner qu'un aperçu général. Nous renvoyons pour les détails à chaque canton en particulier.

SUISSE PITTORESQUE.

CONSTITUTIONS HELVÉTIQUES. — PACTE FÉDÉRAL.

La Suisse a été divisée, pendant plusieurs siècles (de 1513 à 1798), sous le rapport politique, en trois sortes d'états : treize cantons, des sujets et des alliés. Le tableau suivant peut donner une idée exacte de cette division.

SUJETS des CANTONS (1).	Zurich.	Berne.	Lucerne.	Uri.	Schwytz.	Unterwald.	Zug.	Glaris.	Bâle.	Fribourg.	Soleure.	Schaffhouse.	Appenzell.
Thurgovie	«	«	«	«	«	«	«	«				«	«
Rhinthal	«	«	«	«	«	«		«				«	«
Sargans	«	«	«	«	«	«	«	«				«	«
Utznach et Gaster	«	«	«	«	«	«	«	«					
Baden	«	«	«										
Bailliages libres supérieurs	«	«	«	«	«	«	«	«					
— inférieurs	«	«	«	«	«	«	«						
Schwartzenbourg		«											
Morat, Granson et Orbe		«									«		
Bellinzone, Riviera et Val-Polèse			«	«	«	«							
Mendrisio, Lugano, Locarno et Val-Maggia			«	«	«	«	«	«			«	«	
ALLIÉS.													
Abbaye de St-Gall	«		«		«			«					
Ville de Saint-Gall	«				«			«					
Lignes Grises et de la Maison de Dieu													
Ligue des Dix-Droitures													
Valais		«											
Mulhouse	«										«		
Bienne		«											
Neuchâtel													
Genève	«	«											
Evêché de Bâle									«				
Engelberg			«			«							
Gersau			«	«	«								

Chacun de ces divers états avait sa constitution spéciale; le gouvernement était démocratique dans certains cantons, aristocratique dans d'autres, et mixte chez quelques-uns. Le canton de Zurich était divisé en 32 bailliages, outre les villes de Winterthour et de Stein, qui dépendaient de cet état. La bourgeoisie était partagée en 13 tribus, qui élisaient les 212 membres formant le *petit* et le *grand conseil* du canton. Le petit conseil se composait de 50 membres. — Dans le canton de Berne, la souveraineté résidait dans le *grand conseil*, appelé *conseil des deux cents*, quoiqu'il y eût 299 membres; le *petit conseil* comprenait l'avoyer,

(1) Les guillemets placés au-dessous des noms de chaque canton indiquent les sujets et les alliés de ces cantons.

24 conseillers et 2 représentans du *grand conseil*. Il fallait appartenir aux familles privilégiées ou patriciennes de Berne pour pouvoir occuper une place dans le gouvernement. — Dans le canton de Lucerne, la souveraineté résidait dans le *petit* et dans le *grand conseil*, composés ensemble de 100 membres (36 dans le petit et 64 dans le grand). — Les cantons d'Uri, de Schwytz, d'Unterwald, de Zug et de Glaris avaient un gouvernement entièrement démocratique. Tous les hommes, dès l'âge de 14 ou 16 ans, faisaient partie de la *landsgemeinde*, qui se rassemblait au printemps et qui prononçait souverainement sur les intérêts du pays. Les *conseils d'état* du bas et du haut Unterwald étaient chacun composés de 58 membres; celui de Glaris en comptait 63, dont 48 de la religion réformée et 15 catholiques. — Dans le canton de Bâle, 216 membres composaient le *grand conseil*, et 64 membres seulement le *petit conseil*. La bourgeoisie de la ville de Bâle formait 18 tribus. — La souveraineté du canton de Fribourg résidait dans 200 membres du *grand* et du *petit conseil*; ce dernier se composait de 24 membres. — Dans le canton de Soleure, le pouvoir souverain appartenait au *petit conseil*, composé de 35 membres, et au *grand conseil*, qui, en y réunissant le petit, comptait 101 membres; la ville avait 11 tribus. — Dans le canton de Schaffhouse, le *petit* et le *grand conseil* se composaient ensemble de 85 membres; 25 seulement formaient le *petit conseil*. — Le gouvernement était démocratique dans le canton d'Appenzell. Dès l'année 1597, ce canton avait été divisé en *rhodes intérieures* et *extérieures*. — Parmi les pays sujets de la Suisse, plusieurs jouissaient de grands privilèges : Rapperschwyl avait son *grand* et son *petit conseil*; Orbe jouissait aussi de franchises étendues et avait son *conseil particulier*.

Les diverses constitutions qui se succédèrent en Suisse, après la révolution de 1798, eurent une durée trop éphémère pour que nous les analysions ici : elles se ressentirent de la précipitation avec laquelle on les avait composées et des passions qui les avaient dictées. L'acte de *médiation* de 1803 rapprocha plus ou moins de leurs anciennes formes les constitutions des XIII anciens Cantons; mais il confirma l'abolition des rapports de souverains et de sujets, ainsi que celle des priviléges et des droits exclusifs attribués à certaines villes ou à certains pays. Il conserva le principe du rachat des dimes et des cens, et rendit à chaque canton sa souveraineté en matière d'administration intérieure. Il fixa avec exactitude les contingens en hommes et en argent dans les cas de dépenses et de guerres nationales. Il divisait la Suisse en XIX cantons, qui avaient chacun un gouvernement particulier dont les membres étaient choisis par les bourgeois du pays. Les chefs de ces gouvernemens portaient le titre de bourgmestres, d'avoyers, de landammans ou de présidens. La décision des différends de canton à canton, les affaires étrangères et les autres matières qui intéressaient la Suisse entière, étaient dirigées par une *diète*, formée des députés de chaque canton, qui se réunissaient alternativement à Fribourg, Berne, Soleure, Bâle, Zürich et Lucerne. Le premier magistrat de chacune de ces villes portait, dans l'année où la diète s'y assemblait, le titre de *Landammann de la Suisse*, et présidait la diète. L'acte de médiation a régi la Suisse pendant 11 ans environ. Il a été remplacé par le PACTE FÉDÉRAL. D'après ce pacte, sanctionné par le serment du 7 août 1815, les XXII Cantons qui forment la Confédération Suisse se réunissent « pour la défense de la liberté, de l'indépendance et de la sûreté publique contre toute atteinte étrangère, et pour le maintien de la tranquillité intérieure et du bon ordre, » en se garantissant réciproquement leurs constitutions et leurs territoires respectifs. Les contingens en troupes et en argent, que doivent fournir les cantons, sont fixés d'après leur richesse, de la manière suivante :

	En argent, francs.	En hommes.
Zürich fournit	74,000	3,700
Berne	104,080	5,824
Lucerne	26,010	1,734
Uri	1,180	236
Schwytz	3,010	602
Unterwald	1,910	382
Glaris	3,615	482
Zug	1,250	250
Fribourg	18,600	1,240
Soleure	13,560	904
Bâle	22,650	918
Schaffhouse	9,320	466
Appenzell	9,220	972
Saint-Gall	39,450	2,630
Grisons	12,000	1,600
	339,655	21,940

Report...	339,655	21,940
Argovie	48,200	2,410
Thurgovie	22,800	1,520
Tessin	18,040	1,804
Vaud	59,280	2,964
Valais	9,600	1,280
Neuchâtel	19,200	960
Genève	22,000	880
Total	539,275	33,758 (1)

La *caisse militaire*, formée de ces contingens divers et du produit d'un droit d'entrée sur les marchandises étrangères, ainsi que le système militaire des cantons sont sous la direction de diverses commissions nommées par la diète. En cas de danger, les cantons menacés peuvent requérir le secours des cantons voisins, qui sont tenus de le fournir ; mais le canton directorial doit en être informé sur-le-champ.—Quelques cantons ont des troupes sur pied ou *garnisons permanentes* ; tels sont : Zürich, 30 hommes ; Berne, 62 ; Fribourg, 103 ; Bâle, 202 ; Genève, 331. Plusieurs entretiennent dans les villes principales une milice soldée pour le service de la garde, et dont le nombre ne s'élève nulle part au-dessus de 180 hommes. La plupart ont des gardes de police cantonale, dont le corps le plus nombreux, celui du canton de Berne, monte à 180 hommes. — La diète se compose des députés des XXII États. Chaque canton a une voix, que son principal député donne d'après ses instructions et sous sa responsabilité personnelle. — La diète se rassemble tous les ans, le premier lundi de juillet, dans la capitale du canton directorial : elle déclare la

(1) Les forces militaires de la Suisse se composent, en 1834 :
1° De deux contingens, chacun de 33,000 hommes, qu'on distinguait autrefois en contingent *actif* et en contingent de *réserve*; mais, d'après le nouveau code d'organisation, ces deux contingens doivent être levés à la fois, et ils ne forment plus qu'une seule armée active de 66,000 hommes. (L'ancien effectif de cette armée était de 100,000 hommes.)
2° D'une landwehr de réserve de 33,000 hommes ; en sorte qu'en comptant les officiers, l'armée suisse peut être aujourd'hui de 100,000 hommes, sans compter les corps d'étudians qui se sont organisés en compagnies de chasseurs, ni de nombreux carabiniers. On trouverait encore au besoin tous les hommes valides au-dessus de 45 ans, qui sont armés et composent la *landsturm*. (L'ancien actif de la *landwehr* était également de 33,000 hommes.)
L'armée active est composée de troupes de trois armes : infanterie, cavalerie et artillerie (La cavalerie est peu nombreuse). La réserve n'est composée que d'infanterie. On la choisit parmi les hommes qui n'ont pas encore atteint 45 ans, mais qui sont sortis des contingens actifs. On pourrait, sans grandes difficultés, trouver dans ces hommes de 30 à 45 ans de quoi former une seconde réserve, et porter l'armée à 130,000 hommes. L'infanterie est armée, habillée, et en général assez bien

guerre et fait la paix ; elle conclut des alliances ou des traités de commerce avec les puissances étrangères ; elle nomme des ambassadeurs ; elle prend toutes les mesures qu'exige la sûreté publique au dedans et au dehors de l'État ; elle nomme les chefs de l'armée fédérale, dont elle règle l'organisation, la destination et l'emploi. Dans les affaires les plus graves, les trois quarts des voix cantonales sont nécessaires pour parvenir à une décision. Dans les cas ordinaires, il suffit de la majorité absolue. — Quand la diète ne veut pas demeurer en permanence, elle peut, au besoin, conférer des devoirs particuliers au canton-directeur, et adjoindre des représentations au gouvernement de ce dernier, lequel demeure chargé de l'administration des affaires de la confédération. La présidence directoriale se partage entre les cantons de Zürich, de Berne et de Lucerne, qui, chacun à leur tour, dirigent pendant deux ans les affaires fédérales. Chaque canton a le droit de conclure avec des puissances étrangères des *capitulations militaires* ou autres traités relatifs à des objets d'économie ou de police, pourvu que ces traités ne soient contraires ni au pacte fédéral, ni aux alliances qui existent déjà, ni aux droits constitutionnels des autres cantons. Lorsqu'il s'élève entre les membres de la confédération quelque différend relatif à un objet qui n'est pas de la compétence de la diète, on nomme des arbitres pour en décider. — La constitution reconnaît les principes suivans : « Il n'est point permis aux cantons de former entre eux des associations partielles au préjudice de la ligue commune ou des droits de leurs co-états. — La jouissance des droits politiques ne peut jamais être le privilège exclusif

exercée. Les compagnies de cavalerie sont superbes et excellentes. L'organisation de l'infanterie est par bataillons et non par régimens. Chaque bataillon est commandé par un lieutenant-colonel et un major.

L'artillerie de bataille est de 120 bouches à feu, bien attelées et en grande partie selon le nouveau système anglais. L'école de Thoun, qui compte quinze années d'existence, fournit de bons artilleurs ; elle est commandée par le colonel Dufour, officier de mérite.

L'armée est commandée par un certain nombre de colonels fédéraux, parmi lesquels on compte quelques généraux sortis des services étrangers, tels que les généraux Rotten et Ziegler; plusieurs ont servi dans l'armée française.

Le commandant en chef et le chef de l'état-major général sont les deux premiers officiers de l'armée. Ceux-ci, une fois désignés, organisent comme ils l'entendent les états-majors des divisions et des brigades. Ainsi, tous les colonels fédéraux sont divisés en commandans de division et commandans de brigade.

La dernière organisation partage l'armée active en cinq divisions, chacune de 4 brigades, 4 bataillons, 16 bouches à feu, 6 à 8 compagnies de carabiniers et un escadron de cavalerie. Le reste de l'artillerie forme une réserve.

d'une classe quelconque de citoyens. — Le libre achat des vivres, des productions du sol, des marchandises et des bestiaux, et la liberté d'exporter et d'importer ces objets d'un canton dans un autre, ne peuvent être restreints par la police qu'autant qu'il est nécessaire pour prévenir l'usure ou des spéculations frauduleuses. — On ne peut, sans le consentement de la diète, établir de nouveaux péages, droits de douane ou *pontonnages*. — L'existence des couvens et chapitres ecclésiastiques et la sûreté de leurs propriétés sont garanties par la confédération.

Indépendamment des provinces du Chablais et du Faucigny, et du territoire situé au nord d'Urgine, que la Savoie céda à la confédération le 12 août 1815, en vertu des actes du congrès de Vienne, la Suisse obtint encore, à cette même époque, le pays formant l'évêché de Bâle, ainsi que la ville et le territoire de Bienne, qui furent incorporés au canton de Berne, à l'exception d'un district annexé au canton de Bâle, et d'une petite portion de territoire cédée en toute souveraineté au canton de Neuchâtel. On garantit à tous les habitans catholiques de l'évêché l'exercice libre de leur religion ; on convint que le clergé réformé serait régi par les mêmes lois que celui du canton de Berne ; que les anabaptistes alors existans, et leurs descendans, jouiraient de la protection des lois ; que leur culte serait toléré. La législation française fut abolie et le pays divisé en bailliages ; les bourgeoisies furent rétablies, et les anciens privilèges des communes leur furent rendus. Quant à la ville de Bienne, à laquelle on réunit les villages de Beaujan, Evilard et Vignicule, elle fut rétablie dans la plénitude de ses droits municipaux. Les impôts indirects furent partout abolis.

Le 7 novembre 1815, des commissaires des deux pays dressèrent l'acte de la réunion au canton de Bâle du district de Birseck, détaché du ci-devant évêché de Bâle et composé des communes d'Arlesheim, de Reineck, d'Æsch, de Pfeffingen, d'Ettingen, de Terweiler et d'Oberweiler. Le traité de Paris du 20 novembre 1815, entre la France, d'une part, et l'Autriche, la Russie, l'Angleterre, la Prusse et leurs alliés, de l'autre, donna à la Suisse un agrandissement de territoire pris dans le pays de Gex, pour assurer la communication directe du canton de Genève avec le reste de la Suisse. Les fortifications d'Huningue furent détruites en vertu de ce traité. L'Autriche, l'Angleterre, la France, la Prusse, le Portugal et la Russie firent une reconnaissance formelle et authentique de la neutralité perpétuelle de la Suisse, et elles lui garantirent l'intégrité et l'inviolabilité de son territoire dans ses nouvelles limites. Enfin le 16 mars 1816 la Confédération Helvétique et le canton de Genève signèrent à Turin, avec la cour de Sardaigne, un traité pour régler d'une manière positive et modifier la cession du territoire que la cour de Sardaigne avait faite au canton de Genève.

Voici l'étendue du territoire dont chacun des vingt-deux cantons fut doté à cette époque et le numéro d'ordre qu'il occupe dans la confédération.

Cantons.	Chefs-lieux.	Milles géogr. carrés (1).
1. Zürich.	Zürich.	45
2. Berne.	Berne.	173
3. Lucerne.	Lucerne.	36
4. Uri.	Altorf.	24
5. Schwytz.	Schwytz.	22
6. Unterwald.	Sarnen et Stanz.	12
7. Glaris.	Glaris.	21
8. Zug.	Zug.	5
9. Fribourg.	Fribourg.	35
10. Soleure.	Soleure.	13
11. Bâle.	Bâle.	12
12. Schaffhouse.	Schaffhouse.	8
13. Appenzell.	Herisau et Trogen.	10
14. Saint-Gall.	Saint-Gall.	40
15. Grisons.	Coire.	140
16. Argovie.	Aarau.	38
17. Thurgovie.	Frauenfeld.	16
18. Tessin.	Bellinzone, Lugano et Locarno.	53
19. Vaud.	Lausanne.	70
20. Valais.	Sion.	92
21. Neuchâtel.	Neuchâtel.	15
22. Genève.	Genève.	4
	Total. . .	884

Depuis 1830, cet état de chose a subi de nombreux amendemens. La révolution de juillet fut accueillie diversement en Suisse : les cantons à institutions aristocratiques, Berne, Soleure, Fribourg, Lucerne et le Valais furent atterrés ; Bâle, Vaud, les Grisons, Saint-Gall, au contraire, la saluèrent comme l'aurore d'une nouvelle ère pour le pays. Les petits cantons, plus que tous les autres, craignirent le contre-coup des événemens qui s'étaient opérés en France. La fermentation devint bientôt générale : les vieilles haines, assoupies pendant quinze années, se réveillèrent, les animosités qui régnaient entre les habitans des villes et ceux des campagnes semblèrent ressusciter plus énergiques qu'auparavant. A peine quelques semaines s'étaient écoulées, que la Suisse était couverte de sociétés, d'associations, de clubs. 2,500 paysans de Thurgovie, rassemblés à Rhein-

(1) Le mille géographique équivaut à 2 lieues et 2/8, la lieue étant de 25 au degré.

felden, font entendre le cri de *constituante !* A Uster 12,000 paysans arrachent au grand-conseil l'initiative. Plusieurs milliers d'Argoviens contraignent les magistrats et le conseil à résigner leur pouvoir. A Lausanne, la salle des séances est envahie par une multitude qui impose des lois et ne veut pas même écouter de conseils. Bâle, cependant, essaie de réviser sa constitution dans un sens plus libéral ; mais Liestall et les communes voisines trouvent que le conseil ne marche pas assez vite à la réforme : elles se soulèvent, mettent hors la loi les magistrats de Bâle, bloquent la ville, l'assiégent, sont repoussés, amnistiés, se révoltent de nouveau, et finissent par obtenir de la diète une séparation pleine et entière (voir CANTONS DE BALE-VILLE ET BALE-CAMPAGNE).

Partout en Suisse triompha la démocratie ; toutes les vieilles institutions furent sinon détruites, du moins modifiées ; partout l'élément populaire a pris un ascendant qu'on tenterait en vain d'affaiblir. Aujourd'hui, la population de ce pays jouit d'une pleine liberté. Cette conquête a-t-elle servi à son bien-être ? à l'amélioration de l'humanité, au bonheur commun ? Toutes ces luttes, dont la Suisse a été témoin depuis trois ans, cette irruption armée de quelques cantons, Uri, Schwytz, Unterwald, au milieu de populations paisibles, cette sourde agitation qui règne dans les villes, cette inquiétude générale de toutes les classes, ces liens de bon voisinage avec les puissances étrangères sur le point d'être rompues violemment, témoignent peut-être quel danger il y a à remuer imprudemment des masses, à sortir des voies régulières, à abandonner, sans transition, un régime qui se maintenait depuis des années, non pas toutefois que nous voulions refuser aux peuples, aux Suisses moins qu'aux autres, le droit de se constituer à leur gré. Seulement, il est bon de constater ici que ce pays jouissait d'une liberté sage, d'un bien-être moral qu'on lui enviait, et d'une paix profonde que rien ne semblait pouvoir altérer.

La diète aujourd'hui a une grande mission à accomplir, celle de fonder un pacte nouveau, l'ancien étant dissous. Il faut que la constitution nouvelle réunisse tous les cantons, concilie toutes les opinions, institue à la fois des droits et des devoirs, et tempère l'exaltation politique de quelques classes. Puisse cette assemblée, se plaçant comme autorité supérieure au-dessus de toutes les passions, de tous les mauvais vouloirs, des ambitions déçues, des irritations secrètes, faire entendre sa voix comme le fit jadis Nicolas de Flue à Sarnen, et assurer ainsi la tranquillité intérieure, la paix et la prospérité de la Suisse !

CANTON DE ZURICH.

TOPOGRAPHIE.

SITUATION.—ÉTENDUE.—Le canton de Zürich, l'un des plus grands, et le premier en rang dans la confédération, est situé dans la partie orientale de la Suisse, et bordé au nord par le grand-duché de Bade et par les cantons de Schaffhouse et de Thurgovie; à l'est, par la Thurgovie et les cantons de Saint-Gall et de Schwytz; et à l'ouest, par ceux de Zug et d'Argovie. Son territoire a 10 ou 12 lieues de long sur 8 ou 10 lieues de large, et contient environ 45 milles géographiques carrés.

MONTAGNES.—Aucune hauteur n'atteint la ligne des neiges. Trois chaînes principales de montagnes traversent le canton. La première, sur la frontière de l'est, l'Allmann, de laquelle le Hörnli est ordinairement considéré comme la plus haute sommité, et qui comprend les pics du Schnébelhorn, de la Houffreck et de la Scheideck. La seconde, de la Lägern, celle qui forme un embranchement du Jura, et qui entre dans le canton à l'ouest. La troisième, celle de l'Albis, à l'ouest du lac de Zürich, parallèle à la direction de ce dernier, et se prolongeant vers le canton d'Argovie. Dans la partie où l'Allmann commence à s'abaisser, on trouve au nord-est la contrée la plus fertile de tout le pays. Les riches plaines dont elle est composée s'étendent entre la Töss, la Thour, la Mourg et le Rhin, jusqu'à Schaffhouse; à l'ouest de l'Allmann, se déploie une large vallée arrosée par la Glatt. On y remarque les lacs de Pfeffiken et de Greifensée, de beaux villages et de riantes campagnes. Elle s'étend jusqu'au bord du Rhin, dans la partie où l'une des dernières ramifications du Jura vient également aboutir. Elle est séparée par une chaîne élevée du bassin du lac de Zürich et de la Limmat. A l'opposite de cette chaîne, s'étend celle de l'Albis; l'espace contenu entre cette double rangée de montagnes forme la délicieuse vallée qui renferme le lac de Zürich, ses bords enchantés et la capitale du canton. C'est aussi dans cette vallée que coule l'impétueuse Sihl et la Limmat.

ANTIQUITÉS.

Le village d'Ober-Winthertour, situé sur le grand chemin de Frauenfeld, est le *Vitodurum* des Romains. On y voit encore des restes de murs antiques et les débris d'une voie romaine qui conduisait à Frauenfeld. Dans le voisinage, on a trouvé, en creusant la terre, de vastes caveaux, d'anciens thermes, où l'on a découvert des médailles, des statues, des monnaies romaines que l'on conserve dans la bibliothèque de Winthertour. De Vitodurum, une grande route se dirigeait, par Kloten et Busch, à Baden et à Vindonissa; de là, en traversant le Vocetius (*Bötzberg*), à Augusta Rauracorum (*Augst* près de Bâle); de l'autre côté, on allait par Pfyn à Stein, à Constance, à Arbon et à Brégenz, sur le lac de Constance.

Non loin d'Ottenbach s'élève une colline nommée l'*Isenberg* ou montagne d'Isis, dénomination qui ferait croire que les ruines d'un bâtiment de 85 pieds de long et de 55 de large, situé sur cette croupe, appartenaient à un ancien temple d'Isis. Le culte de cette divinité égyptienne, introduit dans l'Helvétie par les Romains, y était en grand honneur. Quelques localités du canton de Zürich portent un nom où celui d'Isis entre comme racine. La belle inscription conservée à Wettingue témoigne suffisamment des honneurs qu'on rendait à cette déesse.

A Lunnern, sur la Reuss, on découvrit, au XVIIIe siècle, les restes d'un temple, les vestiges de bains et de tombeaux, et l'atelier d'un potier qui avait exploité les carrières d'argile des environs.

HISTOIRE.

Zürich, en latin *Turicum*, existait déjà du temps des Romains. Au VIIe siècle, elle embrassa le christianisme. La position de Zürich sur le grand chemin par où passait les marchandises qu'expédiait l'Allemagne à l'Italie et à la Bourgogne, était éminemment avantageuse. La ville en profita pour s'agrandir et s'enrichir. En 1218, elle fut déclarée ville libre et impériale. En 1251, elle contracta alliance avec les trois Waldstetten, Uri, Schwytz et Unterwald, afin d'assurer le maintien de ses droits et priviléges. A peu près à cette époque, on la voit conquérir et détruire les châteaux des seigneurs du voisinage, ses ennemis irréconciliables, affecter une grande liberté de pensée, braver les foudres du Vatican, et chasser de ses murs les moines qui voulaient exécuter quelques mesures de rigueur prescrites par le pape, et bientôt se révolter contre les nobles qui s'étaient jusqu'alors arrogés le droit de gouverner la ville et secouer leur joug sous la conduite de Rodolph Brun. Cet événement assura la liberté du peuple et posa les fondemens de la forme démocratique que prit dès-lors la constitution de l'état; mais il dut entraîner Zürich dans une guerre sanglante contre la noblesse expulsée. Les ducs d'Autriche épousèrent la querelle des nobles. Zürich fut donc obligée de chercher des alliés. Uri, Schwytz, Unterwald et Lucerne la reçurent dans leur confédération; le traité fut conclu en 1351. L'Autriche irritée forma le dessein d'anéantir cette ligue dont les progrès lui faisaient ombrage. Zürich ne perdit point de temps, et Glaris, Zug et Berne vinrent accroître ses forces de leur accession. Chaque jour ainsi le peuple züricois grandissait au milieu des dangers; son nom devenait la terreur de ses ennemis. Toutes les possessions de la ville, à cette époque, consistaient en une forêt située au bord de la Sihl et en quelques domaines sur les rives du lac. Son territoire s'agrandit depuis 1384 jusqu'à la fin du XV° siècle, soit par des acquisitions à prix d'argent, soit par des conquêtes.

Zürich fut la première ville de la Suisse et l'une des premières de l'Europe qui embrassa la réforme. Au commencement du XVI° siècle, Ulrich Zwingle y joua un rôle important. Zwingle réunissait aux profondes connaissances d'un savant, les lumières et la prudence d'un homme d'état. Zürich servit de tous ses moyens les efforts du réformateur, qui paya, comme on sait, de sa vie, à Capel, le projet qu'il avait formé de changer la religion de l'état. (Voir *Capel*.)

A la fin du XVIII° siècle, Zürich fut exposé aux plus grands dangers. Il est peu de contrée, en Suisse, qui ait été comme ce canton le centre de positions d'armées ennemies, le théâtre de batailles sanglantes. Les Français entrèrent en Suisse au commencement de mars 1798, et occupèrent Zürich le 27 avril suivant. Le 8 septembre, les Russes et les Français en vinrent pour la première fois aux mains près de Wollishofen. Le général Souvarow, qui avait traversé à marches forcées le St.-Gotthard, arrivait avec des forces nombreuses. Telle était la confiance de l'ambassadeur d'Angleterre, des officiers russes, qu'aucune famille ne quitta la ville. On disposa même un festin magnifique pour le 25 septembre, chez l'ambassadeur anglais, afin de célébrer l'arrivée du célèbre général. Cependant, le jour même, dès le matin, Masséna pensait attaquer l'avant-garde russe, tandis que la division du général Lorge passait la Limmat entre Dietikon et Schlieren, et la division Soult la Linth, près de Bilten. A Dietikon, le général avait formé un pont de bateaux, la rivière n'étant guéable que sur ce point. Les Français vinrent occuper les hauteurs de la rive gauche entre Höng et Affoltern, près le Käferberg; aussi la ligne des Russes se trouva-t-elle coupée, et l'aile droite séparée du centre. On se battit toute la journée du 26. Les Français pénétrèrent en vainqueurs dans la ville, chassant devant eux l'ennemi. Les Russes, battus complètement, se retirèrent en désordre, les uns par Eglisau, les autres par Winterthour. Cette journée coûta la vie à deux grands citoyens : à Lavater et au tribun Irminger. Le premier accourait au secours d'un de ses compatriotes, menacé par des soldats, lorsqu'il reçut dans la poitrine un coup de feu; il mourut le 2 janvier 1801 des suites de cette blessure; Irminger fut massacré dans son jardin par des Russes, qui le prirent, à son habit bleu, pour un Français.

En 1802, la ville fut assiégée par les troupes du gouvernement helvétique, auquel elle refusait de se soumettre. Attaquée par une armée nombreuse, elle souffrit peu, mais, travaillée intérieurement par un parti puissant de mécontens, elle fut contrainte de reconnaître le nouveau pacte. Une proclamation de Bonaparte termina la guerre civile.

MOEURS. — CARACTÈRES. — COUTUMES.

Il est aisé de distinguer le caractère züricois de celui des habitans des autres cantons de la Suisse. Ce qui domine en lui, c'est l'amour du travail, le goût des sciences, l'ambition de se distinguer parmi ses rivaux, une originalité piquante dans les idées, un goût vif pour les exercices gymnastiques, une détermination prompte et soudaine et une affabilité peu commune envers les étrangers. Dans aucune autre ville suisse, vous ne trouverez une aussi grande simplicité de mœurs, plus de vénération, plus de respect pour la mémoire des ancêtres, autant de ces vieilles coutumes qui s'effacent de jour en jour dans les cités. Quand un enfant vient au monde, une jeune fille en habits de fête, un bouquet au côté, un autre à la main, va de porte en porte annoncer aux parens et aux amis de l'accouchée cette heureuse naissance. Le 21 mai, équinoxe du printemps, il y a de grands repas dans toutes les *tribunes*, et au moment où la cloche du soir annonce la fin de l'hiver, le chef de la famille se lève de table, adresse aux conviés un petit discours analogue à la circonstance, et les invite à profiter du retour de la belle saison pour hâter les travaux des champs.

Le jour de l'Ascension, les jeunes garçons et les jeunes filles des campagnes züricoises gravissent par bandes nombreuses l'*Uetliberg*, situé à une demi-lieue de Zürich. De son côté, la jeunesse de la ville ne manque pas de s'y rendre, et du haut

de ce plateau élevé, de ce belvédère où l'œil jouit de la vue de la terre natale, tous entonnent des hymnes en l'honneur de la Providence et de la patrie.

Chaque année, une foule de Zuricois, de 15 à 18 ans, partent à pied sous la conduite d'un homme instruit, pour faire une longue course dans toute la Suisse, gravir quelques-uns de ses monts les plus célèbres, visiter les champs de bataille inscrits dans l'histoire, ou la tombe de savans, de capitaines illustres, d'hommes renommés pour leur bienfaisance, s'instruisant ainsi sur les lieux mêmes où la patrie tient école des grands exemples.

Dans toutes les réunions de Zürich, le tabac, le vin, le fromage, remplissent une bonne partie des lacunes de la conversation. « A l'exception de celles où l'on joue, dit un écrivain zuricois distingué, M. Meister, il est rare de voir les hommes assis; et l'on calcule que c'est assez de trois à quatre sièges pour 12 à 15 personnes, qui, deux à deux, la pipe à la bouche, ne cessent d'arpenter la chambre, de long en large, ou de se former en petits groupes, lorsqu'il s'agit de raconter quelque nouvelle d'un intérêt général. Mais c'est au défaut d'esprit de société et du genre de culture qu'il procure, qu'il faut attribuer un grand nombre de bonnes qualités qui distinguent les Zuricois : une application plus soutenue aux divers objets d'arts et d'industrie, des goûts plus simples et plus constans, des affections plus vives et plus profondes, et une manière de voir et de sentir plus variée, plus singulière, plus franche et plus vraie.

« Chaque esprit, chaque caractère a tellement une allure à soi, qu'il ne peut guère cheminer avec les autres, ni même se rencontrer avec eux, sans une sorte de gêne et d'embarras, que l'on enveloppe ordinairement de formes très cérémonieuses, mais qui s'échappe quelquefois par des traits d'une bonhomie peu commune, et quelquefois aussi, s'il faut tout dire, par des naïvetés passablement étranges. Au concert, à l'église, dans tous les rassemblemens un peu nombreux, mais surtout au spectacle, qui, pour n'être permis chez nous que rarement, n'en est que plus suivi, il est impossible qu'un œil observateur ne remarque avec surprise la prodigieuse diversité des physionomies qu'offrent les têtes de tout âge, et surtout celles des jeunes personnes, l'extrême mobilité de leurs traits, l'ingénuité comme la vivacité de leur expression.

« De tous les arts cultivés, et souvent avec succès, celui dont le goût paraît le plus généralement répandu, c'est la musique. Il est peu d'étrangers qui n'en aient été frappés. Cette faculté des habitans de Zürich est d'autant plus remarquable, qu'elle contraste singulièrement avec leur langage habituel, le moins musical, le moins mélodieux que je connaisse. Aussi chacun semble-t-il faire la grimace en s'écoutant parler... En exceptant la Hollande, je doute qu'il y ait ailleurs aucune ville où l'on cultive autant de fleurs rares, indigènes ou exotiques. Comment ne pas voir dans ce genre de luxe une douce analogie avec l'innocence et la simplicité de nos goûts, avec la couleur poétique et pastorale de nos habitudes et de nos usages... »

Les paysannes zuricoises ne peuvent être comparées, ni pour la beauté du sang, ni pour les grâces, ni la fraîcheur, aux jeunes filles des cantons de Berne, de Fribourg et de Soleure. Rarement on en trouve de jolies. D'ailleurs leur costume n'est rien moins que favorable au beau sexe. Leur coiffure est formée par un petit bonnet autour duquel courent deux minces tresses de cheveux excessivement serrés. Dans le bailliage de Knonau, les jeunes filles laissent pendre sur leurs épaules leurs longs cheveux tressés et noués avec des rubans de soie rouge. Leur corset, qui marque assez bien la taille, est orné d'un ruban de couleur tranchante qui dessine la forme d'un grand V.

La législation zuricoise est encore très imparfaite, et son code criminel déparé par de nombreuses traces de barbarie, digues de siècles moins éclairés. Veut-on arracher à un accusé l'aveu d'un délit qu'il s'obstine à taire, le juge le fait comparaître et on lui applique un certain nombre de coups de nerf de bœuf. Il n'y a pas encore longtemps qu'on le fouettait jusqu'à ce qu'il convînt de sa culpabilité. Les verges ont été supprimées et le nombre de coups de nerf de bœuf est maintenant limité.

VILLES. — BOURGS, ETC.

Zurich est située sur la Limmat, qui la divise en deux parties inégales au moyen de trois ponts. Rien de plus ravissant que sa situation. Placée à l'extrémité septentrionale d'un lac délicieux, elle est entourée à l'est d'une enceinte de coteaux fertiles, couverts de vignes et couronnés de forêts. A l'ouest s'élèvent d'autres collines ornées de prairies, de vergers, au-dessus desquelles on aperçoit l'*Uetliberg*, qui forme la plus haute sommité de l'Albis. Au nord-ouest s'étend une plaine cultivée. Les Romains avaient un établissement à Zürich. L'enceinte qu'occupait, à une époque assez reculée, cette cité, située alors sur la rive droite de la Limmat, était indiquée par diverses tours. La cathédrale était hors des murs et au milieu de champs de vignes. Sur la rive gauche s'élevait l'abbaye du Fraumünster et le Lindenhof, place où l'on rendait la justice. Une petite chapelle, consacrée à saint Pierre, avait été construite dans le voisinage. C'est autour de ces édifices que se forma la partie de Zürich qu'on appelle la petite ville. Sur l'autre rive, la cathédrale, les vastes faubourgs de l'Oberdorf et du Niederdorf furent réunis à la vieille cité, qu'on entoura de murs. Telles furent les limites de Zürich jusqu'au milieu du XVIIe siècle.

Zürich lutta long-temps, sous la conduite de Rodolphe de Hapsbourg, contre les comtes et les chevaliers des villes voisines. Entrée dans la confédération, elle fut chargée des intérêts communs. (Voir *Histoire*). L'aspect de Zürich est riant et animé. Elle a de beaux édifices, quelques rues larges, beaucoup d'étroites et de mal pavées, presque toutes en pentes. Le *Gross-Münster*, ou la cathédrale, autrefois consacrée aux martyrs Félix et Regula, est située sur un monticule. On croit que Charlemagne en fut le fondateur; d'autres en attribuent l'origine à l'empereur Othon-le-Grand. Cette église n'a de véritablement remarquable qu'un vaisseau d'une grande hardiesse; quelques-uns de ses gothiques ornemens sont travaillés avec goût. L'hôtel-de-ville, bâti à la fin du XVIIe siècle, est un des beaux édifices de cette cité; la porte d'entrée est en marbre noir, tiré de la montagne Richterschwyl. L'intérieur n'offre, comme digne de curiosité, qu'une magnifique carte du canton et des tableaux de fleurs peints par Asper. L'Hôtel des Orphelins, construit en 1765, sur une vaste terrasse qui borde la Limmat, est un édifice qui ne manque ni de grandeur, ni de majesté. La bibliothèque, renfermée dans la *Wasserkirche* et le *Helmhaus*, renferme 60,000 volumes environ. Elle est riche en classiques grecs et latins, en ouvrages de théologie et d'histoire ancienne. Elle possède une collection presque entière des livres et des ouvrages composés par des Zuricois, et imprimés à Zürich. Parmi les manuscrits, on cite la collection de Simmler relative à l'histoire de la réformation en Suisse, des lettres autographes de Jeanne Gray, un Quintilien. La bibliothèque Caroline, qui appartient au chapitre des chanoines, possède plusieurs lettres originales des Réformateurs suisses, et une foule d'ouvrages rares, imprimés dans le XVe siècle. La bibliothèque de la Société de Physique est riche en ouvrages relatifs à l'économie et à l'histoire naturelle. Le jardin botanique est parfaitement entretenu, et contient quelques plantes exotiques. Peu de villes renferment un plus grand nombre d'établissemens utiles et de Sociétés savantes. L'Académie, ou Gymnase, où quatorze professeurs enseignent la théologie, la physique, la philosophie, etc.; le Collége des belles-lettres, où les étudians se forment, sous la direction de cinq professeurs, à des études préparatoires avant d'être admis à l'Académie; l'Institut politique, où trois professeurs donnent des leçons de droit, d'économie, de statistique et d'histoire aux jeunes citoyens qui se destinent aux emplois publics; l'Institut de médecine et de chirurgie, desservi par dix-sept professeurs, dont l'enseignement embrasse toutes les sciences médicales; l'Institut technique, fondé en 1826, par une Société particulière, et qui est fréquenté par les jeunes gens qui se destinent au commerce; l'Ecole des jeunes filles, sous la direction de trois institutrices; l'Institut des sourds-muets et des aveugles; l'Ecole des pauvres; la Société de secours, fondée en 1799; la Société suisse d'utilité publique; et les Sociétés de musique et de chant.

Nulle part on ne trouve des promenades aussi variées. Dans la ville, le Lindenhof, vaste terrasse élevée de 125 pieds au-dessus de la Limmat; la terrasse de l'Hôtel des Orphelins, les deux grands ponts, etc. Hors de la ville, le Platz, formé par la langue de terre qui s'étend entre la Limmat et la Sihl jusqu'au point de leur réunion, est orné de superbes allées d'arbres et d'un bosquet délicieux au milieu duquel on a érigé un monument à Gessner. C'est le rendez-vous de la bonne compagnie en été, surtout les dimanches soirs.

WINTERTHOUR. — C'est l'une des plus jolies villes de la Suisse. Elle est située sur l'Eulach, dans une vallée fertile, à quatre lieues de Zürich et sur la grande route de Constance à Saint-Gall. Winterthour est formé de deux grandes rues parallèles, bâties dans la direction de l'est à l'ouest, et coupées par six rues latérales. Cette cité doit son origine aux établissemens formés par les écuyers des comtes de Winterthour et de Kyburg. Enrichie de divers priviléges par Rodolphe de Hapsbourg, elle fut élevée au rang des villes impériales lorsque le duc Frédéric d'Autriche fut mis au ban de l'empire. Jusqu'en 1437 elle jouit d'une indépendance absolue. A cette époque, elle se replaça spontanément sous la protection de l'Autriche. Le siége qu'elle soutint, en 1460, contre les Zuricois est un de ses beaux faits d'armes. Sept ans après, elle se soumit à la domination de Zürich. Depuis, Winterthour et la capitale du canton n'ont cessé de lutter dans la carrière des sciences, des arts et du commerce. Il est peu de petites villes dont l'industrie soit plus active qu'à Winterthour : elle a des manufactures de mousselines, de grandes et belles imprimeries en toiles peintes, des ateliers de peinture, des filatures. L'église, qui a deux clochers et de bonnes orgues, l'hôtel-de-ville et l'hôpital, sont ses principaux édifices publics. La bibliothèque possède une très-belle collection de médailles romaines et de pierres gravées, qui toutes ont été trouvées dans les environs de la ville et du village d'Ober-Winterthour. De tout temps cette cité a possédé de nombreux établissemens d'utilité publique ; tels sont : le collége ou gymnase, où l'on enseigne les langues anciennes, les mathématiques, l'histoire et la géographie; les écoles gratuites pour l'éducation des jeunes filles et des jeunes garçons pauvres; l'hospice des orphelins, la caisse d'épargnes, etc.

Il règne dans les sociétés de Winterthour un ton plein de cordialité et de politesse. On y aime et on y cultive la musique. En hiver, il y a des concerts d'amateurs et des réunions de danse tous les quinze jours.

CAPEL, qui possédait autrefois une abbaye de Citeaux, fut, en 1551, le théâtre d'une action sanglante entre les catholiques et les réformés, parmi lesquels se trouvait Zwingle, alors prédicateur à Zürich, qui fut renversé à coups de pierres et achevé par l'épée d'un catholique. Parmi les blessés, les vainqueurs reconnurent un épicier de Zürich. — « Mais c'est André Gessner, l'épicier, s'écrièrent-ils, et ils lui firent grâce de la vie. Aussi le malheureux André, mourant, disait-il à Dieu dans ces dernières prières : « Comment ne trouverais-je pas grâce à tes yeux, ô mon Dieu ! moi que les bourreaux ont épargné. » Ce Gessner était aïeul du célèbre poète latin, et oncle de Conrad Gessner, le naturaliste, dont le père fut tué à cette même bataille de Capel.

HUTTENSGRAB. — La petite île d'Ufenau, qui a une demi-lieue de tour, renferme des champs, des vignes, des pâturages, quelques habitations et deux chapelles. Dans l'une d'elles on voyait autrefois le tombeau du chevalier Ulrich de Hutten, qui, tour à tour guerrier, poète, courtisan et ermite, couvert des lauriers du Parnasse, et payant chèrement les égaremens de sa jeunesse, mena une vie si agitée. Il contribua beaucoup à la renaissance des lettres par ses écrits, qui furent long-temps très recherchés. Lié d'abord avec Érasme, puis brouillé avec ce savant, il avait quelque chose de son sel, de sa plaisanterie, de sa causticité mordante. Toutes ses poésies sont marquées au coin du bon goût et de la belle latinité.

Les *Lettres des Hommes obscurs*, auxquelles il eut la principale part, portèrent un coup mortel à la scholastique et à la manie des controverses. Las du monde et de ses tempêtes, il se retira dans l'île d'Ufenau, comme Rousseau dans l'île de Saint-Pierre ; mais plus heureux et moins inquiet que le philosophe de Genève, rien ne vint troubler le calme de sa douce solitude que la visite de quelques savans. Il y trouva le repos du sage, qu'il avait vainement cherché sur la scène des cours et des villes, et il y mourut en 1523.

LE LAC DE ZURICH.—Ce lac a 10 lieues de long, depuis la ville jusqu'à Schmerikon, et une lieue et demie de large entre Stœfa et Richterschwyl. Sa profondeur est de cent toises aux environs de la presqu'île nommée *Die Au*. Pendant les mois les plus chauds de l'année, ainsi que tous ceux qui sont situés au nord de la chaîne des Alpes, le lac de Zürich éprouve un accroissement considérable, qui en élève le niveau, et l'étend au delà de ses limites ordinaires. Les montagnes de neiges, les glaciers énormes qui courent le long de cette chaîne expliquent suffisamment ce phénomène. La fonte extraordinaire que l'été occasione dans ces régions glacées, jette une si grande quantité d'eau dans ces lacs, qu'ils s'élèvent quelquefois jusqu'à 15 pieds au-dessus de leurs niveaux divers. Celui de Zürich nourrit un grand nombre de poissons, que Melchior Füssli a représentés sur deux grands tableaux qui ornent un des vestibules de l'hôtel-de-ville de Zürich.

Une promenade jusqu'à Stœfa offre une foule de points de vue enchanteurs. Derrière soi Zürich fuit avec ses ponts, ses tours ; à la droite, se prolonge les croupes de l'Albis, couronnées de forêts de sapins ; des coteaux couverts de vignes s'étendent à gauche ; peu à peu les montagnes escarpées de Glaris élèvent leurs têtes neigeuses dans le fond du tableau. Les deux rives du lac ressemblent à une grande rue traversée par un large canal, tant les habitations y sont multipliées. Des vergers et des bosquets sont le cadre des mille compartimens de ce beau jardin naturel. Ici l'humble toit du paysan contraste avec la maison de l'opulent citadin ; là, la couche du rivage cache derrière un cap, ou au fond d'un golfe, un hameau qu'on découvre insensiblement. Plus loin, des paysans moissonnent des champs fertiles, chaque coup de rames varie le paysage, et les milliers de barques qui se croisent en tous sens animent et vivifient ce beau bassin. Les eaux sont si tranquilles, que le sillage reste long-temps sans s'effacer.

Comme le lac forme une espèce de croissant dans la direction de l'ouest à l'est, on ne découvre juste de Zürich et de ses environs qu'un bassin de plusieurs lieues d'étendue. Mais quand on a fait deux ou trois lieues sur sa surface, le bassin s'agrandit et les regards se promènent sur une nappe d'eau immense. C'est entre les villages de Thalwyl et de Herrliberg, et entre Oberrieden et Meilen, que le lac se déploie dans toute sa beauté. C'est là qu'apparaissent dans toutes leurs richesses ses rives délicieuses, les collines, les montagnes, les Alpes qui en forment le cadre. Plus on s'éloigne de la ville, et plus le paysage grandit. Le second bassin, qui s'étend entre Stæfa, Richterschwyl et Rapperschwyl, et forme la partie la plus large du lac, est d'une inexprimable magnificence. Les sommités neigeuses du Glärnisch, qui s'élèvent au-dessus des montagnes boisées, y produisent un effet extraordinaire. Tout à coup le lac se trouve resserré entre deux langues de terre. Sur l'une, s'élève Rapperschwyl; sur l'autre, le joli hameau de Hurden. La largeur du lac n'est ici que de 1,800 pas, et les deux langues de terre sont jointes par un pont, le plus grand qui existe en Suisse. Plus loin, le lac forme un nouveau bassin de deux à trois lieues de largeur. C'est le lac supérieur, qui change de nature et revêt un caractère simple et champêtre qui ne manque pas de majesté. Au sud, vous voyez briller le village de Lachen; à l'est, celui de Schmerikon. L'intervalle est occupé par d'épaisses forêts, qui couvrent le mont Buchberg; au sud-ouest, s'élève le mont Etzel, dont le pied est garni de villages. La rive du sud-ouest du lac supérieur fait partie du canton de Schwytz, depuis Richterschwyl jusqu'au château de Grinau, non loin de Schmerikon, et la rive opposée appartient au canton de Saint-Gall, depuis Schmerikon jusqu'à Rapperschwyl.

HISTOIRE NATURELLE.

GÉOLOGIE. — Le canton de Zürich est situé, en entier, dans la formation horizontale de grès et de marne, à l'exception de la partie la plus avancée au nord-ouest, où l'on trouve le Lagerberg, montagne composée de couches calcaires, ainsi que le reste du mont Jura. On distingue des poudingues sur les bords du lac, dans les environs de Stæfa, entre Greifensée et Pfeffikon, et dans la vallée de Bauma. Cette espèce de pierre recouvre aussi les plus hautes sommités de montagnes de grès, entre autres celles de Hörnli et de l'Uetliberg. La cime escarpée et déchirée qu'offre de toutes parts cette dernière, est composée alternativement de couches de grès et de bancs d'un sable très pur. D'énormes débris de brèche, tombés du haut de cette cime, sont épars au sud-ouest le long du grand chemin.

Il est probable que le Rhin coulait autrefois dans le bassin du lac de Zürich et de la Sihl. A cette époque, lorsque cet immense bassin ne formait qu'un seul lac, jusqu'au Lagerberg, le Lindenhof et les autres collines du *Petit-Zürich*, s'élevaient, sans doute, comme des îles au-dessus de la surface des eaux.

Les environs d'Eglisau sont très exposés aux tremblemens de terre. Ebel pense qu'il faut attribuer les fréquentes secousses qui s'y font sentir au voisinage de la chaîne des montagnes du Jura.

RÈGNE VÉGÉTAL. — Les environs de Zürich sont riches en plantes; on distingue surtout les espèces suivantes : le *panicum dactylon*, le *bromus tigurinus*, le *carex tamentosa*, l'*alopecurus agrestis*, le *juncus maximus*, le *juncus bulbosus*, l'*helleborus viridis*, le *ribes nigrum*, le *carex pilosa*, le *cyperus fuscus*, l'*eriophorum vaginatum*, l'*arundo calamagrostis*, l'*agrostis hybrida*, le *pseudocyperus lasiocarpos*, le *satyrium repens*, l'*andromeda polifolia*, la *drosera rotundifolia*, l'*orphys arachnite*, la *scilla bifolia*, l'*agrostis montana*, le *carex foliosa*, et le *lilium martagon*.

BIOGRAPHIE.

Dès le moyen âge, Zürich se distinguait par son goût éclairé pour les lettres. Elle méritait, à cette époque, le surnom de *savante*. Au milieu du Xe siècle, florissaient le prêtre Rudolph, connu par un grand ouvrage sur les pseaumes; Conrad de Mure, fabuliste latin, auquel on doit un poème sur l'art héraldique, des traités sur la littérature grecque, une chronique rimée de Charlemagne, un éloge de Rodolphe de Hapsbourg. Le fabuliste Boner et le poète Hadloud vivaient au XIVe siècle. Malléolus, né à Zürich en 1389, chantre et chanoine, écrivit avec force et talent contre les abus et les vices du clergé de son temps. La meilleure chronique de la Suisse est celle de Bullinger, historien zürichois. Conrad Gessner fut un grand naturaliste et l'un des hommes les plus remarquables de son temps. On doit à Jacques Ruef plusieurs ouvrages dramatiques estimés. Breitinger fut un des plus célèbres orientalistes du XVIIe siècle. Mais c'est de nos jours surtout que Zürich a brillé du plus vif éclat dans le monde savant. On connaît le bel ouvrage sur *la Solitude* de Zimmermann, qui fut à la fois grand écrivain et médecin distingué. Lavater, qui, long-temps avant Gall, essaya de lire sur les traits de la figure les caractères et les mouvemens intérieurs de l'ame. L'auteur de la *Mort d'Abel*, du *Premier Navigateur*, des *Idylles*, Gessner, auquel ses concitoyens ont élevé un monument au centre de la promenade la plus belle et la plus fréquentée de Zürich. Meister, dont la philosophie est si douce, et qui, dans son *Voyage de Zürich à Zürich*, rappelle quelquefois toute la bonhomie et le naturel de Sterne. Pestalozzi, l'un des hommes qui ont fait le plus d'honneur à la Suisse, et qui inventa la *Méthode élémentaire* à laquelle il a donné son nom.

Zürich a brillé également dans les arts. Dans les XVIe et XVIIe siècles, elle cite avec orgueil une foule de peintres et de sculpteurs. Le plus célèbre

de ces artistes fut Balthazar Keller, qui fondit d'un seul jet la statue de Louis XIV. Cette statue en bronze, coulée sur un modèle de Girardon, pesait 80 quintaux et avait 21 pieds de hauteur. Les jardins de Versailles, des Tuileries sont pleins des chefs-d'œuvre de cet artiste, qui mourut à Paris en 1702. Henri Füssli est un des peintres qui ont étudié avec le plus de bonheur Michel-Ange. Cet artiste se rendit à Rome en 1770 et y passa huit ans à méditer sur son art. On voit à Londres un grand nombre d'estampes gravées d'après ses dessins; quelques esquisses en ont été publiées à Zürich. Usteri se distingua comme dessinateur et comme poète. *La Tendresse maternelle, la Piété filiale, le Miroir des artistes* sont des tableaux frappans de vérité, où le peintre a su reproduire d'une manière délicieuse les plus doux sentimens du cœur.

Parmi les grands capitaines dont Zürich fut le berceau, citons Roger Manès, qui commandait les Züricois en 1322, et qui gagna la bataille de Tatwyl; Félix Keller, Rodolphe Stussi et Landenberg; Ulrich Stapfed, Conrad Engelhard, le bourguemestre Marc Röust et Waldmann surtout, un des plus grands hommes du XVe siècle, qui, dans un temps où la noblesse voulait opprimer le peuple, eut le courage d'attaquer ses priviléges. Il osa bannir les patriciens turbulens. Malheureusement il s'aliéna par son inflexible dureté le peuple, qui, irrité, se porta à l'hôtel-de-ville et demanda sa tête. Ses ennemis, profitant de cet instant d'exaspération, répandirent le bruit que les Autrichiens s'avançaient pour le délivrer. Accusé de trahison, Waldmann fut condamné à perdre la tête, et décapité hors de la ville.

LA SOCIÉTÉ DES BOUCS.

Les dissensions civiles qui, de 1436 à 1447, désolèrent la Suisse et faillirent rompre les nœuds de la confédération helvétique, donnèrent naissance, dans la ville de Zürich, à une société militaire connue sous le nom de *Société des Boucs*, soit parce que chaque membre avait fait sculpter sur sa maison la tête d'un bouc, soit parce qu'ils employaient avec succès une machine de ce nom, semblable au bélier des anciens, pour faire brèche aux places qu'ils assiégeaient. Ce ne fut pas seulement par sa rare valeur dans les combats que cette troupe de héros, liée comme autrefois le bataillon sacré des Thébains, se rendit utile à la patrie, mais encore par les dons volontaires qu'elle fit à Zürich, car elle comptait parmi ses membres une foule de jeunes gens possesseurs de vastes et fertiles domaines. Elle se fit encore connaître par une gaîté piquante, un esprit caustique, une originalité moqueuse qui la rendit aussi redoutable à ses ennemis que son intrépidité dans les combats. Elle ne savait pas seulement manier avec succès la grande épée, la pique et la hache d'armes, mais elle désolait ses adversaires par des satires, des chansons et des épigrammes. On croit que Rodolphe Stussi fut le fondateur de cette société. L'histoire helvétique cite peu d'hommes plus vaillans que ce Stussi, qui, avec quelques-uns de ses plus braves amis, l'élite de la Société des boucs, se chargea de défendre le pont de la Sihl, le 22 juillet 1448, contre les troupes de Schwytz et de Glaris. Seul, sur ce sanglant théâtre, entouré des cadavres des siens, Stussi arrête l'ennemi; il frappe de sa hallebarde ou assomme de sa hache d'armes tous ceux qui essaient de forcer le passage; mais, blessé, couvert de sueur et de sang, il n'a point aperçu deux soldats lucernois qui se sont glissés sous les arches du pont, en soulèvent les planches et le percent de leurs piques. Stussi tomba expirant dans le fleuve. Son cadavre, devenu le jouet de quelques soldats furieux, fut coupé en morceaux et jeté dans la Sihl, après avoir été indignement outragé; mais son souvenir est toujours en honneur à Zürich, et l'on montre encore sur une fontaine, près de la maison qu'il habitait, une statue que sa patrie reconnaissante lui éleva peu d'années après sa mort.

Les Boucs se chargeaient des expéditions les plus périlleuses. Pendant l'un des sièges de Zürich, ils brûlèrent les machines de guerre des ennemis, dispersèrent leurs travailleurs, et détruisirent leurs grands béliers. Toujours les premiers à attaquer l'ennemi, les derniers à faire retraite, ils couvraient toutes les sorties, et presque toujours revenaient vainqueurs.

Toujours les mêmes, ils chantaient sous la tente comme dans les fêtes; ils plaisantaient sur les champs de bataille comme dans un bal, et se vengeaient de leurs revers par des railleries piquantes sur le compte de leurs vainqueurs.

Telle était la terreur qu'inspiraient les Boucs, que, lorsque Zürich signa la paix avec ses ennemis, Schwytz et Glaris exigèrent, comme une condition, que cette société serait dissoute et ses membres exilés. Zürich y consentit honteusement. Presque tous les Boucs se retirèrent en Souabe.

Le landammann Friees, d'Uri, magistrat qui jouissait d'un grand crédit à Zürich, imagina de leur fournir un prétexte de rentrer dans leur patrie, car ils s'ennuyaient dans cet exil: c'était d'enlever quelque homme notable de la ville qu'ils garderaient comme rançon jusqu'à ce que Zürich leur eût ouvert ses portes. Les Boucs trouvèrent l'expédient excellent. Quelques-uns d'entre eux s'embarquèrent donc secrètement sur le lac, entrèrent de nuit dans la ville, et saisirent au lit le landammann Friees lui-même, qu'ils conduisirent au château de *Hohen-Krayen*.

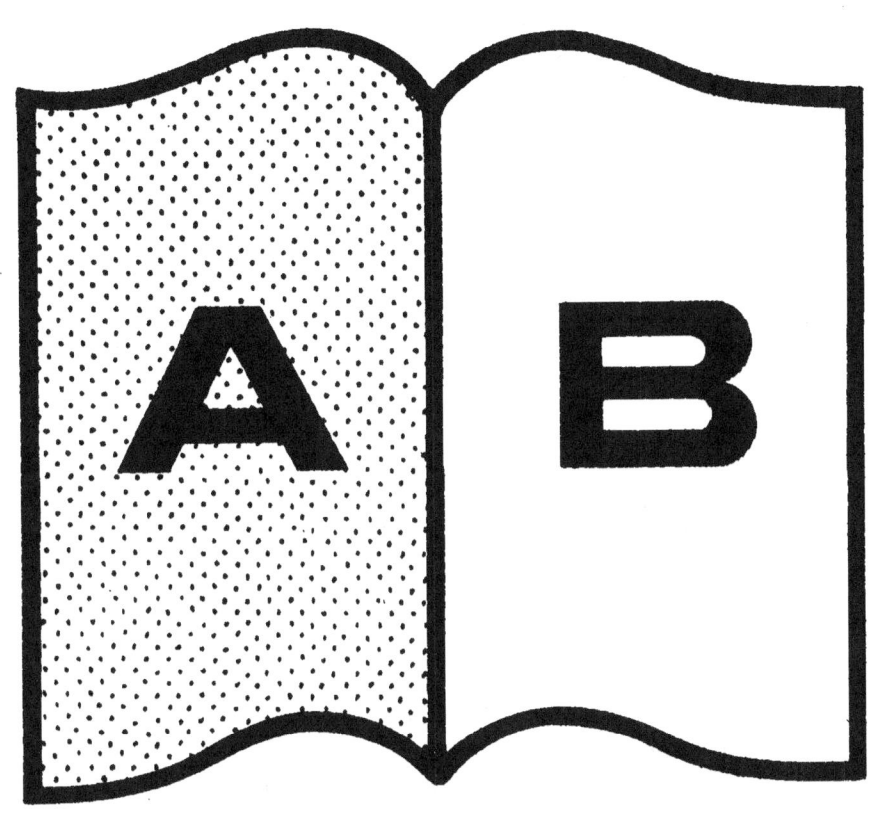

Contraste insuffisant

NF Z 43-120-14

Là les proscrits lui procurèrent toutes les marques de considération dus à sa dignité et à ses vertus, et se répandirent en excuses respectueuses; bref, ils lui rendirent la captivité si agréable, ils lui donnèrent de si beaux festins, de si belles fêtes, que Frises écrivit à la diète assemblée à Lucerne, et qu'il plaida si éloquemment la cause des Boucs, que les cantons se décidèrent à les rappeler. Ce fut le dernier triomphe de cette société, qui cessa de jouer un rôle actif dans les affaires de Zürich, mais dont le souvenir vécut long-temps, et entretint parmi la jeunesse züricoise le patriotisme, l'esprit militaire et l'amour des grandes actions.

CULTES.

Le canton professe la religion réformée, à l'exception de la paroisse de Dietikon et de la petite ville de Rheinau. Le clergé réformé se divise en dix chapitres, savoir : ceux de Zürich, du lac du même nom, de Knonau, de Stein, de Winterthour, d'Elgg, de Vezikon, de Kiburg, de Regensberg et d'Eglisau.

Tous les ans, le clergé s'assemble en automne pour former un synode. Chaque chapitre a un doyen qui a inspection sur les pasteurs. Le doyen du chapitre de Zürich porte le titre de *Antistes*. Il est le chef du clergé cantonal.

Les ecclésiastiques qui ne sont ni ministres ni pasteurs, voyagent pour s'instruire, se vouent à l'éducation de la jeunesse ou obtiennent des suffragances. Il en est qui s'exercent à la prédication; ces derniers sont sous la direction d'un doyen particulier.

INSTRUCTION PUBLIQUE.

Le pays est divisé en 15 cercles, chacun renfermant 3 ou 4 tributs. Zürich ne forme qu'un cercle. A chaque cercle est attaché un inspecteur qui est ordinairement un ecclésiastique. En 1817, on comptait dans le canton 378 écoles élémentaires, que fréquentaient 35,000 enfans de 6 à 15 ans, ce qui donne une moyenne de 80 enfans par école.

On sait que Zürich reçut dans le moyen âge le surnom de *savante*, et de nos jours celui d'*Athènes* de la Suisse allemande. Nous avons parlé des établissemens pour l'avancement des études, des sciences et des arts, que renferme cette cité. Winterthour en possède aussi un grand nombre. Chaque bourg, chaque village a une école entretenue aux frais de la commune.

INDUSTRIE. — COMMERCE.

C'est à l'époque de la réformation surtout que s'accrut l'activité commerciale de Zürich. Les arts, les métiers, l'agriculture prirent une face nouvelle. Dès le XIIIe siècle, cette cité comptait des fabriques de laine et de soie, de toile et de cuir; mais ce ne fut que dans le XVIe siècle que ses diverses manufactures prirent un tel accroissement, que leurs produits se répandirent jusque dans les contrées les plus éloignées. Vers le milieu du même siècle, Tours et Lyon virent s'élever dans leur sein des fabriques de soie qui n'eurent bientôt plus de rivales. Zürich, alors, chercha dans une nouvelle industrie, celle des cotons, un dédommagement à la perte que la fabrication française lui faisait éprouver; mais, en 1790, cette branche de commerce atteignit un certain degré de splendeur. De nos jours même, Zürich rivalise avec Lyon pour la fabrication des étoffes de soie. La main-d'œuvre y étant moins élevée, la matière n'étant sujette à aucun droit d'entrée, permettent de fabriquer et de livrer les étoffes à bien meilleur marché qu'à Lyon; mais, ce que Zürich ne saurait jamais imiter, c'est le goût, la pureté et la richesse des dessins : sous ce rapport, les fabriques françaises resteront toujours sans rivales.

BIBLIOGRAPHIE.

Histoire de Zürich, 1 vol. in-12. — 1746.
Essai historique sur le commerce de la ville de Zürich, par H. Schinz, 1 vol. in-8. Zürich, 1763.
Les Züricois illustres, par le professeur Muster — 2 vol. in-8. Zürich 1782.
Voyage de Zürich à Zürich. 1 vol. in-12.
Almanach helvétique (année 1803).
Recueil des statuts civils et des lois de police du canton de Zürich, — 6 vol. in 8. — Zürich — 1753 — 1793.
Mémoires de la Société de Physique de Zürich, 3 vol. in-8. — 1761 — 1766.
Le Potage au Millet, tout chaud, porté de Zürich au jeu d'arquebuse, à Strasbourg. Légende du XVIe siècle. Zürich — 1792.
Carte de Zürich, par Conrad Gyger. — 1677.
Carte du canton de Zürich, par M. Usteri. — 1801.
Chaînes des Alpes, vue des environs de Zürich, par H. Keller.
Panorama de l'Uetliberg, près Zürich, par H. Keller.
Vue de l'Albis du côté de Zürich, par H. Füssli.

ON SOUSCRIT CHEZ :
HIPPOLYTE SOUVERAIN, édit, 3, rue des Beaux-Arts.

Paris. — Imprimerie de BAUDOUIN, rue Mignon, n. 2.

oppresseur; le 21 juin 1339, son armée fut anéantie à Laupen. En 1353 Berne entra dans la confédération helvétique, où le second rang lui fut assigné entre les cantons. Depuis cette époque mémorable, sa puissance ne cessa de s'agrandir: elle recula peu à peu les limites de son territoire et multiplia ses ressources. Des alliances nouvelles et nombreuses affermirent ses institutions et son autorité.

L'an 1451, la Suisse conclut avec la France son premier traité d'alliance. En 1474, Berne se réunit à ses alliés afin de s'opposer à l'invasion dont Charles le Téméraire les menaçait. La victoire de Morat les délivra du conquérant; mais l'immense butin qui devint la proie des Suisses causa parmi eux des dissensions graves. C'est à cette époque que les Suisses commencèrent à s'enrôler sous les drapeaux de la plupart des souverains leurs voisins. « Belliqueux, intrépides, dit Gaillard, observateurs rigides de la discipline militaire, ils vendaient leur sang à l'ambition des princes étrangers. » Le luxe et la mollesse s'étaient introduits dans leurs mœurs, la corruption avait gagné jusque dans les couvens, quand Haller prêcha publiquement la réforme; ce nouveau culte fut solennellement reconnu. En 1535, le pays de Vaud est enlevé par les Bernois au duc de Savoie; l'année suivante, ce prince renonce à tous ses droits sur cette contrée en faveur des vainqueurs. Mais l'aristocratie devenait de jour en jour plus puissante; elle seule composait le gouvernement. En 1653 les paysans du canton ayant tenté de se soustraire à son oppression, Berne fut obligée d'employer la force pour les soumettre et les réduire à l'obéissance. Depuis cette époque la république de Berne jouit d'un long intervalle de paix, troublé à peine par quelques querelles intestines passagères. Mais en 1798 peu de semaines suffirent pour changer cet état heureux. La révolution française eut de l'écho en Suisse: les idées nouvelles s'y introduisirent, et le peuple applaudit avec enthousiasme à la proclamation d'une république unitaire; les citoyens furent déclarés admissibles à tous les emplois. Mais bientôt l'évêché de Bâle fut réuni à la France sous le nom de département du Mont-Terrible. Les Bernois prirent les armes afin de faire respecter leurs frontières... Le général Brune s'avança sur la capitale: Berne capitula. La Suisse fut divisée en dix-huit départemens; le canton de Berne en forma quatre: ceux de Berne, de l'Oberland, du Léman et de l'Argovie. Cette constitution n'eut qu'une éphémère existence, et Bonaparte, alors premier consul, se déclara *médiateur de la confédération*, divisée en dix-

neuf cantons, dont l'un, celui de Berne, fut réduit à son territoire primitif et privé du pays de Vaud et de l'Argovie, constitués en états indépendans. En 1815 un nouvel acte fédéral, confirmé par le congrès de Vienne, donna à Berne la ville de Bienne, son territoire, et une grande partie du ci-devant évêché de Bâle en dédommagement de la perte de ses anciennes possessions. La religion catholique, professée par un grand nombre d'habitans de ce pays, fut de nouveau tolérée dans cette ville, où l'on ouvrit une église destinée à l'exercice de ce culte.

MOEURS. — CARACTÈRES. — COSTUMES.

Le caractère national est la bonhomie, la franchise et l'activité; cependant les protestans sont en général plus laborieux que les catholiques, et il existe quelques différences assez marquées entre ces deux peuplades qui se partagent inégalement le territoire bernois. Celle de la partie allemande se distingue par un flegme qui, dans les premières classes de la société, tient un peu de la fierté qui leur est universellement reprochée; celle de la partie romande a généralement plus de mobilité dans l'esprit, et offre un mélange de mœurs allemandes et françaises.

Ici toutes les tombes se ressemblent: la main du fossoyeur a pris soin de les aligner avec une symétrie parfaite; peut-être y a-t-il dans cette régularité de sillons et dans cette uniformité de pierres funéraires, une pensée plus touchante que dans cette confusion de monumens qu'étalent nos cimetières, où la cendre du pauvre gît sans honneur dans quelque coin de terre, tandis que la poussière du riche dort dans de magnifiques cénotaphes. Toutes ces pyramides fastueuses, tous ces marbres de diverses couleurs, tous ces obélisques qui, suivant Bossuet, portent jusqu'aux cieux le magnifique témoignage de notre néant, valent-ils ces simples tombes toutes de la même pierre et toutes entourées de fleurs. Sur chacune d'elles il est d'usage de graver, non pas l'éloge du mort, mais des paroles consolantes tirées des saintes Écritures.

« Au quatorzième siècle, dit M. Philarète Chasles dans son *Résumé de l'histoire de Suisse*, les Suisses ne se couvraient pas la tête, et leur longue chevelure se mêlait à leur barbe vénérable. Sur une veste sans manches et courte ils jetaient une grande robe à manches longues, que les femmes serraient avec une ceinture: leur robe éclatait de diverses couleurs; la ceinture se terminait par des franges souvent très-riches. Leurs souliers étaient recourbés par le bout; un an-

neau serrait l'orteil du pied ; leurs bonnets brillaient de soie, d'argent, d'or, de pierreries. Les hommes se dispensaient de porter en été le vêtement que nous croyons indispensable ; et leurs bottes avaient des manchettes qui remontaient jusqu'à leur ceinture. On porta la manche gauche du pourpoint d'une autre couleur que la manche droite. On laissa pendre sur la poitrine des plaques et des ornemens, symboles d'amour, d'amitié, d'alliance, de devoir ou de plaisir. Les lois sévirent fréquemment contre les empiètemens du luxe ; on défendit de porter le pourpoint assez serré pour marquer les formes du corps ; on réprima l'abus de la danse, les conversations des jeunes gens et des femmes dans l'église, et les repas trop splendides. »

Aujourd'hui les hautes classes de la société, la bourgeoisie et même le peuple des villes, affectent de suivre en tout les modes françaises. Ce n'est que dans les campagnes, et parmi ceux qui les cultivent, que l'on rencontre encore quelques restes du costume si original des anciens Bernois.

Les habitans des bailliages du Jura n'ont point de costume particulier : il se confond avec celui de la Haute-Alsace, ou tient de celui de Bâle. Il est d'ailleurs peu gracieux, et n'a rien de remarquable.

VILLES. — VILLAGES. — CHATEAUX.

Le canton de Berne est composé de 27 préfectures qui forment 6 divisions : celles de l'Oberland, du Centre, de l'Emmenthal, de la Haute-Argovie, de Bienne et du Jura.

Préfectures de l'Oberland (*voir* Oberland bernois).

Préfectures du Centre. — La préfecture de *Seftigen*, située à l'O. de l'Aar entre les préfectures de Thun et de Berne, comprend 8 paroisses et renferme des champs fertiles, de belles prairies et de riches vergers. Parmi ces paroisses on distingue le joli village de Kirchdorf, pittoresquement situé, et orné de riantes maisons de campagne ; et celui de Thurnen, à l'extrémité N.-O. duquel sont les bains du Gournigel, à 2,000 pieds au-dessus de l'Aar.

La préfecture de *Schwartzenbourg*, située entre celle de Seftigen et le canton de Fribourg, est composée de 4 paroisses. La plus remarquable est celle de Guggisberg, au site sauvage et montagneux, et dont les habitans sont renommés pour leur vivacité et la beauté de leur sang. Les femmes surtout y sont ravissantes ; leur costume est délicieux : le Guggisberg est la Géorgie du canton de Berne. — La préfecture de *Konolfingen* comprend le territoire situé entre Thun et Berne, sur la rive droite de l'Aar. Cette partie du canton ressemble à l'Emmenthal et par la nature du sol et par le genre d'industrie qu'exercent ses habitans. Diessbach, Hochstetten et Munsingen sont ses villages les plus importans — La préfecture de *Berne* comprend la capitale et ses environs ; c'est la plus considérable du canton. Outre la ville de Berne (*voir* Berne), on y compte 10 paroisses situées sur les deux rives de l'Aar. Bolligen, Muri, Stettlen et Bechigen sont les plus anciennes possessions de la ville ; Bremgarten et Bumplitz renferment de jolies maisons de campagne. Les antiques châteaux de Wabern, d'Ægerten et de Bubenberg, berceaux de plusieurs avoyers bernois, sont situés dans la paroisse de Kœnitz. — La préfecture de *Laupen* est située à l'O. de celle de Berne, non loin des frontières du canton de Fribourg. La petite ville de Laupen est célèbre par la mémorable victoire que les Bernois y remportèrent, le 21 juin 1339, sur la noblesse de l'Alsace, de la Bourgogne et de la Souabe. — La préfecture de *Berthoud* (*Burgdorf*) est située au N.-E. de celle de Berne, et s'étend jusque dans l'Emmenthal. Les environs de la ville de *Berthoud* sont très-pittoresques. C'est dans l'église d'Hindelbank, à 2 lieues de Berne, que l'on voit le beau monument élevé à madame Langhans, épouse du pasteur de ce lieu, par le célèbre Nahl ; on ne saurait trop regretter que ce chef-d'œuvre de sculpture n'ait point été exécuté en marbre.

La préfecture de *Fraubrunnen*, située entre celle de Berne et le canton de Soleure ; renferme 7 paroisses : celle de Limpach possède une des plus jolies églises du canton. Burchsee (*München Burchsee*) a un château voisin d'Hofwyl et qui appartient à M. de Fellenberg, dont les entreprises agricoles et l'Institut célèbre sont connus dans toute l'Europe. (*voir* Institut d'Hofwyl).

Préfecture de l'Emmenthal. — La préfecture de *Langnau*, au N. des préfectures de Thun et d'Interlachen, et à l'E. de celle de Konolfingen, s'étend le long de l'Emme et de l'Ilfis, depuis le mont Hohgant jusqu'à 2 lieues de Berthoud. Moins pittoresque que l'Oberland, elle renferme d'excellens pâturages. Son territoire est divisé en 8 paroisses : Tschangnau ou *Schangnau*, Roethenbach, Eggiwyl, Trub, Langnau, Signau, Lauperswyl et Ruederswyl. C'est à Eggiwyl que l'Emme disparaît sous les rochers, près d'un endroit nommé *Rebloch*, pour reparaître ensuite à quelque distance de là. Les paroisses de Trub, Langnau et Ruederswyl possèdent des hôpitaux bien administrés ; celui de Langnau, qui peut recevoir 3 à

400 malades ou invalides, une école, etc. — La préfecture de *Trachselwald*, au N.-E. de la pré[céd.] et à l'E. du canton de Lucerne, comprend 9 paroisses. Le vieux château de Trachselwald, situé sur une éminence, est la résidence du préfet.

PRÉFECTURES PRINCIPALEMENT ALPINES. — La préfecture de *Haut-Simmenthal*, que l'Aar partage en deux parties inégales, est située entre la préfecture de Berthoud et le canton de Soleure. Ce pays est très fertile et produit du blé en abondance. Les paroisses de la rive gauche de l'Aar sont : Lassenberg, Utzensdorf, Herzogenbuchsee et Wangen ; celles de la rive droite sont : Oberburg et Lotzweil. — La préfecture d'Aarwangen, quoique d'une étendue peu considérable, renferme 8 paroisses ; les principales sont : Aarwangen, Roggwyl et Langenthal.

PRÉFECTURES ENTRE L'AAR ET LE LAC DE BIENNE. — La préfecture d'Arberg, située au N.-O. de celle de Berne, est composée de 21 paroisses. L'agriculture est la principale occupation de ses habitans. Près de Siselen se trouve le lac qui en a reçu le nom. La petite ville d'Arberg est bâtie sur un roc de grès au bord de l'Aar, qui l'entoure de tous les côtés quand le cours en est dirigé vers le passage des routes de Berne, Soleure et Neuchâtel. Avenche sera bientôt réunie à cette jolie cité, dont les fabriques découpent néanmoins plutôt d'après quelque commande. On passe l'Aar à Aarberg sur un pont couvert, le seul qui existe entre Neuhaus et Thun. — La préfecture de *Nidau* compte 8 paroisses ; parmi lesquelles est celle de Brüttelen qui faisait autrefois partie de la vallée de Erlach, laquelle a été réunie au canton en 1815. Nidau a vu aux siècles de sa fondation assez considérable. Le comté fut en l'an établi la confraternité entre Aar-berg et Soleure. Les ruines de l'ancien château de Strassberg, bercent des souvenirs de ces contrées, dans la préfecture de Nidau, de la pointe les plus exposées aux inondations de l'Aar. — La préfecture de *Nidau*, située à l'E., ou N.-E. au N.-E. du lac de Bienne, renferme 10 paroisses. Depuis 1815, BIENNE et ses environs font partie du canton de Berne. Cette ville, assez jolie, est assise sur les bords de la Suze, qui la traverse au milieu et lui communique par de jolis grands bords. Ses rues, fermées par de grandes portes, dont le sommet sont en général ornées d'armoiries. L'église est élégante; celle des franciscains que l'on remarque tout remarquable. Elle possède aux grandes écoles l'on enseigne les langues, la théologie, la géographie et les mathématiques. Elle est dotée d'une bonne architecture et agréablement environnée pour son adoption d'un grand goût. La bi-

bliothèque publique possède au-delà de 2,000 volumes. Une foule de jolies habitations embellissent les environs de Bienne. La partie du Jura qui s'étend au-dessus de cette ville, mérite particulièrement l'attention des naturalistes : outre plusieurs pétrifications curieuses, on y trouve un grand nombre de blocs dont les faces et les angles arrondis sont, pour le géologue, les témoins irrécusables des anciennes et prodigieuses révolutions de la terre. — La préfecture de *Cerlier* (*Erlach*), située en partie entre les lacs de Bienne et de Neuchâtel, comprend 8 paroisses: GAMPELEN, JOUX, ERLACH, FENIS, CERLIER, NEUVEVILLE (*Neuenstadt*), NODS et BRUSSE (*Tess*). Non loin de Neuveville, près du château de *Schlossberg*, est une belle cascade de 150 pieds de hauteur.

PRÉFECTURES DU JURA. — La préfecture de *Courtelary*, située au N. du Chasseral, s'étend le long de la Suze jusqu'aux frontières du canton de Neuchâtel ; elle comprend les vallées d'*Orvin*, de *l'Avret* et d'*Ostal* ou de *Saint-Imier*. Ses habitans, au nombre de 11,000 environ, professent tous la religion réformée et ne parlent que la langue française. Des principales paroisses sont : SOINT-IMIER, COURTELARY et PERY. — La préfecture de *Moutier* renferme trois vallées et plusieurs montagnes fort élevées. La grande route qui la traverse et la rivière de la Base sont bordées, entre Court et Courrendlin, de rochers escarpés dont les formes bizarres donnent au paysage l'aspect le plus pittoresque. Les hauteurs sont parsemées d'habitations isolées, placées au milieu de fertiles pâturages et de beaux vergers, et occupées en grande partie par des *anabaptistes* chassés jadis de l'Emmenthal, et réfugiés depuis lors dans ces solitudes. Le nombre des paroisses de ce pays s'élève à 15 : 7 dont les habitans suivent la religion réformée, et 6 professant la religion catholique, apostolique et romaine. Les paroisses réformées sont : BÉVILARD, COURT, GRANDVAL, MOUTIERS, SOURVELIER, TAVANNES et CORBAN, CORRENDRIN ou *Correndelin*, COURCHAPOIX, JEAN, LES GENEVEYS, LA JOUX et MERVELIER sont habitées par les catholiques. — La préfecture de *Franche-Montagne*, (*Freybergen*) comprend les contrées montueuses et sauvages situées entre celle de Courtelary et la frontière de France. Ses habitans, tous catholiques, vivent principalement du produit de leurs troupeaux, excepté dans le village DES BOIS, où l'on trouve quelques ouvriers horlogers. Ses 9 paroisses sont : LES BOIS, SAINT-BRAIS, LES BREULEUX, CHATILLAIS, MONTFAUCON, NOIRMONT, PROMENCY, SAIGNELÉGIER, et SOUBEY ou *Soubez*. — La préfecture de *Porrentruy*, appelée aussi *pays d'Ajoie*. *Elsgau*, située à l'extrémité septentrionale du canton de Berne, et entourée à l'O., à l'E. et au N. par la France, a pour chef-lieu la petite ville de Porentruy, bâtie sur les bords de la rivière de Halle, dans un site agréable, non loin du mont Terrible. Avant 1792, cette ville était la résidence de l'évêque de Bâle et le séjour de la noblesse des environs; elle possède un collège auquel sont attachés 9 professeurs. Ses principaux édifices sont : le Château, la Maison-de-Ville et l'Hôpital. Les tanneries de Porentruy, les brasseries, une fabrique de drap et une d'armes sont renommées. Sainte-Ursanne est une jolie petite ville bâtie sur les bords du Doubs. — La préfecture de Délémont et ses hautes montagnes, ses vallées riantes, ses châteaux et ses couvens à moitié détruits, offrent les points de vue les plus variés et les plus pittoresques. Les ruines du château de *Vorburg* et celles de *Soihières* surtout ne sauraient être assez signalées aux amateurs de tableaux romantiques. La ville de Délémont s'élève au milieu d'une riante vallée; elle présente un aspect agréable. Ses rues sont larges, bien alignées et la plupart ornées de jolies maisons. Le château, d'architecture moderne, est la résidence de l'évêque de Bâle pendant la belle saison.

CURIOSITÉS NATURELLES.

Le lac de Bienne ou de *Nidau*, appelé autrefois *lacus Nugerolis*, à cause du voisinage d'une petite ville de ce nom située dans les environs de Landeron, reçoit son nom actuel de la ville de Bienne, placée à peu de distance de son extrémité inférieure. Son bassin s'étend du sud-ouest au nord-est. Il est borné au sud par le canton de Berne, et borde dans sa partie septentrionale le ci-devant évêché de Bâle. Sa hauteur, d'après Tralles, est de 1,340 pieds au-dessus du niveau de la mer, et d'après Saussure, de 1,320 pieds seulement. Il a 3 lieues de long et 1 lieue de large; sa profondeur varie de 220 à 390 pieds. Ses eaux sont alimentées par la *Thièle* (*Zihl*), qui sort du lac de Neuchâtel, et par le torrent de la *Scheuss* ou *Suze*, qui descend des vallées du Jura. Sa rive septentrionale est embellie par la petite ville de Neuveville (*Neuenstadt*), par les villages de Gléresse et de Douanne (*Ligerz* et *Twann*), et par une suite de rians coteaux couverts de vignobles et d'une végétation riche et abondante.

La rive opposée n'offre qu'un paysage monotone, à l'exception des environs de la ville de Cerlier (*Erlach*). Deux petites îles s'élèvent au milieu du lac de Bienne : la première, inculte et sauvage, n'est peuplée que d'insectes et d'oiseaux aquatiques, et ne produit que des roseaux et des joncs; la seconde, d'une plus grande étendue, est l'île *Saint-Pierre*, demeure chérie de Rousseau en 1765, et dont il a décrit les charmes dans ses immortelles *Confessions*.

La maison où J.-J. Rousseau logeait, située au bord du lac, sert d'auberge : elle est dans l'état où le philosophe genevois l'a laissée; la muraille est griffonnée d'épanchemens poétiques, le livre destiné à cet usage ne suffisant pas. Une espèce de galerie couverte de Piazza, au niveau du sol, règne sur trois côtés de la cour intérieure, dont deux sont occupés par des étables et tout ce qui concerne l'exploitation de la ferme; un troisième côté forme le logement du fermier, et le quatrième celui des étrangers. Un immense noyer ombrage cette cour. Au haut de la colline qui occupe le milieu de l'île Saint-Pierre, on trouve un charmant jardin anglais et une forêt irrégulière, mais plantée d'arbres vigoureux, et habitée par des milliers d'oiseaux.

« Il y a dans le tableau que cet homme célèbre nous a donné de la douce vie qu'il menait à l'île Saint-Pierre, dit M. le comte de Walsh dans ses spirituelles *notes sur la Suisse*, des détails qui me charment et me paraissent propres à jeter un grand jour sur son véritable caractère. Ce projet qu'il forme de décrire successivement toutes les richesses végétales que renferme son petit royaume; ce zèle si ardent qu'il y apporte, zèle qui ne peut se comparer qu'à la facilité avec laquelle il y renonce; ce plaisir ineffable qu'il goûte à laisser soigneusement emballer ses livres, ses manuscrits, son écritoire, enfin tout ce qui pourrait lui rappeler son métier d'auteur; ses vagues et délicieuses rêveries, lorsque, couché au fond de son bateau, il se laisse aller à la dérive; la prétention qu'il met à être un excellent rameur, et ce mouvement secret d'orgueil qu'il ressent à voir que la femme du receveur n'est jamais plus tranquille que lorsque c'est lui qui rame; l'installation solennelle de cette colonie de lapins sur le petit îlot : tout cela m'attache à un point extraordinaire. J'aime à voir le philosophe célèbre, l'auteur le plus éloquent de son temps, sortir de ce tourbillon littéraire et de cette existence factice qui lui est à charge, pour se faire homme, et se livrer, avec toute la simplicité de son caractère, à des passe-temps si vulgaires et à des émotions tenant d'aussi près à la nature. Ceux qui ont voulu faire passer Jean-Jacques pour un être pervers ont trop compté sur la crédulité publique : l'ami de Bernardin de Saint-Pierre ne pouvait être un méchant homme, de même que l'antagoniste constant de Voltaire ne peut être un écrivain immoral. »

Le Chasseral. — Le Chasseral, l'une des hautes

sommités du Jura, s'élève au N. du lac de Bienne, au S. de l'Erguel et à l'E. du val de Ruz. Il forme trois gradins couverts de villages et de champs cultivés. A son sommet on trouve plusieurs chalets dans lesquels les paysans du voisinage s'établissent pendant l'été. Ce fut le but d'une des excursions de J.-J. Rousseau en 1765. Voici comment M. le comte d'Escherny, l'un des compagnons de voyage du philosophe génevois dans ses promenades aux environs de Bienne, raconte cette petite course.

« ..Entre toutes ces excursions, une surtout m'a frappé et est restée gravée dans ma mémoire : c'est une herborisation sur la montagne de Chasseral. Nous avions une partie du vallon à traverser pour arriver au pied de la montagne, et comme nous ouvrions une campagne qui devait durer plus d'un jour, il s'agissait d'avoir des vivres et de camper. Nous avions pourvu à tout ; nos magasins portatifs reposaient sur le dos d'une mule ; ils consistaient en couvertures pour la nuit, en pâtés, volaille, gibier rôti. Le justicier Leclerc était le pourvoyeur ; M. du Peyron avait soin des herbiers ; le colonel de Pury était notre éclaireur, il portait la boussole. Accoutumé au pays de montagnes où j'ai vécu si long-temps, je fus créé fourrier, j'avois de plus la garde du café et l'emploi de le faire. Rousseau, comme le plus âgé, était le capitaine de la petite troupe, chargé de la discipline du corps et d'y maintenir l'ordre et la subordination. Ce fut Rousseau et moi qui, les premiers, atteignîmes le sommet du Chasseral............

« La montagne se termine, dans son point le plus élevé, par un rocher large et plat, et qui parait comme lancé dans les airs : ce rocher, appelé le *Bec de Chasseral*, est le lieu que nous avions choisi pour nous reposer et prendre notre repas. Jamais dîner ne fut plus gai, plus bruyant, plus animé, plus sensuel en même temps. Avant de nous engager dans les bois touffus du revers de la montagne où nous devions herboriser le lendemain, nous voulûmes reconnaître le terrain. Le Bec de Chasseral est, comme nous l'avons dit, une espèce de jetée ou de môle qui se prolonge dans les airs ; au-dessous sont des abîmes dont l'œil peut à peine sonder la profondeur. La montagne, à une assez grande distance de droite et de gauche, est coupée à pic, et présente à vue d'oiseau les mêmes profondeurs. Dans l'été, on laisse les vaches paître sur ces hauteurs ; il arrive quelquefois qu'attirées par les herbes savoureuses qui croissent sur les bords de l'abîme, le pied leur glisse et qu'elles tombent. Nous en aperçûmes deux ou trois entraînées depuis peu, et qui ne nous paraissaient, d'où nous étions, que de la grosseur d'un lièvre.

« Nous parcourions avec délices ces hauteurs ; de tous côtés nous découvrions une vaste étendue de pays : nous ne laissions pas de rencontrer çà et là quelques plantes qui ne croissent que sur le sommet des plus hautes montagnes ; nous respirions un air très-pur et très-vif. Rousseau était de la meilleure humeur du monde, excepté quand il voyait que nous avancions trop près du côté du précipice ; il nous priait en grâce de nous éloigner. Je l'ai vu se jeter à genoux et nous supplier de ne pas récidiver.... »

PONT DE LA KANDER. — Ce pont, remarquable par la solidité de sa construction, est situé à une lieue environ de Mullinen. C'est là que le gouvernement de Berne fit creuser, en 1714, un nouveau lit au milieu des rochers pour conduire la Kander dans le lac de Thun ; avant cette époque, ce fougueux torrent dévastait souvent les campagnes environnantes.

HISTOIRE NATURELLE.

RÈGNE ANIMAL. — Les animaux sauvages, les oiseaux et les poissons qui se rencontrent dans le reste de la Suisse, se trouvent aussi pour la plupart dans le canton de Berne ; l'Oberland en possède à lui seul un grand nombre (*voir* OBERLAND BERNOIS).

Dans les forêts du Jura le chat sauvage n'est pas rare ; on y trouve aussi des chevreuils et beaucoup de sangliers ; l'effraie, le coq de bruyère, la gélinotte, etc., sont communs. Le lézard vert est rare ; on en voit néanmoins le long du lac de Bienne. La plus dangereuse espèce de *vipères* (la *vipera redii*) se montre au pied du Jura. On pêche dans le lac de Bienne la truite saumonée, l'umble, le *balchen*, la lotte, la perche, le barbeau, la carpe, la brême et le salut.

Les environs de Berne, les hauteurs et les vallées du Jura, les Alpes de l'Oberland, les bords des lacs de Thun et de Bienne sont peuplés d'une infinité d'insectes de toutes espèces. L'entomologiste n'a ici que l'embarras du choix.

RÈGNE VÉGÉTAL. — Le canton de Berne est comme un vaste jardin, et ne renferme pas moins d'arbres utiles et curieux, que ceux du Valais, d'Appenzell, des Grisons, etc.

La flore bernoise possède un grand nombre et une grande variété de plantes. Indépendamment de celles rares et curieuses que renferme l'Oberland bernois, on trouve encore les espèces suivantes : l'*atropa belladonna*, le *bryum croceum*, le *carex pilosa*, le *lycopodium complanatum*,

la *veronica montana*. Dans la forêt de Bremgarten, le *buphthalmum salicifolium*; et le *carex elongata*, à Muri; le *carex cervicaria*, à Laupen; le *dianthus alpestris*, aux environs de Berthoud, l'*equisetum sylvaticum*; le *tussilago petasites*, aux environs de Berne, etc.

EAUX MINÉRALES. — BAINS — On compte dans le canton plus de 60 sources d'eaux minérales, parmi lesquelles on distingue : les bains de Blumenstein, situés près de Stockhorn, à 4 lieues et demie de Berne, et très-fréquentés dans la belle saison; les bains sulfureux du Gournigel, d'un accès facile; les bains de Weissembourg, ceux d'Engistein, de Sommerhaus, de Gutenbourg et d'Attisholtz ; la source *de la Bourg*, dans le ci-devant évêché de Bâle, où il y a des bains renommés; celle de la grotte de Sainte-Colombe, près d'Undervilliers; celle de Moutiers, nommé *Baderus*, etc. , etc.

INSTRUCTION PUBLIQUE.

INSTITUT D'HOFWYL. — C'est le 2 mars 1799 que M. Emmanuel de Fellenberg, cet homme également distingué par son génie , ses connaissances variées , les nobles qualités de son cœur et l'extrême simplicité de ses goûts, commença à Hofwyl, ferme située dans une contrée fertile , non loin de la route de Zurich et de Soleure, les essais agronomiques qui, après de nombreux sacrifices, mais avec des succès toujours croissans, ont élevé à une grande perfection les diverses branches de l'économie rurale ; et qui , joints à d'excellens établissemens d'éducation , ont attiré les regards d'une foule de savans et de philanthropes français, anglais et allemands. Les institutions que renferme le domaine d'Hofwyl, dont M. de Fellenberg est aujourd'hui propriétaire, ainsi que ceux de Munchenbuchsee, sont : 2 fermes, destinées , l'une à servir de modèle et l'autre à l'essai des perfectionnemens et des nouvelles découvertes; des ateliers où l'on fabrique toute sorte d'instrumens aratoires ; un institut consacré à l'agronomie théorique et pratique , et un établissement d'éducation où plus de 20 professeurs enseignent les langues anciennes et modernes, la musique, le dessin, la géographie, l'histoire, les mathématiques , la philosophie, la physique, la chimie, etc., à un grand nombre de jeunes Français, Allemands, Russes, Anglais, etc.

On n'emploie ici aucun des moyens ordinaires d'encouragement et de répression; il n'y a ni premier ni dernier, ni prix ni médailles, ni châtimens humilians. Le redoublement des tâches, pendant les heures de récréations, est la seule punition qu'on emploie pour entretenir l'activité du travail. Les enfans se justifient en liberté; on les écoute avec patience et on les reprend avec douceur. Il n'y a peut-être aucun institut d'éducation dans lequel on sache allier autant d'amusemens au travail , autant de liberté à la règle établie, et où les élèves aient plus d'occasion de se préparer à l'usage du monde par l'exemple de manières distinguées et polies. La maison de M. de Fellenberg en est un modèle; l'abord des étrangers y est continuel ; on visite Hofwyl de tous les pays, et on peut dire que les jeunes gens qui l'habitent voyagent sans changer de place.

Mais ce qu'on ne saurait trop louer, c'est l'*École des pauvres* , dirigée par le fils d'un ancien maître d'école de Lihikosen, dans la Thurgovie. Dans cette noble mission, M. Wehrli, sous la surveillance spéciale de M. de Fellenberg, son fondateur, tient un journal de tout ce qui regarde chacun des enfans, depuis le moment de son admission ; ses dispositions naturelles, son caractère, ses progrès religieux, moraux et intellectuels, son application au travail.

Le soin de développer la gaîté des élèves, de les maintenir gais, alertes et actifs, est considéré comme un point important. Ils sont constamment caressés et prévenus; tout les invite à la confiance. Le maître ne leur parle qu'en souriant; il travaille, il lit, il cause, il chante avec eux, et ne les quitte jamais.

Le travail et l'ordre, la douceur, une marche sage, égale et persévérante, triomphent de tous les obstacles moraux , de toutes les habitudes perverses. Ces enfans vagabonds, mendians, on ramassés çà et là dans la plus profonde misère, mais accueillis et soignés avec une bonté affectueuse, n'ont jamais besoin d'un seul châtiment pour être amenés à une conduite régulière.

Un état assuré dans une carrière où ils pourront mener une vie heureuse est le legs que M. de Fellenberg prépare à ces orphelins qu'il a adoptés. Il les destine à diriger des exploitations agricoles, ou seulement à faire de bons garçons de ferme, selon leur degré de talent et d'activité. Leur principale occupation est donc de travailler à la terre. Tant que la saison et la température le permettent, ils sont occupés dans les champs à des ouvrages en rapport avec leur âge et leurs forces. S'il fait mauvais temps, et pendant la saison rigoureuse, ils font des ouvrages en paille , ils tricotent, ils épluchent de la laine, etc. , etc.

Tout en sarclant la terre ou en arrachant de mauvaises herbes, ils comptent à la manière de Pestalozzi ; ils apprennent ainsi à calculer avec facilité et promptitude. M. Wehrli, chaque matin avant le travail, chaque soir après qu'il est terminé, cause avec les enfans, et M. de Fellenberg assiste le plus souvent à ces intéressans entretiens.

L'OURS DE BERNE.

Les premiers confédérés célébraient leurs exploits par des chants guerriers d'un style sauvage mais naïf. Voici la traduction aussi fidèle que possible d'une de ces hymnes de victoire telle que nous l'a conservée Tschudi: c'est un soldat bernois qui l'a composée pour ses frères d'armes, il y a quatre siècles, et qui parle de l'Ours de Berne avec le même orgueil que les anciens Romains parlaient de leurs Aigles.

« La redoutable bannière de Berne est formée de trois bandes de diverses couleurs: deux sont rouges, celle du milieu est jaune; sur ces bandes paraît un ours qui n'a jamais pâli, noir comme du charbon, armé de griffes rouges, et prêt à gagner honneur et renom. Berne est l'une des capitales de la Bourgogne; c'est la couronne des villes libres: chacun la loue à juste titre; quiconque en a entendu parler sait qu'elle est un séjour de héros et un miroir où brille une image sans tache: jeunes et vieux font retentir ses éloges par toute l'Allemagne.

« Il s'était formé en France une nombreuse et puissante ligue: à la honte de la chrétienté, personne n'eut le courage de lui résister; quand on apprit ses forces, tous les princes en eurent une grande frayeur; le pape et l'empereur n'osèrent pas plus lui résister que les seigneurs et le peuple.

« Les Guglers, Anglais, Bretons, gens ramassés de tous pays, prenaient de force les terres et les biens des barons et des villes, et disaient arrogamment: «Nous irons dans le pays des belles filles; nous resterons en Alsace, et nous sommes bien sûrs que ni homme ni femme ne nous en chassera. »

« Le comte Ingram de Guise prétendait s'emparer des villes et châteaux, s'imaginant que tout le pays était à lui. Son beau-frère d'Angleterre l'avait secouru de corps et de biens, ainsi que le duc Ivon de Galles, au casque d'or, le comte Saloer de Bretagne, et plusieurs autres guerriers de grand renom.

« Le seigneur de Vienne lui dit: « J'ai à me plaindre avec juste indignation; aidez-moi à recouvrer ce qui est à moi; je veux être votre serviteur, et je marcherai avec vous très-volontiers contre la ville de Berne.»

« Cependant la plupart des villes et des seigneurs de l'Autriche, de la Bavière, du Wurtemberg et de la Souabe ne se crurent pas assez forts contre tant d'ennemis, et n'osèrent les approcher; mais ils restèrent en sûreté au-delà du Rhin, comme dans un asile sûr, et laissèrent tellement ruiner leurs gens et leurs terres, que les pauvres et les riches ne s'en ressentirent que trop.

« Toutes les bandes anglaises passèrent le Hancastein: quand elles entrèrent dans notre pays, l'ours leur demanda ce qu'elles venaient faire sur ses terres et appela promptement à son secours les troupes de ses alliés, qui n'accoururent pas sans être bien armés, du côté de Büren, où le comte de Nidau fut tué, lors de l'assaut, par un méchant coup de flèche.

« Seigneur Motzli! voici le moment de te défendre: le vieux et prudent ours tient conseil du matin au soir. « J'ai, dit-il, été à la chasse de la gloire et de l'honneur; j'ai exposé bravement ma tête au combat de Vangnen, où il y a eu beaucoup de prisonniers; j'ai combattu héroïquement à Laupen, où j'ai dissipé l'armée des grands seigneurs; j'ai détruit plusieurs villes et châteaux, et je ressens si vivement les injures et les méchantes actions des Guglers, que j'y perdrai plutôt la vie, ne fût-ce que pour en détruire quelques-uns. »

« L'ours alors entre en fureur; il défend son peuple et son pays à coups de piques et d'arbalètes. Les Guglers commencèrent à trouver le jeu déplaisant, quand l'ours, ayant rencontré son ennemi à Anet, le mit en pièces avec des haches et des hallebardes, et lui porta un coup mortel. Les prisonniers racontèrent à Berne que depuis trente ans ils ne s'étaient trouvés à une affaire si chaude.

« Le comte Ivon de Galles vint ensuite à Fraubrunnen. L'ours lui dit: «Tu n'es pas assez fin pour m'échapper; je veux vous battre, vous mettre en déroute, vous exterminer par le fer et par le feu, tellement qu'en Angleterre et en France toutes les veuves crieront de concert: O comble du malheur! que personne n'aille plus provoquer Berne!

« Quatorze mille gendarmes au casque d'acier diront tristement à leurs amis et à leurs neveux:
« Cet ours sait donner de furieux coups de patte: nous lui avons laissé trois mille des nôtres; il est hardi et ne connaît pas la peur: quant à nous, nous avons été contraints de renoncer à notre entreprise, et nous voilà réduits à crier: *Sauve qui peut!* »

BIOGRAPHIE.

Description topographique et statistique de l'ancien évêché de Bâle, Saint-Gall, 1814, 1 vol.
Description des environs de la ville de Berne, Berne, 1810, 1 vol. in-8°.

BERNE.

ORIGINE DE LA VILLE DE BERNE.

Les chroniques et diverses inscriptions assignent à l'origine de la ville de Berne l'année 1191, et attribuent sa fondation au duc de Zæringue Berchtold V, dont les états comprenaient alors tout le pays situé en-deçà du Jura et du lac de Genève jusqu'à la Reuss.

Puissant autant que valeureux, Berchtold était surtout redoutable à la noblesse, qu'il contenait dans le devoir en réprimant avec sévérité les vexations et les abus qu'elle se permettait envers ses sujets. Odieux par cette raison aux comtes et aux barons, ceux-ci profitèrent d'une absence qu'il fit dans l'année 1189, pour susciter des troubles qui devaient leur fournir l'occasion de ressaisir avec impunité un pouvoir arbitraire. A son retour il trouva la plus grande partie de la Suisse livrée au désordre et à la rebellion, ce qui l'obligea de lever des troupes et de marcher contre les séditieux. Il parvint aisément à les faire rentrer dans le devoir; et, ayant fait prisonniers plusieurs vassaux félons, il fit exécuter les plus coupables à Bourgdorf, où il résidait habituellement.

Ainsi contrainte à l'obéissance, la noblesse factieuse rentra dans le devoir; mais sa haine envers un suzerain aussi sévère s'accrut de jour en jour, et finit par un acte de vengeance atroce. Berchtold avait deux fils qu'il aimait aussi tendrement que leur mère; ils furent désignés pour victimes et périrent tous les trois par le poison (1). Justement irrité, le père, qui voyait sa race s'éteindre avec lui, songea au moyen d'écraser ses ennemis, et conçut ainsi l'idée de rendre puissante la nouvelle ville, en lui accordant des institutions et des privilèges qui devaient nécessairement exciter la jalousie et créer une animosité entre les habitans et la noblesse des environs, dont les suites seraient un jour l'anéantissement de celle-ci.

Il possédait alors un château de chasse appelé La Nydeck, qui se trouvait sur l'emplacement qu'occupe de nos jours l'église de ce nom. La position de ce château sur une éminence entourée par l'Aar en rendait l'approche difficile, en même temps que le bourg qui s'élevait sous ses murs pouvait en être protégé.

L'espace que la ville occupe maintenant était alors couvert de gros chênes, et l'extrémité orientale du monticule où se trouvait le château se nommait *le Sac;* dans la partie élevée, ce monticule était traversé par des ravins qui ont servi de fossés à la ville naissante, et qui ont été comblés à mesure qu'elle a été agrandie. Le plus profond de ces ravins coupait le monticule transversalement en s'étendant d'une rive de l'Aar à l'autre, et portait le nom de *Fossé des Animaux.*

Après avoir reconnu le terrain, Berchtold confia l'exécution de son plan à l'un de ses vassaux, le chevalier Cunon de Bubenberg. Les premières maisons furent bâties avec les chênes coupés sur la place même. Dans le but d'attirer une nombreuse population dans la nouvelle ville, le duc de Zæringue accorda plusieurs franchises et privilèges à quiconque vint s'y établir. Le nombre de ses habitans s'accrut rapidement; plusieurs nobles chevaliers quittèrent leurs donjons et vinrent s'associer à une bourgeoisie qui se gouvernait par des magistrats pris dans son sein, et qui était sous le patronage d'un seigneur puissant.

Berchtold, qui déjà en 1195 avait mis sous la protection de l'empereur Henri IV sa nouvelle ville, conserva néanmoins son droit de souveraineté jusqu'à sa mort, arrivée en 1218. A cette époque Frédéric II, qui occupait alors le siège de l'Empire, en même temps qu'il confirma toutes les anciennes franchises et immunités, lui octroya de nouveaux privilèges; toutefois il y tenait un gouverneur : *Théton* ou *Othon de Ravensburg* y résida en cette qualité jusqu'à l'année 1223. Plus tard, Pierre de Savoie l'agrandit depuis la tour de l'Horloge jusqu'à celle des Prisons : la bourgeoisie de Berne lui décerna pour cette munificence, et pour d'autres services qu'il lui avait rendus, le titre de second fondateur de Berne. Dans l'année 1346, la ville fut de nouveau prolongée jusqu'à la tour de Goliath (*Christophel-thurm,*) et à cette époque elle fut aussi entourée d'une muraille flanquée de tours; ouvrage qu'on acheva dans l'espace de dix-huit mois. Les bâtimens entre ces murailles et les fortifications sont d'une date plus récente, et celles-ci n'ont été élevées qu'en 1623.

---

(1) Suivant quelques historiens, ce fait ne se passa qu'en l'année 1217, un an seulement avant la mort de Berchtold.

BARRIÈRES. — PORTES.

Il est peu d'aussi beau spectacle que celui qui attend l'étranger qui arrive par la route de Morat. Il n'aperçoit la ville que lorsqu'il est prêt d'y entrer; il tourne autour d'un amphithéâtre de collines fraîches, parées de verdure et égayées par le chant de mille oiseaux, jusqu'au moment où il parvient à l'*Oberthor*. De ce belvédère, Berne se déploie à ses regards; il cherche à saisir tous les détails de ce tableau si riche, si vif, si animé, qu'il a sous les yeux. A sa droite brille l'Aar, qui vient apporter à la riante cité le tribut de ses ondes; à gauche s'étend un horizon magnifique de prairies; plus loin un amphithéâtre de vertes collines; quelques rideaux d'arbres lui masquent les maisons de la ville; mais son œil peut sans peine suivre cette longue et large rue *Kramgats*, qui est sans cesse parcourue par une foule de marchands et d'étrangers dont le bruit arrive jusqu'à lui. Presque toutes les maisons sont d'égale hauteur; ce n'est point ici une main de fer qui a promené son niveau sur tous ces édifices, mais plutôt la main de cette médiocrité d'or chantée par Horace, qui n'a pas voulu affliger l'œil par de fastueux disparates. La vue est terminée, sur le premier plan, par des glaciers qui semblent autant de remparts destinés à protéger la ville, si les bras de ses habitans étaient jamais impuissans pour la défendre.

En entrant dans Berne, ces impressions douces et riantes s'effacent devant ces masses de pierres, ces lourdes galeries qui trahissent des stériles efforts pour unir l'élégance à la commodité.

La ville de Berne a 4 portes principales : la porte de Soleure ou *porte d'en bas*, la porte d'Aarzihle ou du Marzihle, la barrière d'Aarberg ou *porte de Golattenmatt*, et la barrière de Morat ou *porte d'en haut*. D'abord pratiquée dans la tour de l'Horloge, cette dernière porte fut reculée dans la Tour des Prisons, et en 1346, lorsqu'on agrandit de nouveau la ville, elle fut placée sous la tour de Goliath. En 1623, époque où on éleva les remparts, elle subit une troisième translation et fut pratiquée dans une tour entre deux bastions; elle fut en outre pourvue d'un pont-levis et d'une herse. En 1807, on a démoli cette tour avec une partie des remparts. Une belle grille en fer et deux jolis pavillons, dont l'un est habité par le receveur du péage, et l'autre sert de corps-de-garde, donnent à cette entrée de la ville un très-bel aspect. Les ours en granit qui ornent la barrière de Morat sont dus au ciseau du sculpteur Abbarth, et méritent d'être remarqués.

FONTAINES.

Berne possède un grand nombre de fontaines; les eaux vives qu'elles fournissent en abondance sont excellentes. Elles ornent gracieusement la ville : plusieurs sont décorées de statues qui se rattachent à des évènemens particuliers au canton, et portent les millésimes de 1394, 1542 et 1545. Les principales sont : la *fontaine à Quatre Tuyaux*, celle *des Ours*, et la *fontaine de l'Ogre*, où est représenté un ogre qui mange un enfant et qui en a plusieurs dans sa ceinture et dans ses poches.

ÉDIFICES.

Les principaux édifices publics sont la cathédrale, l'église française ou église catholique, l'hôtel-de-ville, la bibliothèque, le musée, le collège, l'arsenal, le grand grenier, le grand hôpital, l'hôpital de l'Ile, la tour de l'Horloge et la tour des Prisons.

La Cathédrale. — Bâtie dans le style gothique du moyen-âge, son architecture est imposante et se distingue particulièrement par la hardiesse des ogives et par une multitude d'aiguilles de toutes formes qui couronnent les arcs-boutans et les piliers. Tout autour du toit règne une double galerie dont le parquet, sculpté en pierre, offre entre chaque arc-boutant un dessin varié d'un travail aussi gracieux qu'admirable.

La tour sous laquelle se trouve le grand portail est à l'extrémité occidentale de l'édifice; elle a 191 pieds d'élévation. Dans les deux tourelles à jour dont elle est flanquée sont les escaliers qui conduisent, par 254 marches, dans l'habitation du guet, et renferment 9 cloches, dont la plus grosse pèse 203 quintaux : il faut 8 hommes pour la mettre en mouvement.

Le grand portail offre trois entrées, dont la principale est extérieurement fermée par une grille de fer, décorée de nombreux écussons aux armes de familles bernoises et d'une multitude de sculptures remarquables dues à Erhard Kung ou Kœnig, artiste westphalien à qui on attribue aussi celles qui ornent les fonts baptismaux. La partie nord de l'édifice la plus ornée : sur un des pilastres du chœur on voit les armes du duc de Zæringue, et la statue de l'un des architectes qui repose sur un piédestal soutenu par deux frêles colonnes, avec ces mots tracés en lettres gothiques : *Mach's na* (Imite-le), et qui formaient, dit-on, la devise de cet artiste.

La longueur de l'édifice est de 160 pieds et sa largeur de 80. La nef, dont la voûte est portée

par 10 piliers, était autrefois décorée d'un grand nombre de bannières conquises dans les anciennes guerres; on n'y voit aujourd'hui d'autres ornemens que quelques armoiries de familles bourgeoises pour la plupart éteintes. Ce qu'elle renferme de plus remarquable est le mausolée du duc de Zæringue et celui de l'avoyer Steiger. Sur le premier, qui se trouve à la droite du chœur, on voit, entre les armes impériales et de Zæringue, celles de la république de Berne, avec cette inscription:

IN MEMORIÆ MONUMENTUM
PERPETUÆ BERCHTOLDI V.
ZÆRINGIÆ DUCIS FORTISSIMI. URBIS
BERNÆ CONDITORIS INCLYTISS.
P. PATRÆ ILLUSTRISS. SE-
-NATUS BERN. G. L. Q. P.
MCXCI. FRID. II. ROM. IMP.
BER. CON.

Et au-dessous:

M. P. anno ΧΡΙΣΤΟΤΟΝΙΑΣ millesimo sexcentesimo ecclesiæ autem Christi in hac civitate ΠΛΛΗΤΕΝΕΣΙΑΣ LXXIII.

Six tables de marbre, disposées autour du monument élevé à la mémoire de Steiger, placé à la gauche du chœur, indiquent les noms de 18 officiers et de 643 soldats qui ont succombé dans les différens combats qui eurent lieu en 1798 entre les Français et les Bernois.

On remarque dans la nef, outre quelques pierres sépulcrales, plusieurs vitres peintes aux armes de plusieurs familles de Berne. Parmi celles-ci se distinguent particulièrement les trois armoiries des nobles de Mülinen, de Vatteville et de Frisching, dues aux frères Mullen, dont les beaux ouvrages en ce genre sont comparables aux anciens vitraux pour la vivacité et l'harmonie des couleurs, et les surpassent pour la correction et les détails du dessin.

Le chœur a été séparé de la nef par une muraille. La sculpture ingénieuse des stalles et la peinture des vitraux qui l'ornent, méritent de fixer l'attention des curieux; elles décèlent en quelque sorte l'esprit de controverse qui a régné sur la fin du XVe siècle. On remarque sur les premières quelques traits malins contre le clergé; sur les dossiers des stalles sont représentés les apôtres et les prophètes. Ces curieuses sculptures ont été exécutées vers la fin du XVe siècle par Jacques Rusch et Henri Sewaagen, pour le prix modique de 25 florins. En examinant les vitraux, on reconnaît sans peine que le peintre, Frédéric Walter, a voulu faire la satire du dogme de la transsubstantiation, qu'il personnifie en représentant le Pape versant avec une pelle les quatre évangélistes dans un moulin, duquel on voit sortir une multitude d'hosties, qu'un évêque reçoit dans une coupe surmontée d'un Christ; le peuple, à genoux, semble tout ébahi du miracle.

Une porte conduit du chœur dans la sacristie et de là dans une salle où l'on conserve une grande tenture brodée représentant le martyre de saint Vincent de Saragosse, et quelques autres qui servirent à décorer les tentes du duc de Bourgogne. Ces objets de curiosité, qui proviennent en partie des anciennes fabriques des cathédrales de Berne et de Lausanne, et du butin des batailles de Grandson et de Morat, sont suspendus et étalés dans le chœur, chaque année, pendant quelques mois.

La cathédrale occupe l'emplacement d'une plus ancienne bâtie en bois l'année 1240, et dédiée à saint Laurent. Presqu'entièrement détruite en 1356 par un tremblement de terre, on en construisit une nouvelle deux ans plus tard; celle-ci fut dédiée à saint Vincent de Saragosse et exista environ un demi-siècle. Enfin, en 1421, l'avoyer Rodolphe Hoffmeister et le curé de la paroisse posèrent la première pierre de l'édifice actuel, qui ne fut entièrement terminé que 80 ans après.

Il y a jour et nuit sur la tour de la cathédrale un guet chargé de sonner les heures et de donner l'alarme en cas d'incendie.

L'Église française, ou *église catholique*, a été bâtie en 1265 par les Dominicains; elle fut consacrée à saint Pierre et saint Paul, et renfermait plusieurs autels richement ornés. Cet édifice était autrefois plus considérable et se prolongeait jusqu'au cimetière, au-devant duquel régnait une longue muraille sur laquelle était peinte la *danse des Morts* de Nicolas Manuel. Cette église a été réparée à différentes époques. Douze colonnes supportent la voûte de la nef, qui est surmontée d'une campanille, et celle-ci d'une flèche recouverte de fer-blanc. Les orgues, qui ont été construites en 1728 par un paysan de Rubischweil, nommé Joachim Rychener, passent pour être les meilleures de la ville. Sous les ogives sur lesquelles elles reposent, se trouvent deux tableaux qui portent le millésime de 1295: placés dans une obscurité presque complète, à peine les aperçoit-on; ils sont cependant assez curieux. L'un d'eux paraît représenter *l'arbre généalogique de la Vierge*, et l'autre celui de saint Dominique. Ces peintures sont probablement les restes d'une ancienne fresque dont toute l'église était décorée, ainsi qu'on l'a reconnu dans ce temps.

En face est placé le maître-autel. Les deux colonnes de stuc qui le parent, ainsi que la gloire dont il est surmonté, sont d'un bel effet. Le tableau représentant saint Siméon et l'Enfant Jésus est estimé. A droite est la chapelle de la Vierge et à gauche la sacristie ; l'une et l'autre sont surmontées de jubés.

L'Hôtel-de-Ville. — Cet édifice, d'un style plutôt lourd qu'élégant, presque carré, surmonté d'un toit élevé, est percé d'un grand nombre de fenêtres. Un double escalier couvert, adossé à la façade principale, conduit au premier étage : cette façade est décorée d'écussons aux armes des 27 districts ou préfectures du canton de Berne. Les salles du grand et du petit conseil sont belles, et décorées de tableaux au nombre desquels on en distingue plusieurs de Joseph Werner, qui vivait au commencement du XVIIe siècle. On voit encore à l'hôtel-de-ville plusieurs autres tableaux historiques assez remarquables. L'un, peint par Joseph Plepp, représente *la ville de Berne* telle qu'elle était en 1585; un autre *la chasse aux ours*, faite à l'époque et sur les lieux où la ville a été bâtie. *L'empereur Frédéric octroyant des lettres de franchise à la bourgeoisie* est le sujet d'un troisième. Ces derniers tableaux sont de Gottard Ringli de Zürich.

La Bibliothèque de Berne possède 40,000 volumes et environ 1,500 manuscrits. La grande salle, percée de 8 croisées du côté du sud et d'une du côté du nord, est très-bien éclairée. Autour règne une galerie supportée par douze colonnes de stuc jaune et ornée d'une légère balustrade ; le plafond est décoré d'une peinture à fresque représentant *Minerve couronnée par Apollon*. L'origine de cette bibliothèque remonte vers l'époque de la réformation, où elle commença à se former par le dépôt des livres et manuscrits trouvés dans les couvens sécularisés. Le célèbre Haller fut à la tête de ce bel établissement depuis 1734 jusqu'en 1736. Ce fut surtout à cette époque que la Bibliothèque de Berne prit de l'accroissement soit par des achats d'ouvrages précieux que fit le gouvernement, soit par les dons d'un grand nombre de particuliers, qui ajoutèrent tellement à sa richesse que l'ancien local devint insuffisant ; il fallut en disposer un nouveau plus spacieux.

Le cabinet de médailles qu'on voit dans la bibliothèque renferme quelques pièces riches et curieuses, et fort rares. On a commencé à le former à la fin du XVIe siècle par les dons de plusieurs particuliers, et il s'est ainsi accru pendant le XVIIe. Le plus grand nombre de ces pièces ont été trouvées aux environs d'Avenche, de Moudon et de l'ancienne Vindonissa.

Le Musée, situé à côté de la Bibliothèque, communique avec elle par un corridor. Sa façade, sur laquelle on lit : *Musis et Patriæ*, est surmontée de la statue de Minerve sculptée en grès. Le rez-de-chaussée se compose de trois salles ; l'étage supérieur est formé d'une seule galerie de plus de 60 pas de longueur : elle est ornée des portraits des avoyers de la république et de quelques autres Bernois célèbres, parmi lesquels on remarque le grand *Haller ;* un beau tableau allégorique peint en 1781 par Sablet de Morges, dit *le Romain*, orne la cheminée. Dans les armoires vitrées qui règnent autour de la salle on voit une très-belle collection de tous les oiseaux indigènes de la Suisse, et dans quelques-unes on en conserve les œufs et les nids. Une quantité de mammifères, presque tous ceux qu'on trouve dans le pays, à l'exception des animaux domestiques, sont rassemblés dans cette salle. Outre cette multitude d'objets d'histoire naturelle, on y a placé plusieurs bas-reliefs, tels que ceux des *Alpes Bernoises* et du *Valais*, de l'*Oberland Bernois*, du *Mont-Blanc*, etc.

Dans les salles du rez-de-chaussée, on voit des collections de cristaux, de minéraux, de bois, de pétrifications et de coquillages de mer. D'autres objets de curiosité y sont également déposés : des urnes cinéraires, des fragmens de mosaïque, des sculptures, des armes anciennes, des antiques, des modèles de machines, etc., etc.

Le Collège est un bâtiment à trois étages, qui renferme de belles salles d'étude et de vastes dortoirs. Sa façade principale est partagée par une tour surmontée d'un dôme et couronnée d'une campanille ; l'escalier est pratiqué dans cette tour, et on y entre par une porte latérale sur laquelle on lit :

ΟΥΔΕΙΣ ΒΕΒΗΛΟΣ ΕΙΣΙΤΩ.

Cet édifice a été commencé en 1577 et achevé en 1581. Il occupe l'emplacement de l'ancienne église des Cordeliers ou Franciscains, qui tombait en ruine et qui a été démolie en 1536.

L'Arsenal se compose de plusieurs beaux bâtimens qui entourent une grande cour carrée. Deux de ces bâtimens sont assez élevés et renferment dans les vastes salles du rez-de-chaussée des canons, des obus, des mortiers, etc., etc. Les fusils et les sabres sont placés dans les salles supérieures.

On conserve à l'arsenal de Berne l'armure de Jean François-Naegueli, qui conquit le pays de Vaud en 1536.

Le grand Grenier. Ce bâtiment, dont on jeta les fondemens en 1711, se développe sur une ligne de 80 pas de longueur sur 28 de largeur. Ses 3 étages, percés chacun de 9 croisées sur la façade principale, reposent sur 34 piliers qui forment une vaste salle sous laquelle se tient le marché des céréales. La *grande cave* se prolonge sous le grand grenier ; où y descend par un escalier d'une trentaine de marches. On y voit des tonneaux dits *lägerfass*, d'une capacité énorme : celui appelé le *grand tonneau* contient 226 *saums* ou 22,600 pots.

Le GRAND-HÔPITAL (*Burger-Spital*) est un vaste et bel édifice. Sa position isolée contribue à relever sa belle architecture. Une grande entrée, fermée par une élégante grille de fer, au-dessus de laquelle on lit ces mots gravés sur une plaque de marbre : CHRISTO IN PAUPERIBUS, conduit dans une cour spacieuse. Tout autour règne une large galerie couverte qui offre en tout temps une promenade salutaire aux convalescens et aux infirmes. Au milieu de la cour s'élève une belle fontaine ombragée d'arbrisseaux et entourée de fleurs qui entretiennent la fraîcheur en été.

L'HÔPITAL DE L'ILE (*Insel*) est un bâtiment magnifique qui forme presque seul la rue de l'Ile (côté de l'ombre)(1) : il se compose de deux pavillons et d'un corps de logis principal. L'entrée, formée par trois portes, est ornée d'un bas-relief représentant *le Samaritain* secouru par des personnes charitables. La façade opposée, qui domine la campagne, est bordée d'une terrasse de laquelle on jouit d'une des plus belles vues de la chaîne des Alpes, en même temps qu'on y respire un air pur à l'ombre d'arbres majestueux. L'intérieur de l'hôpital de l'Ile est vaste et bien distribué.

La TOUR DE L'HORLOGE (*Zeitglocken-Thurm*). Cette tour, contiguë, du côté S., aux maisons de l'arcade de l'hôtel de Musique, est percée d'une belle voûte qui sert de passage aux personnes à pied. Ce fut d'abord l'une des portes de la ville ; plus tard on y établit les prisons, et en 1527 les horloges y furent placées. Elle est surmontée d'une flèche élégante qui supporte une girouette. Deux cadrans noirs à chiffres et aiguilles dorés marquent les minutes et les heures ; un troisième cadran, placé sur la face de l'E., indique les phases de la lune, les signes du zodiaque et les douze mois de l'année. A côté de ce cadran est une mécanique assez curieuse : un coq de bois chante deux fois avant que l'heure sonne, et deux fois après ; une figure annonce l'heure en frappant avec un marteau sur de petites clochettes pendant qu'une troupe d'ours défile dans différentes postures grotesques. Une autre figure assise sur un trône compte l'heure en ouvrant la bouche et en baissant un sceptre qu'elle tient d'une main tandis qu'elle tourne avec l'autre un sablier. Un petit lion debout, tenant entre ses griffes une épée, indique également l'heure en inclinant celle-ci et en faisant un léger mouvement de tête.

Dans la campanille on voit un automate représentant le duc de Zaringue en armure, qui semble frapper sur une cloche chaque coup de l'heure qu'elle sonne.

La tour de l'Horloge renferme, outre les cloches qui servent à l'horloge, une clochette d'alarme. La nuit on y place un guet.

La TOUR DES PRISONS (*Kefich-Thurm*) est carrée comme celle de l'Horloge ; elle date de l'époque du premier agrandissement de Berne. Elle était d'abord crénelée et a été couverte plus tard d'un toit plat. Berne renfermait autrefois un assez grand nombre d'autres tours ; les principales étaient : la tour de GOLIATH (*Christophel-Thurm*), qui avait pris son nom d'une figure colossale représentant saint Christophe, et dont à la réformation on fit un Goliath armé d'une lance ; la tour d'AARBERG, la tour de DITTLEGER, celles des MÈCHES (*Lunten-Thurm*) et des ARMURES ; la tour de KUTTLER, la tour du TRIBUNAL SECRET et la tour des SALPÊTRES.

Berne a aussi deux prisons, la *Maison de force* (*Schallenwerk*) et la *Maison de correction* (*Blauhaus*).

PROMENADES.

La PLATE-FORME est la plus belle promenade de Berne ; elle est aussi l'une des plus agréables de la Suisse : sa position élevée, et qui permet à l'œil d'embrasser à la fois la vaste contrée qu'elle domine et la chaîne des Alpes qui borde celle-ci dans le lointain, ajoute aux délices du lieu, dont on a tiré un excellent parti. La Plate-Forme, qui court le long d'un des côtés latéraux de la cathédrale sur une largeur de 92 pieds, en a 110 de longueur. Elle est flanquée sur ses angles extérieurs de deux pavillons ou rotondes, qui présentent, du côté de la promenade, trois entrées, ornées de pilastres et d'élégantes colonnes ; de ces pavillons on jouit d'un coup d'œil enchanteur. Partagée dans sa longueur par une double rangée de marronniers élevés, cette terrasse est agréablement diversifiée par des boulingrins bordés d'autres marronniers qui étendent leur épais feuillage sur de nombreux bancs placés entre eux et qui protègent de leur

---

(1) Une particularité assez remarquable est qu'on désigne généralement à Berne les deux côtés de chaque rue par côté du soleil et côté de l'ombre. Effectivement, les façades des maisons qui bordent la droite sont éclairées toute l'année par le soleil, tandis que celles de la gauche en sont continuellement privées.

ombre les larges allées que le promeneur parcourt.

Deux grilles de fer dorées et élégantes ferment la Plate-Forme, qui est entourée du côté de la campagne d'un parapet en pierre sur lequel on voit une plaque de marbre où se trouve une inscription qui apprend que c'est à cette place qu'en 1654 un étudiant nommé Théobalde Weinzäpfli fut emporté par un cheval ombrageux qu'il montait, et précipité dans la basse ville, à plus de 100 pieds au-dessous du sol ; le cavalier en fut quitte pour une jambe et un bras cassés.

Mais si le site et les dispositions intérieures de la Plate-Forme attirent l'attention des étrangers, sa construction mérite aussi d'être remarquée : soutenue sur de vastes voûtes et ceinte d'énormes murailles en pierre de taille, c'est un véritable chef-d'œuvre d'architecture. Le mur qui borde la basse ville a une hauteur de 108 pieds; achevé en 1515, on a dépensé plus de 100,000 florins (200,000 fr. de France) pour sa construction. Un escalier pratiqué le long de la muraille inférieure conduit par 185 marches de la haute ville dans la basse ville.

L'ENGHI (Engi). Ombragée par un quinconce de tilleuls, de frênes et d'ormes, et garantie des rayons ardens du soleil par un épais rideau de verdure, la jolie promenade de l'Enghi offre par sa situation délicieuse un tableau champêtre du plus gracieux effet, et l'un des points de vue les plus attrayans qui entourent Berne. Delà l'œil domine sur les environs les plus rapprochés de la ville, et embrasse le tableau majestueux qui se déroule au loin : à l'est on découvre le plateau du Wyler, et au-delà s'élèvent ces montagnes boisées qui, se rattachant, au sud, à d'autres pics plus hauts et plus pointus, forment ce vaste amphithéâtre que borde la chaîne dentelée des Hautes-Alpes ; au nord est le Jura, dont la teinte, d'un bleu foncé, contraste si bien avec la blancheur éblouissante des neiges éternelles qui lui sont opposées.

Nulle part en Suisse on ne jouit mieux, en été, du spectacle imposant du coucher du soleil dans les régions des Hautes-Alpes. A peine enveloppées des ombres de la nuit, les montagnes du premier plan se confondent, l'éclat des cimes neigées se ternit, mais soudain les derniers rayons du soleil lui donnent une nouvelle vie, en leur imprimant une teinte rosée d'une nuance brillante qui va toujours en déclinant.

Les PETITS-REMPARTS. On désigne sous cette dénomination les deux bastions qui flanquent, au midi, les fortifications de la ville, et dont les parapets servent de promenades. Plus élevée que la Plate-Forme, et jouissant de la même exposition, les Petits-Remparts offrent un point de vue plus riche et plus varié.

La circonférence qu'on a à parcourir sur cette promenade est de près de 700 pas ; et toute cette étendue est ombragée par de magnifiques tilleuls entre lesquels sont placés, d'intervalle à intervalle, des bancs faisant face sur différens points. Le grand âge que décèlent la plupart de ces arbres prouve que, peu après leur élévation, les Petits-Remparts ont été disposés en promenade publique ; ce n'est toutefois que depuis une dixaine d'années que l'intérieur des bastions a été comblé de terre végétale. L'un de ces bastions, celui qui domine Aarzihle, a été diversifié en une espèce de petit jardin anglais où des arbustes de toutes espèces, plantés le long des chemins, offrent, pendant toute la belle saison, une charmante variété de fleurs. Les bancs, en grand nombre, qu'on trouve sur ce bastion présentent tour à tour les délices d'un frais bocage et le spectacle d'une riche campagne. Placé sur ceux qui couronnent le parapet, on jouit d'un point de vue enchanteur. La déclivité méridionale du monticule de la ville et tout le quartier d'Aarzihle se découvrent au premier plan, et forment un tableau d'autant plus charmant, qu'il est animé par la rivière, baignant de ses flots plusieurs petites îles d'un aspect extrêmement pittoresque. Au-delà de ce premier plan se déroule une vaste et riche contrée partout ornée de jolies maisons de campagne, et entrecoupée de petits bois tapissant d'un vert varié les montagnes, qui s'élèvent en amphithéâtre jusqu'à la chaîne majestueuse des Alpes, dont l'horizon est borné dans le lointain. Les pics les plus élevés de cette chaîne se découpent parfaitement sur l'azur du ciel, et on distingue très-bien, à gauche, le *Wetterhorn*, le *Berglistock*, le *Schreckhorn*, le *Finsteraarhorn*, les *Fiescherhörner*, l'*Eiger*, le *Grand-Eiger* ou *Mönch*, la *Iungfrau*, etc. L'autre bastion, tapissé d'un beau gazon, sert quelquefois à des spectacles publics, ou à des exercices gymnastiques ; c'est là qu'on lance les ballons, qu'on tire les feux d'artifice, et que se réunissent, le lundi de Pâques de chaque année, les paysans de l'Oberland et de l'Emmenthal qui viennent à Berne pour essayer leur force à la lutte. La perspective qu'on découvre de ce bastion est à peu près la même que celle de l'autre, à l'exception toutefois des parties rapprochées du côté de l'est ; mais en revanche l'œil embrasse le vaste horizon de l'ouest, qui offre plusieurs points éminemment pittoresques. Le fossé qui entoure les Petits-Remparts est peuplé, dans sa partie supérieure, de cerfs, de daims, etc., et la partie inférieure a été convertie en arène.

L'une des entrées des Petits-Remparts se trouve immédiatement vers la barrière de Morat, et l'autre près de l'ancienne porte d'Aarzihle. Pour gagner celle-ci, on prend à gauche, après avoir passé la tour de Goliath, et on longe, sur un trottoir ombragé par des acacias, le vieux fossé des Cerfs.

LES FOSSES AUX OURS.

On n'est pas d'accord sur l'origine des ours à Berne : les uns l'attribuent à une galanterie que René, duc de Lorraine, fit à la ville lorsqu'il s'y réfugia à l'époque des guerres de Bourgogne ; d'autres pensent que ce fut un capitaine bernois, nommé *Glado May*, qui, revenant en 1510 de la bataille de Novare, amena deux jeunes ours comme un trophée de victoire. Une scène qui était peinte sur la *tour de l'Horloge* et sur la *fontaine de l'Ogre* vient à l'appui de ceux qui ont l'idée qu'il y avait, lors de l'origine, une fosse pour les ours dans le ravin qui ceignait Berne de ce côté, et qu'on y entretenait ces animaux comme une image vivante des armes de la république.

Les fosses aux ours sont situées non loin de la barrière d'Aarberg, et sont destinées aux ours que la ville entretient sur un fonds spécialement affecté à ces animaux. Ces fosses ont été construites en 1825. Presque carrées et encaissées par de hautes murailles en pierres de grès, elles ne sont séparées l'une de l'autre que par un mur intermédiaire d'où jaillit une fontaine qui remplit, des deux côtés, un bassin assez spacieux pour qu'un ours puisse s'y baigner ; au centre de chacune de ces fosses, on a placé un sapin élevé qu'on renouvelle tous les printemps. Dans le mur du fond sont les loges des animaux. Le parapet du mur opposé est garni d'une haute balustrade en fer qui permet aux curieux d'approcher des fosses sans danger.

Berne renferme encore plusieurs autres promenades : la terrasse de l'hôtel-de-ville, la promenade de l'hôpital, le quai, la petite Plate-Forme, près la porte de Soleure, le Grabe supérieur, le Grabe inférieur et le Belvédère.

SECOURS PUBLICS. — ÉTABLISSEMENS DE BIENFAISANCE.

Il serait difficile de trouver des établissemens de Charité mieux administrés, des édifices consacrés au malheur et à l'indigence plus nombreux et plus beaux que ceux que possède la ville de Berne. Outre le grand-hôpital et l'hôpital de l'Ile (voir *Édifices*), la ville renferme une maison des incurables et des aliénés, une maison des orphelins pour les garçons, une pour les filles, une caisse pour les veuves et les orphelins, une société de secours pour les indigens, un institut des sourds et muets, une caisse générale pour les malades, etc., etc.

INSTRUCTION PUBLIQUE. — SOCIÉTÉS SCIENTIFIQUES ET LITTÉRAIRES.

Berne a une académie et une société économique, une société d'histoire naturelle, et une société d'artistes.

L'ACADÉMIE se divise en académie supérieure et inférieure. Celle-ci se subdivise en trois sections et se compose d'une école élémentaire, d'une école de classes et d'un lycée ou gymnase. On y enseigne les langues, les mathématiques, le dessin, l'écriture, le chant, etc.

La haute académie est divisée en cinq sections ou facultés : on y professe la théologie, la jurisprudence, la médecine, la chirurgie, la chimie, la philosophie, la philologie, les mathématiques, la physique, la minéralogie et l'art vétérinaire. Il y a aussi plusieurs chaires extraordinaires pour l'enseignement de la thérapeutique, de la clinique, de l'ostéologie, etc.

Un conseil qu'on nomme *curatelle*, composé de sept membres et d'un secrétaire, administre l'académie.

La bienfaisante influence de la SOCIÉTÉ ÉCONOMIQUE ne cesse de se faire sentir dans tout ce qui a quelque rapport à l'agriculture et à l'industrie du pays ; le défrichement de pacages communaux, la culture des graminées artificielles, et une foule d'autres améliorations rurales ont été les heureux résultats des connaissances qu'elle a répandues dès les premiers temps de son existence. L'un de ses plus beaux titres à la reconnaissance des Suisses est l'introduction de la culture des diverses espèces de pommes de terre. La Société Économique publie périodiquement ses mémoires et décerne des prix. *La Société des Recherches sur l'histoire suisse* s'occupe uniquement de l'histoire du pays ; elle compte parmi ses membres des savans, des littérateurs distingués ; elle publie aussi le résultat de ses recherches.

La Société helvétique d'histoire naturelle, fondée en 1813, et qui se réunit tous les ans dans une des villes de la Suisse, est déjà devenue l'émule de celle de Genève. *La Société des Artistes*, dont le *grand livre de peinture* offre un dépôt précieux de morceaux originaux des artistes et amateurs de la ville de Berne et des autres villes de la Suisse, se recrute chaque jour de nouveaux talens.

BIOGRAPHIE.

Berne est le berceau d'un grand nombre de citoyens, de guerriers, de savans et d'artistes illustres. Parmi les hommes célèbres qui, par leur génie, leur talent, leurs vertus civiques et leur patriotisme, ont ajouté à la gloire de cette ville, nous citerons : Rodolphe d'ERLACH, de la noble famille d'Erlach, et l'une des plus puissantes de Berne, qui commandait à Laupen, en 1339, et s'y couvrit de gloire ; BUBENBERG, avoyer de Berne ; Jean de DIESBACH, qui périt à la bataille de Pavie ; le réformateur Berthold HALLER, qui prêcha la réforme à Berne, vers 1520 ; Thomas WYTTENBACH, mort en 1526 ; Jean-Louis d'ERLACH, maréchal de France ; André MORELL, célèbre numismate, auteur du *Specimen universæ rei nummariæ antiquæ*, et que Louis XIV nomma garde de son cabinet des médailles ; Louis DE MURALT, qui publia, sur la fin du dix-septième siècle, ses *Lettres sur les Anglais et les Français* ; Michel SCHUPPACH, dit *le Médecin de la Montagne*, qui prétendait connaître toutes les maladies à la seule inspection des urines et en l'absence des malades, et qui mourut en 1780 ; Albert HALLER, surnommé *le Grand*, cet homme célèbre qui fut à la fois habile médecin, botaniste, profond physiologiste, anatomiste, philosophe, magistrat éclairé, orateur et poète ; Jean-Frédéric STAPFER, théologien célèbre de l'église réformée, qui fut pasteur de Thun ; DE WATTEVILLE, historien de la ville de Berne ; Bernard TSCHARNER, auteur d'une *Histoire de Suisse* et d'une traduction des *Poésies de Haller* ; SINNER, dit *de Ballaigues*, qui publia un *Voyage historique et littéraire dans la Suisse occidentale*, et un *Catalogue raisonné des manuscrits de la ville de Berne* ; Charles-Louis d'ERLACH, qui commandait les troupes de Berne en 1798, et qui mourut massacré par les siens ; et Nicolas-Frédéric de STEIGER, avoyer de la république en 1787. Nicolas MANUEL, ami des réformateurs Zwingle et Haller, fut un homme courageux et un magistrat éclairé ; il contribua beaucoup par son zèle et sa fermeté à faire triompher la nouvelle doctrine. Poète et peintre à la fois, il se plaisait surtout à ridiculiser les abus du clergé et les superstitions du peuple. Sa *Danse des Morts*, moins connue que celle de Klauber, est un de ses principaux ouvrages ; il la peignit à fresque et en figure de grandeur naturelle. Manuel mourut à Berne en 1530. Joseph HENTZ, né à Berne en 1560, fut un peintre célèbre ; quelques-uns de ses tableaux ont été attribués à Jules Romain, et d'autres au Corrège. Le musée de Berne possède son portrait peint par lui-même. Joseph WERNER s'appliqua principalement à peindre la miniature, genre dans lequel il excella. Il se rendit à Paris en 1660, et travailla pour le cabinet du roi. Revenu dans sa patrie, Werner la quitta bientôt de nouveau pour aller remplir la place de directeur de la nouvelle académie de peinture à Berlin. Il mourut dans sa ville natale, en 1710, âgé de soixante-treize ans. Deux charmantes peintures de Werner, *Louis XIV et madame de Montespan* et *Suzanne au bain*, ornent aujourd'hui les cabinets de deux amateurs bernois.

Les savans ouvrages de MM. TSCHARNER, SERINGE, KUHN et MANUEL, sur les diverses branches d'histoire naturelle, décèlent dans ces écrivains contemporains des connaissance variées et étendues. M. DE FELLENBERG, le pasteur GRUNER et M. KASTHOFER ont écrit avec un égal succès sur l'éducation, l'agriculture et l'exploitation des forêts.

Berne possède aussi plusieurs peintres avantageusement connus. MM. Georges VOLMAR, LORY, KÖNIG, RHEINER, LAFOND et WISARD ont enrichi les collections des amateurs de scènes champêtres, de costumes divers et de charmans paysages. M. WEIBEL est un artiste de talent. Les bustes et les sculptures de MM. CHRISTEN et ABHARTH sont estimés.

POPULATION.

La ville de Berne, y compris sa banlieue, renferme environ 18,000 âmes. Dans ce nombre, 3,136 âmes ayant droit de cité dans la ville, 10,352 ayant droit de cité dans le canton, 3,439 appartenant à d'autres cantons, et 1,063 étrangers.

BIBLIOGRAPHIE.

Chronique de la ville de Berne ; par Michel Stettler. 2 vol. in-8. — 1630.

Histoire des droits de la ville de Berne. 1 vol. in-8. Berne, 1780.

Les principales curiosités de Berne. Berne, 1 vol. in-8. 1808.

Essai statistique sur le canton de Berne ; première partie. 1 vol. in-18, Zürich, 1819.

Essai sur la statistique du canton de Berne ; par M. L. A. André. 1 vol. in-8. Paris, 1828.

Description topographique et historique de la ville et des environs de Berne. 3 vol. in-8, fig. Berne 1832.

Vue de la ville de Berne et de ses environs, par Lory.

Vue de Berne prise de l'Enghi, par König.

Vue de la chaîne des Alpes prise des environs de Berne, par Studer et Rieter.

L'OBERLAND BERNOIS.

TOPOGRAPHIE.

POSITION, ÉTENDUE. — L'Oberland bernois comprend cette vaste étendue de vallées et de hautes montagnes qui sont situées au centre de la Suisse, et limitées, au midi, par le Valais, à l'orient, par les cantons d'Uri et d'Unterwald et par l'Entlibouch, au nord, par l'Emmenthal et la préfecture de Settigen, et à l'occident, par les cantons de Fribourg et de Vaud. L'Oberland renferme dans cette vaste circonférence : 1o la vallée de Hasli, arrosée par l'Aar, qui s'étend sur une longueur d'environ 12 lieues, et comprend plusieurs vallées secondaires parmi lesquelles on distingue celle de Gadmen ; 2o celle de Grindelwald, traversée par la Lütschine noire ; 3o la vallée de Lauterbrunn, longue de 5 lieues, large d'un quart de lieue, et arrosée par la Lütschine blanche ; 4o les vallées de Frutigen, d'Adelboden, de la Kander, de Saanen (Gessenai) et du Simmenthal.

MONTAGNES. — Les Alpes n'offrent dans presqu'aucune de leurs parties des sommets moins accessibles et plus extraordinaires par leurs gigantesques formes, que sur le territoire oberlandais. L'élévation de leurs pics au-dessus du niveau de la mer est prodigieuse :

Le Finsteraarhorn est à	13,234 pieds.
La Jungfrau	12,874
Le Schreckhorn	12,560
Le Moenck (le Moine)	12,266
Le Niesen	7,540
Le Stockhorn	6,767

Les hauteurs des lieux fréquentés ou habités par les pasteurs de cette contrée, sont aussi très-remarquables.

Le col du Simmen est élevé de	7,235 pieds.
Celui de la grande Scheideck	6,045
Le village de Murren	5,156
Celui de Gadmen	4,146
Celui de Grindelwald	3,150

RIVIÈRES. — Les rivières principales sont : l'Aar qui, après le Rhin et le Rhône, occupe le premier rang parmi les fleuves de la Suisse. Il prend sa source au mont Grimsel, près du St-Gothard, traverse le Hasli, ainsi que les lacs de Brienz et de Thun, passe auprès des villes de Berne, Arberg, Buren, Soleure, Vangen, Arbourg, Olten, Arau, Brugg et Klingnau, arrose les cantons de Berne, Soleure et Argovie, et va enfin se jeter dans le Rhin ; la Kander, torrent impétueux, qui passe à Frutigen et se jette dans le lac de Thun ; la Simme, qui donne son nom au Simmenthal ; la Lütschine blanche, et la Lütschine noire.

LACS. — Il y a plusieurs lacs dans l'Oberland. Les plus considérables sont ceux de Thun (1) et de Brienz. La longueur du lac de Thun est de cinq lieues sur une lieue de largeur. Entre Leisingen et la Nase il a 420 toises de profondeur ; il est très pois onneux. Celui de Brienz a 3 lieues de longueur et une demi-lieue de largeur. Sa profondeur, en divers endroits, est, dit-on, de 1000 pieds ; sa navigation n'est pas dangereuse.

CASCADES. — Nul autre pays du globe ne renferme autant de cascades, dans un aussi petit espace. Ce sont le Reichenbach et l'Alpbach, voisins de Meyringen, le Gieshach, près de Brienz, le Gelmerbach, au pied du mont Gelmer, le Staubbach, le Sansbach, et le Schmadribach, dans la vallée de Lauterbrunn, etc., etc.

GLACIERS. — Selon Ebel, il existe dans les Alpes, depuis le Mont-Blanc jusqu'au Tyrol, environ 400 glaciers, dont la plupart ont au moins une lieue, et dont un grand nombre en ont 6 ou 7 de longueur. Il estime que leurs surfaces réunies formeraient une mer de glace de plus de 50 milles carrés. L'Oberland en contient à lui seul un grand nombre. On distingue, comme les plus curieux, celui du Grindelwald et ceux de la Jungfrau et de Rosenlaui.

HISTOIRE.

Aucune tradition, aucun vestige n'indique que l'aigle romaine ait jamais plané sur les vallées de l'Oberland bernois. Entraîné par un amour ardent de la liberté, on combattit dès le XIIe siècle, dans le Grindelwald, contre la puissance de Berchtold V, duc de Zaeringen. Dans le même temps, la vallée de Hasli sut repousser, par une courageuse défense, les agressions de la maison d'Autriche et des seigneurs de Kyburg et de Strasberg, et conserver ses priviléges menacés ; enfin, en 1356, les habitants du Bodelein secouèrent le joug

---

(1) Le lac de Thun est le plus grand, et sans contredit aussi le plus beau de tous les lacs du canton de Berne. « Ses bords, dit M. de Bonstetten, tour à tour riants et majestueux, offrent aux regards du voyageur tous les divers genres de beautés de la nature que renferme la Suisse septentrionale. Au-dessus des montagnes qui l'entourent s'élève en amphithéâtre dans le lointain la magnifique chaîne des Alpes, dont les cimes se colorent le matin et le soir du plus beau pourpre. La partie supérieure du lac a l'aspect le plus sauvage ; d'un côté un mur de rochers grisâtres sans autre végétation que quelques sombres sapins, de l'autre une haute montagne, d'où l'on voit au printemps se précipiter de fréquentes avalanches, en forme de légers nuages. A mesure qu'on s'avance vers l'extrémité inférieure du lac, le paysage, d'abord sévère et imposant, devient riant et gracieux. Les beaux vignobles qui couvrent ses coteaux et qui annoncent un climat plus doux, les contours pittoresques du rivage, les hauteurs ornées de villages, de maisons de campagne, de jardins, et ombragés de jolis bosquets ; les îles que le lac forme près de Schadau et dont la verdure contraste avec la couleur bleuâtre de ses ondes, tout concourt à faire du lac de Thun un des plus beaux spectacles de la nature. »

oppresseur des seigneurs de Rinkenberg. Les résultats de ces résistances légitimes sont tous venus échouer plus tard devant la politique habile et la puissance redoutable des Bernois. L'histoire de ces diverses peuplades est donc nécessairement liée à celle de la ville de Berne. Néanmoins, on retrouve dans de vieilles chroniques contemporaines, dispersées aujourd'hui çà et là, dans d'antiques traditions populaires, quelques faits intéressans, particuliers au pays du Bodecein, à la vallée de Hasli, etc., etc. Les annales du comté de Thun ne contiennent rien de remarquable jusqu'au commencement du XIV° siècle, que ce pays fut cédé aux Bernois. A cette époque, le vieux comte Hartmann de Kyburg, qui dominait tout l'Oberland, et un grand nombre de châteaux de l'Argau, meurt. Ses deux fils, Hartmann et Eberhard se disputent son héritage, et, soutenus par leurs partisans, sont sur le point d'en venir aux mains. Le duc Léopold d'Autriche ordonne que Hartmann jouira du pouvoir suprême, et que Eberhard résidera auprès de lui au château de Thun. Pour célébrer la réconciliation des deux frères, on convoque, dans cette ville, toute la noblesse du voisinage. Mais au milieu du festin, Hartmann apostrophe Eberhard en termes si offensans, que les uns de ce dernier courent aux armes. Un combat opiniâtre a lieu ; le sang coule, Hartmann est tué, et son cadavre précipité dans la rue. Eberhard, pour s'assurer la protection de la ville de Berne, dans une circonstance aussi critique, offre de lui céder une partie de ses domaines et la souveraineté de Thun. Les Bernois acceptent, et cette ville devient, dès ce moment, l'une des villes municipales du canton.

Une ancienne tradition fait descendre les Haslois d'une colonie suédoise qui vint, dans le V° siècle, s'établir non loin du lac des Waldstetten, et qui, plus tard, après avoir passé le Brünig, se fixa dans la riante vallée d'Oberhasli. Les registres des coutumes de ce pays, (*Land urbar*) cet ancien code de la contrée, contiennent un récit de cet événement, fort étendu, assez confus, et défiguré dans les nombreuses copies qu'on en a fait successivement, par ignorance de l'ancien idiome dans lequel il était écrit. Une antique chanson populaire a transmis aussi cette tradition, au travers de tant de siècles. Il serait à désirer que ce document historique fût revu par quelque écrivain suisse, et imprimé accompagné d'un glossaire du pays de Hasli. Il était naturel que l'historien Muller, avec sa prédilection pour tout ce qui tenait à *nationaliser* sa patrie, ne passât pas sous silence cette *ballade hasloise*, et les anciennes traditions qu'elle rappelle. Voici ce qu'il dit dans son *Histoire des Suisses* (tom. 1, pag. 417) de ce chant des *Westfrisons* ou *Ost-Frisons* qu'il estime dater du XV° siècle.

« Il existait un ancien royaume, situé vers le septentrion dans le pays des Suédois et des Frisons, qui fut frappé de disette. Dans un pareil fléau, tout le peuple s'assembla, et il fut délibéré, à la majorité des suffrages, que le dixième de la nation sortirait du pays. Le sort désigna ceux qui furent obligés de se soumettre à cette loi. C'est ainsi que nos ancêtres abandonnèrent leur patrie boréale au bruit des gémissemens de leurs parens et de leurs amis ; les mères emportèrent en pleurant leurs enfans à la mamelle. Nos pères, au nombre de 6,000 hommes, en état de porter les armes, grands comme des géans, avec leurs femmes, leurs enfans, et tout ce qu'ils possédaient, se divisèrent en trois corps, sous la conduite de trois chefs, et se jurèrent mutuellement de ne jamais se quitter. Ils s'enrichirent du butin conquis par la valeur de leurs bras, après la victoire qu'ils remportèrent aux bords du Rhin, sur Pierre, comte des Francs, qui voulait entraver leur marche. Ils demandaient au ciel de leur accorder un pays semblable à celui de leurs ancêtres où ils pourraient en paix paître leurs troupeaux, et qui fût inaccessible à la violence et à la méchanceté. Dieu les guida vers *Brochenburg*, où ils bâtirent le bourg de *Schwytz*. Leur nombre s'accrut : bientôt la vallée ne put plus les contenir ; cependant ils ne redoutaient ni le travail, ni la peine, en extirpant chaque jour des forêts. Une partie de la colonie se porta dans la contrée voisine de la Montagne noire (le Brünig) dans le canton d'Unterwalden et pénétra jusque dans le *Weissland* (pays blanc, Oberhasli, dans le voisinage des glaciers). Les vieillards des vallées de l'Oberland se rappellent comment, dans les siècles anciens, la peuplade se répandit de montagne en montagne, de vallée en vallée, jusque dans celles de Frutigen, d'Afflentsch et de Bellegarde. »

MŒURS — CARACTÈRES — COUTUMES.

Il y a des nuances diverses dans le caractère, les habitudes et les mœurs des différentes peuplades qui habitent l'Oberland bernois.

Les habitans de la vallée de Lauterbrunn, presque tous pasteurs, ne s'occupent guère en hiver qu'à soigner leurs bestiaux et à se procurer du bois. La fortune des plus riches consiste dans une propriété foncière suffisante pour nourrir 25 vaches environ. On trouve à peine à Lauterbrunn quelques artisans, et cette vallée ne produit aucun objet d'exportation, excepté les fromages et les bestiaux. Les femmes ont la physionomie douce et le teint blanc et délicat. La taille des hommes est belle et forte. Ils croient en général aux sorciers, et le Rothenthal, petit vallon voisin de la Jungfrau, passe parmi eux pour être le séjour d'une troupe de sorcières exilées dans ce désert glacé. Toutefois, la fréquentation des étrangers affaiblit chaque jour ces mœurs superstitieuses qui finiront par s'éteindre entièrement, lorsque les lumières que favorise le gouvernement bernois auront pénétré dans les chaumières les plus retirées de ces vallées.

Le goût de l'oisiveté domine chez le peuple de Grindelwald, malgré les pénibles travaux auxquels il est obligé de se livrer. Les chansons populaires, la musique, les défis plaisans, si recherchés dans l'Entlibouch, sont inconnus jusqu'à ce jour dans cette contrée indolente. Plus superstitieux que les pasteurs de Lauterbrunn, ceux du Grindelwald craignent certains mois de l'année ;

Paysans de la Vallée d'Hasli. — Jeune femme d'Interlacken.

Thun.

ils ont des jours heureux ou malheureux, etc., etc.

Les Haslois se distinguent des autres habitans des Alpes par un langage pur et gracieux, par des mœurs particulières à leur pays et un ardent amour de la liberté.

On s'aperçoit aisément que les jolies paysannes d'Interlacken ne se vouent pas exclusivement aux travaux des champs, et que leur esprit naturel est exercé à la conversation. Les hommes négligent les professions mécaniques et passent l'hiver dans l'oisiveté, autour de leur poêle, en fumant du tabac; quelques uns cependant s'occupent à faire de petits ouvrages de bois. Aussi il n'existe ni beaucoup d'industrie, ni beaucoup de richesse dans le Bodelein, quoique les fortunes y soient proportionnellement plus considérables que dans quelques unes des vallées voisines. On est dans l'aisance lorsqu'on possède un capital de 8 ou 10,000 livres bernoises (à 7 batz et demi); on est riche avec 24 ou 30,000. Des maisons et des granges, couvertes de tuiles ou de briques, donnent de la considération et une réputation de richesse à leurs propriétaires, surtout si les façades sont décorées de peintures ou de stances tirées de la Bible. On met ici autant de recherches dans les cloches et les colliers qu'on suspend au cou des bestiaux que dans l'Emmenthal.

Malgré leur genre de vie simple et frugale, et l'air pur qu'ils respirent, les habitans du Bodelein n'atteignent pas un âge très avancé; il est rare d'y voir des vieillards de 90 ans, cependant les maladies n'y sont pas aussi multipliées que dans les villes. Superstitieux à l'excès, beaucoup de paysans attribuent le plus souvent les maux qui les atteignent à quelque sortilège malfaisant et vont alors dans le canton d'Unterwald, dans l'Entlibouch et même jusqu'à Soleure, pour acheter des amulettes qui doivent les guérir.

König, dans son *Voyage dans les Alpes*, a décrit quelques uns des usages et des divertissemens propres à cette peuplade. Il met en tête du *Kiltgang*, ou *Visite nocturne*, mais cette coutume, qu'on retrouve dans plusieurs provinces d'Allemagne et même en Suède, existe non seulement dans le canton de Berne mais dans toute la Suisse. Les samedis soirs les jeunes vachers descendent des chalets d'été, dans la vallée, pour rendre visite à leurs belles. Arrivé sous les fenêtres de la jeune fille, qui attend ordinairement parée de ses plus beaux ajustemens, ce n'est point à la manière des Italiens que le visiteur annonce sa présence: au lieu d'une langoureuse romance il récite grotesquement une formule rimée ou en prose en usage dans la contrée; la belle y répond, consent une espèce de capitulation et entr'ouvre sa fenêtre. Le jeune homme monte à l'escalade et s'établit bientôt sur la croisée; là on lui offre une petite collation de pain d'épice et d'eau de cerises. Suivant le degré de familiarité qui existe entre les amans, suivant les vues plus ou moins sérieuses du jeune homme, il entre dans la chambre ou reste en dehors. La conversation se prolonge jusqu'à ce que l'aurore donne le signal de la séparation.

Un divertissement fort usité, est le jeu des œufs qui jadis s'exécutait à Berne chaque lundi de Pâques. A Unterséen, on range 101 œufs de poule par terre sur une ligne droite et à une distance égale. A l'une des extrémités de cette ligne se place un homme adroit, tenant dans sa main un van rempli de grains, dans lequel il doit recevoir les œufs qui y seront jetés. Deux jeunes gens parés, ornés de rubans, quelquefois même les cheveux poudrés, s'avancent en se tenant par la main, précédés d'une musique joyeuse, et suivent en marchant lentement, la ligne des œufs jusqu'au dernier. Là, ils se séparent, et l'un court à toutes jambes jusqu'à Neuhaus, y boit un verre de vin, repart aussi vite, et s'efforce d'être de retour avant que l'autre ait fini sa tâche, qui consiste à relever tous les œufs, l'un après l'autre, et à les jeter dans le van du plus loin qu'il le peut. S'il manque, et qu'un œuf tombe à terre, il est aussitôt remplacé dans la ligne. Celui des deux émules qui le premier a atteint le but est vainqueur et reçoit un prix auquel les spectateurs contribuent. Ordinairement une danse termine cette fête.

MYTHOLOGIE DE L'OBERLAND. — La mythologie de l'Oberland se compose d'une foule d'histoires merveilleuses, de croyances naïves, de traditions populaires, communes aux diverses peuplades de la contrée.

Ce sont surtout les nains ou Bergmaennlein, qui jouent les principaux rôles dans ces drames fantastiques. Ils séjournent ordinairement aux environs des habitations écartées et des chalets solitaires. Ils gardent le bétail; ils cultivent le jardin, et rendent parfois de petits services domestiques. Mais souvent ils prennent de l'humeur, font du tapage et mettent, pendant la nuit, tout en désordre dans la maison, surtout quand on oublie de leur offrir une libation, en jetant de la main gauche une cuillerée de lait sous la table. On ne sait rien sur leur origine ni sur le rang qu'ils occupent dans la hiérarchie des êtres vivans. En hiver, on ne s'aperçoit pas de leur existence, mais on commence à les voir ou à rencontrer leurs œuvres, depuis le jour de l'Annonciation jusqu'à la Toussaint. Ils habitent, pendant la mauvaise saison, des palais souterrains dans les profondeurs de la terre, sous les plus hautes montagnes, où ils sont abondamment pourvus de richesses et d'excellentes provisions. Ils se nourrissent principalement de fromages faits avec le lait des chamois qui forment leurs troupeaux. Quelquefois, par malice, ils dérobent une vache, mais non pas pour se l'approprier, ou bien ils en demandent une à quelque propriétaire, et la lui ramènent, au bout de quelque temps, plus grasse et plus féconde. Ils aiment les occupations pastorales, et les exercent souvent pendant des semaines entières pour les pâtres qu'ils ont pris en affection, et que les neiges empêchent d'aller soigner leur bétail dans une étable éloignée. Ils connaissent toutes les herbes salutaires, et les recueillent sur les hautes montagnes pour les apporter aux bergers. Souvent ils ont ramené des bœufs, des brebis égarées à leurs maîtres, ou bien ils ont ramassé pendant la nuit des fagots de bois, et les ont placés sur la route des pauvres enfans qui doivent aller en chercher dans les forêts. Ils ont d'autres fois fauché, de nuit, l'herbe des prés, afin que, le matin, les paysans la trouvent prête à être fanée et séchée ; car c'est alors un signe incontestable que le temps de la fenaison est venu. On les a vus apporter aux agriculteurs laborieux, pendant qu'ils travaillaient, des mets exquis et des rafraîchissemens restaurans, pour les récompenser de leur diligence. Ils prennent plaisir à suivre ces travaux, et ils y assistent comme spectateurs, assis sur des pointes de rocs ou perchés sur des rameaux. Dans les cantons où l'on cultive le blé, ils aident à moissonner. Un paysan du Belpberg trouva, un matin, la moitié de son champ fauchée, quoique les épis fussent à peine mûrs. Il ne pouvait deviner qui lui avait joué un pareil tour. La nuit suivante, la moisson fut achevée de la même manière, et le soir elle était sèche, et il put la mettre en grange. Le troisième jour, un orage affreux, mêlé de grêle, vint dévaster la contrée et détruisit toutes les récoltes. On put alors reconnaître la prévoyante bienfaisance des petits Bergmaenulein.

Lorsqu'on les voit danser au printems dans la campagne au clair de la lune, on compte sur une bonne année; mais s'ils se glissent tristement entre les buissons, on a à craindre des orages ou des inondations. Si on cherche à les tromper, ils punissent les impostures ou les malices en s'éloignant pour toujours de la contrée.

On a beaucoup de peine à obtenir de pareils récits des habitans de l'Oberland où cette croyance aux nains est si répandue. Les uns feignent d'ignorer l'existence des Bergmaenulein, les autres craignent de paraître trop crédules aux yeux des étrangers en racontant leurs prouesses. Mais entre eux, le soir, dans les causeries du chalet, il rappellent avec complaisance ces temps reculés, où, grâce à la présence des nains, nulle plante vénéneuse ne croissait sur les montagnes, où les vaches donnaient un lait plus abondant, ou les glaciers ne comblaient pas encore les hautes vallées, ou les débris des pics élevés n'encombraient pas les plaines.

Les habitans d'Oberwald expliquent ainsi les bruits souterrains et effrayans qu'on entend près du glacier du Rhône. Ce sont, disent-ils, les ames des hommes prodigues et dissipés condamnés, après leur mort, à travailler dans ces palais de glace comme de nouveaux cyclopes.

La croyance aux eaux merveilleuses est d'une nature plus riante. Il en existe une sur l'Alpe d'Engstelen, qui a une grande réputation. Les pâtres assurent qu'elle ne commence à couler qu'au printemps, lorsque le bétail se rend sur la montagne, et qu'elle cesse de jaillir en automne, quand les vaches ont quitté le pâturage. Elle s'arrête aussi pendant la nuit, ou du moins ne coule pas avec autant d'abondance que le jour. Ce miracle est authentique, mais ne provient pas uniquement de la complaisance de la nymphe de ce ruisseau. C'est une de ces sources intermittentes ou périodiques, telles qu'on en voit plusieurs dans les montagnes. Elles ne coulent que dans la belle saison et pendant le jour, parce que ce n'est qu'alors que le soleil peut fondre les neiges ou les glaces, auxquelles elles doivent leur origine.

L'Oberland est encore rempli de récits et de témoignages au sujet d'animaux fabuleux ou d'existence incertaine. On donne le nom de Stollen-Wurms à d'énormes serpens noirs, munis de deux, quatre, six pieds, et davantage, épais et très courts comme ceux des chenilles, avec une tête de griffon surmontée d'une petite couronne de feu et le corps velu et fort gros. Ce sont, ajoute-t-on, ces serpens, qu'on rencontre quelquefois la nuit dans les Alpes, qui viennent téter les vaches dans les pâturages. Les vachers se préservent de leurs atteintes en associant un coq blanc à leur bétail.

C'est ainsi que les habitans des Alpes peuplent de fictions tantôt gaies tantôt effrayantes la sublime nature qui les entoure. Néanmoins, le souvenir de quelques uns de ces contes populaires, si pittoresques, de ces traditions superstitieuses, si naïves, s'éteint, chaque année avec les vieux patriarches des vallées alpestres.

COSTUMES.

Le costume des paysannes des environs de Thun diffère peu de celui des Bernoises. Comme ces dernières, elles ont de larges chapeaux de paille ornés de rubans et de fleurs qui s'harmonisent parfaitement avec leurs figures douces et riantes. Elles ont peu de bijoux et on ne leur voit que rarement ces chaînes d'argent si recherchées des paysannes des environs de Berne, qui se garderaient bien de négliger d'en parer leurs corsets les jours de fête.

La mode à Meyringen est très désavantageuse aux tailles sveltes des Hasloises. Elle consiste à paraître grosses des hanches. Aussi, pour atteindre ce but, les jeunes filles mettent jupons sur jupons, et ces vêtemens raides et lourds descendent en forme de cloches jusque sur leurs pieds qu'ils cachent entièrement. Au-dessus des hanches elles portent un corsage noir ou brun foncé et sur la poitrine une large pièce de velours, de couleur tranchante, sur laquelle elles étendent, principalement en été, un mouchoir rouge ou bleu qui remonte jusqu'au cou et voile complètement le sein. De longues manches de chemises blanches cachent entièrement les bras. Le dimanche, les Hasloises mettent toutes pour aller à l'église de petits chapeaux, bas, sans bords, qu'elles quittent aussitôt qu'elles rentrent à la maison. Les femmes mariées sont, la plupart du temps, la tête nue et entourée de nattes de leurs cheveux. Les jeunes filles ont seules le privilége de laisser pendre ces nattes sur le dos. Leur vêtement de prédilection est un tablier de couleur foncée, d'un tissu qu'on fait venir de Zurich, et des souliers à talons rouges et hauts. Les hommes portent des habits bleus amples, à basques longues, et des pantalons étroits de la même couleur, qui descendent jusqu'à mi-jambes, et sur lesquels ils relèvent leurs bas en rouleaux au-dessus du genou. Leurs chapeaux sont noirs et à larges bords.

Dans l'Oberhasli, la parure des noces a un caractère fort original. L'époux est complétement vêtu de bleu ; il porte une guirlande de romarin autour du bras droit, une branche de romarin attachée sur sa poitrine et un grand bouquet à son chapeau. La mariée est coiffée d'une toque fort haute de velours noir, presque en forme de couronne, ornée de grains de verre, de fleurs artificielles, d'agrafes brillantes, de beaucoup de clinquant et de paillettes. Autour du cou elle a un collier de cordons de soie, et les longues tresses pendantes de ses cheveux, ordinairement liées avec des rubans noirs, sont entrelacées de rubans bleus et rouges, dont les bouts flottent sur le dos, et se rattachent à un lacet sur la poitrine.

IDIOMES.

Dans le canton de Berne on parle deux langues principales : l'allemand, dans le canton primitif, et le français dans les bailliages du Jura. Le patois dont on se sert dans les villages de l'Oberland varie beaucoup ; il est, en général, plus expressif, plus agréable et d'une intelligence plus facile que dans le reste du canton.

VILLES — VILLAGES.

THUN. — Cette ville très ancienne est située dans une contrée agréable et fertile, et dans le voisinage des hautes montagnes. L'Aar, qui la parcourt à 1/4 de l. au-dessous de l'endroit où elle sort du lac de Thun, forme au milieu de son enceinte une petite île couverte de maisons ; deux ponts sur chacun des bras de la rivière établissent la communication entre cette île et le reste de la ville. A l'E. s'élève une colline sur laquelle sont le château, l'église et quelques habitations particulières. La ville s'étend au pied de ce mont dans la direction du N. au S. Sa longueur est considérable, mais elle a très peu de largeur. Les rues sont généralement belles, mais un peu obscures. On y remarque plusieurs beaux bâtimens, entre autres l'hôtel-de-ville et la maison des orphelins. Thun possède une bibliothèque et une école d'artillerie.

UNTERSÉEN, petite ville entre les lacs de Brienz et de Thun, sur les bords de l'Aar, qui y forme plusieurs îles, est remarquable par ses bâtimens d'une construction singulière, et qui annonce une grande antiquité ; on y voit encore aujourd'hui des maisons en bois, dont l'existence remonte jusqu'aux années 1650 et même 1530.

A droite, en entrant dans la ville d'Unterséen, on trouve l'habitation des anciens avoyers ou baillis que Berne y a constitués depuis l'an 1400 jusqu'en 1798. Ce bailliage était petit et ne contenait que quatre paroisses. Il s'étendait à droite sur le bord du lac de Thun jusque vers le promontoire de la Nase, où, suivant un ancien document, l'arbrisseau d'Autriche en marquait les confins. Cet arbrisseau ne flétrit jamais, mais il ne devient pas plus grand. On ne manque pas de le montrer aux étrangers, et l'on est surpris de voir un petit saule qui, pendant des siècles, a reverdi chaque année, depuis le temps où la seigneurie d'Unterséen appartenait à l'Autriche (de 1298 à 1363).

INTERLACKEN, joli village situé dans le Bodelein, entre les lacs de Thun et de Brienz, a depuis quelques années entièrement changé de physionomie et d'aspect ; ce n'est plus un village suisse mais un bourg, à la manière anglaise, les maisons de bois, ornées de versets empruntés à la Bible, les toits en bois, les fenêtres à petites vitres de couleurs ont été remplacées par des habitations confortables. Interlacken n'est plus guère habité que par des familles anglaises. On y trouve un cabinet de lecture, des boutiques bien fournies et des bains élégans.

CURIOSITÉS NATURELLES.

LA JUNGFRAU. — Stapfer dépeint l'impression que la Jungfrau a produite sur lui avec un véritable enthousiasme. « De toutes parts, dit-il dans son *Voyage pittoresque*, la Jungfrau, le plus imposant de tous les monts, est entourée d'épouvantables précipices ; des vallées de glace, des abîmes affreux sillonnent sa surface immense et forment les replis du manteau de neige éternelle qui couvre ses énormes flancs. Vainement l'homme qui est capable de sentir ce qu'il y a de sublime dans ce spectacle chercherait des termes qui pussent rendre ce qu'il éprouve lorsque, pour la première fois, la montagne de la Jungfrau se développe à ses regards dans toute sa majesté. Les mots se traînent loin d'une sensation plus rapide que la pensée. C'est surtout quand la Jungfrau se montre tout à coup au voyageur, soit par un changement inattendu dans la direction de la route, ou dans l'abaissement des monts environnans qui le placent inopinément en face de ce colosse, soit après la dispersion subite d'un nuage qui voilait ses régions les plus élevées : alors l'apparition soudaine de sa cime a quelque chose d'étonnant et de magique. Les yeux sont éblouis ; on cherche autour de soi un appui, des comparaisons ; tout s'y refuse à la fois ; un monde finit ; un autre commence, un monde régi par les lois d'une autre existence. La cime de la Jungfrau, toute resplendissante de célestes clartés, semble ne pas appartenir à la terre. Quel repos dans ces vastes déserts de glace, où les siècles passent d'un pied plus léger qu'ici-bas les années ! Quelle immobilité et quel silence ! Devant cette masse, l'espèce humaine paraît une race de pygmées, dont les efforts redoublés, pendant mille générations, ne parviendraient jamais à entamer cette cuirasse éblouissante que les frimats des siècles ont formée, ou à renverser un seul des innombrables rochers qui hérissent ces régions de glace. Il semble que, s'il était possible d'atteindre à cette cime superbe, l'âme s'élancerait sans peine jusque vers le créateur de tant de merveilles. De quelque côté que l'on tourne ses regards, des traces de toute-puissance et des images d'immensité s'offrent à elle et lui révèle l'invisible auteur de tant d'ouvrages prodigieux. »

Ce qui démentre la grandeur de ce mont colossal, ce sont ces énormes avalanches qui, dans les jours chauds de l'été, se précipitent de ses flancs chargés de neige et de glace. On en voit tomber trois, quatre, jusqu'à huit, dans l'espace d'une heure. Dans aucune partie des hautes montagnes, on ne peut contempler ce magnifique spectacle mieux et avec autant de sécurité que du Wengberg. Assis en face de ce chaos de mers de glace et de champs de neige entassés, on est livré à un étonnement prolongé et muet. On croit apercevoir, dans le séjour d'un hiver sans terme, la mort éternelle, le silence infini, qui l'habitent. On est saisi d'un frémissement involontaire ; on voudrait découvrir quelques indices de vie ; on se trouve solitaire au milieu des ruines d'un monde écroulé ; l'œil fatigué de l'aspect de ces tableaux immobiles et glacés se baisse et se repose avec délices sur le brin d'herbe qu'on foule aux pieds. Soudain, un coup de tonnerre vient frapper l'oreille effrayée, et tandis qu'on tourne avec surprise les regards vers le ciel pour chercher les nuages porteurs de la foudre et qu'on le voit pur et azuré, on entend encore le roulement éloigné de ce bruit expirant. Incertain d'où provient ce phénomène, on entrevoit enfin un petit nuage de poussière s'élever de quelque banc de neige sur la Jungfrau, et l'on serait tenté de croire qu'un volcan va s'ouvrir dans ces déserts de glace. On remarque en même temps, là où quelques instans plus tôt régnait une entière immobilité, un large ruban argenté, semblable à la colonne d'écume d'une cascade, tomber subitement au-dessus de cette petite vapeur. On ne peut se rendre raison de ce qui arrive. Des flots bouillonnans, qui n'existaient pas un moment auparavant, paraissent s'agiter tout à coup sur cette immense étendue de neige, naguère sans mouvement. Cependant le fracas du tonnerre se renouvelle et se prolonge en éclats redoublés. Il paraît impossible que ce bruit effrayant provienne du mouvement de ce ruban argenté si éloigné, si petit, si léger. Tout à coup, le ruban s'arrête et le roulement cesse en même temps, ce qui semble indiquer que l'un était l'effet de l'autre. Le nuage de poussière sur lequel disparaît aussi, et la neige, que l'on avait vue auparavant terne et grisâtre à cette place, a pris maintenant une couleur plus blanche. On comprend enfin ce qui vient de se passer, et l'on regrette de ne l'avoir pas observé avec assez d'attention ; mais bientôt on croit voir, sur un gradin inférieur de la montagne, une source jaillir d'une crevasse de rocher. La neige recommence à se remuer, à se crevasser ; le fracas se fait entendre de nouveau. Dans le nuage qui s'élève encore et qui ne paraît à l'œil qu'un tourbillon de poussière, on distingue avec une lunette d'approche des morceaux de glace, et l'on peut se convaincre que ce qu'on avait été tenté de prendre pour la chute d'un petit ruisseau était celle d'une avalanche, qui a entraîné d'immenses masses de neige et a produit ces sons pareils à ceux d'une innombrable artillerie, répétés par les échos des rochers.

Cascade de la Handeck. — Une route pénible conduit à la célèbre cataracte de la Handeck qui surpasse toutes celles de la Suisse en force, et qui ne le cède qu'à la chute du Rhin à Lauffen pour l'abondance des eaux. Placé sur une saillie du rocher, on voit l'Aar écumant mêler ses ondes furieuses aux eaux de l'Aerlenbach. La gerbe liquide que forme cette bruyante union est d'un effet inexprimable. Lorsque le soleil l'éclaire, un iris scintille, sans interruption, en flammes mobiles et nuancées, sur l'angle tranchant du rocher; on dirait un feu grégeois, que les eaux de la cascade, dont il est sans cesse inondé, ne peuvent éteindre; mais il est impossible de décrire l'agitation, le fracas des ondes, les ténèbres de l'abîme profond de 200 pieds, dans lequel elles se précipitent, l'aspect du désert qui vous environne et les sauvages alentours de cette scène si pittoresque.

Le Reichenbach. — Près du Zwirgi le Reichenbach fait le premier et le plus hardi de ses bonds vers la plaine, d'un rocher élevé et creusé par les eaux. On aperçoit cette chute haute et dégagée de presque tous les points de la vallée, et pendant une partie du mois de juin, elle présente depuis le pont couvert un spectacle magnifique, revêtue, qu'elle est alors de haut en bas des brillantes couleurs de l'iris. Son bruit sourd, semblable au tonnerre, augmenté par celui des cascades inférieures que l'on ne peut voir d'aucun point éloigné, parce qu'elles sont masquées par des arbres et des broussailles, retentit au loin dans la contrée. La dernière et la plus pittoresque de ses chutes n'est voilée par aucun objet et se voit même à une distance fort éloignée. Un rocher noirâtre qui traverse, sur une ligne assez longue, le flanc de la montagne, forme une niche, devant un profond bassin creusé dans des débris de schistes, versant ses eaux par une anfractuosité dans le lit de la rivière. Le rocher avance des deux côtés de cette niche, haute de 2 à 300 pieds ; sur sa marge supérieure, il présente des traces de décomposition et des crevasses nombreuses. Les ondes du Reichenbach, resserrées dans un canal étroit, s'élancent avec une violence inexprimable de la plus profonde de ces entailles de la gauche à la droite du spectateur. On estime le diamètre de cet énorme rayon d'eau de 20 à 30 pieds, et jusqu'à 40 pieds après de longues pluies. Il tombe presque en entier sur une assiette du rocher et contourne au milieu de sa chute pour achever dans toute sa longueur son trajet vers le sombre asile. On ne se penche qu'avec effroi vers ce gouffre profond autour duquel aucun arbre n'étend ses rameaux.

La Grotte de Saint-Béat. — La grotte de St.-Béat se trouve sur la rive orientale du lac de Thun. Suivant une tradition du pays elle éta it jadis habitée par le Saint dont elle porte le nom. Elle se divise en deux cavernes sombres, dont la plus grande, tapissée de lierre, a 665 pieds de longueur et aboutit à une source d'où s'échappe le ruisseau de Saint-Béat. Un air frais règne dans son enceinte et se répand au dehors.

Le Staubbach. — «La Cascade du Staubbach (ruisseau de poussière) située dans la vallée de Lauterbrunn, dit M. le Comte de Walsh, dans ses intéressantes notes sur la Suisse, la Lombardie etc, est tout ce qu'on peut rêver de plus gracieux et de plus

Grotte de St. Roc

Cascade de la Mambick

PITTORESQUE

imposant à la fois; elle se déroule lentement ainsi qu'une écharpe de gaze le long d'une paroi de rochers de 800 pieds de haut et les amateurs du style romantique pourraient la comparer à l'ombre vaporeuse d'une naïade qui craint de tomber, ou bien à la ceinture flottante des Vierges de *Morven*. »

Pour jouir pleinement du spectacle de la chute du Staubbach, il faut qu'elle soit éclairée par les rayons du Soleil, avant que la montagne, sur les gradins de laquelle l'eau se précipite, projette son ombre; car elle empêcherait de voir l'Iris qui se forme sur le bassin, et les flocons d'eau qui voltigent dans l'air ne produiraient aucun effet. C'est l'éclat de la lumière qui fait distinguer toutes les petites bulles et paraître la colonne de vapeur beaucoup plus grande. L'ombre mobile que jette la masse d'eau sur le rocher ressemble alors à un second torrent noir, qui rivalise d'impétuosité et de vitesse avec le véritable.

Le Giesbach. — Parmi la quantité de cascades que renferme l'*Oberland*, celles du *Giesbach* méritent une mention particulière. On entend déjà à *Brienz* le bruissement du torrent, et mieux encore de son embouchure, où il se précipite en écumant dans le lac, d'un gradin de rocher de la hauteur d'une vingtaine de pieds. Mais le rivage élevé empêche de voir ses chutes les plus remarquables, avant que l'on ait monté pendant quelques minutes un sentier escarpé. On aperçoit alors, en sortant d'une feuillée, le *Giesbach* devant soi. Le torrent forme ici, avant d'entrer dans le dernier bois, une suite de chutes en gradins; on en compte six ou sept, dont les plus élevées brillent à peine entre les sommets des sapins, ou ne se font remarquer que par les nuages de vapeurs qui en émanent. Il est à regretter qu'un chemin tracé ne conduise pas du bas en haut, comme au Reichenbach, auprès de chaque gradin que franchit le ruisseau. Ces deux cascades peuvent d'ailleurs rivaliser entre elles de richesse et de beauté. On pourrait même à quelques égards, décerner la préférence au Giesbach, et quelques personnes ont cru y observer un plus grand volume d'eau, une végétation plus riche dans ses alentours, et plus de variété dans la forme et le mouvement de ses nombreuses gerbes.

HISTOIRE NATURELLE.

Géologie. — Dans l'Oberland, les montagnes principales sont, en grande partie, formées de roches primitives. Celles qui entourent le lac de Thun, au sud et à l'est, sont composées de pierres calcaires. Des bancs de pierres calcaires et des schistes argileux forment celles qui bordent les rives du lac de Brienz. Les montagnes calcaires du bas Hasli, du Hasli Grand, du Mühlithal, reposent sur des bancs de schistes, et celles de la vallée de Gadmen, sur le gneiss. Le Niesen est formé, à sa base inférieure, de schistes calcaires. Les ardoises feuilletées se prolongent jusqu'au milieu de sa hauteur. Au-dessus, on rencontre des fragmens de *grauwake* et de grès d'un jaune blanchâtre, entièrement composé de gros grains de quartz arrondis. Vers le sommet, on trouve des couches de rochers de grès, entièrement nus, de 5 à 6 pieds d'épaisseur entre lesquels on observe, en quelques endroits, des feuillets de schistes. Le Stockhorn est composé de pierre calcaire mêlée d'argile; la cime est formée de pierre calcaire pure. Le Wetterhorn offre, entre le gneiss et le calcaire superposé, du minerai de fer magnétique, dans une couche argileuse, qui varie de couleur, et qui renferme aussi des coquillages marins pétrifiés. Le Finsteraarhorn est l'une des plus hautes pyramides de granit et de gneiss de la chaîne des Alpes. Au-dessus de Gadmen, on voit de la syénite et des schistes micacés. Non loin de Meyringen, on remarque, près de Zaunwald, au bord de l'Aar, un banc de schiste argileux rempli d'ammonites. La Scheideck est composée de schistes d'argile et de marne, à feuillets minces, avec des rognons de schistes siliceux, qui renferment des pyrites sulfureuses et marcassites. Du côté du Grindelwald, ces ardoises sont dans un tel état de dissolution, qu'elles se décomposent sous les pieds du voyageur. Le Mettenberg et les montagnes voisines présentent des bancs calcaires, de diverses couleurs, mélangés de pierre argileuse rouge et verte, dont l'ensemble forme un beau marbre.

Dans la vallée de Lauterbrunn, les montagnes sont composées de pierre calcaire, assise sur des schistes argileux, et depuis le centre de la vallée sur le gneiss, où l'on voit à découvert, et qui se prolonge au sud. Les bases de la Jungfrau offrent aussi des couches calcaires, partout où l'on peut les observer. Il est probable que ces couches continuent jusqu'au sommet de la montagne, puisque les débris qu'amènent les avalanches de ses hauteurs, sont des pierres calcaires, parmi lesquelles il se trouve quelquefois des pétrifications. Là, comme au Grindelwald, la formation calcaire repose sur la roche primitive.

Règne animal. — La race des bêtes à cornes est nombreuse dans le canton de Berne. On comptait, en 1827, 12,924 bœufs, 88,678 vaches, 60,995 veaux, 121,082 moutons, 49,680 chèvres, et 68,763 porcs. Le Hasli et l'Emmenthal possèdent les troupeaux les plus renommés du canton. Outre les animaux domestiques, on trouve dans l'Oberland l'ours brun, le chamois, dont l'espèce est diminuée considérablement, et qu'on ne peut chasser sans une autorisation particulière du gouvernement, le bouquetin, le chat sauvage, le lièvre blanc, qui pèse jusqu'à 15 livres, la marmotte, le renard, etc., etc. Le grand aigle, remarquable par sa grosseur et une force prodigieuse, le coq de bruyère, la gelinotte et le *lagopède*, l'autour, l'épervier, l'effraye, le pinson des montagnes, etc., etc., sont les espèces les plus curieuses de l'ornithologie de l'Oberland.

L'Aar, la Simmen, les lacs de Thun et de Brienz sont poissonneux et donnent en plus ou moins grande quantité le saumon, l'aalbock, l'anguille, le brienzling, la truite saumonnée, la truite commune, la carpe, le brochet, etc., etc.

L'entomologie de l'Oberland est variée. Parmi les insectes on distingue particulièrement le grand cerf-volant (*lucanus cervus*), le lion volant, la grande demoiselle, le ver-luisant ou porte-lanterne, la punaise aquatique (*cimax glaucus*), le perce-bois, la fourmi noire, le pique-bœuf (*œstre boris*), la coccinelle, ou l'escarbot, le scolopendre à queue fourchue, etc. etc.

Les papillons les plus curieux sont le grand Apollon et le gama blanc.

RÈGNE VÉGÉTAL. — On trouve aux environs de Thun le satyrion noir; le *carpesium cernuum*, au Goldei, près d'Unterséen; l'*asperula taurina*, dans la forêt du Grand Rugen; la *viola montana*, le *saxifraga stellaris*, près des glaciers du Grindelwald; l'*astragalus alpinus*, au pied du Mettenberg; et sur la Scheideck, l'*ajuga pyramidalis*, le *saxifraga aspera*, le *silene acaulis*, le *rhododendron ferrugineum*, la *soldanella alpina*, le *trifolium alpinum*, etc., etc., et les mousses les plus rares et les plus curieuses. Les principales plantes de la vallée de Lauterbrunn sont l'*imperatoria ostruthium*, le *juncus filiformis*, la *betula incana*, le *sempervivum hirtum*, et le *festuca laxa*, de Host, qui n'a été observé dans aucun autre lieu de la Suisse.

RÈGNE MINÉRAL. — MÉTALLURGIE. — Les Alpes de l'Oberland renferment un grand nombre de mines, mais les frais d'exploitation sont si considérables qu'on n'en a tiré, jusqu'à présent, que peu de parti. Ce sont celles de fer de Büren, de Langnau, de Corroux, de Liesberg, de Correndelin, celles de Peri, de Wauffelin et de Mallarae, dans la vallée de Lauterbrunn, celles de la Planplatte et du Balmereckhorn, dans le Mühlithal. On exploite, au-dessus du hameau de Trachsel-Lauinen, une mine de plomb et d'argent. Il existe des mines de houille à Krattingen, à Diesbach, à Grüssisberg, à Sigriswyl, à Boltigen, etc., etc. L'Aar roule avec ses eaux des paillettes d'or massif.

EAUX MINÉRALES. — BAINS. — Il y a des bains d'eaux sulfureuses (*leissig bad*) à Leisingen. Les bains de Rosenlaui au pied du glacier de ce nom sont peu fréquentés.

Dans le Simmenthal, il existe une source chargée d'une substance grasse : on la nomme dans le pays la *Fontaine au Suif*.

CULTES.

La population de l'Oberland bernois professe la religion réformée. Le clergé protestant se divise en classes ou *décanats*, et s'assemble tous les ans à Berne, en un synode, présidé par le doyen de la ville. Il se tient aussi dans chaque bailliage des synodes particuliers. Le traitement des pasteurs est peu considérable. Ils sont chargés de la tenue des registres de l'état civil.

INDUSTRIE — COMMERCE.

Il y peu d'industrie dans l'Oberland. Cependant, à Daerligen, sur le lac de Thun, on se livre à la construction des bateaux. On fabrique d'excellentes poteries à Heimberg, à une lieue de Thun. Il y a à Interlacken des manufactures de dentelles noires et de blondes, sous la protection du gouvernement.

Les habitans de la sauvage vallée de la Kander jouissent d'une aisance supérieure à celle de la plupart de leurs voisins. Ils élèvent des bestiaux, cultivent du lin et du chanvre, et recueillent abondamment des cerises qu'ils distillent pour en faire un *kirschwasser* excellent. Ils fabriquent aussi des étoffes de laine, connues sous le nom de *drap d'Oberland*.

Le commerce du bétail et des fromages forme le principal revenu des Haslois. Il y a cependant quelques tailleurs, cordonniers, charpentiers et tanneurs. A Meyringen et à Brienz, on sculte en bois des cuillères, des fourchettes et des couteaux fort jolis.

POPULATION.

La population du canton de Berne était, en 1819, de 331,000 âmes. Sur ce nombre, l'Oberland est évalué à 65,500 âmes, et répartis ainsi :

Vallée d'Hasli, 5,500 âmes, Interlacken 14,000, Frutigen, 8,000, Simmenthal (haut et bas) 15,500, Gessenai, 4,500, Thun, 18,000.

BIBLIOGRAPHIE.

Observations sur les forêts et sur les montagnes des hautes Alpes du canton de Berne, par Kasthofer, Arau, 1818.

Les forêts des Alpes, par Zschokke, Tubingue, 1804, in-8 (en allemand).

Le forestier des Alpes, en Suisse, par Zschokke, Arau, 1806, in-8° (en allemand).

Manuel du voyageur en Suisse, par Ebel, 3 vol. in-8.

Statistique de la Suisse, par Picot, un volume in-8.

Description de Thun et de ses environs, Bâle, 1815, in-8 (en allemand).

Voyage dans les Alpes, par König, Berne, 1814, in-8. (en allemand).

Voyage dans l'Oberland Bernois, par Wyss, Berne, 1816, 2 vol. in-8.

Vues d'Unterséen, par Lory et König.
Vue de Thun, par König.
Vue d'Interlacken, par le même.
La chute du Reichenbach, par Rieter.
La même, par König.
Le Giesbach, par le même.
Le Reichenbach, près Meyringen, par Birmann.
La chute du Staubbach, par König.
La même, par Meyer.
Le Schmadribach, par Lory.
Vue de la vallée de Lauterbrunn et de la Jungfrau, par Lory.
La vallée d'Interlacken, par Lafond.
Vue du lac de Brienz, par Rieter.
Vue de la chaîne des Alpes, prise des environs de Berne, dessinée par G. Studer et H. Studer, et coloriée par Rieter.

ON SOUSCRIT CHEZ :
HIPPOLYTE SOUVERAIN, édit., 5, rue des Beaux-Arts.

Paris. — Imprimerie P. BAUDOUIN, rue Mignon, n. 2.

CANTON DE LUCERNE.

TOPOGRAPHIE.

SITUATION, ÉTENDUE, CLIMAT. — Le canton de Lucerne est borné au nord par le canton d'Argovie, à l'orient par les cantons d'Argovie, de Zug et de Schwytz, au midi par celui d'Unterwald et par l'Oberland bernois, et à l'occident par le canton de Berne. Il est situé presqu'au centre de la Suisse, et l'emporte en fertilité sur la plupart des autres cantons : c'est là, que commence la Suisse intérieure. Il est le troisième en rang dans la confédération helvétique, et le premier des cantons catholiques : l'acte de médiation de 1803 lui a fait éprouver quelques légères modifications par des échanges avec le canton d'Argovie. Sa plus grande longueur, du nord au sud, et sa plus grande largeur, de l'orient à l'occident, sont également d'environ onze lieues, sa surface est de soixante-douze lieues carrées. On ne saurait le compter parmi les cantons montagneux de la Suisse : cependant il s'en rapproche autant que possible, et, quoiqu'aucune de ses montagnes ne se couvre de glaces éternelles, il n'est presque pas de mois, même en été, où il ne tombe de la neige sur leurs hautes sommités ; aussi le climat y est plutôt froid que chaud, et les habitans sont exposés à de grandes variations de température. Du reste, le canton est situé sur un plan élevé ; et le lac des Waldstetten est à 1,320 pieds au-dessus du niveau de la Méditerranée.

MONTAGNES. — Les principales montagnes du canton sont le mont Pilate qui lui sert de limite du côté du canton d'Unterwald (Voir *Curiosité naturelles*); l'Eigenthal qui se compose d'environ trente Alpes et les montagnes de l'Entlibouch.

RIVIÈRES. — Les rivières les plus remarquables sont : la *Reuss*, qui sort du glacier de Luzendro, partage Lucerne en deux parties, traverse les cantons de Zug et d'Argovie, cotoie celui de Zürich, grossit ses eaux de celles de plusieurs torrens considérables et d'une foule de ruisseaux moins importans, se jette à Seedorf, dans le lac des Waldstetten, et va tomber dans le Rhin après avoir mêlé ses ondes à celles de la Limmat et de l'Aar.

L'*Emmen*, qu'on appelle aussi *Wald-Emmen* pour la distinguer de l'Emmen bernoise qui donne son nom à l'Emmenthal ; elle fait son cours entier dans le canton de Lucerne, qu'elle traverse en grande partie ; elle charrie de l'or, dont on a souvent frappé des ducats à Lucerne ; elle reçoit un grand nombre de petites rivières et de ruisseaux avant de se jeter dans la Reuss.

L'*Entlen*, qui se jette dans l'Emmen, et qui donne son nom à l'Entlibouch ; elle offre plusieurs chutes et cascades pittoresques. Les deux *Wigger*, qui parcourent la partie occidentale du canton près de Willisau, reçoivent ensuite les eaux de la Lutheren, et s'éloignent près de Mehlstecken pour se jeter dans l'Aar auprès d'Aarbourg. La *Vina* ou *Vinon*, qui coule au nord du canton du côté de l'Argovie par Neudorf et Münster. La *Sur*, qui sort du lac de Sempach à Oberkirch, passe auprès de la petite ville de Sursée, et se jette dans l'Aar au-dessous d'Arau. L'*Eschembach*, la *Rumlig*, le bas et le haut *Kuimsbach* ou *Rengbach* qui descend du mont Pilate, et coule vers le nord ; pour le contenir, on a construit à grands frais sur une longueur de 1,500 pas, une digue qui le contraint à se jeter dans l'Emmen ; on admire dans ce travail le *Rengloch* ouverture fort large qui s'enfonce à 234 pieds de profondeur entre les deux montagnes de Sonnenberg et de Blatterberg ; il a fallu beaucoup de temps et de dépenses pour mettre cette espèce de canal dans l'état où il est aujourd'hui.

LAC. — *Le lac des Quatre-Cantons*. Lucerne, Alpnach, Stantz, et le canton d'Uri donnent leurs noms aux parties du lac qui les avoisinent. Sa profondeur varie de 50 à 150 toises. Il offre une si grande diversité d'aspects, qu'il se divise en quelque sorte en plusieurs lacs différens les uns des autres (Voir *Curiosités naturelles*). Le joli lac de *Sempach*, de deux lieues de longueur sur une petite lieue de largeur : ses eaux sont claires et nourrissent d'excellens poissons. Le lac de Sempach est de quarante toises plus élevé que le lac des Quatre-Cantons, et est encadré par un amphithéâtre de charmantes collines ; la ville de Sempach est située sur le bord nord-est, et celle de Sursée sur une colline à l'ouest. Les lacs de *Mauen* et d'*Egolzwiler*; le premier, situé à une lieue à l'ouest de celui de Sempach, renferme l'île et le château auxquels il a donné son nom, et les petits lacs de *Roth*, de *Durten*, de *Soppen*, et de *Baldeker*.

HISTOIRE.

On a beaucoup disputé sur l'étymologie de Lucerne. Quelques archéologues prétendent que ce mot est dérivé du latin *Lucerna*. S'il faut en croire, un fanal ou lanterne aurait été placé à l'endroit où depuis a été construite la ville, pour guider les bateliers dans leurs courses nocturnes sur le lac.

Quelques monnaies romaines qu'on a trouvées à peu de distance de Lucerne, sembleraient établir l'existence d'une ville sur le sol qu'occupe de nos jours cette cité. Vers la fin du VIIe siècle, nous voyons l'abbé Wickard qui bâtit le couvent de Saint-Léodégard ou Saint-Léger, sur la colline où s'élève la ville. Il en est le premier abbé. L'an 768, Lucerne porte déjà dans les chroniques le titre de Ville. A cette époque, Pepin-le-bref la donne en toute propriété aux abbés de Murbach, en Alsace, qui en restent possesseurs jusqu'à la fin du XIIIe siècle où ils la vendent, à leur tour à Rodolphe de Habsbourg. Lucerne tombe dans la domination autrichienne. Bientôt ce joug lui pèse, elle veut le secouer et elle contracte alliance avec les trois cantons d'Uri, de Schwyz et d'Unterwald. C'est ce qu'on nomme dans l'histoire de la Suisse la ligue des Quatre-Cantons ou des Waldstetten. La noblesse autrichienne prend les armes, déclare la guerre aux insurgés, pille, ruine leurs propriétés. Les habitans se soulèvent, s'arment à leur tour et tentent de défendre leur indépendance. Quelques familles patriciennes vendues à l'Autriche veulent arrêter ce noble élan, et forment le projet d'exterminer les chefs du parti populaire. C'est dans la nuit qu'a lieu le conciliabule ; de là le nom de Mordnacht (nuit de mort). Heureusement un enfant a surpris l'affreux secret ; il va le dévoiler aux chefs patriotes, et la ville est une seconde fois sauvée du joug de l'oligarchie. Mais la liberté n'était point encore assurée : de nouveaux flots de sang devaient couler pour l'affermir. En 1386, le 9 juillet, les bannières de Lucerne flottent dans les champs de Sempach. Léopold d'Autriche, le fils de ce même duc qui, soixante-et-onze ans auparavant, avait perdu la bataille de Morgarten, est venu pour prendre sa revanche. Il amène avec lui 6,000 hommes d'une cavalerie magnifique, l'élite des chevaliers d'Argovie, de Souabe, du Tyrol, de l'Autriche, de l'Alsace, de la Franche-Comté. Tous ces chevaliers mettent pied à terre, relèvent les longs becs de leur chaussure, et armés de pesantes cuirasses, de longues lances, forment une phalange qu'ils croient impénétrable. 400 Lucernois, 900 hommes des cantons d'Uri, de Schwyz et d'Unterwald composent l'armée des Suisses. On donne le signal : tous se jettent à genoux, lèvent les mains au ciel et adressent une prière fervente au Tout-Puissant. Ils se relèvent et se précipitent en colonne triangulaire sur l'ennemi en poussant des cris et des hurlemens. Mais leur courage vient échouer au pied de cette phalange qui les arrête comme une muraille. Déjà Gondoldingen et Moos, deux avoyers de Lucerne et 60 autres braves ont expiré. Les Autrichiens poussent des cris de joie, et la phalange va se déployer sur deux ailes pour entourer les confédérés. C'est à ce moment que Winkelried s'élance au milieu des siens : « Amis, dit-il, voici le chemin, je vais vous le frayer ; je vous recommande ma femme et mes enfans! » A l'instant il se précipite sur l'ennemi, saisit de ses deux bras une forêt de lances qui vont lui percer le sein et qu'il entraine dans sa chute. Les confédérés entrent dans les rangs des ennemis comme par une porte, les rompent et en font un horrible carnage : tout fuit. Léopold, 650 comtes et chevaliers, la fleur de la noblesse, perdirent la vie dans cette terrible journée. Leurs corps furent transportés et enterrés à Königsfelden. Gondoldingen, tout meurtri, tout sanglant, allait mourir ; un Lucernois s'approche : « N'as-tu rien à dire à tes parens? »

— Non, répond le héros : recommande à

mes concitoyens de ne jamais souffrir qu'un avoyer reste plus d'une année en charge. » Et il meurt. On peut voir encore, dans l'arsenal de Lucerne, la bannière qu'il portait, la cotte d'armes de Léopold et le collier garni de pointes de fer dont le duc prétendait se servir pour le supplice de Gondoldingen. Cette victoire assura à jamais l'indépendance de Lucerne. L'Autriche, quelques années plus tard, fut obligée de renoncer formellement à toutes ses prétentions sur le canton.

Depuis cette époque reculée, l'histoire de Lucerne n'offre plus aucun événement important. Échappée au joug autrichien, elle tombe un instant dans l'oligarchie. Quelques nobles familles patriciennes sont à la tête du gouvernement. Cette oligarchie contre laquelle se révolte en 1764 une partie des citoyens l'emporte sur les efforts des patriotes. En 1798 elle expire. Les représentans du peuple provoquent à cette époque l'établissement d'une constitution basée sur l'égalité des droits politiques. Vers le même temps, les Français s'emparent de Lucerne. Pendant huit mois elle est le siège du gouvernement unitaire helvétique. Plus tard elle est deux fois le quartier général des troupes françaises, et l'un des points centraux de la guerre civile qui éclate en 1802. En 1813 elle recouvre tous ses droits anciens. Depuis 1830, nous voyons ce canton travaillé par des mouvemens intérieurs, secouer une nouvelle fois encore le joug des anciennes familles et tomber dans une sorte de pure démocratie. Une nouvelle constitution a été promulguée. Avant de l'analyser, nous attendrons pour ce canton comme pour les autres, que le pacte fédéral qui doit les régir ait donné une forme stable à ses institutions.

MOEURS. — CARACTÈRES. — COUTUMES.

Les Lucernois des deux sexes se font remarquer par la régularité de leurs traits et par leur taille élégante. Les habitans de l'Entlibouch sont aussi attachés à leurs anciens usages qu'à leur liberté. Haller les représente comme pleins d'honneur, mais participant un peu du gascon, aimant à se vanter.

Ils ont une vivacité dans l'esprit qui se manifeste par de petites compositions que des poètes rustiques chantent le lundi-gras devant le peuple de chaque commune, en passant en revue la conduite que les habitans ont tenue dans le cours de l'année précédente. Ces satyres souvent originales plaisent infiniment à l'assemblée et sont écoutées avec un vif intérêt.

Dès que le service divin est terminé, on plante, dans le village, un drapeau devant la maison de justice. La foule s'assemble. On voit bientôt arriver le poète à cheval, affublé d'un costume bigarré, et la tête couverte d'un chapeau orné de fleurs et de petits miroirs. Il se rend à la maison commune et s'arrête devant le drapeau, où il est complimenté par les magistrats. On lui présente ensuite le vin d'honneur. Sans descendre de cheval, il tire de son sein un grand papier sur lequel est apposé le sceau de l'Entlibouch : ce

Le Mont Pilon.

Lutteurs d'Unterwald. SUISSE

papier contient une satyre contre les habitans du village qui se reconnaissent ou que la foule reconnait, sans qu'il soit besoin de les nommer. L'exagération est précisément ce qui amuse la multitude. L'épitre est divisée en plusieurs parties, entre lesquelles le poëte se repose et boit un verre de vin. La fin est ordinairement destinée à faire rire aux dépens de tous.

La lecture achevée, le poëte est régalé par les magistrats, puis il se retire dans son village, où il reçoit les mêmes honneurs. Il ne manque jamais, dit-on, de s'en retourner avant la nuit, de peur de s'exposer à la vengeance de quelques uns de ceux aux dépens desquels il a fait rire son auditoire.

Les entrevues nocturnes des jeunes amans continuent, dans l'Entlibouch, comme autrefois. A la nuit, le jeune homme fait la prière, et puis, lorsque son père se retire dans la chambre conjugale, il s'esquive aussitôt pour se rendre auprès de l'objet de son amour, dont l'impatience n'est pas moins vive.

Souvent les deux habitations sont éloignées de plusieurs lieues, mais l'amour a bientôt franchi les distances. Au printemps le jeune berger a soin d'apporter quelques fleurs qu'il a cueillies sur les parois de quelque rocher abrupte; mais il est encore bien mieux reçu, s'il se présente avec ces confitures et ces patisseries dont sont friandes les jeunes filles de l'Entlibouch. Arrive le jour du mariage : d'abord c'est une troupe de musiciens, puis vient un cortège de jeunes filles et de jeunes garçons. Les premières avec une double couronne de fleurs; les garçons avec des chapeaux ornés de rubans. Puis on apperçoit le fiancé dans son costume national, et la jeune fiancée avec sa couronne virginale, son tablier blanc plissé, son corset violet, ses bas rouges et son bouquet au coté : ce bouquet est énorme. Sur sa robe sont indiqués en gros caractères ses noms, ses prénoms, son âge. Près du couple marche le garçon d'honneur, vêtu d'un manteau noir, et à ses côtés la *femme jaune* portant une corbeille où sont des bouquets. Enfin, suivent les parens et le reste de la noce. Au sortir de l'église et après la bénédiction, le cortège, dans le même ordre, gagne l'auberge du lieu. On se met à table, on boit, on danse. Puis pendant le refrain de vieilles chansons qu'on chante ici depuis plusieurs siècles, deux des convives feignent de se disputer, la possession de la jeune mariée qu'on met à une sorte d'encan; elle échoit comme au plus offrant enchérisseur à son mari ; alors les autres acteurs de cette scène naïve exécutent une vieille danse suisse aux applaudissemens de tous les spectateurs. La *femme jaune* se lève, prend la couronne de la jeune mariée, le bouquet du nouvel époux et les jette au feu. Si la couronne et le bouquet ne pétillent pas, les vieilles femmes disent que c'est un heureux augure, et présagent un bon ménage. On se remet à la danse avec une nouvelle vivacité, puis l'on gagne la demeure de l'époux. Alors viennent les soupes, le ris, le miel, le fromage, les viandes, et les vins; la gaîté anime tous les cœurs, on se livre à la joie, on chante, souvent il y en a pour plusieurs semaines: les pauvres ne sont jamais oubliés. Le jour de la noce on les régale dans quelque pré voisin, et la plupart du temps on leur permet d'emporter chez eux les débris du festin.

Les luttes gymnastiques sont en honneur dans l'Entlibouch. On choisit ordinairement un vaste champ exposé à tous les regards; puis au jour convenu les jeunes gens s'assemblent et on forme un cercle autour d'eux. Les vieillards sont juges du combat. Les jeunes filles qui y assistent ont toutes là leurs amans; aussi il faut voir avec quelle anxiété elles épient les lutteurs. Ceux-ci s'avancent dans l'intérieur du cercle, après avoir choisi leurs adversaires parmi les garçons des villages voisins, qui mettent tous un orgueil national au succès de leurs champions. Il faut qu'un athlète ait succombé deux fois, et qu'il soit tout à fait couché sur le dos, pour être déclaré vaincu. Il est rare qu'un même lutteur puisse soutenir plus de six luttes de suite; les deux plus forts terminent ces jeux par trois assauts qui décident définitivement du triomphe. On aime à voir un homme trapu, fort et musculeux, se mesurer avec un antagoniste plus grand et plus adroit que lui, mais moins vigoureux; les divers moyens qu'ils emploient dans le même but, offrent un contraste piquant. Des danses et des repas embellissent ces réunions où assistent aussi les femmes et les jeunes filles, et les plaisirs se prolongent toute la journée, et même pendant une partie de la nuit.

L'habitation du paysan de l'Entlibouch est propre, construite avec goût ; elle renferme des chambres spacieuses, presque toutes avec de gros poëles. Dans quelques parties du canton, surtout à Marbach et dans les environs, les maisons sont couvertes en tuiles et aussi élégantes, au moins, que les demeures des plus riches paysans Bernois.

Le voyageur qui parcourt ce pays, est émerveillé de la riche culture des campagnes, de la beauté des troupeaux, de l'air de santé qui brille sur la figure des pâtres, et surtout de la fraîcheur et du coloris des femmes. Elles rappellent en général, par leurs formes un peu masculines, leur haute taille, leurs yeux noirs, les belles paysannes de la vallée de Hasli dans l'Oberland Bernois.

Les habitans de l'Entlibouch ont donné de tout temps des preuves de leur valeur. Dans leurs glorieux combats, ils n'étaient jamais plus redoutables qu'armés de leur pesante massue garnie de pointes de fer (*morgenstern*.) A la bataille de Morat, la bannière de l'Entlibouch et celle de Thun « qui aiment à combattre ensemble, » dit un poëte du temps, se distinguèrent à l'avant-garde et commencèrent le succès de cette mémorable journée. Quand Enguerrand de Coucy vint, en 1375, se jeter sur la Suisse avec une armée formidable d'Anglais, de Flamands et de Bourguignons, les bergers de l'Entlibouch osèrent les attaquer les premiers à forces inégales. 600 d'entre eux, joints à quelques braves de Lucerne, de Schwytz et d'Unterwald, tombèrent à l'improviste sur 3000 de ces étrangers cantonnés à Büttikon, en tuèrent une partie, dispersèrent l'autre et revinrent chez eux couverts de gloire et chargés de butin. Le lieu du combat en a pris le nom *Engellaender Hügel* (colline des Anglais.) Comme ils s'en retournaient, l'un d'entre eux, monté sur un superbe cheval, portant une cuirasse dorée et un casque couronné, passa devant le château de Torrenberg, dont le baron lui cria du haut de ses tours :

— Faut-il que je voie un vilain comme toi couvert des armes d'un seigneur de noble sang!

— Gentilhomme! lui cria à son tour le paysan vainqueur, nous avons aujourd'hui tellement mêlé le sang des nobles et le sang des chevaux qu'on ne peut plus distinguer l'un de l'autre...
Puis il alla rassembler ses camarades et revint avec eux détruire le manoir féodal dont le seigneur s'était prudemment éloigné.

VILLES. — VILLAGES.

LUCERNE.— Ainsi que toutes les anciennes villes de la Suisse, Lucerne, chef-lieu de canton, porte dans l'architecture et les ornemens de ses maisons les traces de son origine et du goût du siècle où elle a été bâtie. On y trouve, comme dans les vieilles cités, des rues étroites, tortueuses, et quelques fontaines avec des ornemens caractéristiques de l'époque, entre autres celle qui existe sur la place du Marché au Vin. De nos jours, cette ville s'est singulièrement embellie. Elle a des places vastes, des rues larges et bien pavées, quelques beaux édifices. La plupart des maisons en bois ont disparu.

Ce qui distingue Lucerne, ce qui lui donne une physionomie particulière, ce que le voyageur ne peut assez remarquer, ce sont ses ponts. Le pont *de la Reuss* est le plus ancien de tous : il existait déjà sous le gouvernement des abbés de Murbach. C'est le seul qui ne soit pas couvert, le seul qui soit praticable aux voitures ; sa longueur est de 150 pieds et sa largeur de 26. Le second est le pont *du Hof* qui unit la ville à la cathédrale. On le regarde comme le pont couvert le plus grand qui existe en Suisse. A diverses époques depuis 1564, on a placé entre les chevrons qui en soutiennent le toit des tableaux peints sur bois, dont les sujets sont tirés de l'Ancien et du Nouveau Testament. Le troisième pont, celui de *Kapellbrück* est également décoré de tableaux dont une suite est tirée des temps héroïques de la Suisse; les autres, retracent les actions des deux patrons de la ville, St.-Léger et St.-Maurice. Près de ce pont est la tour de l'eau, *a asserthurm*, qu'on attribue aux Romains; elle servit d'abord de phare aux navigateurs et vraisemblablement aura donné à la ville le nom de Lucerne. Le quatrième pont, date du commencement du XVe siècle ; il est décoré d'une copie faite par Meglinger de *la danse des morts*, en 36 tableaux, à double face. Sans doute il ne faut pas chercher dans les tableaux qui ornent ces ponts un grand mérite de pinceau; mais comme monumens, ils offrent un intérêt tout particulier, en ce qu'ils donnent une idée des mœurs, des habitudes, du caractère de l'époque où ils ont été tracés ; les vieilles légendes qui les accompagnent en rehaussent encore le prix.

Il y a dix églises à Lucerne : St.-Léger au Hof, d'un assez bon style, où l'on remarque, sur le maître-autel, un tableau de Lanfranc et surtout des orgues considérées comme un chef-d'œuvre d'art et de goût; St.-Pierre, construite en 1273; et l'église des jésuites, du XVIIe siècle, la plus belle église de Lucerne, où l'on voit un tableau de l'un des élèves du Guide, Torriani de Mendrisio.

L'hôtel-de-ville, dont la forme et la disposition intérieure ne sont pas sans mérite, renferme une collection presque complète des portraits des anciens chefs de l'état, quelques tableaux dont le sujet a été puisé dans l'histoire naturelle, de précieux manuscrits, et les bannières déchirées et teintes du sang des héros de Sempach et de Bellinzone.

La tour sur laquelle on a peint à fresque la figure d'un géant auquel les traditions populaires attachent une grande célébrité, a été bâtie en 1350 sur les ruines de l'ancienne ville. Lucerne possède plusieurs hôpitaux, une bibliothèque, un théâtre, un casino, une maison des orphelins, une caisse des pauvres, un établissement pour les ouvriers malades, une caisse d'épargne, etc. C'est une ville lettrée où l'on cultive à la fois avec succès la musique, la peinture, les arts; elle est assez commerçante. Plusieurs fois elle a été le siège de la diète helvétique. Chaque année, elle est le rendez-vous d'une foule de voyageurs qui la traversent pour se diriger sur le Rigi, le Saint-Gothard, les montagnes dont cette ville est enceinte. On trouve dans les habitans une hospitalité cordiale, des soins et des prévenances ; dans la haute société, d'élégantes manières, le ton des grandes cités, des écrivains et des savans distingués. Peu de villes offrent à l'amateur de sites curieux, des jouissances plus variés que celles que procurent les promenades qu'on peut faire dans les environs de Lucerne et sur les bords du lac. L'étranger n'a que l'embarras du choix.

SEMPACH. — Est une petite ville mal bâtie, mais sa position au bord du lac du même nom est assez originale. Elle est célèbre par la victoire éclatante que les confédérés y remportèrent le 9 juillet 1386 sur le duc Léopold d'Autriche. (Voir *Histoire.*) On a élevé une chapelle sur la place même où périt Arnold de Winkelried.

CURIOSITÉS NATURELLES. — MONUMENS.

LE LAC DE LUCERNE. — Ce lac est plus généralement connu sous le nom de lac des Waldstetten ou des Quatre-Cantons. Ses rives ne sont point ornées d'une multitude de villes, de villages, de jardins, de vergers, de vignobles; des coteaux couverts d'une végétation riche et vigoureuse, ne s'élèvent pas sur ses bords, et cependant l'aspect qu'il offre est d'un attrait irrésistible ; il laisse à l'âme des souvenirs ineffaçables. A mesure qu'on pénètre dans les golfes de Küsnacht, de Lucerne, de Winkel, d'Alpnach, de Buochs et de Flüelen dont l'aspect est tantôt gracieux, tantôt sublime, tantôt mélancolique et tantôt effrayant, on voit, pour ainsi dire, à chaque coup de rame, changer les formes des montagnes qui s'élèvent du sein de ses ondes jusqu'à la région des nues; les vues, les sites pittoresques qu'on aperçoit, et depuis ces golfes, et depuis le milieu du lac, à l'endroit nommé *Trichter*, offrent une diversité infinie selon les différens effets de la lumière et des ombres, surtout quand ces grands objets sont éclairés par les rayons du soleil le matin et le soir. De quelque point que l'on contemple ce lac, on voit régner dans toutes ses parties un caractère majestueux, sublime et extraordinaire, qui excite la surprise et l'admiration. Aucun autre ne présente d'aussi fortes ombres, des teintes aussi sombres et des effets de lumière aussi singuliers.

Ce n'est pas sans quelque péril qu'on est surpris par une tempête dans le golfe de Brunnen, de Flüelen et aux environs de l'Ober-nase et de l'Unter-nase, où les rochers descendent verticalement dans le lac, de sorte qu'on ne trouve qu'un petit nombre d'endroits où il soit possible d'aborder; mais partout ailleurs il n'y a nul danger à redouter.

Les bords du lac de Lucerne offrent deux sites classiques de la liberté: le *Grütli*, ce mont sacré des Suisses où fut prononcé, en 1307, le premier serment d'union, et le Rocher de Tell (Tells-platte) (Voir *Canton d'Uri*). C'est dans l'île d'Altstadt que l'abbé Raynal avait élevé à la mémoire des trois libérateurs, Walter Furst, Arnold Melchthal et Werner Stauffacher une pyramide de granit de 40 pieds de hauteur. On y lisait les noms de ces héros et celui du fondateur; une barre de fer qui soutenait la pyramide formait, à son extrémité supérieure, une flèche dorée à laquelle était attachée la pomme de Tell. Raynal avait eu le dessein de placer ce monument dans la prairie même du Grütli; mais les magistrats du canton d'Uri auxquels il s'adressa pour en obtenir la permission, la lui refusèrent: « Car, répondirent-ils, tant que les Suisses sauront être libres et sentir le prix de leur liberté, ils n'auront aucun besoin d'éterniser par un monument cette belle page de leur histoire; et si jamais leur postérité venait à perdre ces sentimens, un semblable monument n'aurait pas plus d'utilité pour la Suisse que n'en eurent pour Rome, tombée dans l'esclavage, les nombreux marbres des temps où la vertu et la liberté régnaient dans ses murs. »

PLAN EN RELIEF du général Pfyffer. — C'est une partie de l'Helvétie en miniature. Ce travail, qu'on voit à Lucerne, a été exécuté d'après nature et représente une étendue de 180 lieues carrées; savoir: les cantons de Lucerne et d'Unterwald, une grande partie de ceux d'Uri, de Schwytz et de Zug, indépendamment des contrées limitrophes des cantons de Berne, de Zurich et d'Argovie. Les plus hautes montagnes, de 9,700 pieds, ont ici 10 pouces au-dessus de la surface du lac des Waldstetten. L'ensemble a 22 pieds et demi de longueur sur 12 pieds de largeur. Ce plan est composé de 136 pièces carrées que l'on peut démonter, et forme incontestablement la meilleure carte qui existe de ces contrées.

On ne peut voir sans admiration la précision avec laquelle les formes des montagnes et des rochers ont été figurées, l'exactitude qui brille jusque dans les moindres détails, et la vérité frappante de l'imitation de la nature. Pas un sentier, pas une cabane, pas une croix n'ont été oubliés: le voyageur, avant de quitter Lucerne, peut y étudier la route qu'il se propose de parcourir dans les montagnes voisines, et à son retour, compléter, étendre, perfectionner les connaissances imparfaites qu'il a pu se procurer dans ses excursions. Quand on considère ce curieux ouvrage de haut en bas, il offre à peu près l'aspect d'une vaste carte de géographie. Mais pour jouir de l'illusion poussée au plus haut degré, il faut se baisser de manière que les regards effleurent la surface du relief placé horizontalement. Dans cette position, on voit toutes les collines, les montagnes et les rochers, et on en distingue la forme, la hauteur et les dimensions. On conçoit ce qu'il a fallu de talent et de persévérance pour élever ce pittoresque monument.

LE LION DE THORWALDSEN. L'inauguration de ce monument national a eu lieu le 10 août 1821. Le lion a 28 pieds depuis l'extrémité du museau jusqu'à l'origine de la queue, et sa hauteur est de 18 pieds. La grotte dans laquelle il est couché a 44 pieds de long sur 28 d'élévation, et est creusée dans un pan de rocher absolument vertical.

« L'expression du lion mourant est sublime, dit M. le comte de Walsh; le tronçon de la lance qui l'a percé est resté enfoncé dans son flanc, il étend sa griffe redoutable comme pour repousser une nouvelle attaque; ses yeux à demi fermés, vont s'éteindre pour jamais, et cependant son regard semble menacer encore; sa face majestueuse offre l'image d'une noble douleur et d'un courage tranquille et résigné. Au-dessus de la grotte on lit l'inscription suivante: *Helvetiorum fidei ac virtuti*. Au bas sont les noms des officiers et des soldats qui périrent le 10 août, et de ceux qui, soustraits à la mort, ont contribué à l'érection du monument. A dix pas de là s'élève une petite chapelle, sur la porte de laquelle on a gravé ces mots: *Invictis pax*. Du côté opposé on voit la maison de l'invalide, gardien du monument. Une pièce d'eau vive, alimentée par plusieurs sources, baigne le pied du rocher, dont le sommet est couvert de végétation. Tout autour sont disposés avec beaucoup de goût quelques groupes d'arbres qui ombragent les bancs placés dans les points de vue les plus favorables.

Un jeune sculpteur de Constance, nommé Ahorn, a exécuté ce travail sur un modèle en plâtre envoyé de Rome par Thorwaldsen, et sous la direction du colonel Pfyffer. Le modèle arriva à Lucerne tellement endommagé, que le masque fut trouvé gisant en morceaux au fond de la caisse. Le colonel Pfyffer Wesher, ramassa les précieux fragmens que le frottement n'avait point encore usés, les étendit sur un tapis, et parvint, à force de patience et de soins, à les réunir dans leur ordre et à les coller ensemble.

LE MONT PILATE. — De toutes les montagnes du canton, la plus remarquable est le mont Pilate qui lui sert de limite du côté du canton d'Unterwald. Ce mont colossal et majestueux, dont la base septentrionale se rapproche de la ville de Lucerne, est élevé de 6,906 pieds au-dessus de la mer. On le nomme en latin *mons pileatus*, à cause d'un petit nuage en forme de chapeau, qui couvre ordinairement sa cime, lorsque le temps est beau.

Les fables qu'on débitait sur le Pilate, accréditées par plusieurs siècles de superstition, étaient cause que nul étranger ne pouvait visiter cette montagne sans une permission écrite du magistrat de Lucerne, et sans avoir promis préalablement de ne point profaner le lac, soit en y jetant des pierres, soit en provoquant le mauvais génie qui l'habitait. Les bergers qui séjournaient durant l'été dans les pâturages voisins, prêtaient chaque année le serment de n'y conduire aucun étranger, et de n'en indiquer le chemin à personne. Un huissier allait, tous les printemps, signifier cet ordre aux montagnards et recevait, pour salaire, un florin d'empire, Quelquefois même on mit en prison des voyageurs assez téméraires pour gravir le Pilate sans permission. Il existe un acte public, daté de l'année 1307, au sujet de sept prêtres arrêtés sur le chemin de la montagne. Stumpf, dans sa chronique, et Vadian, dans son commentaire sur Pomponius Mela, parlent d'individus qu'on aurait fait mourir pour avoir transgressé cette défense.

« Un peu au-dessus du Pilate, dit ce dernier écrivain, est un petit lac, ou plutôt un marais auquel on a donné le nom de Pilate. Si l'on y jette à dessein quelque pierre, il manifeste son courroux par d'horribles tempêtes. Des paysans qui ont osé provoquer ce mauvais génie, ont été soudain mis à mort. »

Après que la réformation eut commencé à éclairer les esprits, ces fables perdirent de leur crédit, et il ne fut plus besoin de permission pour visiter le mont Pilate. Mais le peuple tenait encore à ses vieux préjugés, et des faits seuls pouvaient le désabuser. En conséquence, Jean Müller, curé de Lucerne, d'accord avec les magistrats, monta au lac, en 1585, suivi d'un grand cortège de curieux et des pâtres du voisinage. Il jeta, en leur présence, dans les eaux, des pierres et des branches d'arbre, et provoqua le démon, en lui criant : « Pilate, jette ton limon !... » invocation qui devait, à coup sûr, allumer le courroux du Génie du lac. Il fit plus, il ordonna à un paysan d'entrer dedans, de le traverser en tous sens ; et, au grand étonnement des bergers épouvantés, le ciel resta serein ; il n'y eut ni orage, ni inondation. Pour effacer jusqu'au dernier vestige de cette fable, Jean de Müller obtint des magistrats qu'on ferait couler toutes les eaux du lac, et qu'on le mettrait à sec. Cette opération fut commencée en 1594 ; des obstacles divers ont empêché de la terminer.

Écho singulier.— Sur la Bründlen-alpe est un écho qui excite l'admiration de tous les voyageurs ; mais quelques uns seulement peuvent en obtenir des sons. Il faut être doué à la fois d'une poitrine robuste et d'une voix forte. Les paysans accoutumés à le faire résonner, tournent en demi-cercle, jetant par intervalle des mots qui produisent une musique harmonieuse et qui retentissent dans toutes les anfractuosités du rocher. Rien de plus ravissant surtout, par une belle nuit et au clair de la lune, que les effets produits par cet écho bizarre.

La statue de saint Dominique. — Elle apparaît de loin sur le sommet du même pic, au milieu d'une vaste caverne. Est-ce un effet de la perspective ? est-ce une œuvre de l'art ? c'est ce dont on n'a pu s'assurer jusqu'à présent, car on ne saurait arriver à la statue. Elle semble haute de 30 pieds, et représente un homme dont les jambes sont croisées, et le corps appuyé sur une table. On dirait un géant qui garde les approches de la caverne.

Un certain Huber de Lucerne, forma le projet d'aller examiner cette statue. Dans ce dessein, il se fit attacher à une corde, et dévaler ainsi du haut de la montagne : une saillie formée par les rochers l'empêcha de parvenir jusqu'à l'entrée de la caverne, près de laquelle il était suspendu. S'étant fait remonter, il se pourvut d'une perche crochue et descendit une seconde fois ; mais, par malheur, la corde vint à se rompre, et l'infortuné trouva la mort au fond du précipice.

La pierre chancelante. — Le Knappstein, (pierre chancelante), l'un des pics voisins de l'Alpe de Bründlen est ainsi nommé à cause d'un quartier de rocher d'une dimension considérable qu'on voit sur le sommet du pic et qui semble toujours prêt à tomber, et chancelle même, selon l'expression des habitans (knappe) aussitôt qu'un homme veut le gravir.

HISTOIRE NATURELLE.

Géologie.— La chaîne du mont Pilate est composée de pierres calcaires mêlées de quartz. On trouve un grand nombre de pétrifications sur cette montagne, particulièrement près du Tomlishorn, à la Kasteln-Alp, et sur le Wiluderfeld, dont la sommité, élevée de 6,858 pieds au-dessus de la mer, est composée d'un rocher calcaire rempli de nummulithes et autres coquillages brisés. On trouve aussi des empreintes de poissons dans les ardoises du mont Pilate. Au-dessous de l'Alpe de Mast, au pied de l'Esel, on voit deux troncs pétrifiés à une hauteur où il ne croit point d'arbres aujourd'hui. Les montagnes de l'Entlibouch, formées de sable, d'argile et de pierres roulées, viennent s'appuyer contre la chaîne du mont Pilate. Toutes les autres montagnes et collines du canton appartiennent à la formation de grès et de marne. On trouve beaucoup de brèches sur les bords du lac, entre Lucerne et Küsnacht, surtout près du Meckenhorn et dans l'île d'Altstadt, de même qu'entre Lucerne et Stanzstad, sur les collines de Viereck et de Schattenberg. Ces brèches sont situées dans la ligne des hautes montagnes de brèche du Rigi (1) et du Russberg,

(1) Au mois de juillet 1795, le village du Weggis bâti au pied du Rigi fut inondé par un torrent d'une nature singulière, qui se précipita des parois de cette montagne. C'était comme une boue compacte, tendâtre, de plusieurs toises d'épaisseur et de plus de deux mille pieds de largeur.

dont la formation se prolongeait autrefois jusqu'au revers septentrional du mont Pilate. On voit épars sur toutes les collines dont le reste du canton est composé, un grand nombre de débris granitiques, parmi lesquels il se trouve des blocs d'une grandeur extraordinaire.

RÈGNE ANIMAL.— Les pâturages du canton de Lucerne nourrissent de nombreux troupeaux de bêtes à cornes. On remarque toutefois que les vaches sont plus petites que dans le canton de Schwytz, mais elles ont cette belle robe *couleur de montagnes* dont les Milanais font tant de cas. La Suisse en général possède une grande variété d'oiseaux, mais ici l'ornithologie n'offre aucune espèce particulière.

Le lac de Lucerne est poissonneux, surtout du côté du canton d'Uri. Les poissons les plus recherchés sont deux espèces de saumons, l'un qu'on appelle balle ou *albocks*, et l'autre rötele (*salmo salvelinus*). On y pêche aussi des truites, des carpes, des brochets, des tanches, des ombres, des anguilles. Aux environs d'Uri, on prend en automne de belles lamproies d'eau douce. Ce lac nourrit aussi des loutres et des castors.

RÈGNE VÉGÉTAL. La flore lucernoise est extrêmement variée. Toutes les montagnes du canton sont riches en plantes.

On cueille sur le Pilate le pavot alpestre (*papaver alpinum*), la gentiane pourprée (*gentiana purpurea*), l'astragale des montagnes, le chrysanthem des Alpes, le myosotis nain, le ciste à mille feuilles (*cistus polifolius*), le caret limoneux. Les Alpes de l'Entlibouch particulièrement le Nesselstock, abondent en belles espèces. Le rosage des Alpes et la gentiane jaune y croissent en abondance. La violette à éperons, la centaurée des montagnes, l'anthéric tardif, la crételle bleue, le mullie alpestre, jolie plante qu'Haller a célébrée dans son poème des Alpes, et l'arnique des montagnes qu'on reconnait à sa haute tige et à ses fleurs d'un beau jaune doré.

RÈGNE MINÉRAL. — Le canton de Lucerne produit un grand nombre de minéraux. Malheureusement la minéralogie, dans ce pays, est encore dans l'enfance. Lang et Cappeller étaient tous deux des minéralogistes distingués pour leur siècle, mais ils n'ont rien laissé sur cette science. Non loin de Lucerne, on voit encore les traces d'une mine de fer dont les travaux ont été abandonnés depuis long-temps. Dans l'Entlibouch existait, dans le XVᵉ et le XVIᵉ siècles, une mine d'argent.

L'Emmen charrie de l'or; malheureusement les parcelles n'en sont pas assez abondantes pour défrayer ceux qui voudraient les recueillir.

La pierre dont on se sert pour bâtir est une pierre calcaire facile à tailler, mais assez sujette aussi à s'altérer à l'air.

Il y a beaucoup de carrières. Le gypse, s'il était bien travaillé, serait aussi bon que le meilleur gypse de Schwytz.

C'est ici le lieu de remarquer que M. Norgaard,

Pareil aux laves qui descendent des volcans ce torrent s'avançait lentement en sorte que les habitans eurent le temps d'emporter leurs meubles et de quitter le village.

dans une exploration qu'il fit en Suisse, ne fut pas très heureux dans ses investigations. Saussure s'est trompé quand il a dit avoir trouvé de la variolite dans l'Emmen.

SOURCES, BAINS, EAUX THERMALES. — Il y a plusieurs sources périodiques dans le canton : l'une près Egollzwil, et deux autres près de Langnau. Quand elles coulent, les paysans croient que l'année sera stérile. Il y a des établissemens de bains à Knoutwyl, à Ybenmoos, non loin de Hochdorf, à Augstholtz et à Farnbühl, dans l'Entlibouch, dont les eaux ont été analysées par M. Schneider.

CULTES.

Le canton de Lucerne professe la religion catholique romaine, et relève de l'évêché de Basle et de Soleure. Le clergé est divisé en 4 chapitres, savoir : ceux de Waldstetten, de Hochdorf, de Sursée et de Willisan. Le chapitre de Lucerne a un prévôt mitré. Le canton renferme à peu près 60 paroisses et plusieurs monastères : L'abbaye de Saint-Urbain, fondée en 1148, et habitée par des moines de l'ordre de Citeaux; deux abbayes de femmes, du même ordre, à Roth-Hausen et à Lochenbach, fondées en 1245 et 1485. Deux cloitres de franciscains, l'un à Lucerne, et l'autre à Verstenstein, fondés en 1215 et 1630. Trois cloitres de capucins, l'un sur le Vesemlin, à Lucerne, l'autre à Sursée, et le dernier à Schüpfheim, dans l'Entlibouch; enfin un cloitre d'ursulines, fondé en 1658, et un de sœurs de l'ordre de sainte Claire, fondé en 1619 à Lucerne. Depuis quelques années, les protestans ont dans cette ville une église et un pasteur.

BIOGRAPHIE.

Parmi les hommes illustres nés dans le canton de Lucerne, on distingue Joseph-Stalder, habile compositeur et maître de musique du prince de Conti; Ignace Zimmermann, poète dramatique; Lange, naturaliste; l'historien Balthasar; le lexicographe Stalder dont le *Idioticon helvétique* a obtenu dans le monde savant une réputation méritée; Joseph Ritter, mort en 1809, auquel on doit le beau pont de Mellingen : il fut le rival d'Ulrich Grubenmann, dans l'art de construire avec solidité et élégance; et le peintre Reinhard.

Parmi les hommes qui se sont distingués sur les champs de bataille, nous citerons cet avoyer Goudoldingen, mort si glorieusement à la bataille de Sempach; Antoine Russ, qui trouva le trépas dans le cimetière de Saint-Jacques où une poignée de Suisses soutint le choc de 18,000 Français; Louis Pfyffer qui commanda la glorieuse retraite de Meaux en 1567; Joseph Suter qui combattit à Sempach; et Jean Viol qui se trouva à la bataille de F. Bellinzone; ces deux derniers, guerriers et poètes, ont célébré dans leurs vers les exploits de leurs compatriotes. Les titres de Lucerne à l'admiration du monde savant, les noms des grands hommes dont elle s'honore, ont été rappelés dans l'ouvrage de F. Balthazar (mort en 1810) que nous avons déjà cité, et qui a pour titre: *Musæum virorum lucernatum fama et meritis illustrium.*

Lucerne possède aujourd'hui un écrivain M. Hottinger qui a continué avec beaucoup de talent *l'histoire des Suisses* de Müller; on voudrait seulement dans l'œuvre de ce savant plus d'impartialité, mais sous le rapport de l'élégance du style et de la hauteur des vues, il ne laisse rien à désirer.

INSTRUCTION PUBLIQUE. — SCIENCES.

Le canton possède de nombreuses bibliothèques. Celle de la ville, riche en manuscrits nationaux, celle des franciscains, celle des jésuites, celle des capucins et celle de l'abbaye de Saint-Urbain. Cette dernière a en outre une collection de médailles et un cabinet d'objets d'histoire naturelle. Il y a à Lucerne un cabinet de lecture où on lit tous les journaux français.

C'est dans le couvent de Barcominoli, près de Lucerne, que le chanoine Elie de Laufen établit en 1470, la première imprimerie qui ait existé en Suisse. Ulrich Gering, religieux de ce couvent, y apprit à imprimer et se rendit à Paris, où il exerça son talent de 1472 à 1510. Long-temps il fit un mystère de son art. Les volumes sortis de ses presses sont au nombre des premiers livres imprimés en France. Gering amassa une grande fortune, qu'il légua aux étudians et aux pauvres de Paris; aussi la Sorbonne célébrait-elle tous les ans une fête solennelle en son honneur.

Les principaux établissemens d'éducation du canton sont: un lycée établi à Lucerne pour la théologie et la philosophie, et un gymnase pour les beaux-arts. La ville a aussi une école gratuite de dessin et une *société helvétique de musique*. On a établi des écoles primaires dans toutes les communes rurales.

En ce moment, un homme d'un vaste savoir, le père Gérard, est venu porter à Lucerne sa méthode d'enseignement qui fit de si grand progrès à Fribourg.

INDUSTRIE. — COMMERCE.

Les habitans du canton de Lucerne font de l'éducation du bétail une de leurs principales occupations. Ils ont des bêtes à cornes d'une grande beauté et élèvent aussi des moutons, des chèvres, des porcs etc. Dans l'Entlibouch on achète des moutons au printemps, on les conduit sur les pâturages montagneux, qui seraient trop élevés pour des vaches, et on les abandonne à eux-mêmes pendant la plus grande partie de la belle saison. Chaque vache dans ce pays, donne deux quintaux de fromage gras pendant l'été. Sur quelques Alpes on fait du sucre de lait. Le Mont-Pilate nourrit de troupeaux nombreux.

Lucerne est aussi un pays à bled: il en fournit aux cantons voisins d'Uri, de Schwytz et d'Unterwald: aussi chaque semaine son marché est très fréquenté. Les vignes sont peu abondantes dans cette contrée, et le vin est en général d'une qualité médiocre. Mais les Lucernois font du vin de fruit fort agréable, et qui devient quelquefois pour eux un objet de commerce. Parmi les autres produits qu'on exporte hors du canton, les fromages sont les plus nombreux. Il y a peu d'industrie dans le canton de Lucerne. Cependant les filatures de coton, de chanvre et de lin de l'Entlibouch, occupent un grand nombre d'ouvriers. C'est à Escholzmatt, et à Marpach ou Marbach qu'on fait le plus beau fil de lin.

POPULATION.

La population du canton de Lucerne d'après un recensement officiel n'est que de 86,700 âmes, mais cette évaluation est évidemment trop foible. M. Bernouilli la porte à 116,000 âmes: un dénombrement fait en 1810 donnait déjà 101,904 âmes. En 1814 il naquit dans le canton 1,865 garçons et 1,652 filles; la même année il mourut 2,910 individus et il se fit 558 mariages. En 1826, la population s'accrut de 1,129 individus; il y eut 3,590 naissances, 2,461 décès et 519 mariages. La ville de Lucerne compte 7,000 habitans. La population de l'Entlibouch est d'environ 13,500 à 14,000 âmes.

BIBLIOGRAPHIE.

Descriptio montis Pilati, Tiguri 1555, par Conrad Gessner.
Histoire de l'Entlibouch, par Schnyder, in 8°, 2 part. 1781-1782.
Voyage dans les petits cantons, par L. Meister, 1782.
Description de quelques montagnes de l'Entlibouch, par Schnyder. Lucerne, 1783.
Fragmens sur l'Entlibouch, par F. J. Stalder. in-8° deux part. (en allemand). Zürich, 1797-1798.
Les cinq siècles politiques de la république de Lucerne, par J. A. F. Balthasar. Lucerne, 1808.
Lucerne et ses environs considérés sous leurs rapports topographique, statistique et historique, traduit de l'Allemand, du chanoine Bussinger, par Henri de Crousaz. 1 vol. in-8° Lucerne, 1821.
Itinéraire du mont Rigi et du lac des Quatre-Cantons par les mêmes. Lucerne, 1821.
Panorama du mont Rigi, dessiné par H. Keller. Zürich, Füssli, 1825.
Le mont Rigi dessiné d'après nature, par H. Füssli et G. H. Meyer.
Goldau et ses environs. Lucerne, 1829.
Voyage pittoresque au lac des Quatre-Cantons, 10 vues dessinées d'après nature, par J. Wetzel, gravées par F. Hegi, avec un texte. 1 vol in-f°.
Mémoires historiques, topographiques et économiques sur le canton de Lucerne, par J. A. F. Balthasar. 2 vol. in-8° (en allemand).
Le canton de Lucerne selon ses nouvelles frontières, par Seen.

ON SOUSCRIT CHEZ:
HIPPOLYTE SOUVERAIN, édit., 3, rue des Beaux-Arts.

Paris. — Imprimerie P. BAUDOUIN, rue Mignon, n. 2.

CANTON D'URI.

TOPOGRAPHIE.

Position. — Depuis l'invasion des Français, en 1798, Uri a perdu quelques unes de ses possessions, entre autres le Livinenthal (vallée léventine) qui a été joint au canton du Tessin. Cette partie de son sol, et ce qui en fut distrait à peu près à la même époque, a diminué de moitié l'étendue du canton. Le Reussthal (vallée de la Reuss), et quelques vallées latérales forment aujourd'hui tout son territoire. Ses limites, au midi, commencent aux sources de la Reuss, sur le St.-Gothard; au nord, il s'étend jusqu'au lac des Quatre-Cantons; les bords de ce lac jusqu'à Sisikon à droite, et jusqu'à Seelisberg à gauche, lui appartiennent; il longe aussi de ce côté le canton de Schwytz. Au couchant, il confine aux cantons du Valais, de Berne, et d'Unterwald; à l'orient, il est environné des hautes montagnes des Grisons et de Glaris.

Étendue. — Le canton d'Uri a quinze lieues environ dans sa plus grande longueur du nord au sud; il n'en a que sept à huit dans sa plus grande largeur. Sa surface est de cinquante-six lieues carrées.

Climat. — Le climat du canton est fort inégal; depuis Fluelen, sur les bords du lac, jusqu'à Amsteg, on jouit d'une douce température. Là, la végétation est beaucoup plus hâtive que dans la partie qui avoisine le St.-Gothard. Cela est dû tout à la fois à la forme même de la vallée qui, longue à peine d'une lieue, est entourée de pics, de montagnes élevées et à un vent du sud qu'on y connaît sous le nom de *fön* ou *favonius*. Souvent, au milieu de l'hiver, lorsque ce vent vient à souffler, la température s'élève subitement. Au printemps une nuit seule suffit pour ressusciter les plantes endormies, couvrir d'herbes verdoyantes les champs et les montagnes, fondre les neiges, épanouir les fleurs des arbres, enfler et grossir les torrens. Pour les personnes nerveuses, le *favonius* est un véritable *sirocco*, il fatigue et appesantit la tête; l'esquif qui navigue sur le lac le redoute. Ordinairement il descend des hauteurs du Saint-Gothard, croissant à mesure qu'il avance, soulevant les vagues, troublant le lit du lac; heureusement, le batelier connaît son approche, et se hâte de gagner quelques refuges que lui offre surtout la rive droite. Malheur aux arbres que ce vent rencontre dans son passage! il les dépouille ou les brise. En 1798, le bourg d'Altorf, tout entier, fut la proie des flammes; ce jour-là soufflait le *fön*, aucune puissance humaine ne put arrêter l'élan de l'incendie; aussi, depuis, a-t-il été ordonné d'éteindre ou de couvrir les feux que les bergers allument sur les montagnes, lorsque le *favonius* vient à souffler.

Montagnes. Les nombreuses montagnes de ce canton appartiennent à l'une des chaînes les plus remarquables des Alpes et de l'Europe. La plus célèbre est le Saint-Gothard, qui comprend toute la masse des hautes sommités qui s'étendent, entre l'Hospital, dans la vallée d'Ursern et Airolo, dans le canton du Tessin. On distingue encore le Galenstock, dont la hauteur est de 9,900 pieds au-dessus du lac des Quatre-Cantons, ou de 11,250 au-dessus du niveau de la mer; le Spitzliberg qui s'élève pyramidalement dans les nues, enveloppé de son large manteau de glace, à 9,285 pieds; le Breitenstock, placé au-dessus d'Amsteg, dont le sommet se dégarnit de neige en été, et dont les flancs sont couverts de forêts et de verdure, et les Alpes-Surènes, dont la chaîne élevée est située entre les cantons d'Uri et d'Unterwald.

Rivière, Lacs. — La Reuss est de tous les torrens du canton le plus remarquable. (Voir *Curiosités naturelles*).

La partie du lac des Quatre-Cantons ou des Waldstetten qui s'étend depuis Treib jusqu'à Fluelen et à Seedorf, appartient au canton d'Uri, et porte le nom de *lac d'Uri*. Ses bords sont fertiles en souvenirs historiques. (Voyez *Histoire*). Les autres lacs du canton sont situés sur les hautes sommités des Alpes, dans des cavités où ils sont entretenus par les eaux qui découlent des glaciers et des amas de neiges. On en compte sept sur le Saint-Gothard, non loin du passage, et une trentaine environ disséminés sur toute la chaîne, mais si petits que quelques écrivains ne les ont, pour la plupart, considérés jusqu'ici que comme des étangs.

HISTOIRE.

Le canton d'Uri tire son nom des *Ures* ou taureaux sauvages qui peuplaient jadis ses vallées, et dont il a conservé la tête dans ses armoiries. On le trouve désigné dans les anciens monumens sous le nom des *Ures*. L'histoire d'Uri ne peut guère être isolée de celles des autres petits cantons. Elle n'offre que quelques pages, mais aucun peuple ne saurait en présenter de semblables. C'est dans Uri que se donna le signal de cette insurrection des paysans des quatre vallées contre les Autrichiens. C'est sur le Grütli, sol sacré des Suisses, que fut prononcé, en 1307, le premier serment d'union qui fonda la liberté helvétique. Trois hommes de cœur dont l'histoire a précieusement conservé les noms, Werner Stauffacher, de Schwytz; Arnold de Melchthal, d'Unterwald; et Walther Fürst d'Attinghausen, d'Uri, lassés de la domination qui pesait sur leur patrie, résolurent de l'affranchir. Ils se réunissent une première fois pendant le silence de la nuit, jurent de rompre les indignes fers de l'esclavage, d'expulser leurs tyrans et de mourir ou de rendre à leur pays ses antiques droits. Le 17 novembre suivant, les trois confédérés se rassemblent, accompagnés chacun de dix paysans les plus braves et les plus probes de leurs cantons. Ces trente-trois patriotes jurent, en se tenant par les mains, de ne rien entreprendre sans la participation de leurs confédérés, de se soutenir, et d'être fidèles les uns aux autres jusqu'à la mort; de défendre les anciens privilèges, de ne porter aucun préjudice aux comtes de Habsbourg, ni dans leurs droits, ni dans leurs possessions, et de ne point maltraiter leurs gouverneurs. Alors les trois chefs s'avancèrent au milieu de l'assemblée, et jurèrent les mains levées vers le ciel, au nom du Dieu qui a créé les paysans et les empereurs, et assuré aux uns et aux autres la jouissance de tous les droits de l'homme, de combattre courageusement pour la liberté, et de la transmettre à leurs descendans. Les trente autres confédérés repetèrent ce serment.

Le 1er janvier 1308, l'insurrection éclate de toutes parts dans les trois Waldstetten. Les vallées environnantes répondent à ce signal, courent aux armes; partout les Autrichiens sont surpris, défaits, et la liberté triomphe. A Brunnen, dans l'hôtel-de-ville, on a long-temps conservé l'acte original de la confédération des cantons libérateurs.

Ce traité, devenu plus tard le fondement du droit helvétique et adopté par chaque canton à mesure qu'il accédait à la confédération générale, est trop remarquable pour que nous ne le donnions pas ici en entier.

« Au nom de Dieu, amen. Comme la nature humaine est infirme et fragile, il arrive que ce qui devrait être durable et perpétuel est bientôt facilement oublié. C'est pourquoi il est utile et nécessaire que les choses qui sont établies pour la paix, la tranquillité, l'avantage et l'honneur des hommes soient couchées par écrit et rendues publiques par des actes authentiques.

« Ainsi donc, nous d'Uri, de Schwytz et d'Unterwald, faisons savoir à tous ceux qui liront ou entendront ces présentes lettres, qu'avisant et pourvoyant aux temps fâcheux et difficiles, et afin de pouvoir jouir plus commodément de la paix et du repos, garder et défendre nos vies et nos possessions, nous nous sommes mutuellement promis et jurés les uns aux autres de bonne foi et par serment, que nous nous donnerions réciproquement conseil et secours de corps et de biens, de cela à nos propres frais et dépens contre tous et un chacun qui feraient vouloir faire injure ou violence à nous ou aux nôtres; tellement que si quelqu'un de nous reçoit quelque tort dans son corps ou dans ses biens, nous devons le soutenir de tout notre pouvoir, pour que, de bon gré ou par droit, restitution ou réparation lui soit faite.

« Outre cela, nous nous engageons par le même serment à ce qu'aucun des trois cantons et nul d'entre nous ne puisse reconnaître qui que ce soit pour son seigneur sans l'avis et permission des autres. Du reste, chacun de nous, tant hommes que femmes, sera tenu d'obéir à ses seigneurs naturels et à la puissance légitime, en tout ce qui est juste et raisonnable, sauf à ces seigneurs qui feront violence à l'un des cantons, ou qui voudront dominer injustement sur lui; car à tels, aucune obéissance ne doit être rendue, jusqu'à ce qu'ils se soient accordés avec les cantons. Nous convenons encore entre nous que nul des cantons ni des confédérés ne prêtera serment ou hommage à aucun étranger sans le consentement des autres cantons et confédérés; qu'aucun confédéré ne contractera des liaisons avec quelque étranger que ce soit, sans l'avis et permission des autres confédérés, aussi long-temps que les cantons seront sans seigneurs; et que si quelqu'un de nos cantons viole ou transgresse aucun des articles arrêtés et contenus dans ce présent acte, il sera déclaré perfide et parjure, et confisqué corps et bien au profit des cantons.

« Nous sommes, outre cela, convenus de n'avoir et de ne recevoir pour juge aucun homme qui ait acheté sa charge par argent ou autrement, ou qui ne soit pas de notre pays. Si dispute ou guerre vient à naître et à s'élever entre les confédérés, les hommes les plus intègres et les plus prudens s'assembleront pour pacifier et finir cette guerre ou dispute, soit à l'amiable, soit à rigueur de droit. Quelle que soit celle des deux parties qui se refuse à cet expédient, les confédérés assisteront l'autre partie, pour qu'à l'amiable ou par le droit, le débat soit terminé aux dépens de celui qui aura d'abord refusé l'accommodement. Que si entre deux cantons naissent procès ou hostilités et que l'un des deux ne veuille pas y mettre fin par voie d'accommodement ou de droit, le troisième canton soutiendra celui qui aura voulu se soumettre à l'arbitrage et lui donnera secours jusqu'à ce que la chose soit terminée de gré ou de force.

« Si quelqu'un des confédérés en tue un autre, il sera puni de mort; à moins qu'il ne puisse prouver, et que les juges ne déclarent comme quoi il l'a fait par nécessité et à son corps défendant; et si ce meurtrier s'enfuit, quiconque de notre pays le recevra dans sa maison, lui donnera un asile, sera exilé, et ne pourra rentrer dans sa patrie, s'il n'y est rappelé par le commun consentement des confédérés.

« Si quelqu'un des confédérés, en secret, ou bien avec audace et ouvertement, met le feu dans la maison de l'autre, il sera pour jamais banni de nos pays; et celui qui le recevra dans sa maison ou hôtellerie, ou cherchera à le défendre, sera tenu de réparer tout le mal qu'il a fait.

« Personne ne prendra des gages que de son débiteur ou de sa caution; et encore il ne le fera point sans le consentement du juge. Chacun obéira à son juge et s'y soumettra et déclarera quel juge il reconnaît dans nos pays pour paraître en jugement devant lui. Quiconque se refusera à la sentence prononcée, sera forcé de réparer tout le mal que sa désobéissance pourra causer à l'un des confédérés quel qu'il soit.

« Et afin que les lois ci-dessus énoncées demeurent fermes et perpétuelles, nous, ci-devant nommés, citoyens et confédérés d'Uri, de Schwytz et d'Unterwald, avons apposé notre sceau au présent acte passé à Brunnen, l'an 1315 après la

Tellsplatte — Chapelle de Guillaume Tell.

Pont du Diable (canton d'Uri).

SUISSE.

naissance de Notre Sauveur Jésus-Christ, le lendemain du jour de saint Nicolas. »

MOEURS — CARACTÈRES — COUTUMES.

La culture intellectuelle n'est pas avancée dans ce canton. Uri a produit peu de savans, d'artistes, d'écrivains, et pourtant un trait distinctif du caractère de ses habitans est un goût prononcé pour la poésie. Les paysans des diverses vallées se servent, en parlant, d'expressions hardies, d'images pittoresques ; leur style *oriental* ne se retrouve chez aucun autre peuple de la Suisse. Les hommes d'Uri aiment la liberté avec idolâtrie, et sont fiers de leurs antiques institutions : ils sont braves, honnêtes, bons et hospitaliers. Ceux de la vallée de Schëchen passent pour les plus forts du canton. Dans les hautes vallées les habitans ont quelques rapports avec les montagnards italiens. On croit ici aux démons comme on y croyait au XIIIe siècle. Il y a dans quelques localités des esprits ou génies des montagnes dont grande est la puissance ; ce sont eux qui forment et dissipent les tempêtes, qui veillent aux sources, qui gardent les fontaines, les mines, les ruines et les cavernes ; qui chassent avec un bruit effrayant à travers les précipices, et qui maltraitent le chasseur assez hardi pour oser escalader les rochers sur lesquels ils ont établi leur empire aérien, ou toucher à des animaux qui leur appartiennent.

Voici un de ces contes populaires de la vallée de Krachenthal.

« Un jeune berger quittait fort souvent les troupeaux de son père pour aller à la chasse des chamois sur les pointes nébuleuses des Alpes voisines. En vain ses parens l'avaient conjuré de n'en rien faire ; rebelle à leur autorité, il se livrait avec passion à ce dangereux plaisir. Un soir il fut surpris par une tempête violente au milieu des plus horribles précipices ; les vents mugissaient, la neige et la grêle tombaient condensées ; il perdit sa route, et, couché sur la pointe d'un rocher, il allait périr de fatigue, de froid et de faim. Tout à coup apparaît l'esprit de la montagne, enveloppé dans un tourbillon, qui lui crie d'une voix menaçante : — Téméraire ! qui t'a permis de venir chasser les troupeaux qui m'appartiennent ? Le jeune berger implore son pardon. — Je te l'accorde, dit le génie, mais ne viens plus me troubler dans mes vastes solitudes. Alors, comme par enchantement, la tempête cesse, et le pâtre se retrouve au milieu de ses troupeaux. »

Cette tradition alpestre a fourni le sujet d'une ballade qui se chante dans les hautes vallées.

Comme tous les peuples du Nord, les montagnards de ces alpes ont eu leur âge d'or, qu'ils regrettent. « Alors, disent-ils, les vaches étaient d'une grosseur monstrueuse ; elles avaient une telle abondance de lait, qu'il fallait les traire dans des étangs qui en étaient bientôt remplis ; c'était en bateau qu'on allait recueillir la crême dans ces vastes bassins. Un jour un vacher fut renversé de sa nacelle et se noya ; les jeunes garçons et les jeunes filles du voisinage cherchèrent long-temps, mais en vain, son corps pour l'inhumer ; on ne le retrouva que long-temps après en battant le beurre au milieu des flots d'une crême écumante qui se gonflait dans une baratte haute comme une tour, et où l'ensevelit dans une large caverne que des abeilles avaient rempli de rayons de miel grands comme une porte de ville. »

Ces superstitions populaires, *ces contes d'enfant* même, ne doivent pas être dédaignés ; ce sont les poèmes de l'enfance de la société, et un grave historien comme Müller n'a pas craint de les placer dans la peinture des mœurs de la nation dont il a décrit si éloquemment les hauts faits.

Dans plusieurs vallées du canton d'Uri, l'usage des oraisons funèbres existe depuis des siècles. C'est presque toujours le maître d'école de la paroisse qui est chargé de prononcer un discours sur la tombe du trépassé. Voici une de ces improvisations qui mérite d'être conservée pour son laconisme et son extrême originalité :

« Mes frères, dit l'orateur rustique penché sur la fosse et l'œil chagrin, les uns disent du bien de celui que nous venons de mettre en terre, les autres en disent du mal ; nous, nous n'en dirons rien ; laissons-le là. »

Immédiatement après la cérémonie funéraire, on sort du cimetière, et l'on reprend le chemin de la maison du défunt, où, selon la coutume, *le repas des funérailles* est préparé. Ce repas qu'on célèbre aussi dans plusieurs contrées de la Suisse, se nomme *chatamot* en patois vaudois. Chatamot est composé de deux mots hébreux, l'un qui signifie *boire* et l'autre *mourir*.

Les habitans d'Altorf sont renommés pour leur adresse au tir à l'arc. Chaque année celui qui remporte le prix se rend immédiatement dans une petite chapelle voisine de la place où Guillaume Tell enleva la pomme placée sur la tête de son fils, et là il dit quelques *pater* et quelques *ave* à la mémoire du libérateur ; on promène ensuite processionnellement dans toute la ville le vainqueur, vêtu du costume antique, son arc sur le dos, comme au XIVe siècle.

MUSIQUE.

Le ranz des vaches. (Kühreihen.) Dans le patois de la Suisse romande, *ranz* signifie une suite d'objets qui se succèdent : *rank* en celtique, *reihen* en allemand ont la même signification. Le ranz des vaches est donc en musique, la marche des vaches, comme en anglais *saylor's rant* est la marche du matelot. Cet air particulier aux Alpes helvétiques est fort ancien : on le jouait dans son origine sur le hautbois ou sur *l'alp-horn*, trompe ou cor des Alpes. Le caractère de ces airs nationaux est une grande simplicité et un mode lent et mélancolique (1). Les paroles sont plus modernes. La Suisse allemande a des kühreihen propres à l'Entlibouch, au Mont-Pilate, aux cantons d'Uri, Appenzell, et à beaucoup d'autres lieux.

(1) Chaque pays a son Kühreihen particulier, qui ne diffère que fort peu des autres : celui des montagnes de Fribourg passe pour l'un des plus jolis ; nous le donnerons (paroles et musique) avec la livraison de ce canton.

Ce sont des vachers qui conduisent un nombreux troupeau sur la haute montagne où il doit passer l'été. Ils sont arrêtés tout court dans leur route, par des fondrières ou par des torrens. Le berger en chef députe un de ses camarades au curé de la paroisse, auquel il demande le secours de ses prières, et il l'obtient à certaines conditions. Par exemple, qu'il lui donnera un petit fromage non écrémé. Le marché fini, le pâtre retourne vers celui qui l'a envoyé. Les vaches traversent le torrent sans difficulté et sans danger, et la bénédiction du prêtre est si efficace, qu'arrivé au chalet, la chaudière se trouve pleine avant qu'on ait trait la moitié du troupeau.

J.-J. Rousseau a donné dans son dictionnaire de musique, un ranz des vaches retouché ou plutôt arrangé à sa manière. Grétry l'a placé dans l'ouverture de son *Guillaume Tell*. Adam l'a mis dans sa méthode de pianos pour le Conservatoire. Laborde l'a placé dans le second volume de son *Essai sur la Musique ancienne et moderne*. Ce n'est point, au reste, sur un théâtre d'opéra, ou dans un salon, qu'il faut entendre le ranz des vaches, mais bien au milieu des rochers des Alpes, sur la porte d'un chalet de la Gruyère, d'Uri ou d'Unterwald. Il faut à cet air national un cadre fait exprès, un troupeau, des bergers, le fracas d'un torrent, ou le bruissement de sapins agités qui sert de basse continue, la voix de l'écho qui le répète ou le prolonge, les beuglemens des vaches qui y répondent, le carillon des clochettes qui l'interrompt par intervalles inégaux. Il est du plus grand effet dans les hautes solitudes, et semble tirer des paysages alpestres, quelque chose de solennel et de mystérieux, surtout quand il est exécuté de nuit sur les flancs de l'alpe opposée, sans qu'on aperçoive ni les chanteurs, ni les instrumens, et que le silence de la nature est brusquement rompu par ces modulations simples, tristes et presque sauvages, dont la répétition même n'engendre pas la monotonie.

Viotti, le célèbre violon, prenait un singulier plaisir à jouer cet air dans toute sa simplicité, et il n'en parlait jamais qu'avec une sorte d'enthousiasme.

On sait l'influence morale qu'exercent sur les montagnards suisses cet air national. Plus un Suisse est fidèle aux goûts simples de la nature, plus son habitation est élevée, solitaire et sauvage, plus les scènes et les accidens des paysages qui lui sont familiers sont sévères et fantastiques, plus il est sensible à la musique du ranz des vaches. Il n'est donc pas étonnant que, s'il est absent de sa patrie, il ne puisse l'entendre sans verser des larmes, sans être oppressé par les souvenirs de sa ville natale, et par le besoin d'y retourner. Quelquefois la vivacité de ses regrets le fait tomber dans la nostalgie, il se meurt de ce qu'il appelle si énergiquement le *mal du pays*, et il n'est d'autre remède pour lui que de regagner promptement ses foyers. On trouve dans une dissertation de Swinger le passage suivant:

« Je ne puis me dispenser de parler d'une cause aussi singulière que la nostalgie fréquente parmi les soldats suisses aux services étrangers ; c'est une chanson que les bergers ont la coutume de chanter ou de jouer en gardant leurs troupeaux dans les Alpes helvétiques. Si les recrues entendent cette chanson, elle leur rappelle si vivement la patrie, elle leur inspire une mélancolie si profonde, qu'ils tombent malades, qu'ils désertent ou meurent. On a donc été obligé de défendre dans les régimens suisses, sous les peines les plus sévères, de chanter, de jouer et même de siffler cette chanson.

VILLES. — VILLAGES.

ALTORF, chef-lieu du canton d'Uri, est situé au pied du Bannwald entre deux torrens, le Schächen et la Reuss. Ce bourg, que le commerce de transit par le Saint-Gothard a rendu florissant, est en général bien bâti ; on y distingue l'église paroissiale, grande, belle et récemment construite, la maison commune, le couvent des capucins dans une situation romantique ; la vieille tour dont le toit et la charpente furent consumés dans le terrible incendie de 1789 sans que les peintures à fresque aient été essentiellement endommagées.

On ne cultive à Altorf ni les arts, ni les lettres ; chaque habitant est commerçant ; avec le jour finissent ses travaux ; le soir, pour se délasser, il va s'asseoir à la table de l'auberge du *Lion noir* où à celle *du Cerf*; là, il s'occupe rarement de politique mais presque toujours de détails mercantiles, fumant gravement sa longue pipe, héritage de famille, qu'il apporte avec lui, ou qui fait partie de la nombreuse collection placée au centre de la salle.

BURGLEN, à l'entrée de la vallée de Schächen, est le berceau de Guillaume Tell ; on va visiter avec une curiosité pieuse, sur l'emplacement de la maison du héros, une chapelle dont les murs sont couverts d'inscriptions et de devises des voyageurs de toutes les nations.

AMSTEG est situé à trois lieues d'Altorf, à l'entrée de la vallée de Maderan et sur le chemin du Saint-Gothard. Les restes d'un château qu'on croit avoir appartenu à Gessler (*Twing Uri*) dominent le village. Près d'Amsteg on remarque quelques unes de ces grottes, si communes à Lugano, percées dans le roc vif et où il souffle un vent glacé qui contribue à la conservation des vins.

INSCHFELD, situé au bas de la vallée de la Reuss, est un village bâti au milieu de belles prairies et où l'on remarque une église assez jolie, construite elle-même parmi de nombreux massifs d'arbres. C'est un de ces sites qui invitent au recueillement et à la dévotion. On ne pouvait placer un temple dans un lieu mieux choisi. Les murs extérieurs ont des peintures à fresque dues au pinceau habile de Drimmer. Elles représentent l'histoire de saint Hubert qui, en Suisse comme en France, est le patron des chasseurs. Le temps a malheureusement passé sur l'œuvre de l'artiste.

ANDERMATT (*Ursern*) est un village élevé à 4,350 pieds au-dessus de la mer, à un quart de lieue de l'Urnerloch. C'est là que naquit Diogg, peintre suisse dont on estime beaucoup le talent ; ses tableaux sont devenus rares. Andermatt a de jolis édifices; sa situation est pittoresque.

CURIOSITÉS NATURELLES. — MONUMENS.

La Reuss. — Le saut du moine. — Nulle part la nature ne présente aux regards de plus grands tableaux, des scènes plus étonnantes et plus terribles que dans cet espace de quelques lieues qui s'étend depuis le petit village d'Amsteg jusqu'à l'Urnerloch ou la *Roche percée* du Teufelsberg.

On croit que la vallée de la Reuss doit son nom aux ours qui la fréquentaient jadis. Une multitude de cascades formées par la rivière, mille points de vue divers se succèdent sans cesse dans ce court trajet. Les Allemands ont donné à cette vallée le nom de *Krachenthal* (vallée bruyante), et elle mérite ce nom, tant la Reuss roule avec fracas ses eaux de rochers en rochers aux mois de juillet et d'août, lorsque les pluies ont enflé les torrens. Le voyageur qui suit cette route en spirale, taillée avec tant de difficulté sur le roc vif, est assourdi par ce bruissement de la rivière qui s'élance, tantôt de pics de 20 à 25 pieds de hauteur, tantôt s'ouvre un passage à travers des débris de rocs tombés des montagnes voisines, ou des troncs d'arbres que le vent a déracinés.

A partir d'Amsteg, on commence à monter. La vallée suit la direction du S. O. D'abord on trouve le hameau d'Imried; en face celui d'Inech; près de là on traverse un ruisseau dont l'onde s'élance du fond d'une gorge profonde qu'on appelle *Teufelsthal* (la Vallée du diable).

Pour le voyageur qui réfléchit, pour celui qui étudie dans l'expression, les mœurs, les coutumes d'un pays, qui voit la pensée dans les signes matériels avec lesquels on l'exprime, ces termes composés, où le mot *teufel* entre si souvent, doivent donner une idée de la physionomie sauvage de cette vallée. L'habitant n'a pas su exprimer autrement ses terreurs et son admiration qu'en faisant intervenir une puissance infernale. Le diable joue donc ici un grand rôle. Il donne son nom à une vallée, *Teufelsthal*, à une pierre, *Teufelstein*; à un pont, *Teufelsbrück*, à une montagne enfin, *Teufelsberg*; et l'habitant a raison, car Satan seul a pu abaisser cette vallée, élever ces ponts, exhausser ces montagnes, transporter ces blocs énormes.

On quitte la rive orientale pour passer sur la rive occidentale de la Reuss. Là s'élève le pont nommé *Pfaffensbrück* (le saut du moine).

Voici l'histoire qu'on raconte à ce sujet. « Un moine avait enlevé une jeune fille; comme on le poursuivait, il arrive auprès d'un abîme d'une centaine de pieds de profondeur, s'élance avec sa proie, et, d'un saut, gagne le bord opposé. » Lorsqu'appuyé sur la dalle légère qui vous sépare ici du précipice, on contemple ces rochers aigus, ce torrent furieux, et cette large ouverture, on conçoit que pour la franchir, le moine dut être porté sur les ailes du démon. Une seule arche de 90 pieds de longueur, voilà le Pfaffensbrück.

Après avoir franchi le torrent de Mayenbach et gravi une pente fort raide, on arrive au village de Vasen. C'est un misérable endroit, comme il peut s'en trouver à ces hauteurs, peuplé de quelques rares habitans ensevelis dans les neiges une partie de l'année, et qui n'ont que trois mois pour soutenir eux et leurs familles des bénéfices qu'ils font avec les voyageurs. Vasen est à plus de 2,000 pieds au-dessus de la mer.

Depuis Vasen vous traversez une foule de ponts plus étonnans les uns que les autres. C'est d'abord le *Schönbruk*, puis un second d'une hauteur extraordinaire. Près de celui-ci est le *Teufelstein*, bloc immense de soixante pieds carrés. Ici, une autre histoire satanique. Il paraît que le diable avait parié avec un moine de porter cet énorme bloc à la distance d'une lieue. Le pari fut accepté; voilà donc Satan qui charge ses épaules de cet énorme débris de rocher. Il marche d'abord comme en se jouant, mais bientôt ses genoux ploient et il est obligé de jeter son fardeau là où nous le voyons aujourd'hui. Il perdit son pari, mais en revanche il donna son nom à la pierre.

C'est dans ce vallon qu'on trouve la *Sandbalme*, fameuse grotte de cristaux, qui a perdu un peu de la réputation qu'elle avait autrefois. La contrée devient de plus en plus sauvage et n'offre bientôt que l'aspect d'une solitude effrayante; plus d'arbres, pas une seule maison, presque plus de végétation. Des deux côtés de la vallée, vous apercevez d'énormes montagnes couvertes de débris de rocs sillonnées de profonds ravins à travers lesquels se précipitent des torrens; de petites croix plantées ici comme sur le St.-Gothard, indiquent la place où périrent des voyageurs foudroyés par des avalanches ou des éboulemens de rochers. Ces tristes monumens, dont quelques-uns semblent nouvellement érigés, ajoutent encore à l'impression produite par l'imposante sévérité du site. C'est une image de destruction de plus. On n'entend au fond de ces affreuses gorges que le retentissement de la Reuss qui bouillonne au travers des blocs de granit dont son cours est obstrué. Ces eaux écumeuses, qu'on voit blanchir à une grande profondeur, forment une suite non interrompue de cascades toutes plus bruyantes les unes que les autres.

Le pont du diable. (*Teufelsbrück*) a long-temps passé pour une des merveilles de la vallée de la Reuss. Qu'on se figure un pont d'une seule arche de 75 pieds, jeté sur la saillie de deux rocs avancés, et comme suspendu par la main des fées et ébranlé par le choc impétueux de la Reuss qui se précipite au-dessous, de rochers en rochers, d'une hauteur de plus de cent pieds.

Ce pont n'existe plus aujourd'hui tel qu'on l'admira pendant plusieurs siècles. Il tombe en ruines, délaissé qu'il est, depuis qu'un pont nouveau, beaucoup moins pittoresque, mais beaucoup plus commode a été élevé par les soins d'ingénieurs suisses distingués; la route elle-même qui, dans quelques endroits, n'offrait qu'un rebord de 5 ou 6 pieds de largeur, est aujourd'hui une voie large, unie, travaillée avec beaucoup d'art, et n'offrant pas même l'apparence du danger.

L'Urnerloch.—La vallée d'Ursern.—Jusqu'au commencement du XVIIIe siècle, la paroi des rochers qui sépare les Schöllenen de la vallée d'Ursern n'avait point encore été percée. On entrait dans ce vallon au moyen d'un pont suspendu sur des chaînes, sur le revers extérieur du Teufelsberg et des ondes bouillantes de la Reuss, dont l'écume transformée en vapeurs semblables à une poussière très fine, venait sans cesse l'inonder; aussi le nommait-on *die staübende brücke*, c'est-à-dire le *Pont poudreux*. Il en est fait mention dans des actes du XIVe siècle.

On ignore l'époque précise où on le fit construire pour ouvrir le passage de la vallée d'Ursern. L'an 1707, Pierre Morattini, ingénieur célèbre de la vallée de Maggia, que Vauban et Cohorn, les deux plus grands ingénieurs de leur siècle, ne dédaignèrent pas d'employer, fit pratiquer la galerie ou ouverture qu'on appelle l'Urnerloch. On abandonna dès lors le pont poudreux qui offrait un spectacle auquel l'imagination la plus hardie ne saurait atteindre. L'Urnerloch a 200 pieds de longueur sur 12 de largeur et autant de hauteur. Long-temps on a admiré, comme œuvre humaine et témoignage de la puissance du génie, ces grands travaux, qui consistent à percer des voûtes dans les rocs vifs. Les anciennes histoires de la Suisse célèbrent Morattini et son ouvrage, comme quelque chose de merveilleux. Les travaux du Simplon, et depuis, cette grande route tracée pendant l'espace de 1,500 mètres, sous des rocs vifs, dans le chemin de fer, de Lyon à St.-Étienne, en France, ôtent à l'Urnerloch une partie de son grandiose passé.

Mais ce qui excitera toujours l'admiration, c'est cette transition d'une gorge obscure et humide de rocs déchirés, à la vallée si riante d'Ursern et si parée de belle végétation; c'est le contraste de ces maisons blanches aux toits de sapin du joli village d'Andermatt, c'est cette double atmosphère, l'une froide, humide, malsaine, au côté nord de l'Urnerloch, et cette atmosphère douce, pure, parfumée, au midi de la caverne. La scène change ici: plus de rochers entassés les uns sur les autres et dont la cime touche aux nues, mais une nature gaie, de la verdure, de jolies montagnes élégamment festonnées, de la vie, du mouvement, un autre ciel, un autre monde enfin.

Au XIIIe siècle, quelques particuliers d'Airolo fondèrent, dans la vallée d'Ursern, un hôpital destiné à recueillir les voyageurs égarés; puis quelques maisons vinrent se grouper autour de ce refuge: de là, le nom d'Hospital ou *Hospendal* en langue rhétienne; pauvre village, qui n'a pour arrêter les regards que les restes d'un ancien château, vieux manoir de la noble famille d'Hospendal, dont un des membres combattit valeureusement à la bataille de Morgarten et eut le bonheur de verser son sang pour l'indépendance de sa patrie. Si le voyageur ne s'arrête pas long-temps à Hospital, le géologue, plus heureux, peut y séjourner pour chercher dans quelques unes des anciennes cavernes, des cristaux à facettes brillantes dont encore aujourd'hui on fait commerce dans la vallée.

Le St.-Gothard.—M. de Zurlauben croit que le nom de cette montagne dérive de deux mots celtiques *Got* et *arth* (Dieu élevé); il pense que les Tauris avaient placé sur le sommet une de leurs divinités, à laquelle ils rendaient un culte particulier. Quelques savans estiment que les Goths, chassés d'Italie en 555, vinrent s'établir dans les vallées du pays d'Uri et qu'ils imposèrent leur nom à sa plus haute montagne. Cette irruption des Goths est admise par tous les chroniqueurs suisses, et les gens du pays prétendent descendre de ces peuplades sauvages, mais l'étymologie qui réunit en sa faveur le plus de probabilité, fait dériver le nom de ce mont de Saint-Gothard, évêque de Hildesheim, qui vivait au XIIe siècle, et en l'honneur duquel les abbés de Dissentis élevèrent une chapelle au-dessus de ces hauteurs.

Il ne paraît pas que les Romains aient jamais connu ce passage. Ni César ni Pline n'en parlent dans leurs écrits; on ignore aussi à quelle époque il fut ouvert, et sans l'incendie des archives de l'abbaye de Dissentis à laquelle appartenaient jadis le St.-Gothard et la vallée d'Ursern, peut-être aurions-nous des documens qui éclaireraient l'histoire de cette route.

Le chemin du Saint-Gothard, depuis Amsteg jusqu'à Airolo, est de 10 lieues environ; il a de 12 à 15 pieds de largeur et est pavé de dalles de granit. En hiver, les neiges s'y accumulent à la hauteur de 20 à 30 pieds. Quelquefois, quand elles sont trop épaisses, la route est fermée; mais elle ne l'est pas long-temps. Des bœufs d'Airolo et d'Ursern l'ont bientôt tracée. On a calculé qu'il passait sur le Saint-Gothard plus de 15,000 voyageurs par an et 3 à 400 bêtes de somme par semaine. A une lieue d'Hospital, on quitte la vallée d'Ursern pour entrer sur le territoire de la commune d'Airolo, dans le Val léventine. La Reuss forme plus loin une belle cascade.

A la partie supérieure de la montagne, sur laquelle passe le chemin qui conduit en Italie, entouré de petits lacs et de pics, s'élevait l'hospice du Saint-Gothard. Déjà, dans le XIIIe siècle, l'hospice était ouvert aux voyageurs; quelques capucins l'habitaient, et recevaient, logeaient et hébergeaient les étrangers. On y trouvait un vaste magasin, une écurie, un hôpital, une hôtellerie, où le pauvre était recueilli gratuitement pendant 24 heures et conduit en traîneau jusqu'au village voisin, s'il était souffrant. Airolo faisait en partie les frais de cet établissement. Le roi de France et les dons de quelques riches particuliers complétaient le surplus. Le chapitre de Milan fournissait à l'entretien des capucins. Mais depuis 1800, l'établissement n'existe plus. Les Français l'occupèrent pendant toute année, et l'hiver fut si rigoureux, qu'ils furent obligés, pour se chauffer, de brûler jusqu'aux portes de l'hospice. A sa place existe aujourd'hui une mauvaise auberge.

Le Grutli (*Grütlismatte*) est une prairie escarpée au pied du Seelisberg, au-delà du promon-

Un passage du St Gothard.

Costumes du canton d'Uri.

toire de Wittenstein. C'est là, comme nous l'avons dit que, le 17 novembre 1307, les trois chefs confédérés jurèrent d'arracher leur pays au joug des Autrichiens. La prairie s'étend jusqu'au bord du lac. A l'endroit où les fondateurs de la liberté helvétique prêtèrent le serment solennel de leur sainte ligue, la tradition rapporte que trois sources sortirent soudain de terre. On leur donne encore le nom de sources sacrées. Beaucoup de poètes ont chanté ce promontoire; quelques peintres ont essayé d'en retracer l'image. Nul n'a mieux réussi que M. Steuben dans son beau tableau du serment des trois confédérés.

La Chapelle de Guillaume Tell (*Tells platte*). Presque au centre du lac, au pied de l'Axenberg, est élevé, sur un rocher, ce monument sacré. C'est sur ce roc que le libérateur échappa à Gessler. (Voir *Biographie*). De là le nom de Tells platte ou *Tellensprung* (Saut de Tell).

Il n'est pas de site qui n'ait exercé plus souvent les pinceaux des artistes et le burin des graveurs. Tout l'effet produit par ce roc isolé ne peut être apprécié que par le voyageur qui vient du Grütli et qui aborde sur ce noble sol. Du reste, les dessins qui retracent ce site historique sont, en général, pleins de vérité. La petite chapelle consacrée à Guillaume Tell n'a d'autre ornement que quelques grossières peintures qui représentent des scènes principales de la vie du héros.

HISTOIRE NATURELLE.

Géologie. — La plus grande partie du canton d'Uri est située dans la formation primitive, recouverte au nord par des rochers et des montagnes calcaires. Dans la vallée de la Reuss, au-dessus de Brunnen, s'élève le Frohn-Alpe et le Sülisberg, de quatre mille pieds d'élévation; ces montagnes sont formées de pierre calcaire grise. La pierre calcaire de l'Achsenberg est mélangée de terre siliceuse et argileuse. Le prolongement de ce mont vers le sud offre, depuis le haut jusqu'en bas, une stratification en zigzag, dont les couches sont, en divers endroits, pliées comme des rubans. Le Golzerberg est composé d'une pierre calcaire schisteuse mêlée de terre argileuse, traversée en divers sens par de petites veines de spath calcaire. Non loin du village d'Erst-Feld, on voit paraître la roche primitive au-dessous des bancs de pierre calcaire inclinés au nord. Les environs du Pont du Diable sont intéressans pour le géologue. Teufelsberg, au travers duquel est pratiqué l'*Urnerloch*, offre du granit veiné et du gneiss à fibres grossières. Dans la vallée d'Ursern, on trouve une assez grande quantité de fossiles rares.

Toutes les montagnes qui forment la chaîne du Saint-Gothard ont été déchirées, bouleversées : partout on y lit l'empreinte de la destruction; nul doute qu'elles ne fussent autrefois infiniment plus élevées qu'aujourd'hui. La vallée des Rochers, où était situé l'hospice, est obstruée de débris tombés des sommités qui l'environnent. Le géologue croit trouver l'explication de ces chutes dans la matière dont est formé le plateau du Saint-Gothard, c'est-à-dire le gneiss peu compact et à grains fins, et le granit veiné. On sait que la disposition de cette espèce de roche facilite la fissure en feuillets triangulaires et en prismes carrés. On voit encore les restes des rochers qui barraient l'entrée au Nord, en avant du pont de Ruduut, dans un endroit où la Reuss forme une belle cascade. Du côté du Sud, au-dessous de l'ancien hospice, le rapprochement des rochers est si frappant qu'on ne saurait méconnaître le déchirement qu'ils ont éprouvé dans la lacune qui les sépare : avant que cette lacune existât, cette haute vallée formait un lac très profond.

Fossiles. — Il n'existe aucun lieu dans toute la chaîne des Alpes où l'on trouve dans un espace resserré un nombre aussi prodigieux de fossiles que sur le St.-Gothard. Parmi les plus rares, on remarque des cristaux de spath-fluor couleur de rose, composés de deux pyramides quadrangulaires, du spath calcaire puant, de la chaux phosphatée, des tourmalines, des thallites, des zéolithes rayonnées, des sphènes, de la byssolite, des cristaux d'un jaune brun semblable à la topaze enfumée.

Règne végétal. — La vallée de la Reuss, celle d'Ursern et le St.-Gothard, sont fertiles en belles plantes. Les botanistes trouveront dans ces contrées le *lycopodium annotium*, le *semper vivum arrachnoideum*, le *saxifraga aspera*, la *companula rotundifolia*, le *carex pulicaris*, le *saxifraga pyramidalis*, le *juncus squarrosus*, le *chrysanthemum Halleri*, le *cistus calicynus*, l'*empetrum nigrum*, l'*agrostis alpina*, le *lycopodium alpinum*, la *gentiana purpurea et utriculosa*, la *tozzia alpina*, le *satyrium repens*, et la *viola montana*.

Règne animal. — Les bêtes à cornes du canton d'Uri sont de l'espèce la plus grosse et la plus forte. Les chevaux, les chèvres, les moutons sont peu nombreux. La liberté de la chasse, qui est établie dans tout le pays, rend le gibier rare; cependant, on voit encore des chamois parcourir en sautant les rochers élevés.

Règne minéral — Métallurgie. — Il existe des mines de divers métaux dans le canton d'Uri. Autrefois on en exploitait plusieurs de fer dans la vallée de Madéran, et dans le Rupletenthal, une de plomb et une de cuivre. Auprès d'Insch, on voit une mine d'alun abandonnée. Un paysan qui cherchait des cristaux dans le Teufelsthal y a découvert des filons assez abondans de galène de plomb.

Bains. — Les bains d'Unter-Schèchen ne sont plus guère visités que par les habitans du pays.

CULTES.

Le canton d'Uri, sous le rapport religieux, relève de l'évêque de Coire, et a quinze paroisses, savoir : Altorf, Burglen, Sillenen, Attighausen, Seelisberg, Sisikon, Isenthal, Fluelen, Seedorf, Spiringen, Unterschèchen, Schadorf, Erstfeld, Vasen et Andermatt. Les curés sont nommés par les communes.

Il y a trois couvens dans le canton. L'un de capucins à Altorf, fondé en 1581, et deux couvens de femmes; l'un de bénédictines à Seedorf, fondé en 1007, et l'autre de capucines à Altorf, fondé en 1011.

BIOGRAPHIE.

Guillaume Tell, paysan né à Burglen près d'Altorf, est un des hommes les plus merveilleux de la Suisse. Son nom représente toute une époque. Tell, c'est la liberté! L'Autriche qui occupait alors une partie de la Suisse, avait pour gouverneur de cette contrée, un des principaux officiers de l'armée impériale, Gessler, que l'histoire représente comme despote et cruel. Lorsque les trois libérateurs poussèrent le premier cri d'indépendance, on croit que Tell traversa avec eux le lac des Waldstetten, et qu'il joignit son serment aux leurs dans la mémorable nuit de 1307. (Voir *Histoire*). Il retourna à Altorf. L'insolence de Gessler croissait de jour en jour. Le tyran avait ordonné qu'on saluât un chapeau allemand placé au sommet d'une pique. Tell s'y refusa. Le gouverneur le fit arrêter et lui ordonna, s'il voulait obtenir sa grâce, d'abattre, à une distance considérable, une pomme placée sur la tête de son fils. Il l'abattit (1) mais Gessler ayant aperçu une seconde flèche dans les mains du héros et lui ayant demandé ce qu'il prétendait en faire : « Elle t'était destinée si j'avais tué mon enfant, répondit Tell. » A l'instant on le saisit, on l'enchaîne on le jette dans une barque pour le conduire à Küsnacht, où le cachot l'attend. On sait comment il échappa à la tyrannie. La mort de Gessler fut le signal d'une lutte opiniâtre entre les Suisses et les Autrichiens. Tell se trouva au combat de Morgarten. L'histoire ne dit plus rien de ce héros; on sait seulement qu'en 1350, il perdit la vie entraîné dans les eaux du torrent de Schéchen en cherchant à sauver un enfant qui se noyait. C'est tout ce que les anciens manuscrits recueillis par Jean de Müller, les vieilles chroniques dont sont tapissées les murailles des diverses chapelles élevées en l'honneur du libérateur, et les souvenirs transmis d'âge en âge, racontent de la vie de ce héros.

Tell laissa deux fils, Guillaume et Walther. Le dernier descendant mâle de cette noble famille fut Jean-Martin Tell, qui mourut en 1684. La Landsgemeinde d'Uri décréta en 1350, l'année même de la mort de Tell, que tous les ans on prononcerait un sermon dans le lieu « où est la maison de Guillaume Tell, notre cher concitoyen et le premier restaurateur de la liberté, en mémoire éternelle des bienfaits de Dieu et des heureux coups du héros. » Trente-huit années plus tard, on bâtit une chapelle sur le sol qu'avait occupé cette maison.

Presque tous les hommes célèbres du canton d'Uri se sont distingués dans les combats où ils versèrent leur généreux sang pour le triomphe de la liberté. Walther Fürst d'Attinghausen doit être cité en première ligne, moins parce qu'il fut le beau-père de Guillaume Tell, que parce que son nom se trouve placé à côté de celui d'Arnold de Melchthal et de Werner Stauffacher, les fondateurs de la liberté helvétique.

INSTRUCTION PUBLIQUE. — SCIENCES.

Il y a peu d'écoles dans le canton d'Uri. Les communes étant trop pauvres pour en entretenir; quelques paroisses en sont totalement privées. C'est le curé, dans ce cas, qui fait l'éducation des enfans. Les parens qui ont quelque fortune, envoient leurs enfans hors du canton. On ne trouve à Altorf ni bibliothèque, ni société littéraire qui méritent quelque attention.

AGRICULTURE. — INDUSTRIE. — COMMERCE.

La plus grande partie du territoire se compose de pâturages; aussi la principale occupation des habitans consiste dans l'entretien et l'éducation des troupeaux. Dans la vallée de la Reuss, de Fluelen à Amsteg, le sol et le climat sont également favorables à l'agriculture : cette vallée offre un libre passage au vent du sud, et la végétation y est de quinze jours plus précoce qu'aux environs de Lucerne. A mesure que l'on remonte la vallée ou celle de Schéchen, la culture diminue ; les derniers jardins que l'on rencontre dans la première sont à Vasen et à Geschenen ; il n'en existe plus aucun dans la vallée d'Ursern, où la belle saison dure à peine quatre mois. Dans les villages situés au bord du lac des Quatre-Cantons, le transport par eau des marchandises et des voyageurs, et la pêche qui est assez abondante, sont pour les habitans une source de revenus assez considérables.

BIBLIOGRAPHIE.

Histoire du canton d'Uri, par Vincent Schmid Zug. 2 vol. in 8.

Tableau géographique et statistique du canton d'Uri, par Normann.

Itinéraire du Saint-Gothard avec une carte lithologique. Bâle, 1797.

Vues du Saint-Gothard d'après le bas-relief de M. Exchaquet. Berne, 1803.

Almanach helvétique. Zürich, 1805.

Voyage dans les petits cantons et dans les Alpes rhétiennes par M. Kasthofer ; traduit de l'allemand par E. J. Fazy-Cazal. 1 vol. in 8. Genève, 1827.

ON SOUSCRIT CHEZ
HIPPOLYTE SOUVERAIN, édit, 3, rue des Beaux-Arts

---

(1) On a voulu jeter quelques doutes sur cet épisode intéressant de l'histoire helvétique. Un pamphlet intitulé *Guillaume Tell, fable danoise*, parut en 1760 sous le nom supposé d'Uriel Freudenberger. Cet écrit fit beaucoup de sensation en Suisse. Il fut réfuté victorieusement par plusieurs écrivains nationaux distingués. Depuis M. le docteur Zay s'art a fourni de nouveaux argumens en faveur de l'histoire de la pomme de Tell dans l'ouvrage intitulé *Goldau und seine Gegend* — publié à Zürich en 1807. L'épigramme suivante de Henri de Hünenberg, contemporain de Tell, et qu'il adressa dans les temps à son beau-frère, Hector Reding de Biberegk, est encore une nouvelle preuve de l'authenticité de cette belle page de l'histoire du libérateur.

« Cruel tyran, quand à tes ordres Tell décoche une flèche sur la tête de son fils, c'est la pomme et non son enfant bien-aimé qu'elle frappe, mais il lui en reste une autre qui bientôt le vengera, en te perçant le cœur. »

Paris. — Imprimerie de BAUDOUIN rue Mignon, n. 2

CANTON DE SCHWYTZ.

TOPOGRAPHIE.

SITUATION. — ÉTENDUE. — MONTAGNES — Depuis 1798, époque où la petite république de Gersau a été réunie au canton de Schwytz, ce canton a une surface d'environ trente-une lieues carrées : sa longueur en compte neuf à dix et sa largeur environ sept. A l'exception de quelques plaines qui s'étendent le long de la partie supérieure du lac de Zurich, son territoire se compose de vallées et de hautes montagnes.

Ces plaines, quoique sauvages et d'une hauteur assez considérable, ne s'élèvent pas jusqu'à la limite des neiges. Les trois vallées forment la plus grande partie du canton. La première commence au nord vers le lac de Zug, d'où, se partageant en deux bras, elle aboutit à l'ouest, au bord du lac des Waldstetten et s'appuie au sud-est, le long des rives de la Muotta, contre les hautes montagnes de Glaris. Le Rigi et le Mythen, les plus hautes sommités de tout le canton, séparent cette vallée, le premier du lac des Waldstetten, et le second du Silhthal, qui forme la seconde des trois grandes vallées et est parallèle à la première; la troisième s'ouvre à Lachen sur le lac de Zurich et comprend le Weggithal.

LACS. — RIVIÈRES. — Une partie des lacs de Zurich, de Zug et des Quatre-Cantons, sont limitrophes au canton de Schwytz; celui de Lowertz lui appartient en entier ; ce joli lac, peu considérable, gèle dans les hivers froids, et les habitans de ses rives le traversent à pied sec. Ses bords charmans ont été mille fois décrits, peints et gravés.

A l'exception de la Linth, qui le borde au nord-est, sur une longueur de deux lieues, Schwytz ne compte pas de grandes rivières; la Silh, la Muotta et l'Aa sont les principaux torrens qui l'arrosent.

La première prend sa source au pied du Mieseren et se dirige au nord, du côté du canton de Zurich; la seconde a son cours entier dans le canton, et sort des montagnes frontières des cantons de Glaris et d'Uri; l'Aa traverse la vallée de Meggi et se jette dans le lac de Zurich.

HISTOIRE.

S'il faut en croire quelques historiens, saint Béat, le même qui passa une partie de sa vie dans cette caverne qui s'élève sur le bord du lac de Thun, vint prêcher le christianisme dans le pays de Schwytz. Ses prédications attirèrent un grand nombre d'hommes qui vivaient dans les forêts voisines et qui construisirent quelques cabanes dans l'endroit où s'élève aujourd'hui la ville. La population s'accrut, mais faiblement. Sous les rois Francs, nous voyons les paroisses chrétiennes des Waldstetten réunies à l'évêché de Constance. Cette réunion a lieu en 570. La petite église d'Yberg fut long-temps le seul clocher du pays de Schwytz. Les paysans d'Unterwald et de Schwytz n'eurent pendant deux siècles qu'un même pasteur. Au commencement du neuvième siècle, les habitans des trois Waldstetten incapables de se défendre eux-mêmes, se mettent sous la protection de Louis, roi des Romains, mais en faisant toutes réserves de leurs vieilles franchises, et par ces vieilles franchises ils entendaient stipuler la conservation pleine et entière de cette constitution démocratique dont ils jouissaient depuis des siècles. Ainsi la république de Schwytz est l'une des plus anciennes qui existent depuis l'introduction du christianisme. Au douzième siècle, toujours faibles, les Schwytzois vont chercher le comte Rodolphe de Lentzbourg pour les protéger. Ils n'ont point encore de nom, point d'existence. Ce sont des vassaux, mais qui aspirent à devenir leurs maîtres et qui saisiront la première occasion pour échapper au joug étranger qu'ils se sont imposé. Pour la première fois, en 1114, les habitans de Schwytz paraissent sur la scène au sujet de différens qu'ils ont avec l'abbé d'Einsiedeln. L'empereur Henri V est choisi pour juge par les deux parties. Schwytz succombe sous une sentence inique dont il appelle en contractant alliance avec les cantons d'Uri et d'Unterwald, ses voisins. Telle est la base de la confédération helvétique. Mais on veut que cette sentence soit ratifiée; on met le petit état au ban de l'empire. Frédéric Ier vient à son secours, à l'aide de ses conseils et de son or dans ses contestations avec le couvent de l'Einsiedeln. Pour lui témoigner sa reconnaissance Schwytz envoie à son secours, en Italie, un corps de 600 hommes commandés par le comte Ulrich de Lentzbourg. En 1251, les trois Waldstetten dont Uri fait partie, forment alliance avec Zurich pour veiller à leur sûreté pendant l'interrègne qui suivit la mort de l'empereur Frédéric II. Mais la maison de Hapsbourg, qui convoitait ce pays, cherche bientôt à s'en rendre maître. Les menaces ayant été inutiles, Rodolphe de Hapsbourg, qui était monté sur le trône impérial, résolut d'employer la violence. Il leur envoie alors ses baillis dont les noms sont devenus historiques à force de cruauté : Hermann, Gessler de Bruneck, et Berringer de Leudenberg. La tyrannie de ces petits despotes était devenue si intolérable que les patriotes résolurent de mourir ou d'en délivrer leur pays. Nous avons dit comment, sous la conduite des trois libérateurs, ils jetèrent les fondemens de la confédération helvétique.

Au moment où Schwytz s'immortalisait ainsi par le courage de ses concitoyens, et chassait honteusement les gouverneurs autrichiens, ce n'était qu'un faible état, de moitié plus petit qu'aujourd'hui et représentant tout au plus le dixième de l'un de nos départemens. Ce n'est qu'au quinzième siècle que ce canton achète Art et Küsnacht, et qu'il obtient des Appenzellois, comme marque des services qu'ils en ont reçus, le district supérieur de la Marche. En 1440, il conquit sur les Zuricois le petit pays situé sur les bords du lac, connu sous le nom des Fermes, *die Höffe*, et depuis cette époque, c'est-à-dire pendant l'espace de près de trois siècles et demi, Schwytz jouit en paix de la liberté qu'il avait si chèrement acquise; mais alors son rôle grandit et l'on contemple avec admiration une peuplade composée en partie de bergers, bravant la puissance colossale de la France, et résistant avec un héroïsme digne des temps antiques aux bataillons de Schauenbourg. On vit alors la population tout entière, depuis l'enfant jusqu'au vieillard, prendre les armes pour repousser les Français et la constitution unitaire qu'on voulait imposer au canton: à peine les Schwytzois étaient-ils 400 hommes, et abandonnés à eux-mêmes, ils résistèrent à une armée six fois plus nombreuse. Woltrau, Rothenthurm, Art, Morgarten et le mont Etsel, virent leurs prodiges de valeur. Dans toutes ces affaires, ils étaient commandés par Aloïse Reding, capitaine-général du canton, qu'on peut placer à côté des hommes les plus illustres de la Suisse, et dont le corps repose caché sous un simple monument de pierre dans le cimetière de Schwytz. Nous renvoyons à l'ouvrage de M. Zschokke, qui a peint, avec tout le patriotisme d'un généreux citoyen, la *Lutte et la Chute des cantons forestiers*, ceux qui voudront avoir de plus longs renseignemens sur les combats de 1798.

A la suite de ces guerres désastreuses, la misère en vint au point qu'un quart de la population fut réduit à la mendicité, et que plusieurs centaines d'orphelins abandonnèrent leurs villages et furent recueillis par la pitié, soit dans le pays, soit dans les cantons voisins.

Au reste, le canton de Schwytz ne tarda point à se remettre des maux que traîne à sa suite une invasion étrangère. C'est là, il faut le remarquer, l'avantage qu'ont les peuples pasteurs sur les peuples industriels. Possesseurs de chaumières, de troupeaux, de pâturages, leurs seules richesses, ils souffrent beaucoup plus que les autres des calamités de la guerre, mais leurs plaies sont aussi plus facilement guéries.

MOEURS. — CARACTÈRES. — COUTUMES.

Le Schwytzois est franc et loyal. Son caractère forme un heureux mélange de gaîté et d'indépendance; dans nul autre canton, l'amour de la liberté n'est plus ardent, nul autre n'est plus attaché à ses vieilles habitudes, nul autre ne révère plus vivement ses antiques chartes, nul autre n'est plus fier du nom de Suisse. Aussi voit-on Schwytz, quand tous les pays changent leurs constitutions, rester inébranlablement fidèle à celle qu'il hérita de ses ancêtres, opposer son véto à toutes les réformes qu'on propose, et seul, avec Uri et Unterwald, protester contre tous les changemens qu'on voudrait apporter au pacte fédéral.

Le peuple de la vallée d'Einsiedeln est robuste, mais généralement indolent : sûr de voir affluer les pèlerins dans son pays, il néglige le travail. Il n'y a pas encore un siècle qu'on y fit le procès à une femme accusée de sorcellerie, et en 1782, on y prononça des anathèmes contre les animaux nuisibles.

Le luxe des villes n'a pas corrompu les mœurs des pâtres de la vallée de la Marche, qui n'émigrent jamais, et qui, attachés au sol natal, y vivent du produit de leurs Alpes. Le voyageur est toujours assuré de trouver un abri sous les toits grossiers de cette vallée, et un accueil cordial de chacun de ses bons paysans.

La probité des temps anciens est encore dans toute sa force parmi ces montagnards. Rarement lorsqu'un différent s'élève ont-ils recours pour le terminer à l'assistance des lois. Les juges sont bientôt trouvés : ce sont les patriarches de la contrée, et ils jugent en dernier ressort. Le trait suivant, rapporté dans le *Conservateur Suisse*, peut donner une idée de la bonne foi et de la pureté de mœurs de ces peuplades intéressantes.

« Un jour Frantz vient trouver Wolf et lui dit : Wolf, voici le temps de faucher les foins ; tu sais que nous avons un différent pour la prairie d'Abben. Les juges sont assemblés ce matin à Schwytz, nous ne sommes pas assez savans pour décider lequel de nous deux a raison, ainsi, allons les trouver, nous le leur demanderons. — Wolf refuse d'accompagner Frantz. — J'ai affaire ici, lui dit-il ; tu as le temps, toi ; sais-tu ce qu'il faut faire ? va à Schwytz, tu diras aux juges mes raisons et les tiennes : je m'en rapporte à toi, Wolf. — Eh bien ! puisque tu me confies l'affaire, je discuterai tes intérêts et les miens. Frantz se rend à la ville et raconte aux juges la cause du différent. Ceux-ci prononcent la sentence, et le bon paysan retourne chez lui. — Mon ami ! s'écrie-t-il du plus loin qu'il aperçoit Wolf, la prairie est à toi ; ton droit valait mieux que le mien, les juges l'ont déclaré. Je t'en félicite. Et Frantz et Wolf furent toujours amis, dit la chronique d'où cette anecdote est tirée. »

Le Muthenthal est une des principales vallées du canton de Schwytz. Ses habitans forment une race remarquable par leur dialecte, l'expression mobile de leur physionomie et leur costume pittoresque. Ils prétendent descendre des Goths, qui furent chassés d'Italie au sixième siècle. C'est une peuplade d'hommes énergiques, sobres, ardens au travail et méprisant les périls ; aussi ne parlent-ils encore aujourd'hui qu'avec admiration de cette lutte colossale où quelques Français soutinrent dans leur pays le choc de Russes trois fois plus nombreux et commandés par le fameux Souvarow.

Qui n'a pas entendu parler de la fête qui se célèbre à Vevey, sous le nom de l'*Abbaye des Vignerons*, et qui attire dans cette ville un si grand nombre d'étrangers ? Le canton de Schwytz eut, lui, pendant le siècle dernier ses *Fêtes de la Liberté*. Malheureusement depuis long-temps elles ne se sont pas renouvelées. On sera bien aise sans

Ruines du Château de Granson

Lutte des Alpes — Vainqueur du Prix

doute de trouver ici la description de la dernière qui eut lieu, à Art, en 1784.

Le jour de la cérémonie, la procession se rendit d'une campagne voisine au bourg d'Art, où l'attendait une foule immense.

Le Génie de la Suisse, portant d'une main un écu aux armes des treize cantons, et de l'autre une lance surmontée du bonnet de la liberté, marchait précédé par deux hérauts d'armes d'une taille gigantesque et escorté de deux guerriers armés de toutes pièces, et tenant chacun une ancienne épée de bataille ; une troupe de pâtres robustes, habillés comme dans les Alpes, le bonnet de cuir sur la tête, et une lourde massue sur l'épaule suivait ; venait ensuite le capitaine des arquebusiers avec sa compagnie ; chaque arquebusier, vêtu de vert, portait sur l'épaule un arc et des flèches ; puis on voyait Guillaume Tell, son fils, et les trois libérateurs Stauffacher, Melchthal et Furst, et Conrad Baumgarten qui, d'un coup de hache, fendit la tête d'un noble de Wolfenchies qui avait tenté de l'outrager. Les domestiques de Gessler, qui suivaient, tous en costume du temps, élevaient au bout d'une haute pique le chapeau de l'infâme gouverneur ; puis défilaient les députés des treize cantons, précédés chacun d'un jeune garçon, vêtu de sa livrée, déployant la bannière du pays. La marche était fermée par un corps de vingt soldats choisis parmi les plus beaux hommes de la contrée.

Lorsque les acteurs de ce drame national furent groupés sur le théâtre, le Génie de l'Helvétie prononça un discours, dans lequel il recommandait aux auditeurs « de suivre les vertueuses traces de leurs ancêtres, de transmettre sans altération à leurs descendans, le précieux dépôt de la liberté qui leur avait été confié, et de se montrer toujours dignes du beau nom de Suisse. »

Après ce prologue suivi de longs applaudissemens, la pièce commença. Elle était distribuée en cinq actes.

Dans le premier, Gessler s'emparait de la maison de Stauffacher sous prétexte qu'elle était trop vaste pour un particulier. — Les trois libérateurs paraissaient bientôt. Ils déploraient l'état abject de leur patrie et se liaient mutuellement par le serment solennel de chasser leurs oppresseurs.

Au second acte, on voyait le chapeau de Gessler élevé au sommet d'une pique. Chaque passant devait le saluer sous peine d'une punition exemplaire.

Tell refusait énergiquement cet avilissant hommage. Il était arrêté et condamné par Gessler à abattre d'un coup de flèche une pomme sur la tête de son enfant. La pomme était enlevée avec une dextérité merveilleuse.

Dans le troisième, les satellites autrichiens enlevaient les bœufs du vieux Melchthal.

Le fils, indigné, frappait un de ces suppôts de la tyrannie, puis il s'éloignait pour se soustraire à la vengeance du gouverneur. Celui-ci ne pouvant punir le fils, faisait crever les yeux du respectable vieillard.

Le quatrième acte offrait l'image de l'assemblée où se traita la première alliance des trois cantons, Uri, Schwytz et Unterwald, et le serment d'une ligue défensive de dix ans contre l'Autriche.

Une représentation fidèle de la diète nationale ouvrait le cinquième acte. Le serment d'être fidèle à la confédération était prêté par tous les cantons.

A la fin du drame parut saint Nicolas de Flüe, sorti de sa retraite, pour venir exhorter les Suisses à la justice, à la concorde et à la paix. Puis le Génie de l'Helvétie se leva, prit une seconde fois la parole, et prononça un discours brûlant du plus pur patriotisme.

Pendant trois jours le même spectacle se renouvela, et chaque fois un peuple immense y accourut des cantons voisins.

VILLES. — VILLAGES.

SCHWYTZ, chef-lieu du canton, est un bourg situé sur un coteau fertile, qui s'étend depuis la base des deux Mythen, dont la hauteur est de 5,890 pieds, jusqu'au bord des lacs de Lowertz et des Quatre-Cantons. L'aspect que présente ce bourg, est tout à fait gracieux. « Au premier coup d'œil, dit M. Raoul-Rochette, les maisons, généralement bien bâties, sont groupées d'une manière où l'art ne semble pas étranger, tant l'effet en est pittoresque, autour d'un vaste espace découvert qui forme la place publique, et que termine l'église, très bel édifice moderne. Des deux côtés du vallon, que remplissent les habitations du bourg, et les vallons et les jardins qui les accompagnent, s'élèvent deux énormes géans qui en défendent l'accès : au nord, le Mythen ; vis-à-vis, le Haken.

L'église de Saint-Martin a de la magnificence : c'est un grand vaisseau moderne, bien éclairé, où le marbre, les peintures, les stucs, les dorures, brillent de toutes parts. La chaire surtout est de la plus grande beauté ; elle est soutenue par trois figures colossales, qui témoignent, par la contraction des muscles, l'espèce de tourment qu'elles éprouvent dans cette position. Ce sont les figures des trois réformateurs Luther, Calvin et Zwingle. Schwytz a une maison de refuge ouverte à toutes les infortunes, un séminaire, et deux couvens ; l'un de capucins, l'autre de religieuses. »

Le cimetière, ainsi que dans tout le reste du canton, offre dans ce bourg un spectacle touchant. Les tombes du père, du fils, du frère, de la mère sont couvertes de petits œillets, aux couleurs variées, ordinairement disposés en croix et cultivés par les mains des personnes dont les morts emportent les regrets.

EINSIEDELN, gros bourg bâti au-dessous du couvent de N. D. des Ermites, est composé en partie d'auberges, de boulangeries et de magasins de quincailleries. Aux quatre fêtes de la Vierge, et surtout à celle du 8 septembre, ce bourg est envahi par une armée de pèlerins qui campent dans les rues ou aux environs. Zwingle fut Curé d'Einsiedeln et Paracelse y naquit.

ART, grand et beau village, au bord du lac de Zug, en face du Rigi. Au milieu d'Art, on voit une fontaine, dont le vaste bassin est formé d'un seul bloc de granit. L'église de Saint-George, construite vers la fin du dix-septième siècle, est belle.

On montre dans la sacristie un grand vase d'argent ciselé où sont gravés les noms des principaux chefs de l'armée de Charles-le-Téméraire; ce vase tomba au pouvoir des confédérés, après la bataille de Granson. Art possède aussi deux bas-reliefs très curieux, exécutés avec talent par M. Baumann. Ils représentent la vallée de Goldau, telle qu'elle était avant la catastrophe de 1806, et telle qu'elle est actuellement. Ebel, et après lui plusieurs écrivains, parlent d'une *bibliothèque des Capucins* où l'on trouve rassemblés quelques ouvrages rares sur l'histoire de la Suisse. Cette bibliothèque existe, mais ne renferme que des livres ascétiques.

GERSAU. Une jolie église, un bel hôtel de ville et 160 maisons environ, pittoresquement groupées au bord du lac des Quatre-Cantons, tel est aujourd'hui le bourg de Gersau. Ce pays au temps où vivait Tschudi contenait à peine 20 maisons et 400 habitans. C'était le plus petit état libre de l'Europe. Dès l'année 1315, ses habitans étaient déjà liés, par un traité, avec les cantons d'Uri, de Schwytz et d'Unterwald; ils se servirent leur cause dans les guerres contre la maison d'Autriche. En 1390, ils achetèrent leur indépendance 690 livres, de leurs seigneurs les sires de Moos, du canton d'Uri. L'empereur Sigismond confirma leurs priviléges en 1433, et dès lors leur indépendance fut reconnue et respectée jusqu'à la fin du dernier siècle. Leur constitution était démocratique, et avait une grande analogie avec celles des petits cantons voisins. La landsgemeinde était souveraine; se composait de tous les bourgeois âgés de plus de 16 ans; elle élisait un landamman, qui demeurait deux ans en charge, un statt-halter, un trésorier, un secrétaire et neuf conseillers.

GOLDAU. C'est le nom d'un village et d'une petite vallée située autrefois entre le Rigi et le Rossberg. Aujourd'hui ce lieu, naguère riant et animé, ne présente à l'œil de l'étranger qu'un cahos effrayant de rochers, de pierres et de décombres. Le 2 septembre 1806, à la suite de longues pluies, une des sommités du Rossberg se détacha de la montagne vers 5 heures du soir, se précipita avec un fracas épouvantable jusqu'au fond de la vallée, ensevelit sous ses énormes débris les villages de Goldau, de Bousingen et de Röthen, ainsi que plusieurs maisons de Lowertz, et combla une partie du lac du même nom dont les eaux, refluant avec un bruit horrible, s'élevèrent à une hauteur considérable et portèrent la désolation jusqu'à Seewen. La plus grande partie de la population périt sous ces affreux décombres qui couvrirent bientôt un espace d'une lieue carrée. Deux églises, 111 maisons avec étables et granges, plus de 400 habitans surpris au milieu de leur travaux, 325 pièces de bétail de toute espèce, furent ensevelis sous les débris; des voyageurs qui se dirigeaient vers le Rigi furent atteints par l'éboulement, non loin du pont de Goldeau, et trouvèrent aussi la mort sous ce déluge de pierres.

« Le jour même de l'éboulement, dit M. Simond, ainsi que la veille, il avait beaucoup plu. On observa dès le matin des crevasses le long des pentes; certains craquemens intérieurs se firent entendre; des monticules parurent sur le gazon d'où il sortit des pierres. De petites masses de rochers se détachèrent par intervalles: à deux heures après midi, un grand rocher roula avec fracas: à chaque éboulement, un nuage de poussière noire s'élevait dans l'air. Dans le bas de la montagne, tout le terrain semblait mouvant; on ne pouvait y toucher sans qu'il se formât des crevasses. Un habitant, qui travaillait dans son jardin, voyant la bêche qu'il avait laissé dans la terre se mouvoir d'elle-même, s'enfuit de frayeur. Bientôt un fossé parut sur la pente, il s'élargissait insensiblement; des sources cessèrent de couler; on vit des nuées d'oiseaux prendre le vol en poussant des cris aigus. Quelques momens avant cinq heures, tous les symptômes d'une grande catastrophe devinrent plus sensibles; par moment, la montagne entière paraissait glisser sur un plan incliné, mais encore lentement, et s'arrêtait. Un vieillard qui avait souvent prédit ce désastre, fumait tranquillement lorsqu'on l'avertit que la montagne tombait: il sortit un instant et revint en disant qu'il aurait bien le temps de remplir sa pipe. Le voisin qui lui avait donné l'alarme, continuant sa course, fut renversé plusieurs fois et se sauva avec peine. Il vit en se retournant la maison emportée et disparaître. Le nommé Joseph Wigedt, qui se trouvait à la porte de sa demeure avec sa femme et ses trois enfans, au moment de la crise, en saisit deux en criant à sa femme de le suivre avec l'autre: celle-ci s'arrête un instant pour sauver un quatrième enfant, Marianne, âgée de cinq ans, qui était dans la maison; Francisque Ulrich, leur servante, prenant Marianne par la main, l'entraînait lorsque, *dans l'instant*, c'est ainsi que depuis parla cette fille, *la maison parut arrachée dans ses fondemens* (elle était de bois), *et tourner sur elle-même comme un dévidoir; de sorte que*, dit-elle, *je me trouvai tantôt sur la tête, tantôt sur les pieds, et le jour était totalement obscurci*. Séparée violemment de l'enfant, elle resta suspendue entre les débris, la tête en bas, le corps pressé de toutes parts, le visage meurtri et ressentant de vives douleurs; elle se croyait enterrée vive à une grande profondeur. Après bien des efforts, elle parvint à dégager sa main droite, dont elle s'essuya les yeux pleins de sang. Ce fut dans cette affreuse position qu'elle entendit les gémissemens de la petite Marianne, elle l'appela; l'enfant répondit; elle expliqua qu'elle était couchée sur le dos au milieu de pierres et de broussailles; qu'elle ne pouvait se relever, mais que ses mains étaient libres, et qu'elle voyait le jour et même de la verdure.

Elle demandait si on ne viendrait pas bientôt la secourir. — C'est le jour du jugement, lui disait Francisque; il n'y a plus que nous au monde, nous allons aussi mourir et nous serons bientôt dans le ciel. — Elles prièrent ensemble. Long-temps, le son d'une cloche se fit entendre sourdement, et Francisque la reconnut pour celle de Steinenberg. Sept heures sonnèrent dans un autre village, elle en conclut qu'il existait encore des êtres vivans, et chercha à consoler l'enfant: celle-ci demandait sa soupe et pleurait ; mais bientôt ses gémissemens s'affaiblirent et Francisque ne l'entendit plus. Suspendue la tête en bas et environnée de terre humide, elle éprouvait aux pieds un froid insupportable ; par des efforts prodigieux, elle parvint à dégager ses jambes, ce qui, dit-elle, lui sauva la vie. Bien des heures se passèrent dans cette situation, lorsqu'elle entendit la voix de la petite Marianne qui avait dormi, et recommençait ses plaintes à son réveil. Cependant le malheureux Wigedt, qui avait eu bien de la peine à se sauver avec ses deux enfans, dont l'un avait été enveloppé un moment dans l'éboulement, revint, au point du jour, chercher parmi les ruines le reste de sa famille. A la distance de deux cent cinquante toises de l'endroit où la maison était auparavant, il retrouva le cadavre de sa femme, dont un pied seulement paraissait hors de terre ; elle avait été étouffée avec l'enfant qu'elle portait sur son bras ; les gémissemens de Wigedt, et le bruit qu'il faisait en travaillant pour dégager le corps de sa femme, furent entendus de la petite Marianne, qui se trouvait près de là, et appela de toutes ses forces. Elle fut trouvée avec la cuisse cassée, mais ne cessa de s'occuper de la servante qu'elle savait n'être pas loin ; celle-ci fut enfin tirée des décombres, dans un tel état que l'on désespéra long-temps de sa vie. Aveugle pendant quelques jours, elle resta sujette à des mouvemens convulsifs et à des accès de terreur. Un enfant de deux ans fut trouvé sain et sauf sur sa paillasse, laquelle reposait sur un bourbier, sans qu'il restât de traces de la maison où cependant l'enfant et son lit se trouvaient lors de la catastrophe. »

Küsnacht. Ce bourg, situé au pied du Rigi, sur le bord du lac des Waldstetten, a un port et plusieurs auberges. De celle de l'*Aigle*, la vue embrasse une grande étendue du lac. Sur une éminence couverte de broussailles, on voit une partie des ruines du château de Gessler.

CURIOSITÉS NATURELLES. — MONUMENS.

Le Rigi. — Notre-Dame-des-Neiges. Cette montagne, située entre les lacs de Zug, de Lucerne et de Lowertz, a huit lieues environ de circuit. Sa forme est celle d'un cône tronqué, dont la base est baignée par les trois lacs. Elle doit sa célébrité aux belles vues dont on jouit de ses sommités. Sous le rapport de la géognosie, elle est également intéressante, composée qu'elle est de brèches et de grès, dont les couches alternent de la base jusqu'au sommet. Le point culminant du Rigi est à 2000 pieds au-dessus de la région des neiges éternelles qui, en Suisse, atteignent la hauteur de 8000 pieds. Le Rigi est riche en plantes alpines. (Voir *Histoire naturelle*.) Il y a sur cette montagne près de 150 chalets dans lesquels on convertit en fromage et en beurre le lait de 3000 vaches qui y paissent en été avec de nombreux troupeaux de moutons et de chèvres. On divise le Rigi en deux parties : le Rigi Staffel et le Rigi Culm au nord ; le Rigi First et le Rigi Schild au sud. On atteint facilement toutes ces sommités dont le Rigi Culm est la plus haute.

En quittant l'hospice pour atteindre au Rigi Culm, on lit sur un rocher voisin une inscription en langue allemande, dont voici la traduction : « A la pieuse mémoire du duc Ernest II de Saxe-Gotha, grand par ses aïeux et ses connaissances, mais plus encore par la noblesse de son caractère et sa loyauté ; dédié en présence des Alpes et d'un peuple libre qu'il aima et qu'il estima, par R. en 1804. »

M. Reichard, qui a créé ce monument, a voulu perpétuer le souvenir d'un prince philosophe qui plaça sa gloire dans le bonheur de son pays, l'amour de ses sujets, et montra un attachement constant aux anciennes institutions helvétiques et à la constitution des États-Unis d'Amérique.

La chapelle de N.-D.-des-Neiges, située près de l'hospice, fut fondée, en 1689, par Sébastien Zay d'Art. Près de là, on admire plusieurs cascades. Sur le Culm est une auberge dite *l'Auberge du Culm*, qui n'a pas peu contribué à procurer au Rigi la célébrité dont il jouit en Europe ; de l'échafaud en bois que le propriétaire a fait élever sur le point culminant, et qui sert de belvéder aux voyageurs, la vue s'étend sur un immense horizon. L'œil ébloui par la blancheur des nuages perpétuels, en même temps qu'il va se reposer sur le vert tendre des pâturages, ou sur le vert plus foncé de quelques sombres vallées, est agréablement flatté par les nuances jaunes et rougeâtres des parois verticales de quelques rochers nus, qui entrecoupent çà et là le tableau. La vue plonge et se promène sur la nappe brillante de 13 lacs de différentes grandeurs, sur d'immenses tapis de verdure, traversés par des rivières qui ressemblent à des fils d'argent ; sur de vastes forêts qui se projettent comme de sombres taches jetées sur cet incommensurable tableau ; sur des villages et des hameaux dont les maisons ne sont plus que des ponts suspendus sur les pentes des montagnes et des collines. Dans les belles matinées d'automne, les rivières et les lacs sont souvent couverts d'un brouillard qui sert à faire reconnaître leurs directions, et qui indique la position de quelques uns qu'on ne voit pas depuis le Culm, tels que les lacs de Constance et de Greifen, le Rhin, et l'Aar dont on n'aperçoit qu'une partie.

Au midi, le spectacle est tout différent. Ce ne sont plus des plaines et des collines tapissées de verdure qui enchantent les regards, mais d'énormes montagnes, les hautes chaînes des Alpes avec leurs crêtes déchirées, leurs cimes neigeuses, et leurs glaciers qui se perdent dans les nues ; admirables contrastes qui frappent l'œil émerveillé de celui qui, pour la première fois, contemple ce ravissant tableau.

Abbaye d'Einsiedeln. Cette chapelle, située dans le bourg du même nom, est aujourd'hui, comme autrefois, visitée par de nombreux pèlerins, seulement elle n'étale plus la magnificence des anciens temps. C'est après N.-D. de Lorette le pèlerinage le plus célèbre de la chrétienté. Aux différentes fêtes de la Vierge, on voit quelquefois des files de plusieurs milliers d'individus des deux sexes, gravir la rampe de la montagne qui conduit à l'oratoire, en chantant des cantiques ou roulant entre les doigts des grains de chapelets. L'abbaye, fondée par Meinrad au neuvième siècle, occupe un monticule adossé à un amphithéâtre de sapins; le couvent, rebâti il y a un siècle, est d'architecture italienne. L'église est construite au centre; près de l'entrée est une chapelle de marbre noir, où est l'image en bois de la Vierge, objet du culte des pèlerins. En 1798, les Français s'en emparèrent; et la Vierge fut transportée à Paris. Mais des mains pieuses avaient sauvé la véritable madone, qui resta long-temps cachée au fond de la Souabe, et qui a été replacée depuis sur son ancien autel. La piété des peuples catholiques avait doté le trésor de l'église de N. D. des Ermites de grandes richesses, que l'invasion étrangère fit disparaître. On y remarquait un ciboire d'or massif pesant 320 onces, enrichi de 1174 perles, de 300 diamans, 38 saphirs, 154 émeraudes, 857 rubis, 44 grenats, 26 hyacinthes, 19 améthystes, 4 spinelles; en tout 2,519 perles ou pierres précieuses. Les peintures du chœur, de la sacristie, les fresques de la coupole sont estimées des connaisseurs. L'abbaye possède une belle bibliothèque, un cabinet de physique et de minéralogie. On a élevé dans le bourg, sous la protection du prince abbé, qui en 1817 refusa la dignité épiscopale, des écoles publiques où l'on enseigne gratuitement diverses sciences.

La chapelle de Guillaume Tell. Non loin du bourg de Küsnacht est la *chapelle de Guillaume Tell*, construite sur la place nommée *Höhle-Gasse* (chemin creux), où le libérateur tua le gouverneur autrichien. Quoique l'année de sa fondation ne soit pas exactement connue, tout porte à croire qu'elle remonte au siècle même où cet événement important se passa. La chapelle a été réparée dans ces derniers temps. Autrefois on voyait au-dessus de la porte d'entrée une peinture à fresque représentant Tell à demi caché par des buissons, et Gessler tombant de cheval, percé d'une flèche. Au bas on lisait en vieux allemand suisse l'inscription suivante : « Ici fut tué par Tell le superbe Gessler; c'est ici le berceau de la noble liberté des Suisses en 1307. Combien durera-t-elle ? Aussi long-temps que nous ressemblerons à nos ancêtres. »

La tour de Schwanau. Située dans la petite île du même nom, elle était jadis la résidence d'un des tyrans subalternes des comtes d'Habsbourg, qui, de ce donjon défendu par les rocs et les eaux, opprimaient impunément les paysans des rives du lac de Lowertz.

En 1308, ce châtelain félon ayant enlevé une jeune fille d'Art, la conduisit dans son île pour en faire la victime de ses infâmes désirs. Sa punition fut terrible; les deux frères de l'infortunée surprirent le ravisseur, l'égorgèrent et jetèrent son cadavre dans le lac; puis aidés de leurs voisins de Schwytz, qui partageaient leur juste ressentiment, ils assiégèrent le château, le prirent, le démolirent, et ne laissèrent subsister que la tour principale, comme pour perpétuer le souvenir du crime et de la vengeance. La superstition s'est emparée de ce lugubre drame; « une fois chaque année, dit une ballade populaire, à l'heure de minuit, le tonnerre gronde, des cris perçans semblent sortir de la vieille tour, et l'on aperçoit une jeune fille échevelée, vêtue d'une longue robe blanche, poursuivant, une torche à la main, un guerrier qui cherche en vain à lui échapper, et qui est enfin précipité dans le lac. Tout s'évanouit alors, pour reparaître l'année suivante. »

HISTOIRE NATURELLE.

Géologie. — La partie méridionale du canton est composée de rochers calcaires, et la septentrionale de brèche et de grès. Le Rigi, sous le rapport géologique, est une des plus intéressantes montagnes de la Suisse; elle est composée, depuis la base jusqu'au sommet, de couches de brèche alternant avec des couches de grès. La brèche contient des cailloux roulés de toute grandeur, depuis celle d'un grain de sable jusqu'à des blocs de 50 pieds cubes. Ces cailloux sont liés entre eux par une pâte de grès à grains grossiers, mêlée d'un ciment calcaire si solide que, lorsque l'on casse la brèche, on parvient plutôt à rompre les fragmens de pierre qu'à les en détacher. Les pierres roulées que l'on trouve dans ces brèches sont de diverses espèce de granit, de gneiss, de porphyre, de schistes siliceux, de pierre de corne, de pierre à feu, de roche calcaire primitive, de pierre calcaire commune, et d'un grand nombre de boulis rougeâtres, argileux et imprégnés de fer, dont la décomposition teint en rouge le ciment de la brèche et colore en violet-rouge les flancs des rochers. Le revers septentrional du Rigi offre un escarpement absolument vertical; les couches de sa base ont ici 50 à 60 pieds d'épaisseur; à une plus grande hauteur, elles en ont le plus souvent 24 à 30; elles sont régulières, rectilignes et sans aucune courbure; elles courent du N-E. au S-O. et s'inclinent au S. sous un angle d'environ 30 degrés. Les revers du S. et du S.-E. de cette montagne ne sont pas composés de brèche, mais de pierre calcaire d'un gris foncé.

Règne végétal. — Le Rigi est riche en végétaux. Rennward Cysat, qui vivait au commencement du dix-septième siècle, a trouvé dans ce seul district 800 espèces de plantes. On distingue particulièrement : l'*elymus europaeus*, la *gentiana purpurea*, la *gentiana lutea*; l'*anemone vernalis*, la *viola grandiflora*, l'*aconitum napellus*, le *lichen islandicus*, le *rododendron ferrugineum* et *hirsutum* et l'*arnica montana*, belle variété dont la tige est ornée de grandes fleurs. On trouve aussi en abondance au pied du Rigi, du côté d'Art, des fougères remarquables par leur hauteur et la force de leur végétation.

CULTES.

La religion catholique est la religion dominante du canton; le clergé relève de l'évêque de Coire et de Saint-Gall. Il y a trente églises paroissiales; chacune à son conseil ecclésiastique ou sa fabrique, qui administre ses revenus, et se compose de tous les conseillers de la commune. On compte sept couvens dans le canton, savoir : l'abbaye d'Ein-

siedeln, de l'ordre des bénédictins; l'abbaye de femmes de la vallée de Muotta, de l'ordre de saint François; l'abbaye de femmes de Schwytz, de l'ordre de saint Dominique; le couvent de capucins de Schwytz, celui d'Art; le couvent de femmes existant auprès d'Einsiedeln, de l'ordre de saint Benoît; et l'hospice des capucins sur le Rigi, fondé en 1715.

BIOGRAPHIE.

Werner Stauffacher fut l'un des trois libérateurs de la Suisse. Fils de Rodolphe Stauffacher, premier magistrat du peuple libre de Schwytz, il était depuis long-temps en butte à la tyrannie de Gessler, qui lui reprochait d'avoir fait construire une maison sans sa permission.

Le récit de ces injustes persécutions et de la glorieuse résistance de Werner, est retracé dans l'historien Tschudi avec une naïveté d'expression qu'on ne saurait trouver ailleurs.

« Or, il arriva, c'était en 1307, que Gessler venait d'Uri, monté sur un cheval richement harnaché, et allant à son château de Küsnacht, passa par le pays de Schwytz, dont il était aussi bailli. A Steinen vivait un homme probe et craignant Dieu, d'une ancienne famille nommée Werner Stauffacher, fils de Rodolphe Stauffacher, ancien landammann du canton. Werner faisait construire à Steinen, en-deçà du pont, une jolie maison; quand le bailli Gessler passa devant, Stauffacher le salua. « A qui cette maison? » demanda Gessler qui le savait bien. — Seigneur, cette maison est la mienne, qui suis vassal comme vous de l'empereur, notre maître. Le bailli répondit : Je suis seul maître dans ce pays; je tiens la place de l'empereur, et je ne veux pas que les paysans édifient sans mon bon vouloir, et surtout des maisons aussi belles que celle-ci. » Et il piqua des deux et partit. Ce discours affligea grandement Stauffacher; mais il dissimula son chagrin, de peur de faire de la peine à sa femme Marguerite, qui s'aperçut bien cependant que Werner avait quelque chose sur le cœur qu'il ne voulait pas dire; mais elle le pressa tant qu'il finit par tout avouer. « Mon cher Werner, lui dit alors Marguerite, il n'y a pas que toi qui aies à te plaindre du bailli; Manlit, paysan honnête et craignant Dieu, a été tourmenté par ce méchant serviteur; c'est pourquoi il serait bon et utile que des hommes de cœur comme toi, Werner, s'entendissent pour sauver notre patrie: Dieu et les saints seraient pour vous. Dis-moi, ajouta-t-elle, as-tu dans le pays d'Uri et d'Unterwald quelques amis auxquels tu puisses te confier et parler des moyens à prendre pour faire cesser notre esclavage? — Oui, répondit Werner, j'y connais des hommes braves et craignant Dieu, auxquels je peux me confier comme à toi-même. — Hé bien, dit Marguerite, vas les voir, je t'en conjure. » Et Stauffacher se dit en lui-même : Ma femme a raison, il faut suivre son conseil; et il alla à Uri où il se tint à l'écart, et il entendit beaucoup de plaintes sur le bailli, à cause qu'il voulait faire construire un château, et l'appeler *Swingen* (comprimer, brider), et qu'il avait mis au haut d'une pique un bonnet autrichien qu'il fallait saluer en passant. Stauffacher fut content de voir ce qui se passait à Uri, et alors il confia ses projets à un homme de bien, craignant Dieu, nommé Walther Furst; il lui raconta tout ce que le bailli lui avait dit au sujet de sa maison, et lui répéta les paroles de Marguerite, que Walther Furst loua grandement. Ils se serrèrent la main, et se promirent aide et assistance. Walther Furst parla à son ami d'un jeune homme d'Unterwald, qui avait cassé le doigt à un valet du bailli de ce canton, lequel était courageux et intelligent, avait beaucoup de parens et d'amis dans le pays, et il fut résolu entre eux qu'ils se l'adjoindraient. »

Ces trois hommes généreux choisirent la prairie du Grütli pour y tenir leurs conférences secrètes; c'est là qu'ils formèrent le vœu sacré de délivrer leur patrie de ses oppresseurs. Le ciel reçut ce serment patriotique, et les soldats de l'Empereur furent chassés au son des cloches des Waldstetten.

L'an 1400, on éleva à la mémoire de Werner Stauffacher, sur la place même qu'avait occupée sa maison, une chapelle que l'on voit encore aujourd'hui.

La famille de Reding, originaire du hameau de Biberegk, a fourni une suite presque continuelle d'hommes d'état et de grands militaires. Rodolphe Reding, landammann, se trouve à la bataille de Morgarten en 1305; Ithal Reding, son arrière-petit-fils, est vénéré dans le canton comme un administrateur habile, un magistrat intègre, un grand citoyen; son frère Just est tué à la bataille de Saint-Jacques, près de Bâle, et son fils Ithal Reding, surnommé le *Terrible*, est, pendant vingt ans, landammann du canton où il meurt en 1466, regardé comme l'un des meilleurs capitaines de son siècle, et l'un des plus grands hommes que puisse citer l'histoire helvétique. Il agrandit considérablement le canton, et sauva la ligue des Suisses de la destruction dont elle était menacée.

En 1798, au moment où éclate la révolution, on voit apparaître un Aloyse Reding, qui est nommé par acclamation capitaine-général de Schwytz, et qui oppose aux Français une résistance digne de la valeur héroïque de ses pères. Son nom est aujourd'hui gravé profondément dans la mémoire de ses concitoyens.

Paracelse, dont le nom est historique en médecine, naquit à Einsiedeln, dans le canton de Schwytz, en 1493. Son père, qui exerçait la médecine, lui donna pour maître Tritemius, abbé de Spanheim, un des plus grands chimistes de son siècle. Paracelse, ses études finies, parcourut l'Europe, visita les universités les plus célèbres, les savans les plus distingués, et rapporta de ses longues courses une foule de secrets, entre autres, dit-on, une panacée pour guérir tous les maux. Il fit quelques cures qui tinrent du prodige et qui répandirent bientôt son nom dans toute l'Allemagne. On venait de plus de cent lieues pour consulter Paracelse. Frauben, le célèbre imprimeur de Bâle, était malade de la goutte; il a recours à l'élixir du médecin et il est guéri. Cette cure engagea les magistrats de Bâle à appeler Paracelse pour professer la médecine dans cette ville. Là il se montra l'ennemi juré de Gallien et d'Avicènes; se fit des ennemis, des admirateurs enthousiastes, et fut bientôt obligé de quitter Bâle. Il se mit alors à parcourir l'Alsace et d'autres parties de l'Allemagne; son élixir faisait toujours merveille; cependant il ne put le préserver de la mort. Paracelse succomba, au milieu de ses courses errantes, aux accès d'une fièvre quarte, dans une auberge de Salzbourg, et fut enterré dans l'hôpital de Saint-Sébastien auquel il avait légué tout ce qu'il possédait. On ne peut nier que l'alliance de la chimie et de la médecine que tenta ce praticien ne soit une pensée de progrès; mais son système des trois élémens, le sel, le souffre et le mercure, est dû primitivement à Basile Valentin. Comme tous les savans de son siècle, il s'occupa d'alchimie, d'astrologie, de théosophie et de magie.

Dans les ouvrages qu'il nous a laissés, dit M. le comte de Walsh, voici comment il s'exprime sur lui-même: « Apprenez, médecins, que mon bonnet en sait plus que vous, et que ma barbe a plus d'expérience que toutes vos académies... C'est vous qui devez me suivre, et non pas moi qui vous suivrai, Avicènes, Rhazès, Gallien, Mesué; vous aussi docteurs de Paris, de Montpellier, de Souabe, de Misnie, de Cologne, de Vienne, des bords du Danube, du Rhin; vous, îles de la mer; toi Italie, toi Dalmatie, toi Athènes; vous, Grecs, Arabes, israélites, c'est vous qui me suivrez : mon règne est arrivé. » On peut juger d'après cet échantillon qu'au quinzième siècle, comme au dix-neuvième, l'excès de modestie n'était pas le faible des docteurs.

Hedlinger fut un habile numismate. Il savait l'art d'imiter si parfaitement les ouvrages des anciens, qu'une de ses médailles, devenue excessivement rare, représentant une tête, et sur le revers un hibou, avec le mot *lagom* en lettres grecques, fut regardée comme antique par tous les connaisseurs. Long-temps Hedlinger s'amusa des conjectures des savans; et probablement on allait publier des dissertations scientifiques sur l'authenticité de la médaille, lorsqu'il leva le masque et en montra le modèle aux antiquaires, en leur apprenant que *lagom* est un mot suédois qui signifie *ermite*.

INDUSTRIE. — COMMERCE.

L'exportation du bétail est une des principales ressources des Schwytzois. On estime à près de 100,000 livres, le bénéfice qu'elle donne annuellement. Le commerce du fromage, du beurre, des peaux, beaucoup moins considérable, est néanmoins important. Il y a peu d'artisans dans le canton, qui n'a de fabriques que celles de Gersau.

Schwytz et Einsiedeln possèdent chacune une imprimerie; l'une est destinée principalement à publier les actes du gouvernement, l'autre à répandre des livres de piété. Si les routes étaient mieux entretenues, le transit par terre des marchandises étrangères serait plus considérable. Parmi les revenus du canton, il faut compter l'argent que laisse chaque année, surtout dans la vallée d'Einsiedeln, la foule de pèlerins étrangers et nationaux qui vont visiter l'image de la Vierge.

POPULATION.

En 1790, la population s'élevait, à 32,000 ames. Le pays était divisé en 32 communes, parmi lesquelles on distinguait celles d'Einsiedeln et de Schwytz, qui comptait chacune environ 5,000 habitans. Art en avait 2,133. D'après un recensement plus récent, le nombre des habitans du canton n'est que d'environ 30,100.

BIBLIOGRAPHIE.

Description statistique du canton de Schwytz, par Normann.
Almanach helvétique pour l'année 1807 (en allemand). Zurich, 1 vol. in-32.
Goldau et ses environs, tels qu'ils étaient et tels qu'ils sont devenus, par le docteur Zay, d'Art; in-8.
Histoire de la confédération des Suisses (en allemand). 4 vol in-8. — 1806-1808.
Lettres d'Eugénie à sa mère, par Hirzel. (en allemand). Zurich, 1811, 1 vol in-8.
Histoire des confédérés jusqu'à la paix de 1516, par Glutz-Blotzheim (en allemand). Zurich, 1 vol. in-8., 1816.
Histoire des Suisses, par Mallet. Genève, 4 vol. in-8.
Histoire de la défense et de la chute des trois cantons de la Suisse centrale (en allemand), par Zschokke. 1 vol. in-8.
Conservateur suisse. — Lausane, 8 vol. in-12.
Vue du bourg de Schwytz, par P. A. Schmid.
Vue du lac de Lowertz, par Birmann.
Vues des environs de Goldau et de Lowertz, avant et après la catastrophe du 2 septembre 1806, dessinées par G. Rahn et gravées par Hegi. 4 feuilles.
Panorama du Rigi, par Keller et Schurmann. 1814-1816.
Abrégé de l'Histoire générale de la Suisse, par Plantin. Genève, 1666.
Chronicon helveticum. — Tschudi. 2 vol. Bâle, — 1734-1736.
Thesaurus Historiæ helveticæ. Zurich, 1735.
Histoire des Confédérés, par Tscharner. — Zurich, — 1784-1788.
Essai historique sur la ligue des trois Waldstetten, etc., par Göldlin, 1 vol. in-8. — 1809.
Vue de l'île de Schwanau sur le lac Lowertz, par Lori.
Vue de Schindellegi, près d'Einsiedeln, par H. Ustéri.

ON SOUSCRIT CHEZ

HIPPOLYTE SOUVERAIN, édit, 3, rue des Beaux-Arts.

Paris. — Imprimerie de BAUDOUIN, rue Mignon

CANTON D'UNTERWALD.

TOPOGRAPHIE.

ÉTENDUE,— SOL.. — Le canton d'Unterwald est situé au centre de la Suisse, et entouré par le lac des Quatre-Cantons et par les cantons d'Uri, de Lucerne et de Berne. Sa surface est de 37,095 lieues carrées; les flancs des plus hautes sommités de ce pays alpestre sont recouverts de gras pâturages et d'épaisses forêts; le plus élevé de ses pics est le Titlis, qui a 10,710 pieds au-dessus du niveau de la mer; il est situé sur les confins du pays d'Engelberg et des cantons d'Uri et de Berne. En suivant les limites de ce dernier canton, on trouve dans une haute chaîne de montagnes le Wallenstock, le Geissberg, le Joch, et enfin le Brunig entouré de riches vallées, et chargé de beaux pâturages. Plus loin on voit le Nesselstock et une suite d'alpes fertiles qui séparent le haut Unterwald du canton de Lucerne, et qui se terminent au mont Pilate. De l'autre côté du Titlis, on rencontre l'alpe d'Hannenberg, au pied de laquelle est le couvent d'Engelberg, celles de Rothstock et de Wallenstock, et enfin le Brisenberg qui, par le moyen de ses diverses ramifications, s'étend jusqu'au lac des Waldstetten. Les montagnes secondaires les plus remarquables du canton, sont celles de Burgen et de Rotzberg. La première sépare la vallée de Stanz du lac des Quatre-Cantons, et se dirige de Stanztad à Buochs; elle est couverte jusqu'à sa sommité d'habitations éparses, d'arbres fruitiers et de forêts. Le Rotzberg s'élève au-dessus du lac, entre Alpnach et Stanz.

LACS, — RIVIÈRES, — CASCADES. — Les lacs d'Alpnach et de Stanz sont des portions du lac des Quatre-Cantons, qui s'avancent dans l'intérieur du pays et qui lui donnent un aspect romantique et pittoresque. Ceux qui appartiennent au canton d'Unterwald sont le lac de Lungern, le lac de Sarnen, celui de Trubi et le lac de Melch. Le premier a une lieue de longueur sur un quart de lieue de largeur, et s'étend dans une vallée du haut Unterwald au pied du Brunig. Le lac de Sarnen est long d'une lieue et demie et large d'une demi-lieue. Les lacs de Trubi et de Melch n'ont guère chacun qu'une demi-lieue de tour, et ne doivent leurs eaux qu'aux neiges des hautes montagnes qui les avoisinent.

Le canton d'Unterwald n'a que deux rivières principales; ce sont : l'Aa, qui traverse les lacs de Lungern et de Sarnen, et qui se jette près d'Alpnach dans le lac des Quatre-Cantons, après s'être réunie à la Melch, et une autre Aa appelée l'*Aa du bas Unterwald*, torrent dangereux qui cause souvent d'affreux ravages sur ses bords.

La cascade de Rotzloch entre Alpnach et Stanz et celle de Tœtsch ou de *Teutsbach* dans l'Engelberg, rappellent quelques-unes des belles chutes d'eau du Valais ou de l'Oberland bernois.

HISTOIRE.

L'histoire de l'Unterwald est intimement liée à celles des cantons d'Uri et de Schwytz, qui forment une réunion de contrées connues sous le nom général des Waldstetten. Comme leurs voisins, les Unterwaldois ont toujours été prodigues de leur sang toutes les fois qu'il s'est agi de conquérir ou de défendre leur liberté, et les champs de Sempach et de Morgarten sont là pour témoigner de leur courage et de leur loyale assistance envers leurs confédérés.

En 1481, Unterwald apparaît seul, et c'est un pauvre ermite, le frère Nicolas Claus, qui lui donne quelque relief. Les Bourguignons venaient d'être vaincus; la diète s'était rassemblée à Stanz, pour procéder au butin et pour délibérer sur la demande que Fribourg et Soleure faisaient d'entrer dans la confédération Helvétique. Zürich, Berne, Lucerne appuyaient l'accession de ces deux villes; Schwytz, Uri et Unterwald la repoussaient. Déjà depuis deux ans cette affaire était pendante devant la diète, et entretenait parmi les Suisses une animosité qui menaçait de devenir sérieuse. Fribourg et Soleure renouvellent leur demande, et de nouveau la diète s'assemble à Stanz pour délibérer. Les débats sont longs, animés, violens : on ne veut céder ni d'un côté ni de l'autre. Les cantons forestiers finissent par rompre les séances, et l'on se sépare sans les adieux ordinaires de confraternité. Ainsi, ce que n'a pu l'épée ni l'Autriche, ni de la Bourgogne, une misérable question vient de l'opérer. La discorde est dans le camp des Suisses, et les ennemis du nom helvétique s'en réjouissent comme d'un triomphe.

A quelques lieues de Stanz vivait dans l'austérité de la pénitence un saint homme, connu dans la contrée sous le nom de Nicolas de Flüe. La renommée de ses vertus était répandue dans toutes les

Waldstetten : on vantait sa piété, sa confiance en Dieu et son amour pour la patrie. — « Frère, lui dit le curé Hermann him Grund de Lucerne, qui est parti précipitamment pour l'ermitage, je viens vous donner une affligeante nouvelle : les confédérés se sont séparés la haine dans le cœur; ils menacent d'en venir aux mains. » — « Retourne à Stanz, répond le saint vieillard, et fais savoir aux députés que le frère Claus a quelque chose d'important à leur communiquer. » Le curé part, arrive à Stanz au moment où les députés sont sur le point de quitter la ville, et où, en partant, ils vont livrer le pays aux horreurs de la guerre civile. Mais bientôt parait Nicolas de Flüe. Semblable au génie tutélaire de la confédération, la raison, la sagesse parlent par sa bouche; il apaise leur colère, rétablit l'union, la concorde, et regagne ensuite sa cellule pour ne plus en sortir.

Avant le pacte mémorable de Brunnen, les trois cantons s'étaient liés par un traité, le plus ancien que l'on connaisse, document précieux qui témoigne du vif esprit de liberté qui anima dans tous les temps ces peuples pasteurs. Aucun historien ne l'a rapporté; en voici les traits principaux :

« ..... Or donc, à tout événement, chacune des communautés promet à l'autre d'accourir à son aide, toute et quante fois qu'il sera nécessaire, pour la secourir à ses propres frais, selon le besoin, afin de résister aux attaques des méchans et de venger les injures à elles faites (les communautés), prêtant, aux fins de rester fidèle à ses promesses, un serment sans dol ni fraudes.

« Par une volonté générale et un accord unanime, nous promettons, statuons et établissons que dans les vallées nous ne reconnaissons ni reconnaîtrons aucun juge qui aurait acheté sa charge par argent.

« S'il survenait des dissensions entre quelques uns des confédérés, les plus prudens doivent s'entremettre aux fins d'éteindre le désordre survenu entre les partis, et si l'une d'elle se refuse à leur commandement, tous les confédérés doivent se lever contre elle. Avant toutes choses, il a été statué que si quelqu'un en tue un autre de propos délibéré, ou par surprise, s'il est appréhendé, il perdra la vie comme l'exige un aussi déloyal délit; et si par hasard il s'était enfui, il ne doit jamais rentrer dans le pays.

« Si quelqu'un a fait tort à quelque confédéré, soit par incendie, soit de jour, soit de nuit, en secret et en manière de traître, il ne peut plus être regardé comme notre concitoyen; et celui qui favorisera et défendra le susdit malfaiteur dans les vallées, sera tenu de satisfaire celui qui en a reçu du dommage. En outre, si quelqu'un des confédérés dépouille un autre de ses biens ou lui fait tort en quelque manière que ce soit, si les biens du coupable sont dans les vallées, on doit les saisir. »

Ce traité est un morceau aussi curieux qu'important qui manquait à l'histoire nationale de la Suisse. Le premier qui l'ait fait connaître est M. Gléser de Bâle. Aucune des chroniques, même celle de Tschudi, n'en faisaient mention. Il n'en existe que deux manuscrits connus : l'original, muni du sceau des trois cantons, qui se trouve dans les archives de Schwytz, et une traduction allemande qu'on garde dans celles de Stanz. La première de ces pièces est tellement remplie d'abréviation, la seconde est écrite dans un allemand si difficile à entendre, qu'il a fallu qu'un hasard heureux permit de les confronter pour les expliquer l'une par l'autre. On ignore le nom des rédacteurs de ce traité, mais au ton loyal et simple dont il est écrit, il est naturel de penser que Furst, Melchthal, Stauffacher et le baron d'Attenhausen, qui ont rédigé le traité de Brunnen, ne firent que reprendre et perfectionner un ouvrage qu'ils avaient fait vingt-quatre ans auparavant.

En 1798, Unterwald reparaît encore sur la scène et mérite, par le courage mémorable de ses habitans, de fixer un moment l'attention. La constitution unitaire avait été repoussée dans une assemblée générale tenue dans l'Unterwald, et l'on s'était décidé à tout braver, à mourir s'il le fallait plutôt que de l'accepter. En vain le Directoire helvétique essaya de ramener les dissidens, en vain employa-t-il la menace, tout fut inutile. Le 3 septembre, les Français, au nombre de 12 à 15,000 hommes, se mettent en marche pour attaquer à la fois le pays sur tous les points. Tous les habitans se sont soulevés au son du tocsin; ils sont au nombre de 2,000 et n'ont pas moins de dix postes à garder et à défendre. Schwytz et Uri ont envoyé quelques centaines de défenseurs. Les 4, 5 et 8 septembre, les Français firent diverses attaques pour reconnaître leurs positions; l'attaque générale eut lieu le 9, à la pointe du jour, et par l'Obwalden et par six points du rivage où ils descendirent sur un grand nombre de bateaux. Retranchés derrière des remparts de terre formés à la hâte, ils repoussèrent les premières attaques avec un courage héroïque. Tous les passages étaient défendus pied à pied. Il y avait déjà plus de 9 heures qu'on se battait avec un acharnement sans exemple et des succès balancés, lorsque de nouvelles colonnes de Français tombèrent sur les courageux enfans de Winkelried, auxquels il ne resta d'autres ressources que de se battre en pelotons épars contre le nombre toujours croissant de leurs ennemis. Hommes, femmes, enfans, jeunes filles, vieillards, combattirent en désespérés, et moururent presque tous plutôt que de se rendre. Stanz n'a pas de plus belle page dans son

Costumes de l'Unterwald.

Ranft. — Ancienne demeure de Nicolas de Flue.

histoire; les Français eux-mêmes rendirent hommage au courage désespéré de leurs adversaires. 18 jeunes filles combattirent et moururent près de la chapelle de Winkelried. Dans le voisinage de Stanz, 45 hommes de Nidwalden soutinrent le choc d'un bataillon entier. Cernés de toutes parts, les volontaires de Schwytz se firent jour au milieu des rangs ennemis, emportant avec eux leur bannière. On vit dans cette grande journée un vieillard malade quitter son lit pour aller mourir sur le champ de bataille à la vue de ses armes qu'il s'était fait apporter. Un nommé Burdi d'Ematten se battit seul contre six, et, blessé, aima mieux mourir que de demander quartier. Ainsi l'amour de la patrie et de la liberté renouvela dans les champs de l'Unterwald tous les prodiges de valeur qu'avaient montré quelques siècles auparavant les armes de leurs compatriotes dans ceux de Morgarten.

Fidèles à cette vieille constitution de leurs pères, à laquelle leurs ancêtres sacrifiaient si souvent leurs vies, les habitans d'Unterwald comme ceux d'Uri et de Schwytz repoussent les nouvelles constitutions qu'on voudrait leur imposer. On les a vus, il n'y a pas long-temps, accourir en armes à Küssnacht, et menacer un moment le repos de la Suisse. M. Zschokke a peint à grands traits la lutte des petits cantons dans un livre qui parut en 1804 à Winterthour, sous le titre de *Mémoires sur la révolution de la Suisse*, et M. Meyer a voulu en donner un tableau et parler aux yeux plus éloquemment peut-être que l'historien en retraçant dans douze gravures estimées *les ruines de l'Unterwald.*

MŒURS. — CARACTÈRES. — COUTUMES.

On retrouve l'image de Nicolas de Flüe, dit un voyageur, sous le toit du pauvre, au bas de la montagne, au coin des jardins et des grandes routes. Il n'est pas de pays en effet où le peuple ait une plus grande vénération pour les images sacrées. Ces images, grossièrement sculptées, sont quelquefois nichées si pittoresquement dans le tronc des arbres, et entourées de feuillages. Souvent, lorsque vous parcourez le canton, vous rencontrez des femmes s'inclinant, le chapelet en main, devant des saintes reliques. On lit sur les murs extérieurs de beaucoup de maisons, comme dans le canton de Berne, quelques versets de la Bible.

L'habitant de l'Unterwald est superstitieux: il craint les gnomes, les sorciers, et plutôt que d'expliquer par des causes physiques, des phénomènes tout naturel, son imagination aime mieux inventer quelque fable qui saisit et captive l'esprit. C'est ainsi qu'il croit que les sources thermales sont soumises à quelque saint, cause de leurs heureuses efficacités. Il raconte que, sur le Pilate, chaque année on voit se promener un fantôme en habit de cérémonie, et que ceux qui l'aperçoivent ne peuvent survivre plus d'un an à cette fatale vision. Est-il malade de cette phthisie surtout, d'une toux sèche, d'un crachement de sang, d'une hémoptysie, maladies communes dans le haut et bas Unterwald, alors au lieu d'appeler le médecin, il imagine d'avaler quelques verres d'eau sur lesquels une vieille bonne femme a prononcé des paroles mystérieuses.

Le soir, les pâtres rassemblent leurs troupeaux à l'aide d'un instrument de plusieurs pieds de long, formé de deux morceaux de bois légèrement recourbés, creusés en dedans et hermétiquement serrés l'un contre l'autre par une ligature d'osier. Les montagnes répètent ces sons, et vous entendez aussitôt les clochettes des vaches qui accourent au-devant du pâtre. Le bruit retentit au loin, formé qu'il est de cycloïdes, de toutes les courbes les plus propres à grossir et à propager le son.

Ces agrestes mélodies réveillent des idées familières à l'habitant des Alpes. A ces airs si connus il se croit transporté, lorsqu'il les entend loin de sa patrie, au sein même de ses rochers, au bord de ses torrens, sous l'ombre de ses sapins, au milieu des troupeaux, qui font sa richesse; alors la force de ces souvenirs, chers à son enfance, le jette dans une langueur et dans un abattement auquel il n'est d'autre remède qu'un prompt retour dans la terre natale. Le montagnard des deux Unterwald, voit tantôt des combats de lutins, à cheval parmi les rochers, tantôt entend la musique infernale des sorciers qui vont au sabbat. Ici, ce sont des nains déguisés en vachers, qui emmènent les vaches à l'écart pour les traires; là, des esprits familiers nommés *servans* qui l'aident dans ses travaux. Quelquefois c'est un spectre qui chasse d'une alpe à l'autre avec un fracas épouvantable ou qui soulève les génisses à dix pieds en l'air, et ne les rend qu'aux prières et aux cris de leur propriétaire. On vous racontera gravement qu'une fée paraît chaque printemps, près de certaines sources, tenant en lesse deux chèvres blanches, si l'année doit être abondantes, et noires si elle doit être mauvaise; que toutes les abeilles s'envolent à la mort du maître de la maison, si on néglige de les en avertir en secouant les ruches; que des peuplades d'hommes souterrains habitent dans les vastes cavernes de quelques montagnes, enlèvent la nuit les brebis et les chèvres du voisinage et sont les gardiens des cristaux du Saint-Gothard; qu'on a vus, mais rarement, indiquer aux chasseurs les retraites des chamois, leur permettre d'en tuer un certain nombre et les maltraiter s'ils outrepassent la permission.

VILLES. — BOURGS. — VILLAGES.

STANZ. — Chef-lieu du canton d'Unterwald et de la partie du pays nommée *Nicalden*. La vallée où est situé ce bourg est l'une des plus belles et des plus riantes de la Suisse. Elle est couverte de prairies; le Burgenstock élève sa cime à trois cents pieds environ au-dessus des jolis golfes de Buochs et de Stanztad. L'hôtel-de-ville est orné d'un grand nombre de portraits où sont représentés dans leur ancien costume les différens chefs de la république. Les habitans montrent avec un juste orgueil dans l'arsenal la cotte de maille que portait Winkelried à la bataille de Sempach. La statue de ce héros est placée sur une colonne à côté de l'église du bourg. Cette église est un édifice remarquable et orné de belles colonnes en marbre.

SARNEN. — Chef-lieu du canton du haut Unterwald est un beau bourg situé dans une vallée romantique, au bord du lac du même nom, et dans le lieu où l'on voit sortir la rivière de l'Aa. L'église paroissiale, qui s'élève sur une hauteur, est un édifice d'une belle architecture. L'hôtel-de-ville est orné des portraits de plusieurs landammann et de deux tableaux du peintre Würsch, dont l'un représente saint Nicolas de Flüe, et l'autre les atroces traitemens que subit le père d'Arnold de Melchthal. Il y a à Sarnen un collége et deux couvens; l'un de capucins et l'autre de religieuses.

Près de Sarnen, la position élevée du Lendenberg où jadis était assis le château du gouverneur autrichien offre un point de vue admirable. Le lac de Sarnen, brillant d'un doux éclat, se dessine au milieu de rives pittoresques, et, à l'horizon, l'œil se repose sur de sombres forêts et sur les hautes montagnes du canton de Berne. La ville occupe le pied de l'éminence; dans la direction du nord, la rivière d'Aa roule ses eaux à travers la vallée, pour en porter le tribut au lac de Lucerne, que l'on découvre au-delà de la forêt de Kern, entouré des cimes qui en couronnent les rives montagneuses, et qui rappellent chacune un nom consacré par l'histoire. C'est sur le Lendenberg même, où siégaient jadis les farouches dominateurs de ces contrées, que se rassemble maintenant le peuple souverain de l'Obwald. Les décombres du château autrichien ont été transformés en bancs de pierre disposés en amphithéâtre. Les grandes assemblées du peuple ont lieu en plein air. Près de là est l'arsenal et le jeu d'arquebuse.

KERN. — Ce joli bourg est situé sur le chemin de Stanz à Sarnen, dans la riante et fertile vallée qu'arrose la rivière de l'Aa. C'est un pays de prairies où l'on cultive surtout un grand nombre d'arbres fruitiers. Les habitans de l'Obwalden y célèbrent chaque année des jeux gymnastiques, le premier du mois d'août. L'église est neuve et d'une assez bonne architecture.

C'est à Saint-Antoine, hameau situé au-dessus de Kern, que réside le sculpteur en bois Abhard, artiste distingué dans ce genre de travail. « Pour nous rendre chez lui, dit M. Kastofer dans son *Voyage dans les petits cantons*, nous eûmes à traverser de belles prairies, et de jolis vergers. Sa maison, construite en bois, était entourée d'une armée d'anges et de saints de sa composition, abrités sous l'avant-toit pour en opérer la dessication préparatoire. Nous désirions acquérir un Winkelried dans le moment où le héros, martyr de son dévouement pour la cause sacrée de la liberté, embrasse les lances autrichiennes, les dirige contre sa poitrine, et ouvre aux siens, par le sacrifice volontaire de sa vie, un passage à travers les rangs de l'inaccessible phalange. Abhard s'excusa de ne pouvoir contenter nos désirs. « Mais, nous dit-il, accablé de nombreuses commandes, je ne peux en vérité y suffire. » Cet artiste nous parut un homme grave, simple et sans prétention. Le fusain, chétif arbuste, est d'une grosseur extraordinaire dans cette vallée. Nous en remarquâmes plusieurs qui n'avaient pas moins d'un pied de diamètre. C'est ce bois qu'Abhard emploie, à cause de sa finesse et de sa dureté.

LE CHATEAU DE WOLFENSCHIESS. — Stanz est environné partout de riantes prairies, couvertes de noyers, d'arbres fruitiers, à l'ombre desquels courent de jolis sentiers, des promenades champêtres. Le soir, par un beau clair de lune, rien de plus romantique que le chemin de Standztad. De Stanz on monte en une heure sur le Rotzberg où gisent les ruines du château de Wolfenschiess. L'histoire d'Anneli et de Jageli est un des événemens les plus remarquables des annales du canton d'Unterwald. Le château de Wolfenschiess en fut le théâtre. Ce château était au pouvoir des Autrichiens lorsque les confédérés résolurent de s'en emparer. Alors un deux qui avait des intelligences dans la place, s'y fit introduire par sa maîtresse à l'aide d'une échelle de corde et se servit du même moyen pour faciliter à ses compagnons d'armes l'entrée de la forteresse; aussitôt ils se saisirent de tous ceux qui occupaient le château, et le lendemain, 2 janvier 1308, le signal de l'insurrection retentissait dans toutes les vallées voisines, pendant que les châteaux de Laudenberg et de Sarnen tombaient dans les mains des Suisses.

Buocks est un beau village du canton d'Unterwald sur le lac des Waldstetten. On y jouit d'une vue aussi belle qu'étendue sur le bassin que forme ce lac jusqu'à Brunnen, sur les rives délicieuses de Schwytz et sur la montagne pyramidale du Mythen. C'est là que naquit l'un des peintres les plus estimés de la Suisse, M. Würsch, dont les beaux ouvrages ont contribué tout à la fois à l'avancement de l'art et à la gloire de son pays natal. Lucerne, Sarnen, Engelberg, possède plusieurs belles productions de cet artiste. Il devint aveugle dans un âge avancé. Lorsque les Français s'emparèrent de Buochs sous les ordres du général Schauenbourg, les flammes dévorèrent ce beau village et l'atelier du peintre.

BIBERSTEIN.—Les descendans de Tell ont presque toujours habité Biberstein où long-temps ils ont vécu ignorés et ignorant eux-mêmes que leur illustre aïeul, le libérateur de la Suisse, qui a fourni des sujets de poèmes, de tragédies, de drames, et d'opéras, fût un de leurs parens. Aucun peintre contemporain ne nous a conservé l'image de ce grand homme, dont le portrait *d'après nature*, exécuté au pastel, à l'huile, en émail, en albâtre et même en terre cuite, se vend néanmoins dans toute la Suisse.

CURIOSITÉS NATURELLES. — MONUMENS.

LE TITLISBERG. — Cette montagne qui s'élève à plus de 10,000 pieds au-dessus de la mer, domine une partie de la vallée d'Engelberg. Personne avant 1744 n'avait osé l'escalader. Au mois de septembre 1786, le docteur Feyerabend, médecin de l'abbé du couvent, prit avec lui dix guides et résolut de gravir le sommet du Titlis. Ils partirent à minuit, franchirent l'Aubergrat, et après avoir couru de nombreux dangers, après avoir traversé d'immenses amas de glaces, ils atteignirent enfin le *Nollen* ou sommet du Titlis. Il était midi, le temps était pur, le soleil dardait sur les glaciers, et pourtant le froid était si vif qu'ils purent demeurer à peine une heure sur ce sommet. Ebel prétend qu'on fit partir un canon dans la vallée et que les voyageurs n'entendirent le son qu'après en avoir aperçu le feu ; mais comme on sait que la vitesse du son est de plus de 1,000 pieds par seconde, on voit quelle hauteur supposerait au Titlis un calcul basé sur cette donnée et sur ce principe. De retour dans la vallée, nos hardis voyageurs racontèrent quel spectacle s'était offert à leur regard du haut de cet observatoire. La chaîne autour des Alpes depuis la Savoie jusque dans le Tyrol et la Carinthie, se présentait à eux comme sur une toile ; mais le docteur Feyerabend avait, en redescendant les parois escarpés du Titlis, les yeux affectés par l'éclat des neiges, en sorte que, pendant quelques jours, il fut comme privé de la vue. Depuis, MM. Muller d'Engelberg et M. Rodolphe Meyer, d'Aarau, dont les noms se présentent chaque fois qu'il y a quelque pic redoutable à attaquer, gravirent le Titlis par un chemin beaucoup moins dangereux. C'est celui que choisissent aujourd'hui ceux qui veulent tenter cette aventureuse ascension.

LE LAC DE SARNEN. Il forme un tableau pastoral, d'un aspect singulièrement agréable; vous ne trouverez, en parcourant ses rives, ni hautes montagnes, ni vastes glaciers, ni rocs décharnés, ni torrens fougueux, ni campagne désolée, mais partout des formes onduleuses, des vallons recourbés avec grâce, des collines parées de fraîche verdure, de jolies habitations entourées d'arbres, d'épaisses forêts, qui cachent aux regards les pointes et les aspérités des rochers; c'est un diminutif de cette jolie vallée de Klonthal, si aimée de Gessner. Le silence, le calme qui règnent s'emparent de l'ame et la livrent à la plus douce mélancolie. Comme études de paysage, le peintre peut errer sur ses rives, certain d'en emporter de ravissantes compositions. On se rappelle encore l'effet que produisait cette vallée transportée, il y a quelques années, au Diorama, par le pinceau brillant de M. Daguerre.

VALLÉE D'ENGELBERG. — La vallée d'Engelberg a 2 lieues de longueur sur une demi-lieue de largeur; elle est parcourue par l'Aa, qui traverse au nord une gorge profonde, puis va se jeter, après mille sinuosités, à Buochs, dans le lac des Waldstetten. Cette gorge est la seule ouverture par laquelle on peut communiquer dans les contrées voisines; de hautes montagnes couvertes de neiges, de nombreux glaciers, forment comme un rempart autour de la vallée ; ces pics s'élèvent de 7,000 jusqu'à 10,000 pieds au-dessus de la mer. On conçoit que la vallée l'Engelberg, située ainsi à la base de ces groupes de monts, doit être exposée aux avalanches et aux inondations; ces dernières en sont le plus grand fléau. Souvent elles entraînent dans leur chute des forêts entières; d'un autre côté, peu de vallées ont des sources plus belles et plus abondantes. Non loin du monastère, le Teutsbach est une cascade belle à voir: vingt sources réunies près de l'abbaye, vont former un ruisseau nommé Kirlenbach. Dans la plus grande partie de l'Engelberg, les habitans passent six semaines de l'année sans voir le soleil.

LA VALLÉE DE LUNGERN. — La vallée de Lungern est l'une des plus agréables contrées qu'offrent les Alpes. Les cimes des hautes montagnes qui la séparent de l'Oberland, ombragées par de noires forêts de sapins, forment un contraste piquant avec la verdure éclatante des prairies étalées sur les flancs de ces alpes. Cette vue pittoresque tire de nouveaux charmes de la chute d'un ruisseau, d'une blancheur éblouissante, qui se précipite dans le fond. L'œil n'est point attristé par la présence de parois à pic, de rochers déchirés et menaçans; la pente des monts présente un talus doucement incliné, et les forêts protectrices ne livrent que rarement passage à des avalanches peu dangereuses. Des prairies superbes entourent l'onde limpide du joli lac; des arbres majestueux, placés sur de petites éminences, occupent les points les plus avancés, et dérobant en partie la vue de baies charmantes et d'habitations champêtres, forment, variées à l'infini, les nuances d'un jour plus doux. En général, la position isolée de cette contrée, les montagnes gracieuses qui la dominent, les mœurs simples des habitans, la bonhomie, la sérénité, répandues sur leurs traits, offrent à l'étranger un tableau complet de tranquillité et de bonheur.

La route qui conduit à Sarnen traverse la chaîne de rochers Kaiserstuhl, qui, jadis, séparait, dit-on, le bassin du lac de Lungern du niveau des vallées de Gyswil et de Sarnen. Les Obwaldois ont pratiqué sur ces hauteurs un chemin taillé dans le roc, dont l'aspect est tout à fait pittoresque.

LE BRUNIG. — Le passage de cette intéressante montagne, située entre la vallée de Hasli et le haut Unterwald, se prolonge en partie à travers de spacieuses vallées, où sont entassés les décombres de rochers calcaires sans le moindre mélange de terre végétale. Néanmoins, bien que les rayons verticaux du soleil, dardant sur ces masses pierreuses, les échauffent au point que toute végétation paraît impossible, on est étonné d'y voir prospérer le hêtre, tandis que le sapin, qui se plaît dans un terrain sec et sablonneux, n'y végète que misérablement. Il paraît que si ce sol calcaire ne porte point d'autres plantes utiles, c'est moins, sans doute, à sa nature qu'il faut l'attribuer, qu'au défaut de culture et aux dégâts occasionés par les chèvres. Du reste, les vieux hêtres qu'on rencontre ne sont épargnés qu'en considération de la litière que forme leur feuillage, mais on ne cherche point à en propager l'espèce. Cependant une foule de belles plantes croissent sur ce sol aride et pierreux, et leur végétation magnifique offre une preuve convaincante que le terrain le plus ingrat possède toujours une propriété végétative dont on peut tirer quelque utilité.

Le chanvre se cultive avec succès à Brunigen; mais c'est ici, probablement, que sont placées les dernières limites de la végétation, ou de la culture dans ces alpes. Ce hameau est situé dans la partie Bernoise, à 3,000 pieds environ au-dessus du niveau de la mer. Le cerisier y vient bien, mais non les arbres à fruits à pepins, auxquels ce degré d'élévation est moins préjudiciable, néanmoins, que les vents glacés du nord qui rasent le passage.

Du coté de Lungern, en gravissant le Brunig, on rencontre de temps en temps sur des plateaux élevés des chalets d'été occupés par des bergers bernois et unterwaldois, ou des charbonniers noirs, enfumés, qui ressemblent, armés de leurs longues fourches, près de leurs pyramides de feu, plutôt à des diables qu'à des créatures humaines. Souvent on est arrêté par d'énormes quartiers de rocs qui, comme pour se venger de n'avoir pu atteindre le voyageur, lui barrent l'étroit sentier qu'il est obligé de suivre dans ces sauvages contrées.

BIOGRAPHIE.

Saint Nicolas de Flüe, ce grand homme qui mérita une couronne civique impérissable, dont la mémoire vit encore dans le cœur des habitans de l'Unterwald, naquit près de Sachslen, le 21 mars 1417. Il était issu de l'une des familles les plus distinguées du pays. L'histoire le montre tour à tour cultivant ses champs, se distinguant par ses talens pour l'agriculture, élevant soigneusement ses dix enfans, combattant en héros contre l'Autriche à Dissenhoffen et à Ragatz, déployant au milieu des fureurs de la guerre les vertus les plus touchantes. A 47 ans, il s'arrache des bras de sa famille et va se retirer dans un ermitage situé sur le Ranft, à une lieue de Sachslen, et dans les affreuses solitudes du Melchthal. Sa sagesse, sa vertu, l'ont bientôt rendu l'objet de la vénération universelle. De toutes parts on vient le visiter dans sa cellule et lui demander des conseils et des prières. Son maintien austère, la sérénité imperturbable de son ame, sa parole grave et laconique, tout chez lui saisit et inspire le respect. Des gentilshommes renoncent au monde, donnent leur fortune aux pauvres, et viennent partager ses austérités.

Une seule fois le frère Nicolas quitta son asile chéri; ce fut pour sauver sa patrie. (Voir *Histoire*).

On montre encore la pierre qui servait d'oreiller au saint homme. Il ne faisait usage de couvertures que dans les plus grands froids de l'hiver. Il est du petit nombre des saints qui ont trouvé grâce aux yeux de la philosophie.

Nicolas de Flüe mourut le 21 mars 1487, après quelques jours de maladie, entouré de sa femme, de ses enfans, de ses nombreux amis. Deux de ses fils parvinrent à la dignité de landammann. Sa famille subsiste encore dans l'Obwalden. On conserve deux épées, deux cuillers de buis et un couvert d'argent, qui avaient appartenu au frère Claus avant sa retraite. L'ermitage est aujourd'hui comme autrefois visité par de nombreux pèlerins qui ne le quittent pas sans détacher quelques fragmens du bois dont il est bâti.

Arnold de Melchthal, l'un des trois fondateurs, de la liberté suisse, Arnold de Winkelried dont le

Chalet des environs de Stans.

Stantstad.

dévouement héroïque donna la victoire aux confédérés dans les champs de Sempach, sont les deux hommes les plus illustres du canton. Rudi Brändli, Trachsel, Christen et Rüttimann, versèrent leur sang à la bataille de Saint-Jacques, en 1444.

Le canton compte aussi quelques hommes d'état, parmi lesquels on distingue Melchior Lüssi, qui fut dix fois landammann, capitaine-général de l'Unterwald, ambassadeur à la cour de Rome sous plusieurs papes, en Espagne, à Venise et près du concile de Trente, et qui dans ces postes importans que lui confia sa patrie, soutint dignement le nom du peuple helvétique et sut se concilier la faveur des princes et l'estime de tous les partis. Nicolas Späthig a célébré en vers latins l'histoire de quelques uns des héros de la Suisse. On consulte encore de nos jours les *Annales de l'Unterwald* de Businger et Zelger. Ce n'est pas seulement en Suisse que Würsch a de la réputation comme peintre, son nom est connu en Europe. Le sculpteur Christen s'est fait une grande renommée; malheureusement il n'a produit que peu d'ouvrages.

Berthold, franciscain qui se distingua en Suisse dans le treizième siècle comme prédicateur, était né dans le bas Unterwald. Ses sermons pleins d'une onction et d'une force peu commune, tous empreints d'une éloquence populaire, étaient écoutés avec avidité. On accourait de toutes parts pour l'entendre. Il avait coutume de faire dresser une chaire portative au milieu de la campagne, et avant de commencer son discours, il jetait en l'air une plume attachée à un fil pour voir de quel côté soufflait le vent, puis il faisait asseoir la multitude de manière qu'elle l'avait en face d'elle, soit pour être mieux entendu, soit par une allusion mystique à certain passage de l'écriture sainte. Dans un de ces sermons une pauvre paysanne, qui avait aimé comme Madeleine, touchée de repentir, se lève tout en larmes, court à l'orateur, se jette à ses pieds, et lui fait l'aveu de ses fautes. Alors le religieux s'adressant à son auditoire « Y a-t-il parmi vous quelque honnête homme qui veuille épouser pour l'amour de Dieu, cette pécheresse, maintenant convertie et régénérée et que je tiens dès à présent pour ma fille? Qu'il la reçoive de mes mains, je la doterai même s'il le faut! » — Un des assistans s'avance et dit qu'il la prendra pour femme, sous la condition d'une dot de dix livres. Berthold fait faire une quête parmi ses auditeurs et bientôt les dix livres sont remises aux deux époux auxquels il donne la bénédiction nuptiale.

Un autre prêtre a mérité de vivre dans l'histoire du canton. C'est Udelrich. En 1488 son autorité avait été méconnue, les paysans s'étaient soulevés et avait pris les armes; les cantons voisins envoyèrent des troupes pour soumettre les rebelles qui furent pris, livrés aux tribunaux et condamnés à mort. La sentence dut être soumise à la sanction de l'abbé; mais Udelrich se retournant vers un crucifix : « Ce Dieu m'a appris à pardonner, dit il, qu'on les mette en liberté! »

Léodgard Salzmann, mort en 1798, est regardé à juste titre comme l'un des bienfaiteurs de l'Unterwald. C'est lui qui le premier imagina d'y établir des filatures de soie et de coton, et si l'industrie manufacturière verse par intervalles quelqu'aisance dans ces vallées, c'est à lui que le pays en est redevable. Il ne se contenta pas de donner aux Unterwaldois le goût des arts industriels, il établit dans l'abbaye d'Engelberg un entrepôt pour le débit de leurs marchandises, et des ateliers pour l'apprêt des soies. Il institua aussi un registre pour les hypothèques et fonda, une école qui existe encore. (Voir *Instruction publique*).

HISTOIRE NATURELLE.

GÉOLOGIE. — Les montagnes de la vallée de Stanz sont composées de pierre calcaire. Celles de l'Obwalden sont formées de pierre calcaire et de schistes argileux; on observe aux environs de Sarnen des débris d'une pierre qui renferme beaucoup de numulites : c'est un grès vert dont on trouve des couches considérables sur la pente de la colline du Flüeli du côté du S.-E., ainsi que sur celle du Rotzberg, près de Stanz. On rencontre des pétrifications sur la montagne de Kayserstuhl. Dans le Melchthal, les montagnes sont composées de couches calcaires, superposées sur des schistes argileux. Les Alpes Surènes sont formées de pierre calcaire mêlée de quartz et d'argiles, et superposée sur le gneiss. Les autres montagnes de la vallée d'Engelberg sont composées de pierre calcaire noire, de schistes calcaires et argileux; dans la pierre calcaire il y a des schistes siliceux en rognons. Le Jochberg produit des schistes argileux, durs et très fins, noirs, couleur olive ou d'un rouge sanguin. Les schistes rouges ont des taches rondes ou ovales, de couleur de soufre. On trouve des pyrites sulfureuses sur le Grassen et au Bruderloch.

RÈGNE VÉGÉTAL. — La Flore Unterwaldoise est des plus variées. Sur les Alpes Surènes, sur le Titlis, croissent de belles plantes alpestres. L'*arbutus alpina*, l'*hedysarum obscurum*, le *ranunculus lanuginosus*, le *ranunculus villarsii*, la *gentiana lutea*, la *campanula rhomboïdea*, l'*allium victoriale*, le *silene acaulis*, le *carex saxatilis*, le *papaver alpinum*, l'*ornithogalum minimum*, etc., etc.

RÈGNE MINÉRAL. — La chaux et l'ardoise abondent dans le pays. On trouve dans la vallée de Melch plusieurs espèces de marbres, parmi lesquels le noir bariolé de veines blanches est le plus estimé. Aucune mine n'est exploitée dans l'Unterwald.

BAINS. — Les sources minérales sont assez communes. Il en existe une d'eau sulfureuse près le lac de Lungern, et plusieurs semblables depuis le Brunig jusqu'à Alpnach. On en a aussi découvert dans la gorge du Rotzbach et à Saint-Antoine. Les bains froids de Schwandi, au-dessus de Sarnen, ne sont guère connus et fréquentés que par les habitans du canton.

CULTES.

La religion catholique est la religion du canton, qui compte cinq couvens : deux à Sarnen, l'un de capucins qui date de 1552, l'autre de bénédictins fondé vers la fin du XII° siècle; deux à Stanz l'un de capucins et l'autre de femmes de l'ordre de sainte Claire, et un à Engelberg qui est habité par des moines bénédictins. Treize églises paroissiales sont répandues sur la surface du canton. La plus belle est celle de Sachslen qui est ornée de colonnes de marbre dont huit sont d'une seule pièce; c'est là que reposent les restes de saint Nicolas de Flüe.

INSTRUCTION PUBLIQUE.

Le défaut d'aisance, la pauvreté de certaines parties du canton, telles sont les causes qu'on assigne à l'état peu prospère de l'instruction. Sarnen, chef-lieu du haut Unterwald, possède un gymnase, mais où l'on n'étudie que les sciences théologiques. L'Engelberg, plus heureux, grâce à l'abbé Léger ou Léodgard Salzmann, a un collège où l'on reçoit de nombreux élèves. Le couvent duquel il dépend possède la seule bibliothèque du canton, et toutes ses richesses littéraires consistent en divers ouvrages du XV° siècle, que le bibliophile peut contempler avec quelque admiration mais qui ne pourraient servir à répandre le goût des lettres parmi les Unterwaldois. Stanz vit le premier essai de la méthode de Pestalozzi. L'auteur de *Léonard* et *Gertrude*, mort récemment, recueillit près de quatre-vingts enfans des deux sexes dans l'institut qu'il voulait former, et il commença l'application de cette méthode si connue en Europe et si diversement jugée. Malheureusement la guerre qui éclata en 1800 dans les petits cantons, entre les Autrichiens, les Français et les Russes, l'obligea de quitter Stanz et de transporter son institut à Burgdorf ou Berthoud. L'hospice qui lui servait de local fut converti en lazaret et plus tard complètement abandonné.

AGRICULTURE.

Il fut un temps où il était défendu dans l'Unterwald d'exporter du lait et des fruits. Cette défense gênait la liberté du commerce, et devait être nécessairement nuisible à la prospérité du canton; mais cette interdiction a été levée depuis. Aujourd'hui l'habitant commerce surtout en bétail, en fromage, en beurre, qu'il échange contre du vin, du grain, etc. On n'a point encore établi de balance exacte entre les importations et les exportations, seulement on sait que ces dernières sont considérables. La plupart des objets manufacturés dont on fait usage ici vient de l'étranger ou des autres cantons. L'Unterwaldois a peu de goût et de disposition pour les arts industriels. Dans le dernier siècle, on eût difficilement trouvé dans tout le pays un chapelier, ou un potier de terre.

Le canton est pauvre, on y remarque peu de grandes fortunes : l'industrie y est nulle. Toute la partie qui avoisine le lac des Quatre-Cantons vit de la pêche et de la navigation; l'agriculture y est bornée à l'entretien des prairies.

Presque toutes les hautes montagnes de l'Unterwald renferment de beaux pâturages; leurs pentes sont couvertes de sapins, de chênes, de frênes et d'érables.

POPULATION.

La population du canton d'Unterwald est d'environ 25,000 habitans. En 1743 on n'en comptait que 16,778. Près des trois cinquièmes de cette population appartient au haut Unterwald.

BIBLIOGRAPHIE.

Histoire de l'Unterwald, par M. Zelger.
Essai pour servir à l'histoire particulière de la république d'Unterwald, par MM. Businger et Zelger, 2 vol. in-8; Lucerne, 1789-1791 (en allemand).
Vie du Bienheureux Saint-Nicolas de Flüe, 1 vol. in-12.
Almanach helvétique (année 1805), 1 vol. in-18 avec carte et fig.
Carte du canton d'Unterwald, par Meyer.
Les ruines de Stanztad, par H. Füssli.
Vue de l'ermitage de saint Nicolas de Flüe, par M. Bleuler de Schaffhouse.

ON SOUSCRIT CHEZ :
HIPPOLYTE SOUVERAIN, édit., 3, rue des Beaux-Arts.

Paris. — Imprimerie P. BAUDOUIN, rue Mignon, n. 2.

CANTON DE GLARIS.

TOPOGRAPHIE.

SITUATION. — ÉTENDUE. — CLIMAT. — Le canton de Glaris est borné par les cantons de Saint-Gall, des Grisons, d'Uri et de Schwitz. Il renferme de hautes montagnes qui sont à peine séparées entre elles par quelques vallées. La principale, celle de la Linth, est la plus considérable; celle de la Sernft est traversée par le torrent du même nom qui la parcourt avec impétuosité; celle de Klont, qui passe pour l'une des contrées les plus gracieuses des Alpes, renferme un joli lac, et offre une foule de points de vue romantiques.

Le canton a 15 lieues environ de longueur et 7 à 8 de largeur; vers le fond de la vallée de la Linth, le pays n'a guère qu'une petite demi-lieue de largeur. La surface du canton de Glaris est de 31 lieues carrées et 545 millièmes, dont 4 ou 5 lieues seulement sont occupées par des plaines. Tout le reste n'offre que des pentes raides ou de hautes montagnes.

Le pays est moins froid qu'on pourrait le croire au premier aspect, en considérant les chaînes de montagnes élevées qui le traversent. Les neiges, dont le canton est couvert pendant l'hiver, fondent en général de bonne heure au printemps, et souvent on cueille dans les vallées des fraises parfaitement mûres vers la fin d'avril, des cerises au mois de mai, et des raisins à la fin d'août.

MONTAGNES. — Les nombreuses montagnes qui couvrent le canton atteignent de 5,000 à 12,000 pieds environ d'élévation au-dessus du niveau de la mer. Quelques-unes d'elles renferment des glaciers qui ne descendent nulle part jusque dans les vallées inférieures. Le *Dodi*, situé au midi du canton, vers les frontières d'Uri et des Grisons, se fait remarquer par sa hauteur gigantesque (11,100 pieds au-dessus de la Méditerranée). Il est recouvert de glaces et de neiges éternelles qui donnent naissance à la rivière de la Linth. Le *Glarnisch*, qui a 8,925 pieds d'élévation au-dessus du niveau de la mer, est aussi l'un des pics les plus élevés de la Suisse. Le *Viggis*, qui se rapproche du Glarnisch par sa position, n'est élevé que de 6,950 pieds. Le *Freyberg* (montagne Franche), situé au centre du canton, doit son nom à la prohibition de la chasse aux chamois sur ses flancs. Plusieurs passages ont été pratiqués au travers des montagnes de Glaris, pour communiquer avec les cantons voisins; quelques-uns sont difficiles et même dangereux; ils n'en sont pas moins très-fréquentés.

LACS. — RIVIÈRES. — Indépendamment du lac de Vallenstadt qui borne, sur un espace de deux lieues, le canton de Glaris, ce canton renferme le lac de *Klonthal*, dans la charmante vallée du même nom; il a une lieue de longueur sur un quart de lieue de largeur, et va se perdre dans le bruyant et sauvage torrent de la *Löntsch*. On remarque encore sur le Wiggis deux petits lacs, *le lac Supérieur* et *le lac Inférieur*. 7 ou 8 petits lacs existent aussi dans les plus hautes vallées du canton; ils sont alimentés par les eaux des glaciers et les neiges qui les avoisinent.

La *Linth*, la principale rivière du pays, prend sa source au pied du Kistinberg et du Dodi, et va se jeter dans le lac de Zürich, après avoir traversé le canton de Glaris dans toute sa longueur, et une partie de celui de Saint-Gall. Les fontes de neiges et les pluies surtout, lorsqu'elles sont accompagnées d'un fort vent du sud, grossissent quelquefois la Linth au point de la faire déborder. Les dommages qu'elle cause sont immenses.

On garde encore d'amers souvenirs des effroyables dégâts qu'elle fit en 1762, où elle convertit en un lac immense une grande partie de la vallée qu'elle arrose, et occasiona des pertes pour plus de 4 ou 500,000 florins. Les traces de ce désastre n'avaient pas encore disparu en 1764, lorsqu'un malheur semblable se renouvela.

La *Sernft* sort des glaciers de Haus-Wichlen et de Kerpfstock, à une lieue et demie au-dessus d'Elm; elle parcourt un lit étroit et resserré jusqu'au-dessous de Schwanden, où elle se jette dans la Linth aussi redoutable que celle-ci. Ses inondations portent souvent la désastre et la dévastation sur ses bords. La *Löntsch*, torrent impétueux, se jette aussi dans la Linth. Quelques-uns des ruisseaux et des sources du canton de Glaris forment de belles cascades. Les plus remarquables sont celles de Fetschbach, du Fismatt, du Schelchen ou *Stubi*, de l'Oberstaffel et du Rutibach.

HISTOIRE.

Ce fut dans le ve siècle qu'un moine irlandais, nommé Fridolin, fondateur du couvent de Seckingen, situé sur le Rhin entre Laufenbourg et Rhinfelden, vint prêcher la foi chrétienne dans la vallée de Glaris. Il y bâtit une église en l'honneur de saint Hilaire. Plus tard Urso et Landolphe, seigneurs de la contrée, firent don de cette chapelle au couvent de Seckingen. Les habitans du pays, à l'exception des familles Tschudi, Elmer, Schindler, Gallati, Trumpi, Frueler, et de quelques autres encore, étaient serfs de cette riche abbaye. Divers membres de la famille de Tschudi, l'une des plus illustres du canton, administrèrent d'abord le pays au nom de l'abbé; mais en 1264 cet emploi honorable fut confié à des baillis autrichiens dont les exactions excitèrent partout le désir de secouer le joug de l'injustice et de la tyrannie. Les confédérés suisses ayant occupé le pays de Glaris en 1351, pour prévenir les dangers dont ils étaient menacés sur ce point, les Glaronais profitèrent de cette circonstance pour se rendre indépendans, et chasser leurs oppresseurs. L'année suivante le bailli Walther de Stadion, qui s'était enfui de Nœfels, rentra dans le pays à la tête d'une armée autrichienne; mais il fut repoussé et de nouveau forcé de s'éloigner. Le 8 juin 1352, Glaris fut admis dans la confédération helvétique. En 1386 ce canton prit part à la bataille de Sempach. En 1388 les Glaronais seuls remportèrent la mémorable victoire de Nœfels (voir Nœfels). Vers la fin du même siècle ils s'affranchirent à prix d'argent de tous les droits et revenus que l'abbaye de Seckingen possédait dans leur pays, qu'ils augmentèrent des districts de Betten, d'Ober-Urnen, de Nieder-Urnen, de Villenspach et de Kerenzen. Ils signèrent peu après la paix avec l'Autriche, et l'empereur Sigismond les releva de toute redevance. En 1403 et 1404 ils aidèrent aux Appenzellais à secouer le joug des abbés de Saint-Gall. Ils s'emparèrent en 1415 de divers bailliages, de concert avec les autres confédérés, et en 1441 de ceux de Gaster et d'Utznach, dont ils se rendirent maîtres, aidés de leurs alliés de Schwytz. Depuis cette époque ils combattirent avec gloire dans toutes les batailles du XVe siècle, ainsi que dans les guerres d'Italie au commencement du siècle suivant. En 1517, le canton de Glaris acheta le pays de Werdenberg. C'est en l'an 1516 que Zwingle, alors curé de Glaris, secondé par ses disciples Fridolin Brunner, Valentin Tschudi, Hans Heer, introduisit le culte réformé dans la vallée de Sernft. Cette croyance nouvelle se répandit avec rapidité dans la plus grande partie du canton. De là naquirent des guerres intestines qui troublèrent l'état jusqu'en 1757, et qui exigèrent plusieurs fois l'intervention des confédérés. Les diverses modifications qu'éprouva la constitution, à la suite de ces troubles, firent des catholiques et des réformés deux associations politiques distinctes. En 1798 le canton de Glaris a perdu ses sujets. Les bailliages de Gaster, d'Utznach, de Wendenberg, ainsi que le petit pays de Gambs, ont été incorporés au canton de Saint-Gall.

MOEURS. — COUTUMES. — COSTUMES.

Le luxe n'a point pénétré dans les vallées du canton de Glaris. Les maisons des riches ne se distinguent de celles des pauvres paysans que par des contrevents peints en vert. Les deux grandes époques de la vie, chez ce peuple alpestre, sont le baptême et le mariage, qu'ils célèbrent par de joyeuses libations.

Le costume national est d'une grande simplicité : le pâtre porte une espèce de camisole de lin, derrière laquelle pend un capuchon qu'il relève quand il pleut. Le pantalon large des vieux Suisses a été remplacé par le pantalon presque collant.

Le mélilot bleu qui entre dans la composition du schabzieger se cueille dans les vallées alpestres, sur la croupe, sur le flanc des montagnes et sur la crête des rochers inaccessibles. Rien n'intimide le faucheur glaronais, qui va à la chasse des herbes odoriférantes comme le paysan de l'Oberland à la chasse au chamois, et l'une n'est souvent pas moins dangereuse que l'autre. Après s'être muni de vivres, d'eau-de-vie, de tabac à fumer, il part. Derrière sa provision de pain il attache ses crampons; dans sa ceinture de peau, il place la dalle dont il se sert pour aiguiser sa faulx; ses souliers sont garnis intérieurement de paille hachée, pour préserver ses pieds des secousses trop violentes lorsqu'il escalade les pics; ses guêtres sont déboutonnées par le bas pour rendre sa marche plus libre. Tel est le vêtement du faucheur des Alpes, qu'on aperçoit souvent sur le flanc des montagnes, coupant, avec une merveilleuse dextérité, les herbes qu'il entasse, lie fortement comme des bottes de foin et jette ensuite dans la vallée, où il les retrouve et les transporte à la ville la plus proche. Il gagne à ce périlleux métier 20 à 25 sous par jour. Quand l'hiver est venu, il va chercher fortune ailleurs; on le retrouve suspendu par des cordes au-dessus d'abîmes profonds, où il pousse, à l'aide de longues perches, les troncs d'arbres qui, en tombant, sont arrêtés sur leurs bords, et qu'on fait flotter ainsi depuis le lac de Klonthal jusqu'au village de Nestall. Quand cet homme a amassé quelque argent, il renonce à sa vie aventureuse et se marie avec une jeune fille

dont le père n'a, le plus souvent, pour toute fortune, qu'un chalet, une petite prairie et le lait de deux ou trois vaches, que la gentille paysanne va vendre dans la vallée, son chapeau volant au gré du vent et un bâton pointu à la main.

VILLES. — VILLAGES. — CHATEAUX.

Glaris occupe à peu près le centre du canton. Il est baigné par les eaux de la Linth qui coule le long de ses remparts, et comme emprisonné au milieu de rochers de formes et de hauteurs inégales. L'hiver, ces montagnes ne laissent arriver que quelques rayons pâles et brisés qui n'éclairent la ville que pendant peu d'heures. Glaris a quelques jolis édifices, des maisons assez bien bâties, un pont d'une architecture remarquable, des rues larges et bien alignées, entre autres, celle qui traverse en partie la ville et aboutit au faubourg; une vieille cathédrale et une chapelle bâtie sur une colline et consacrée à saint Félix et à saint Régule. Près de là est une caverne où les deux soldats de la légion thébéenne passèrent quelque temps. A Glaris, comme dans presque toutes les villes qui conquirent leur liberté les armes à la main, on aime à contempler les monumens décorés des armoiries de ceux qui arrachèrent leur patrie à l'esclavage, de ces hommes généreux qui sacrifièrent leur vie et leur fortune pour le salut de leurs concitoyens : nulle part on ne trouve de ces noms rassemblés en plus grand nombre que dans le tableau qui décore la salle du petit conseil. Mais ce qu'on aime surtout à admirer ici, c'est une école d'industrie pour les enfans pauvres, dont Escher avait conçu le plan, et qu'une commission philanthropique, à la tête de laquelle M. de Fellenberg ne pouvait manquer de se placer, a exécuté. Un des élèves de l'institut d'Hofwyl, né dans le canton de Glaris, dirige cette belle institution. Les enfans y sont reçus depuis 8 ans jusqu'à 10; ils la quittent à 16 et 17, époque où la loi de leur pays les appelle à délibérer sur les objets de législation intérieure, comme membres d'une assemblée souveraine.

Noefels, chef-lieu de la partie catholique du canton, est un beau bourg situé à 5 lieues environ de Glaris, vis-à-vis de Mollis, dont la Linth le sépare, et dans une contrée fertile et bien cultivée. La place où s'élevait jadis le château est occupée aujourd'hui par un couvent de Capucins. Noefels est célèbre dans les annales helvétiques par la glorieuse bataille qui s'y donna en 1388.

Mollis. Ce joli village, dont le hameau de Begligen et un très-grand nombre d'habitations isolées dépendent, est situé dans une contrée riante couverte de champs, de vergers et de prairies. Ses habitans sont industrieux et actifs. Les soins de leurs bestiaux, la fabrication du *schabzieger*, les filatures de laine, les occupent toute l'année. Les cendres des confédérés qui périrent pour la liberté dans la journée de Noefels, reposent dans le cimetière de Mollis.

Pour conserver le souvenir de cette mémorable journée, le peuple décréta qu'une procession parcourrait chaque année le champ de bataille, et qu'arrivée à l'une des pierres placées à l'un des endroits où les Glaronais rompus et ralliés avaient recommencé leurs attaques, on prononcerait un discours religieux, et que l'on proclamerait les noms des 55 citoyens tués à ce combat glorieux. Les lettres-patentes, appelées dans le pays *Nœfels fahrtbrief*, composées en l'an 1389, et qu'on lit encore aujourd'hui, sont un monument curieux du style simple, loyal et pieux des Suisses au xive siècle. En voici la traduction. On peut lire l'original, en vieux langage allemand, dans la chronique de Tschudi.

« Au nom de la Sainte-Trinité, **Dieu le Père**, Dieu le Fils et Dieu le Saint-Esprit, amen : à celles fins que par nous grâces soient rendues au Dieu Tout-Puissant, à la sainte Vierge-Marie, aux glorieux princes du ciel saint Fridolin et saint Hilaire nos fidèles défenseurs, et à toute l'armée céleste, et de peur que perdu ne soit le souvenir des grands secours et soulagemens que nous en avons reçus dans notre détresse, ceci sera mis par écrit; d'autant que la mémoire et l'entendement de l'homme sont faibles, et que dans la suite des temps on met bientôt en oubli les choses passées : c'est pourquoi nous, le Landamman et les hommes du pays de Glaris, savoir faisons à tous ceux qui sont ici présens ou qui y seront par après, que mortelles hostilités et guerres à outrance seraient survenues entre le sérénissime prince et seigneur le duc Léopold d'Autriche, d'une part, et les honorables, prudens et avisés, nos biens bons amis, les fidèles et chers confédérés, d'autre part : et voici les confédérés qui pour lors étaient alliés; Zürich, Berne, Soleure, Lucerne, Uri, Schwitz, Underwald, Zug et notre pays de Glaris. Or, il advint qu'en ces jours-là, le susdit duc Léopold d'Autriche marcha contre la petite ville de Sempach en Ærgaw, à dessein d'y endommager nos confédérés dans leurs corps et biens : alors nos bons amis des fidèles et chers confédérés de Lucerne, Uri, Schwitz et Underwald entreprirent de le repousser, et marchèrent, le 9 juillet de l'an où l'on comptait 1386, devers Sempach, et là fut occis le susdit duc Léopold d'Autriche, et avec lui 16 comtes et barons; une grande quantité de chevaliers et de gens d'armes y furent aussi déconfits et mis à mort. Puis au milieu du mois d'août, nos bons, fidèles et chers confédérés de Zurich, d'Uri, de Schwitz, et nos gens du pays de Glaris, s'en allèrent contre la ville de Wésen, et la prirent le premier vendredi après la fête de Notre-Dame au mois d'août, et cela bien loyalement; et prêtèrent les gens de Wésen à nous les susdits confédérés, serment de fidélité à toujours: ce qui resta ainsi sans paix ni trêve jusqu'au prochain jour de Saint-Gall; alors fut moyennée une paix par certaines villes impériales, jusqu'au jour de Notre-Dame de la Chandeleur; puis cette paix fut prolongée jusqu'au vieux carême: alors la guerre recommença, et beaucoup d'hommes preux et vaillans du pays s'envinrent dans la ville de Wésen, afin d'icelle garder et défendre pour les confédérés, et afin que notre pays de Glaris demeurât d'autant plus sûr et tranquille. Et comme nos gens se fiaient au serment et à l'honneur de ceux de Wésen, quelques hommes de Wésen ont machiné un terrible mal contre les nôtres; ils ont donné en grand secret de méchans conseils à nos mortels ennemis, tellement qu'au prochain quatre-temps, le samedi de l'an où l'on comptait 1388 depuis la naissance de Christ notre bon Seigneur, s'envirent nuitamment et à l'improviste nos mortels ennemis dans la ville de Wésen, et les portes leur furent livrées par les bourgeois, et les nôtres de Glaris furent surpris et occis par l'épée des gens de Wésen et des ennemis; et quelques-uns furent mis à mort dans leurs lits où ils étaient couchés et endormis sans défiance aucune, car ils croyaient prendre leur sommeil chez de bons amis, et ainsi furent déconfits, par grande perfidie, et pitoyablement occis beaucoup de gens de bien, et ce fut à grand' peine que quelques-uns purent se sauver; puis le 9 avril, sur le jeudi de la semaine de Pâques de l'année susmentionnée, se rassemblèrent derechef nos mortels ennemis de la seigneurie d'Autriche, avec 15,000 hommes, tant à cheval qu'à pied, et marchèrent vers Nœfels en notre pays de Glaris, et rompirent à grande force nos lignes et murs de défense: des nôtres il n'y avait contre eux que 350 hommes, dont 30 nous avaient été envoyés en assistance et consolation par nos bons amis, fidèles et chers confédérés de Schwitz; et les ennemis nous tuèrent bien des braves gens, mais ils furent mis à mal et déconfits près de la Rauti, avec le secours du Dieu tout-puissant, de la sainte vierge Marie, de nos chers et fidèles soutiens dans la détresse, saint Fridolin et saint Hilaire, et de toute l'armée des cieux; et les ennemis furent mis en grande déroute; tellement que nous gagnâmes 11 bannières, et que nous tuâmes 2,500 hommes: quant à ceux qui se perdirent dans le lac et dans la Linth, on ne saurait en savoir le nombre; et y périrent aussi plusieurs de ceux qu'on croyait être les auteurs de la susmentionnée tuerie des nôtres à Wésen: et pour que par nous tous, les habitans du pays de Glaris, et par nos descendans, grâces soient à jamais rendues au Dieu tout-puissant, à la sainte vierge Marie, aux glorieux princes du ciel saint Fridolin et saint Hilaire nos fidèles aides dans la nécessité, et à tous les saints de Dieu, et pour qu'on n'oublie jamais les grands secours et reconforts qu'en avons reçus, quand il nous fut accordé de pouvoir venger la tuerie et tout le mal arrivé aux nôtres à Wésen, nous, les habitans du pays de Glaris, avons établi d'un commun accord, pour nous et nos descendans, une procession dans toutes les églises de notre pays: de sorte que de chaque maison le plus honorable personnage, surtout un homme s'il y en a un, aille tous les ans, le second jeudi du mois d'avril, en grande dévotion par les chemins et sentiers où les nôtres en pareil jour ont enduré grand' peine et labeur, jusqu'au *moulin près des fontaines*, et que cela se fasse avant tout à l'honneur et à la gloire de Dieu, de Notre-Dame, de saint Fridolin, de saint Hilaire et de toute l'armée céleste, et ensuite pour la consolation et le repos de toutes les âmes des nôtres, qui ont exposé leurs corps, afin que notre pays subsistât avec biens et honneur, et qui ont perdu la vie pour cette cause, ainsi que de ceux des nôtres qui ont été mis à mort à Wésen, de même que de tous ceux qui ont combattu en la bataille, lesquels braves gens ne faut jamais oublier; bien au contraire, leur souvenir doit se garder à perpétuité, au nom de Dieu: et en témoignage public et digne de foi, nous, les gens du pays de Glaris, en commun, avons fait appendre le sceau de notre pays à cette lettre, donnée au mois d'avril, le vendredi avant la Saint-Ambroise, de l'an où l'on compte, depuis la naissance de Jésus-Christ, 1389. »

CURIOSITÉS NATURELLES. — MONUMENS.

Le Klonthal. Ce vallon alpestre et très-élevé débouche au pied du Glarnisch, et s'étend, en remontant la Löntsch, de l'E. à l'O. jusqu'au mont Praguel, qui le sépare de la vallée de la Muotta. Il a 4 lieues de long, et est bordé au S. par le Glarnisch, et au N. par le Wiggis. Le voyageur qui, après avoir côtoyé la bruyante et impétueuse Löntsch, parvient dans cette romantique vallée, jouit du tableau le plus pittoresque.

Nul site n'est plus propre à élever l'âme vers le Créateur, à la nourrir de pensées religieuses ou poétiques; dans nul endroit on n'est mieux placé pour admirer les jeux de la lumière au moment où se couche le soleil, les frottemens des ombres à travers les rochers, l'immobilité du lac, la coloration des cimes des Alpes, et les oppositions de leurs sommets et de leurs parois. On respire dans cette solitude avec plus de liberté; la vie y est plus pleine et plus entière. Deux admirateurs du Théocrite allemand, l'un trésorier du canton de Glaris, l'autre professeur à Rapperschwil, ont consacré un des blocs de pierre de cet élysée à Gessner. La dédicace est simple et tout-à-fait dans le goût antique.

SALOMON GESSNERN
WOLTE DIE NATUR
EIN DENKMAL
STIFTEN UND SIE
LIESS HIER SEINEN
NAMEN VEREWIGEN
DURCH.   Z. B.

La nature voulait ériger ici un monument à Salomon Gessner, et elle a permis qu'il fût consacré par Z et B.

Dans la vaste étendue qu'elle comprend, la vallée de Klont, entièrement dépourvue de culture, n'offre que des pâturages, et quelques chalets qu'occupent momentanément les pâtres du voisinage. Aussi simples dans les dispositions que profitables pour le beurre, les laiteries de cette contrée, parfaitement adaptées à la fabrication du *Schabzieger*, sont dignes de fixer l'attention. Pour établir une semblable laiterie on choisit un emplacement près d'une source d'eau vive qu'on retient à volonté, de manière que l'eau baigne les baquets remplis de lait et disposés par terre sur un fond de gravier ou de roc. Exposé ainsi à une température de 6 degrés R. environ, le lait qu'on y laisse séjourner pendant 5 ou 6 jours se conserve parfaitement, tandis qu'il s'opère une séparation complète des parties onctueuses qui constituent la crème et le beurre. Après que le lait a été écrémé, on sépare les parties caséeuses au moyen de lait aigre, et non de présure : le *séret* qu'on obtient se comprime fortement dans des sacs qu'on surcharge de pierres; on le sèche, et, l'automne arrivé, on le réduit en poudre dans des moulins ordinaires; enfin, après l'avoir salé, on le mêle avec du trèfle libyen (*trifolium melilotus cærulea*). Cette espèce de fromage ne se fabrique aussi bien que dans ces contrées. C'est à Glaris, et à Mollis surtout, que se prépare chaque année la plus grande quantité de *Schabzieger*.

Le Martinsloch. C'est le nom d'une vaste ouverture qui traverse un rocher situé entre la vallée de Sernft, au canton de Glaris, et le district de Flilus, dans celui des Grisons. Ce rocher, qu'on appelle Tschingelspitz, s'élève à 9,000 pieds au-dessus de la mer. Deux fois par an, le 3 mars et le 30 septembre, les rayons du soleil pénètrent par cette ouverture, et vont éclairer le clocher du village d'Elm dans le Sernfthal.

Le Pantenbrucke. Il y a environ une lieue et demie de Linthal au *Pantenbrucke*. A une demi-lieue du village on aperçoit la cascade du *Felschbach*, torrent dont la source est sur le *Clausen*. Cette chute d'eau mérite d'être visitée. Plus loin on trouve encore une autre cascade non moins belle que la première : elle est formée par le ruisseau de *Fismatt* ou de *Schreien*, qui descend des glacis de l'*Altenohren*, et qui semble, vu de loin, comme une écharpe blanche qui se déroule emportée par le vent. Les montagnes colossales du *Selbstsanft*, de l'*Altenohren* et du *Baumgarten* encadrent la vallée, en formant une enceinte demi circulaire d'un aspect sévère. Après avoir encore monté la distance d'une demi-lieue, on arrive au *Pantenbrucke*. C'est un pont bâti en pierre. Son unique arche traverse la Linth, qu'on ne saurait voir sans quelque effroi, écumante, bouillonner au fond d'un gouffre d'environ 200 pieds de profondeur.

C'est surtout dans les contrées alpestres que les eaux, les rochers, les arbres, modifient chaque site, chaque point de vue. Suivant les divers états de l'atmosphère, et selon les différentes heures du jour et de la nuit, les torrens reçoivent les teintes les plus variées : tantôt c'est comme une large draperie d'azur qui s'y reflète; tantôt, si le soleil couchant rougit les vapeurs du soir, toute la surface des eaux paraît enflammée. Quelquefois quand l'astre du jour, après une longue pluie, pompe les exhalaisons de la terre, on ne distingue le cours du torrent qu'à une vapeur épaisse qui le suit dans tous ses contours, et laisse percer au-dessus d'elle les vertes cimes des arbres élevés dont il est bordé. En parcourant ces lieux pittoresques, on rencontre à chaque pas des filets d'eau glissant le long d'une pente boisée, mêlant leur couleur naturelle à celle du feuillage des cytises, des hêtres et des sapins. On suit de l'œil le ruisseau qui se détache en cascades des flancs d'un rocher, à travers un massif ondoyant de saules et de frênes; et, par un temps nébuleux, on distingue avec surprise que la cataracte tombe du nuage même qui couvre la croupe du mont dont elle se précipite; *cognati nubibus amnes.*(1). Dans les nuits sereines, la lune embellit ces lieux du charme de ses clairs rayons; elle illumine successivement toute la contrée, du sommet des montagnes au fond des vallées; elle anime les eaux, elle dessine les contours de leurs routes tortueuses; elle transforme chaque ruisseau en un ruban d'argent qui se déroule à travers les sinuosités des défilés qu'il contourne; elle blanchit la cime ondoyante des arbres; elle fait scintiller la rosée sur le gazon humide des pâturages, et éclaire tout ce qui l'entoure de sa paisible et douce clarté. Nulle part l'arc-en-ciel ne se présente avec autant d'éclat et de vivacité que dans les hautes régions; nulle part on n'en est placé aussi près; nulle part il n'étale une ceinture aussi large et aussi transparente. Après les ondées d'été, l'iris est si diaphane, que l'on voit distinctement sur la pente des coteaux dont il vous sépare, un arbre que le vent balance, une portion de prairie, une chute d'eau, un châlet. Tous les objets aperçus à travers les reflets colorés de ce prisme céleste revêtent alors les teintes et les nuances les plus diversifiées. Les temps de pluies ne sont pas non plus sans intérêt pour l'observateur. C'est parfois une large colonne qui se meut lentement, qui envahit peu à peu la contrée et plonge sa conquête dans une obscurité profonde. Souvent c'est comme un immense rideau qui, descendant avec vitesse des Alpes les plus élevées, étend ses humides pans, et semble se dérouler pour occuper une plus vaste portion de l'atmosphère. Les formes locales du pays et la nature des vents qui y règnent modifient beaucoup la manière, la durée et les effets de ces pluies, et si l'orage se forme, alors les nuages sont plus condensés, leur marche est plus rapide, leur choc a plus de violence, l'éclair qui les entr'ouvre, le tonnerre qui les ébranle, le déchirement convulsif qui les morcelle, les diverses teintes qui les éclairent, produisent les aspects les plus pittoresques, surtout à la fin d'une tempête, lorsque les élémens légers qui l'ont fait naître sont tumultueusement emportés sur une autre contrée.

Les vastes massifs des rochers, leurs arrêtes dentelées, leurs longues aiguilles, offrent aussi, sous le pinceau de la nature, les effets les plus inattendus. En parcourant de l'œil ces blocs, on s'imagine voir d'énormes citadelles qui semblent bâties dans les airs; les sapins alignés sur leurs sommets sont comme la garnison destinée à les défendre, et leurs noires files, s'étendant jusque sur les saillies et les angles extérieurs de ces rocs menaçans, paraissent en garder les postes avancés; mais qu'un nuage s'élève soudain du pied à la cime, ces têtes orgueilleuses disparaissent bientôt sous ce chapeau nébuleux.

La Sand-Alpe. Un chaos de débris de rochers couvre les divers gradins de la *Sand-Alpe*. Ici le voyageur voit se succéder autour de lui les tableaux les plus pittoresques, les plus inattendus. Le chemin est difficile, dangereux : on ne saurait suivre avec trop de lenteur ces sentiers de chasseurs de chamois, à peine tracés, et qui passent sur les glaciers mêmes. Il ne faut tenter une semblable ascension qu'aidé d'un guide prudent et expérimenté. Ces lieux sauvages ont été trop de fois témoins d'accidens affreux. Au mois de juin 1797, Thomas Hafti, l'un des plus hardis chasseurs de chamois de la contrée, eut le malheur, en passant de la *Sand-Alpe* à la *Fursten-Alpe*, avec deux autres chasseurs, de tomber, sous leurs yeux, dans une fente de glacier où il trouva la mort, sans qu'il leur fût possible de lui prêter aucun secours. Plusieurs voyageurs imprudens ont, à diverses époques, éprouvé le même sort.

Le Glarnisch. Cette montagne est également remarquable par sa hauteur et sa forme. Ses flancs sont la plupart coupés à pic; néanmoins toutes ses sommités sont accessibles. Les principales sont le *Glarnisch antérieur*, le *Glarnisch du milieu* et le *Glarnisch postérieur*. Le plus haut point de la montagne se nomme le *Freuerberg* : il a 8,900 pieds au-dessus du niveau de la mer. Sur le revers, au nord, est un glacier qui peut avoir 3 lieues de longueur. On atteint le *Freuerberg* en passant par la *Guppen Alpe*, et en franchissant plusieurs glaciers qui s'étendent du côté de Ruchistock. Un autre chemin part de la vallée de Klont, et conduit à la *Schlatt-Alpe*, au *Gleitter*, au *Glarnisch-Blangen* et de là sur le sommet du *Glarnisch antérieur*. On parvient au *Glarnisch du milieu* en côtoyant la *Schlatt-Alpe antérieure*, le *Kammthali* et le *Hochthorstock*.

Vers le milieu du siècle dernier, un chasseur glaronais poursuivait des chamois sur le Glarnisch du milieu. Il découvre sur un escarpement de cette alpe une aire de *lamergayer* (vautour barbu); il se déchausse pour grimper avec plus de facilité, et, sans quitter son fusil qui lui sert d'appui, il parvient, le long d'une étroite saillie de rocher, jusqu'au nid, dans lequel il aperçoit les petits vautours. Au moment où, suspendu au-dessus d'un précipice affreux, il lève le bras pour saisir sa proie, la mère, qui planait aux environs, fond sur lui avec fureur, et lui enfonce ses serres dans la poitrine. Le chasseur conserve assez de présence d'esprit, dans ce cruel danger, pour aper-

---

(1) Stace.

PITTORESQUE.

cevoir que, s'il fait un seul pas, il ne peut échapper à la mort. Il reste donc immobile, dirige sur l'oiseau l'extrémité de son fusil, qu'il appuie sur l'un de ses pieds; et, avec un doigt de l'autre, il l'arme, et, détournant la tête, décharge le coup sur le *lamergayer*. Le vautour est tué sans que le chasseur ait le moins de mal ; mais, de retour chez lui, il fut plusieurs semaines à guérir des blessures que le tyran des airs lui avait faites, et dont il conserva toute sa vie les cicatrices.

HISTOIRE NATURELLE.

GÉOLOGIE.—MÉTALLURGIE.—MINÉRALOGIE, etc. —Toutes les montagnes du canton de Glaris sont composées de pierres calcaires grises dont les couches sont inclinées au S.-S.-E, et courent de l'E.-N.-E. à l'O.-S.-O. Les montagnes de brèche commencent au Rothenberg du côté du S.-E ; on retrouve les mêmes pierres calcaires, mais entremêlées de bancs de schiste argileux, de *grauwake* et de gypse. On voit en un grand nombre d'endroits, depuis le Clausenberg, sur les confins du canton d'Uri, jusqu'au *Seruftthal*, dans la direction de l'O. à l'E., du côté des vallées de Weisstannen et de *Murg*, au bord du lac de Wallenstadt. Au-dessus de Murg on voit descendre du haut de la montagne le *Ruisseau Rouge* (*Roth Bach*), dont les eaux sont teintes des débris d'une pierre argileuse, compacte et schisteuse, de couleur rouge, dont les bancs sont nombreux de ce côté. La formation remarquable de pierre argileuse et de *grauwake* rouge offre une étonnante variété de couleurs et de parties intégrantes. Les bancs s'en élèvent à une hauteur considérable; leur inclinaison et leur direction sont les mêmes que celles des roches calcaires.

Les schistes argileux noirs, dans lesquels on voit souvent des veines de quartz et de spath calcaire, sont principalement situés dans la *Krauchthal*, vallée latérale à celle de *Serufi*, au pied du *Soolstock*, dans les montagnes voisines du *Diesbach* et dans la gorge du *Puntenbrucke*. La montagne du *Plattenberg* est renommée par les belles ardoises qu'on en retire et par ses poissons pétrifiés. On voit paraître le gypse à découvert sous les schistes argileux de la *Mühli-Alpe*, au-dessus d'*Engi*, au milieu de la vallée de *Serufi*, de même que dans le *Krauchthal*, et il y a plusieurs sources d'eau soufrée dans la grande vallée de Glaris. On a compté dans ce pays 33 tremblemens de terre pendant le xviie siècle. Il y en eut 37 depuis le mois d'août 1701 jusqu'au mois de février 1702, et 50 de 1763 à 1764. Les plus hautes montagnes calcaires du canton de Glaris, telles que le *Dodi*, le *Kistenberg*, reposent sur le gneiss. On trouve du marbre noir, pur ou veiné de blanc, sur l'alpe de *Barindoben*, sur le *Guppen* et sur le *Ginzenhornz*; des cristaux sur le Dodi et dans les *Beyfurten* de la *Sand-Alpe*, de beau spath fluor, couleur de rose, et des cristaux quartzeux d'un bleu améthyste, parmi les cailloux roulés du lit de la Linth. Ces fossiles proviennent des rochers primitifs qui servent de base au Dodi et aux montagnes voisines. Il y a sur la *Sand-Alpe* des pyrites cuivreuses dont la forme est sphérique, et dont l'intérieur est étoilé; ce qui fait que les pâtres les désignent sous le nom de *Strahstein* ou *pierre rayonnante*. On trouve sur le Glarnisch des cornes d'Ammon; sur le mont Guppen des gryphites, des ostracites et des térébratulites; sur le mont Freyberg, au-dessous des plus hautes cimes, des bancs remplis de porphyres, de pectinites, etc. Sur la *Limmern-Alpe*, et en divers autres endroits, les parois des rochers de schistes calcaires sont couvertes de sel nommé *salz lakinen* : en été les chamois viennent par bandes lécher les bancs qui en sont revêtus.

RÈGNE VÉGÉTAL. — Les montagnes du canton offrent une grande variété de plantes rares : l'*Hypericum coris* ne croît nulle part ailleurs en Suisse, que sur le chemin du Wiggis; l'*Orphys monophyllos*, le *Senecio abrotanifolius*, le *Sedum hispanicum*, sont des espèces recherchées des botanistes. Le *Phleum hirsutum*, le *Juncus spadiceus*, la *Primula integrifolia*, l'*Asperula taurina*, le *Rhododendrum hirsutum*, l'*Astransia minor*, le *Chrysanthemum alpinum*, l'*Avena versicolor*, le *Carex atrata*, se trouvent sur le Wiggis et à la *Frohn-Alpe*. On trouve encore en abondance, sur les Alpes du canton de Glaris, le *Lichen d'Islande* et l'écorce de garou; aussi en fait-on chaque année des envois considérables en France, en Allemagne et jusqu'en Angleterre.

BIOGRAPHIE.

Glaris a donné à la Suisse un de ses meilleurs historiens dans la personne de son landamman, Henri TSCHUDI, qui naquit en 1506, et mourut en 1572. L'origine des armes de Tschudi mérite d'être connue. Cette famille illustre, dont le premier titre remonte à l'an 906, a fourni, depuis 1029 à 1236, les *mayeurs* ou maires de Glaris. En considération de cette charge, ils étaient, avant l'admission du canton dans le corps helvétique, chefs du conseil du pays, et ils alternaient, pour la présidence, avec le landamman élu par la commune. En 1316, Rodolphe, baron de Tschudi, se brouilla avec son beau-frère Seedorf, surnommé *le Diable*, à cause de la peur qu'il inspirait à tous ses voisins, qui se décidèrent à s'armer tous à la fois contre lui. Rodolphe, d'une taille et d'une force gigantesques, est un jour surpris, dans un défilé des Alpes, par une embuscade de soldats que commandait Seedorf. Quoique accompagné d'une escorte bien inférieure à la troupe des assaillans, il fond sur eux sans hésiter, et en tue neuf de sa main; mais bientôt, ne pouvant plus se servir de ses armes brisées, il déracine un jeune sapin, et, à l'aide de cette singulière lance, il met en fuite le reste de ses ennemis. C'est depuis cette époque que la famille Tschudi a fait entrer un de ces arbres dans ses armes, afin d'éterniser ce merveilleux combat.

Tschudi (Valentin), curé de Glaris, mort en 1555, fut un modèle de tolérance et de vertu. Il ne cessait de recommander la concorde et l'union à ses paroissiens, qui étaient partagés entre l'Église romaine et le culte protestant. Le matin il disait la messe, et le soir il prêchait pour les réformés; et, comme il évitait toujours soigneusement d'aborder aucune matière de controverse, il se rendit agréable aux deux communions. Il répondit à ceux qui, formalisés de cette singulière tolérance, l'accusaient d'impiété : « Croyez-vous donc que, lorsqu'on est catholique le matin et réformé le soir, on ne soit pas chrétien durant tout le jour? » Il renonça toutefois au catholicisme, et se maria. Il fonda à Glaris un hôpital, où les malades, catholiques ou protestans, étaient soignés avec le même zèle. Il a composé une *Histoire de la réformation du canton de Glaris*, dont on conserve les manuscrits à Glaris et à Zurich.

Henri Lorits, né en 1488 à Mollis, surnommé Glareanus, célèbre par son vaste savoir, et par son poème latin sur les treize cantons, n'était pas moins remarquable par l'originalité de son caractère et par ses brusques reparties. Interrogé par un grand seigneur comment il vivait.... « Comme vous, répliqua-t-il : je mange, je bois et j'ai force dettes. » De jeunes Italiens qui voyageaient en Suisse, lui ayant fait demander la permission de le visiter, ajoutant qu'ils s'étaient rendus à Bâle uniquement pour le voir, Glareanus leur fait dire qu'il les attendrait le lendemain. Les voyageurs sont exacts : ils entrent dans une salle meublée avec luxe, et trouvent le savant assis sur un siège élevé, décoré d'une couronne de laurier, et de la chaîne d'or qu'il avait reçue de l'empereur Maximilien. Il ne se lève point, ne profère pas une parole, et semble même ne rien voir de ce qui se passe autour de lui. Les jeunes gens, confus et déconcertés, se retirent, et lui font faire des reproches de sa réception incivile. « Hé, de quoi se plaignent-ils,

dit Glareanus, ils n'ont demandé qu'à me voir.... ils m'ont vu.... » Mais le lendemain il se rendit de bonne heure à leur hôtel, passa la journée avec eux, et les charma par son érudition, sa politesse et les mots spirituels dont sa conversation était semée. —Il y eut au sujet de Lorits une singulière dispute dans l'université de Bâle. Il s'agissait de savoir quel rang lui serait assigné dans les cérémonies publiques : il n'était pas docteur, et ne pouvait prétendre à une place parmi les savans décorés du bonnet doctoral; mais il était poète lauréat, couronné par l'empereur, et en outre professeur en philosophie. Piqué de ce qu'on refusait de décider la question, et voulant tourner en ridicule les sottes prétentions de ses collègues, Glareanus, un matin qu'on allait recevoir des docteurs à l'université, y arrive monté sur un âne. Les cris et les huées des assistans éclatent de toutes parts. Lorsque le tumulte est un peu calmé, le président fait avancer Glareanus, et lui demande la raison de cette mascarade déplacée. « Pour avoir une place dans le sanctuaire des Muses, répond-il. Voici plusieurs mois que vous disputez pour savoir si je prendrai rang parmi les docteurs ou parmi les maîtres ès-arts; j'ai donc résolu, afin de faire cesser vos indécisions, d'être plus grand que vous tous.... de la hauteur de mon âne. » Cette facétie réussit : l'université, confuse, le somma de renvoyer sa monture, et de venir prendre place parmi les docteurs; mais il refusa obstinément de descendre de dessus son âne, et les étudians le ramenèrent, comme en triomphe, jusqu'à son logis.

Dans les XVIe, XVIIe et XVIIIe siècles, les Glaronais ont constamment porté les armes hors de leur pays. Les familles Tschudi, Jauch, Bachmann, Muller, Marti, Paravicini et Schindler ont produit des officiers estimés, et qui se sont élevés aux premiers grades militaires. L'un des plus célèbres fut Gaspard Galliati, qui, pendant soixante-neuf années, rendit aux rois de France Charles IX, Henri III, Henri IV et Louis XIII, les plus signalés services dans les guerres qui déchirèrent la France à cette époque.

POPULATION.

La population du canton de Glaris s'élève à 28,000 âmes environ. Elle a considérablement augmenté depuis un demi-siècle, surtout dans les communes protestantes de Schwanden, de Glaris, d'Enneda, de Netstall, de Linthal, de Matt et d'Elm. Ces deux dernières alternent entre elles pour la tenue des landsgemendes de leur vallée. Le rapport des protestans aux catholiques est à peu près de 7 à 1.

CANTON DE ZUG.

TOPOGRAPHIE.

Position.—Étendue.—Entouré par les cantons de Zürich, d'Argovie, de Lucerne et de Schwytz, le canton de Zug est le plus petit de tous ceux dont la Suisse est composée : sa surface n'est que de douze lieues carrées, sa longueur n'a que quatre à cinq lieues d'étendue, et sa plus grande largeur trois lieues.

Sol. — Montagnes. — Son territoire consiste en une plaine qui s'étend entre le Zugerberg, le Loretz et la Reuss, et un grand nombre de montagnes boisées et en partie cultivées. Les plus hautes, telles que le *Ruffi* ou *Rossberg*, ne dépassent pas la hauteur de 3,520 pieds au-dessus du lac de Zug, ou 4,836 pieds au-dessus du niveau de la mer.

Rivières.—Lacs.— Le canton de Zug ne renferme d'autres rivières que la Reuss et la Silh qui lui servent de limites, la première à l'occident et l'autre à l'orient, et le *Loretz* ou la *Lorze* qui, après être sorti du lac d'Egeri, traverse les terres fertiles de Baar, et se jette dans le lac de Zug pour en ressortir près de Cham, à un quart de lieue de distance de son embouchure, et se réunir enfin à la Reuss dans le canton de Zürich.

La principale partie du lac de Zug appartient au canton qui lui donne son nom; le lac d'Egeri y est compris en entier, ainsi que celui de Finster.

Le lac de Zug a quatre lieues de longueur sur une lieue de largeur; sa plus grande profondeur est de 200 toises environ. Les vents du sud, du sud-ouest et du nord-ouest, qui règnent sur ce lac, sont quelquefois assez dangereux. Le lac d'Egeri, placé dans une vallée vaste et tranquille, dans la partie orientale du canton, est poissonneux et profond.

HISTOIRE.

L'histoire de Zug est fort obscure. On croit que c'était le *Tugium* des Romains et que ce nom dérivait des mots celtiques *dov in eni*, c'est-à-dire *né au bord d'une eau profonde*. Strabon et les Romains ont formé de là, l'un en grec, les autres en latin, les noms de *Tougenoi* et *Tageni*, sous lesquels ils désignaient les peuples de ces contrées. Bien qu'on n'ait découvert aucune antiquité romaine à Zug, on ne saurait douter que les Romains ne l'aient connue. Dans le moyen-âge elle appartint successivement, ainsi que son territoire, aux comtes de Lentzbourg, de Kyburg et de Hapsbourg, et ce fut en 1352 que la ville et le canton furent reçus dans la confédération suisse. Pierre Collin fut le premier habitant de Zug qui obtint la dignité de landammann qui, jusque-là, n'avait été conférée qu'à des étrangers.

En 1335, à la suite d'un tremblement de terre, une rue entière de Zug, avec une partie des tours et des murailles de la ville, s'abîmèrent dans le lac. Le lendemain Collin périt dans le désastre. C'est sur le territoire de ce canton qu'eut lieu, en 1315, la glorieuse bataille de Morgarten. Léopold, duc d'Autriche, avait formé une armée forte de 15,000 hommes. Arrivé à Baden, il assembla ses officiers, les principaux seigneurs attachés à sa maison, pour conférer avec eux sur les moyens de réduire les trois cantons rebelles, Uri, Schwytz et Unterwald, qui refusaient de le reconnaître comme légitime souverain du pays des Waldstetten, qui avait été mis au ban de l'empire par l'empereur Frédéric d'Autriche. Léopold voulait donner un grand exemple et traiter ces audacieux montagnards avec la dernière rigueur. En vain Frédéric, comte de Tockenbourg et vassal de Léopold, essaya de conjurer la tempête en s'interposant comme médiateur entre les deux partis. Léopold rejeta d'abord toute idée d'accommodement, puis consentit enfin, après de longues prières, à pardonner aux révoltés, sous la condition expresse qu'ils se soumettraient comme les Lucernois et se reconnaîtraient vassaux et sujets.

Le comte porta ces dures conditions aux confédérés. Ils les repoussèrent avec indignation, et envoyèrent Frédéric à Léopold, avec cette énergique réponse : « Nous n'avons point offensé la maison d'Autriche, nous avons brisé un joug qui nous paraissait insupportable. Si Léopold vient nous attaquer, nous sommes prêts à le recevoir de notre mieux, appuyés que nous sommes sur Dieu et notre bon droit. »

Léopold, furieux, résolut de les écraser de tout le poids de sa puissance, et forma bientôt son plan d'attaque. Les astrologues qu'il traînait à sa suite, comme tous les princes puissans de l'époque, prédisaient un succès infaillible. Cuni de Staken, le fou du noble duc, ne partageait pas cette sécurité. Il assistait au conseil de guerre ; quand le plan de la campagne eut été tracé : « Et

toi, Cuni, que t'en semble? lui dit le prince. »
— « Rien de bon ! Vous savez admirablement comment il faut entrer dans le pays, mais personne de vous ne s'est avisé de dire comment on en sortira. »

Une foule de seigneurs et de gentilshommes composaient l'armée de Léopold. On y voyait les bannières des comtes de Kibourg, de Hapsbourg, de Montfort, des barons d'Hallwyl, de Bonstetten, de Landenberg et de l'abbé d'Einsiedeln. Les villes voisines de Thurgovie et d'Argovie avaient envoyé leur contingent. Zürich avait fourni cinquante-deux hommes d'armes nobles, vêtus aux couleurs de la ville, en uniforme bleu et blanc.

Les confédérés ne formaient qu'une poignée de soldats : 1,300 hommes, voilà à quoi tenait en ce moment les destinées de la Suisse! mais quels hommes!.., des soldats qui combattaient pour leurs foyers et leurs institutions, pour les tombeaux de leurs pères et les berceaux de leurs enfans, armés de massues, d'épées et de flèches qui, dans la main d'un homme libre, sont plus pesantes, plus affilées et plus rapides.

Un vieux gentilhomme au corps usé par les années, mais qui portait une ame grande et énergique, Rodolphe Reding de Biberegg, landammann de Schwytz, était le généralissime des confédérés. Guillaume Tell et son beau-père, Walter Furst, combattaient comme simples soldats!

Un moment avant le combat, on entend un bruit confus de voix. Ce sont des exilés que menace le glaive des lois, dont la tête est proscrite, et qui, à la vue du danger de leur patrie, demandent comme une grâce de mourir sous la vieille bannière d'Uri. « Retirez-vous, leur répond le noble Reding : la patrie ne veut pas pour défenseurs des gens que l'on a déshonorée ; retirez-vous, et gardez-vous, par votre présence, d'attirer sur nos armes la malédiction du ciel. » Les exilés obéissent et se retranchent sur une colline située au-dessus du lac d'Egeri, près de la frontière de Schwytz. Là, ils rassemblent des troncs d'arbres, des fragmens de rochers, et, au milieu de cet arsenal naturel, ils attendent l'armée de Léopold.

Elle ne tarda pas à paraître. Léopold croyait aller plutôt à une partie de plaisir qu'à un combat. Ce prince, à qui l'on ne saurait refuser un bouillant courage, marchait en tête de l'armée avec une nombreuse cavalerie. L'infanterie était à l'arrière-garde, et ce fut une faute grave, car le passage était extrêmement étroit : d'un côté il était bordé par la colline gardée par les exilés, de l'autre il était baigné par les eaux du lac d'Egeri, et il venait aboutir à un terrain marécageux et impraticable, dominé par la tour de Schornau qu'occupaient les confédérés.

A peine l'armée ennemie s'était-elle engagée dans ces défilés, que les exilés commencent à faire rouler des troncs d'arbres, des blocs de sapins, d'énormes pierres, qui renversent et écrasent hommes et chevaux. La noblesse, pesamment armée, ne peut s'arrêter, ni tourner bride, parce que la masse d'infanterie pressée dans le défilé lui ferme le passage. Il faut qu'elle avance. Alors sortent à l'improviste de la tour de Schornau et des rochers qui les cachaient aux regards, les 1,300 héros, qui se jettent à genoux, prient un moment avec ferveur, puis se relèvent en poussant de grands cris, se précipitent au milieu de cette cohue d'hommes et de chevaux, et avec leurs larges épées qu'ils tiennent des deux mains, leurs lourdes massues, leurs longues hallebardes, commencent un affreux massacre. Tous restent fermes sur ce terrain glissant qu'ils ont souvent pratiqué, et à l'aide de crampons dont ils se sont munis d'avance. Pressée de front par les Suisses, écrasée par les débris qu'on lance sur elle du haut de la colline, la cavalerie se renverse sur l'infanterie, la culbute, y jette le désordre et se laisse égorger ou se précipite dans le lac d'Egeri pour échapper à la colère de ces paysans pour lesquels ils témoignaient une heure auparavant le mépris le plus insultant.

L'infanterie ne résista pas davantage. Seules les troupes de Zug et de Winterthur tinrent ferme, pendant que le reste fuyait, déployant contre la cause de la liberté la même valeur qu'elles apportèrent plus tard pour la soutenir.

Presque tous les soldats de Zug payèrent de la vie leur fidélité à la maison d'Autriche ; noble dévouement dont l'histoire leur a tenu compte, parce qu'il était le résultat de convictions politiques qui sont toujours honorables. Après le combat ils furent reconnus, et les confédérés, honorant leur valeur, leur rendirent les derniers devoirs sur le champ de bataille même. Toutes les maisons nobles d'Alsace, de Thurgovie et d'Argovie furent plongées dans le deuil. Il n'en fut aucune qui ne comptât au moins un des siens parmi les morts. La cavalerie perdit 1,500 hommes qui furent tués ou se noyèrent. La perte de l'infanterie fut bien plus considérable. Les Suisses n'eurent à regretter que quinze braves. L'un d'eux était du nombre de ces exilés qui commencèrent le succès de cette journée.

Jean de Winterthur, auteur d'une vieille chronique, raconte qu'étant sorti pour aller à la rencontre de son père, qui avait accompagné Léopold avec plusieurs de ses concitoyens, il aperçut le duc, pâle, abattu, presque mourant, s'empressant de regagner le territoire autrichien et entouré de quelques soldats fidèles, les seuls qui eussent échappé à cette sanglante défaite.

Les vainqueurs finirent la journée comme ils

l'avaient commencée, en adressant leurs prières à Dieu pour le succès qu'ils venaient d'obtenir. Après avoir dépouillé les morts et partagé le butin ennemi, ils regagnèrent Brunnen. Là les soldats d'Uri s'embarquèrent sur le lac. Au moment où ceux d'Unterwald se jetaient dans la barque, on vint leur annoncer que le comte de Strassberg brûlait leurs maisons, enlevait leurs troupeaux et portait le fer et la flamme dans cette contrée qu'ils venaient de défendre si vaillamment. Aussitôt les barques glissent sur le lac; cent braves de Schwytz s'embarquent avec eux, et bientôt un vent favorable les a poussés sur le rivage où les attendent leurs femmes, leurs enfans, qui leur demandent de couronner leurs exploits par un dernier succès. Rien de plus rapide que les événemens de cette journée. Repousser l'ennemi, du Bas-Unterwald voler dans la haute vallée, fondre sur les 3,000 hommes du comte de Strassberg dispersés dans la campagne et acharnés au pillage, les mettre en fuite près d'Alpnach, leur reprendre tout le butin dont ils étaient chargés, les chasser, les uns dans les montagnes, les autres le long du lac, ce fut l'affaire de quelques heures. Le comte de Strassberg avait reçu peu d'instans auparavant, de la part de Léopold, un gantelet retourné, en signe de défaite. Il ne fut que trop convaincu du malheur du prince, quand il vit les deux bannières d'Unterwald et de Schwytz. Comprenant alors qu'il ne pouvait plus lutter avec les Suisses, dont le nombre croissait à chaque instant, mal secondé de ses troupes, qui avaient cru venir prendre part à un pillage et non à un combat, blessé lui-même grièvement au bras, il se fit jour à travers les rangs ennemis, suivi de quelques braves qui avaient juré de mourir avec lui, et s'enfuit à Lucerne.

Si les trois cantons se couvrirent de gloire dans ce mémorable combat, ils n'en acquirent pas moins par la manière dont ils usèrent de la victoire. Contens de repousser l'oppression de la maison d'Autriche, dont ils étaient indépendans, comme hommes libres et reconnus pour tels par les empereurs précédens, ils respectèrent les propriétés de leurs ennemis, ils continuèrent à payer toutes les redevances dues aux seigneurs temporels et spirituels qui avaient des fiefs dans leur pays, et se gardèrent bien de ternir une cause aussi belle que la leur et de souiller la pureté de cette révolution par aucun acte d'injustice, de violence ou de spoliation, bien que l'indigne conduite des Autrichiens semblait les y autoriser.

Les habitans de Zug montrèrent, dans le siècle suivant, pour fonder leur liberté, le même courage que nous avons vu déployer à leurs voisins d'Uri, d'Unterwald et de Lucerne; et lors des guerres civiles qui désolèrent ce pays, en 1798, les Zugois donnèrent à leur patrie de beaux exemples de patriotisme, de dévouement et de courage.

Comme en 1315, c'était encore un Reding qui les commandait. « La mort, leur dit-il, et point de retraite! Si vous partagez ma résolution, que deux hommes sortent de vos rangs et viennent jurer en votre nom de tenir cet engagement sacré. » Ce noble et héroïque serment fut aussitôt prêté. Et le combat de Morgarten fut des plus acharnés. Les femmes et les jeunes filles s'étaient attelées aux canons qu'on avait été prendre à Lucerne et les avaient traînés jusqu'à Rothenthurm. Presque toutes étaient armées de massues. Plusieurs d'entre elles s'étaient fait une espèce d'uniforme avec des chemises de bergers et des rubans. Si quelque lâche essayait de prendre la fuite, elles l'arrêtaient et le forçaient à rejoindre sa bannière. Le dévouement de cette poignée de braves ne fit que retarder de quelque temps l'invasion de leur canton, sur lequel les malheurs de la guerre pesèrent de tout leur poids.

MOEURS. — CARACTÈRES. — COUTUMES.

Rien n'égale l'attachement de l'habitant de Zug pour le sol qui l'a vu naître. Quand un moment la fièvre de l'émigration poussa hors de leurs montagnes des milliers de Suisses qui allaient chercher la misère et la mort sur les rives de l'Ohio, aucun Zugois ne se mêla parmi ces exilés volontaires. Cet amour de la patrie, les lois en ont fait ici un exprès commandement; elles défendent de quitter le canton sous peine de perdre une partie des droits de citoyen.

L'habitant de Zug aime les pompes, les cérémonies, les processions et toutes les solennités de son culte. Il jeûne les jours consacrés par l'église, et ne manque jamais de faire le signe de croix en se mettant à table. Reçoit-il la visite d'un étranger, il le salue de ces mots : « Loué soit notre Seigneur Jésus-Christ! »

Nulle part on ne trouve des figures de jeunes filles plus jolies qu'à Egeri. On a beaucoup vanté les batelières de Brientz; mais elles n'ont ni la physionomie piquante, ni la taille légère, ni la coquetterie naïve des paysannes de cette riante contrée. Il faut les voir, dirigeant sur leur lac ces nacelles grossières, creusées à coups de haches. Quelle grâce! quelle vivacité! Le vent souffle-t-il avec violence, elles s'asseyent dans leur faible canot, et laissent l'esquif léger bondir au milieu de ces nénuphars dont la tête blanche s'enfonce sous le poids de la petite barque et reparaît aussitôt.

Les jours de fête, on dirait que les jeunes garçons de Zug ont emprunté leur costume à notre

Watteau. Ce sont des rubans noués de mille manières, des étoffes bariolées de couleurs; un chapeau de paille légère d'où s'échappent de longues bandelettes, et couvert de fleurs; une culotte étroite, des jarretières rayées, des bas à arabesques et des souliers écarlates, noués avec des rubans jaunes. Qu'on se représente avec leur taille forte, leur figure brunie, ces petits-maîtres, ainsi vêtus, au milieu de chalets rustiques et de montagnes élevées!

Chez la jeune fille, même amour pour la parure. Son chapeau de paille est aussi surchargé de rubans et de fleurs; à son corset et à sa collerette sont suspendus des rubans d'un rouge vif; une longue chaine de similor entoure négligemment sa ceinture, et vient retomber sur son tablier à larges plis; un court jupon d'étoffe verte, laissant voir une jambe bien faite et chaussée avec coquetterie : voilà le costume de la jeune paysanne qui va danser; car à Zug on aime passionnément la danse; mais toutes ces belles parures s'enferment précieusement, à la fin du jour de fête dans l'armoire de chêne, meuble de famille, d'où elles ne ressortent que le dimanche suivant.

Le lendemain, on reprend les occupations de la vie habituelle; on retourne aux champs; et alors, au lieu de ces vêtemens élégans, le montagnard ne porte plus qu'une souquenille de toile grossière, qui recouvre des habits également grossiers. A cette blouse est attachée une espèce de *quqale*, ou cape, comme en portent les capucins, et qui lui sert, à lui d'abord, à se préserver de la pluie, puis à porter plus aisément de lourdes charges de foin. « Si on les aborde, dit un voyageur, ils vous serrent la main à vous disloquer les doigts; et, accoutumés à parler de loin, au fracas des torrens et aux bruissemens des sapins, ils élèvent le ton à vous faire croire qu'ils se fâchent quand ils vous font des amitiés. »

A Zug comme dans tous les petits cantons de la Suisse, comme dans le pays de Gall en Angleterre, le culte des morts est en grande vénération. On a coutume d'orner leurs tombes de fleurs qu'on y entretient avec un soin pieux. Non loin du cimetière de Zug, est un ossuaire où on lit sur chaque crâne le nom du personnage auquel il a appartenu.

Le savant Mabillon, dans un voyage qu'il fit en Suisse, s'arrêta à Zug. Le portrait qu'il trace d'une auberge de village, inexact dans quelques points, est vrai dans beaucoup d'autres. « Lorsqu'on arrive, l'hôte et l'hôtesse vous tendent la main; on entre dans la salle à manger, où il y a une si grande quantité de mouches, à cause de la chaleur occasionée par l'énorme poêle qui en fait le principal ornement, qu'il faut se défendre de leur importunité avec un petit balai. L'odeur du tabac vous incommode. On vous sert des viandes imprégnées de poivre et d'autres épices; la forme des lits est gênante : ils sont trop courts et tellement chargés d'oreillers qu'on y semble moins couché qu'assis. En été, vous êtes étouffé sous de pesans couvre-pieds; du reste, tout est d'une propreté exquise. Dans chaque salle à manger d'une auberge catholique, un crucifix est toujours appendu à l'endroit le plus apparent. Au moment du départ, l'hôte vous apporte la carte de la dépense écrite avec de la craie sur une ardoise.... »

Il n'y pas un demi-siècle qu'on a supprimé à Zug une procession annuelle qui attirait un concours nombreux de spectateurs, et dont l'origine remonte fort haut. On la célébrait le 6 décembre, jour de la Saint-Nicolas; et, bien que défendue par plusieurs conciles, entre autres par celui de Bâle, elle avait résisté jusqu'à cette époque à l'anathème des saints canons. Voici en quoi elle consistait :

Un écolier de Zug, habillé en évêque, marchait précédé d'un chapelain qui portait sa crosse, et suivi d'un fou costumé à l'antique, et tenant un bâton surmonté d'une vessie pleine de pois; suivaient de nombreux écoliers déguisés en chanoines, et les officiers de la maison de l'évêque. Des soldats armés, drapeau et tambours en tête, composaient sa garde d'honneur. Tout le cortège se rendait à l'église où on célébrait la messe; les écoliers, en chœur, chantaient un cantique qu'on trouve encore imprimé, à Zug, dans un livre d'office curieux; puis l'évêque, avec la formule habituelle, bénissait solennellement les assistans; alors les soldats de la garde faisaient une décharge de mousqueterie; enfin sa grandeur, ramenée pompeusement au collège, donnait un repas aux principaux officiers, tandis que son fou courait la ville, et allait demander une pièce de monnaie à toutes les boutiques de la foire qui se tenait à Zug ce jour-là : tribut qu'on ne manquait pas de lui payer comme une redevance obligée. Cette fête du patron des écoliers semble moins absurde encore que la fameuse fête des Fous, célébrée si long-temps dans la plupart des villes d'Allemagne, de France et de Suisse.

Dans une partie du canton de Zug, comme dans l'Argovie, on emploie contre les rhumatismes, la goutte, les douleurs vagues des membres, un singulier remède. Il consiste à placer sous son lit une paire de tourterelles en cage; et ce ne sont pas seulement des paysans, mais des hommes que leur éducation a mis fort au-dessus des préjugés populaires, qui assurent avoir été soulagés par ce singulier spécifique, tandis qu'ils passaient une nuit pénible chaque fois qu'on négligeait de mettre ces oiseaux sous leur couche. C'est au médecin qu'il appartient de dire si l'efficacité de ce remède tient uniquement à l'imagination ou s'il a une vertu plus réelle.

VILLES. — VILLAGES. — CHATEAUX.

Zug est bâtie dans un site délicieux. C'est la seule ville murée des petits cantons. Déjà avant Jules-César elle donnait son nom à l'un des Quatre-Cantons de l'Helvétie. La colline au pied de laquelle la ville est située et qu'on nomme Zugerberg, s'élève à 912 pieds au-dessus de la mer, et est d'une fertilité extraordinaire. L'église d'Oswald, son plus bel édifice, fut érigée, en 1478, par Jean Eberhard, curé de la ville. Son portail est orné de quatre statues grossièrement sculptées, et qu'on dit être celles de Constantin, de Charlemagne, de Louis-le-Débonnaire et de Henri II. Le tableau du maître-autel représente St.-Oswald, à la tête de son armée, prosterné devant la croix. On l'attribue à l'un des Carrache. C'est un des meilleurs tableaux que possède la Suisse. Saint Oswald, patron de Zug, était un roi nortumberland ; ce n'est pas le seul saint que les églises helvétiques doivent aux îles britanniques. Saint-Béat, l'un d'eux, est venu d'Angleterre, saint-Gall et saint-Columban, d'Ecosse, saint-Fridolin d'Irlande. C'est en grande partie aux travaux de ces évêques qu'est dû l'établissement du christianisme au sein des Alpes.

On remarque dans l'arsenal de Zug un grand nombre d'armures enlevées par les Suisses à leurs ennemis ; ainsi que la bannière du canton, teinte encore du sang de Pierre Collin et de son fils, qui furent tués, en 1482, à la bataille de Bellinzone. A l'hôtel-de-ville est une excellente carte du canton, levée par le colonel Laudwing ; et des vitraux peints par Michel Muller, artiste distingué qui vivait au XVIe siècle.

En 1435, une rue entière de Zug s'abîma dans le lac. Zug n'en était alors séparée que par un rempart de terre auquel étaient adossées les maisons. Sur le soir, on s'aperçut que le rempart et les bâtimens contigus commençaient à s'affaisser, et que plusieurs maisons menaçaient de s'écrouler. Une partie des habitans abandonnèrent leur demeure, emportant leurs effets les plus précieux ; d'autres, plus courageux ou moins prudens, restèrent, croyant que ce n'était qu'un tremblement de terre passager. Sur le soir, le rempart, les tours, la rue et une ligne entière de maisons s'abîmèrent avec fracas, et disparurent dans le lac. Deux personnes seules échappèrent à ce désastre : un jeune homme qui, après avoir lutté plusieurs heures contre les vagues, gagna le rivage, près de l'ancien hôpital des lépreux, et un enfant au berceau, que les flots déposèrent sain et sauf dans la chapelle de Saint-Nicolas. Le peuple attribue encore cet affreux événement aux poissons nombreux du lac que les vagues refoulaient depuis plusieurs siècles dans les interstices des murs du rempart. Il est plus naturel de l'attribuer à un tremblement de terre qui, au même moment, fit crouler une colline voisine, depuis long-temps minée par le choc des eaux. Les habitans, craignant le même sort pour la ville entière, se retirèrent précipitamment sur les montagnes, et ne retournèrent dans leurs foyers que quelques semaines après. C'est alors qu'ils commencèrent à bâtir le quartier appelé la *Ville-Neuve*, à l'opposite du lac.

Chateau de Wildenburg. — Il n'existe plus que quelques ruines du château de Wildenburg. Les barons qui l'habitaient désolaient le canton par leur despotisme et leurs exactions ; mais le jour de la vengeance arriva, et ce fut l'enlèvement d'une jeune paysanne, en 1355, qui mit fin à leurs violences. Cette jeune fille n'ayant pu sortir du château où le baron l'avait entraînée qu'en lui accordant un rendez-vous pour le soir, va raconter à son père le danger qu'elle a couru et la promesse qu'elle a faite. Le père revêt les habits de sa fille et se rend à l'endroit indiqué. Là, caché dans les broussailles, il attend le séducteur. A sa vue, il saisit une hache qu'il a cachée sous ses vêtemens, et l'immole à son honneur outragé ; puis il court à Zug, harangue le peuple sur la place du marché, et lui montre la hache teinte non du sang innocent de sa fille, comme le poignard de Virginius, mais du sang impur de son ravisseur. Le peuple s'indigne, s'arme en tumulte, s'empare du château, et en fait un monceau de ruines.

Chateau de Hunenburg. — Non loin de Zug, à la droite de la Reuss, existe encore une tour de l'ancien château de Hünenberg. L'an 1315, la veille du départ de l'armée autrichienne pour Egeri, Henri de Hünenberg trouva moyen de faire parvenir aux habitans de Schwytz le conseil d'occuper le défilé de Morgarten. Il se servit à cet effet d'une flèche qu'il décocha du côté d'Art où ses amis faisaient sentinelle. Hermann de Hünenberg, son frère, servait parmi les Autrichiens contre les confédérés. En 1386, après la bataille de Sempach, les vainqueurs détruisirent le château de cette noble famille.

Mentzingen est un grand et beau village du canton de Zug. Le petit lac de Finstersée offre un phénomène dont on ne peut d'abord déterminer la cause. Un moment on dirait une glace de miroir ; puis cette glace s'obscurcit et devient noire. Il est aisé de remarquer que lorsque le soleil se charge, qu'un nuage en intercepte les rayons, le Finstersée prend la teinte vert foncé des pâturages qui s'y réfléchissent, et s'obscurcit naturellement par la hauteur des bords qui l'encaissent ; c'est, du reste, une miniature de lac qui a tout au plus 2,000 pieds de circonférence ; il ne manque à ses pittoresques rivages que quelques bouquets d'arbres pour couper l'uniformité du gazon, et quelques habitations pour montrer que ce joli bassin n'est pas dans un désert.

CURIOSITÉS NATURELLES.

LAC DE ZUG. — Rien de plus varié que les rives de ce lac, couvertes de fermes, de villages, de châteaux, d'arbres fruitiers, découpées en caps et en golfes, arrosées de mille filets d'eau, et couronné par des chaînes de montagnes riches en forêts et en pâturages. C'est une des plus riantes contrées de la Suisse, une véritable miniature du Léman. A droite, vous voyez s'élever Walchwyl au milieu de bosquets de châtaigniers et de vignes, la belle cascade de Grendwesschen, la petite île Lylen et une suite non interrompue de vergers et de maisons de campagne. A gauche, vous apercevez le golfe d'Immensée, dont le port n'est éloigné que d'une demi-lieue du lac des Quatre-Cantons, qu'il serait si facile de joindre au lac de Zug au moyen d'un canal ; le grand promontoire de Kiemen, l'antique château de Buonas, juché sur un roc, celui de Saint-André, qui jadis dominait une ville entière et dans le fond un bel amphithéâtre de montagnes qui s'élèvent jusqu'au mont Albis.

LAC D'EGERI. — Ce lac peut avoir trois à quatre lieues de long sur trois quarts de lieue de large. Dans la belle saison, il est couvert de bateaux, parce que les habitans, ayant tous leurs demeures sur un des côtés du lac, et une partie de leurs champs sur l'autre, le traversent continuellement. Ces bateaux ressemblent aux canots des sauvages. C'est ordinairement un tronc d'arbre creusé et enduit de terre glaise. Un seul rameur le conduit avec vitesse et dextérité. Survient-il un coup de vent, rameur et passagers se couchent dans le fond, et il n'est pas d'exemple que le bateau ait jamais chaviré. Six personnes peuvent aisément y tenir. Ce lac, appelé dans les anciennes chartes *les eaux royales* (*aquæ regiæ*), est très profond, fort poissonneux, marécageux aux deux extrémités, surtout à celle où le Loretz en sort pour couler vers le lac de Zug. Le trèfle de marais croît abondamment sur ses bords, et le nénuphar, élevant ses fleurs blanches sur la surface des eaux, les tapisse de ses larges feuilles presque toujours en mouvement.

BIBERSÉE, petit lac du canton de Zug. Le mot *debibersée* qu'il porte et qui vient de *biber*, qui signifie castor, et de *sée*, dénomination de lac, fait supposer que ce quadrupède était autrefois commun dans ces parages. Quand cet animal ne vit pas en société, on l'appelle *bièvre*; il se nourrit de l'écorce d'arbres aquatiques, et ne mange jamais de poisson, comme la loutre avec laquelle il ne faut pas le confondre. Wagner, dans l'histoire naturelle de la Suisse, et Conrad Gessner, prétendent que le castor se trouvait autrefois sur les bords de l'Aar, de la Reuss, de la Silh, de la Birse et du Bibersée.

BAINS DE WALTERSWYLL. — Ces eaux minérales, situées dans la commune de Baar, ont été découvertes d'une manière assez extraordinaire, suivant une chronique zugoise, conservée dans la bibliothèque de Muri. « Un certain nombre de pèlerins suisses, dit le chroniqueur anonyme, résolurent, en 1517, d'aller visiter la Terre-Sainte. Parmi eux se trouvait le chevalier Sigismond Schwartsmaurer de Zug. Arrivé à Jérusalem, Schwartsmaurer se lia avec un habile médecin juif, qui se disait de la tribu d'Aser, et il le consulta sur une maladie qui l'affligeait, et que les médecins chrétiens avaient déclaré incurable. Le juif lui demanda quel était son pays ; et ayant appris qu'il était Suisse et de Zug, il lui fit voir un manuscrit hébreu qu'il tenait de ses ancêtres, lui disant que ce livre enseignait qu'il y avait non loin de Zug une montagne nommée *Baarbourg*, d'où coulait une source minérale très salutaire dans les maladies semblables à celle dont il était attaqué. « Il y a quatre siècles, ajouta-t-il, que sur le *Baarbourg* était un château habité par des Israélites de ma tribu, et qui faisaient usage de cette eau. Ces juifs ayant été chassés de votre pays, cette source est restée ignorée, mais elle existe. A votre retour, faites-y construire des bâtimens de bains, et profitez de ce bienfait de la nature. » Schwartsmaurer, revenu à Zug, raconta à ses amis ce que lui avait dit le médecin juif. On chercha la source. On la trouva à la place indiquée. Les bains qu'on y construisit furent long-temps très fréquentés. Ils ont appartenu jusqu'en 1748 à l'abbaye de Vettigen.

HISTOIRE NATURELLE.

GÉOLOGIE. — Tout le canton de Zug est situé dans la formation de brèche, de marne et de grès. Les plus hautes montagnes du pays, tel que le Ruffi qui s'élève à 3,516 pieds au-dessus du lac de Zug, sont composées de brèche jusqu'à leur sommité. Le Ruffi fait partie de cette longue chaîne de montagnes ; laquelle s'étend au nord des Alpes ; le Rigi, qui n'en est qu'à une petite distance, en constitue la partie la plus élevée. Sur la surface de la formation de grès, qui court le long des bords du lac du Zug, on voit encore çà et là d'énormes blocs de granit, amenés autrefois dans ces lieux, par les courans du haut du Saint-Gothard et du mont Crispalt, entre le Rigi et le Ruffiberg. Les habitans du pays détruisent journellement ces blocs pour les employer à

Vue de Zug.

Costume des bords du lac de Zug.

construire les fondemens des maisons, de manière que ces monumens des grandes révolutions du globe ne tarderont point à disparaître entièrement.

RÈGNE ANIMAL. — Les bêtes à cornes du canton de Zug sont d'une race beaucoup plus haute que celles des Waldstetten. Leur poids est ordinairement de quatre à cinq quintaux; elles ont le cou long, mince, et la tête moins semblable à celle du taureau que les vaches du Simmenthal et de Frutingen.

Outre les animaux domestiques, on trouve dans le canton des cerfs, des chevreuils, des renards, des lièvres, des écureuils, le pinson des montagnes, des coqs de bruyère, des oies et des canards sauvages, etc., etc.

Le lac de Zug est très poissonneux; ses carpes et ses brochets sont les plus grands qu'il y ait en Suisse. On en prend qui pèsent de 50 à 90 livres. Le *Rötele* (*salmo salvelius*), qui offre beaucoup d'analogie avec la *ferra* du lac de Genève, l'*aalbock* du lac de Thun, et l'*ombre-chevalier* de celui de Neuchâtel, passe pour un poisson exquis.

RÈGNE VÉGÉTAL. — La Flore zugoise est riche et variée. Parmi les nombreuses espèces qui la composent, on distingue surtout : la *rosa cinnamomea*, la *centaurea montana*, le *sedum stellatum*, l'*aconitum lycoctonum*, le *cistus œlendicus*, le *veratrum album*, l'*androsace villosa* et la *fritillaria meleagris*.

BIOGRAPHIE.

Zug a donné naissance à une foule de militaires qui se sont distingués sur de nombreux champs de bataille : à 11. Waldmann, le héros de Morat; à Werner de Steiner, qui combattit à Marignan où ses fils périrent à ses côtés. Werner conserva la naïve chronique d'Esterlin, et laissa lui-même plusieurs manuscrits curieux sur les guerres d'Italie, où il commandait les troupes du canton. Seul de son héroïque famille, il mourut dans son lit. Son père fut tué à la bataille de Grandson, son beau-père au combat de Saint-Jacques, et ses deux oncles à celui de Bellinzonne. Nous avons parlé déjà de Pierre Collin.

Parmi les savans dont Zug est le berceau, nous nommerons Gaspard Sang, auteur d'une histoire ecclésiastique de la Suisse; P. Collin, professeur de littérature grecque à Zürich, connu par de savantes traductions; Jean Muller, membre de l'*Académie des Curieux de la Nature*, à qui la médecine a de grandes obligations; Béat Muoss, bénédictin de Rheinau, diplomate habile; Gaspard Weissenbach, auteur de poésies estimées, et d'une pièce dramatique intitulée *la Demoiselle*

Helvetia dans son accroissement et dans sa décadence, remplie de saillies et d'allusions ingénieuses, et jouée dans le temps avec succès par les jeunes gens de Zug. C'est à Zug que mourut un enthousiaste singulier, Jean Gaspard Steiner, qui publia, en 1682, une description allégorique de la Suisse, sous le titre de *Idew regni et ecclesiw laconiw*, satire mordante des cantons réformés, où Zürich est appelée *Tyr*, Berne *Sidon*, Bâle *Babylone*, et Schaffhouse *Capharnaum*.

Les beaux-arts peuvent citer quelques peintres. Les deux Muller, qui excellèrent dans la peinture des vitraux; Moss, Branderberg, dont les tableaux estimés décorent les églises de leurs villes natales et plusieurs communautés religieuses de la Suisse. Wickard, qui joignit au talent de peintre celui d'architecte, et auquel la construction du pont de Sins, sur la Reuss, fait le plus grand honneur.

Mais l'homme qui a jeté le plus d'éclat sur cette contrée est le général et baron Zurlauben. On lui doit de vastes et savantes recherches sur le moyen-âge de la Suisse, une *Histoire militaire des Suisses au service de la France*, une *Bibliothèque historique, militaire et politique*; il a fourni un grand nombre de manuscrits à l'académie des inscriptions et belles-lettres dont il était membre. Il est encore auteur des *Tableaux pittoresques de la Suisse*.

Le sculpteur Christen naquit dans les montagnes du canton. Il sculpta d'abord avec son couteau, comme presque tous les bergers des Alpes, et ne tarda pas à concevoir qu'il portait en lui le germe d'un artiste. Plein de cette idée et à peine âgé de 15 ans, il abandonne son pays, traverse l'Italie et arrive dans la capitale du monde chrétien. Nous ne peindrons ni son étonnement à la vue des chefs-d'œuvre de l'antiquité, ni la sensibilité qu'acquit son goût naturel. Bientôt il apprend qu'un de ses compatriotes est à Rome, où il jouit d'une grande réputation comme sculpteur. Il court à son atelier.... « Et moi aussi je veux être sculpteur, s'écrie-t-il en entrant. » Sa jeunesse, sa simplicité, sa patrie, son vif amour pour les arts, déterminèrent Trippel à se charger de cet enfant. Il le reçoit chez lui, lui fournit des maîtres, lui en sert lui-même. Trippel trouva sa récompense dans les progrès de son élève, qui bientôt devint un sculpteur habile.

Jean-Jacques Heidegger, entrepreneur de l'Opéra de Londres, était un Zugois. Vers le milieu du siècle dernier, se trouvant à souper avec plusieurs seigneurs, on agita cette question : *Quelle nation de l'Europe avait le plus de génie?* — C'est la mienne! s'écria Heidegger. A ces mots, les convives ne purent retenir leurs ris immodérés. — Et je le prouve, ajouta le Zugois. Je suis venu en

Angleterre sans posséder un schelling; en vous amusant, j'y gagne 5,000 livres sterling par an : or, je défie au plus noble de vous, milords, d'aller en Suisse, et de s'y faire un pareil revenu. » Plein d'esprit et de talent, Heidegger était d'une laideur repoussante; il en convenait et en plaisantait même de la meilleure grâce du monde. Un jour il paria avec le lord Chesterfield, une somme considérable, qu'on ne trouverait pas dans Londres un visage plus hideux que le sien. On choisit des juges, et après de longues recherches, milord déterre une vieille femme et la produit comme plus laide que Heidegger : les juges déclarent en effet, que Chesterfield a gagné; mais le Zugois, sans se déconcerter, ôte la coiffe de la vieille, en orne son chef, et affuble de sa perruque son antagoniste ébahie. A ce grotesque aspect tous les assistans reviennent sur leur jugement et déclarent que Heidegger est vainqueur.

CULTE. — INSTRUCTION PUBLIQUE.

La religion catholique est la religion du canton. Les habitans relevaient autrefois, pour le spirituel, de l'évêque de Constance; ils dépendent maintenant de celui de Bâle. Le pays est divisé en neuf paroisses, desservies par neuf curés et vingt-huit vicaires, chapelains ou prébandiers. La ville de Zug a un couvent de capucins fondé en 1597, et deux couvens de femmes. Il y a à Fraunthal, sur les limites du canton de Zürich, un couvent de femmes de l'ordre de Cîteaux. On comptait, en 1827, dans le canton, trente-huit moines, soixante-trois religieuses et quatre-vingt-dix-neuf ecclésiastiques. Zug fournit un grand nombre de prêtres à la Suisse catholique.

L'état de l'instruction publique s'est singulièrement amélioré dans le XIX° siècle. Zug possède un gymnase pour les jeunes gens qui se destinent au service des autels, et une école de filles dirigée par des religieuses.

AGRICULTURE. — COMMERCE.

Dans tout le canton l'œil est agréablement flatté de la belle culture, soit de la plaine, soit des coteaux. Les vignes n'offrent point la monotonie de celles des cantons de Vaud, parce qu'elles sont entremêlées de fermes, de vergers et de pâturages. Quoique le vin qu'elles fournissent soit d'une qualité médiocre, leur produit serait important s'il était moins précaire; mais la proximité des montagnes rend les saisons si incertaines, qu'il est bien rare qu'il y ait pendant deux années de suite deux récoltes abondantes.

A Mentzingen et dans la vallée d'Egeri on prépare moins de fromages gras que de beurre, ce dernier article formant avec les bestiaux, les fruits secs et l'eau de cerise distillée ou *kirchwasser*, une branche d'exportation considérable.

Le lac de Zug est très poissonneux. On estime beaucoup ses petites truites nommées dans le pays *raetli*, qu'on y prend en abondance au commencement de l'hiver, et qu'on expédie, marinées, dans des barils, dans le reste de la Suisse et même fort loin en Allemagne. C'est une branche importante de commerce pour ce canton, et qui faisait jadis partie des revenus de ses anciens maîtres; car, en 1306, Léopold d'Autriche, donnant 30 marcs d'argent en présent de noces à la fille du chevalier Henri de Stein, fit entrer en ligne de compte 400 *reitli* que les pêcheurs d'Egeri devaient lui remettre.

On pêche aussi dans le lac de Zug des carpes de 50 à 60 livres, qu'on exporte jusqu'à Milan.

Il y a des filatures de filoselle, des tanneries et des papeteries considérables à Cham et à Baar.

POPULATION.

La population du canton de Zug a subi de nombreuses variations depuis 1740. Suivant un recensement fait en 1743, elle s'élevait, à cette époque, à 14,500 âmes. En 1795, Durand l'évaluait à 20,000. En 1815, le recensement arrêté par la diète helvétique donnait à ce pays 12,500 habitans. En 1828, le professeur C. Bernouilli estimait, dans ses *Archives suisses*, que la population zugoise était de 14,500 âmes. Elle dépasse, dit-on, aujourd'hui, 14,800 habitans.

BIBLIOGRAPHIE.

Chronique du canton de Zug (de 1503 à 1516), par Werner Steiner.
Histoire du canton de Zug (de 1515 à 1541), par Werner Steiner (le fils).
Le canton de Zug, Ant. Walsero, 1768.
Almanach helvétique (année 1807.)
Conservateur suisse, Lausanne, 1813, 8 vol. in-12.
Vue du lac d'Egeri, par Hess.
Le lac de Zug, par M. Bleuler de Schaffhouse.

ON SOUSCRIT CHEZ :
HIPPOLYTE SOUVERAIN, édit., 3, rue des Beaux-Arts.

Paris.— Imprimerie de BAUDOUIN, rue Mignon, n. 2.

CANTON DE FRIBOURG.

TOPOGRAPHIE.

SITUATION. — ÉTENDUE. — Le canton de Fribourg, situé dans la partie occidentale de la Suisse, est presque entièrement entouré par les cantons de Berne et de Vaud ; quelques-unes de ses parties, entre autres les cercles de Surpierre et d'Estavayer sont enclavés dans ce dernier. Le canton de Fribourg a 14 lieues dans sa plus grande longueur, du nord au sud, et 11 dans sa plus grande largeur, de l'orient à l'occident ; sa surface est de 78 lieues carrées et 315 millièmes.

SOL. — MONTAGNES. — La partie méridionale du canton est traversée par deux chaînes de montagnes, dont l'une fait partie du Jura, qui s'étend depuis les Alpes du canton de Berne jusqu'au lac de Neuchâtel, et dont l'autre appartient aux Alpes bernoises. Le pâturage le plus élevé du canton est celui des Marteys ; dans le nord, les montagnes s'abaissent et se convertissent en collines et même en plaines : cette partie du pays renferme de bonnes terres à blé.

Les principales montagnes du canton sont : le Moléson, situé près de Gruyères ; le Gros-Tzermont, le Bonvaletta, le Petzernetzé, le Tzava, le Sador, le Leiti, l'Onelio, les Combes d'Allère, les Portzerechets, le Vernetta, le Valvalamna, le Burgo, la Mula, la Berra et la Riggis-Alp. Aucune de ces montagnes ne s'élève à plus de 6,200 pieds au-dessus de la mer : aussi perdent-elles leurs neiges pendant l'été et n'ont-elles point de glaciers ; celles que nous venons de nommer tiennent toutes à la chaîne des Alpes.

LACS. — RIVIÈRES. — Les lacs du canton de Fribourg sont : le lac de Neuchâtel, qui sert de limites au canton, sur une longueur de 3 lieues ; le lac de Morat, dont certains endroits ont jusqu'à 27 toises de profondeur ; sa circonférence est de 5 lieues, dont 3 au moins appartiennent au canton de Fribourg ; la Broye le traverse et le réunit au lac de Neuchâtel ; le Schwartzsée ou lac Domène, ainsi nommé d'après une montagne voisine : il a un peu plus d'une lieue de tour et se décharge dans la Singine ; près de là sont des bains qui sont visités par les malades ; le lac de Seedorf, à 2 lieues à l'ouest de Fribourg, a une demi-lieue de tour et se décharge dans la Sonna, qui se jette elle-même dans la Sarine ; enfin le très-petit lac de Luchy, près de Prazmontaux.

Les principales rivières du canton sont :
La Sane ou Sarine, qui sort de l'Oberland bernois, traverse l'Oberland vaudois, et ensuite le canton de Fribourg du midi au nord, pour se jeter dans l'Aar à une lieue et demie au-dessus d'Aarberg ; la Broye, qui a sa source près de Sensale et se jette dans les lacs de Morat et de Neuchâtel ; la Vevayse, qui prend naissance au pied du Moléson et se jette à Vevay dans le lac de Genève ; la Soigne, qui a sa source près de Bellegarde, traverse la vallée de Charmey et se jette dans la Sarine, près de Broc ; la Gérine (Ergera), qui se jette au-dessus de Marly dans la Sarine ; la Singine, qui sort du lac Domène, sépare bientôt après les cantons de Fribourg et de Berne, et se jette dans la Sarine à Laupen.

HISTOIRE.

Il est fait mention de Fribourg dans un titre de l'année 1162 ; ce n'était alors que la partie de la ville actuelle qui est assise au bord de la rivière. En 1178, Berthold IV, duc de Zæringen, de concert avec plusieurs barons, fonda la ville haute et lui donna un territoire composé de vingt-quatre paroisses. En 1218 Fribourg échut en partage au comte de Hapsbourg-Laufenbourg, et en 1277 à l'empereur Rodolphe de Hapsbourg. Dès-lors les Fribourgeois combattirent sous la bannière des Autrichiens dans toutes les guerres contre les Bernois et contre les confédérés suisses jusqu'en 1450, temps où l'empereur Frédéric proclama leur indépendance. Mais en 1452 le duc Louis de Savoie, auquel ils devaient des sommes considérables, réussit à se faire déclarer protecteur du pays, et en devint en quelque sorte souverain. Cependant les Fribourgeois contractèrent une alliance avec Berne, et aidèrent les confédérés dans leurs guerres contre Charles le Téméraire, duc de Bourgogne. Cette conduite leur acquit une entière indépendance : la Savoie abandonna toutes ses prétentions sur eux, et en 1481 ils furent reçus au nombre des cantons suisses.

Depuis cette époque mémorable, l'histoire de Fribourg est intimement liée à celle de la confédération helvétique. Voici comment l'une des plus belles pages de ses annales, la mémorable journée de Morat, est racontée dans une naïve chronique contemporaine, intitulée : *Beischreibung der Burgundischen Kriegen*.

« . . . . Et ainsi un samedi, le grand matin, qui était le jour des dix mille martyrs, il fut résolu et décidé unanimement que chacun commencerait par entendre la sainte messe et par implorer la grâce et la bénédiction de Dieu, puis déjeûnerait et se préparerait au combat. Mais il se trouva plus d'un homme de bien qui ne voulut manger ni boire jusqu'à ce que les affaires fussent finies. Sur cela vinrent les braves et honnêtes gens de Zürich avec leur bannière et toutes leurs forces; et ils étaient très-fatigués et harassés, car ils avaient marché jour et nuit, et aussi il avait plu toute la nuit, et les chemins étaient tout gâtés, et il pleuvait encore beaucoup le samedi; de sorte qu'ils furent obligés d'en laisser plus de 600 derrière eux, dans les bois, qui ne pouvaient plus avancer, tant ils étaient fatigués. Cependant ils arrivèrent ensuite aussi, et se rangèrent avec les autres, ne voulant point qu'on retardât ni s'arrêtât pour eux, ce dont on doit leur tenir grand compte, et ne jamais l'oublier.

« Ainsi, sur-le-champ, on fit une avant-garde, et on y rangea ceux de Thun et d'Entlibuch avec leurs bannières, et une belle troupe choisie de tous les autres Suisses, et on en donna le commandement à Jean de Hallwil, très-brave chevalier, bourgeois de Berne.

« Et lorsqu'on se vit des deux côtés et que quelques-uns des premiers commencèrent à escarmoucher, chacun des Suisses, suivant l'exemple de leurs aïeux et leurs bonnes et anciennes coutumes, s'empressa à dire, les mains élevées, cinq *Pater noster* et *Ave Maria*, pour la passion de notre Seigneur, et aussi pour les dix mille martyrs : ce qui se fit avec une grande dévotion par cinq fois.

« Et ainsi d'abord après commença l'attaque, et on tira de part et d'autre avec de grosses couleuvrines et autres machines dont quelques-unes furent mal accommodées; et les Suisses avancèrent avec grand courage et arrivèrent à une haie que l'on ne pouvait passer, et il fallut se retourner et percer de côté par un chemin étroit où nous fîmes quelques pertes.

« Et ainsi chacun marcha valeureusement contre le camp du duc de Bourgogne, et les siens se mirent en fuite; mais on les poursuivait, et massacrait tout ce qu'on pouvait attraper ; et le désordre fut si grand parmi eux, que de crainte et d'épouvante ils se jetaient dans le lac, et tout le rivage en était couvert, tellement qu'on ne pouvait les compter ; et ceux qui étaient dans la ville voyant ainsi courir les Bourguignons, remarquèrent bien qu'on voulait les délivrer.

« Beaucoup de grands seigneurs, superbement équipés eux et leurs chevaux, se jetèrent dans le lac, espérant le traverser à la nage. Ils jetaient leurs armes, ornemens, et tout ce dont ils pouvaient se débarrasser, pour prolonger leur vie; mais ceux qui n'étaient pas tués, après s'être long-temps débattus dans l'eau, s'enfonçaient misérablement. Ce spectacle était pitoyable ; mais leur orgueil avait bien mérité cette vengeance du Tout-Puissant. C'est pourquoi les bons Bernois et autres gens de bien doivent bien se garder de tout orgueil inutile et demeurer dans l'obéissance aux commandemens de Dieu ; ce que faisant, tout leur réussira.

« Il y en eut aussi de perchés sur les arbres, où leur grand effroi les avait fait grimper, et ils furent obligés d'apprendre ainsi à voler sans plumes. Il y avait aussi parmi eux des femmes armées ; mais lorsqu'on les reconnaissait, on ne leur faisait aucun mal.

« Et les Bernois et leurs alliés, avec toutes leurs bannières, restèrent dans le camp du duc, où il y avait de grands biens en or, en argent, en habits et autres choses précieuses ; mais les braves qui étaient occupés à se battre en ont fort peu eu, et ce sont des drôles et des coquins qui ont presque tout emporté. »

MOEURS. — CARACTÈRES. — COUTUMES.

Les hommes et les femmes du canton de Fribourg ont en général une belle figure. Leurs mœurs sont simples et pures ; ceux qui parlent le français sont plus gais que les Allemands. Les fêtes sont nombreuses dans le pays ; on en compte au moins cent dans le courant de l'année, en y comprenant les dimanches et les *fêtes basses*. La principale a lieu en automne, et se nomme la *dédicace générale des danses*; elle dure trois jours, mais il n'est pas permis de danser plus tard que huit heures du soir. Dans les fêtes qui ont lieu à l'occasion des noces, on exécute encore quelquefois une marche antique et nationale, et qu'on appelle la *marche des noces* (der hochzittmarsch). Dans la contrée de Morat, des réjouissances publiques ont lieu au temps de la moisson et de la vendange ; on fête surtout, le 22 juin de chaque année, l'anniversaire de la glorieuse bataille de ce nom.

Le caractère des paysans des montagnes est le même que celui des autres habitans des Alpes. Vigoureux et actifs, ils préfèrent le commerce à l'agriculture. Le service militaire étranger, qui dès le XVe et le XVIe siècle a remplacé l'industrie dans ces contrées, a toujours été du goût des Fribourgeois. Ce service est maintenant réduit à celui de Naples, pour lequel Fribourg fournit 472 hommes.

SUISSE

Les Fribourgeois sont hospitaliers envers les étrangers; aussi le nombre de ces derniers est considérable. 1,000 familles sont pourvues de *tolérances* (permissions d'établissement), et 5,000 individus des deux sexes ont des *permis de séjour*.

Chaque année, à la fête de Saint-Nicolas, il y a à sa chapelle un grand concours de pâtres du voisinage; la journée se passe rarement sans batteries sanglantes, car les bergers de la partie allemande du canton de Fribourg ont cela de commun avec les anciens Grecs qu'ils sont grands amis du pugilat: leurs conversations se terminent souvent par de vigoureux coups de poing. De temps immémorial une coutume singulière, née sans doute de ces fréquentes rixes, subsiste dans ce pays. Quand on se bat dans un lieu public, tout spectateur plante son couteau dans le plafond ou dans la muraille, et serrant le manche de la main, ils s'écrie: « Au nom de Dieu et de leurs souveraines excellences, je vous impose les sûretés. » Ordinairement la querelle cesse; mais, qu'arrive-t-il? les parties belligérantes s'éloignent, et vont à l'écart continuer leur combat en plein air. Cet usage vient probablement des premiers temps de la féodalité, où, soit pour affranchir un serf, soit pour céder à quelqu'un une partie de son fief, le seigneur lui donnait un couteau, ce qui marquait un homme libre, ou un homme revêtu d'une certaine autorité à la sommation duquel on était tenu d'obéir, sous peine d'un grave châtiment.

IDIOMES.

Le langage usité dans la plus grande partie du canton de Fribourg est un patois français qui varie selon les localités: on en remarque trois espèces distinctes: le gruvérin, qui se parle dans le pays de Gruyères; le quetzo, qui est en usage dans la partie moyenne du canton; et le broyar, qui est le langage des districts arrosés par la Broye, près du lac de Neuchâtel. Le premier de ces patois est le plus doux et le plus expressif. Tous ont néanmoins, dans la construction et dans la tournure des phrases, des particularités qui méritent l'attention des philologues. Dans le Vuilly, le patois a quelques modifications qui tiennent aux habitudes de la contrée; dans le reste du district de Morat, les habitans parlent l'allemand-bernois avec des nuances diverses. Il en est de même de l'allemand de la vallée de Jaun, de Plafeyen, de Düdengen et de Gurmels. L'usage du patois et du français dans les paroisses allemandes s'est sensiblement accru depuis quinze ou vingt ans, notamment à La Roche, à Praroman, à Marly, etc.

Le patois du pays de Charmey est riche surtout en mots consacrés aux détails de la vie et des occupations pastorales, qui ne se trouvent pas ailleurs; il porte un caractère frappant d'antiquité, par la quantité de termes *celtiques* qui s'y sont conservés à peu près purs: par exemple, on appelle un amant un merchant, de *merch*, une femme en celtique; *merched*, une jeune fille, *mercheta*, faire l'amour. Cet idiome, qui pourrait passer pour une langue distincte de toute autre, est des plus agréables: il est très-différent de celui qu'on parle dans une partie du canton de Fribourg, patois lourd, traînant et grossier dans lequel les mots les plus injurieux sont devenus des signes d'amitié. Le nom de *quoetz*, que porte ce dernier, ne dériverait-il point encore du nom celtique *wegz*, rustique, sauvage (1).

VILLES. — VILLAGES. — CHATEAUX.

FRIBOURG. — Rien de plus bizarre et de plus pittoresque que le terrain coupé en tous sens sur lequel est assise la ville de Fribourg. Ses maisons bâties en amphithéâtre, la pente rapide de ses rues, ses remparts flanqués de tours, ses nombreuses églises et leurs clochers, ses couvens, ses édifices divers, sa gothique collégiale avec sa tour majestueuse, des rochers à pic, des ravins profonds, ses jardins, ses prairies, ses environs variés à l'infini, lui donnent un aspect qui la distingue de toutes les autres villes de la Suisse. Fribourg est divisée en quatre quartiers: le Bourg, au centre de la ville, l'Auge (*die Au*), les Places (*der Welsche platz*) et la neuve-ville. Parmi les objets les plus dignes d'attention qu'elle renferme, on remarque l'hôtel-de-ville, l'église de Saint-Nicolas, dont la tour a 336 pieds de hauteur, le collège de Saint-Michel et plusieurs autres monumens.

La *Maison-de-ville* (*rash haus*) a été bâtie en 1514: son perron couvert lui donne une teinte antique. Au rez-de-chaussée est l'arsenal, qu'on nomme le *défensional*. Au premier étage, on remarque une belle salle qui sert aux assemblées du grand-conseil et à celles de la bourgeoisie; le plafond est orné de peintures allégoriques et de sujets tirés de l'histoire nationale. Le tribunal d'appel s'assemble dans une autre salle disposée à peu près comme celle du grand-conseil.

(1) Notre intention était de donner ici les paroles et la musique d'un *Ranz des Vaches* particulier aux cantons de Fribourg et de Vaud; mais nous préférons en ajourner la publication afin d'ajouter à ce morceau naïf et original des variantes nouvelles que nous avons l'espoir de nous procurer.

Le Collége de Saint-Michel est un vaste bâtiment, y compris l'église et le gymnase, situé dans la partie la plus élevée de la ville, qu'il domine de tous côtés et d'où l'on jouit des plus beaux points de vue ; dès l'an 1363, cet emplacement s'appelait déjà le *Bisée*. L'église est d'architecture moderne, avec des galeries grillées. Depuis 1818 que le lycée est dirigé par les pères jésuites, on y enseigne la théologie, la morale, le droit canon, la physique, les mathématiques et la logique, et, au gymnase, les belles-lettres latines, françaises et allemandes. Un professeur laïque fait un cours de droit naturel et civil. Non loin du collége il y a un pensionnat également dirigé par la compagnie de Jésus. Le nombre des élèves est considérable ; en 1830 il s'élevait à plus de trois cents. Un séminaire pour l'éducation des jeunes ecclésiastiques a été établi dans l'aile droite du bâtiment affecté au pensionnat.

Le Musée cantonnal. — Ce musée a occupé jusqu'ici les combles du gymnase ; mais l'intention du gouvernement est de le placer dans le lycée bâti vis-à-vis de l'église du collége. Parmi les curiosités qu'il renferme, on remarque le musée des sciences naturelles, où l'on voit un cabinet de physique, un cabinet de numismatique composé : 1° d'une précieuse collection de médailles grecques et romaines ; 2° d'une collection complète de médailles pontificales frappées depuis 1417 jusqu'en 1830, dont 386 ont été données au collége par le pape Léon XII ; 3° d'une collection de médailles françaises donnée par le roi Charles X, en 1828, sur la demande de M. le général Gady ; 4° d'un nombre considérable de monnaies suisses ou étrangères et une collection de plâtres représentant les chefs-d'œuvre des arts que renferment les musées du Vatican et du Capitole à Rome.

Le cabinet de minéralogie possède une collection géognostique de plus de deux cents échantillons de roches, destinés à l'étude de la géologie, un assortiment de roches du Valais, classé par M. Fontaine, de beaux marbres d'Italie, de Suisse et du Tyrol, plus de deux cents coquilles fossiles classées par Braun, un grand nombre de pétrifications, parmi lesquelles on distingue surtout des pseudomorphoses calcaires où tous les caractères de planches de sapin se sont conservés et pétrifiés, et les principaux ossemens de l'ours des cavernes, trouvés dans les grottes d'Osselles près de Besançon.

La collection phytologique, composée de deux herbiers des plantes du pays, d'un herbier du Valais et d'une collection complète de saules, de M. Seringe, et le cabinet zoologique, très-riche en oiseaux suisses et d'Amérique, sont aussi dignes de l'attention des savans et des amateurs.

Il existe dans la ville de Fribourg une société économique, fondée en 1813 ; une société militaire, une société de médecine et de chirurgie, une société archéologique ; un salon de lecture, appelé *grande société* ; un cercle des arts, un cercle du commerce et des métiers, une société d'utilité publique, une caisse d'épargnes. Depuis l'année 1830, on publie deux journaux à Fribourg ; ils paraissent deux fois par semaine : l'un est le *journal du Canton de Fribourg*, et l'autre, le *Véridique* ou l'*Invariable*, qui a remplacé l'ancien *Mémorial catholique*. Fribourg a aussi une *feuille d'avis* et de *publications officielles*.

Gruyères. — La ville de Gruyères, bâtie sur un coteau élevé avec son antique château, ses remparts munis de meurtrières et de mâchecoulis, est d'un aspect tout-à-fait pittoresque. Ce castel, flanqué de tours, et sa cour intérieure, formée par une haute muraille, garnie de galeries, couronne le sommet du plateau, d'où la vue se prolonge, à l'orient, jusqu'aux environs de Charmey ; au sud, sur une belle plaine parsemée de villages, aboutissans aux cimes des Alpes ; au nord, au-delà du Gibloux et jusqu'à Bulle ; au couchant, sur le Moléson, toujours imposant de quelque côté qu'il se présente, et offrant ses flancs rocailleux et les riches pâturages qui descendent jusqu'à ses pieds. Tout ce qui constitue le luxe de la féodalité ne manque pas à cette demeure célèbre des anciens comtes de Gruyères, dont le premier fut Guérius, le chef d'une horde de Vandales qui pénétra dans cette vallée alpestre au temps de la conquête de l'Helvétie, selon les uns, et un chef de légion romaine échappé, vers l'an 332, au massacre d'Agaunum dans le Valais, sous Dioclétien et Valère Maxime : ce sont de vastes salles entourées de bancs de pierre de 3 pieds de haut, des galeries immenses, des tours, des murailles de 13 et 14 pieds d'épaisseur, etc.

On voit dans l'église de Saint-Théodule de Gruyères, la chapelle de Saint-Antoine, qui a été érigée en 1416 par le comte François Ier. Ce seigneur et la comtesse, sa femme, sont représentés à genoux, vêtus de longs habits de pourpre bordés d'hermine. La comtesse paraît enceinte ; elle tient un chapelet. Sous le rapport des costumes, ce tableau est digne de l'attention des artistes.

Morat, en allemand *Murten*, est une ville fort ancienne ; déjà, en 1245, elle avait fait un traité d'alliance et de combourgeoisie avec Fribourg. Les remparts et les tours qu'on voit encore datent de 1469 à 1474. Le célèbre réformateur Farel vint, en 1529, y prêcher la réforme, qui y fut adoptée à la pluralité des suffrages. Morat est situé sur une colline, à peu près au centre de la rive méridionale du lac du même nom. Ses rues sont bordées d'arcades comme à Berne. Le château, actuellement la demeure du préfet, est d'une construction gothique et mérite d'être visité ; ses murs d'enceinte, ses tours, ses tourelles, ses créneaux, lui donnent un aspect tout-à-fait romantique. Quelques chroniqueurs assurent que Louis le Preux avait fait élever, en 814, une tour fortifiée sur son emplacement. Le château actuel est du XIIIe siècle. L'hôpital, fondé en 1239, par Pierre d'Oleyres, citoyen de Morat, a été reconstruit en 1818. La maison des Orphelins a été établie en 1805. En 1824, on a aussi fondé une caisse d'épargne. On conserve dans la bibliothèque de Morat, qui possède 3,000 volumes environ, les anciennes inscriptions de l'Ossuaire.

Bulle est une jolie petite ville située à 6 lieues de Fribourg, sur la route de Vevay. On ne connaît pas au juste l'époque de sa fondation, qu'une charte de l'évêque Hartmann fait remonter à l'an 856. En 1805, un incendie considérable réduisit en cendres cette malheureuse cité ; depuis elle a été reconstruite. Les bâtimens publics sont bien bâtis. L'église paroissiale renferme un orgue d'Aloyse Mooser, artiste distingué de Fribourg, ainsi que de beaux autels et une chaire en marbre. Beaucoup de maisons de la ville sont en partie construites en bois, et les rues ne sont point encore pavées. Un bras de la Trême traverse Bulle, le principal entrepôt des fameux fromages de Gruyères. On y fait aussi un assez grand commerce de chapeaux en paille tressée. On y trouve des guides et des chevaux pour faire des excursions dans les montagnes, et particulièrement pour gravir le Moléson.

Estavayer. — Cette petite ville, au bord du lac de Neuchâtel, dans une position charmante, est entourée, du côté des terres, de remparts, et est divisée en 13 quartiers. Elle a une maison-de-ville, une église, un hôpital et un couvent de Jésuites. Son château est remarquable soit par sa situation sur une colline au-dessus du lac, soit par sa forme carrée, ses tours, ses fossés, et par le mélange antique et moderne de sa construction et de son architecture. Il faut visiter ce castel féodal : on remarque surtout une prison souterraine nommée *Croton*, dans laquelle on descend au moyen d'une échelle de plus de 20 pieds de long. A chaque angle du bâtiment principal, à l'occident, il y a deux tours rondes et des oubliettes.

L'église Saint-Laurent mérite d'être visitée : le maître-autel est riche ; les tableaux de Saint-Laurent, de Saint-Roch et de Saint-Sébastien, qui l'ornent, ont été peints par un artiste de Pontarlier, Pierre Cresez, qui reçut, dit-on, dans le temps, pour salaire, 26 pistoles, 2 sacs de froment et plusieurs tonneaux de vin.

Il existe encore à Estavayer un usage qui était jadis presque général dans le canton : c'est celui de chanter, les soirées d'été et d'automne, sur la place de Moudon, des chansons nationales ou rondes, connues sous le nom de *Coraoulés*. Dans une de ces rondes, on raconte le mariage d'un couple pauvre : pour consoler la mariée qui est tout éplorée de la misère dans laquelle elle trouve son époux, celui-ci lui répète dans un refrain :

Quan lé-s-aoutrou mezéron, no voiterin ;
Quan lé-s-aoutrou riretron, no pliotrin.

Quand les autres mangerons nous regarderons ; quand les autres rirons nous pleurerons.

Romont. — La ville de Romont, entourée de fortifications et de remparts, est bâtie sur un mamelon rond, d'où lui vient vraisemblablement son nom latin *Rotundi Montanus* ; elle est située à 6 lieues au S.-E. de Fribourg. Son église paroissiale est belle et desservie par 6 prêtres auxquels on donne le titre de chanoines. Le château est remarquable ; Romont a en outre un hospice de capucins et un collège.

Les bains *de la Glane* sont situés à peu de distance de la ville. Ils se composent de deux bâtimens, séparés par un jardin ; il y a un salon de conversation et des appartemens pour les baigneurs. Le plus petit bâtiment contient 8 chambres, propres et bien éclairées, dans chacune desquelles il y a deux baignoires.

La Tour Molière. — Située au-dessus du village de Murist, dont elle fait partie, on jouit, de son sommet, d'une vue aussi étendue que variée. Les sires de la Molière existaient déjà dans le XIVe siècle : leur château fut détruit par les Fribourgeois en 1536, mais on a toujours continué à entretenir le toit de la tour qui est restée intacte ; elle sert aujourd'hui de signal. Des précipices d'une profondeur prodigieuse entourent ce donjon de toutes parts, excepté du côté du petit village vaudois du Paquier (*Paqui*). On remarque une excavation de forme circulaire : c'est l'entrée d'un puits comblé. D'après une tradition populaire, il renferme un trésor qui est bien gardé, puisque c'est le diable lui-même qui s'en est chargé.

Les Bains de Montbarry. — Ces bains sont situés sur le territoire de la commune du Paquier, à peu de distance de la ville de Gruyères, sur le penchant d'une colline, en face de la vallée de Charmey, qui s'ouvre à l'Orient, et que l'œil peut embrasser dans toute son étendue jusqu'aux pics d'inégales formes et d'élévations diverses qui la ferment. A l'Occident, on découvre le Moléson entouré de tous côtés d'un groupe de montagnes jetées sans ordre à sa base et sur ses flancs; nul point de vue ne présente ce géant des Alpes fribourgeoises sous un aspect plus avantageux et ne fait plus ressortir la supériorité de ses masses sur les autres monts qui l'entourent et qu'il domine. Au Nord, les regards se portent sur une vaste plaine semée de villages, au milieu desquels s'élève la flèche brillante de l'église de Bulle, entourée d'un groupe d'habitations riantes; plus loin l'œil s'arrête sur les collines du Gibloux, qui, surmontées par des forêts de sapins qui en couronnent le sommet, s'élèvent en amphithéâtre et offrent dans la belle saison le tableau de la plus riche verdure. Au Nord-Est, on aperçoit les villages qui bordent la rive droite de la Sarine, depuis Broc jusqu'au-delà de la Roche, et les montagnes au pied desquelles ils sont situés et que domine la *Berra*, et dont les flancs sont couverts de sombres forêts entrecoupées de gras pâturages. Au Midi, se présentent la ville de Gruyères et son antique château qu'habitaient autrefois ces bons et nobles comtes, et plus loin on distingue les cimes des Alpes de la Haute-Gruyères, situées vers la partie inférieure de la vallée. Dans la même direction, mais à une distance beaucoup plus rapprochée de Gruyères et des Bains, s'élève un petit monticule dont le sommet est couronné d'un bouquet d'arbres touffus; c'est là que la tradition place l'existence d'un temple païen ou druidique consacré au dieu *Barus*. Ces bains ont été découverts et analysés en 1784. Le bâtiment principal a 76 pieds de face sur 34 de profondeur; il est supporté par 20 colonnes d'ordre toscan; 12 chambres de bains sont disposées sous cette colonnade, qui sert aussi de promenade aux baigneurs.

Dans la belle saison, cet établissement est très-fréquenté. Ces eaux conviennent aux personnes nerveuses et délicates; on les prend aussi avec succès dans les maladies cutanées ou dermoïdes.

CURIOSITÉS NATURELLES. — MONUMENS.

Le lac de Morat baigne à l'E. le grand marais, au S. la ville de Morat; à l'O. les prairies marécageuses d'Avenche et de Faoug, et au N. le Vailly. Sa profondeur est de 20 à 60 toises; sa circonférence est d'environ 5 lieues. Il reçoit les eaux de la Broye, de la Glane, de la Bibern et du Chandon. Autrefois ce lac, beaucoup plus vaste qu'aujourd'hui, baignait les murs de l'antique *Aventicum;* le nom de *lacus Aventicentis* qu'il portait, les compagnies de bateliers (*nautes*) établies dans cette antique cité, les anneaux pour amarrer les barques, fixés aux anciens murs d'Avenches et qu'on y voyait encore dans le siècle passé, tout prouve que le lac de Morat s'étendait non-seulement sous les murs de l'ancienne capitale de l'Helvétie, mais qu'il était réuni à ceux de Neuchâtel et de Bienne, comme on a pu le voir en 1816, où, après de fortes pluies prolongées, ces trois lacs n'en formèrent plus qu'un seul.

La navigation du lac de Morat est fort agréable: les accidens y sont rares. Il arrive quelquefois que ses eaux se teignent, le long de ses bords, d'une couleur rougeâtre semblable au sang; les bateliers disent alors *qu'il fleurit*. Ce phénomène est causé par l'abondance des fleurs d'une plante qu'Haller nomme *Conserva purpurea pollinosa aqua inatans*, et qui donnent à la surface de l'eau cette teinte rouge. Le lac de Morat est poissonneux; on y pêche en abondance le salut, le brochet, l'ombre-chevalier, la tanche, la carpe, la lotte, la perche, la ferra (*salmo Lavaterus*) et l'anguille. Le silure, qui pèse souvent 50 livres et quelquefois 80, est très-vorace; sa chair est peu estimée, surtout lorsqu'il est vieux. Quand on le retire de l'eau il beugle comme un veau. Sa tête est énorme et comprend le tiers de sa longueur. Les bains du lac de Morat sont assez fréquentés; on les ordonne principalement pour les affections nerveuses.

L'ossuaire de Morat. — C'est en 1485 qu'on réunit près de Meyriez, non loin des bords du lac, les restes des Bourguignons et des Suisses morts à la bataille de Morat. Diverses inscriptions latines et allemandes décoraient cette chapelle. En 1581, on y posa une grille de fer. En 1751 deux nouvelles inscriptions remplaçaient les anciennes. Celle-ci est du grand Haller:

Steh still, Helvetier! hier liegt das kühne heer,
Vor welchem Lüttich fiel, und Frankreichs Thron erbebte;
Nicht unsrer Ahnen Zahl, nicht kunstliches Gewehr,
Die Eintracht schlug den Feind, die ihren Arm belebte.
Lernt, Brüder, eure Macht, sie liegt in eurer Treu !
O ! würde sie noch ickt heu jedem Leser neu !

Helvétiens! vivez en paix! Ici est couchée cette audacieuse armée qui fit trembler jusqu'au trône de France. Ce n'est point le nombre, ce ne sont pas les armes meurtrières, c'est l'union qui a donné à nos aïeux la force d'arrêter ces bataillons aguerris. Apprenez, frères, que la force réside dans l'union et la fidélité!

En 1798 les troupes françaises prirent possession de Morat, et comme parmi les bataillons vainqueurs se trouvait la 75ᵉ demi-brigade, com-

Morat.

Costumes du Canton de Fribourg.

posée en partie de Bourguignons, l'ossuaire fut démoli, et un arbre de la liberté le remplaça au bruit de fanfares et de cris de victoire. En 1821, le grand-conseil a fait ériger un nouveau monument. L'obélisque, de 56 pieds de hauteur, a trois faces; sur l'une d'elles, on lit l'inscription suivante :

Victoriam
XXII Jun. MCCCCLXXVI
Patrum concordia
Partam.
Novo signat lapide
Resp. Friburg.
MDCCCXXII.

La victoire du 22 juin 1476 est due à l'union de nos aïeux. Nouveau monument érigé par la République de Fribourg en 1822.

Le Moléson. — C'est le Rigi de la Suisse occidentale. Il élève sa tête au-dessus de toutes les autres montagnes de la chaîne dont il fait partie. De ce plateau élevé on découvre un monde de pics, dont les bases, dérobées à la vue par des chaînes moins hautes et plus rapprochées, sont variées à l'infini de formes et de couleurs, et au milieu desquelles le Mont-Blanc, ce géant des Alpes, lève majestueusement sa tête neigeuse. D'un côté, le lac Léman, ceux de Neuchâtel, de Morat, de Bienne, présentent leurs nappes argentées dans un magnifique bassin, coupé par des montagnes immenses, des collines, des forêts et les rivières de la Broye et de la Sarine; de l'autre, l'œil découvre les villes d'Évian, de Thonon, une partie de Genève, Morges, Rolle, Nyon, Romont, Estavayer, Neuchâtel, Morat, Avenche, Payerne, Fribourg, Bulle, Gruyères, le Jura avec les montagnes bleues des cantons de Neuchâtel, de Berne et de Soleure. On peut atteindre le sommet du Moléson de différens côtés; mais le chemin le plus facile est celui qui passe par la Part-Dieu ou par Pingy. La distance à parcourir est d'environ 4 lieues. Dans cette excursion, le minéralogiste pourra faire d'utiles observations. Les couches calcaires du Moléson sont inclinées, verticales et horizontales; Studer les compare à celles du Schwazbrünnlein et du Gournigel. Le botaniste trouvera à chaque pas les plantes les plus belles et les plus variées, l'*alchemilla alpina*, l'*anthoricum liliastrum*, l'*anemone alpina*, la *centaurea splendens*, le *myosotis alpestris*, l'*orchis albida*, la *primula auricula*, etc.

Cette montagne renferme d'excellens pâturages, parmi lesquels on cite ceux du *Gros-Moléson*, du *Petit-Moléson*, le *Plan-Français* et les *deux Plané*. Le sommet du Moléson, indiqué jusqu'ici à 6,181 pieds au-dessus du niveau de la mer, n'en est, selon M. F. Kuenlin, auteur de l'excellent *Dictionnaire géographique, statistique et historique* du canton de Fribourg, qu'à 6,167 pieds.

La chapelle de Saint-Béat, située non loin de la porte du Gotteron, paraît avoir été fondée en 1684. Les maisons bâties au-dessous offrent un coup d'œil unique, à cause d'une longue bande de roc qui depuis le *Dürrenbühl* se prolonge jusqu'au pont, et qui en partie leur sert de toiture. Comme le rocher est percé en plusieurs endroits, il est à craindre qu'avec le temps il n'écrase ou endommage la culée du pont, ou n'obstrue même le lit du ruisseau du Gotterou, qui traverse un canal voûté avant de se jeter dans la Sarine. Dans les actes de 1394 à 1395, l'emplacement de ces maisons est désigné ainsi : *Ultra pontem Saronæ subtus balmar*. Balm, en très-vieux allemand-suisse, signifie un *rocher* ou une *grotte*, comme *tanne*, en roman et *baume* en français.

Le tilleul de Fribourg (*la Tille*) qui s'élève devant la maison-de-ville a été planté, suivant une tradition populaire, en l'an 1179, par Berchtold IV. Dans le XVIe siècle, il s'y tenait le samedi une cour de justice (*das Linden gericht*) pour juger les différends qui s'élevaient entre les paysans des environs qui venaient au marché; c'est là aussi qu'on affichait dans des cadres grillés les ordonnances et publications diverses. Cet arbre, sec, presque mort, allait périr, lorsqu'un jour des Rois, quelques jeunes garçons lancèrent sans intention une grenade enflammée dans le tronc creux du tilleul vénérable : elle y mit le feu, qui se communiqua rapidement; mais les Fribourgeois, pleins de vénération pour ce trophée national, s'empressèrent d'amener sur la place plusieurs pompes à incendie, et l'arbre fut arrosé d'une si grande quantité d'eau, que non-seulement le feu s'éteignit, mais que le tilleul rafraîchi reprit une nouvelle vie à laquelle il ne paraissait plus devoir prétendre. C'est sous cet arbre antique qu'on casse aujourd'hui la verge sur les condamnés agenouillés avant qu'ils soient conduits au supplice. En 1818, une trombe endommagea beaucoup la *Tille*, dont les branches sont soutenus par des colonnes.

L'ermitage de Fribourg. — A une lieue environ de Fribourg, sur la rive droite de la Sarine, qui coule dans un lit profond, s'élève une chaîne de rochers hauts de 3 à 400 pieds, couronnés de sapins et comme coupés à pic. Un de ces rocs gigantesques avance sur la rivière : c'est dans ses flancs qu'un nommé Jean Dupré, de Gruyères, entreprit, aidé d'un seul homme, ce travail prodigieux. Outre diverses salles vastes et éclairées par de grandes fenêtres percées dans la pierre, on voit une église de 63 pieds de long, de 36 pieds de large, haute de 22 pieds, et dont le clocher, large de 6 pieds, s'élève à 70 pieds au-dessus du roc. Il faut visiter aussi le réfectoire, la cuisine et sa cheminée, haute de 90 pieds, et le petit jardin potager. l'ermite avait, dit-on, le dessein de creuser encore des caves, mais il se noya, le 17 janvier 1708, en reconduisant dans un bateau des écoliers qui étaient venus pour célébrer avec lui la St-Antoine, patron de son église; tous les passagers périrent. L'ermitage de Fribourg, situé dans un site romantique, attire chaque année un grand nombre de voyageurs, avides de visiter cette merveille.

CULTES.

Les habitans du district ou de la préfecture de Morat, au nombre de 7,300, suivent la religion réformée, et ont leur consistoire particulier; le reste du canton est catholique, et relève de l'évêque de Lausanne, qui réside à Fribourg depuis la réformation. Cet évêque est assisté de deux vicaires-généraux et par sept autres membres du conseil épiscopal. Il y a aussi dans le canton deux églises collégiales, un collège des Jésuites fondé en 1581 et 11 décanats avec 160 cures. Fribourg a un séminaire pour l'éducation des jeunes ecclésiastiques.

On compte dans le canton seize couvens, dont neuf d'hommes et sept de femmes; dix pour la seule ville de Fribourg et six pour le reste du pays.

AGRICULTURE. — INDUSTRIE.

L'agriculture est en honneur dans la partie du canton qui n'est pas occupée par des montagnes, et fournit aux habitans une quantité de blé suffisante pour leurs besoins. Depuis la suppression du droit de parcours, en 1809 et 1812, l'agriculture a fait des progrès très-sensibles; car, outre les différentes espèces de céréales, on sème du trèfle, du colzat, des navets, des racines diverses, des betteraves, de l'esparcette, de la luzerne, etc., etc. On a introduit çà et là la charrue écossaise avec diverses modifications, et des particuliers ont établi des fermes-modèles à Bourguillon, Greng, Wallenried, Grandfey, Rosière et Remetswyl. La société Économique a, en septembre 1830 et 1831, fait distribuer des primes aux meilleurs laboureurs dans des concours publics. Les Fribourgeois récoltent en outre une énorme quantité de pommes de terre. Ils sèment aussi du lin et du chanvre; ils cultivent et recueillent beaucoup de fruits, et font avec leurs jus cuit une espèce de sirop qui est connu dans le pays sous le nom de *sauce*, et qu'on peut employer pour divers mets ou gâteaux. Ils fabriquent dans toutes les parties du canton de l'eau de cerise en grande quantité, surtout dans la vallée de Montboron; ils plantent enfin dans la partie du nord et nord-est du canton une si grande quantité de tabac, que cet objet est devenu pour eux un article important de commerce.

Le bétail, dans la partie montagneuse du canton, forme une race toute particulière qui, sous bien des rapports, appartient au bétail le plus beau, le meilleur et le plus utile de la Suisse: aussi est-il très-recherché. Les taureaux sont bien proportionnés: leur poil est doux et court, leur cou, leurs épaules, n'atteignent jamais un degré extraordinaire de graisse et de grosseur; ils sont généralement doux; ils se contentent d'une nourriture médiocre, et conservent long temps leur force et leur vigueur.

Les excellens fromages de Gruyères, qui jouissent dans toute l'Europe d'une célébrité si méritée, se font dans une chaîne de montagnes qui a dix lieues de longueur sur quatre de largeur, et qui s'étend depuis la Singine jusqu'à la Vevayse, sur la frontière du canton de Vaud. Les plus estimés sortent des pâturages de la paroisse de Charmey.

Une espèce de fromage presque particulière au canton est celle des *vacherins*, qui sont recherchés dans les villes, surtout en hiver, et dont on fait un mets excellent connu sous le nom de *fondu*. Les *vacherins*, qu'on appelle *stracchino* dans la Lombardie, ne se vendent pas aussi cher que les fromages ordinaires.

On fabrique avec le petit-lait qui reste après qu'on en a tiré les parties caséeuses, du *séra*, *scheré*, *serret*, *sérassé*, qu'on appelle *nascheid* et *zieger* en allemand-suisse, et *caillebotte* en français. On le mange frais ou salé; cependant il y en a de deux sortes, l'une appelé *zigre*, et l'au *scheré* (zieger et nascheid). On fabriquait aussi jadis avec le petit-lait du sucre de lait.

La ville de Genève est l'entrepôt principal pour l'exportation des fromages qui sont destinés pour la France et le Piémont.

BIBLIOGRAPHIE.

Voyage dans les montagnes du canton de Fribourg, par M. P. de Laverne, 1 vol. in-8°, 1804.
Almanach helvétique (année 1810), 1 vol. in-18.

CANTON DE SOLEURE.

TOPOGRAPHIE.

Situation. — Étendue. — Climat. — Le canton de Soleure est borné au midi et à l'occident par le canton de Berne, à l'E. par celui d'Argovie, et au N. par celui de Bâle. Sa forme est très-irrégulière, et même quelques-unes de ses parties sont enclavées dans les cantons de Berne et de Bâle. Il a 10 lieues dans sa plus grande largeur de l'E. à l'O., et 12 dans sa plus grande longueur du N. au S. Le climat du canton est sain; il est doux dans le pays qui n'est pas occupé par des montagnes.

Sol. — Montagnes. — Le canton de Soleure est situé entre l'Aar et le Jura, et se prolonge assez avant dans l'intérieur de la chaîne de ce dernier: il se divise en deux parties principales, les plaines et les montagnes. La première partie est fertile, couverte d'arbres fruitiers, de forêts, de champs et de prairies, et arrosée par l'Aar et par un grand nombre d'autres rivières et de ruisseaux; la plaine qui s'étend au-dessus de la ville de Soleure est marécageuse. La seconde partie est formée par une portion du Jura; ses sommités les plus élevées sont le *Hasenmatt*, le *Rothi* et le *Vinde*; elle est coupée par un grand nombre de vallées qui conduisent, par des routes pittoresques, dans l'ancien évêché et dans le canton de Bâle. On voit sur les pentes du Jura, dans le canton de Soleure, les restes d'un assez grand nombre d'anciens châteaux féodaux, habités jadis par des familles illustres. Les plus hautes montagnes du canton ont environ 2,000 pieds d'élévation au-dessus de l'Aar, et 3,500 pieds au-dessus du niveau de la Méditerranée.

Lacs. — Rivières. — Il n'y a dans le pays que deux petits lacs, qui sont situés près des Aschi et de Bolken, sur les frontières du canton de Berne; ils n'ont l'un et l'autre qu'environ une demi-lieue de tour. Les principales rivières, outre l'*Aar* et l'*Emme*, sont : la *Donneren*, qui a sa source au pied du *Hasenmatt* et du *Wolfgraben*, traverse le *Bucksgau* et se jette dans l'Aar à Olten; et la *Lusel*, qui sort au pied du mont *Passvang*, parcourt les vallées de Reinweil et de Thierstein, et se réunit à la Birse, auprès de Iwingen.

HISTOIRE.

Soleure, en latin *Solodurum*, était habitée, du temps de la domination romaine, par un grand nombre de familles distinguées, ainsi qu'on en peut juger par les anciennes inscriptions qui ont été trouvées dans cette ville; plus tard on y éleva une église en l'honneur de saint Ours, et elle devint la résidence des rois de Bourgogne de la seconde race. Après eux, elle appartint aux empereurs d'Allemagne et à la maison de Zæringen : c'est de là qu'en 892, Rodolphe II gouvernait son vaste empire. La bonne Berthe, reine de Bourgogne, fonda en 930 le chapitre de Saint-Ours. Après l'extinction de la maison de Stratlingen, Conrad, empereur d'Allemagne, s'empara de ce royaume. En 1038, il rassembla une diète à Soleure où il fit élire son fils roi de Bourgogne; celui-ci, qui lui succéda sous le nom d'Henri III, tint souvent la diète dans cette ville et y célébra plusieurs tournois. L'empereur Lothaire réunit Soleure aux domaines de l'empire, et en 1126 il en donna le gouvernement avec tout le landgraviat de Bourgogne au duc Conrad de Zæringen. Lorsque la maison de ce dernier fut éteinte, Soleure fut de nouveau réunie à l'empire par l'empereur Frédéric II. Pendant l'anarchie générale qui suivit la mort de ce prince, la bourgeoisie profita habilement des circonstances pour conclure plusieurs traités d'alliance avec Berne, et pour entourer la ville de murs; c'est aussi à cette époque qu'elle se forma en tribus. Rodolphe de Habsbourg, devenu empereur, confirma tous ses priviléges. Soleure ayant embrassé le parti de l'empereur Louis de Bavière, contre l'empereur Frédéric d'Autriche, Léopold en fit le siége en 1313 ; mais désarmé par la magnanimité des Soleurois, qui, oubliant leurs ressentimens, secoururent, non sans danger de perdre la vie, les soldats du duc que la crue subite de l'Aar emportait, il leur accorda la paix. Pendant le cours du XIVe siècle, Soleure eut beaucoup à souffrir de l'inimitié des comtes de Kyburg-Burgdorf, qui ourdirent même un complot dont le but était un massacre général qui devait avoir lieu pendant la nuit du 10 novembre 1382. Après avoir échappé à ce danger extrême, les Soleurois se virent en butte aux haines de tous les vassaux de la maison de Habsbourg, à cause des secours qu'ils fournissaient aux confédérés dans leurs guerres contre l'Autriche et des alliances qu'ils avaient contractées avec plusieurs cantons. En effet, ils prirent part à toutes les batailles des Suisses pendant le XV° siècle, et leur république fut enfin reçue en 1481 dans la confédération Helvétique, où on lui assigna le rang de XX° canton. Ce fut par des achats successifs que la ville de Soleure acquit des nobles du voisinage le territoire dont ce canton est composé. La réformation y fit de rapides progrès; mais après la bataille de Capel, dont l'issue fut si malheureuse pour les protestans, Soleure fut le théâtre d'une lutte violente entre les deux partis. Les réformés furent contraints de quitter la ville, et l'on rétablit de force le culte catholique dans 34 communes où il avait été aboli. Le pouvoir souverain résidait alors dans un petit nombre de familles soleuroises seulement; cette forme oligarchique du gouvernement donna naissance à divers mouvemens séditieux, et entre autres à un soulèvement presque général des paysans qui eut lieu en 1653. Les patriciens eurent des inquiétudes, mais ils triomphèrent enfin, et cette révolte fut apaisée en même temps que celle des paysans bernois qui avait éclaté à la même époque.

Les Français, commandés par le général Schauembourg, s'emparèrent de Soleure le 2 mars 1798.

MŒURS.

La vie pastorale est celle des habitans des districts montagneux du canton. En général ces pasteurs se rapprochent dans leurs usages de ceux des paysans bernois. Dans les districts qui avoisinent la France, on a adopté les mœurs et le langage des Français. L'influence de l'aristocratie a nui au gouvernement de Soleure comme celle des jésuites a retardé les progrès de l'instruction. « Protecteurs des préjugés, curés actifs, et hommes du monde adroits, dit un écrivain suisse distingué, M. Glutz-Blozheim, les religieux agissent en même temps comme professeurs, confesseurs, prédicateurs, amis de la maison et confidens. Leur instruction paraît tout embrasser; ils enseignent la religion, le grec et le latin, la géographie, l'histoire et la rhétorique. Les pères sont tout glorieux d'entendre leurs fils parler, dans les examens publics, de l'Inde, de la Grèce, de Rome, expliquer la hauteur du pôle et les équinoxes, traduire avec facilité des passages grecs et latins, et déclamer un discours en phrases bien arrondies et élégamment construites. Non contens de ces exhibitions fréquentes des matières enseignées, les membres de cet ordre religieux font représenter aussi des spectacles dans lesquels les jeunes gens débitent d'un ton compassé de grandes maximes d'état, et expriment leur zèle brûlant pour la religion et la morale, et leur désir de leur sacrifier leur bien et leur vie. Mais ces beaux dehors ne soutiennent pas un examen sévère; c'est partout des exercices de mémoire; nulle part on ne voit un savoir profond et méthodique, pas même dans la connaissance des langues. En outre ils accablent la jeunesse d'exercices de dévotion sous toutes les formes, comme obligation, comme pénitence, comme moyen de répression. »

Depuis 1814, le peuple est à peu près exclus des affaires publiques, et le spirituel chevalier de Boufflers, s'il écrivait encore, ne dirait plus de Soleure comme il le fit pour le règne de Louis XV, « que le peuple fait lui-même ses lois, et que le Soleurien qu'on pend pour y avoir manqué a le plaisir de se voir obéi par le bourreau. »

VILLES. — VILLAGES.

SOLEURE (*Solothurn*), capitale du canton du même nom, est divisée en deux parties inégales par l'Aar, que l'on y passe sur deux ponts de bois. La ville occupe une colline en pente douce, située au bord du fleuve et au milieu d'une vallée riante et fertile. Les rues de Soleure sont larges, ornées de plusieurs beaux bâtimens et d'un grand nombre de jolies fontaines qui contribuent à maintenir dans la ville une propreté exquise. L'église épiscopale, dédiée à saint Ours, achevée et consacrée en 1773, a été bâtie par les soins de la reine Berthe, sur les dessins de l'architecte Pisoni de Locarno. Le clocher a 190 pieds de hauteur; sa façade et son bel escalier de 33 marches méritent d'être distingués. Cette église est l'un des plus beaux monumens d'architecture de la Suisse; le maître-autel, d'une noble simplicité, et plusieurs tableaux, parmi lesquels on en distingue un de Dominique Corvi, contribuent à en orner l'intérieur. L'architecture de l'Hôtel-de-Ville manque de goût, mais on y voit un beau bas-relief d'Eggenschwyler, représentant *Cléobis et Biton*, un buste de saint Nicolas de Flue par le même artiste, les portraits des avoyers, un escalier tournant et plusieurs inscriptions romaines enchâssées dans les murs des portiques. L'Arsenal possède un grand nombre d'armures et de drapeaux conquis sur les champs de bataille. L'ancien hôtel des ambassadeurs de France, transformé aujourd'hui en une caserne, est un vaste et beau bâtiment. Soleure possède encore un théâtre, un hôpital, des prisons (*voir* ÉTABLIS-

SUISSE

semens publics), et une maison de correction. On regarde l'antique tour de la *place du Marché* comme un monument élevé par les Bourguignons. Le Gymnase, où 10 professeurs enseignent la théologie, la physique, la philosophie, les mathématiques, la rhétorique et les langues anciennes et modernes, est estimé et compte environ 250 élèves. La Bibliothèque de la ville, fondée vers le milieu du siècle dernier, possède 8,000 volumes, plusieurs manuscrits curieux, des antiquités, des monnaies romaines et un bas-relief du Saint-Gothard; celle des chanoines renferme un grand nombre de volumes rares. Quelques chroniques sont aussi fort remarquables. Nous avons extrait de l'une d'elles l'histoire suivante écrite en style du temps.

« Or est-il qu'en l'an de grace MDXXXI, advint ung faict estrange et pitoyable, voire mesme espouvantable, en la cité de Soleure, au pays des Souisses. Ung bourgeois de famille honneste et riche, que n'est faulte de nommer, avoit espousé la fille d'ung gros marchand de dicte ville : ne tardast pas d'en estre jaloux à oultrance pour leur perte à touts; il se mist en teste qu'elle avoit une habitude clandestine aveques ung certain serviteur de la mayson, mais n'en avoit certitude aulcune et preuve patente lui failloit. Une occurence fatale accreust ses doubtes. Le serviteur ayant receu commandement de son maistre, d'aller rechercher aulcuns débiteurs en arrière, le mary prouffita de son absence, pour furester dans sa chambrette, cherchant curieusement des preuves de son déshonneur ; et voyla qu'il trouvast parmi les camisoles du dict serviteur aulcuns passements de soye : sur sa femme estant par lui appelée, il s'enquiert de la pauvrette, si point recognoist les dicts passements. Oui, se dist-elle.... Comment, luy fist-il, les ha-t-il doncques, car ilz sont miens ! lors elle advoua qu'elle lez lui avoit baillé. Sur ce le mari voulant la géhenner par violence à faire confession, lui approscha du ventre la poincte de son cousteau (aultres disent poygnard), luy jurant que nul mal ne luy seroit par luy faict, sy disoit la vérité ; mais qu'il l'occiroit sans quartier ny miséricorde sy n'advouoit bonnement sa villaynie : et pour l'engaigner davantaige luy allast desclarer qu'ayant luy mesme forniqué en adultère, il la soupçonnoit de luy rendre la pareille : elle nya fort et ferme de prime abord : enfin tousjours plus pressée elle confessa son méfaict, aveques chaudes larmes : adoncques son mari la laissa aller. Touste hors d'elle mesme et comme troublée d'esprit, elle s'enfuist soubdainement, chez une sienne sœur qui demoroit au village de Prattelen. Cependant les prochains parents et amys firent tant qu'ilz la remirent dans la grace de son mari, qui semblast se laisser accoiser par leurs bonnes paroles et promesses; si bien que par ung sabadi, IIIᵉ jour du mois d'aoust, la femme revint au logys, conduicte et reconfortée par aulcuns parents et amis, ès quelz le mari fist grande chère et les abreuva-t-il avec moult bon vin ; puis ilz se retirèrent aprez force grands mercys, et eulx deux passèrent la nuict, dormant ens la mesme couche, à celle fin qu'il ne parust umbre de mauvays mesnage. Le lendemain qu'estoit ung dimanche, ils dinèrent ensemble de tous bon accord, et aulcuns prétendent que divers parents feurent de ce banquest, et qu'au despartir le mari les remercya aveques doulces caresses et leur dist que s'ilz venoient souper, il lez festineroit plus largement et plus joyeusement : toutes fois cecy n'est pas bien avéré ; ce qui est plus seur, c'est que dabord qu'ilz feurent sortis, il envoya sa chambrière au presche et qu'il donna congié à deux enfants desjà grandelets qu'il avoit d'une première femme, pour aller achepter des poyres. Estant ainsi demoré seul en son logys, il ferma l'huis au verrouil, et le misérable forcené de la male rage de sa jalousie frappa à mort d'un coup de dague sa femme, touste enceinte qu'elle estoit, et aprez elle il occist une pauvre innocente fillette asgée de quatre ans tant seulement, laquelle estoit le premier enfant qu'il en avoit eu : ceci faict, il escript, parmi ces cadavres, aveque leur sang, une lettre au conseil de la ville; puis il monte à grande haste à la plus haulte fenestre de son logys, et de là aprez avoir crié pitoyablement trois fois Jesus, il se précipite furieusement dans la rue, où sa cervelle escachée s'espandit sur le pavement : il avoit estaché à son hault de chausses la lettre ci-devant mentionnée, qui portoit ce qu'il avoit faict, ce que vouloit faire et pourquoy ainsy faisoit. J'ai occis, disoit-il, ma femme, pour ce que m'avoit confessé son adultère et que par ainsy méritoit peine de mort. J'ai occis ma fillette, à celle fin que nul pust lui faire vergogne et vitupère du crime de sez parents. Je me suis deffaict moy mesme, estant mon propre bourreau, par crainte que la justice ne me fist mourir dans les tourments et tortures. En effect on sévit sur son cadavre ; aprez lui avoir rompeu bras et jambes, il fut exposé sur une haulte roue et par aprez caché dans un tonneau et jecté dans l'Aar. Quest-il advenu de sa pauvre ame ? Dieu le sçait. Ce crime fust tant atroce et tant inopiné, que le vieulx père de la femme en perdist le jugement, et que le frère du mary en devinst tellement fol qu'il fallust le lier. Aulcuns soubtiennent que cest enragé jaloux estoit perturbé de mélancholie et quasy démoniacque par obsession diabolicque. Aultres prétendent qu'à la male heure de sa honte descouverte, il avoist meschamment blasfémé, maugréant et renyant Dieu comme ung marane, et que Dieu s'estoit retiré de luy, comme du roy Saül, pour le laisser à sa malice désespérée. Quoi qu'il en soit, touste la cité de Soleure fust en grand deuil et esmoy, quand cest affaire fust divulgué, et sembloit-il que la malédiction y fust tumbée, tant les braves gens estoient descoufits de cette sanglante tragédie, qui oncques n'eust sa pareille en ce misérable monde, que je sache; aussi fault-il, quand bien mesme la chose est contre nature humaine et de toust poinct détestable, qu'elle soit remembrée, à ceste fin qu'elle reste en exemple et souvenance à perpétuité, pour destourber touts et ung chascun de l'adultère, par la considération des horrificques et damnasbles playes qui s'ensuibvent de cette male peste. »

DORNACH est un bourg situé sur la Birse : c'est dans son église que reposent les cendres de Maupertuis, mais la pierre sépulcrale a disparu. Les environs sont fertiles et pittoresques. Des ruines du château de *la Schartenflouh* on jouit des points de vue les plus beaux et les plus variés. On passe à Dornach la Birse sur un beau pont; en 1813, un débordement de cette rivière renversa une des arches, et coûta la vie à 37 personnes.

Ce lieu est devenu célèbre par la victoire que les confédérés remportèrent pendant la guerre de Souabe, le 22 juillet 1499.

A l'approche de l'armée de l'empereur, commandée par le comte Henri de Furstenberg, dit un chroniqueur suisse, l'avoyer Conrad de Soleure avait rassemblé autour de la grande bannière de la république 1,500 Soleurois environ ; Zürich, craignant pour ses frontières, n'en avait envoyé que 400, sous le commandement du brave colonel Goldlin. Ces 1,900 hommes, rémis aux 3,400 Bernois qu'amenaient, au secours de leurs frères, Gaspard Stein et Rodolphe d'Erlach, formaient toutes les forces des confédérés ; mais, parmi les officiers, on comptait plusieurs Suisses dont la valeur et l'expérience étaient éprouvées : c'étaient Benedict Hugi, de Soleure ; Urs Rochti, banneret du canton ; Jacques Stapfer, qui portait la bannière de Zürich ; Conrad Vogt, banneret de Berne ; Gaspard Wiler, son porte-enseigne, et Adam Willading, le seul de ces braves guerriers qui, expirant sur le champ de bataille, ne rentra point vainqueur dans les murs de sa patrie.

L'armée du comte de Furstenberg s'élevait à plus de 18,000 combattans, parmi lesquels on distinguait 4,000 vieux soldats, que l'empereur avait amenés de Gueldre, et 3,000 cavaliers flamands et bourguignons.

Le comte Henri, certain de la victoire, avait permis à ses soldats de se livrer aux plaisirs, et comme de temps en temps quelques boulets allaient frapper les vieilles tours de Dornach, le lieutenant de Maximilien rêvait déjà la conquête de tout le pays.

De leur côté, les Suisses n'avaient pas perdu un moment ; ils s'étaient rassemblés à la hâte et marchaient à l'ennemi sur plusieurs colonnes, afin de tomber à la fois sur les trois camps qui investissaient Dornach.

Dans ces temps-là les soldats suisses ne se distinguaient que par une croix d'étoffe blanche, placée sur la poitrine, et les Impériaux portaient la croix rouge de Bourgogne. L'avoyer Conrad, se défiant du petit nombre des confédérés, leur fit prendre la croix rouge par-devant, et placer une croix blanche sur le dos, afin que, trompant les ennemis, ils pussent se reconnaître entre eux. Il arriva ainsi, sans être aperçu, à la tête de ses 1,500 Soleurois, qui formaient l'avant-garde, jusqu'au pied du château de Dornach. Les Autrichiens les prirent d'abord pour un renfort que leur envoyait l'empereur, mais ils furent presque aussitôt désabusés, car les Suisses les mirent en fuite à grands coups de piques et d'épées à deux mains. La colonne du milieu, embarrassée dans des chemins creux et des haies épaisses, fut moins heureuse, et le troisième corps, qui avait côtoyé la gauche, forcé de se replier avec perte sur le centre, le mit un moment en désordre : ce fut au bord de la Birse que le combat s'engagea avec le plus d'opiniâtreté. A la première nouvelle de cette attaque inopinée, le comte de Furstenberg monte à cheval, rallie ses troupes d'élite, marche droit vers les Suisses, tourne son artillerie contre eux, et ordonne aux soldats de Flandre et à la cavalerie de Gueldre de les prendre en flanc. Le nombre des Impériaux, la mort que vomit dans les rangs des soldats des cantons leur formidable artillerie, semblent l'emporter sur l'héroïsme helvétique ; la petite garnison de Dornach tente inutilement de seconder les confédérés par une seconde sortie. Les Suisses vont périr sous les coups de leurs ennemis, quand le comte Henri, qui veut, à force de valeur, réparer son imprévoyance, tombe mort, au milieu de ses plus vaillans officiers, non loin du pont de la Birse. Ces vieux guerriers se serrent autour du corps de leur général, jurent de le venger ; mais la nouvelle de sa mort, le difficultés d'un sol difficile et l'approche de la nuit, favorisent les troupes du canton, et causent chez l'ennemi un désordre qui lui devient funeste.

Cependant la victoire était encore incertaine, quand tout à coup on commence à distinguer sur le coteau voisin deux bannières qui s'avancent avec rapidité. L'un et l'autre camp flotte entre la crainte et l'espérance. La victoire ou la défaite va dépendre de l'assistance de ces nouvelles troupes, suivant qu'elles sont amies ou ennemies ; mais soudain un cri de joie s'élève des bataillons helvétiques : ils ont reconnu leurs frères de Lucerne et de Zug, qui, ayant appris à Winterthur, que Dornach était menacée par les Impériaux, arrivent en hâte d'Arlesheim pour secourir leurs amis les Soleurois. Les Lucernois, commandés par le brave Feer, qui avait fait son apprentissage dans les champs de Morat, se précipitent tête baissée sur la cavalerie impériale et la poussent jusqu'au pont de la Birse, déjà obstrué de cadavres et qui refuse un passage aux fuyards. Là Henri Rhan, de Zurich, ayant terrassé le banneret de Strasbourg, lui arrache avec la vie son drapeau tout couvert de sang ; Laurent Brandenberg, de Zug, s'empare aussi avec une rare valeur de la grande bannière d'Einsisheim. La défaite des Autrichiens eût été complète, si la nuit eût permis de les poursuivre ; quatre mille des plus braves soldats de l'empire restèrent sur le champ de bataille, entre autres Conrad d'Urenheim, Arbogast de Kageneck, Mathias, le dernier de l'antique maison de Castelwart, et le vieux comte de Pitsch.

La perte des cantons ne s'éleva pas à plus de deux ou trois cents hommes ; mais la patrie perdit deux de ses guerriers les plus illustres, le banneret de Lucerne, Rodolph Haas, qui, après s'être couvert de gloire quelque temps auparavant au combat d'Ermatinsen, fut mortellement blessé au moment où commençait la déroute des Autrichiens, et Paul Lewensprung, peintre lucernois qui, disait-on, savait aussi bien manier les armes que le pinceau. Entre les officiers qui s'illustrèrent dans cette sanglante journée, Collin, banneret de Zug, contribua surtout à la déroute des ennemis. Les Suisses entrèrent dans le camp des vaincus et s'emparèrent d'un butin riche et glorieux : 20 canons, dont plusieurs aux armes d'Autriche, les grandes bannières de Fribourg en Brisgau, d'Einsisheim, de Strasbourg, et 7 autres drapeaux allèrent décorer les arsenaux des vainqueurs. Suivant l'antique usage de la nation, les soldats des cantons remercièrent immédiatement Dieu de ce succès inespéré, et restèrent trois jours sur le champ de bataille, sachant mieux vaincre que profiter de la victoire. Quelques années plus tard une chapelle élevée à Dornach rassembla sous ses voûtes les ossemens des victimes de l'ambition autrichienne, et conserva le souvenir des tristes scènes dont ces lieux furent si souvent les témoins.

Olten. — Cette petite ville est située sur l'Aar, au pied du Jura, dans une contrée plus cultivée que fertile mais agréable. Des collines l'entourent de toutes parts. Malgré l'inégalité du sol, elle est bien bâtie. La façade de l'église paroissiale est belle ; les routes de Bâle, de Soleure, de Lucerne et d'Aarau, qui se réunissent à Olten, et la navigation de l'Aar donnent à cette jolie ville un aspect animé. On remarque deux inscriptions romaines sur un mur situé près du pont de l'Aar. Du château de Wartbourg on jouit d'une vue très-étendue ; le Wysenberg en offre une plus belle encore.

Mumliswyl. — Le Limmerbach, qui sort d'une gorge remarquable près de la route du mont Wasserfall, traverse le beau village de Mümliswyl, du côté du défilé près duquel s'élève l'antique château de Falkenstein. C'est là qu'on prépare le *geiskase* ou fromage de chèvres, si estimé en Suisse.

CURIOSITÉS NATURELLES.

L'hermitage de Sainte-Vérène. — Un chemin très-pittoresque, pratiqué le long d'un ruisseau et bordé de rochers, conduit en une demi-heure de Soleure à l'hermitage de Sainte-Vérène, remarquable par sa situation romantique et fondé vers la fin du XVIIe siècle par un anachorète égyptien.

On entre dans une petite vallée, et l'on aperçoit au pied d'un rocher ce joli hermitage, habité par un solitaire, qui vous conduit avec empressement à la chapelle taillée dans le roc, et où le vendredi saint, chaque année, les Soleurois viennent en foule faire leurs dévotions. On montre aussi le lieu où, selon la légende, sainte Vérène s'attacha au roc pour résister au torrent qui menaçait de l'engloutir, et à Satan qui, irrité de sa chasteté, essaya vainement de l'écraser sous d'énormes blocs de rocher.

Le Weissenstein. — Vis-à-vis de la ville de Soleure sont situées, au N.-O., les montagnes de Weissenstein et du Hasenmatt, dont de la plaine on distingue parfaitement les chalets élevés. La vue qu'on découvre de ces sommités est d'une beauté inexprimable. Quand on est à pied, on met 2 ou 3 heures pour aller depuis Soleure jusqu'à ces délicieuses stations ; mais on peut faire commodément la route à cheval et même en chariot. On passe par *Oberdorf;* puis le chemin se partage : à gauche, on entre dans une gorge qu'il faut suivre pour atteindre le *Weissenstein-Postérieur* (der Hinter Weissenstein); le chemin à droite mène au *Weissenstein-Antérieur* (Vorder Weissenstein). Avant d'atteindre le sommet de la montagne, on rencontre, vers la droite, un chalet où l'on peut passer la nuit si l'on veut voir la chaîne des Alpes illuminée par les feux de l'aurore ou du soleil couchant. On découvre de cette admirable station toute la vallée, parsemée de collines, qui sépare les Alpes du Jura, et dont la largeur est de 12 à 14 lieues : on jouit de l'aspect sublime des Alpes, que l'on voit s'étendre de l'E. à l'O. sur une ligne de 130 à 140 lieues de longueur, et dans laquelle, vers le sud, les regards pénètrent à la distance d'environ 30 lieues du Weissenstein ; on embrasse en effet cette chaîne immense depuis les confins du Tyrol jusque bien au-delà du Mont-Blanc, du côté S.-O., et l'on aperçoit dans sa largeur, au sud, les sommités du Mont-Rosa, du Cervin et des Weisshorner, montagnes placées sur la frontière du Valais et du Piémont. Le Jura n'offre aucune autre station d'où l'on puisse ainsi découvrir toute la chaîne des Alpes. Par un temps pur et serein, on voit d'abord, au moment où le soleil se lève, la cime du Mont-Blanc, quoique éloignée de plus de 40 lieues de distance, s'illuminer, s'embraser des feux du soleil, tandis que les innombrables sommités de la chaîne entière sont encore dans l'ombre. Après le Mont-Blanc, c'est le Finster-Aarhorn, qui est situé à environ 30 lieues au N.-E. du Mont-Blanc, qui s'éclaire ; puis à l'E., on distingue distinctement le Sentis, au canton d'Appenzell. Vis-à-vis du Weissenstein est situé le Niesen, derrière lequel s'élève la *Blümlis-Alpe*, puis l'*Alt-Els* et le *Bietschhorn*; dans le lointain le plus reculé, les pics du Mont-Rosa ; et un peu plus à l'O., l'aiguille élancée du Cervin ; à ses pieds on voit briller les lacs de Morat, de Bienne et de Neuchâtel, ainsi qu'une quantité de villages, de hameaux, de collines et de montagnes.

Bains d'Attisholz. Les bains d'Attisholz sont les plus considérables du canton. Dans les belles soirées d'été, les malades ou les étrangers rassemblés aux eaux d'Attisholz tentent quelquefois au clair de lune une excursion sur le Hasenmatt. On s'achemine par les prés et les villages voisins jusqu'à une hauteur où est situé un *chalet d'été;* puis, après avoir pris quelque repos, on se remet gaîment en route avant l'aurore pour gravir le *Rhœte*. Du haut de cette montagne l'œil plonge sur la vallée qui s'étend le long du Jura, sur les sombres masses des forêts, sur le cours de l'Aar et de l'Emme, enveloppés de brouillards épais ; enfin sur les champs nombreux qui couvrent les plaines ; mais les regards se portent de préférence à l'horizon pour jouir d'un coup-d'œil non moins imposant, celui du groupe des Alpes, depuis les Grisons jusqu'au Mont-Blanc, étincelant de clarté ; tandis que des lacs disséminés dans les intervalles des montagnes, et la vaste vallée qui sépare le Jura des Alpes et que couvrent d'innombrables villes, hameaux et villages entremêlés de verdure, produisent sur les spectateurs des sensations moins imposantes, mais plus variées et plus agréables.

BIOGRAPHIE.

Un des historiens du canton de Soleure est Henri-François Haffner, qui fut long-temps chancelier du sénat. Il devint aveugle, et, pour charmer ses loisirs, il entreprit de rédiger une histoire de son canton en forme de chronique. Malgré sa cécité, ce travail lui fut facile, parce qu'il connaissait parfaitement les sources où il fallait puiser, et qu'il avait une mémoire prodigieuse. Sa fille, comme une autre Antigone, servait de guide à son vieux père dans ses promenades aux environs de Soleure, et faisait auprès de lui dans sa maison l'office de secrétaire ; elle écrivait sous sa dictée, déchiffrait les vieilles chroniques, consultait les anciens manuscrits et vérifiait les dates douteuses : aussi Haffner l'en remercie-t-il tendrement dans de jolis vers latins qui se trouvent à la fin de sa *Chronique du canton de Soleure*, imprimée à Soleure en 1666.

Le duc de Bourgogne, Philippe le Bon, père de Charles le Téméraire, étant venu à Soleure en 1453, cette ville le défraya, lui et sa nombreuse suite, pendant 3 jours. Il est curieux de lire le compte des dépenses faites à cette occasion et que Haffner a consigné dans sa chronique.

	liv.	s.	d.
Viande de bœuf.	28	5	
Pain.	18	10	
Vin.	46	12	8
Poisson.	32		
Flambeaux de cire.	10	2	
Pâtisserie.	71		
Menus plats *in variis*.	10		
30 messes pour la conservation du duc.	1	10	
Frais d'écurie pour les chevaux.	35	14	
	253	13	08

Le duc fut très-satisfait de cette réception qui ne lui coûtait rien; il en fit, avant son départ, ses remercîmens au conseil de Soleure et les réitéra à une députation des premiers magistrats qui l'accompagna à cheval jusqu'à Neuchâtel.

Parmi les hommes de guerre que Soleure s'honore de compter au nombre de ses citoyens, nous citerons le colonel Wolfgrand GREDER, l'un des officiers suisses au service de France, au dix-septième siècle. La ville d'Aire ayant été prise par Louis XIII, le 26 juillet 1641, le roi chargea Greder de la garde de cette conquête. Aire fut quelque temps après assiégée par les Espagnols; elle manquait d'approvisionnemens de toute espèce, et une partie des habitans et de la garnison périt de faim. Un chien coûtait 22 livres, dit une relation contemporaine; un chat, 12 livres; un rat, 30 sols; enfin les soldats étaient réduits à faire bouillir le cuir de leurs bandoulières pour le manger. L'argent avait totalement disparu : Greder fit fondre son argenterie et battit monnaie pour payer sa troupe. On conserve encore à Soleure quelques-unes de ces pièces *obsidionales*; elles sont carrées et n'ont d'empreinte que d'un côté, où on lit : LUD XIII REX PIUS JUSTUS INVICTUS ARIA VNO A BIS OBSESSA 1641. (*Louis XIII, roi pieux, juste, invincible ; Aire deux fois assiégée la même année* 1641). Greder succomba aux fatigues du siège et mourut. Après sa mort, la famine, augmentant chaque jour, força la place à se rendre aux Espagnols, qui y entrèrent le 17 décembre 1641; mais le régiment suisse, six fois décimé par la faim, en sortit avec les honneurs de la guerre.

Au nombre des femmes qui ont honoré la Suisse et dont le souvenir doit être sauvé de l'oubli, il faut placer Barbe de ROLL, d'une ancienne et noble famille de Soleure. Distinguée par sa beauté, par son esprit, par ses connaissances variées, elle épousa un gentilhomme de la maison de Luternaw. Veuve peu de temps après son mariage, elle ne renonça point au siècle pour s'ensevelir dans un couvent; mais elle resta dans le monde pour l'embellir. Comme elle avait aimé la botanique dès son enfance, elle consacra son temps à étudier la vertu des plantes et à soigner les pauvres malades de Soleure et des environs. Les cures miraculeuses qu'elle fit étendirent au loin sa réputation. On vint la consulter de tous les pays. Des princes, des seigneurs illustres, se confièrent à ses soins et furent guéris. La pureté de ses mœurs et sa douce piété, jointes à ses succès en médecine, la firent regarder comme ayant reçu du Ciel une mission angélique, et plus d'un malade crut voir en elle une sainte. Elle parcourait les Alpes pour cueillir les plantes, qu'elle préparait ensuite elle-même, et chaque matin elle commençait sa journée par visiter les pauvres malades de la ville et de la campagne. Comme elle avait fait le bien sans faste ni ostentation, quand elle mourut, elle demanda comme une grâce qu'on ne consacrât à sa mémoire ni monument ni épitaphe : aussi ignore-t-on aujourd'hui la date de la naissance et de la mort de cette bienfaitrice de son pays. On sait seulement qu'elle vivait au milieu du seizième siècle, par une lettre que le professeur Glareanus écrivait, en 1553, à Jérôme de Roll, neveu de Barbe de Roll, en lui envoyant son poëme latin sur la Suisse : *Descriptio et panegyricon Helvetiæ*. Dans cette épitre, il dit : « Qu'on croit trouver dans cette dame, également belle et aimable, un autre Hippocrate ou un autre Mithridate ; tant elle connoit bien les vertus des plantes. A combien de malades abandonnés des médecins n'a-t-elle pas rendu la santé ! A qui a-t-elle jamais refusé ses soins et ses remèdes ! De toute l'Allemagne on vient à elle comme à un second Esculape. Elle est vraiment la ressource du pauvre et la consolation du riche : et tout ce travail, pourquoi s'y livre-t-elle ? est-ce pour s'enrichir ? non : elle fait le bien uniquement pour le plaisir de le faire ; aussi je ne souhaite à personne une plus longue vie qu'à celle qui a conservé la vie à tant de gens. Sa louange est, il est vrai, au-dessus de mes faibles talens.... mais je veux que la postérité sache que la Suisse en général et Soleure en particulier ont plus raison de se glorifier de cette femme admirable, que j'appelle une *héroïne*, que les Scythes de leur Tomyris, ou les Romains de leur Lucrèce... Et toi, mon cher Jérôme ! suis les conseils de ta tante, et que son exemple t'excite à tout ce qui est honnête et bon. »

HISTOIRE NATURELLE.

GÉOLOGIE.—On voit une multitude de blocs de gneiss et de granit épars entre Soleure et le Jura; la plupart de ces débris ont conservé leurs côtés tranchans. Ces fragmens des montagnes primitives abondent sur le Jura, même du côté de Bienne et de Lengnau, à l'O., au-dessus de Witlisbach, au N. Tous ces débris ont été amenés dans ces lieux du sein de la chaîne des Alpes par les torrens. Ceux qu'on trouve sur le revers du Jura, dans la direction de l'O., depuis les environs de Soleure jusqu'au-dessus de Bienne, de Neuchâtel et de Grandson viennent de la chaîne primitive du Grimsel, des *Aarhorner*, des *Viescherhorner*, etc. Tous ceux au contraire qu'on rencontre au N. des environs de Soleure, du côté de Witlisbach jusqu'à la Clus, sont venus des montagnes voisines du *Crispalt*, qui fait partie de la chaîne primitive des Grisons, ainsi que les Alpes du canton d'Uri. Les granits que l'on trouve du côté de Lengnau sont aussi d'une espèce différente que ceux des environs de Witlisbach.

Règne végétal. — Le canton de Soleure possède une grande variété de plantes. Sa flore renferme plusieurs espèces rares et curieuses : on distingue surtout le *Thlaspi saxatile*, l'*Arundo donax*, l'*Anagallis tenella*, l'*Ulex europæus* et la *Fritillaria meleagris*.

CULTES.

La religion catholique, apostolique et romaine, est la religion du canton de Soleure, à l'exception de quatre paroisses réformées situées dans la préfecture de Bucheggberg. Le pays relève de l'évêque de Bâle et de Soleure, qui réside à Soleure, et dont la juridiction s'étend sur toute la partie N. O. de la Suisse ; cet évêque a un vicaire-général et un chapitre de chanoines.

Il y a en outre à Reinweil un couvent de bénédictins, fondé en 1085 ; à Soleure, un couvent de franciscains, fondé en 1280, et trois couvens de capucins ; un à Soleure, fondé en 1588 ; un à Olten, fondé en 1646, et un à Dornach, fondé en 1627. Il existe encore quatre couvens de femmes à Soleure : l'un, de l'ordre de Saint-François, fondé en 1644 ; l'autre, de l'ordre de Sainte-Claire, fondé en 1617 ; le troisième, de l'ordre de Saint-Lazare, fondé en 1644, et le dernier, de sœurs de l'Hôpital, fondé en 1350.

En 1827, on comptait dans le canton 98 moines, 123 religieuses et 127 ecclésiastiques séculiers : en tout 348 ecclésiastiques ou un sur 150 habitans. La ville de Soleure, peuplée de 4,500 âmes, comptait à elle seule 65 ecclésiastiques ou un sur 69 habitans.

ADMINISTRATION PUBLIQUE.

Parmi les établissemens publics que possède la ville de Soleure, on remarque une prison construite sur un plan particulier, et dans laquelle l'usage des chaînes est rendu superflu par l'extrême solidité des cachots, bâtis de manière à ôter au malfaiteur le plus robuste et le plus inventif toute possibilité d'évasion. « Il serait digne du zèle éclairé du *comité central des prisons*, dit un de nos écrivains, d'envoyer sur les lieux un commissaire chargé d'examiner avec soin et en détail la construction de ces édifices, et de visiter en même temps la nouvelle *maison pénitentiaire de Genève*. Le plus sûr moyen d'améliorer l'état moral des prisonniers est de commencer par rendre l'existence matérielle de ces malheureux, sinon douce (ce serait aller contre le but de leur reclusion), du moins aussi tolérable que possible. Le principe d'après lequel les États-Unis ont institué leurs maisons *pénitentiaires* me paraît dicté par une philantropie aussi élevée qu'éclairée. Le dernier degré de sévérité exercée dans ces établissemens envers les détenus, consiste à les enfermer seuls et dans une obscurité complète : les criminels les plus endurcis ne résistent pas à l'efficacité de ce traitement. On en a vu des exemples extraordinaires ; il serait à désirer qu'on en fit l'essai dans nos bagnes. »

AGRICULTURE. — INDUSTRIE. — COMMERCE.

Il n'y a aucun canton en Suisse où la culture des champs occupe plus de bras, en proportion de la population, que dans celui de Soleure. Les Soleurois ont beaucoup d'arbres fruitiers, mais ils cultivent peu la vigne.

Il y a à Soleure des manufactures et des imprimeries de toiles de coton, à Olten des fabriques de bas et de bonnets ; Mümliswyl et Kriegstetten possèdent plusieurs papeteries. On fabrique des cartes à Balstall. Le commerce consiste surtout dans l'exportation des chevaux, des bêtes à cornes, des fromages, de l'eau de cerises (*kirschewasser*), du bois à brûler et du marbre.

POPULATION.

Le canton de Soleure renferme 53,000 habitans. En 1808, sa population était répartie de la manière suivante, dans les 9 districts ou préfectures du canton :

Soleure.	3,639 âmes.
Bucheggberg.	3,933
Kriegstetten.	5,030
Lebern.	5,652
Balstall.	8,451
Olten.	6,530
Gosgen.	5,409
Dornach.	4,210
Thierstein.	4,848
	47,702

BIBLIOGRAPHIE.

Description topographique, physique et politique du canton de Soleure, 1 vol. in-8.

Almanach helvétique (année 1813), 1 vol. in-18.

CANTONS DE BALE.

(BALE-VILLE. — BALE-CAMPAGNE.)

TOPOGRAPHIE.

SITUATION, ÉTENDUE. — Le canton de Bâle est situé dans la partie septentrionale et occidentale de la Suisse; il est entouré en grande partie par le canton de Soleure, et est aussi borné par les cantons de Berne et d'Argovie, par le grand duché de Bade et par la France. Depuis 1832 le pays a été divisé en deux cantons, *Bâle-Ville* et *Bâle-Campagne*. Ce dernier a pour chef-lieu Liestall. La surface du pays est de 23 lieues carrées et 713 millièmes.

Les environs de la ville de Bâle, capitale de *Bâle-Ville*, présente une plaine riante qui s'étend jusqu'au Jura, à la Forêt-Noire et à la chaîne des Vosges; les nombreuses collines, qui en rompent l'uniformité, sont partout cultivées, et de jolies habitations ou des forêts en ornent le sommet; les parties les plus fertiles du pays sont celles qui s'étendent entre Bâle, Augst, Sissach et Liestall, jusqu'au canton de Soleure; les flancs du Jura sont recouverts de forêts de sapins.

MONTAGNES. — La partie du Jura qui sépare Valdenbourg de Ballstall (canton de Soleure), se nomme *Ober-Hauenstein* ou *Hauenstein supérieur*, et est traversée par la grande route qui conduit de Bâle à Soleure et à Berne; on appelle *Nieder-Hauenstein* ou *Bas-Hauenstein*, cette partie du Jura qui sépare Hombourg de Olten. On donne les noms de Schafmatt et de Wasserfall, aux parties du Jura qui s'étendent à droite et à gauche de celles dont nous venons de parler; nulle part ces montagnes n'atteignent à une hauteur de plus de 4,000 pieds au-dessus du niveau de la Méditerranée. Parmi les sommités les plus élevées du canton, on distingue le *Rothenflue* qui se rapproche du canton d'Argovie; le *Schafmatt* et le *Schauenburgerflue*, d'où l'on jouit d'une vue très-étendue, et le *Viesenberg* qui s'élève au-dessus de Rumigen et d'Oltingen.

RIVIÈRES. — Les principales rivières du pays, sont le *Rhin* et la *Birse*. Le premier sert de limite au canton pendant deux lieues et demie environ, et le traverse à Bâle et aux environs de Bâle. La Birse, torrent large et impétueux, se jette dans le Rhin, à une demi-lieue au-dessus de Bâle; les autres rivières du canton ne sont en quelque sorte que des ruisseaux. Ce sont la *Birsig*, qui traverse la Lementhal et qui se jette à Bâle dans le Rhin; la *Viesen*, qui prend sa source dans la Forêt-Noire et qui se réunit au Rhin; l'*Ergelz* ou *Ergoltz*, qui prend sa source sur le *Schafmatt*, reçoit un grand nombre de ruisseaux, traverse une partie considérable du canton, et vient enfin se jeter dans le Rhin à Augst; l'*Orisbach* qui traverse l'Oristhal, et marque dans quelques endroits la limite des cantons de Soleure et de Bâle, la *Frenke*, etc., etc.

HISTOIRE.

Le pays de Bâle faisait, du temps des Romains, partie de la Rauracie, dont Augst était la capitale. A. Marcellin, l'un des chefs de l'armée romaine, et qui en 374 avait assisté à tous les événemens militaires dont les bords du lac de Constance et du Rhin furent le théâtre, parle, dans le XXX° livre de son histoire, d'un château-fort nommé *Basilia*, construit 16 ans auparavant par Valentinien Ier. Ce château, avec un *palatium*, occupait la place de la cathédrale actuelle qui porte encore aujourd'hui le nom de *Pfalz*. L'an 1576, on trouva des médailles romaines de divers empereurs romains, en creusant dans une des caves voisines de cette place. Après la destruction d'*Augusta Rauracorum* (Augst), un grand nombre des habitans établirent leur domicile à Bâle, qui reçut bientôt aussi un nouvel accroissement, par la translation du siège épiscopal dans ses murs. La ville fut dévastée en 917 par les Huns. L'an 1019, l'évêque Henri II fit construire, au bord du Rhin, la vaste terrasse et la cathédrale qu'on y voit aujourd'hui. Vers la fin du XI° siècle, Bâle était la plus grande de toutes les cités de l'Helvétie et de la Rhétie. Pendant tout le XIII° siècle, cette ville eut à lutter contre l'oppression de la noblesse dont les châteaux l'environnaient de toutes parts. En 1202, Bâle fut le lieu de rassemblement que choisirent les croisés français qui, dans la suite, s'emparèrent de Jérusalem. Le pont du Rhin fut bâti en 1225; et, l'année suivante, on entoura de murs le *petit Bâle*.

Le XIVᵉ siècle fut très malheureux pour les Bâlois : en 1312, la peste en fit périr 1400 ; et en 1356, pendant la nuit du 18 au 19 septembre, dix secousses de tremblement de terre renversèrent presque toute la ville ; le feu, qui se propagea dans les rues, augmenta le désastre ; 100 maisons seulement restèrent debout. Cependant, dès l'an 1365, Bâle se retrouva plus populeuse qu'avant cette terrible catastrophe. Ce fut en 1392 que le *grand Bâle* acheta le *petit Bâle*.

La mémorable bataille de Saint-Jacques eut lieu en 1444. La guerre civile désolait la Suisse. Le lien général de la confédération helvétique semblait prêt à se rompre. Zürich voyait, au pied de ses remparts, les troupes des sept cantons, et les secours de l'Autriche n'avaient pu empêcher ni ce siège, ni celui de Farnsburg. Tout à coup une armée entière paraît sur la frontière. Ce sont les Armagnacs, commandés par le dauphin Louis de France. Menacé par ces troupes aguerries, Bâle demande en hâte l'assistance de ses confédérés les plus voisins, et rappelle dans ses murs 150 volontaires de Walenbourg et de Liestall que Seevogel a conduit au siège de Farnsburg. 1200 Suisses sont détachés des 4000 hommes qui bloquent Zürich, et reçoivent l'ordre de repousser l'armée française et d'entrer dans Bâle. Ils partent... Ces braves gens n'ont pas oublié qu'un des articles de la convention de Sempach porte que chaque Suisse sacrifiera, s'il le faut, sa vie à sa patrie, et que ce serment a été depuis peu renouvelé à Zug, au nom de tous.

Le 26 août, au point du jour, un premier engagement a lieu entre les Suisses et les troupes commandées par le comte de Dammartin ; celles-ci, malgré leur nombre et leur valeur, sont repoussées et se replient vers Muttenz, où elles trouvent un nouveau corps considérable. Là, commence un second combat plus opiniâtre que le premier. La victoire reste encore aux troupes des cantons. En vain, un courier, dépêché de Bâle, vient leur apprendre que l'entrée de la ville est impossible ; leur bouillant courage n'écoute ni ordre, ni conseil ; ils obligent leurs bannerets à se mettre à leur tête et marchent en colonnes serrées vers le pont de Saint-Jacques, défendu par une batterie de canons, hérissé de piques, et gardé par 8000 Armagnacs. Un combat meurtrier s'engage, le dauphin fond lui-même sur eux, à la tête d'une colonne nombreuse, mais ces braves guerriers renversent tous les corps qu'ils rencontrent ; 500 environ se dirigent du côté de Bâle et gagnent l'hôtel de Saint-Jacques, dont les hautes murailles semblent leur promettre une défense plus longue et plus sûre. L'autre moitié se jette dans une petite île de la Birse ; là, percés de flèches, écrasés par les pierres qu'on lance du haut du pont sur leurs têtes et foudroyés par l'artillerie, cette poignée de héros vend chèrement sa vie. Les plus intrépides renvoient à l'ennemi des flèches encore teintes de leur propre sang, ou, la hache à la main, ils vont lui disputer les cadavres des leurs, les chargent sur leurs épaules et les rapportent en triomphe au milieu de leur bataillon, comme si, morts ou vivans, nul d'entre eux ne devait s'éloigner de ses drapeaux. Tant qu'ils aperçoivent les bannières sacrées, le combat continue avec l'acharnement du désespoir ; mais bientôt chaque banneret succombe, et le noble signe de ralliement disparaît à leurs yeux. Les armes antiques de la patrie roulent dans le sang et dans la poussière : le banneret de Glaris échappe seul ; couvert de 7 blessures, il est trouvé respirant encore sous un monceau de cadavres, deux jours après le combat.

Vainqueur de cette héroïque troupe, le dauphin réunit toutes ses forces contre les 500 confédérés retranchés dans l'hôpital de St-Jacques. Bientôt les murs sont renversés, de tous côtés les flammes entourent les Suisses, mais ils ne mourront pas seuls. Ceux que le feu a épargnés ou qui n'ont pas péri sous les débris des murailles qui s'écroulent, se rassemblent sur la brèche et tombent sur les corps entassés de leurs ennemis et de leurs compagnons, « bien moins vaincus que fatigués de vaincre, » dit un historien contemporain. De Pratrelen à St-Jacques, 1,200 Suisses et 9,000 Français couvrirent de leurs cadavres les plaines des anciens Rauraques.

A la nouvelle du désastre de St-Jacques, les sièges de Farnsburg et de Zürich furent levés spontanément. On craignit que le dauphin ne se bornât pas à ce premier succès, et une armée composée de tout ce que la Suisse possédait de plus vaillant, se disposa à marcher à sa rencontre. Mais, plus chagrin que joyeux d'une victoire achetée au prix de tant de sang, et jugeant de la résistance des Suisses réunis, par celle du petit nombre qu'il avait vaincu avec tant de peine, Louis rechercha l'amitié de ces braves guerriers, retira ses troupes de leur territoire, et signa avec eux la paix à Eisisheim. Longtemps après, quand Charles-le-Téméraire refusant tout accommodement, s'avançait vers Grandson, plein du souvenir de cette mémorable bataille, Louis dit à ses courtisans : « Mon cousin Charles ne sait pas encore, comme moi, à quelle nation il aura à faire. »

Le XVᵉ siècle fut à la fois fécond en circonstances malheureuses et en événemens propres à accroître la prospérité de cette ville. Comme presque tout le reste de l'Europe, elle fut ravagée par la peste de 1438 et 1481. Le concile de Bâle, qui se tint dans cette cité, depuis l'an 1431 jusqu'en

Biel.

1448, fut une des assemblées les plus nombreuses qui aient jamais eu lieu dans l'église chrétienne. Le but des pères était de reprendre la réforme différée lors du concile de Constance, de ramener les Hussites, et d'opérer la réunion des églises d'Orient et d'Occident. L'an 1439, Amédée V, duc de Savoie, fut élu pape, par le concile, sous le nom de Félix V.

L'Université de Bâle, si long-temps célèbre dans toute l'Europe, fut fondée en 1460. La bourgeoisie de Bâle s'était adressée au pape Pie II, qui jeune et pauvre encore, était venu à Bâle, pendant le concile, pour obtenir sa permission, celui-ci l'accorda par une bulle qui fait honneur à sa mémoire. « Rien de plus grand, dit le pape dans cette bulle, n'a été accordé aux mortels que de mettre en œuvre la perle de la science; c'est elle qui rend le fils du pauvre utile au monarque; elle retire de la poussière l'âme immortelle de l'homme; elle est le seul bien qui s'accroisse par la communication. » Il n'existait, à cette époque, d'autres universités que celles de Bologne, de Paris, de Cologne, de Heidelberg, de Fribourg en Brisgaw, d'Erfurt et de Vienne.

Au milieu des guerres et des luttes perpétuelles, que Bâle eut à soutenir pendant le XVe siècle, l'industrie, le commerce et les arts s'élevèrent au plus haut degré de prospérité, et l'acquisition d'un territoire d'une certaine étendue en fit une république considérable que les Suisses reçurent, en 1501, dans leur alliance, dont elle forma, dès lors, l'un des principaux cantons.

Au commencement du XVIe siècle, Bâle était au plus haut période de sa gloire et de sa prospérité. C'est alors qu'Érasme, l'homme le plus érudit et le premier écrivain de son temps, le fameux peintre Holbein et plusieurs autres illustres personnages vivaient dans ses murs. En 1527, cette ville et ses sujets embrassèrent la réforme de Zwingle. Dès l'an 1519, on y avait imprimé une partie des ouvrages de Luther.

L'an 1795, deux traités de paix furent signés, à Bâle, par la république française, le premier avec la Prusse, et le second avec l'Espagne. Le 19 janvier 1798, l'ancienne constitution bâloise fut abolie et les habitants des campagnes, qui s'étaient insurgés, furent mis en possession de tous les droits civils et politiques dont, jusque-là, la ville avait joui exclusivement. En 1815, le congrès de Vienne a cédé le district de Birseck, détaché de l'ancien évêché de Bâle.

La révolution opérée en France en 1830 a eu son contre-coup en Suisse. A Bâle, les habitans des campagnes réclamèrent leur séparation de la ville. A ce cri d'indépendance, le chef-lieu se souleva et repoussa, les armes à la main, les dissidens qui étaient venus en masse pour obtenir de vive force ce qu'on n'avait pas voulu accorder à leurs demandes réitérées. Les insurgés, car c'était le nom qu'on donna d'abord aux réformateurs, furent repoussés. Mais ils continuèrent leurs énergiques protestations, attendant du temps et de la diète le redressement des torts qu'ils imputaient à l'oligarchie financière de Bâle et l'accomplissement d'une mesure dont dépendait, selon eux, la tranquillité du canton. Plus tard, Bâle consentit à quelques concessions qui ne satisfirent que médiocrement les habitans de la campagne, qui demandaient une séparation immédiate.

La diète ne se pressait pas de prononcer. Enfin arrivèrent les événemens de Kussnacht et de Sarnen. On crut, à tort sans doute, qu'ils avaient été fomentés par l'intrigue et l'argent des riches Bâlois, c'était le moment pour Liestall de renouveler sa demande de séparation; Bâle resta sourde de nouveau aux plaintes comme aux vœux de ses voisins. Cependant la diète résolut d'occuper militairement le canton. Elle prononça bientôt la séparation.

Le canton de Bâle est divisé en deux sections *Bâle-Ville* et *Bâle-Campagne*. Quel résultat aura cette scission pour la prospérité et l'indépendance du pays ? C'est ce qu'il est difficile de pressentir aujourd'hui. Le temps seul pourra apprendre qui de Bâle ou de Liestall avait raison, car c'est le temps seul qui juge l'opportunité ou le danger des révolutions. Il ne suffit pas de quelques améliorations passagères dans un régime départemental pour demander la révision ou l'abolition d'un pacte sous lequel on vécut heureux des siècles, si ces améliorations doivent être payées plus tard par de nouvelles dissensions et des germes de querelles intestines.

Liestall forme donc aujourd'hui une sorte d'état indépendant, peu riche, de peu d'étendue, sans démarcation précise, incapable de résister long-temps, sans le secours de Bâle, à une agression étrangère et n'ayant pour se défendre contre un envahissement de la ville que la protection de la diète, et un contrat imposé violemment et accepté à contre-cœur.

MOEURS. — CARACTÈRES. — COUTUMES.

Ce qui distingue éminemment les habitans de Bâle (nous parlons ici de la ville) c'est l'amour et le génie du commerce. Le Bâlois naît commerçant, comme à Vienne on naît musicien, à Rome ou à Naples poète. Mais à Rome non plus qu'à Vienne, la musique ou la poésie n'enrichit pas toujours celui qui la cultive, tandis que le commerce, à Bâle, a fait la fortune de presque tous ceux qui s'y adonnent. On raconte des cités merveilleuses sur la richesse d'une foule de citoyens de cette cité; et pourtant on ne saurait se figurer avec quelle parcimonie vivent en général ces grands propriétaires, ces hommes à plusieurs millions de revenu; à peine si chacun d'eux dépense 8 a 10,000 fr. de France par an. L'un d'eux, dont la fortune, assure-t-on, dépasse 50,000,000, n'a pas même de cocher; il conduit en personne un modeste char-de-côté, attelé d'un cheval, qu'un honnête bourgeois du Marais, à Paris, n'oserait montrer le dimanche à la promenade du bois de Boulogne. Chacun de ces nouveaux Crésus a doublé en moins de dix années ses capitaux. Toute spéculation lui convient : il est banquier, négociant en vins, en eaux-de-vie, marchand, manufacturier, commissionnaire ou changeur.

Les guides, les itinéraires, les ouvrages destinés aux *Touristes* citent à l'envie, comme de véritables curiosités, les jardins que ces financiers possèdent à Bâle. Ce sont, pour la plupart, des maisons de plaisance bien situées, mais qu'en France, tout épicier retiré ornerait avec plus de goût et de luxe. Et bien certainement, ils ne feraient pas graver, ces honnêtes commerçans, l'inscription qu'on lit dans un de ces jardins bâlois : « *Touchez tout des yeux et rien des mains !* » Et cela sur un vieux rocher, en rocailles, à la manière chinoise, et de l'aspect le moins pittoresque.

On ne saurait se faire une idée de la multitude de maisons, d'hôtels que possèdent en dehors du canton même, les habitans et les négocians Bâlois. A qui cette belle et élégante maison, demandez-vous ? — A M..... de Bâle. — Et cet édifice si vaste? — A un Bâlois, M..... — Et ces grands et magnifiques bois, ces champs si fertiles?... A un Bâlois! toujours à un Bâlois! Aussi survient-il en France quelque catastrophe commerciale qui jette le trouble, le désordre dans Strasbourg, dans Mulhouse, soyez sûr que l'année ne se passera pas sans que quelque grande manufacture ne tombe entre les mains de MM. de Bâle, véritables loups cerviers, comme on dit, qui vivent aux dépens de leurs voisins, leur prêtent à gros intérêts, et finissent par les ruiner.

Les Bâlois ont de grands rapports avec leurs voisins de la Souabe et de la Haute-Alsace. Les **femmes de Bâle** ont été de tous temps renommées **pour leur belle figure.** « N'oublions pas, dit Daniel l'Ermite il y a plus de deux siècles, la beauté et les grâces des Bâloises; il est sans exemple que sur une population aussi nombreuse il y ait si peu de femmes laides. » Et plus loin il ajoute : « Les plus magnifiques des dames suisses sont les **Bâloises,** qui n'ignorent point combien la toilette ajoute à leurs grâces naturelles: à ce double égard, elles ont le pas sur toutes les autres femmes de la Suisse. »

On fume beaucoup à Bâle. Les petits bourgeois se rassemblent dans des estaminets ou dans de vastes salles d'auberges, pour s'y livrer à ce passe-temps. Il y a tels de ces endroits où la fumée qui s'élève est si épaisse, qu'à peine aperçoit-on son voisin. Chaque fumeur à son pot de bière devant lui, garde un silence profond, et l'on dirait une assemblée appelée à délibérer sur les plus graves intérêts.

Il y a à Bâle des sociétés de femmes et de jeunes filles, dont les réunions ont lieu entre 3 et 4 heures du soir. Les femmes s'y rendent avec leur sac à ouvrage, et, tout en tricotant, s'occupent des nouvelles du quartier, de détails domestiques, de petits rapports, de petites médisances et quelquefois d'historiettes scandaleuses. Quand on a travaillé, parlé, jasé pendant une heure, on sert le thé, qui est accompagné de pâtisseries, de fruits, de crème et quelquefois de jambon et de viandes froides; car les Bâloises ont un excellent appétit.

COSTUMES.

La population des cantons de Bâle est formée d'agriculteurs et de marchands, de fabricans de rubans et d'ouvriers, dont le costume est à peu près le même. Le vêtement des femmes se distingue par la variété des couleurs; elles portent des bonnets de soie brochés, garnis de rubans. La jeune fille laisse pendre ses cheveux, que la femme mariée noue en tresse; un mouchoir de soie couvre le cou. Le corset bariolé est garni par devant d'une bande d'étoffe écarlate. La jupe de coutil noir, à plis serrés, recouvre un jupon rouge, tous deux assez courts pour laisser voir des jambes un peu fortes, chaussées de bas de laine rouge. Le corsage brun ou noir est échancré par derrière, de manière à découvrir le corset qui, dans les jours de fêtes, est entouré d'une ceinture de soie; des manches blanches, bouffantes tiennent à ce corsage.

VILLES. — BOURGS. — VILLAGES.

BÂLE. — La ville de Bâle est située sur les bords du Rhin. Ce fleuve la divise en deux parties, dont la plus grande est du côté de la Suisse, et la plus petite du côté de l'Allemagne. Les rues du petit Bâle sont assez longues et bien alignées; il n'en est pas de même de celle du grand Bâle. Des rues obscures, tortueuses, un pavé pointu, des boutiques enfumées et où n'arrive qu'un jour pâle; des places mesquines et sans autres ornemens que des fontaines qui manquent de goût en général, un terrain qui s'incline et remonte brusquement : voilà Bâle au premier coup d'œil; toutefois cette impression s'efface insensiblement lorsqu'on parcourt la ville : bientôt les regards s'arrêtent à l'aspect de monumens dont l'architecture n'a rien qui ressemble à celle de nos grandes cités toutes grecques ou romaines, mais parmi lesquels on distingue le Münster-Kirche, l'Arsenal, et l'Hôtel-de-Ville, point à l'extérieur comme une décoration d'opéra, et dont l'habitant de Bâle est presque aussi fier que le Parisien de la colonnade du Louvre. On montre ici la salle gothique du conseil, celle de la tenue des états, charmante d'effet et de propreté; les bustes de divers avoyers, et la statue de Munatius Plancus, fondateur de l'ancienne *Augusta Rauracorum*, et qui atteste un ciseau de génie. Le *Münster Kirche* (l'église cathédrale) est de deux siècles environ plus vieille que l'église de Notre-Dame de Paris, dont elle n'a ni la légèreté, ni la hardiesse, ni les admirables proportions, ni les détails pleins de grâce. C'est l'une des plus anciennes églises de la Suisse. Ses tours sont belles; l'une a 203 pieds de haut; l'autre en a 200. L'intérieur, comme dans tous les temples réformés, est nu et sans ornemens; il n'y faut pas chercher ces mosaïques, ces fresques, ces tableaux qu'étalent avec tant d'orgueil les églises de l'Italie, pas même ces peintures dont Holbein orna les orgues et qui n'existent plus. Quelques tombeaux attirent les regards. Ce sont ceux d'Erasme, de Georges d'Andlau, recteur de l'académie de Bâle en 1460, de Catherine de Thierstein, du chevalier de Reichstadt, etc. Sous les porches de l'église plusieurs tombes rappellent d'autres noms historiques, des illustrations nationales : OEcolompade, Meyer, Gruyenus, l'impératrice Anne, les Bernouilli, les Mérian.

Un escalier conduit de la cathédrale à la salle où depuis 1431 jusqu'en 1448 se tint le concile mémorable qui devait donner la paix au monde chrétien, et qui en troubla long-temps le repos. Cette salle, ornée de mauvais bancs de bois, où s'assçyèrent les puissances spirituelles du XV° siècle, est transformée aujourd'hui en une espèce de cabinet de chimie.

L'arsenal de Bâle renferme de glorieux trophées. On y remarque surtout l'armure de Charles-le-Téméraire, celles des Armagnacs, tués à la bataille de Saint-Jacques, une quantité de drapeaux, des lances, des haches et des épées dont on se servait au XV° siècle.

De nombreux canons et 8,000 fusils environ, sont toujours prêts pour armer les citoyens Bâlois au premier signal.

Le pont de Bâle qui sert de communication du grand Bâle au petit Bâle est en bois et a 600 pieds de longueur. Ce fut sur ce pont, qu'en 1681, M. de Chamilly remplit une mission assez singulière. Le ministre Louvois le fait demander. —Partez, lui dit-il ce soir même pour Bâle, vous y serez dans trois jours; le quatrième, à deux heures après midi, tenez-vous sur le pont du Rhin et notez exactement tout ce que vous y verrez. A quatre heures vous monterez en voiture et vous m'apporterez vos notes. Chamilly fort étonné part. Arrivé à Bâle, il se place sur le pont à l'heure indiquée et enregistre sur ses tablettes tout ce qu'il voit passer devant lui : un char de paysan, une laitière, un mendiant. A trois heures et demie, un homme en veste et en culotte rouge s'avance vers le parapet, puis recule deux pas, puis avance de nouveau, et frappe trois coups avec un bâton, puis s'éloigne. A quatre heures, Chamilly quitte le pont et la Suisse, monte dans sa chaise de poste et arrive le surlendemain fort tard chez Louvois. Il s'excuse sur l'insignifiance des détails qu'il apporte de Bâle. Le ministre prend ses notes, les lit avec attention; bientôt il saute de joie, court chez le roi qui dormait, le fait réveiller, reste avec lui un instant, puis s'empresse d'expédier de nombreux courriers qu'il tenait prêts depuis le matin. Huit jours après, Strasbourg, cerné par les troupes de Louis XIV, capitulait, ouvrait ses portes et était réunie à la France. Les trois coups donnés sur le pont étaient le signal que les négociations nouées entre Louvois et les magistrats de Strasbourg avaient réussi. L'homme habillé de rouge n'en savait pas plus que Chamilly. Le secret ne pouvait manquer d'être bien gardé.

La bibliothèque de Bâle, l'une des plus belles de la Suisse, est riche en livres imprimés dont le nombre dépasse 34,000. Elle possède de précieux manuscrits. Parmi ces derniers on distingue un évangéliaire en grec, écrit sur vélin, sans abréviation, auquel le célèbre Jacques Wettslein assigne 900 ans d'antiquité. On y voit aussi un beau manuscrit de Saint-Grégoire de Nazianze, en grec, écrit sur papier de coton et dont l'écriture paraît être du XII° siècle. Mais, de tous les objets de curiosité, le plus précieux est sans contredit la *Biblia pauperum*. On montre aussi des lettres autographes de Luther, de Zwingle, de Melanchthon, un manuscrit de *l'Eloge de la folie* d'Erasme, dont les marges sont couvertes de dessins à la plume d'Holbein; son testament, son écritoire et son cachet. On conserve aussi plusieurs fragmens de la *Danse des morts*, dont il n'existe plus qu'une gravure qui ne donne qu'une idée bien imparfaite de l'original détruit avec les murs du couvent, sur lesquels l'artiste l'avait peinte à fresque. Cette fresque représentant une foule de personnages, tous tenant fortement à la vie et saisis par la mort avec leur fortune et leur espérance, qu'on attribue encore généralement à Holbein, n'est pas de ce maître. On ignore le nom du peintre qui la peignit; on sait seulement qu'elle fut retouchée, en 1568, par Jean Hugues Klauber, qui s'y représenta avec sa femme et ses enfans.

Parmi les nombreux tableaux et dessins d'Holbein, de ce peintre à la manière si vraie, si naturelle, si simple, qui brilla par une connaissance infinie du dessin, par un coloris si chaud, par une verve si abondante d'imagination et un art du relief que la science a pu surpasser depuis, mais qui étonne à cette époque, on ne saurait trop admirer la *Passion*, en huit sujets, dont le coloris aussi vif que brillant, ferait presque douter qu'elle a été peinte vers le milieu du XVIe siècle. C'est, sans contredit le morceau le plus précieux de cet artiste. La bibliothèque de Bâle en possède un très grand nombre. Le portrait d'Erasme est admirable. Ceux de Luther et de sa femme, d'OEcolompade et de Meyer sont aussi fort beaux. Un tableau représentant une femme jouant avec un enfant, et sur la bordure duquel on lit ces mots : *Verbum Domini in æternum*, est un des chefs-d'œuvre de l'artiste.

Bâle a encore un musée d'histoire naturelle, ouvert en 1821; une bibliothèque des pasteurs, riche en manuscrits, et un Institut, divisé en quatre sections, et où l'on enseigne la théologie, le droit, la médecine et la philosophie. Un gymnase, une école de jeunes filles, cinq écoles paroissiales, le collège *Alumnorum*, qu'on appelle *Collegium Erasmianum*, un hôpital et une maison d'orphelins.

LIESTALL, petite ville, chef-lieu de *Bâle-Campagne*, est située sur l'Ergeltz. Ses habitans sont industrieux et ont des fabriques de fer, de laiton, de papiers et de gants.

AUGST (*Basel* et *Kaiser*) sont deux villages situés sur le Rhin, et séparés l'un de l'autre par l'Ergeltz. C'est là qu'était au temps des Romains l'*Augusta Rauracorum*. Les environs sont fertiles, rians et ornés de maisons de campagne délicieuses. On a établi de belles promenades sur l'emplacement qu'occupait autrefois l'ancien théâtre. M. Brenner de Bâle possède à Augst, une collection d'antiquités romaines.

WALLENBOURG ou Waldenbourg, est une assez jolie petite ville de 102 maisons et d'environ 484 habitans. Elle est située au pied du Hauenstein supérieur à douze cent soixante dix pieds d'élévation, de sorte que sa hauteur absolue est de 2180 pieds. Les environs sont très sauvages, et la ville même forme le vallon étroit d'où descend la petite rivière de la Frenke, qui vient de Hauenstein. Sur la rampe orientale de la montagne, on voit les ruines du château de Wallenbourg, qui fut brûlé par les gens de la campagne, au commencement de 1798. Un peu plus haut, il existe dans des pâturages alpestres, une source qu'on appelle *Neubrunn*, parce qu'elle est formée de 9 fontaines qui sortent d'une grotte, et dont l'effet est très-pittoresque.

ARLESHEIM, est un bourg considérable sur la rive droite de la Birse, à une lieue et demie de la capitale. On y remarque des bains, une belle église et plusieurs jolis bâtimens. Les environs de ce lieu sont des plus fertiles et des plus agréables, et la proximité du Jura, où l'on voit les ruines de plusieurs vieux châteaux, offre des vues charmantes. Au débouché d'un vallon fort étroit, caché dans la montagne au milieu des rochers et des bois, on rencontre les restes du château de Birleck. C'est sur ce côteau qu'on a planté un des plus beaux jardins de la Suisse. Détruit pendant la révolution, il s'est relevé de ses ruines plus délicieux que jamais. C'est du vieux château qu'on en découvre l'ensemble. « Ce jardin, qui est une propriété du baron d'Andlau, se confond tellement avec l'ensemble du pays, dit M. Vyss, il s'allie si naturellement avec le paysage pittoresque, avec les prairies, les vignes et les champs qui l'entourent, qu'on le cherche quand on y est déjà, et qu'on croit encore en parcourir les fabriques, long-temps après en être sorti. »

ANGENSTEIN. — FURSTENTEIN. — Parmi les châteaux gothiques qui, dans le moyen âge, jouèrent un si grand rôle dans les annales de ces contrées, il en est deux, Angenstein et Furstentein, qu'il faut se hâter de visiter, si on ne veut pas les voir couchés sur le sol. Angenstein, dont le nom allemand signifie *Pierre de Trolle*, était la demeure ruinée de ces comtes de Thierstein, dont la vie est si aventureuse, si dramatique, qui aimèrent avec tant de passion les joutes, le tumulte des camps, les combats; qui traînaient avec eux dans les batailles un peuple de vassaux, et dont la bannière de sinople et d'or flotta si souvent sur les monts escarpés où l'on n'aperçoit plus aujourd'hui que le chasseur de chamois. Une haute tour à pans irréguliers, accolée à d'autres tours plus petites, un rempart bordé de créneaux édentés, quelques vestiges de murailles placées sur des plans inégaux, couvrent la croupe d'un énorme rocher, et dépassent les arbres qui en ombragent les flancs caverneux. Calme, silencieuse, et répétant dans ses eaux comme immobiles ses bords solitaires, la Birse environne à moitié ce gothique édifice. Deux légers ponts de bois ont succédé aux anciens ponts-levis jetés sur la rivière qui forme un fossé naturel. Un sentier taillé dans le roc, soutenu par des appuis de maçonnerie, contourne le pied du château. On y parvient, par une entrée difficile et couverte; l'aspect morne et sauvage de la gorge ajoute encore à la sévérité de ce donjon isolé. De ces hauts et étroits sentiers on ne découvre que les forêts et

les rochers qui l'environnent. Quoique encore debout, Angenstein semble à la veille d'une fin prochaine. Ses angles, contre lesquels furent impuissantes toutes les lances du temps, battus par les vents et les hivers, se dégradent aujourd'hui peu à peu; les mousses croissent entre ses créneaux terribles, dont on n'osait approcher qu'en tremblant; ces larges assises de pierre qui auraient pu défier toutes les machines de guerre, la mousse les ronge et les disjoint; tout est silence dans ce vieux manoir, qui retentissait, il y a quatre siècles, du fracas des armes, des cris des combattans et de la joie tumultueuse des vassaux.

Non loin d'Angenstein est Furstentein, dont on n'aperçoit plus que quelques ruines, parmi lesquelles on chercherait vainement la place teinte du sang de ses derniers seigneurs, décapités dans le XIVe siècle.

HISTOIRE NATURELLE.

Géologie. — Métallurgie. — Bains, etc. Aucun autre canton de la Suisse n'est aussi riche en pétrifications que ce pays. Dans les vallées de *Frenke*, de *Régolzwyler*, de *Homburg* et d'*Ergolz*, ainsi que dans les environs de *Farnsburg* et de *Liestall*, on trouve plus de 20 espèces différentes de *cornes d'Ammon*, de nombreux coraux et coquillages marins.

Les montagnes sont composées d'une pierre calcaire compacte, dont les couches sont inclinées au sud-ouest. Il y a aussi, en divers endroits, beaucoup de marne et de pierres de grès qui reposent sur le rocher calcaire, et s'appuient contre ses couches, soit sur les hauteurs, soit dans les vallées.

On trouve du charbon de terre dans les environs de Munchenstein, de Liestall et de Sissach. Il existe aussi, dans le canton, des bains d'eaux minérales. Les principaux sont ceux de Schauenbourg, près du château du même nom, ceux de Ramser, non loin du château de Hombourg, ceux d'Oberdorf, près de Waldenbourg, ceux de Bubendorf et ceux d'Eptinger.

Règne végétal. — Les montagnes du Jura, situées dans le canton, offrent une abondante moisson aux amateurs de la botanique. On trouve sur les monts *Wasserfall* et *Vogelberg*, le *mespilus cotoneaster*, la *rosa alpina*, l'*heracleum alpinum*, l'*androsace lactea*, l'*ulmus effusa*, le *satyrium viride*, l'*orchis odoratissima*; on rencontre assez fréquemment aux environs de la ville de Bâle, les espèces suivantes, dont quelques-unes sont très-rares en Suisse : l'*Ornithogalum minimum*, le *silene noctiflora*, le *senecio sylvaticus*, l'*hieracium cymosum*, l'*ophrys myodes*, et l'*ervum tetraspermum*. On trouve encore dans le canton l'*euphorbia esula*, le *senecio nemorosus*, le *caucalis leptophylla*, l'*isnardia palustris*, l'*ulmus campestris*, le *geranium moschatum*, l'*anthemis tinctoria*, etc., etc.

BIBLIOGRAPHIE.

Bâle est la patrie d'une foule d'hommes d'état, de savans, d'artistes qui ont joui d'une réputation justement méritée. Parmi ces illustrations, deux noms se font surtout remarquer : Euler et Holbein.

Euler naquit le 15 avril 1707. En 1744, sur l'invitation du roi de Prusse, il se rendit à Berlin pour y former une académie des sciences. Lorsqu'il voulut, en 1776, quitter Berlin et son académie pour aller à St-Pétersbourg où l'impératrice Catherine II l'appelait, le roi de Prusse s'opposa longtemps à son départ, prétendant avoir le droit de le retenir par force. Euler lui fit représenter qu'étant Suisse, il avait des droits qui garantissaient sa liberté. — Hé bien! répliqua Frédéric, deux de ses enfans sont nés dans mes états, je les retiendrai comme étant mes sujets. Il céda enfin. A peine le savant Bâlois eût-il franchi les frontières de Prusse, qu'il ne voyagea plus qu'aux frais de l'impératrice. Le roi de Pologne, Poniatowski, le retint quelque temps à Varsovie, et le combla d'amitiés. A St-Pétersbourg, il trouva une magnifique maison meublée, dont Catherine lui fit présent. Dès son arrivée, il fut déclaré président de l'académie impériale des sciences. Jean Albert, son fils aîné, fut nommé membre et secrétaire de cette même académie. Charles, son second fils, fut commissionné comme médecin de la cour, et Christophe, le plus jeune de ses enfans, fut fait capitaine du génie.

Devenu aveugle, ce malheur n'empêcha pas Euler de composer un grand nombre d'ouvrages remplis de calculs les plus profonds. Il publia successivement ses écrits sur *la mécanique de la nature et les propriétés du feu*, sur *le flux et le reflux*; sa *Théorie du mouvement des planètes*, son *Mémoire sur l'aimant*, son *Introduction à l'analyse de l'infini*, ses *Élémens d'algèbre*, sa *Théorie du mouvement de la lune*, celle *de la Construction des vaisseaux*, son *Hydrostatique* et son *Hydraulique*, etc., etc. Ce grand homme mourut le 7 septembre 1783.

Holbein dont l'œuvre forme un des plus beaux ornemens du musée de Bâle, naquit dans cette ville en 1495. Tous les écrits du temps s'accordent à représenter Holbein comme un artiste, dans toute la force du terme, menant joyeuse vie, aimant les femmes, le faste, la dépense, et s'inquiétant fort peu du lendemain. Il peignait un jour la façade de la maison de son hôte, et quittait à chaque instant sa fresque pour aller se divertir au cabaret. L'hôte remarque ces fréquentes absences, s'en plaint, querelle l'artiste et Pépie. Fatigué de ces plaintes et de cet espionnage, Holbein s'avise de peindre sur le mur deux jambes, qui, de loin, font l'effet de pendre le long de l'échafaudage, puis le voilà retournant à la taverne, et y passant le jour entier à boire. L'hôte, n'avait pas manqué de venir, comme de coutume, observer l'artiste; il croit le voir à son travail; s'éloigne content, et, le soir lorsqu'il retrouve Holbein : « Je suis satisfait, lui dit-il, vous avez travaillé aujourd'hui à merveille; vous n'avez pas quitté votre ouvrage. »

La première femme qui ait méthodiquement écrit sur la cuisine, a été la Bâloise Anne KELLER. Cette dame composa sous le nom de *Kochbuck* (livre de cuisine) un in-quarto qui traite des élémens et des règles de l'art gastronomique, le fit imprimer en 1600, et le dédia à Louise Juliane, princesse d'Orange.

Dorothée WERKER, bourgeoise de Bâle, surnommée *la femme aux onze maris*, mourut de la peste en 1564. Paul Cherler, auquel on doit de bonnes poésies latines, fit pour elle cette singulière épitaphe :

« La femme qui gît sous ce monticule, naquit certainement sous une étoile peu favorable. Et pourquoi, me diras-tu ? C'est qu'elle a eu onze maris, qui tous ont légitimement partagé sa couche, et qu'elle les a tous perdus l'un après l'autre, sans qu'on sache à qui en est la faute. Chaque mois de l'année lui fut funeste quand elle voulut se marier. Dieux puissans ! lorsque le temps viendra pour nous de conduire une compagne dans le lit nuptial, accordez-nous un meilleur sort ! Autant elle a eu d'époux, autant je consacre de vers à son épitaphe, et voici le dernier qu'elle mérite à juste titre... *Femme qui ne peut garder aucun mari, fait bien de mourir.*

CULTES.

Les cantons de Bâle professent la religion réformée. Le chef du clergé porte le titre *d'antiste* et en même temps premier prédicateur de l'église cathédrale de Bâle. Le clergé des campagnes est partagé en trois chapitres.

INDUSTRIE. — COMMERCE.

Le nombre des manufactures, dans le canton de Bâle, s'élevait, en 1790, à près de 4,000, et l'on comptait que le salaire payé aux fabricans de rubans, par les marchands en gros de la ville de Bâle, dépassait 500,000 florins par année. Les principales fabriques du canton étaient et sont encore celles de soieries, et en particulier celles de rubans, dont on a exporté jusqu'à plus de 3,000,000 de florins annuellement, et celles d'étoffes de coton et de laine. Le pays possède aussi un grand nombre de tanneries, de papeteries, d'imprimeries, de fabriques d'ustensiles en fer, et d'ateliers de teinture, d'orfévrerie, de gravure, etc. Les papiers fabriqués à Bâle sont renommés pour leur blancheur et pour leur force. On cite encore une espèce de pain d'épice d'un goût très délicat et dont les Bâlois sont très friands. On n'en trouve nulle part ailleurs dans toute la Suisse.

Bâle situé sur le Rhin et vers les frontières de la France, de l'Allemagne et de la Suisse, est devenu l'entrepôt d'un grand commerce de transit et d'expédition.

POPULATION.

Le nombre des habitans du canton, d'après un recensement fait en 1826, était de 49,935 habit. On évalue aujourd'hui la population des cantons de Bâle-Ville et Bâle-Campagne, à 55,000 âmes environ.

BIBLIOGRAPHIE.

Chronique de Bâle (en allemand); par Charles Wursteisen; augmentée des *Observations* du professeur Beck. — 3 vol. — Bâle, 1765. — 1772. — 1779.

Lois et statuts du canton de Bâle ; 1 volume in-folio. — 1757.

Esquisse d'une description du canton de Bâle, sous le rapport de l'histoire civile et naturelle (en allemand) 23 cahiers; Bâle, 1748. — 1766. — 1763. — Figures.

Nouveaux mémoires sur le canton de Bâle ; par Lutz. — 2 volumes.

Notice sur la ville et le canton de Bâle ; 1 vol. in-12. — Bâle.

Curiosités de la ville et du canton de Bâle.
Almanach helvétique.—Année 1813.
Abrégé de l'histoire et de la statistique de l'évêché de Bâle ; 1 volume in-8. — Strasbourg, 1813.

ON SOUSCRIT CHEZ :

HIPPOLYTE SOUVERAIN, édit. 3, rue des Beaux-Arts.

Paris. — Imprimerie de BAUDOUIN, rue Mignon, n. 2.

Documents manquants (pages, cahiers...)
NF Z 43-120-13

CANTON D'APPENZELL.

TOPOGRAPHIE.

SITUATION. — ÉTENDUE. — MONTAGNES. — Le canton d'Appenzell est environné de tous côtés par celui de Saint-Gall; sa longueur est de 10 lieues environ, et sa largeur de 6. Sa surface présente 19 lieues carrées et 132 millièmes. Au midi, il est bordé par une chaîne de montagnes, qui sont séparées des grandes Alpes par de profondes vallées, mais qui offrent cependant elles-mêmes des sommités fort élevées, entres autres le *Sentis*, qui atteint jusqu'à la limite des glaces et des neiges éternelles.

L'Appenzell se compose de collines et de montagnes couvertes des plus beaux pâturages, qui sont séparés les uns des autres par des ruisseaux ou par des bouquets de sapins; les maisons sont placées au milieu des prairies; elles ne forment guère de villages, mais on les voit répandues çà et là, et en grand nombre sur les hauteurs et dans les vallées.

Les plus hautes montagnes du canton sont calcaires; celles de la partie méridionale sont disposées sur trois rangs, et forment trois chaînes intéressantes à étudier; plusieurs de ces montagnes renferment des cavités et des grottes, dans quelques unes desquelles on trouve de belles stalactites. Le Kamor, dont le sommet porte le nom de *Hoch-Kasten*, a 5,540 pieds d'élévation au-dessus du niveau de la mer; le *Hoch Sentis* en a 7,671.

RIVIÈRES. — LACS. — Aucune des rivières du canton n'est assez considérable pour être navigable. Les principales sont : la *Sitter*, l'*Urnäsch* et la *Goldach*, ainsi nommée du mot *Gold* or, parce qu'elle charrie quelques parcelles d'or avec son sable.

Le joli lac de *See-Alpe*, situé à une lieue et demie de Weissbad, tire ses eaux des glaciers du *Sentis*. La plus grande profondeur de ce lac n'est pas connue; autrefois on le croyait sans fond, mais on est revenu de cette erreur, surtout depuis qu'on l'a vu comblé en partie par deux éboulemens de rochers. Il a un quart de lieue de longueur sur une largeur un peu moindre. Les lacs du *Sentis* et de *Fehler* sont moins grands encore que celui de *See-Alpe*.

HISTOIRE.

Ce n'est que dans les XIIIe et XIVe siècles que l'Appenzell commença à jouer un rôle dans les affaires de la Suisse. En 1378, il entra dans une ligue offensive, formée par un grand nombre de villes impériales, avec les princes de la Bavière, du Palatinat et de Bade. Un abbé, souverain d'une grande étendue de pays, Cuno était son nom, envoya dans l'Appenzell ses baillis, qui irritèrent le peuple par leurs exactions et leur tyrannie. Les habitans se soulevèrent, on en vint aux mains, et les baillis furent honteusement chassés. Mais les villes de l'empire, situées le long des rives du lac de Constance, dont les deux parties avaient demandé la médiation, réintégrèrent de vive force les baillis, auxquels le passé ne put servir de leçon, et qui recommencèrent à exercer leurs cruautés. La liberté avait jeté des germes profonds dans l'Appenzell. En 1402, les paysans des divers districts se réunirent dans une grande assemblée, présidés par leur landamman, et jurèrent *de partager fidèlement les dangers et les triomphes de la cause populaire et de sacrifier courageusement leurs biens et leurs vies, s'il le fallait, pour la défense du pays*. Ils envoyèrent des députés aux cantons suisses pour solliciter leur alliance. Schwytz, seul, la leur accorda. Glaris leur fournit deux cents volontaires. Cependant l'abbé de Saint-Gall, aidé des villes impériales de la Souabe, songeait à réprimer l'insurrection. Son armée, forte de cinq mille hommes, envahit le territoire ennemi le 15 mai 1403. Jacques Hartsch l'attendait avec deux mille hommes sur les hauteurs qui dominent le chemin creux près de *Vüglisek*, à un quart de lieue de *Speicher*. La forêt qui couronne ce petit endroit était gardée par deux cents Glaronais et trois cents hommes de Schwytz. Au moment où la troupe de l'abbé débouchait du chemin creux, Hartsch donna le signal du combat, et ces braves se précipitèrent sur l'ennemi. Le moment était critique; ainsi pris à l'improviste et sans avoir pu se former en ligne de bataille, les soldats du prélat hésitèrent d'abord, se désorganisèrent et finirent par fuir dans le plus grand désordre, sans que la voix de leur chef pût se faire entendre. Six cents cottes d'armes, les bannières des villes de Lindau, Buchhorn, de Constance et d'Ueberlingen, furent les trophées de cette journée, où l'abbé perdit 600 hommes; entre autres deux bourgmestres de la ville de Saint-Gall, et où les Appenzellois n'eurent à regretter que la mort de 8 de leurs concitoyens.

C'était un premier triomphe que d'autres devaient bientôt suivre.

L'abbé de Saint-Gall avait rallié les débris de son armée, qu'avait grossi un secours d'Autrichiens. Il s'agissait pour lui de reprendre sa revanche; les Appenzellois, de leur côté, s'étaient préparés à le recevoir en braves. Ils avaient choisi pour chef, Rodolphe, comte de Werdenberg. Ce comte s'était présenté à Appenzell, le 28 septembre, devant l'assemblée générale des citoyens :

« Braves gens, leur avait-il dit, je suis de la race des Montfort, qui ne le cèdent à nul autre ni pour l'antiquité, ni pour la splendeur; mais ma noblesse à moi est de vivre en homme libre. Le passé a établi des dictinctions que vos mains généreuses doivent à jamais effacer. Vous rentrerez bientôt en possession des droits de la nature, et vous montrerez que tous les hommes sont frères. Au-delà de vos montagnes, s'élève le château de Werdenberg, l'héritage de mes pères; c'est là qu'ont vécu et sont morts mes ancêtres. Cette partie de la vallée du Rhin, nous la possédions. Le duc d'Autriche nous en a dépouillé mon frère et moi. J'apprends que le duc du Tyrol vient d'entrer en campagne, et va vous attaquer; les opprimés doivent s'entr'aider. Cela est juste devant Dieu et devant les hommes; accordez-moi votre confiance. Montfort ne manqua jamais de parole; je veux combattre et mourir à votre tête, comme un homme libre d'Appenzell, mon épée et mon sang sont à vous : votre cause est la mienne. »

Werdenberg fut élu et proclamé avec enthousiasme général des Appenzellois, avec lesquels l'abbé de Saint-Gall, justement effrayé, venait de faire sa paix.

Au mois de juin 1405, Frédéric, duc d'Autriche, quitta le Tyrol, passa le mont Arleberg, pour se rendre à Arbon où son armée s'était réunie. Il se porta de sa personne près de Saint-Gall, tandis que la plus grande partie de ses troupes se disposait à attaquer l'Appenzell du côté du Rhinthel. Le 15 Juin au matin, l'ennemi, fort de plusieurs milliers de combattans, s'avança au travers du défilé d'Am Stoss, passage étroit qui défend l'entrée du pays du côté d'Altstetten. Les Appenzellois, formant une petite troupe de six cents hommes, se postèrent sur les hauteurs qui commandaient ce boulevard. L'ennemi avançait sans crainte; au moment où il atteignait le défilé, les Appenzellois firent rouler d'énormes pierres, qui, tombant avec l'impétuosité de la foudre, arrêtèrent tout à coup, la cavalerie autrichienne, et jetèrent du désordre dans ses rangs. Les Appenzellois en profitèrent, s'ébranlèrent et se jetèrent sur l'ennemi. Depuis deux jours, la pluie tombait à torrens, le gazon était glissant, les Autrichiens ne pouvaient ni avancer, ni reculer, ni rester en place, tandis que les Appenzellois, qui avaient eu la précaution d'ôter leurs chaussures, approchaient en phalange serrée et de pied ferme. En ce moment on vit comme des spectres, couverts de longues chemises semblables à des linceuils et qui s'avançaient en poussant des cris affreux; c'étaient les femmes appenzelloises qui arrivaient au secours de leurs pères et de leurs époux, dans le costume des bergers du canton. A cet aspect imprévu, l'ennemi est saisi d'une terreur superstitieuse et essaie de fuir de tous cotés; mais les Appenzellois sont là, qui les arrêtent, leur barrent le chemin, et les massacrent sans coup férir. Le carnage fut horrible; on se battit pendant plus de six heures. Les Autrichiens, vaincus, se retirèrent sur l'*Altstetten*, laissant sur le champ de bataille les plus illustres de leurs guerriers. Parmi les morts, se trouvèrent 80 bourgeois de Feldkirch, et Laurent de Sal, avoyer de Winterthour, qu'on reconnut entouré de près de 100 de ces concitoyens; 150 armures, un grand nombre de drapeaux, qui décorent aujourd'hui le chef-lieu du Canton, furent les trophées de cette grande journée. Sur la place où le choc si inégal avait été soutenu, on érigea une chapelle en mémoire de cette glorieuse victoire. Les habitans du canton s'y rendent encore chaque année.

Les Appenzellois ne furent pas partout aussi heureux. Les luttes qu'ils avaient à soutenir pour conquérir leur liberté n'étaient pas encore terminées. Nous les voyons, au siège de Bregenz, battus par 8,000 chevaliers de la Souabe. En 1423, l'Appenzell est mis en interdit. Deux ans plus tard, l'abbé de Saint-Gall, à force d'obsessions, engage le comte Frédéric à lui faire de nouveau la guerre. Ce Prince tente encore une attaque contre le pays du côté de Wolfshalden; mais ses lanciers sont reçus courageusement par 400 Appenzellois qui les mettent en déroute et leur tuent 500 hommes. Le duc, découragé, se retira dans le Tyrol. En 1427, les troupes de Frédéric, comte de Tockenbourg, se présentèrent pour venger la défaite du duc d'Autriche. Ils entrèrent en cent par Altstetten, et le défilé du *Stoss* dans le pays d'Appenzell, tandis que le prince marchait sur Gossau et sur Hérisau. Les défilés du *Stoss* virent se renouveler les prodiges de valeur qui, quelques années auparavant, avaient illustré les Appenzellois. L'armée du comte fut repoussée. Enfin tant de sang répandu, tant de valeur et de courage obtinrent leur prix. Grâce à la médiation des confédérés, la paix fut rétablie entre l'Appenzell et l'abbé de St-Gall. Plus tard, le traité d'amitié conclu entre les sept anciens cantons fut converti en une ligue perpétuelle, et, en 1513, l'Appenzell vint prendre place dans la confédération helvétique.

Landsgemeinde à Appenzell.

Chasseurs de Chamois.

SUISSE

MOEURS. — CARACTÈRES. — COUTUMES.

Rien de plus grave, de plus rigide que le protestantisme dans l'Appenzell. Il est défendu sous des peines sévères de danser le jour consacré au Seigneur; or, le goût de la danse est universel dans le canton; toutes les jeunes filles aiment ce divertissement avec passion. Aussi, presque tous les dimanches, le pâtre des rhodes protestans se rend avec sa future au cabaret. Là, des couples de bergers et de bergères se rassemblent autour d'une longue table, couverte de pots de bierre et de vin. Bientôt arrive le ménétrier qui ne joue jamais que des airs de danse; alors tous les assistans se mettent à battre la mesure avec le pied, prenant ainsi un petit avant goût du plaisir défendu si sévèrement par les ministres et les magistrats.

Le jeu du cercle était fort usité autrefois parmi les montagnards. Les dimanches, on le joue encore auprès de Poters. Filles et garçons forment plusieurs ronds, on tourne au bruit de chansons du pays, et un berger placé hors du cercle mouvant, touche un des danseurs, qui est obligé de quitter la *ronde*, de le poursuivre à travers les prairies et les montagnes, et de l'amener au milieu du cercle, où une pénitence lui est imposée.

On appelle *Landsgemeinde*, l'assemblée annuelle de tous les hommes libres ou citoyens d'un canton. C'est dans ces assemblées qu'on nomme aux divers emplois, qu'on propose, qu'on discute, qu'on décrète les lois et tout ce qui concerne les affaires intérieures et extérieures de la république. C'est au printemps que les réunions populaires ont lieu. Dans le canton d'Unterwald et dans la partie catholique d'Appenzell, elles se tiennent le dernier dimanche du mois d'avril, suivant le calendrier réformé. Dans les rhodes extérieurs on les célèbre le premier dimanche d'avril, suivant le calendrier grégorien, c'est-à-dire le 7 ou le 8 de mai. Dans les cantons d'Uri, de Schwytz et de Zug, c'est le premier dimanche de mai qu'elles s'ouvrent. Enfin dans le canton de Glaris, la Landsgemeinde se tient vers le milieu du mois de mai.

Les plus intéressantes de ces assemblées politiques, celles qui attirent un plus grand concours d'étrangers, sont les Landsgemeinde de Glaris et de l'Appenzell réformé.

La *chasse aux chamois* a été de tous temps une des occupations favorites des Appenzellois. Nous pensons qu'on aimera à trouver ici une description détaillée de ce divertissement périlleux, faite par un chasseur même.

« Un chasseur de chamois doit posséder plusieurs qualités, que l'on trouve rarement réunies chez le même individu. La première et la plus essentielle est une forte constitution, qui puisse braver les intempéries les plus rudes, le froid le plus rigoureux et l'humidité la plus pénétrante; qui puisse supporter, sans que sa santé en souffre, de passer des nuits entières sous un rocher, sur la croupe des montagnes les plus élevées. Il faut qu'il ne soit absolument point sujet au vertige, que sa vue soit perçante, sa main ferme pour tirer juste. Du courage et du sang-froid dans les périls de toute espèce sont indispensables, ainsi qu'une patience à toute épreuve, de la constance et de l'expérience. Il doit encore avoir des épaules robustes, afin de pouvoir porter pendant des journées entières un fusil de chasse très pesant et des vivres; une taille pas trop grande, mais ramassée; un corps adroit et leste, des genoux assurés et vigoureux et un bras nerveux.

« L'extrême timidité des chamois, jointe à leur excellent odorat et à leur ouïe extraordinairement fine, est cause qu'il est extrêmement difficile de les appprocher et de les tuer. On leur donne la chasse de deux manières, avec des chiens, ce qui est très rare, et ordinairement sans chiens.

« Cette dernière chasse est plus convenable relativement aux lieux qu'habitent ces animaux. Les chasseurs s'associent au nombre de deux ou trois, mais jamais davantage. Ils partent le soir, munis d'une pioche ou d'un hoyau dont la pointe est aiguë de chaque côté, propre à tailler des trous dans la glace ou dans le roc, de bâtons de montagne, armés de longues pointes de fer, d'une carabine courte ou d'un fusil à canon rayé, de crampons à plusieurs pointes avec des courroies pour les attacher sous les souliers, lorsqu'on marche sur les pentes dangereuses ou sur la glace. Dans leurs carnacières ils portent, outre leurs munitions, une lunette d'approche, du pain, du fromage et de l'eau-de-vie de cerise ou de gentiane. Ils passent la première nuit dans un chalet de quelque alpe peu élevée, toujours ouvert, et suffisamment pourvu de bois pour se chauffer. Le lendemain on part de grand matin, et l'on tâche d'être rendu à la pointe du jour à l'endroit où l'on présume trouver une troupe de chamois, ou bien on va se placer sur quelque haute crête de rochers, où les chasseurs établissent ce qu'ils appellent *un luegi*, c'est-à-dire une place avantageuse pour l'affût, où ils appuient deux grands quartiers de pierre l'un contre autre, en laissant un intervalle entre eux, au travers duquel ils peuvent regarder au loin sans être vus. Le chasseur se glisse à quatre pattes et se courbe à terre derrière cet abri, laissant en arrière son arme, ses instrumens, son bâton, etc. A l'aide de sa lunette, il regarde de tous côtés s'il n'aperçoit point de chamois. Ses compagnons, restés en arrière, ne détournent pas un instant les yeux de dessus lui; dès qu'il aperçoit le gibier, il leur fait un signe avec la main pour leur indiquer où il l'a vu, et s'il est nombreux, puis il se traîne lentement, sans se relever, et les rejoint. On délibère alors comment on peut le mieux attaquer les fauves.

« Il faut que les chasseurs connaissent parfaitement le pays, qu'ils sachent les endroits où les chamois vont de préférence se réfugier, ainsi que les chemins qu'il faut suivre pour y parvenir. On observe d'où vient le vent, puis on cherche à se rapprocher de la bête ou de la troupe sans en être aperçu. Ordinairement, le meilleur et le plus prudent des chasseurs est chargé de cette commission, qui exige beaucoup de patience, de peine, de constance et de ruse. Il avance de roc en roc, de saillie en saillie, jusqu'à ce qu'il soit à portée du gibier. Assez souvent il est obligé de se coucher à terre, sur le ventre, et d'y rester pendant une demi-heure immobile, lorsqu'il a vu que les chamois se sont aperçus de quelqu'approche suspecte, qu'ils ont cessé de pâturer ou qu'ils se sont levés, s'ils étaient couchés. On le voit aussi quelquefois passer sa chemise par-dessus ses autres vêtemens pour imiter la couleur de la neige, et ramper avec les pieds et les mains sur la glace unie. Souvent il ôte ses souliers, dépose tout son équipage, et glisse sans bruit, en marchant pieds nus sur les pierres tranchantes et sur les pointes de rochers. D'autres fois, il reste immobile dans l'attitude la plus gênée, pendant plusieurs minutes, parce que les fauves l'ont aperçu à son arrivée. Enfin il mesure de l'œil la distance qu'il a tentée d'atteindre. Dès qu'il peut distinguer la cambrure des cornes des chamois, il peut conclure qu'il n'en est plus éloigné que de 200 à 250 pas. Il contourne encore quelque angle de rocher pour se mettre mieux à portée de sa proie, et il avance la tête avec prudence; mais si les fauves regardent de ce côté-là, il ne peut pas la retirer, et ne doit faire aucun mouvement pour ne point les effrayer. Il arrive quelquefois que, dans ces momens-là, les chamois s'éloignent sans se douter même du danger; il est alors obligé de recommencer sa poursuite.

« Enfin, si le chasseur reconnaît qu'il n'est pas possible d'approcher davantage de la troupe sans la mettre en fuite, il doit chercher à distinguer la bête la plus grosse ou la plus grasse; et lorsque la distance lui paraît trop éloignée, celle qui est le plus près de lui est désignée sa victime.

« Le chasseur couche en joue, le coup part, le plomb vole et atteint presque toujours. L'animal tombe; la troupe effrayée, en sentant l'odeur de la poudre, fuit avec une vitesse inconcevable au travers des rochers et des précipices. C'est alors que le chasseur court vers sa proie, et s'en saisit en poussant des cris de triomphe et de joie. Si elle respire encore, il lui donne le dernier coup, et boit quelquefois de son sang, que l'on dit un excellent spécifique contre le vertige. Il ouvre aussitôt le ventre de la bête, en jette l'estomac, les intestins et toutes les parties qu'on ne mange point, mais il a grand soin de conserver la graisse; puis il attache les pieds de derrière à ceux de devant, s'en charge comme d'une hotte et transporte ainsi commodément l'animal.

« Les chasseurs se réunissent; on s'assied sur un pan de roc et l'on fait là un frugal et joyeux repas. Mais lorsqu'on a l'espérance de tuer encore d'autres pièces de gibier, on cache celle qui l'est déjà sous quelque rocher et l'on continue la chasse. Ce n'est que quand la nuit est venue que les chasseurs emportent leur proie chez eux, où ils salent la chair et l'exposent à la fumée. La graisse est employée à plusieurs remèdes domestiques; on garde la peau pour faire des gants, et on conserve les cornes, que l'on vend aux étrangers.

« Un chamois, de taille moyenne, pèse ordinairement 50, 60 ou 70 livres. Ceux qui sont très gras rendent souvent jusqu'à 7 ou 8 livres de suif. »

BOURGS. — VILLAGES. — ETC.

APPENZELL. — Ce bourg, aussi sombre qu'antique, est situé sur la Sitter, dans les Rhodes intérieurs, au milieu d'un vallon verdoyant; bordé au nord par de petites montagnes et au sud par les plus hautes Alpes du canton. Son site est admirable. L'église paroissiale, d'un style gothique, est ornée de drapeaux enlevés autrefois par les Appenzellois aux ennemis de leur indépendance. L'ossuaire qui en dépend offre plusieurs rangées de crânes, portant chacun le nom de l'individu auquel il appartint. La maison commune ou hôtel-de-ville, le second édifice de la cité, est orné des portraits de quelques uns des landammanns du canton, qui ne jouèrent pas un grand rôle dans l'histoire, il est vrai, dont les noms ne sont pas parvenus à la postérité, mais dont la mémoire est en vénération parmi leurs compatriotes, dont ils surent maintenir la liberté et les franchises. L'arsenal est petit, mais il renferme un tableau qui représente la bataille de *Stoss*; c'est une peinture exécutée par une main peu habile, mais qui est curieuse à cause de son antiquité et des souvenirs qu'elle rappelle. Toutes les autorités civiles de l'*Appenzell* catholique résident dans le bourg. Celles de l'*Ausser-Rhoden* sont réparties dans les diverses communes du canton.

Presque toutes les maisons du bourg de l'Appenzell sont construites en bois.

GAIS est un très fort village du canton d'Appenzell (*Ausser-Rhoden*), où l'on compte environ 3,000 habitans. En 1780, un violent incendie consuma une grande partie de ce bourg, qui ne tarda point à se relever de ses ruines. Il offre aujourd'hui de nombreuses maisons bien bâties et dont quelques unes sont remarquables par leur élégance. C'est à Gais que se rassemblent en été, aux mois de juillet et d'août surtout, une quantité de malades, attirés par l'air pur des montagnes, et qui viennent y faire des *Cures de petit-lait*. Ces cures sont très efficaces, surtout dans les maladies de poitrine. Quoique les arbres fruitiers manquent en général sur la hauteur où est construit le village, on n'y éprouve pas ces variations d'atmosphère si fréquentes aux bains de Loüesche. On raconte que, dans les guerres de l'Appenzell contre la maison d'Autriche, un soldat du canton, Ulrich Rothac, surpris par 12 ennemis, se battit seul contre eux, et en tua 5. Les 7 autres, désespérant de le vaincre, mirent le feu à la maison de berger où il se défendait, et le brûlèrent lâchement avec elle. A cette même place, on a bâti l'église de Gais, l'une des 19 communes protestantes du canton d'Appenzell.

HÉRISAU. — Hérisau peut passer, sans contredit, pour le plus beau bourg du canton. Il est habité par de riches marchands et des fabricans de mousseline et de broderies. Les maisons y sont jolies ; la plupart, construites en pierre, ont été élevées après l'incendie de 1812. On y remarque une vaste place, une église dont le clocher passe pour un ouvrage des Romains ; un édifice qu'on distinguerait même dans une grande ville, la maison de M. Walser ; une poudrière, et une maison d'orphelins. C'est à Hérisau ainsi qu'à Trogen que se tiennent alternativement les assemblées du grand conseil de l'Appenzell (*Ausser-Rhoden*). Les habitans d'Hérisau se distinguent honorablement par leur industrie et leur bienfaisance. On trouve dans ce bourg de grandes maisons de commerce, des comptoirs et beaucoup d'établissemens d'utilité publique. Hérisau, situé à une hauteur assez considérable, est lui-même dominé par deux châteaux forts, *Rosemberg* et *Schwenberg*, ruines imposantes des temps anciens de la féodalité. La maison d'orphelins dont nous avons parlé, et qui est située dans le faubourg de Hérisau, a été fondée en 1817, au moyen d'un capital de 22,000 florins, donné à l'établissement par un généreux citoyen, mort récemment, M. J.-C. Schoch, et augmenté successivement par les dons de divers particuliers. C'est sans contredit un des plus beaux établissemens que renferme la Suisse.

TROGEN, un des chef-lieux de l'Appenzell (*Ausser-Rhoden*), est situé dans une contrée couverte de forêts et de prairies, sur un monticule au pied du revers septentrional du mont Gæbris.

Sur la grande place s'élève l'église, construite avec beaucoup de goût, et divers bâtimens non moins remarquables par leur beauté que par leur grandeur. Jean Zellweger, mort en 1802, et dont la maison est un des principaux ornemens du bourg, était un négociant qui commerçait avec l'Inde et la Chine, et qui mourut en laissant une immense fortune. Sa maison, ou plutôt son palais, renfermait une vaste bibliothèque qui, à la mort du possesseur, fut malheureusement dispersée. Les affaires criminelles de l'Appenzell sont jugées à Trogen en dernier ressort. C'est là que s'exécutent toutes les sentences auxquelles ces procès ont donné lieu. La Landsgemeinde des réformés s'y tient les années dont le millésime est un nombre pair. Trogen renferme une excellente école cantonnale, qui fut long-temps dirigée par l'un des collaborateurs les plus distingués de Pestalozzi. C'est là que les maîtres d'école des environs se réunissent quelquefois pour établir des conférences sur des objets d'enseignement ou faire d'utiles lectures. On y a établi deux écoles d'industrie pour les enfans pauvres : l'une destinée aux garçons, l'autre aux jeunes filles. De généreux citoyens, entre autres M. Gaspard Zellweger, ont concouru par des dons volontaires à la fondation de ces utiles établissemens. La bibliothèque cantonnale, récemment formée, se trouve dans la demeure de M. le pasteur Frey.

CURIOSITÉS NATURELLES. — MONUMENS.

LA CHAPELLE DES ROCHERS, (*Wildkirchlein*). — C'est l'objet d'un pélerinage obligé pour tous les voyageurs qui visitent l'Appenzell. On part de bonne heure du chef-lieu, et l'on se rend à Weissbad. On gravit un sentier raide et pierreux, et, après quelques heures de marche on rencontre un pont de bois, suspendu sur un horrible précipice, et qui conduit au *Wildkirchlein*. Ce pont rappelle, par sa forme, par sa situation et ses accidens, quelques uns de ces ponts si vantés en Suisse, tels que le *pont du Diable*, dans le canton d'Uri, le *Pentenbruch*, etc., etc. La hauteur des parois verticales des rochers est de plus de 250 pieds d'élévation. Tout l'ensemble de la contrée offre un spectacle sauvage et pittoresque, fait pour inspirer le pinceau de l'artiste. Vers quelque endroit qu'on tourne les regards, on découvre des objets également dignes d'attention. Au sud, on aperçoit la sombre *See-Alpe*; on voit briller les eaux du lac de ce nom; la Sitter serpente le long d'une vallée bordée d'une colline émaillée de fleurs, embaumée de l'odeur du thym des Alpes et des herbes des montagnes. Au-dessus du spectateur s'élèvent les rochers de l'*Eben-Alpe*; au fond de la vallée, le *Hoch-Kasten* présente son sommet déchiré, et en face, le *Marwies* est surmonté des cinq têtes affreuses des *Glockern*; enfin, le fond du paysage est couronné par le mont *Alt-Mann*, de nature primitive. Cependant on ne tarde point à arriver à l'ermitage. Qu'on se figure une grotte ouverte dans le rocher vif, dont les parois humides sont couvertes de *lait de montagne*. C'est là qu'on a dressé un autel naturel, dont le rocher même a fait tous les frais. Ce fut un nommé Ulmann, d'Appenzell, qui construisit cette chapelle en 1656, et choisit la caverne contiguë pour en faire son séjour. Cette caverne ou seconde grotte a été depuis habitée par un ermite, qui y passait la belle saison. L'ermite sonnait cinq fois par jour, une cloche dont le son se prolongeait sur toutes les Alpes voisines : c'était le signal de la prière. A ce bruit, tous les bergers se mettaient à genoux et adressaient leurs vœux au ciel. Maintenant, au lieu d'un ermite, c'est un honnête aubergiste, qui offre aux voyageurs du lait, un pain grossier et le secours de son expérience pour gravir plus aisément quelques unes des sommités voisines. Ordinairement, on reste quelque temps pour observer l'une des voûtes des grottes, garnie de stallactites curieuses, et dont l'entrée est aussi difficile qu'obscure. Pour y pénétrer, il faut gravir des quartiers de rocs détachés : après de longs et de pénibles efforts, on rencontre une ouverture, et on se retrouve en sortant sur le revers N. O. de la montagne. Là, une pente assez raide se présente, qui conduit à travers les verts pâturages de l'*Eben-Alpe*, sur le sommet de la montagne de ce nom, d'où l'on découvre une vue magnifique. Pour qui aime la botanique, le pèlerinage à la Chapelle des rochers est extrêmement intéressant. On voit fleurir sur la route les *saxifrages*, les *potentilles blanches*, la *campanule bleue*, la *digitale* au jaune foncé, etc. Jadis ces rochers, ces montagnes de l'Appenzell, étaient tout couverts d'ermitages et de chapelles; les femmes mêmes s'y retiraient et vivaient de la charité publique. Presque tous ces oratoires élevés par la piété ont été renversés, détruits, soit par le temps, soit par les guerres civiles et de religion. Néanmoins quelques uns subsistent encore et offrent des sujets variés aux peintres, aux dessinateurs. De tout temps, la vie contemplative, le goût des choses mystiques ont offert de l'attrait aux ames appenzelloises.

Le Sentis. — Le Sentis s'élève à 7,000 pieds environ au-dessus de la mer. Un glacier sépare deux de ses points, le *Geirispitz* et le *Sentisspitz*. Un autre glacier, qu'on appelle la *Blauer Schnee*, s'étend en forme de parois escarpées depuis le Sentis jusqu'à la *Wagenlucke*. L'ascension du Sentis présente de grandes difficultés; mais lorsqu'on en a atteint les cimes, on est bien dédommagé par le coup d'œil magnifique qui s'offre aux regards du voyageur. La route qu'on parcourt pour y arriver offre une suite de curiosités naturelles : c'est d'abord la grotte nommée *Ziegerloch*, ornée de salactites, de *lait de lune*, et qui renferme dans l'intérieur un précipice d'une grande profondeur ; puis, au milieu de la paroi de rochers du *Schœfler*, une voûte qui offre une sorte de baromètre naturel. Est-elle sèche, on peut compter sur le beau temps ; les parois en sont-elles humides et luisantes, la neige et la pluie vont bientôt venir. Après qu'on a dépassé l'*Alten-Alpe*, tout à coup s'offre aux regards une vaste déchirure ou échancrure de rochers ; c'est la *Wagenlucke*. On passe entre les *Thürmen* et l'*Ober-Mesmer*; puis, on longe les rochers du *Mesmer*, du côté nord. Ici l'œil n'aperçoit que précipices affreux, traces nombreuses de destruction, rocs déchirés, d'un aspect horrible. C'est au milieu de tous ces amas confus que s'élève comme un obélisque la tête de l'*Oehriekopf*. Sur un plan de rocher incliné, à l'ouest, on trouve dans le sable, de petits cristaux de montagne, connus sous le nom de *pierres rayonnantes*. Là commence un vaste champ de neige, auquel succède bientôt des champs de blocs de rochers; à travers ces débris on atteint les chalets de l'Ober-Mesmer, trajet difficile et périlleux, ainsi que le témoigne une inscription gravée sur un quartier de rocher en mémoire du professeur Jetzeler de Schaffhouse, qui, en 1791, s'étant seul hasardé au milieu des précipices nombreux de cette montagne, y trouva la mort. En été, on peut rencontrer ici quelques abris dans les chalets ; un lit de foin aromatique, pour reposer le voyageur fatigué ; un *rahmzonne*, mets composé de crème, de farine et de beurre, pour apaiser sa faim. Des chalets de l'Ober-Mesmer aux cabanes qu'on appelle *In den Springen* on gravit une rampe raide et couverte de neige, à la *Hintis-Wagenlucke*, et on arrive à une arête de rochers bordés de précipices, puis à une seconde rampe neigée, de près d'une lieue d'étendue, c'est le pied du Sentis. Il faut encore gravir, pendant plus de dix minutes, le flanc raide d'un cône, dont les rochers sont en état de décomposition, et alors on atteint le sommet de la montagne. Le lac de Sentis a un quart de lieue de longueur. Il n'a pas d'écoulement apparent. Il parait s'être formé à la suite d'un éboulement de montagnes, dont on reconnaît encore les traces aux eaux du ruisseau qui coulait le long de la vallée du Sentis, et qui ne trouve plus d'issue. Ce lac nourrit des truites excellentes.

Bains de Weissbad. — On entretient dans l'Appenzell un nombre immense de chèvres, dont le lait est conseillé aux nombreux malades qui viennent chercher, chaque année, la santé à Gonten,

Appenzell.

Gui-Guise de petit lait.

à Gaïs et surtout à Weissbad ou tout a été disposé pour recevoir les malades.

Qu'on se figure trois lignes de montagnes semblables à autant de boulevards, que la nature paraît avoir créées tout exprès pour la défense du canton. Sur la première, qui, dès les premiers jours de printemps, se pare de verdure, errent de nombreux troupeaux. Elle est peu élevée, douce et d'une pente légèrement inclinée. Les deux autres, qui s'élèvent en gradins au-dessus, sont escarpées, hérissées de rochers, nues, arides, et d'un aspect désagréable. C'est dans ces montagnes que divers ruisseaux forment la rivière nommée Sitter. L'un de ces ruisseaux, le Weissbad, a reçu cette dénomination, à cause de ses eaux blanches et écumeuses; ses bords sont charmans. On arrive, en les suivant, à un vaste pré, où est située la maison des bains connus sous le nom de Weissbad, ou *Bains blancs*. C'est sur les bords de ce ruisseau qu'on rencontre, pendant l'été, une foule de baigneurs, qui sont venus y passer la saison des bains. L'eau minérale, où ils se baignent, jaillit dans le même ravin que traverse le torrent écumeux. Tous les matins, les malades en se levant, boivent une ou deux tasses de *schotten*, ou *molken* (lait de chèvres), que des paysannes fraîches et jolies leur apportent des chalets voisins. Le régime, auquel le médecin du lieu les astreint n'a rien de bien sévère, comme les maladies dont ils sont atteints n'ont rien de bien dangereux. Ils peuvent se mêler chaque jour aux danses des pasteurs et les pastourelles, faire des promenades sur le Sentis, ou se rendre à l'ermitage de Wildkirchlien. Après quelques mois de séjour, presque tous se retirent avec une santé parfaite.

Le Voglisegg a de tout temps été célèbre par les vues étendues dont on y jouit sur la Thurgovie et sur le lac de Constance, jusqu'à la ville de ce nom. Non loin de là, sont situés les villages de *Rehetobel* et de *Heiden*, qui offrent aussi des vues magnifiques sur le bassin de ce lac.

Le Kamor est de toutes les montagnes de la chaîne des Alpes, celle qui est le plus au N.-E. De son sommet (*Hoch Kasten*), la vue embrasse la Suisse orientale, le lac de Constance, le Rhinthal, une multitude innombrable de montagnes du Tyrol et de la Carinthie, et une partie de la Souabe. Au sud et à l'ouest s'élèvent les sommités des monts de l'Appenzell, le Sentis, le Geirispitz, le Murli, le Mesmer inférieur, le Niederi et la Wagenlucke. Au nord-est, l'œil se repose sur la partie la moins montueuse du canton, et les pays de Saint-Gall et de Thurgovie.

BIOGRAPHIE.

Les Appenzellois ont l'esprit inventif pour tout ce qui tient aux arts mécaniques, et beaucoup de disposition à l'exaltation en matière de religion; mais de tout temps l'instruction publique a été fort négligée. Le *Code des Lois* du pays n'a été imprimé pour la première fois qu'en 1827. Le canton compte cependant quelques hommes remarquables, parmi lesquels on distingue:

Grubenmann Ulrich, architecte d'un génie supérieur, qui naquit à Teuffen. On lui doit les ponts de bois de Schaffhouse, de Wettenghen et de Reichenau, qui ont fait pendant long-temps l'admiration des artistes et des connaisseurs.

C'est aussi à Teuffen que naquit un nommé Jean Grunder, qui tissait au métier des chemises et des sacs sans couture.

HISTOIRE NATURELLE.

Règne animal. — Les animaux domestiques du canton sont les mêmes que ceux des autres cantons de la Suisse. Les vaches de l'Appenzell sont d'un brun noirâtre; leur tête est grosse, les cornes et les jambes sont courtes. Le nombre des chevaux et des chèvres est considérable. Les ours, les loups, les renards, les cerfs et les chevreuils, ont généralement disparu du canton; les chamois et les coqs de bruyères y sont assez rares à cause de la permission de chasse. On trouve dans les lacs de See-Alpe et de Sentis d'excellentes truites, mais elles ne sont ni aussi grosses ni aussi nombreuses qu'autrefois.

Règne végétal. — Les forêts de l'Appenzell se composent presque entièrement de pins et de sapins. Entre autres espèces de plantes rares, on trouve dans les alpes du canton: le *draba pyrenaica*, le *daphne cneorum*, le *gladiolus communis vel minor*, l'*androsace carnea*, le *pedicularis flammea*, et le *chrysantemum halleri*; le *colchicum montanum*, le *salix retusa*, le *crocus vernus*, l'*Achillea macrophylla*, etc., etc.

Règne minéral — Géologie. — L'Appenzell se divise en deux parties très distinctes: les Hautes-Alpes, que l'on appelle *Appenzeller Alpstein*, sont de formation calcaire. Sur les hauteurs du Sentis on trouve des pétrifications telles que des cornes d'amnon, des sellinites, des trochites, des ostracites, etc. L'autre partie du canton est formée de sable, d'argile et de cailloux roulés dont l'assemblage présente des couches très régulières. La surface de cette formation de grès porte l'empreinte de l'action des énormes vagues qui ont formé partout des collines, des enfoncemens nombreux et irréguliers. Des cailloux roulés alternent quelquefois en couche avec les bancs de grès. On a découvert des couches de houille au Baschloch, près de Sapeiher. L'Appenzell possède des sources d'*eaux minérales* dans la formation de grès et de brèche, notamment près de Gorten, sur le *Kronberg* au Weissbad ainsi qu'à Waldstadt dans l'*Ausser Rhoden*.

CULTES. — INSTRUCTION PUBLIQUE.

La religion catholique est la religion exclusive des rhodes intérieurs. Le pays est divisé en 7 rhodes, savoir : ceux de Schwendi, de Ruti, de Lehn, de Schlatt, de Gonten, de Rinkenbach et Stehlenegg, d'Hirschberg et Oberegg. Les habitans des rhodes intérieurs sont distribués en 4 paroisses, qui relèvent de l'évêque de Coire et de Saint-Gall. On compte 4 couvens dans le pays, l'un de capucins, à Appenzell, fondé en 1688 ; trois de femmes, de l'ordre de saint François : le premier à Vonnenstein, fondé en 1228 ; le second à Grimmenstein, fondé en 1424 ; et le troisième à Appenzell, fondé en 1584.

Le clergé des rhodes extérieurs est protestant. Chaque année il se réunit en synode à Trogen ou à Hérisau, présidé par le landammann ou l'un des principaux magistrats. Ce fut en 1322 que la réformation s'introduisit dans le pays ; elle y fit de grands progrès, mais elle y excita des querelles et des guerres qui ne finirent qu'en 1597, époque où les deux rhodes se séparèrent, les uns adoptant la réforme, les autres conservant l'ancien culte.

On compte 19 paroisses dans les rhodes extérieurs. Les deux rhodes protestans et catholiques ont de nombreuses écoles primaires ; malheureusement ils manquent de collèges pour les études supérieures. Le clergé des deux cultes a des bibliothèques particulières riches en histoire et en théologie.

INDUSTRIE. — COMMERCE.

La fabrication et la broderie des mousselines sont les branches principales de l'industrie des deux Appenzell. Nulle part cette double branche de commerce n'est portée à un si haut degré de perfection ; mais comme tous ces objets de luxe, ces mousselines de prix, ces riches broderies se vendent en général à un prix élevé, il arrive souvent que les deux Appenzell cessent tout à coup de travailler ; les métiers sont abandonnés, et la misère ne tarde pas à se faire sentir. Faute d'occupation, les ouvriers sont obligés de s'expatrier ; de là tant d'émigrations pour les pays lointains, où l'habitant du canton, au lieu de trouver l'aisance et le bonheur qu'on lui promettait, ne rencontre souvent que de nouvelles calamités. Autrefois le lin était filé dans toutes les communes avec tant de perfection, qu'avec une livre de 20 onces on faisait un fil de 180 à 200,000 aunes de longueur. Depuis un demi-siècle, les fabriques de lin ont été en général abandonnées et remplacées par des fabriques de coton. Hérisau et Trogen sont les principales places de commerce du canton. La plupart des marchandises fabriquées dans le pays se vendent à Saint-Gall.

L'industrie appenzelloise a long-temps été florissante : sous Napoléon, elle souffrit comme toutes les industries continentales ; elle se releva en 1812. L'affreuse disette qui régna en 1816 dans toute la partie occidentale de l'Europe, y porta un coup funeste en forçant les meilleurs ouvriers à s'éloigner. Cette industrie s'est relevée depuis ; elle est aujourd'hui prospère.

POPULATION.

Le canton d'Appenzell, surtout dans les rhodes extérieurs, est, en proportion de son étendue, l'un des cantons les plus peuplés de la Suisse. On y rencontre de nombreuses et jolies habitations, placées sur les pentes des montagnes ou dans des vallées élevées qui sembleraient ne devoir être peuplées que par des chamois, ou au moins par des bergers et par des troupeaux. Comme Neuchâtel, ce pays doit sa prospérité à son industrie. En 1595 les rhodes extérieurs n'étaient habités que par 12,000 âmes, et ils n'en avaient que 20,000 en 1667. Mais en 1734 on trouva dans les dix-neuf communes du pays 34,571 habitans ; en 1769, 36,000 ; en 1774 la disette avait réduit ce nombre à 32,000, mais en 1779 il s'élevait à 38,000, et en 1785 à 42,000. Fœsi avait compté, en 1765, 51,100 habitans, 13,100 dans les rhodes extérieurs et 38,000 dans les rhodes intérieurs. On estime aujourd'hui que le canton d'Appenzell renferme 52,500 habitans.

BIBLIOGRAPHIE.

Histoire des dissensions religieuses dans le canton d'Appenzell; par P. Gartenhaüser. — 1597.
Chronique du canton d'Appenzell; par Bischoffberger. 1 vol. in-8. — 1682.
Chronique Appenzelloise. 1 vol. in-8. — 1740.
Traité sur l'économie rurale du canton d'Appenzell; par L. Zellweger.
Tableau du peuple des montagnes d'Appenzell; par J.-G. Ebel. — Leipsick, 1768.
Description des Alpes suisses et de leur économie; par J.-R. Steinmuller. 2 vol. — Winterthour, 1804.

ON SOUSCRIT CHEZ :
HIPPOLYTE SOUVERAIN, édit., 3, rue des Beaux-Arts.

Paris.— Imprimerie P. BAUDOUIN, rue Mignon, n. 2.

CANTON DE SAINT-GALL.

TOPOGRAPHIE.

Situation.—Étendue.— Le canton de Saint-Gall est borné à l'est, par le Rhin et le Vorarlberg, au nord, par le lac de Constance et le canton de Thurgovie, à l'ouest, par les cantons de Zürich, de Schwytz et de Glaris, et au sud, par ces deux derniers cantons et par celui des Grisons. Il entoure en entier le canton d'Appenzell. Sa surface est de 104 lieues carrées environ. Il se divise en 8 districts, savoir : ceux de Saint-Gall, de Gossau, du Tockenbourg supérieur et inférieur, du Rhinthal, de Roschach, de Sargans, d'Utznach, et de la ville et du territoire de Rapperschwyl.

Sol.—Montagnes. Les districts de Saint-Gall, de Roschach, de Gossau et du Rhinthal renferment des plaines fertiles et étendues; dans le district du bas Tockenbourg, ces plaines sont plus resserrées et les collines plus nombreuses. Le district du haut Tockenbourg a des montagnes élevées qui le séparent du canton d'Appenzell et des districts d'Utznach, et de Sargans. Ce dernier est presque uniquement un pays alpestre. Néanmoins le centre de la contrée renferme une vallée fertile et bien cultivée. Enfin le district d'Utznach offre de vastes plaines, depuis le lac de Wallenstadt jusqu'à celui de Zurich, mais en général, elles sont encore marécageuses, malgré les travaux qui ont été entrepris pour les rendre entièrement à l'agriculture. Le terrain est fertile autour de Rapperschwyl. La plus haute montagne du canton de Saint-Gall est le Gamor ou *Kamor*, dont le sommet appelé *Hohe-Kasten*, s'élève sur la frontière du Rhinthal et du canton d'Appenzell. Du côté du Rhinthal, il existe sur le Kamor une caverne curieuse, *la Cristallière* (voir *Curiosités naturelles*). Les Alpes de Sargans et de Tockenbourg, atteignent la hauteur de 7 à 8,000 pieds. Le Hoch-Sentis sépare le haut Tockenbourg du canton d'Appenzell; on jouit d'une vue magnifique placée sur le Speer, entre le Tockenbourg et le pays d'Utznach.

Rivières.—Les principales rivières du canton sont : le Rhin, qui lui sert de limites sur une longueur de 16 à 18 lieues, depuis les Grisons jusqu'au lac de Constance; la Tamin ou Tamina dans le district de Sargans ; la Saar, qui forme une belle cascade près de Viltors ; la Sèez, qui traverse une partie du district de Sargans ; la Linth qui sert de limites au district d'Utznach ; la Thur, le Necker, et la Steinach qui passe à Saint-Gall.

HISTOIRE.

L'abbaye de Saint-Gall, qui, pendant plusieurs siècles, jeta tant d'éclat dans les sciences et dans les lettres, fut fondée à la fin du VIIe siècle. Son premier abbé, Othmeyer, avait étudié et cultivé les lettres. Il s'empressa d'établir dans l'abbaye une école pour y recueillir les connaissances qui disparaissaient alors de la surface de l'Europe. Pendant plus de trois siècles, Saint-Gall fut l'asile des lettres : ses religieux attiraient les artistes, achetaient à grand prix les chefs-d'œuvre des arts de l'Italie et de l'Orient, cultivaient eux-mêmes les mathématiques, la musique et la poésie, et formaient à grands frais une bibliothèque, qui fut bientôt l'une des plus considérables du monde connu. Les princes et les empereurs envoyaient leurs enfans à cette grande école. Hedwige, Duchesse de Souabe, eut pour maître Eckard religieux et professeur de l'abbaye de Saint-Gall, et précepteur du fils de l'empereur Othon Ier. C'est de ce cloître que le goût et la connaissance des langues grecque et latine se répandirent en France et en Allemagne. Le Pogge, qui assista au concile de Constance, attiré par la grande réputation des religieux, vint visiter le couvent et trouva dans une chétive tour les écrits de Quintilien, quelques lettres de Valerius-Flaccus, et plusieurs harangues de Cicéron. Il serait trop long de citer ici les noms des religieux dont les ouvrages contribuèrent à répandre la gloire de l'abbaye. Kéron, qui vivait au commencement du VIIIe siècle, fut un des premiers qui cultiva la langue allemande. On a de Notker des prières et des hymnes qui se chantaient encore au Xe siècle dans les églises d'Allemagne. Salomon, abbé de Saint-Gall et évêque de Constance, en 919, composa un dictionnaire universel qui embrassait toutes les sciences connues à cette époque.

Malheureusement, le siège abbatial étant devenu le partage exclusif des chevaliers et des grands seigneurs, les muses quittèrent cet asile de paix. Un des abbés ayant reçu le titre de Prince de l'empire, les moines abandonnent tout à coup leurs livres, prennent les armes et paraissent au milieu des champs de bataille. Comme ils s'étaient distingués dans les lettres, ils se distinguèrent dans les armes. Ulrich d'Eppenstein, l'un des moines de Saint-Gall, embrasse, en 1076, le parti de Henri IV proscrit, résiste au duc de Souabe, puis excommunié lui-même et poursuivi par le fer et la flamme, refuse de demander la paix à ses ennemis.

Lors de la réformation les sujets de l'abbaye s'insurgèrent et expulsèrent les moines, qui triomphèrent et reprirent possession du couvent. Jusqu'en 1805, l'histoire de l'abbaye de Saint-Gall n'offre que peu d'intérêt. Ce sont des querelles intestines, des troubles qu'apaisent les cantons avec lesquels l'abbé a formé une association politique, jusqu'au moment où une révolution vient dépouiller l'abbaye de tous ses privilèges, et l'abbé du droit de souveraineté qu'il avait jusqu'alors exercé. A cette époque, le monastère fut supprimé.

Il ne s'est plus relevé. Il n'y a pas long-temps qu'est mort le dernier abbé.

L'histoire du canton de Saint-Gall, est nécessairement liée à l'existence de l'abbaye. Dans le Xe siècle, la bourgeoisie, répartie en tribus ou corporations, se racheta de la servitude des moines, et obtint quelques franchises des empereurs d'Allemagne. Jusque vers la fin du XVIe siècle, on la voit sans cesse lutter contre les abbés, et ce n'est qu'à la fin du XVIIe siècle, qu'un traité en forme assure à la fois son indépendance civile et politique. Trop éloigné des cantons de Lucerne et de Schwytz pour prendre part à la révolte de ces cantons contre ses oppresseurs, Saint-Gall se contenta de disputer avec une tenacité, une fermeté qui n'est pas sans gloire, ses droits trop souvent méconnus. Depuis la révolution de 1798, la ville de Saint-Gall est chef-lieu du canton.

MŒURS. — CARACTÈRES. — COUTUMES.

Les Saint-Gallois sont laborieux, actifs, intelligens. Presque tous ceux qui ont de la fortune la doivent à un travail opiniâtre. A Saint-Gall, à Roschach, à Sargans il existe des *confréries* ou associations qui se réunissent de temps en temps pour se divertir. On chante, on danse, on se livre à une joie bruyante qui est alimentée et payée par des souscriptions hebdomadaires. Ces fonds ne servent pas seulement au plaisir, ils aident aussi les confrères tombés dans le malheur; mais ces associations deviennent quelquefois de véritables cotteries qui exercent une influence pernicieuse sur les élections du canton ou des communes.

Saint-Gall est une ville toute commerçante; là point de ces réunions aristocratiques comme à Berne, ou littéraires, comme à Zürich. On se visite peu, et dans les rares réunions on ne s'occupe d'autre chose que de l'apprêt des toiles, des broderies, du cours des marchandises, des commandes, et de fabrication. Les femmes sont en général assez jolies; leur taille est élégante; leur manière réservée et leur langage annoncent une bonne éducation. Presque toutes entendent et parlent le français. La mousseline et les broderies sont les principaux ornemens de la toilette des dames Saint-Galloises.

Jadis les fifres des villes et pays de Zürich, de Saint-Gall, de Winterthour, de Turgovie étaient sous l'inspection d'un chef appelé le roi des fifres (*pfeiferkönig*). En 1431 le roi de cette troupe bruyante était Hermann Meyer de Bremgarten, et Saint-Gall, en récompense de ses talens harmoniques, l'avait gratifié du droit d'habitation. Les membres de cette confrérie devaient toujours être prêts soit à marcher à la tête des masques du carnaval, soit à se rendre aux noces, bals et autres divertissemens, soit à accompagner de leur sons aigus les convois funèbres. Depuis long-temps cette société avait à peu près cessé d'exister; les lois mêmes ne la protégeaient plus, puisqu'on trouve dans un ancien code de la contrée, ce singulier paragraphe : « Si quelqu'un fait du mal à un *fifre* et que celui-ci en demande satisfaction, *l'offenseur se placera devant un mur au soleil, et l'offensé frappera son ombre.* Si c'est un enfant qui ait commis la faute, il sera tenu de fixer un bouclier sur lequel les rayons du soleil le réfléchissent. »

En 1436 les Saint-Gallois crurent qu'il importait de relever la société des fifres du mépris dont elle était frappée, et s'interposèrent efficacement auprès du concile de Bâle, qui, cette même année, l'érigea en confrérie, sous la protection de la Sainte-Vierge. Dès ce moment les fifres reprirent quelque considération, entrèrent dans la musique militaire des cantons et y sont restés jusqu'ici.

VILLES. — BOURGS. — VILLAGES.

Saint-Gall est situé entre deux montagnes, sur une petite rivière qu'on nomme la Steinach. C'est une ville peuplée, vivante, et animée. Dix-neuf blanchisseries l'entourent; de nombreuses fabriques de coton et de mousseline sont réparties dans ses divers quartiers. Chaque samedi il se tient à Saint-Gall un marché important, et toutes les années, deux foires qui durent chacune huit jours. Les rues sont larges, les maisons, presque toutes hautes, sont bâties avec élégance. Les édifices sont dignes d'attention. L'église abbatiale est l'un des plus beaux temples que les catholiques possèdent en Suisse; l'orgue de cette église est remarquable par la richesse de ses ornemens, et la magnificence de ses sons. Comme objet d'art, on y distingue des fresques du professeur Moréto, et l'*Adoration* par Kenner. Le Gymnase est un beau monument. Les deux temples réformés de Saint-Laurent et de Saint-Mangin, sont moins remarquables par leur architecture que par leur antiquité. La place du marché est plus grande que belle. Mais de tous les édifices, celui qui attire le plus les regards de l'étranger est l'hospice des Orphelins, construit nouvellement hors de la ville.

Parmi les établissemens scientifiques que possède cette ville, on remarque : le Lycée Catholique où onze professeurs enseignent la théologie, la physique, les mathématiques, l'histoire, les langues anciennes. Dans l'une de ses salles est une bibliothèque assez belle, riche surtout en manuscrits. — Le Gymnase réformé, où l'on professe la philosophie, les mathématiques, et le dessin, et qui fut construit en 1593. — La bibliothèque dite de Vadianus, qui possède une collection de médailles, les bustes de Jean Müller, de Luther, de Zollikofer et quelques tableaux estimés d'Adrien Zinggs.

Sargans est situé sur le grand chemin qui, des bords du lac de Wallenstadt, conduit au canton des Grisons. Cette ville, jusqu'en 1798, fut le chef-lieu du bailliage du même nom.

Depuis 1801, elle fait partie du canton de Saint-Gall. On y a bâti de jolies maisons, et toutes les habitations qui étaient jadis en bois ont été reconstruites en pierre. Il y a à Sargans deux écoles renommées.

L'ancien château, jadis la demeure des baillis,

nu, triste, n'est plus habité. Il contraste désagréablement avec les vallées si riantes et si animées. C'était dans son enceinte que résidaient autrefois les dames de Sargans, hautes et puissantes, avec leur luxe fastueux des grandes villes, tandis que le comte de Werdenberg, leur noble voisin, se distinguant par la simplicité de ses mœurs, vivait comme les simples pâtres de l'Appenzell et combattait à leur tête.

L'aspect des contrées dominées par le château de Sargans est singulièrement attrayant. De là, l'œil embrasse la vaste vallée qu'arrose le Rhin, le lac de Wallenstadt, les pics du Grauhorn et du Falknis. A l'angle formée par les vallées du Rhin et le lac, l'œil repose sur les formes des pics, sur la configuration des deux vallées, et l'on se retrace aussitôt l'effroyable bouleversement dont ce pays fut témoin à l'époque où le Rhin, enflé par des débris de montagnes, tombés tout à coup dans son lit, souleva ses eaux, rompit ses digues, abandonna le lac de Wallenstadt et vint se frayer un passage à travers la chaîne brisée du Falknis et du Schollberg.

WALLENSTADT est située dans une vallée marécageuse. Autrefois toutes les rues du côté du lac étaient couvertes de boue, et l'on marchait avec difficulté le long des maisons. D'utiles travaux, qui ne sont pas encore achevés, ont amené quelques utiles améliorations. Ses habitans vivent du produit des Alpes et de la pêche; presque tous sont bateliers. Le passage des marchandises que l'on transporte dans les diverses parties de l'Italie par le pays des Grisons, depuis l'Allemagne et le nord de la Suisse, forment le principal revenu de Wallenstadt.

Le gouvernement de Saint-Gall a fait construire sur la rive gauche du Rhin, dominée par le Schollberg, une route qui ne fait pas moins d'honneur à ceux qui en ont médité le projet qu'à l'ingénieur distingué, M. Pocchibelli, qui l'a exécutée. Autrefois les marchandises qui venaient de la Bavière et de la Souabe se dirigeaient par Saint-Gall, longeaient ensuite la rive du Rhin qui appartenait à l'Autriche, tournaient du côté de l'Italie par Feldkirch, le pays et le défilé de Fichtenstein et par les Grisons. Mais les droits imposés par la douane autrichienne étaient trop onéreux pour le commerce, et malgré toutes ses difficultés on préférait l'ancienne route; telle est l'origine de la voie nouvelle dont l'exécution a été confiée à M. Pocchibelli.

UTZNACH. — C'est un bourg qu'on décore ici de nom de ville; il est situé sur la pente de l'Utznaberg, dans une contrée fertile et bien cultivée, non loin de l'extrémité supérieure du lac de Zürich. Rodolphe de Habsbourg l'assiégeait en 1267 à la tête d'une troupe nombreuse de Zürichois. Le siège durait depuis plusieurs semaines, et le duc allait le lever, lorsque la garnison, pour le narguer, lui envoya un dîner complet de poissons. Rodolphe remercia les assiégés, et soupçonnant qu'ils avaient une issue pour pêcher dans l'Aa, qui coulait au bas du fort; ils la chercha et la découvrit; elle servit à introduire les assiégeans, qui s'emparèrent de la ville.

Utznach possède de riches fondations, un hô-
pital, de bonnes écoles. Dans le voisinage est un banc de houille qui pourrait être exploité avec avantage.

RAPPERSCHWYL est une petite ville qui a toute la propreté et toute l'élégance d'une ville züricoise. De loin, les tours dont elle est environnée, son exposition sur une hauteur, forment un effet pittoresque. A l'opposite s'avance dans le lac une langue de terre longue et étroite, à l'extrémité de laquelle Léopold d'Autriche fit construire dans le XIVe siècle un pont de bois, qui sert de communication entre la ville et la rive gauche du lac de Zürich. Ce pont, l'un des plus longs qui existent en Europe, a 1,800 pas de longueur sur 12 de largeur; il repose sur 188 palées, et beaucoup de ses planches transversales sont à peine clouées, comme on le remarque sur la plupart des ponts de bois en Suisse; cependant il a été restauré de 1818 à 1820. On peut le traverser en voiture. De ce pont, on jouit du spectacle qu'offrent les groupes de montagnes environnantes, de la situation pittoresque de la ville de Rapperschwyl et de la belle nappe du lac de Zürich.

WERDENBERG est un bourg que dans le canton de Saint-Gall on a décoré du nom de ville. Il est si peu considérable qu'il n'a point d'église; le château qui s'élève au-dessus de cet endroit, fut le berceau du comte Rodolphe de Werdenberg, qui aida si puissamment au XVIe siècle les Appenzellois à conquérir leur liberté. Les habitans sont réformés. Ils vivent du produit de leurs alpes, de leur terre et de leurs arbres fruitiers. Ils élèvent de belles races de chevaux, et filent du coton pour les fabriques d'Appenzell et de Saint-Gall.

En face de Werdenberg est Frastenz, où les confédérés, commandés par Ulrich de Saxe, remportèrent une victoire signalée sur les Autrichiens. C'est à Werdenberg que naquit un des poètes les plus illustres du XIIIe siècle. Rodolphe, de Montfort, auteur de *Josaphat* et de *Barlaam*, monumens curieux de la littérature à cette époque.

RHINECK. Il serait difficile de donner une idée de l'heureuse situation de cette jolie petite ville, assise au milieu de la partie inférieure du Rhinthal. Rien de plus agréable que les promenades qui l'entourent de toutes parts. Les vallons et les collines qui s'élèvent en amphithéâtre jusque sur les alpes de l'Appenzell, sont couverts de vignes, de vergers, de prairies, de champs; parsemés de villages, de fermes isolées, de maisons, de châteaux: c'est un tableau plein de vie et de mouvement. Rhineck elle-même a de beaux édifices, de nombreuses manufactures de toiles, de fil et de coton, des blanchisseries, des ateliers de teinture. Les vins de Rhineck sont estimés. C'est en 918 qu'on y planta la vigne pour la première fois. Alors un tonneau était un trésor. Un religieux du couvent de Saint-Gall, à qui l'évêque de Constance avait fait présent d'une tonne pleine de cette liqueur, eut le malheur de la laisser choir dans une fondrière. Tous les religieux accoururent et entonnèrent le précipice, faisant retentir l'air de *Kyrie eleison*, jusqu'à ce que les efforts de paysans vigoureux, eussent retiré de l'abîme le précieux tonneau.

SENNEWALD, joli village situé au pays de Sax, où passe un chemin par le Voralberg dans le Tyrol. La contrée où s'élève Sennewald, appartenait autrefois au baron Hohensax, une des plus illustres familles du pays. Elle s'éteignit en 1633. Il est peu d'endroits en Suisse où l'on cultive le maïs avec plus de succès que dans ce pays agricole. Les habitans sont presque tous du rite réformé. La forêt de Sienne est riche en plantes curieuses; les montagnes qui entourent la vallée sont formées de pierre calcaire grise. On a remarqué, sans pouvoir suffisamment en expliquer la cause, que cette contrée a été de tous temps exposée aux tremblemens de terre. En 1750, de grands quartiers de rochers se détachèrent d'un des pics voisins, et tombèrent non loin du village de Sax. On peut voir encore les débris d'une autre chute de montagnes aux environs de Sennewald.

KOBELWIES, dans le Rhinthal, possède des thermes qui sont renommés dans toute la Suisse. L'eau thermale est limpide, sort de cavernes voisines, et alimente quarante bains.

ROSCHACH, ville de peu d'importance, mais commerçante et industrieuse. Elle a des blanchisseries et des imprimeries de toiles, d'élégantes maisons, une halle aux blés, un port spacieux et très fréquenté. On y tient tous les jeudis des marchés de grains. L'agriculture, l'expédition des marchandises, forment les principales ressources des habitans. On y trouve un couvent de femme et un hôpital. Sa position surtout est enchanteresse. L'œil ne peut se lasser de contempler le beau lac de Constance, ses rives parées de verdure, les vignobles qui s'étendent en amphithéâtre sur ses flancs, et ces chars, et ces voitures qui se heurtent dans toutes les rues de la ville. En face est la jolie petite ville de Lindau, but charmant de promenade sur le lac. Un bateau à vapeur touche chaque semaine plusieurs fois à Roschach, et de là communique avec cette Isle.

CURIOSITÉS NATURELLES. — MONUMENS.

BAINS DE PFEFFERS — LA TAMINA. — Ces eaux thermales sont situées dans le pays de Sargans. Le chemin qui y conduit, depuis Ragatz, est extrêmement pittoresque. Elles occupent une gorge épouvantable, formée par l'impétueux torrent de la Tamina. On y parvient en suivant un sentier étroit, d'un quart de lieue de longueur. « Ces bains, d'un aspect et d'un abord effrayant, sont construits au milieu d'un gouffre infernal, et sont perpétuellement ébranlés par la chute d'un torrent qui tombe avec fracas sur les rocs voisins, et toujours arrosés par la poussière humide des ondes brisées; il paraît que l'horreur du site ne nuit point à leur fréquentation, puisque les malades s'y rendent chaque année en grand nombre. » Cette peinture de Daniel l'Hermite est aussi vraie qu'au moment où il l'écrivait (1602). En 1630, on conduisit la source, sur une longueur de six cents pas, dans un endroit où les rochers s'élargit un peu, et on y bâtit des cabanes. Au commencement du XVIIIe siècle, l'abbé du couvent fit sauter des rochers, et l'on construisit les deux maisons de bains qui existent encore aujourd'hui. Longtemps ces thermes ne furent fréquentés que par les Suisses. Quelques étrangers s'y rendent maintenant que l'établissement offre aux baigneurs un peu plus de comfortabilité. On doit au hasard la découverte de ces sources salutaires. C'est un chasseur, dit-on, qui dans le Xe siècle y pénétra le premier. Dès ce jour, elles prirent de la célébrité; mais il fallait être bien malade, ou muni d'un grand courage pour tenter d'y chercher la santé; l'essai était périlleux. On descendait le malade dans le fond de cet antre, à l'aide d'échelles et de cordes; une fois plongé dans ce *Ténare*, on pouvait à jamais se croire séparé de la société. On exposait sa vie pour la prolonger, comme dit un auteur du XVIe siècle, qui avait visité ces bains. De peur de vertiges, les malades se faisaient bander les yeux, comme de nos jours encore on le bande à ceux qui descendent la Gemmi à dos de mulet. On disait même qu'on apercevait d'affreux spectres dans l'obscurité, produite par les roches et les arbres, qui couronnent le précipice. Un envoyé de France en Suisse, Ch. Pascal, composa sur ces bains un poème latin, et la description qu'il en fait pourrait s'appliquer plutôt à l'enfer qu'à un séjour humain.

La source ne coule qu'en été; elle fournit environ quatorze cents pintes par minute. L'eau est sans odeur, sans goût et sans couleur; on la prend en boisson et extérieurement; on en exporte de nombreuses bouteilles hors du pays. Les médecins qui l'ont analysée la jugent efficace pour la guérison de plusieurs maladies chroniques, pour les tumeurs et les obstructions. Les paysans des environs ont une grande foi aux vertus de ces eaux. Ils accourent de toutes parts aux bains de Pfeffers; ils y restent ordinairement depuis le samedi jusqu'au lundi, demeurant dans l'eau une partie du jour, afin de provoquer d'abondantes transpirations. Le temps des cures commence le premier juin, et finit au premier septembre. A peine si l'on voit à Pfeffers le soleil deux ou trois heures de la journée.

La gorge de la Tamina offre un des plus grands tableaux qu'il soit possible d'imaginer. C'est le Tartare avec toutes ses formes hideuses, et l'imagination la plus vive ne saurait se le représenter. Qu'on se figure un torrent, qui roule avec fureur à 30 ou 40 pieds de profondeur, deux parois de rochers qui s'élèvent de chaque côté à 200 pieds de hauteur, et qui viennent s'incliner l'une contre l'autre, formant un dôme qui en a plus de 300; un pont jeté le long de ces rochers, de 700 pieds de longueur. Ce pont est étroit, glissant, et n'est séparé que par une frêle planche de l'abîme. Tantôt le rapprochement des rochers qui surplombent ne permet pas qu'on puisse s'y tenir debout, tantôt ils s'en écartent à une grande distance et vous laissent seul et sans appui. Celui qui se sent assez de courage pour faire cette épouvantable excursion sur une frêle planche, de quelques pouces d'épaisseur, presque toujours enveloppée de ténèbres, doit s'aventurer au milieu du jour, d'un pas lent et mesuré et sans s'aider de bâton. Quelquefois on marche entre les guides, qui tiennent les deux bouts d'une perche, du côté du précipice, pour servir de barrière et d'appui au voyageur. On est bien dédommagé des dangers qu'on a courus, lorsqu'on arrive à la grotte creusée par la Tamina dans le marbre, à 30 pieds de profondeur.

Rien de plus curieux que le retour d'une compagnie qui est allée visiter les sources. Assis à l'entrée du pont, on aperçoit, dans un lointain ténébreux, des figures semblables à des ombres, se mouvoir dans l'obscurité, paraître tout à coup au grand jour et retomber subitement dans les ténèbres.

Près du pont du Mühlibach est un moulin délabré, derrière lequel la Tamina fait une superbe chute. Pour jouir du spectacle extraordinaire qu'elle présente, il faut avoir soin de se placer sur une saillie de marbre qui domine la cascade et qui n'a pas plus d'un pied de largeur.

LE LAC DE WALLENSTADT.—La nature s'est plu à réunir sur les rives de ce lac des tableaux tour à tour sauvages, hardis et mélancoliques; de hautes montagnes s'élèvent sur ses bords : ce sont l'Oberspitz, le Blatt, l'Eiger, le Quintenberg, le Krauch; l'Ammon se fait remarquer par ses croupes verdoyantes et peuplées d'habitations, surtout lorsque l'on vient de la rive méridionale. Quelques unes des cascades, qui descendent des parois de ces pins, sont d'un bel effet : le Bayerbach surtout précipite avec fracas ses eaux écumantes d'une paroi de rochers, tapissée de lauriers et de buissons; mais il faut quitter le bateau et pénétrer à travers une gorge étroite pour jouir de la vue de cette superbe chute d'eau. Quinten, avec ses groupes de maisons, est le seul hameau qu'on trouve sur la rive septentrionale. Wesen, et Blatlis s'élèvent sur l'autre rive. On a beaucoup exagéré les dangers qu'on court en naviguant sur le lac de Wallenstadt. On peut s'embarquer et naviguer sur ses bords sans aucun danger, pourvu que le ciel soit pur et que les tempêtes ne dérangent par la marche ordinaire du bateau. Les bateliers, du reste, connaissent admirablement les vents qui règnent sur le lac. Le vent du nord, qu'on appelle *Blatlisel*, est celui qui est le plus redoutable. Il frappe avec une violence prodigieuse les rochers qui sont au midi, et élève des vagues énormes. Le lac de Wallenstadt est très profond, Il a quatre lieues de longueur sur une lieue de large, et n'offre guère de rades assurées qu'à Wesen, à Mullihord et près de Wallenstadt.

COLONIE DE LA LINTH.—La Linth est une rivière des cantons de Saint-Gall, de Glaris et de Schwytz; elle prend sa source dans le Linthal; elle se forme aux pieds du Tœdi et du Kistenberg, de la réunion de trois ruisseaux; elle se dirige au nord-est, traverse le canton de Glaris, dont elle entraîne toutes les eaux, puis va se jeter dans le lac de Wallenstadt, d'où elle sort à Wesen et va se perdre dans le lac de Zürich, non loin de Grynau.

Cette rivière, grossie par les torrens à la suite d'orages, devient impétueuse et ravage toute la contrée qu'elle parcourt; elle est navigable depuis Mollis jusqu'au lac de Wallenstadt.

Le nom de la Linth rappelle une des plus belles et des plus utiles entreprises qui ait honoré l'humanité. Son cours était arrêté par les débris des matières qu'elle roulait. Les pierres et le sable dont elle encombrait la Mag, où elle tombait d'abord avant que son cours ait été dirigé dans le lac, faisaient refluer cette petite rivière bien avant dans les terres. La contrée voisine était remplie de marais fangeux; des milliers d'arpens de terre labourable avaient été envahis, déchirés par les eaux, et les rues de Wesen et de Wallenstadt étaient changées en de véritables cloaques. Chaque jour ces deux cités étaient menacées d'inondations; chaque jour le danger devenait plus imminent et des maladies dangereuses les désolaient. Les fièvres intermittentes étaient déjà regardées à Wallenstadt comme endémiques, et toute la science des hommes de l'art avait été inutile pour conjurer ce fléau. C'était en 1807. Un philantrope, M. Escher, conçut le projet de *canaliser* la Linth. Il avait médité depuis long-temps, et sur les lieux mêmes, cette grande entreprise. La Diète assemblée à Zürich adopta les plans de M. Escher, et après de longs travaux quittés et repris, le lit de la Linth fut rectifié jusqu'au lac de Zürich et des digues hardies et solides opposées aux débordemens de cette rivière. Ces travaux, qui coûtèrent une somme considérable, furent terminés en 1822, sous la direction, de cet homme célèbre. La Linth aujourd'hui coule à travers le canal de Mollis qui a une lieue de longueur et se décharge dans le lac de Wallenstadt. Son ancien lit, converti en un canal régulier, sert à l'écoulement des ruisseaux de Nœfels, d'Ober-Urnen et de Nieder-Urnen.

La Suisse a plusieurs fois manifesté l'intention d'honorer par un monument national la belle entreprise et l'action généreuse de M. Escher. Plusieurs projets ont été proposés; le plus hardi et le plus original est celui qui consiste à faire sculpter dans le roc vif la statue colossale du généreux philantrope. Quoi qu'il en soit, l'œuvre de M. Escher suffira toujours pour rappeler son nom à la postérité.

Sur ce terrain, autrefois envahi par les eaux, au milieu de ces marécages pestilentiels, s'élève aujourd'hui un établissement pour l'éducation des enfans pauvres, et qui porte le nom de *Colonie de la Linth*. L'intention avait été d'abord de fonder ici une véritable colonie pour les indigens du canton. Les ressources étant insuffisantes, on se borna à élever une maison spacieuse où sont réunis une quarantaine d'enfans. C'est la Société de Glaris qui dirige l'établissement. L'école est bien tenue, l'éducation des élèves est dirigée d'après les principes de M. de Fellenberg. (Voir *Hoffwyl*, Canton de Berne). Il y a deux fois par jour des leçons qui embrassent la lecture, l'écriture, le chant, les calculs, l'histoire nationale, la Bible, et les élémens d'histoire naturelle. En hiver, les élèves s'occupent à fabriquer divers ouvrages mécaniques propres à leur procurer des ressources pour l'avenir.

C'est à l'empereur Alexandre et à la générosité de quelques philantropes de la Suisse et de l'étranger qu'est due la fondation de ce bel établissement.

Le Kamor. — La cime du Kamor a près de 4,500 pieds de haut. Ses coupes sont couvertes d'une riche végétation. C'est au pied de cette montagne que se trouve la *Cristallière*.

De Kobelwies on monte pendant un quart-d'heure par une pente très raide, et après avoir fait environ quatre-vingts pas dans la forêt, on arrive à l'entrée des cavernes connues sous le nom de *grottes de cristal*. La caverne extérieure communique avec celle de l'intérieur au moyen d'une galerie de 24 pieds de longueur dans laquelle on se traîne sur le ventre et les genoux, puis on a encore environ vingt pas à faire tantôt debout et tantôt courbé; la grotte intérieure a 8 à 10 pieds tant en largeur qu'en longueur sur 16 à 20 pieds de hauteur. Ses parois sont revêtues de l'espèce de spath calcaire que l'on appelle *cristal d'Islande* ou *doppelt-spath*, et recouvertes en quelques endroits d'une couche d'argile jaune. Ce spath calcaire, demi-transparent, est blanc, ou d'un gris foncé; il se casse en gros et en petits fragmens dont les faces sont très distinctes et brillantes; elles forment constamment des rhombes réguliers. En faisant calciner ce spath calcaire, on obtient une chaux en poudre blanche d'une grande finesse et très propre pour les ouvrages de sculpture. Au-delà de cette caverne il en existe une troisième qui, dit-on, est encore plus spacieuse; mais l'entrée en est devenue tellement étroite qu'il n'y a plus moyen d'y pénétrer.

HISTOIRE NATURELLE.

Géologie. — Dans les carrières de grès de la ville de Saint-Gall, on trouve des coquillages marins pétrifiés, tels que des buccinites, des chamites, des buccardites, des pectinites et des musculites.

Les hautes montagnes du canton sont composées de pierre calcaire, de schistes argileux et de *grauwacke*; quant aux autres parties du pays, elles sont formées de grès et de brèche.

Dans toute la vallée de la Tamina règnent des schistes argileux noirs, remplis de vernis et de nœuds de quartz et de spath calcaire; les couches calcaires et schisteuses alternent entre elles. Elles sont fortement inclinées au sud et courent du nord-est au sud-ouest; sur la rive orientale du torrent, on ne voit que peu et point de schistes. La pierre calcaire des hauteurs de Galenda est jaune; les schistes noirs dominent sur la rive septentrionale et s'élèvent en alternant avec les couches calcaires, jusque sur les sommités de l'alpe de Valenz et des *Cimes grises*. Ces montagnes sont très curieuses et méritent d'être étudiées. Des débris de granit et de gneiss parmi lesquels on trouve des blocs d'une grandeur énorme, sont répandus de toutes parts, des deux côtés de la vallée, dans les ravins les plus profonds, à une hauteur considérable, sur les flancs de la montagne de Valenz entre le village et le *Mühlibach*, et jusqu'au débouché de la vallée, au-delà du couvent. Tous ces débris si remarquables n'ont pu être amené dans cette vallée que par une épouvantable débâcle, dont les courans, sortis des montagnes de granit et de gneiss de la Rhétie, pénétrèrent du côté du sud au sud-ouest, par dessus le *Kunkelsberg*. La vallée où est située Ragatz, qui commence au lac de Wallenstadt, et qui se prolonge jusqu'à Coire, est, sous divers rapports, d'un grand intérêt pour le géologue. En considérant avec attention cette vallée, on ne tarde pas à se convaincre que la Guscheralpe et la montagne de *Flasch*, située à l'extrémité septentrionale de la chaîne du Rhétikon, faisait autrefois avec le Schollberg, une seule et même masse calcaire qui n'a pu être ainsi déchirée qu'à la suite de quelque violente révolution.

Règne végétal. — Les montagnes de la vallée de la Tamina ou de Pfeffers, entre autres les Alpes de Valenz, le Montéluna, le Galanda et les montagnes de Kalfeus sont très riches en plantes alpines. Parmi les espèces les plus rares on distingue: le *Lilium martagon*, *Laconitum*, *Lycoctonum*, l'*Acer platanoides* (l'érable platane) le *Daphne encorum*, l'*hedysarum obscurum*, le *Rubus saxatilis*, le *Rhododendron ferrugineum*, l'*Eronymus latifolius*, l'*Achillea macrophylla*, le *Juncus niveus*, le *Linnaea borealis*, le *Pinus cembra*.

On trouve près de Quinten le *Lilium bulbiferum*, le *Cyclamen d'Europe*, près de Wallenstadt, le *Jedum hispanicum*, non loin de Bitten, l'*Acorus calamus*, le *Ranunculus lingua*, et le *Lepidum latifolium* croissant dans les fossés qui bordent les rues de Walenstadt.

CULTES.

La religion du canton est mixte et les catholiques sont dans le rapport de 84 à 66. Le clergé relève de l'évêché de Coire et de Saint-Gall. Il se divise en huit chapitres: Saint-Gall, Gossau, le haut et bas Tockenbourg, le Rhinthal, Utznach, Gaster et Sargans. Il existe seize couvens d'hommes et de femmes qui appartiennent aux ordres de saint-Benoît, de saint-Bruno, de Citaux, de saint-Dominique, etc., etc. En 1828 le nombre des ecclésiastiques catholiques s'élevait à 560, dont 124 religieuses et 49 moines. Le nombre des ministres réformés est de 70. Le clergé réformé du canton de Saint-Gall se divise en trois chapitres: ceux de Saint-Gall, de Tockenbourg et du Rhinthal. Ces trois chapitres forment un sinode qui se réunit chaque année au chef-lieu du canton. Les réformés ont encore un consistoire particulier composé de membres laïcs et de membres ecclésiastiques.

BIOGRAPHIE.

L'homme que Saint-Gall cite avec le plus d'orgueil, est Vadianus, théologien d'un haut génie, qui travailla avec succès à introduire la réforme et qui mourut, l'œuvre achevé, en 1561. Les protestans estiment comme orateur, Georges Zollikofer, qui mourut vers la fin du siècle dernier à Leipsick, où il était pasteur. Il a laissé dix-sept volumes de sermons estimés, dont quelques-uns ont été traduits en français. Le Rhinthal a vu naître Jacques Ruef, écrivain

PITTORESQUE.

dramatique du XVIe siècle, qui faisait représenter ses pièces de théâtre sur la grande place de Zürich. Elles ont été recueillies et publiées en 1552. Wildhaus, dans le haut Tockenbourg, est le berceau du réformateur Zwingle.

Ce fut en 1516 que cet homme célèbre commença à jeter les fondemens de la réforme. Ses biographes prétendent qu'il devança Luther, et fut le premier qui poussa le cri d'indépendance religieuse, accueilli par un si grand nombre de cantons. Il eut de longues luttes à soutenir avec l'évêque et le clergé catholique du pays. On connaît la célèbre conférence qui se tint à Zürich, et où assistèrent d'une part les délégués du catholicisme, et de l'autre les représentans de la réforme, dont Zwingle était le chef.

On disputa pendant plusieurs jours, et à la fin de cette conférence, les magistrats abolirent la confession auriculaire, le culte des morts, la messe et beaucoup de cérémonies catholiques. Érasme avait dit, en parlant de la réforme, qu'elle finissait toujours par un mariage comme dans les comédies. Luther avait pris femme, Zwingle en fit autant; du moins celle que choisit Zwingle était remarquable par les grâces de l'esprit et les vertus du cœur. Accusé par ses ennemis de l'avoir épousée pour ses richesses, le réformateur s'en défendit victorieusement dans une lettre assez curieuse, où on lit : « Que si l'on excepte ses bijoux qu'elle ne porte plus, le patrimoine de sa femme ne dépasse pas 400 ducats. Que tous les biens de son premier mari sont à ses enfans, dont elle ne tire qu'une pension annuelle de 30 ducats, et qu'il n'a même jamais voulu permettre qu'elle répétât la somme que lui assurait le contrat de son premier mariage. »

La femme de Zwingle eut plusieurs enfans. Heureuse, respectée, elle ne soupçonnait pas que sept ans de calme et de félicité dussent se terminer par la plus grande infortune. La guerre civile s'allume entre Zürich et les cinq cantons. Une bataille se livre à Capel, et Anne de Rheinard, à la fois épouse, mère et sœur malheureuse, apprend que ce n'est pas sur une seule personne chère à ses affections qu'elle doit pleurer, mais que cette journée lui enlève à la fois son mari, son fils, son gendre et son beau-frère. Chacun connaît comment périt Zwingle, que son devoir attachait en qualité d'aumônier à l'armée zuricoise, et avec quelle barbarie fut traité son cadavre par des vainqueurs fanatiques. Mais on ignore généralement la fin glorieuse de Girold de Meyer, le fils d'Anne de Reinhard. Au milieu de la déroute de son parti, qu'il cherchait encore à rallier, il se trouve environné d'une foule de soldats appartenant aux cinq cantons, avec lesquels dans des jours plus heureux il avait plus d'une fois vidé la coupe de la confraternité helvétique. Ils le reconnaissent, l'exhortent à ne pas prolonger une défense inutile, et lui crient de se rendre; mais Girold trop courageux pour ne pas voir une lâcheté dans cette voie de salut qui lui est offerte, tout couvert du sang de ses pareus tués à ses côtés, et regardant peut-être la perte de sa patrie comme inévitable, ne veut pas survivre à

Zwingle, son beau-père et son ami, et se précipitant sur l'ennemi avec tout l'acharnement du désespoir, tombe percé de coups, à peine âgé de vingt-un ans.

Quant à Anne de Reinhard, la veuve de Zwingle, elle supporta avec un courage qu'on ne saurait assez admirer, une infortune sans exemple, et opposa à d'aussi grands revers une constance d'autant plus admirable, qu'on connaissait l'attachement qu'elle portait à son époux et à sa patrie. Elle mourut dans un âge avancé, emportant dans la tombe les regrets de ses concitoyens et l'admiration du monde entier.

Rodolphe de Montfort, qui naquit dans le pays de Werdenberg, passe pour l'un des meilleurs poètes du XIIIe siècle. Il a laissé une *Chronique universelle*.

INSTRUCTION PUBLIQUE. — SCIENCES.

Toute l'activité et l'intelligence étant tournées du côté du commerce et de l'industrie, les lettres et les sciences sont en général peu cultivées dans ce canton. Cependant on ne saurait se dissimuler que le clergé s'occupe avec activité à cultiver l'esprit de la jeunesse. A Saint-Gall il existe un collège et une école supérieure, où les jeunes gens qui se destinent à la carrière ecclésiastique peuvent faire toutes leurs études sous la direction de douze professeurs éclairés. Le Gymnase protestant qui compte un nombre semblable de régens, est dans un état florissant. N'oublions pas de noter la bonne intelligence qui règne ici entre les deux cultes. Elle est telle que la même église sert souvent aux réformés et aux catoliques pour célébrer l'office. Le gouvernement entretient des écoles primaires à Wallenstadt, à Sargans, à Roschach, à Alstetten, à Reineck, à Vyll, et à Rapperschwyl. Saint-Gall a encore deux bibliothèques : celle de la ville et celle de l'abbaye ; toutes deux riches en histoires, et deux sociétés connues sous le nom de *Société de la Bibliothèque*, et *Société Littéraire*.

AGRICULTURE.

Le bétail n'est pas également réparti dans le canton de Saint-Gall. Les plus beaux troupeaux de moutons appartiennent aux districts de Sargans. La race en est petite ; la laine de moyenne qualité se tond deux fois par année. Les chèvres forment le principal revenu des habitans pauvres du pays. La ville de Saint-Gall entretient un troupeau de chèvres dont le lait est employé dans les maladies de poitrines assez fréquentes ici. Beaucoup de communes nourrissent des escargots, que les St.-Gallois achètent en hiver pour les manger au carême. On fabrique peu de fromage dans le canton, le beurre se vendant bien dans les marchés. Les chevaux qu'on élève dans le pays d'Usnach et qui paissent dans les marais sont petits, mais vifs et bien faits. Les prairies, surtout dans la partie montagneuse, sont entretenues avec beaucoup de soin ; dans les plaines, on les abandonne pour cultiver les champs ensemencés. En général, l'agriculture s'est sensiblement améliorée dans quelques-uns des districts du canton, depuis que les terrains vagues et communaux ont été sagement répartis entre les habitans. La pomme de terre, inconnue il y a quarante ans, y est cultivée avec succès.

Le district de Roschach abonde en arbres fruitiers, qui sont la principale richesse du paysan du Rhinthal. Le cidre est ici la boisson ordinaire. Dans les autres districts, les montagnes offrent en abondance des cerisiers dont les fruits servent à faire d'excellent kirschwasser; il y a des vignes, surtout dans le Rhinthal; le vin est bon, mais n'est pas de garde; le rouge du Bouckberg passe pour le meilleur de la Suisse-Allemande.

INDUSTRIE. — COMMERCE.

Saint-Gall, dès le XIIIe siècle, faisait un immense commerce de toiles. L'émigration d'un grand nombre de fabricans qui quittèrent Constance à l'époque du concile, en 1414, fit de cette ville un centre d'activité, dont l'influence s'étendait jusque dans la Souabe et dans les montagnes de Bregenz. Ces fabriques occupaient vers la fin du XVIIIe siècle, 30 ou 40,000 brodeuses réparties dans les environs du chef-lieu. — Au commerce de toiles de lin, ressource principale du pays à cette époque, a succédé de nos jours celui du coton écru, des mousselines, des toiles de coton, des mouchoirs de poche. Aujourd'hui Saint-Gall a des manufactures qui peuvent rivaliser avec les plus considérables de France et d'Angleterre. On emploie plusieurs machines fort ingénieuses qui ont été importées de la Grande-Bretagne, pour travailler le lin et le coton; mais au lieu d'être mise en mouvement par une chute d'eau ou par une machine à vapeur, c'est ordinairement un bœuf qui fait tourner la grande roue. Le pauvre animal, enfermé dans sa cage mouvante, du diamètre de trente pieds, est obligé d'avancer afin de rester en place, et tomberait s'il ne marchait pas. Il le fait avec beaucoup de dextérité, en enjambant des espèces d'échelons cloués sur un plancher mouvant. Trois de ces animaux travaillent tour à tour chacun deux heures, et ne vivent à ce métier que deux ou trois ans. La force obtenue ainsi suffit pour mettre en mouvement vingt-deux mulles de deux cents seize faseaux chacune.

Quelques unes de ces manufactures emploient jusqu'à cent trente personnes. Les enfans, dit M. Simond, à qui nous empruntons ces détails, forment la moitié de ce nombre; ils gagnent aujourd'hui quinze sous de France et les hommes, à leurs pièces, jusqu'à cinq francs. En 1824, aucune machine à vapeur n'avait encore été introduite dans le canton.

On ne peut se dissimuler que l'importation de ces manufactures a paralysé le commerce au moment où pour la première fois on les mit en usage en Suisse, et beaucoup plus ici qu'ailleurs; parce que les moyens de subsistances y abondent moins.

Les populations d'artisans ont peu de ressources intérieures et les riches habitans des villes n'ont pas même celle qu'offre ailleurs la réduction des impôts de guerre, puisqu'ils n'en paient point. En Suisse point de précautions contre la liberté du commerce et de l'industrie, tandis qu'en Angleterre, par exemple, le monopole créé en faveur de l'agriculture forme une sorte de contrepoids contre les dangers d'une trop grande extension industrielle. Mais aujourd'hui que la Suisse, et surtout le canton de Saint-Gall, ont trouvé des débouchés au trop plein de leurs manufactures, les dangers que nous venons de signaler ont beaucoup diminués.

POPULATION.

La population du canton de Saint-Gall était, en 1803 de 130,301 ames. Un recensement fait en 1826, a donné 143,094 habitans, dont 70,094 hommes et 73,000 femmes. On compta dans la même année 5,266 naissances et 3,985 décès. En 1827, le nombre des hommes était de 71,703, et celui des femmes de 73,637, en tout 145,340. Il y eut 5,491 naissances et 3,431 décès. La moyenne, par année depuis 1804 à 1826, a été pour les naissances de 4,889 ; celle des décès 430; celle des mariages 1105.

BIBLIOGRAPHIE.

Carte des États de l'abbé de Saint-Gall, 1708,
Le territoire de la ville et de l'abbaye de Saint-Gall avec le Tockenbourg, par Walser, 1760.
État et délices de la Suisse ou description géographique, etc., 4 vol. 1764.
Vue de Saint-Gall, par Lori.
Description des Alpes de la Suisse, 1 vol. in-8.
Recherches sur l'histoire Helvétique et sur celle du canton de Saint-Gall, 2 vol. in-8.
Histoire du Rhinthal, avec une description topographique et statistique de ce pays. Saint-Gall, 1805.
Almanach helvétique pour l'année 1808.
Le Conservateur Suisse, Lausanne, 1813, 8 vol.
Orts lexikon der canton St.-Gallen, und Appenzell, par U. Rietmann, in-12, 1818.
Helvetia profana et *sacra*, par Scotti, Maurata, 1642.
Voyages en Allemagne, en Suisse et en Italie, par Burnett, Londres, 1796.
Voyage en Suisse fait dans les années 1817; 1818 et 1819, par L. Simond, 2 vol. in-8, Paris-Treuttel et Würtz, 1824.
Lettres sur la Suisse, par M. Raoul Rochette, 3 vol in-8.

ON SOUSCRIT CHEZ :
HIPPOLYTE SOUVERAIN, édit., 3, rue des Beaux-Arts.

Paris.— Imprimerie P. BAUDOUIN, rue Mignon, n. 2.

CANTON DES GRISONS.

PREMIÈRE PARTIE.

TOPOGRAPHIE.

SITUATION. — ÉTENDUE. — CLIMAT. Le canton des Grisons, en langage rhétien, *republika grisona*, en allemand, *Graubundten* ou *Bundten*, en italien, *republica de Grigioni* ou *Grisoni*, faisait partie de l'ancienne Rhétie. Ce pays est situé au Sud-Est de la Suisse, et sur les frontières de l'Allemagne et de l'Italie ; à l'orient, il est borné par le Tyrol ; au midi, par les vallées de Bormio, de la Valteline et de Chiavanna ; à l'ouest, par les cantons du Tessin et d'Uri, et au nord, par ceux de Glaris et de Saint-Gall, et par le Tyrol.

Le canton des Grisons a 318 lieues carrées et 559 millimètres ; sa plus grande longueur est de 30 lieues, et sa plus grande largeur, de 20. Dans cet espace il renferme soixante vallées environ, tant principales que latérales. Les plus importantes sont : celle du *Rhin antérieur*, celle du *Rhin postérieur*, celle de l'*Albula*, celle de l'*Inn* ou de l'*Engadine*, et celle de la *Landquart* ou du *Prettigau*. Le climat du pays varie suivant la position de ces vallées ; il est plus froid que dans la plupart des autres cantons, excepté dans les vallées qui s'ouvrent sur le revers méridional des Alpes, et dans les plaines arrosées par le Rhin, qui s'étendent au N. du canton, et dans lesquelles la vigne et les productions des pays tempérés mûrissent parfaitement.

Dans la haute Engadine, les lacs, dès la fin de novembre, se couvrent d'une croûte de glace qui ne fond que dans le courant de mai, et souvent au commencement de juin le terrain se trouve encore gelé à trois pieds de profondeur.

SOL. — MONTAGNES. — Le canton offre une variété prodigieuse de situations pittoresques. Tantôt de hautes montagnes couvertes de neiges et de glaces éternelles, des torrens impétueux et dévastateurs, d'énormes rochers, des précipices effrayans et des déserts sauvages, et tantôt de riantes vallées couvertes de gras pâturages, d'arbres fruitiers, de champs fertiles et de vignobles.

Les plus hautes montagnes du canton s'étendent du Saint-Gothard aux sources du Rhin supérieur et celle de l'Inn ; de là elles se prolongent au N. E. jusque dans le Tyrol ; de cette chaîne principale il en part d'autres qui s'étendent en tous sens, et dont plusieurs portent des pics de neiges et s'élèvent jusqu'à dix ou onze mille pieds au-dessus de la mer. Tout ce pays présente des montagnes si escarpées des pentes si raides et tant de précipices, que, dans quelques communes, les mères, lorsqu'elles sont obligées d'abandonner leurs enfans en bas âge pour vaquer aux travaux des champs, les attachent avec une longue corde qui ne leur laisse à parcourir qu'une très-petite distance, de peur qu'ils ne s'éloignent trop pendant leur absence, et qu'ils ne tombent au fond de quelque précipice profond.

Une chaîne de montagnes s'étend depuis le Saint-Gothard au N.-E. en cotoyant les cantons d'Uri, de Glaris et de Saint-Gall ; une autre chaîne s'étend au midi dans le même sens, et le Rhin antérieur coule avec fracas entre ces deux chaînes jusqu'à Reichenau. Là, il se réunit avec le Rhin postérieur qui le surpasse en force et en grosseur, et qui a déja parcouru les vallées de *Domleschg*, de *Schams* et de *Rheinwald*. A Reichenau, les deux vallées du Rhin se réunissent en une large vallée principale qui s'ouvre du côté du nord de l'Allemagne où le Rhin se précipite pour purifier ses eaux jaunâtres dans le lac de Constance. La belle vallée de l'Engadine, où coule l'Inn, est formée par la haute chaîne de montagnes qui sépare l'Italie de la Suisse et par une autre chaîne parallèle qui lui sert de limites au nord : elle s'étend jusqu'au Tyrol ; entre elle et les vallées du Rhin, on trouve un grand nombre d'autres vallées ; sur la pente des Alpes, du côté de l'Italie, les Grisons possèdent encore les vallées de *Misocco*, de *Bergell*, de *Poschiavo*, et de *Munster*. Le pays des Grisons est une des parties de la Suisse les moins visitées, et cependant la plus digne de l'attention des voyageurs ; la nature y présente les contrastes les plus frappans de culture et de désolation ; d'immenses mers de glace y séparent les plus hautes sommités, et c'est là où l'on admire le plus grand de tous les glaciers des Alpes, celui de Bernina, dont la glace a, dit-on, plusieurs centaines de toises d'épaisseur, et qui s'étend sur une longueur de neuf lieues entre la Valteline, la vallée de Bergell et l'Engadine.

Les plus hautes montagnes du canton sont le *Crispalt*, le *Lukmanier*, le *Volgelberg*, le *Bernadin*, le *Splugen*, le *Septimer*, le *Julier*, l'*Albula*, le *Bernina* et le *Fermunt*. Le *Galanda* s'élève au-dessus de Coire, du côté du district de Sargans, à 6,398 pieds au-dessus du niveau de la mer. Sur le sommet du Lukmanier (*locus magnus*) par lequel on traverse de Disentis à Bellinzone, il existe un hospice dédié à la Sainte-Vierge et construit dès l'année 1374. Du Scopi, qui n'est pas très éloigné de cet hospice, on aperçoit à la fois, à droite et à gauche, d'un côté le Mont-Blanc et de l'autre le *Drey-Herrnspitz*, situés l'un et l'autre à une distance d'environ 50 lieues.

LACS.—RIVIÈRES.—Les lacs des Grisons ne sont que des lacs de montagnes, entretenus par les eaux qui découlent des neiges ou des glaciers voisins; ils sont en grand nombre, mais tous d'une petite étendue; celui de *Sils*, dans la haute Engadine, a cependant près de deux lieues de longueur sur une lieue de largeur; il se verse dans celui de *Silva Plana*, et ce dernier dans celui de *Saint-Moritz*: tous les deux sont plus petits que celui de *Sils*. Le lac de *Poschiavo* a une lieue de longueur et reçoit ses eaux de trois petits lacs qui sont au pied de Bernina; le lac de *Davos* et celui de *Luscher* sur le Heinzenberg sont peu importans. Le *Rhin* et l'*Inn* sont les plus considérables rivières du canton; trois branches principales se réunissent pour former le premier; on les nomme le Rhin antérieur, le Rhin du milieu, et le Rhin postérieur; toutes les trois prennent leurs sources dans des glaciers élevés. A Reichenau, le Rhin est déjà un grand fleuve, et il augmente encore avant de quitter le canton. Il reçoit à Coire, les eaux de la *Plessour*, et plus tard celles de la *Landquart* torrent considérable qui découle des Alpes du Prettigau.

L'*Inn* sort du glacier de *Maloia*, dans la haute Engadine, traverse cette longue et intéressante vallée, et va plus tard se jeter dans le Danube et de là dans la mer Noire.

Parmi les rivières du canton on distingue la *Muesa* et la *Maira* qui traversent, la première, la vallée de Misocco, et la seconde celle de Bergell, et dont les eaux vont ensuite arroser la fertile Italie. Ainsi les Grisons fournissent des eaux à une grande partie de l'Europe, et alimentent à la fois l'Océan, la Méditerranée et la Mer-Noire.

HISTOIRE.

Le canton des Grisons est formé d'une partie de l'ancienne Rhétie, qui occupait toute la portion orientale de la Suisse actuelle et une partie de la Souabe et du Tyrol. Il se nommait alors la haute Rhétie. Les Rhétiens ou Toscans, qui occupèrent ce pays, et qui lui donnèrent leur nom, s'y étaient établis, suivant l'opinion commune, 600 ans avant le commencement de l'ère chrétienne lorsque les Gaulois firent la conquête de l'Italie et les chassèrent de leur patrie. 500 ans plus tard, les Cimbres traversèrent les Grisons, et ensuite les Allemands, les Goths et d'autres peuples barbares y formèrent des établissemens. Auguste soumit les Rhétiens après une lutte longue et sanglante; il en transporta plusieurs milliers dans la Gaule et dans l'Italie, tandis qu'il envoya en même temps des colonies romaines au centre de leurs vallées et de leurs montagnes; il y fit aussi construire des forteresses, et il leur donna un *procurateur* pour gouverner leur pays, ainsi que la *Vindelicie* qui fut soumise aux mêmes lois et à la même administration.

Après la chute de l'empire romain dans la Rhétie en 407, ce pays passa successivement sous la domination des Allemands et des Ostrogoths. Théodoric, roi de ces derniers peuples, vers la fin du Ve siècle, fit gouverner la Rhétie par un commandant militaire qui prit le titre de *duc des Frontières rhétiennes*. Théodebert, roi des Francs, conquit ce pays en 536, et ses successeurs enrichirent l'évêché de Coire, qui existait depuis le Ve siècle, et auquel ils accordèrent de grands priviléges. Au commencement du Xe siècle, l'empereur Conrad Ier réunit la Rhétie au duché d'Allemagne. L'empereur Othon Ier et ses successeurs de la maison de Saxe, accordèrent de nouveaux droits aux évêques de Coire, ainsi qu'à diverses familles, qui devinrent puissantes à cette époque. Dans la dernière moitié du XIIe siècle, l'empereur Frédéric Ier de Hohenstauffen conduisit une colonie souabe dans le Rhinwald. Il importait à l'empereur de peupler un pays voisin du Splugen, qu'il se proposait de traverser lui ou ses lieutenans avec ses armées pour se rendre en Italie. Cette colonie s'étendit de divers côtés dans les hautes montagnes voisines, où l'on reconnait encore aux mœurs et au langage des habitans les descendans des anciens colons.

Après l'extinction de la maison de Hohenstauffen et du duché de Souabe, la Rhétie tomba dans une espèce d'anarchie, dont l'évêque de Coire et plusieurs seigneurs profitèrent pour étendre leur autorité. L'oppression de ces petits tyrans fit naître dans tous les cœurs le besoin de la liberté et le désir de protéger les personnes et les propriétés contre les atteintes du pouvoir arbitraire. L'exemple des Suisses fortifia les Rhétiens dans ces dispositions. Dès l'an 1396 l'évêque de Coire et les communes de plusieurs vallées s'allièrent et formèrent la ligue *Caldée*, ou ligue de *la maison de Dieu*; les communes de l'Hinter jusqu'à Reichenau opposèrent à cette ligue celle qui fut nommée ligue *supérieure* ou ligue grise, et elles se rassemblèrent pour la première fois à Trons en 1424. Quant à la ligue *des dix droitures, ou juridictions*, elle se forma, en 1436, par la réunion des communes qui sont situées entre les monts Scaletta et Lucas, le Rheticon et le Plessour; enfin, en 1471, ces trois ligues conclurent entre elles une alliance générale; dès lors le pays s'appela *pays des Gri-*

Lac de ...

Galerie du ...

sons, et les habitans devinrent un peuple libre et indépendant, dont la constitution fut encore plus populaire que celles des autres démocraties suisses. De longues et sanglantes dissensions suivirent. En 1511 les Grisons s'emparèrent de la Valteline et des pays de Chiavenna et de Bormio, dont la possession leur fut cédée à perpétuité par les ducs de Milan, et qu'ils firent administrer par des baillis ; mais en 1797 ils furent réunis à la république Cisalpine. Ils font aujourd'hui partie du royaume Lombardo-Vénitien. Depuis 1798 les Grisons ont formé un des cantons de la Suisse.

MŒURS. — CARACTÈRES. — COUTUMES.

Le peuple du canton est libre, heureux à sa manière et ignorant. On remarque de grandes variétés dans sa constitution physique, suivant les différentes vallées auxquelles il appartient. A Kazzis, à Ems, à Coiré, on rencontre quelques goitreux et des crétins.

Les Grisons sont courageux et ne redoutent point la guerre; élevés au sein d'une nature âpre et rigoureuse, ils apprennent dès leur enfance à braver les dangers. Ils ne paient point d'impôts : souverains dans leurs chaumières, législateurs dans leurs landgemeindes, électeurs de leurs magistrats, et éligibles eux-mêmes aux premiers emplois politiques, ils aiment avec passion leur patrie et révèrent leur constitution. Le bien et le mal leur sont presque également chers, s'ils leur viennent de leurs ancêtres; ils repoussent toute innovation, quelconque lors même que leur état pourrait en être amélioré.

Le défaut d'éducation les entretient dans une profonde ignorance dont les conséquences sont souvent funestes; cette ignorance a favorisé longtemps chez eux la superstition, l'esprit de parti, les dissensions civiles et les haines invétérées.

Les Grisons sont pour la plupart simples dans leurs mœurs, honnêtes, fidèles à leurs engagemens, hospitaliers et modérés dans leur ambition. Ils sont tous religieux zélés, et les catholiques emploient plus d'un sixième de l'année en processions et en célébrations de fêtes publiques.

Dans la vallée de Bergell le paysan est frugal, économe, laborieux ; les femmes surtout y sont d'une activité incroyable. Tandis que les hommes s'occupent du transport des marchandises d'Italie venues par le lac de Côme, ou gardent leurs troupeaux sur les pâturages élevés, leurs compagnes labourent, moissonnent, fauchent, charrient la récolte sur leurs épaules, et ne négligent pour cela ni leurs enfans, ni l'entretien de leur ménage. En général elles sont grandes, fraîches, jolies, bien proportionnées dans leur jeunesse ; mais leurs membres perdent de bonne heure leurs gracieux contours, leurs dos se courbent sous le poids de fardeaux trop forts, leur teint se brunit et leur physionomie devient plus mâle et plus sévère. Un mouchoir blanc, un corset noir, une jupe de même couleur, bordée d'un ruban écarlate, un tablier bleu foncé, des bas de laine rouge, avec des coins jaunes ou verts, voilà leur parure les jours de fête. Elle est simple, mais fort agréable. Les jeunes filles relèvent et attachent leur cheveux sur le sommet de la tête, et forment deux tresses qui s'entrelacent autour d'une grande aiguille d'argent ; elles y ajoutent des espèces de nœuds ou de chiffres. Les femmes âgées ou chauves substituent à ces tresses de cheveux une toque de velours noir.

Les hommes portent une veste de drap bleu, une culotte et des bas de laine de même couleur, relevés au-dessus du genou. La conformité de leurs vêtemens et la coutume qu'ils suivent de se marier toujours dans leur vallée, leur donne à tous une ressemblance remarquable et les fait aisément distinguer des autres Grisons. Ils sont en général grands et bien faits. Leur physionomie est noble, leur regard assuré, leurs mœurs simples, et leurs manières ouvertes : ils exercent l'hospitalité avec un empressement, un plaisir et une générosité qu'on ne rencontre guère ailleurs. La coutume qu'ont les hommes de danser ensemble sans femmes, et les filles de se ranger autour de la table de la communion pour chanter en chœur des cantiques avant et après le service divin, est particulière à cette vallée solitaire.

A Pleurs, les paysans n'ont point cet air d'aisance qu'on remarque chez la plupart des Grisons. Ils logent dans de méchantes cabanes, s'habillent d'une bure grossière et se nourrissent de pain noir, de châtaignes, de pommes de terre et de *menestre* ou soupe de riz et de choux. Leur mets de gala est la *pollenta*, qui n'est autre chose que de la farine de maïs bouillie avec de l'huile et de l'eau.

Beaucoup de familles sont réduites ici à la dernière pauvreté, luttant contre le besoin et assujéties aux travaux les plus pénibles. Néanmoins, la physionomie de ces paysans est riante et spirituelle, leur teint basané n'est point désagréable, et leur taille est généralement belle. A quinze ou seize ans, les femmes sont jolies ; elles ont de l'embonpoint, des yeux noirs et vifs, et des dents d'une blancheur éblouissante.

D'antiques usages, inconnus ailleurs, ont été conservés dans divers districts du pays. Tel est celui du *pain de réconciliation*. Quand deux hommes sont irrités l'un contre l'autre, leurs amis communs tâchent à les attirer ensemble dans une même maison et à une même table ; s'ils y réussissent, la rancune et l'inimitié cessent aussitôt, les deux ennemis rompent le même pain et se réconcilient; les tribunaux ou des arbitres prononcent ensuite sur leurs différends.

Dans l'Engadine, lorsqu'un homme faussement accusé d'un crime a été justifié par une sentence du juge, tous les habitans du pays se réunissent pour le voir sortir de prison, et une jeune fille lui offre solennellement une rose, qu'on nomme la *rose de l'innocence*.

Ces mœurs patriarcales règnent encore dans toutes les vallées du canton. Là, on voit la jeunesse se lever respectueusement devant les cheveux blancs; là aussi on la voit écouter en silence les longs récits des vieillards sur les événemens des temps anciens.

Dans quelques unes des vallées des Grisons, les jeunes gens vont tous les soirs, ainsi que cela se pratique dans une grande partie de la Suisse, dans le Tyrol et dans l'Allemagne méridionale, visiter leurs bien-aimées. Mais ici surtout le *Kiltgang* n'a ordinairement aucune conséquence fâcheuse pour les mœurs. La jeunesse de chaque village en surveille elle-même avec soin la pureté. Elle arrête un code sur ce sujet et nomme des juges pour le faire exécuter.

Au printemps on fait ordinairement combattre les vaches qui doivent monter sur les menus pâturages alpestres; celle qui remporte la victoire reçoit le nom de *maîtresse vache*, et marche à la tête du troupeau le front orné de fleurs et de rubans.

IDIOMES.

La moitié des habitans du canton des Grisons parle la langue romane, les deux cinquièmes la langue allemande, et un dixième l'italien. La langue romane est particulière au pays et ne se retrouve dans aucune autre contrée; elle était la langue de ces peuples fugitifs qui se retirèrent dans la Rhétie au temps des premiers rois de Rome; mais elle s'est corrompue par le mélange de plusieurs mots allemands ou italiens. Plusieurs ouvrages ont été écrits et imprimés dans cette langue. On en distingue quatre dialectes, dont les deux principaux sont le roman de l'Oberland ou de la Ligue Grise, et le roman de l'Engadine autrement appelé *Ladin* : ils diffèrent tellement l'un de l'autre, qu'on pourrait presque les considérer comme deux langues distinctes.

L'allemand est en usage dans la Ligue Grise à Obersax, Vals, Rheinvald, Thusis, Tschapina, Savien, Valendas, Versam, Tamins et Feldsperg; dans la Ligue de la maison de Dieu, à Avers, à Mutten, à Coire, dans tous les villages, et enfin dans la Ligue des Dix Droitures, à Mayenfeld, dans le Prettigan, à Viesen et dans les vallées de Davos, de Schalfik et de Churvald.

On parle italien dans les vallées de Misocco, de Bergell et de Poschiavo; la langue romane est en usage dans le reste du canton.

BOURGS. — VILLAGES. — ETC.

Coire. — Capitale du canton, Coire est située sur la *Plessur*, à environ une demi-lieue du Rhin, sur la rive gauche duquel on voit s'élever le *Mont-Galanda*; elle fut fondée vers le milieu du IXe siècle, par Constance, qui la fit entourer de murs.

L'an 452, Coire était déjà le siège d'un évêque. Cette petite ville est irrégulière, mais propre. Ses rues sont étroites, tortueuses. Elle renferme plusieurs édifices remarquables, parmi lesquels on distingue le palais épiscopal où sont les portraits des divers évêques et personnages illustres dans le costume national, l'église cathédrale, bâtie au XIIIe siècle, et la bibliothèque de la ville.

« Le voyageur remarquera à Coire, dit M. le comte Th. de Walsh, dans ses excellentes *Notes sur la Suisse*, que la plupart des boutiques sont garnies de devantures en fer battu, capables de résister quelques momens aux effets d'un premier choc. Cette précaution de sûreté, qu'une triste nécessité a rendue générale, m'a représenté plus éloquemment que tous les lieux communs écrits sur la guerre, les ravages affreux auxquels ce malheureux pays a été en proie à la fin du dernier siècle et au commencement de celui-ci. La ville a été successivement prise, reprise, perdue et reperdue par les Français et les Autrichiens, et les habitans se sont vus ruinés par le pillage ou par des réquisitions exorbitantes.

« Je me suis arrêté devant une fontaine du temps du moyen âge, et autour du bassin de laquelle est sculpté le zodiaque avec ses divers signes. Je m'imagine que les servantes et les cuisinières du XVIe siècle, qui les premières vinrent chercher de l'eau et laver leurs légumes à cette fontaine, durent être fort épouvantées de cet étalage d'érudition qu'elles prirent sans doute pour autant de figures cabalistiques. La colonne d'où partent les tuyaux est surmontée d'une statue de guerrier, vêtu moitié à l'antique, moitié à la suisse, et qui, brandissant sa hallebarde et tenant l'épée haute, produit un effet grotesque sous le parapluie en planches qu'un soin prévoyant a élevé au-dessus de sa tête : on dirait une caricature des soldats du pape. »

Il y a à Coire un séminaire, des établissemens

pour les pauvres, une école cantonale et une société de lecture.

CURIOSITÉS NATURELLES.

Voir : CANTON DES GRISONS, *IIe partie.*

CULTES.

Le canton compte cent trente paroisses réformées et quatre-vingt-sept catholiques. Le clergé catholique se divise en quatre chapitres et relève de l'évêque de Coire, excepté un petit nombre qui relèvent de l'évêque de Côme. Le clergé protestant est partagé en six colloques. Dans chaque ligue il se tient chaque année un synode où l'on traite des affaires ecclésiastiques ; chaque synode a son doyen, qui est élu à vie dans un synode général des trois ligues.

Les pasteurs réformés sont mal rétribués : le traitement de chacun d'eux s'élève à peine à 300 florins par année ; aussi beaucoup sont-ils obligés de se livrer à des travaux manuels; d'ailleurs on n'exige d'eux en général que des études assez imparfaites.

Il y a un couvent de Bénédictins, fondé à Disentis dès 1615; quatre hospices de Capucins : l'un à Coire, fondé en 625 ; un autre à Zizers, fondé en 1686 ; et les deux derniers à Untervaz et à Saint-Antonisberg ; un couvent de Dominicaines à Ketzis, et un de Bénédictines à Munster, fondé en l'an 800.

BIOGRAPHIE.

Le canton des Grisons a donné naissance à un nombre considérable d'hommes d'état, d'écrivains et de généraux célèbres. Parmi les plus anciennes familles du pays, il faut placer celles des Salis et des Planta, qui furent long-temps rivales. Dès le Xe siècle Adolphe et André Salis s'illustrèrent, et Pompée et Rodolphe Planta furent au XVIIe siècle les chefs de la faction austro-espagnole. Hans, Henri et Ulrich, Brun de Raguis fondèrent en 1424 *la Ligue Grise.* Rodolphe de Wardenberg commandait les Appenzellois à la glorieuse bataille de *Am-stross.* (Voir *canton d'Appenzell.*) Le peintre Frizzoni est né dans l'Engadine ; Conradi écrivit un des premiers sur la langue romane, et Ulrich Campel, Jean Guler, Fortunatus Spricher, sont des historiens estimés.

HISTOIRE NATURELLE.

GÉOLOGIE. — MINÉRALOGIE. — Le canton des Grisons est entièrement compris dans le domaine des Alpes primitives, à l'exception de sa partie septentrionale dont les montagnes sont composées de schistes argileux et de bancs de pierre calcaire.

Tout le pays de Disentis est renfermé dans l'enceinte des Alpes primitives : ces montagnes sont composées de granit, de gneiss, de roche calcaire primitive, de pierre ollaire, de schistes, de talc, etc., et sont riches en cristaux et autres fossiles. On y a trouvé des schorls noirs de deux pouces et trois lignes de diamètre, renfermés dans du quarz ; il n'en existe pas de cette grandeur ni sur le Saint-Gothard, ni sur la chaîne du Mont-Blanc. On y voit aussi des grenats d'un rouge jaunâtre qui forment des prismes quadrangulaires, dont quelques uns ont 6 lignes de longueur ; ils sont renfermés dans une roche quarzeuse composée de gros grains verts, jaunes et blancs. Parmi ces grenats on voit tantôt du quarz, tantôt du spath calcaire d'un blanc de lait, et quelquefois de la *prehnite.* Ces grenats sont connus des minéralogistes sous le nom de *hyacinthe de Disentis.*

L'Engadine est traversée par des couches primitives de pierre calcaire et de gypse.

Les montagnes de la vallée de Bregell sont composées, dans leur chaîne septentrionale, de granit, de gneiss et de roche calcaire primitive, blanche et presque transparente; celles du Septimer sont aussi primitives et renferment beaucoup de talc ; celles de la chaîne du sud abondent en talc, en gneiss et en granit. On trouve sur le mont *Dair,* près de Soglio , de belles pyrites sulfureuses de décaèdres, que les gens du pays nomment *pietre minerali di Dair.*

Une partie de la vallée principale de Davos est composée de schistes argileux, coupés par un grand nombre de quarz, lesquels alternent avec des bancs de pierre calcaire alpine. Là où les schistes argileux offrent des transitions aux schistes marneux, les montagnes sont dans un tel état de décomposition que leurs fréquentes chutes causent les plus grands ravages dans les vallées. C'est ce qui arrive dans celle de Schalfik et dans le Prettigau, au-dessus de *Conters* et de *Sernens* où ces sortes de montagnes sont connues sous le nom de *Monts-Pourris (Faule Berge.)*

Il n'y a peut-être pas un seul pays en Suisse qui renferme autant de métaux et de minéraux que celui-ci. Dès le Xe siècle on y exploitait diverses mines de fer. Il existait des mines au XIIIe siècle dans la vallée de *Poschiavo*, et pendant le cours du siècle suivant les empereurs Charles IV et Sigismond confirmèrent aux évêques de Coire le droit qui leur assurait la propriété de toutes les mines de fer, de plomb, de cuivre, d'argent, d'or, et généralement de tous les métaux que renferme le pays. On trouve aujourd'hui sur le Splugen de beaux marbres blancs, et à Poschiavo ainsi que sur la montagne de Silvaplana, des marbres couleur de feu. On trouve aussi , dans quelques vallées, de l'albâtre, du porphyre, de la serpentine, du gypse, etc.

Règne animal. — Un pays tel que celui des Grisons, dont plus de la moitié est occupée par des déserts, des glaciers, ou des rocs élevés, doit naturellement être habité par un grand nombre d'animaux sauvages. On n'y trouve des loups, des renards, des loups-cerviers, des ours communs, des ours noirs, des marmottes, et des lièvres blancs. Ces derniers pèsent jusqu'à quinze livres.

Parmi les bêtes fauves l'on remarque le cerf, le chevreuil, et le chamois; le bouquetin a presque complètement disparu du pays. Outre les grandes espèces d'aigles, il y a dans les Grisons quatorze espèces de faucons, huit espèces de hiboux ou chouettes, onze espèces de corbeaux, deux espèces d'oies et de canards sauvages et plusieurs espèces de gibiers.

Dans tout le canton les rivières, les lacs, et même les ruisseaux fournissent d'excellentes truites.

Règne végétal. — On trouve dans le pays de Davos des lynx, des chats sauvages, des serpens, des loutres et une foule d'insectes rares. Les montagnes des Grisons renferment une immense variété de plantes. Le botaniste y trouve abondamment l'*horminum pyrenaicum*, le *galium aristatum*, le *saxifraga burseriana*, l'*angelica verticillata*, la *gentiana punctata*, l'*arnica Clusii*, l'*anchusa italica*, le *narcissus poeticus*, l'*anemone nemorosa*, le *rhododendron ferrugineum*, l'*astragalus pilosus* et *monspessulanus*, l'*achillea tanacetifolia*, etc.

Dans la vallée de Sertig, district de Davos, il y a des forêts entières de *pins alviers* (pinus cembra). Le *lychen d'Islande* y est aussi fort commun.

Eaux minérales — Bains. — Le pays des Grisons renferme de nombreuses sources minérales et plusieurs bains renommés. Les sources minérales de *Saint-Moritz* et les eaux chaudes de la *Haute-Engadine*, les sources minérales de *Fideris* dans le Prettigau, et celles du Saint-Bernardin, jouissent d'une grande réputation, et en auraient encore davantage si elles possédaient des établissemens plus commodes pour le logement des étrangers. Les eaux de Saint-Moritz passent pour les plus énergiques de toute la Suisse; douze onces de ces eaux contiennent trente-sept pouces et demi cubes d'acide carbonique; la vallée où elles sortent de terre a 4,500 pieds d'élévation au-dessus de la mer; elle est marécageuse, et les auberges les moins éloignées en sont à plus d'une demi-lieue. Les eaux de Fideris sont fort estimées. On les emploie dans les fièvres intermittentes. Les bâtimens de bains construits auprès des sources peuvent contenir jusqu'à cent malades. Les bains de *Jenatz* dans le Prettigau, ceux de *d'Aveneu*, sur la rive droite de l'Albula sont assez fréquentés. La source d'*Arascha*, à une lieue de Coire, est, dit-on, d'un grand effet contre la goutte. Le goût de ses eaux ressemble à celui de celles de Seltz.

INDUSTRIE. — COMMERCE.

Les Grisons tirent peu de ressources de leur pays. Ils s'occupent presque exclusivement du soin de leurs troupeaux et de leurs pâturages.

On estime que 35,000 vaches à lait paissent tous les ans sur ces pâturages élevés, et que chacune de ces vaches fournit 192 onces de lait par jour. On nourrit encore dans le pays 60 à 70,000 chèvres environ, et 100,000 moutons qui viennent chaque année d'Italie passer l'été sur les Alpes. La plus belle race de gros bétail que l'on trouve dans le canton est celle du Prettigau, qui est d'une taille moyenne et d'un brun noirâtre. Les Grisons élèvent un grand nombre de cochons et les nourrissent en été dans les chalets des montagnes; il n'est pas rare de voir de ces animaux qui pèsent quatre quintaux. La plupart se consomment dans le pays.

Le canton ne produit que la moitié du blé dont il a besoin, et il en tire chaque année 18,000 sacs de l'étranger, ce qui lui coûte environ 300,000 florins. Les habitans pourraient s'épargner cette dépense. Ils ne manquent point de terres propres à la culture des céréales, mais ils les laissent le plus souvent en friche, et se bornent en général à la culture du blé de Turquie et des pommes de terre. Leurs achats en tabacs étrangers s'élèvent annuellement à 100,000 florins environ, et ceux en huiles sont aussi fort considérables, et sont loin d'être compensés par leurs exportations de vins, de fruits et d'eau de cerises.

Dans beaucoup de localités le sol n'est cultivé que sur des pentes trop raides pour qu'on puisse l'utiliser comme prairies. En général, dans toutes les vallées montagneuses du canton, la culture des produits qui alimentent l'homme n'y est qu'accidentelle, c'est à dire qu'on ne lui consacre que cette partie du sol qu'on ne saurait utiliser pour le bétail. Le peu de cas que le peuple fait de l'agriculture prouve qu'il en méconnaît ou qu'il en ignore les précieux avantages; son unique industrie ne consiste qu'à tirer, à sa manière, le meilleur parti possible des prairies naturelles et des pâturages. Les Grisons pourraient cependant améliorer considérablement leur position, s'ils savaient se ménager les ressources inhérentes à la nature de leur pays, ressources que leur offrent, d'un côté, l'économie forestière là où la nature des lieux les rend inaccessibles au bétail et impropres à la culture; de l'autre, le défrichement des landes cultivables

ou propres à être converties en prairies, et que couvrent partout de stériles broussailles.

L'industrie des habitans de quelques unes des vallées des Grisons et particulièrement de l'Engadine, se réduit presque exclusivement à la fabrication des friandises, et encore n'est-ce que loin de son pays que l'Engadinais va exercer ce chétif talent. De retour dans sa vallée, il ne sait que confectionner des gâteaux ou fabriquer des liqueurs fortes, sans avoir acquis aucune des connaissances qui eussent pu faire fleurir l'agriculture de son pays. Les maçons, les serruriers, les charpentiers, sont tous étrangers et en général peu habiles, parce qu'ils ne redoutent pas la concurrence des indigènes, qui dédaignent ces métiers. Ce pays, où les bestiaux abondent, étant entièrement dépourvu de tanneries, on exporte les peaux brutes tandis qu'on importe les cuirs. Il est certain que si, au lieu de ne s'appliquer qu'à la fabrication de sucreries, les habitans se livraient à l'exercice de métiers utiles, s'ils cherchaient à perfectionner leur économie rurale, les ressources qu'offrent ces belles contrées suffiraient pour nourrir une population du double plus nombreuse que celle qui existe dans le pays.

Dans quelques Alpes des Grisons, les habitans font usage, pour communiquer d'un pâturage à l'autre, de chemins à traîneaux. Les hautes régions de Berne n'en offrent aucun de ce genre qui leur soit comparable. En général, les Grisons l'emportent, sous ce rapport, sur les vallées bernoises. Dans beaucoup de ces dernières, les habitans n'ont pas même tenté l'accès des forêts et des pâturages alpestres; aussi ces indolens montagnards sont-ils obligés de faire rouler le bois du haut des rampes, au préjudice des forêts inférieures. Ce manque de chemins frayés a un autre inconvénient non moins grand, lorsqu'il s'agit de charrier à travers les pâturages les objets qu'on a descendus dans les vallées; les traîneaux dont on se sert à cet effet déchirent le gazon; s'y mêlent, et il en résulte enfin de profondes crevasses, et souvent des éboulemens considérables.

Les traîneaux se composent de jeunes sapins d'environ dix pieds de longueur, qu'on lie au moyen de traverse, sans les dépouiller des branches, qui, froissant la terre, opposent une résistance assez forte pour neutraliser l'impulsion de la descente. Un homme, placé devant le traîneau, le dirige avec autant de force que d'adresse, pour les pentes les plus rapides. Mais comme cette sorte de voiture ne peut servir que pour un seul voyage, on conçoit que l'opération sans cesse réitérée détruit des milliers de jeunes plants.

Le pâturage du Splugen nourrit environ 900 moutons et 150 chevaux pendant trois mois. Des pâtres bergamasques le tiennent à ferme depuis plusieurs générations, pour la rente annuelle de 400 florins (700 francs.) Ce pâturage est situé sur des pentes tellement douces et accessibles, que les pâtres bernois en tireraient un excellent parti pour les vaches. La manière dont les Bergamasques l'utilisent est remarquable. A leur arrivée sur les lieux, les moutons sont divisés en quatre troupeaux distincts; chacun à la garde d'un berger particulier; ils ne se réunissent jamais tant qu'ils séjournent sur la montagne. Le premier troupeau se compose de brebis qui allaitent, le second des sujets marqués pour la boucherie, le troisième de jeunes brebis et de béliers entiers, et le quatrième de brebis à lait et sans agneaux. Ce mode de séparation offre de grands avantages en assignant à chaque troupeau le pâturage le mieux assortis à la nature des sujets. Ainsi, les moutons destinés à être vendus pour la boucherie occupent les lieux les plus élevés, où l'herbe courte et sèche suffit à leur nourriture; les brebis à lait paissent dans les pâturages les plus gras, etc.

On pourrait tirer un grand parti de cette division pour l'amélioration des espèces, mais les Bergamasques ne s'appliquent qu'à utiliser, à leur manière, les moutons à toison grossière qu'ils élèvent et dont le poids est souvent de 70 livres et au delà; le fromage et le seret que leur procurent les brebis, les moutons qu'ils fournissent aux bouchers, la laine grossière qu'ils vendent aux fabricans de gros draps, leur offrent des résultats qui leur paraissent supérieurs à tous autres. Les moutons de boucherie se paient à Glaris et à Zürich 40 à 50 livres de Milan, et le débit en est toujours assuré.

Depuis plusieurs siècles ces pâtres bergamasques héritent, de père en fils, de nombreux troupeaux que chaque génération exploite successivement. Cette industrie leur assure un bien-être qu'ils doivent en partie à leur extrême frugalité. La boisson du pâtre bergamasque, possédât-il des milliers de sequins, se compose uniquement de *polenta* (*farine de maïs*) délayée avec du fromage et de l'eau. Quelque riche qu'il soit, il ne manque jamais de venir, chaque année ou alternativement, occuper les hauts parages de la Suisse. Placé à côté du pasteur bernois, le Bergamasque, gardien d'un superbe troupeau, et figurant à côté du premier, en habit brun et manteau blanc, formerait un contraste non moins frappant que celui qu'offrirait un fier propriétaire de l'Emmenthal en habit de fête, et un mendiant de l'Oberland, couvert de sales haillons.

C'est avec du lait de vache et de brebis, mélangé, que les Bergamasques préparent les fromages gras.

Dans la haute Engadine, on fabrique plus de fromages gras que dans toute autre contrée des

Grisons. La coction de ces fromages les rend mous et d'un goût approchant du gruyère ; ils sont très-estimés, et l'on en exportait autrefois beaucoup en Italie, surtout pour les monastères. Il n'existe pas de vallée dans les Alpes où l'on ait pris des mesures aussi efficaces qu'ici, pour empêcher la fraude dans la fabrication des fromages qu'on livre au commerce. Une ordonnance, qui date de 1563, défend non seulement de fabriquer sans permission des fromages maigres ou mi-gras, mais afin d'augmenter encore la confiance des acheteurs, et de prévenir toute tromperie dans la vente, les *fruitiers* sont tous assermentés. Autrefois les entrepôts de fromages gras se trouvaient principalement dans le voisinage du lac de Côme : on prétendait que les exhalaisons à la fois chaudes et humides qui entourent le lac, hâtaient la préparation des fromages sans en opérer la trop forte dessication ; maintenant ces dépôts sont moins nombreux, soit qu'on n'ait plus le même degré de croyance dans l'efficacité des eaux du lac, soit que ce changement tienne aussi aux relations commerciales de notre époque.

Les pâturages élevés du Prettigau nourrissent un nombre considérable de bêtes à cornes. Chaque habitant obtient, pour la culture des céréales et des plantes légumineuses, autant de terrain qu'il en peut faire valoir, mais pour cinq années seulement, et à charge de purger le sol des pierres et des herbes parasites. Ce terme une fois échu, la commune rentre dans ses droits et dispose du fonds à volonté. Tout paysan possesseur de droits de pâture est en même temps autorisé à s'approprier une certaine portion des foins que donnent les pentes trop escarpées pour être accessibles au bétail ; mais, indépendamment de ces pentes, il existe d'autres endroits beaucoup plus élevés, et qui sont neutres ; c'est-à-dire, que chaque membre de la commune a droit de s'en approprier le produit ; l'usufruit de ces prairies sauvages peut, en conséquence, passer chaque année en de nouvelles mains : voici de quelle manière s'en opère la prise de possession. Le jour de la St-Jacob, celui qui a une place en vue s'y transporte avant le lever du soleil, et annonce sa prise de possession par de grands cris ; si l'on ne lui répond pas, il demeure paisible possesseur du terrain ; dans le cas contraire, il est évincé, et forcé de chercher fortune ailleurs, ou de se contenter de la moindre part du produit de la fenaison, quoiqu'il soit obligé de se charger de la moitié des travaux. Dans la crainte d'être prévenus, ces hardis faucheurs occupent souvent les lieux dès la veille du jour désigné, et passent toute la nuit sur les confins de la région des neiges, bravant le froid et l'inclémence de la température. Cette coutume bizarre dénote un peuple endurci à toutes sortes de fatigues,

et dépose en même temps en faveur de sa bonhomie et de la douceur de ses mœurs ; la concurrence entre ces faucheurs ne donnant généralement que très rarement lieu à des procès ou à des voies de fait.

POPULATION.

Selon Coxe, la population du canton était, à la fin du XVIIIe siècle, de 101,000 habitans, et répartie ainsi :

Ligue Grise	54,000 âmes.
Ligue de la maison de Dieu	29,000
Ligue des Dix Droitures	18,000
	101,000

Depuis 1698, époque à laquelle les vallées de Bormio, de la Valteline et de Chiavenna lui ont été enlevées, la population des Grisons a considérablement diminué. Elle n'est plus aujourd'hui que de 80,000 habitans environ, dont plus des cinq huitièmes sont protestans.

BIBLIOGRAPHIE.

Histoire de la Rhétie ; par Jean Guler. — 1616.

Loix fondamentales des républiques des Grisons; Zürich et Coire. — 1767.

Recueil des lois portées dans les ligues, depuis 1567 jusqu'en 1767 ; 4 volumes in-folio.

Compendio della storia della rezia. — Porta-Chiavenna, 1787.

Abrégé de l'histoire des trois ligues grises. — Coire, 1773 ; 1 volume in-octavo.

Tableau historique et statistique de la république des Grisons ; par H. L. Lehmann. — 1797. — 1799. Deux volumes in-octavo.

Les trois ligues perpétuelles de la Haute-Rhétie, esquisse historique ; par H. Zschokke. — Zürick 1798 ; 2 volumes in-octavo.

Essai sur l'économie rurale du pays des Grisons; par Bockmann.

Lettres sur les Grisons ; par M. T. F. Heigelin.

Histoire de la langue romanique ; par Planta.

Voyage dans les petits cantons et dans les Alpes Rhétiennes ; par M. Kastofer. — Genève, 1827 1 volume in-octavo.

L'Almanah Helvétique ; (année 1806.)

ON SOUSCRIT CHEZ :

HIPPOLYTE SOUVERAIN, édit., 3, rue des Beaux-Arts.

Paris. — Imprimerie P. BAUDOUIN, rue Mignon, n. 2.

CANTON DES GRISONS.

DEUXIÈME PARTIE.

VALLÉES DES TROIS LIGUES. — HISTOIRE. — CURIOSITÉS NATURELLES.

Le canton des Grisons se divise en 3 ligues, et celles-ci en juridictions. La *ligue Supérieure* ou *ligue Grise* a 8 juridictions, savoir : celles de Dissentis, de Valtenspurg, de Lugnez, de Gruob, de Flims, de Thusis, de Schams et de Misocco. La *ligue de la Maison de Dieu* renferme les 11 juridictions de Coire, des Cinq-Villages, de Domlesch, d'Obervaz, d'Oberhalbstein, de Stalla, de Bregell, de la Haute-Engadine, de la Basse-Engadine, de Poschiavo et du Münsterthal. La *ligue des Dix Droitures* a 7 juridictions, savoir : celles de Davos, de Kloster, de Castels, de Schiersch, de Mayenfeld, de Schalfik et de Bellfort.

Les principales vallées du canton sont, comme on l'a déjà vu, celles du Rhin antérieur, du Rhin postérieur, de l'Albula, de l'Inn ou de l'Engadine, et celle de Landquart ou du Prettigau. Le long du revers méridional des Hautes-Alpes, au S., s'étendent les vallées de Calanca, de Misocco, de Bregell et de Poschiavo, qui jouissent d'un climat semblable à celui de l'Italie; le *Münsterthal*, qui débouche du côté du Tyrol, est moins favorisé sous ce rapport. L'Engadine est la plus étendue de toutes les vallées des Grisons; c'est aussi celle qui s'avance le plus vers l'Orient : elle s'étend entre les deux chaînes qui partent du Maloggia, et ne s'ouvre que du côté du Tyrol. Les autres parties du canton se rattachent au bassin du Rhin, où elles versent d'abondantes eaux. Elles partent toutes de ce fleuve: aussi peut-on pénétrer de ce point dans chacune d'elles sans traverser les montagnes ; tandis que les vallées situées au sud de la chaîne centrale sont séparées par de hautes Alpes, et qu'il n'existe qu'un petit nombre de passages qui les réunissent au reste du pays. Le Prettigau, qui est situé à l'O. et qu'arrose le Landquart, débouche vers la partie la plus septentrionale; la vallée de Schalfik, d'où sort la Plessour et qui renferme la capitale du canton, court dans la même direction. A Reichenau, lieu situé au confluent du Rhin antérieur et du Rhin postérieur, débouche la vallée de Domlesch, que traversent les principales routes des montagnes, et à laquelle viennent aboutir les vallées du Rhinwald, au S.-O., et celle de Davos, au N.-E. La grande vallée du Rhin prend le nom d'Oberland au-dessus de Coire; dans la partie supérieure, où elle s'appuie contre le Saint-Gothard, on la nomme vallée de Tavetsch.

VALLÉE DU RHIN ANTÉRIEUR. — C'est du haut de la terrasse des jardins du château de Reichenau, village situé au confluent du Rhin postérieur et du Rhin antérieur, qu'on jouit le mieux du curieux spectacle de la jonction des deux bras de ce beau fleuve. La couleur du Rhin postérieur, qu'on appelle aussi *Tomliasker-Rhin*, est d'un gris cendré ou d'un bleu noir, tandis que le Rhin antérieur ou *Sulvalser-Rhin*, est constamment limpide et d'un vert céladon; ses eaux sont aussi bien plus abondantes. La contrée est riche en points de vues et en sites pittoresques. Près d'une cascade située non loin de Reichenau, on aperçoit le château de Razins, demeure des anciens barons de ce nom. Henri, l'un d'eux, prit part à la ligue noire des gentilshommes qui, en 1450, passèrent le Kunkelsberg et pénétrèrent à l'improviste dans les Grisons pour s'emparer des passages importans qui mènent en Italie. Cette entreprise ayant été déjouée, on saisit le baron de Razins. Traduit devant le tribunal de *Valendaum*, il est condamné à mort comme parjure et ennemi de la patrie. La présence d'esprit d'un de ses serviteurs lui sauva la vie. Cet homme paraît devant l'assemblée du peuple et déclare que son maître reconnaît ses torts ainsi que la justice de la sentence portée contre lui, et qu'il est prêt à mourir, mais qu'il a une dernière grâce à demander : « Les ancêtres du baron, ajoute-t-il, se sont bien souvent assis à la même table que leurs braves compatriotes; procurez ce plaisir-là à mon maître. Voici du pain, du vin : il mourra content. » La demande est accueillie, le festin commence. L'écuyer ne cesse de faire le tour des tables en parlant de la jeunesse du baron et des moyens artificiels qu'on a mis en usage pour le séduire. Les convives se lèvent. A ce moment le serviteur fidèle demande et obtient qu'Henri sera entendu ; le baron paraît et il harangue si bien les assistans, que la sentence de mort est révoquée.

La Vallée du Rhinwald. — Environnée de toutes parts de hautes montagnes, cette vallée a 8 lieues de longueur. Le seul chemin par lequel on y pénètre sans traverser les pics qui l'entourent, passe au travers du défilé de la Roffla et conduit dans la vallée de Schams. A l'E. on voit le Suretta, au S.-E. le Splugen et le Tambo ; au S. le Kucurnil ou Carnella, le Mittaghorn, le Schwarzhorn et le Bernardin ; au S.-O. le Muschelhorn ou *Monte del Uccello*, à l'O. l'aiguille de Zaport, le Lenta-Horn et le Piz-Val-Rhein ; au N. le Fallen-Telli-Horn, la montagne de *Vals* (*Cuolm di Vals*), le Calendari et le Curercal. Les plus hautes de ces montagnes, comme l'Avicula, le Piz-Val-Rhein et les cimes voisines, ont 10,280 pieds au-dessus de la mer.

Le Splugen. — Cette route rivale du Saint-Gothard, commencée en 1818, a été achevée en 1820 sous la direction de M. Talachini, ingénieur des chaussées du royaume Lombard-Vénitien. Une largeur de 18 pieds sur le territoire autrichien et de 15 sur celui de Suisse, des murs nombreux, 4 galeries de 300 à 650 pieds de long, 3 maisons de refuge, ont rendu ce chemin un chef-d'œuvre de l'art. Le col du Splugen est élevé de 6,500 pieds environ au-dessus de la mer. L'un de ses pics passe pour une des plus hautes montagnes de la Rhétie. On voit au village de Splugen, situé au revers septentrional de la montagne, quelques beaux bâtimens.

Après avoir laissé derrière lui le village hospitalier de Splugen et les superbes prairies qu'il a à parcourir, le voyageur, pénétrant dans la sombre forêt d'Avers et dans la gorge sauvage de la Roffla, y éprouve des impressions plus vives, plus sévères. Ici ces douces nuances de la nature que Gessner a dépeintes sont remplacées par un désert hérissé de rochers en ruines, et dont l'aspect offre en réalité les scènes idéales les plus pittoresques. La nouvelle route a été transportée de la rive droite sur la rive gauche ; on a percé un rocher pour élargir le passage placé au-dessous de ce roc, qui forme une grotte fort curieuse. La perspective qu'on découvre est singulièrement attrayante : en arrière, la vue se repose sur la large pelouse que forment les prairies de Susert, et au milieu de ce village à moitié ruiné s'élève, encore intact, l'ancien et massif clocher. Devant soi des rochers menaçans et crevassés portent sur leurs bords escarpés des pins, dont les cimes sont entourées de vapeurs légères, tandis que, chargé de gouttes d'eau qui réfléchissent les rayons solaires, le feuillage des rameaux inclinés brille de mille feux ; ces particules liquides, portées sur les ailes des vents, s'élèvent du sombre abîme, là où le Rhin rugissant exhale sa fureur contre les rochers opposés à son cours gigantesque. Un pont d'une structure hardie, et composé d'une seule arche habilement voûtée, réunit les deux rives. Non loin de ce pont, le voyageur, côtoyant les flots tumultueux, découvre la tour de l'ancien Barenbourg, qui s'élève du sein de la sombre forêt, puis les ruines du château de Castellaz, au pied desquelles le Rhin, rentré sous l'influence de l'astre du jour, roule bruyamment, à travers les belles prairies d'Andeer, les ondes scintillantes qu'il va cacher dans les gouffres de la Via-Mala.

Le défilé de la Roffla est une sorte de *Via-Mala* en miniature ; néanmoins les roches qui resserrent son cours sont moins gigantesques, le torrent moins encaissé, et laissent presque à découvert les belles cascades qu'il forme dans ce défilé, tandis que celles de la Via-Mala bouillonnent dans des gouffres si profonds, que le bruit même s'en perd dans l'espace. Là se trouvent encore une foule de sites pittoresques et sauvages, digne du pinceau de Ruisdael et de Salvator. Les plus jolies fabriques rustiques, les ponts les plus hardis, les rochers de la forme la plus pittoresque, les mouvemens d'eau les plus variés, les effets de lumière les plus inattendus, arrêtent le paysagiste à chaque pas, appellent ses méditations, excitent son enthousiasme. Ici, le long des parois de la montagne, qui surplombe, et dont la base disparaît dans les flots du Rhin, on aperçoit des huttes habitées par des hommes, et suspendues au rocher comme des nids d'oiseaux. Là, le bûcheron, armé d'un bâton ferré qu'il enfonce d'une main vigoureuse dans les anfractuosités du granit, se cramponne, s'élève de degré en degré, d'arbre en arbre, jusqu'à une prodigieuse hauteur, où l'œil se suit en frémissant, pour atteindre quelque vieux sapin, Nestor de ces forêts, qu'il précipite dans le fleuve, où son industrie vient bientôt le ressaisir et le transformer en charbon. Plus loin, c'est une peuplade de scieurs de bois, dont les cabanes, éparses çà et là, se cachent sous l'ombrage de la sombre forêt. Armés de haches, vêtus de larges pantalons bruns, la tête couverte d'un bonnet de laine, on n'aperçoit de leur figure que des yeux noirs et perçans et une large barbe d'ébène. Leur aspect a quelque chose de farouche comme les lieux qu'ils habitent ; mais leurs mœurs sont douces, et le voyageur trouve dans leurs pauvres chaumières l'obligeance et l'hospitalité.

Le Prettigau. — Cette contrée, entourée de hautes montagnes, a 8 lieues de long sur 4 de largeur, et se compose d'une vallée principale qu'arrose la Landquart, et de 10 vallons latéraux ; la

vallée principale s'étend de l'E. à l'O. Le Prettigau est borné à l'E. par le Salvetra, le Varaina et le Fermunt, montagnes couvertes de glaciers, ainsi que par la chaîne du Rhétikon, et au S.-O., par le Hochwang. Toutes les vallées latérales s'étendent entre ces montagnes. C'est un pays alpestre, rempli de sites romantiques et de contrées sauvages. La *Scaesa Plana* (Saxa Plana) est la plus haute sommité du Prettigau.

C'est à Nival qu'était le château des barons de Vatz, les plus puissans des innombrables petits despotes qui opprimaient les peuples de la Rhétie pendant les XII° et XIII° siècles. Le dernier de cette famille fut Donat de Vatz, qui possédait le Prettigau, Davos, Schaltik, Mayenfeld, Belifort, Churwalden, Marschlins, Artenstein, Sins, Schelwis, Lax, Thusis, Hohentrins, le Hinzenberg et les vallées de Schams et du Rhinwald. Attaché au parti des Gibelins, il combattit contre l'évêque de Coire et le comte de Monsfort, qui soutenaient celui des Guelfes : il remporta contre eux une victoire signalée à Filisur en 1322. Ce nom de Donat est digne de figurer à côté de ceux des tyrans les plus inhumains de l'antiquité : ce monstre entendait avec joie les hurlemens de ses prisonniers de guerre, qu'il faisait mourir de faim et qu'il appelait ses *oiseaux*. On rapporte qu'après avoir fait traiter splendidement trois de ses valets, il força l'un d'eux à passer la nuit entière à courir dans la vallée ; le second eut ordre de se promener de long en large dans une chambre, et le troisième de se tenir dans son lit. Le lendemain matin, Donat fit ouvrir le ventre aux trois pauvres diables afin de s'assurer celui qui avait fait la meilleure digestion, et connaître par là le régime qu'il aurait à observer lui-même lorsqu'il ferait quelque excès de table. Le baron de Vatz mourut en 1330, et ses vastes domaines furent le partage de ses gendres les comtes de Tockenburg et de Werdenberg.

L'ENGADINE. — 25 vallons latéraux, dont plusieurs se subdivisent en 2 ou 3 ramifications, viennent aboutir à cette vallée. Elle est située au centre des Grisons et court du S.-O. au N.-E., sur une ligne de 18 lieues de largeur, depuis le Maloggia jusqu'à Pont-Saint-Martin. Elle est bornée au S.-E. par la chaîne de Bernina ; au N.-O. par celle des monts Septimer, Julier, Albula, Scaletta, Fluela, Varaina et Salvretta ; et à l'O. par le Maloggia. L'Inn la parcourt et la quitte pour entrer dans le Tyrol à Pont-Saint-Martin. Cette vallée est une des plus belles, des plus riches qu'il y ait en Suisse ; on la divise en haute et basse Engadine. Dans la haute Engadine, l'hiver dure 9 mois, et il est bien rare que l'été se passe sans qu'on soit forcé de faire du feu dans les appartemens. Il neige souvent deux mois (juin et juillet). Dans les grandes chaleurs il ne se passe pas de semaines sans gelée blanche. De tous les villages du pays, Lutz est celui qui jouit du climat le plus doux. La basse Engadine a 11 lieues depuis Brail jusqu'à Pont-Saint-Martin ; elle est plus fertile, plus riche et plus peuplée que l'Engadine supérieure.

Tarasp, l'unique village de l'Engadine dont les habitans professent la religion catholique, n'offre rien de remarquable ; mais le château-fort mérite d'être visité. Du haut de ses créneaux élevés, on jouit de la vue des pics éclatans qui se dessinent au-dessus des chaînes du *Piz-Pizoc* et du *Piz-Linard*. Ainsi que les murailles, les tours de ce manoir féodal sont intactes. Le corps-de-logis principal, quoique couvert encore de sa toiture, offre partout les signes de la dévastation. Dans l'intérieur, les portes et les fenêtres sont brisées ou enlevées, et les gonds arrachés ; des décombres de toute espèce, épars, encombrent les galeries ; plus de vitraux peints, de sculptures, de tableaux : tout a disparu. Ces appartemens habités autrefois par des princes, par des seigneurs illustres, portent l'empreinte d'une grande simplicité. Boisés en bois de cimbre, qui aujourd'hui encore compose le plus riche ornement intérieur des habitations de l'Engadine, les salles et la plupart des chambres de ce vieux castel ont conservé le parfum suave qui est particulier à ce bois et qui n'a pas cessé de s'en exhaler depuis des siècles.

Kloster se distingue avantageusement sous le rapport de sa constitution municipale, et l'élection des magistrats y est accompagnée d'une solennité digne de remarque. L'élection populaire n'est pas immédiate ; elle se fait par l'intermédiaire de chefs d'élection. De deux en deux ans, le peuple, constitué en trois sections, se rassemble à cet effet le premier dimanche du mois de mai, immédiatement après le service divin. Le premier juré ouvre la séance par un discours, après lequel chaque juré invite deux des membres les plus âgés de chaque section à proposer des chefs d'élection. Les six vieillards, formant trois comités distincts, se retirent à l'écart, où, après avoir délibéré, les délégués de chaque section proposent deux chefs d'élection à leur commune, qui les accepte ou les récuse à la pluralité des voix. Le choix des six chefs d'élection étant fait, ceux-ci se rassemblent à la maison-de-ville pour y procéder à l'élection d'un bourgmestre ou landammann pour les deux années suivantes, et pour délibérer sur les amendemens nécessaires à l'administration des affaires de la commune, du culte et des écoles. Ces arrêtés sont soumis au peuple, auquel on propose en même temps trois candidats à la place de bourgmestre. Ceux-ci, accompagnés des anciens magistrats, des chefs d'élection, des baillis des communes, des autres fonctionnaires et du peuple, bannières déployées et tambour battant, se rendent en procession sur la place de l'église. Ici les anciens magistrats se rangent sur une espèce d'estrade; en face, les nouveaux chefs d'élection avec les porte-étendards. Le peuple, groupé derrière, forme un vaste demi-cercle. Il règne un silence solennel. L'auditoire, tête nue, prête une oreille attentive au discours toujours rempli de sentiments populaires et patriotiques du président des chefs d'élection. On remet ensuite au bourgmestre sortant les propositions de lois et d'élection, pour qu'il les soumette à la sanction du peuple. Ceci terminé, l'ancien bourgmestre rend compte de son administration : puis on retourne à la maison-de-ville. Là, les chefs d'élection, sous la présidence du nouveau bourgmestre, procèdent à la nomination des huit nouveaux membres de la magistrature; on proclame les noms des élus, et le reste de la journée est consacré à des divertissemens nationaux et à un festin auquel viennent s'asseoir les autorités anciennes et nouvelles de la commune.

Ce fut en 1543 que Sébastien Munster, professeur d'hébreu dans l'université de Bâle, fit imprimer pour la première fois sa *Cosmographie universelle*, énorme in-folio d'environ 1400 pages, orné de planches en bois, de cartes et de plans. Cette laborieuse compilation, rédigée par un homme savant, mais crédule et souvent mal secondé par ses correspondans, contenait beaucoup d'erreurs et d'inexactitudes. Un de ces in-folios ayant pénétré dans l'Engadine y causa une grande rumeur : on y lisait que cette vallée renfermait beaucoup de voleurs (*habet multos latrones*, dans l'édition latine, et dans l'allemande : *sy sejgend grosser dieb denn die ziginner*). Cette imputation calomnieuse, rendue publique par l'impression, mit en fureur la haute et la basse Engadine. Les communes s'assemblèrent pour demander réparation, et si le canton de Bâle eût été leur voisin, l'exaspération de ces montagnards était telle, qu'ils y eussent fait une invasion à main armée. Le résultat unanime de ces assemblées populaires fut qu'on ne pouvait supporter un affront aussi sanglant, qu'il fallait de gré ou de force avoir raison de cet outrage, et qu'on enverrait incessamment à cet effet des députés à Bâle.

Aussitôt que cette nouvelle fut arrivée à Coire, Philippe Galits, l'un des pasteurs de la capitale des Grisons, en prévint ses amis Bullinger et Sulcer, l'un grand-doyen (*antistes*) de Zürich, et l'autre de Bâle, deux hommes de paix qui travaillaient sans cesse à maintenir l'harmonie dans le corps helvétique et à prévenir toute mésintelligence entre ses membres. Sulcer obtint que, dans tous les exemplaires de la *Cosmographie* qui restaient encore chez le libraire, un large trait d'encre noire effaçerait si bien la phrase diffamatoire, qu'il serait impossible de la déchiffrer; mais on ne put en agir de même pour la majeure partie de l'édition, déjà vendue, et répandue dans toute l'Europe. Les Engadins, auxquels on fit passer des feuilles ainsi corrigées, ne furent point satisfaits; et, fermes dans leur premier projet, après avoir consulté leurs alliés de Zurich, ils firent partir leurs députés pour Bâle.

En octobre 1554, on vit donc arriver dans cette ville les deux députés, Balthazar Planta, de Cernets, au nom de la haute Engadine, et Jean Travers, de Zuts, au nom de la basse. L'un et l'autre étaient connus par leur bravoure dans les combats et leur savoir dans les conseils. Ils demandèrent et obtinrent une audience du sénat, et y ayant été introduit avec cérémonie, ils exposèrent l'objet de leur mission. Ils dirent que les Engadins étaient un peuple pauvre mais honnête, et n'ayant d'autre bien que sa bonne réputation ; qu'ils étaient d'autant plus sensibles à toute attaque dirigée contre leur honneur, et ils demandèrent, au nom de leurs concitoyens, que l'auteur et l'imprimeur de la *Cosmographie* fussent poursuivis et punis comme calomniateurs du bon et loyal peuple de l'Engadine.

Le bourgmestre leur répondit, en les traitant de chers amis et alliés, que l'auteur de cet ouvrage était mort depuis deux ans, mais que l'imprimeur Henric Petri étant présent, c'était à lui à se défendre. L'imprimeur, qui était membre du sénat, se leva, et avança, pour sa justification, qu'il ne pouvait nier que ce livre ne fût sorti de ses presses, mais que jamais il ne corrigeait ni même ne lisait les ouvrages qui s'imprimaient chez lui, s'en rapportant à ses protes, parmi lesquels était Stuppan, Engadin lui-même, qui était le premier intéressé à supprimer cette phrase diffamatoire. Il ajouta que, dès qu'il avait appris l'outrage fait à l'honorable peuple de l'Engadine, pour lequel il était pénétré d'une estime toute particulière, il en avait été douloureusement affecté; que, s'il avait soupçonné que le livre en question contint une pareille inculpation, il ne l'eût point imprimé ; enfin que, s'il était en faute, c'était uniquement par ignorance, et que, par conséquent, on ne pouvait en bonne justice le rendre responsable de cette fâcheuse affaire.

Le sénat ayant entendu la plainte des députés et la justification de l'imprimeur, déclara qu'il avait vu avec le plus vif déplaisir cette phrase attentatoire à l'honneur de ses chers alliés ; que si on lui en eût porté plainte pendant la vie de l'auteur, il eût été réprimandé et puni ; mais qu'il déchargeait de toute accusation l'imprimeur Henric Pétri, attendu que ce méfait s'était commis à son insu.

Les députés, trouvant que ces déclarations verbales étaient insuffisantes, exigèrent du sénat des lettres authentiques qui portaient que l'inculpation, étant aussi fausse qu'injurieuse, ne pourrait en aucune manière, ni en aucun temps, tourner à blâme ou être reprochée aux Engadins et à leurs descendans, et que le sénat se faisait un plaisir comme un devoir de reconnaître hautement l'intégrité et la loyauté des honorables et vertueux habitans de l'Engadine. Deux doubles de ces *Lettres Expiatoires*, sous la date du 15 octobre 1554, furent expédiées par la chancellerie de Bâle, munies du grand sceau de la république et de la signature du bourgmestre Théodore Brandt, et déposées dans les archives de la haute et de la basse Engadine. Les députés Travers et Planta, comblés de politesses, d'excuses et de festins publics, retournèrent dans leurs vallées, où ils furent fêtés de nouveau pour avoir si heureusement rempli le but de leur mission.

Vallée de la Fluela. — Étroite, parallèle aux vallées latérales de Sertig et de Desma, et s'élevant de celle de Davos du côté de la chaîne de la Scaletta et de la Salvretta, telle est la vallée qui forme le passage de la Fluela et conduit dans la basse Engadine. La vallée de la Fluela, aussi âpre que celle de Sertig, n'est pas moins élevée ; les flancs qui la dominent offrent à peu près le même aspect. La région inférieure est garnie de bois, et celle intermédiaire, de broussailles qui végètent jusqu'aux glaciers. On ne rencontre que rarement des rochers troués ou taillés à pic, et les pentes, doucement inclinées, ne présentent que peu de décombres et de masses détachées des monts. L'hospice spacieux de Tschingen est situé à 5,900 pieds environ au-dessus du niveau de la mer. Ces lieux incultes et sauvages ne présentent que des pâturages. A 1,500 pieds plus haut, à l'extrémité du passage, on trouve un *refuge* bâti en pierre, destiné à offrir un abri aux voyageurs. Ici cependant on n'aperçoit aucune trace de neige. Sablonneux, couvert de décombres de hornblende schisteuse, de gneiss, et d'une apparence tout-à-fait stérile, le sol offre pourtant en abondance la *poa alpina*, ornée de ses jolies panicules.

Du sommet de la Fluela, plus élevé que le Grimsel, non moins haut que la limite neigeuse du Saint-Gothard, et touchant à la région des glaciers, la vue n'est nulle part frappée par des objets qui soient de nature à causer de la terreur, et les formes des monts sont infiniment plus gracieuses que celles qu'on découvre du haut des montagnes du canton de Berne, du Valais et du canton d'Uri. Des *refuges* consacrés aux voyageurs s'élèvent dans la direction du sud-ouest des pics entourés de glaces et de neiges éternelles, dont on évalue l'élévation à 11,000 pieds. Non loin de là deux petits lacs réfléchissent dans leurs eaux tranquilles les sommets des monts d'alentour ; derrière s'étend la chaîne des montagnes de Davos, couvertes de sombres forêts ; d'énormes glaciers sont comme amoncelés, suspendus dans les airs, sans qu'aucune avalanche ne vienne interrompre le calme profond de cette solitude. Sur le devant se présentent les pâturages verdoyans de Sus, couronnés de hautes montagnes qui s'élèvent graduellement et en pente douce ; et plus loin, au sud, les sommets éclatans des monts qui séparent les Grisons de l'Italie. L'aspect du bourg de Sus, semblable, au reste, à celui de presque tous ceux de l'Engadine, a de quoi surprendre le voyageur qui n'a encore parcouru que la Suisse septentrionale. Des murs d'une blancheur éclatante, des contrevents de couleurs tranchantes, des balcons dorés, des fresques décorant l'entrée des plus chétives habitations, frappent et étonnent la vue. Les habitans les plus entichés de ces ornemens surchargés de dorures, de ces preuves héraldiques, sont des confiseurs qui, revenus de l'étranger après y avoir fait fortune, croient en imposer à leurs voisins en affichant un luxe de mauvais goût et en décorant leurs maisons de devises, d'armoiries, etc. Le costume des habitans n'est pas moins original : celui des femmes, qui se compose d'une jupe noire, de bas rouges et d'une profusion de rubans verts, leur sied à merveille.

On arrive au col du Saint-Bernardin par une longue rampe en zigzag, taillée sur les flancs d'une montagne aride, pelée, du plus triste aspect, et qui se ressent de l'influence du nord et de ses rigueurs. Si l'on se retourne en atteignant au sommet, la route qu'on vient de parcourir ressemble à un immense ruban déployé sur les sombres flancs de la montagne.

Un vallon supérieur unit ses deux versans ; et les eaux qui découlent des pics sourcilleux qui le dominent, forment au milieu de cette enceinte de verdure un joli lac semé de petites îles verdoyantes. Sur les bords on a élevé une fort belle auberge, heureusement placée sur cette route importante, que les soins des cantons suisses ont sagement améliorée, et qu'un commerce actif rend chaque jour plus fréquentée et plus utile.

« On attribue aux Romains la découverte de ce passage, dit M. le vicomte de Senonnes dans ses *Promenades au pays des Grisons*; il est en effet peu d'endroits si reculés du monde alors connu, que leurs armes n'aient explorés. En vain la nature semble avoir séparé les peuples par des barrières insurmontables, en est-il que le génie de la conquête et de la destruction ne puisse franchir? Au surplus, si l'honneur d'avoir escaladé les premiers ce col escarpé des Alpes appartient en effet aux Romains, cet exemple a trouvé depuis de nombreux imitateurs, et depuis les maîtres du monde le Bernardin a vu à plus d'une reprise les drapeaux français, suisses et allemands affronter ses sentiers rocailleux et flotter dans ses gorges sauvages.

« Et quelle puissance irrésistible a donc poussé ces hommes du Nord au sommet de ces rochers décharnés, au milieu des glaces et des précipices? Eh quoi! ne sentez-vous pas dans les airs comme une vapeur enivrante? N'éprouvez-vous pas certains frémissemens secrets? Le ciel ne vous paraît-il pas plus pur, l'air plus doux, la vie plus heureuse? Encore quelques pas, le sentier s'incline, il se précipite; un nouvel horizon se découvre à vos regards. Ce ne sont plus les mousses desséchées, les sapins rabougris, ce n'est plus le vent glacé des Alpes. Voici le châtaignier, balançant dans les airs ses masses élégantes, le noyer prêtant aux troupeaux l'abri de son feuillage épais; voici des champs cultivés, des jardins couverts de fleurs. Voyez un peu plus loin le mûrier, qui recherche le souffle du midi; le figuier, dont le fruit ne se colore qu'aux rayons d'un soleil plus ardent. Cette atmosphère embaumée, cette verdure plus aimable, cette teinte magique qui dore le lointain, tout annonce un autre sol, un autre climat, une autre nature; ne reconnaissez-vous pas l'Italie? »

Vallée de Domlesch. — C'est une des plus belles et des plus fertiles vallées de toute la Suisse. Le Heintzenberg, mont colossal, a rendu cette contrée célèbre. Le duc de Rohan, lors de ses campagnes dans les Grisons, au XVIIe siècle, disait, en parlant du Heintzenberg, que c'était la plus belle montagne de l'univers; elle offre un aspect pittoresque et gracieux d'une magnificence et d'une richesse inexprimable. L'entrée de la vallée du côté du nord n'a guère plus de 100 pas de largeur; au sud elle est fermée par le Béverin et par le Muttnerhorn. Entre ces deux montagnes on voit la source du Rhin postérieur. C'est surtout vers la fin de l'été que la voûte de glace d'où sort le torrent est d'un aspect magnifique. Bientôt après il reçoit la rivière noire et fougueuse de la Nolla, et une demi-lieue plus bas celle de l'Albula, qui lui amène toutes les eaux de l'énorme groupe des monts Fluela, Scaletta, Albula, Cimolt, Julier, Septimer et de toutes les montagnes qu'ils renferment dans leur enceinte. Plusieurs torrens impétueux roulent leurs ondes bouillantes le long de la partie orientale de la vallée, dans les gorges de Feldis, Tomils, Dousch, Scharans et Boura, et vont tomber dans le Rhin. L'œil étonné découvre dans cette vallée 22 villages et plus de 20 châteaux ruinés ou habités; plusieurs de ces châteaux sont remarquables par leur antiquité.

On croit que le beau bourg de Thusis a reçu le nom qu'il porte des *Tusci* ou anciens Toscans, qui vinrent chercher un asile dans ces montagnes, du temps des Romains. C'est un des endroits les mieux bâtis qu'il y ait dans le pays des Grisons. Au-dessus de Thusis, la vallée de Domlesch se resserre et présente tout à coup une gorge affreuse, nommée *Via Mala*, qui conduit à la vallée de Schams. Cette longue gorge, qui s'étend entre les rochers des monts Béverin et Muttnerhorn, n'a souvent pas plus de quelques toises de largeur. A une profondeur effrayante, on voit couler, impétueux, le Rhin postérieur, que l'on distingue à la blancheur de son écume, sans pouvoir entendre le fracas de ses ondes. Les parois de rochers surplombent, et sont couvertes de sapins qui ajoutent à l'horreur et à l'obscurité du lieu. Le grand chemin, taillé en corniche dans le roc, a 3 ou 4 pieds de largeur, et suit tantôt la rive droite et tantôt la rive gauche de la rivière, qu'on voit à 300 et même à 480 pieds au-dessous de soi, et que l'on passe en 3 endroits sur de frêles ponts. Pour construire ces trois ponts il a fallu, du haut des parois du défilé, descendre avec des cordes des sapins hauts comme des mâts de vaisseau, dont on fixait l'un des bouts d'un des côtés de la rivière, avant d'établir l'autre sur la rive opposée.

L'art, en aplanissant une route à travers la Via-Mala, a eu de bien plus grands obstacles à vaincre que dans la Roffla; obstacles qu'il a partout surmontés aussi heureusement. En effet, les rocs paraissent bien plus profondément percés dans cette montagne, et le Rhin lui-même y forme aussi de bien plus profondes cavernes. Une lutte à mort semble s'être établie dans ces

lieux entre le dieu puissant du fleuve et les esprits du sombre abîme. Semblable aux voix mugissantes des monstrueux Titans, tel le bruit effroyable des ondes qui se précipitent, sort, et s'élève, tonnant, du ténébreux séjour. Deux ponts prêtent leurs voûtes hardies au voyageur pour le transporter en-delà et en-deçà des parois opposées que forment les rochers. On dirait que l'art, forcé de le céder à la nature, n'a pu vaincre que par la ruse un adversaire trop puissant. Plus loin, le roc, percé artificiellement dans une longueur de 200 pieds, forme le passage dit *le Trou Perdu*. La route, large et commode, vous conduit ici de l'obscurité à une perspective dont l'effet est prodigieux : à droite, le vieux clocher du couvent de Saint-Jean s'élève sur un rocher inaccessible ; tandis que, du côté opposé, de verts pâturages tapissent les flancs arrondis du Heintzenberg ; au milieu se présentent et le bourg de Thusis et la vallée de Domlesch, où le fleuve, dégagé des entraves de la Via-Mala, signale son cours par la dévastation.

Vallée de Sertig. — Elle est située au sud de Davos, et s'élève graduellement du côté des glaciers de la Scaletta. On côtoie pendant deux lieues un torrent d'un aspect sauvage, et l'on arrive à l'église de Sertig, qu'entourent une douzaine de chaumières. Sertig est à 5,630 pieds environ au-dessus du niveau de la mer. Ce n'est qu'à 200 pieds au-dessous de l'église qu'on trouve quelques champs abrités par une forêt de sapins. On y cultive des pommes de terre, de l'orge qui parvient assez ordinairement en pleine maturité, et une espèce de trèfle qui sert à assaisonner le *schabcygre*, et dont les habitans de cette vallée font aussi usage pour relever le goût du séret.

Immédiatement au-dessus de Sertig, les pentes E. et O. de la montagne sont couvertes d'azalée de bruyère, de sureau aquatique. Ce n'est qu'à un millier de pieds de hauteur qu'on aperçoit des cimbres (*Pinus cimbra*) clair-semés et d'une belle végétation. Quoique la vallée de Sertig soit plus élevée que celle de Davos, le froid est souvent bien moins rigoureux dans la première, où rien n'empêcherait qu'on y formât des établissemens stables, surtout si l'on considère que la culture des prairies pourrait être introduite avec succès. Il est certain que les ressources agricoles des Grisons seraient doublées, si les habitans voulaient ou savaient utiliser les dons que la nature a départis à ces déserts.

Vallée de Cresta. — Cette délicieuse contrée, située dans la direction du Maloggia, est l'une des plus agréables stations du pays des Grisons. La belle rivière dont le cours sinueux se dessine au milieu de plaines verdoyantes, le bourg riant de Samaden, qu'on reconnaît de loin à l'éclat de ses maisons, les ruines d'un ancien fort, la tour de l'antique monastère de Saint-Jean ; puis, à l'entrée de la vallée, le groupe de bâtimens dont se compose Pontrésina, tels sont les divers objets qui frappent plus particulièrement le voyageur, tandis que l'amphithéâtre que forment les parois peu rapides de montagnes boisées, et au-delà les cimes altières des innombrables glaciers de la Bernina, bornent à la fois l'horizon et la vue. Reproduits par le pinceau d'un artiste habile, ces sites variés formeraient les tableaux les plus pittoresques.

Peu connu encore, le glacier du Rocosecco offre une particularité remarquable en fait de végétation. Il existe au sommet du Rocosecco une vallée presque horizontale et couverte de glace, dans laquelle les avalanches qui se précipitent des hauteurs environnantes font ébouler des masses considérables de terre, et cette terre, qui repose sur un fond glacé et qui en occupe une assez grande étendue, produit diverses plantes alpestres, dont la végétation aussi belle que vigoureuse fournit une abondante nourriture aux troupeaux que les habitans de Samaden y conduisent. Ce phénomène rappelle ces immenses blocs de glace couverts de terre et de broussailles qu'on rencontre assez fréquemment sur les côtes de la mer Glaciale, et montre comment le sol des terres polaires, dont le dégel ne s'opère que très-superficiellement, peut cependant produire diverses espèces de plantes.

Vallée de Brégell. — Cette vallée, située sur le revers méridional de la haute crête des Alpes, débouche dans le pays de Chiavenna. Elle est parcourue par l'impétueuse Maïra et s'étend, dans la direction du S.-O. au N.-E., jusqu'au pied du Septimer. Elle a quatre lieues de longueur, et seulement un quart de lieue dans sa plus grande largeur. De hautes montagnes boisées ou couvertes de neige l'entourent. Le Maloggia la sépare de la Haute-Engadine.

La hauteur de Casaccia, le premier village qu'on rencontre en descendant le Septimer et le Maloggia, est, selon Scheuchzer, de 4,776 pieds au-dessus du niveau de la mer. Le sol se refuse ici à l'agriculture. A peu de distance de Casaccia, sur la route de Maloggia, on voit les ruines d'un monastère consacré à saint Gaudence, qui, jadis persécuté par les hérétiques ariens, se réfugia dans cette vallée et y prêcha l'Évangile. La tradition ajoute qu'à l'exemple de saint Denis, saint Gaudence, décapité par ordre des autorités païennes, ramassa son chef abattu, le transporta à

Gasaccia et le déposa à l'endroit même où s'éleva depuis sa chapelle.

En descendant du côté de Vicosoprano plusieurs belles cascades occupent agréablement la vue. A mesure qu'on avance, les hautes montagnes qui forment la chaîne du Septimer, et surtout celles de la partie méridionale de la *Forcula di Mezzo*, montrent leurs nombreuses fissures. Le sol est couvert de petits fragmens de roc. La végétation ne se compose d'abord que de pinastres, mais plus bas on trouve des mélèzes entremêlés de cimbres. Le village de Vicosoprano n'étant élevé que de 3,880 pieds au-dessus du niveau de la mer, les céréales y réussissent; on y cultive aussi la pomme de terre et le maïs.

A Stampa on rencontre deux blocs de granit de 50 pieds de haut; ces énormes fragmens, détachés de la montagne, s'appuient l'un contre l'autre et forment comme une voûte sous laquelle passe la route. Parvenue à la gorge rétrécie qui sépare la haute Bregell de la basse, on remarque un changement subit dans la végétation. On dirait que ce lieu pittoresque marque la limite des productions du midi et du nord. Plus haut, du côté de Borgonovo, on ne voit que quelques noyers clair-semés sur les rives de la Maïra; tandis qu'à la base de la paroi que forme le rocher qui supporte la tour massive de Porta, on trouve sur un sol composé de granit des noyers et des châtaigniers dont les branches fléchissent sous le poids des fruits. Déjà près de Bondi, village situé non loin de Porta, les jardins sont garnis de beaux figuiers, et sur les flancs des monts le cytise et le genêt croissent en abondance.

Du pont de la Maïra, qu'on passe près de Bondi, la vue est bornée par la paroi que forment les roches de Castelmur. L'antique tour qui s'élève solitairement au milieu des ruines, indique la place d'une station romaine dont parle Antonin dans son Itinéraire (*Castromurum*). Là fut le berceau et la résidence de la noble et antique famille de *Castelmur*, dont l'origine remonte au temps de la domination romaine dans la Rhétie, et dont l'histoire est liée à celle de ces contrées jusqu'au XV⁰ siècle.

Vis-à-vis de Bondi s'élève le village pittoresque de Foglio, berceau de la noble famille de Salis, dont sont sortis tant d'hommes illustres, depuis le XII⁰ siècle jusqu'à ces derniers temps.

Zschokke, dans son *Histoire des Grisons*, dit que, plus heureux que toutes les autres peuplades de ces contrées, après des échanges renouvelés, les habitans de cette vallée furent néanmoins définitivement incorporés à la ligue de la Maison de Dieu. Les évêques de Coire n'ont jamais eu un pouvoir bien direct sur eux, et déjà, au XI⁰ siècle, ils relevaient directement de l'Empire et étaient affranchis de tout pouvoir féodal des comtes et des ducs, ainsi que le prouve l'acte authentique suivant trouvé dernièrement dans un village de la vallée de Bregell.

« Nous, Frédéric, par la grâce de Dieu, roi des Romains, empereur et amplificateur de notre empire, duc de la Haute et Basse Svaria.

« Avec la présente nous attestons et manifestons, que devant notre impériale majesté s'est présenté notre cher et aimé chevalier Rodolfo de Castelmur, colonel, et notre vicaire au-delà des monts Giulia, jusqu'au château de Merola; lequel, au nom de monseigneur l'évêque de Coire et de tous les peuples soumis à sa juridiction, et au nom desquels il nous a remercié de la liberté concédée et confirmée, comme témoigne notre impérial décret, lequel nous approuvons et confirmons nouvellement. Et en outre il nous a supplié d'accorder et concéder à ses peuples de la Haute-Breggalia la liberté de la chasse et de la pêche dans les lacs des ligues Grises et ailleurs, ainsi que les gabelles et élections, laquelle pétition entendue et mûrement examinée, en considération des bonnes qualités et du mérite du suppliant, lequel maintes fois a exposé sa vie pour le maintien de notre empire avec les peuples de sa patrie, et principalement sous la désobéissante ville de Milan, où il a perdu trois de ses fils, et où, lui, accompagné des soldats de sa nation, sous notre impériale bannière, a été le premier à entrer dans ladite ville, sur laquelle, en répandant du sel, a exhaussé le châtiment de notre sévère justice; et pourquoi en vertu du présent notre gracieux décret, approuve le contenu de sa supplique, et concède auxdits peuples de la Haute-Bregaglia, libre, la chasse, la pêche, les élections et les métaux, et les gabelles de Vicosoprano. D'impérial quatre, par chaque somme de chevaux, mulets, et tous autres animaux de foire, avec l'expresse condition qu'il ne soit créé d'autres droits que ceux de la *Reich Voglia*, et que les ports et les ponts de la haute chaussée devront toujours être en bon état, pour chaque cas éventuel de notre impérial service; étant notre impériale volonté que tous ceux qui nous servent bien et fidèlement soient récompensés et favorisés.

« En foi de quoi nous avons donné le présent notre décret, en notre ville impériale d'Augusta (Augsbourg), l'an de notre salut 1179 (sub. Frédéric, ce 12 mai, et de notre règne impérial le dix-septième).... J⁰ de Montfort, chancelier impérial. »

CANTON D'ARGOVIE.

TOPOGRAPHIE.

SITUATION. — ÉTENDUE. — MONTAGNES. — Le canton d'Argovie, l'un des plus grands de la Suisse, a dix lieues de longueur sur huit de largeur; sa surface est d'environ 80 lieues carrées. Il comprend l'ancienne Argovie, le comté de Bade, les ci-devant bailliages libres et le Frickthal. Il est bordé au nord par l'Allemagne et par le cours du Rhin, depuis la petite ville de Kaisersthuhl jusqu'à Augst, au confluent de l'Ergeltz; à l'occident, il a pour limites les cantons de Bâle, de Soleure et de Berne et une portion du cours de l'Aar; au midi, le canton de Lucerne, et à l'orient, ceux de Zürich et de Zug, avec une portion du cours de la Reuss.

La partie du Jura qui appartient à l'Argovie forme la moitié environ de son sol, s'étend dans la direction du sud-ouest au nord-est, et est environnée par l'Aar et le Rhin. Elle n'atteint jamais à une hauteur considérable; ses plus hautes cimes sont celles du *Vassersluh*, qui n'a que 2,860 pieds au-dessus du niveau de la mer, et celle du *Gislafluh* qui n'en compte pas plus de 2,710.

RIVIÈRES. — LACS. — Quatre des principales rivières de la Suisse se réunissent dans l'Argovie. L'Aar reçoit près de Bruck, la Reuss, qui descend du Saint-Gothard, et la Limmat qui sort du lac de Zürich; ensuite elle se jette elle-même dans le Rhin près du village de Coblentz. Toutes ces rivières sont navigables; mais la navigation du Rhin est dangereuse en plusieurs endroits, et celle de l'Aar est difficile à cause des rochers et des bancs de sables. Quatre ponts traversent le Rhin à Rhinfelden, à Seckingen, à Lauffenbourg et à Kaisersthuhl. Les ponts principaux construits sur l'Aar sont ceux d'Aarau et de Bruck. On en trouve sur la Reuss à Windisch, à Mellingen, à Bremgarten, à Sins, et sur la Limmat, à Baden.

Une foule de petites rivières ou ruisseaux traversent le canton; savoir: le Violenbach, l'Ergeltz, le Magdener, le Mohli, le Sisseler, le Kaistener, le Sulz, le Ganzinger, le Vuterich, l'Aa, le Veissbach, le Rainer, la Wigger, la Soure, la Vina, le Bunz, la Sourbe, etc., etc.

Le seul lac de l'Argovie est celui de Hallwyl qui a deux lieues de longueur sur une demi-lieue de largeur. Les eaux de ce joli lac gèlent dans les hivers rigoureux.

HISTOIRE.

Au Ve siècle, l'Argovie faisait partie du pays des *Allemanni*. Elle fut conquise par Gondebault, roi de Bourgogne, et passa tour à tour sous la domination des rois Francs et des ducs de Bourgogne. Soumise au XIe siècle par l'Autriche, elle appartint jusqu'au XIIIe à la maison de Hapsbourg. Le duc Frédéric d'Autriche ayant été mis au ban de l'empire en 1415, les bourgeois et la noblesse de l'Argovie s'assemblèrent à Sursée, demandant que le pays accéda à la confédération. La noblesse s'y opposa formellement. Les bourgeois avaient envoyé secrètement des députés aux confédérés pour leur présenter leurs vœux; les députés furent obligés de rebrousser chemin en présence des troupes de Berne et de Lucerne qui venaient d'envahir l'Argovie. Tout le pays tomba au pouvoir de Berne. Sigismond, en 1408, lui en garantit la possession par un acte authentique, mais simplement sur le pied de fief de l'empire. Bientôt après, le duc Frédéric lui-même renonça pour lui et ses successeurs au territoire qu'avaient occupés les confédérés et dont ils avaient reçu l'investiture. Depuis cette époque, jusqu'en 1798, les destinées de l'Argovie furent entièrement liées à celles du canton de Berne. C'est alors, comme on sait, que fut opérée la révolution politique de la Suisse.

Baden et les bailliages libres, qui formaient précédemment un canton séparé, vinrent, en 1801, agrandir l'Argovie; et le Frickthal, cédé à la France par le traité de Lunéville, fut réuni à ce petit pays par Bonaparte, premier consul de la république française.

Au mois de janvier de cette année, les treize cantons tinrent à Aarau leur dernière diète, selon l'ancienne coutume de la confédération helvétique. Le but de cette diète était de resserrer les nœuds des états confédérés, et de détourner le danger d'une révolution. Mais déjà, Bâle, le Tockenbourg, le pays de Vaud, avaient proclamé la liberté et l'égalité. La diète se sépara le 31 janvier, et dès le lendemain, Aarau fit sa révolution. Le 4 février, il est pris par les milices bernoises; le 6, les Français passent le Jura, entrent à Berne; et le 9, la nouvelle constitution est acceptée à Lausanne par l'assemblée provisoire. Des mouvemens insurectionnels se manifestent dans les pays gouvernés pour lors par des baillis. Berne, Zürich, Soleure, Schaffhouse envoient les députés du peuple pour travailler à un plan de constitution représentative. Les chargés d'affaires de la république française somment le gouvernement de Berne de se dissoudre; et le 18, ils signifient à la Suisse entière de se soumettre à une constitution démocratique. Le 1er mars, les hostilités commencent entre les Français et les Bernois. Au mois d'avril, les petits cantons sont envahis par les Français; le 12 avril, se forme à Aarau une assemblée nationale, composée d'abord des députés de dix cantons, et à laquelle vinrent se joindre avant la fin de septembre ceux de toutes les autres parties de la Suisse, à l'exception des Grisons. Dès ce moment, la république helvétique eut un gouvernement unitaire. Aarau devint le siége du directoire helvétique et des corps législatifs, jusqu'au 20 septembre 1798 que le gouvernement fut transféré à Lucerne.

MOEURS. — CARACTÈRES. — COUTUMES.

Dans l'Argovie, les cimetières sont entretenus avec un soin pieux. Chaque tombe est surmontée d'une croix doublée en cuivre où se lit le nom du défunt. Sur cette plaque est gravée une sentence tirée des livres saints. Parmi plusieurs épitaphes, nous avons remarqué celle d'une jeune fille, morte à Aarau à quatorze ans, *tendre fleur, flétrie au matin de la vie, pourrenaître dans le printemps éternel*.

Près de chaque monument funéraire, dans les cimetières catholiques, est placé un bénitier avec une touffe de roses, de saxifrage, d'immortelles et de radiaire des Alpes. Quand une jeune fille meurt, elle est conduite à la tombe par ses compagnes vêtues de blanc et ceintes d'écharpes noires.

Un usage commun en Suisse comme dans toute l'Allemagne se retrouve ici. A chaque heure de la nuit, un crieur public fait entendre ces mots : « Écoutez mes paroles; il est neuf heures; éteignez la lumière et le feu, et que Dieu et la sainte Vierge vous protégent! » Ce qui a donné lieu à cette coutume, c'est la fréquence des incendies dans un pays où toutes les habitations étaient jadis construites en bois de sapin et recouvertes de bardeaux en place de tuiles. La peinture que Tacite a faite, dans son livre des *Mœurs des Germains*, des habitations de ces peuples, peut s'appliquer aux maisons de quelques cantons de la Suisse. « Ils habitent des villages qui ne se composent pas, comme les nôtres, d'édifices contigus : chacun a son toit séparé, soit pour prévenir les incendies, soit qu'ils ne sachent pas bâtir autrement. Comme ils ne connaissent ni le mortier, ni la brique, ils emploient toujours les mêmes matériaux dans leurs constructions, sans avoir égard ni à l'élégance, ni à la commodité. »

Autrefois, presque toutes les maisons de l'Argovie avaient une enseigne peinte sur la façade du bâtiment. Les unes étaient formées des armoiries du propriétaire, les autres de quelques traits historiques. L'imagination du peintre faisait les frais de la plupart. Au lieu de demander la maison de M. un tel, on disait: Où est la Cloche d'argent, la Tête d'Holopherne, l'Ane musicien, le Guillaume Tell. La ville de Baden avait un hôtel dont l'enseigne était un renard prêchant aux poules. On remarqua à la diète de 1519 qu'on y avait logé le nonce du pape, Jean-François Bonhomme, évêque de Verceil, ce qui donna dans les cantons matière à force plaisanteries. Ces enseignes armoriées sont encore en usage dans beaucoup de communes de l'Argovie.

Les habitans de Biberstein et de ses environs sont laborieux, économes; mais on leur reproche un amour excessif des procès. Les discussions sont pour eux une sorte de plaisir et de délassement. Témoin ce mot d'une paysanne, interrogée si elle avait de quoi vivre elle et sa famille, et qui répondit naïvement : « Oui, Dieu merci ; et encore au bout de l'an, nous reste-t-il de quoi faire un petit procès pour nous récréer pendant l'hiver. »

VILLES. — BOURGS. — VILLAGES.

AARAU, chef-lieu du canton, fut fondée au Xe siècle, par les comtes de Rohr, et obtint des ducs d'Autriche de grands priviléges dont elle jouit sous la domination de Berne. Rodolphe de Hapsbourg, devenu empereur, accorda aux habitans d'Aarau, le droit de n'être interrogés par aucun autre juge que leur avoyer; de ne subir de châtiment que ceux qu'on infligeait dans les villes impériales ; de pouvoir poursuivre sur les territoires étrangers quiconque aurait attenté à leur liberté ou à leurs personnes. La ville, heureusement située et bien bâtie, est arrosée par des eaux courantes qui contribuent tout à la fois à sa propreté et à son ornement. Depuis 1799, où elle fut pendant quelques instans capitale de la république helvétique, elle a reçu de grands embellissemens. On a fait disparaître plusieurs constructions qui en déparaient l'aspect, et le cimetière public a été éloigné. Aarau peut contenir quatre mille âmes. Sa coutellerie jouit, même à l'étranger, d'une grande réputation. On y trouve des fabriques de coton, de rubans et d'acide vitriolique; une fonderie de canon, des tanneries considérables. MM. Herzog et compagnie possèdent une belle filature. M. Sauerlander est un des imprimeurs les plus distingués du pays : de ses presses sont sortis une foule d'ouvrages remarquables, entre autres les œuvres d'Henri Zschokke, et les *Méditations pieuses*, qu'on trouve jusque dans

Chute du Rhin à Schaffhouse

Costumes de l'Argau

les villages les plus retirés de la Suisse. On attribue cet excellent livre à Zschokke et à d'autres savans.

Aarau renferme plusieurs objets curieux : les manuscrits de la bibliothèque du canton, les collections d'histoire naturelle, le plan en relief de Frédéric Meyer, qui embrasse une grande partie de la Suisse depuis le lac Léman jusqu'au lac de Constance. L'hôtel-de-ville, achevé récemment, est un très beau bâtiment; l'église paroissiale, où les réformés et les catholiques célèbrent alternativement le service divin, est d'une architecture de bon goût.

L'hôpital d'Aarau est bien entendu et bien distribué; cet édifice porte pour inscription: *Piæ Egestati*. Les pauvres, auxquels sont affectées diverses salles, y sont reçus, nourris, logés convenablement. Peu de villes comptent un plus grand nombre d'établissemens utiles. Nous citerons surtout l'école cantonnale, fondée en 1803, où huit professeurs enseignent les mathématiques, le commerce, l'histoire naturelle, la géographie et les langues; la société de secours, la société biblique, composée de membres des deux confessions; la société de lecture, l'association pour l'instruction, et le séminaire pour les instituteurs des écoles rurales, fondé, en 1821, par le gouvernement.

Tout le monde a lu les contes et les romans historiques de Zschokke. Cet écrivain célèbre demeure habituellement dans une maison de campagne près d'Aarau. Tous les étrangers qui parcourent ces contrées s'empressent de le visiter, et tous sont accueillis avec une politesse prévenante et cordiale. Zschokke vit comme un patriarche au milieu de ses neuf enfans, et jouit de l'estime de tous ses concitoyens. (Voir *Biographie*).

BADEN. — Baden est situé dans une des plus riantes et des plus fertiles provinces de la Suisse. Une route agréable que longe la Limatt, la vue de coteaux chargés de vignes dont la rivière baigne le pied, une multitude de petites vallées qui aboutissent à la ville, offrent aux regards des spectacles aussi agréables que variés. On peut lire, en arrivant à Gebisdorf, une inscription romaine en l'honneur d'un médecin de la XXI° légion, présage heureux sans doute pour les malades qui vont chercher la santé à Baden. C'est sans doute à ses eaux bienfaisantes que Baden doit son existence dans un lieu sauvage et escarpé. En parcourant la ville que Montaigne, dans le journal de ses voyages, trouve belle et bien bâtie, on s'aperçoit qu'elle a dû bien changer depuis. Le château qui la domine, vieux déjà du temps de Galba, rebâti plusieurs fois, noble demeure de quelques anciens comtes de Lentzbourg et d'Haspsbourg, est tout à fait ruiné aujourd'hui.

MASCHWANDEN était jadis une ville fortifiée, la capitale des deux domaines du baron d'Eschenbach. Cette contrée fut le théâtre d'une sanglante tragédie dont nous donnerons ici le tableau abrégé.

Albert d'Autriche, affermi sur le trône impérial, apprend que ses baillis ont été chassés, en 1307, des 3 cantons. Il accourt à Bade pour y rassembler les troupes nécessaires à ses projets. Près de Windisch, il passe la Reuss sur un bac, accompagné de Jean de Souabe, son neveu, dont il retenait injustement l'héritage, et des barons d'Eschenbach, de Wart, de Palm, de Tégerfelden, de Finstingen et de Castelen. Arrivé sur l'autre rive, Jean de Souabe demande à son oncle de lui restituer ses domaines; Albert refuse. Alors le neveu, enflammé de colère, lui porte un coup mortel; Eschenbach lui fend la tête, les autres conjurés trempent leurs épées dans son sang. Wart est demeuré tranquille spectateur de l'assassinat; Castelen, assez lâche pour ne pas défendre son maître, s'enfuit et va annoncer à la cour d'Albert le meurtre de ce monarque. Des officiers fidèles partent sur-le-champ et trouvent l'empereur expirant dans les bras d'une jeune paysanne.

La nouvelle se propage avec une incroyable rapidité; toutes les villes de l'Helvétie sont dans la consternation; cependant les meurtriers errent sans appui, et se réfugient dans le château de Fribourg, où bientôt découverts par le comte de Nidau ils sont obligés de fuir de divers côtés. L'impératrice Élisabeth, apprenant qu'elle est veuve, jure de tirer une éclatante vengeance des assassins de son mari. Sanguinaire et d'une insatiable ambition, elle cherche dans la mort d'Albert un moyen d'agrandissement pour sa maison. Par elle, le bruit se répand qu'une partie de la noblesse helvétique a trempé dans l'assassinat. Elle fait mettre au ban de l'empire son neveu, les cinq barons ses complices, leurs parens, leurs amis, leurs voisins, leurs vassaux, et se fait adjuger leurs dépouilles. Plusieurs gentilshommes ne grossirent la liste fatale que parce qu'ils avaient des fiefs à la convenance de la maison d'Autriche. Des milliers furent sacrifiés à la politique atroce de la reine. Ses troupes parcourent le pays et ensanglantent leur passage. Les châteaux de Russek, de Schnabelbourg, de Mérischwanden, de Palm, de Wart, de Tégerfelden sont assiégés, pris, rasés ou brûlés.

Maschwanden est ruinée de fond en comble; ses habitans tués ou dispersés. La tour d'Altburen tombe au pouvoir de Léopold d'Autriche, qui fait décapiter ses nobles défenseurs. La forteresse de Farwangen, qui résiste plus long-temps, succombe enfin après une longue lutte; beaucoup de nobles périssent sur la brèche. Soixante d'entre eux sont faits prisonniers, amenés à l'impératrice et envoyés sur-le-champ à l'échafaud. Elisabeth se rend en grande pompe au lieu du supplice, regarde d'un œil tranquille tomber ces 60 têtes, et ordonne qu'on dépose au château d'Hallwyl la hache du bourreau qui les a abattues. « Ce sang m'est plus agréable qu'un bain de rosée, dit-elle. » Le dernier rejeton de la maison d'Eschenbach, enfant au berceau, est apporté à Agnès, reine de Hongrie, fille d'Albert et d'Elisabeth, qui veut l'étouffer de ses propres mains, et ne consent à lui laisser la vie qu'à la condition qu'il quittera un nom qui lui fait horreur. Cet affreux carnage, où la mère et la fille, animées d'une même fureur, luttent de cruauté et de barbarie, ne cesse qu'après la destruction de plus de 1,000 familles nobles de l'Helvétie. Toutes deux rassasiées de vengeance se reposent alors au milieu de ces sanglantes dépouilles, et pour faire taire dans leurs cœurs la voix du remords, elles font vœu d'en consacrer une partie en fondant un couvent à l'endroit même où Albert avait expiré. Chose étonnante! un seul des grands coupables périt en cette occasion. Jean de Souabe, travesti en mendiant, gagne Avignon, confesse son crime à Clément V, qui l'absout au spirituel. Renvoyé pour le temporel à l'empereur Henri, il se rend à Pise et est condamné à une prison perpétuelle, dans un couvent, où il meurt bientôt après à l'âge de 25 ans. Le baron d'Eschenbach se sauve dans le Wurtemberg, où il garde 35 ans les troupeaux, et ne révèle son nom et son secret qu'à l'article de la mort au prêtre qui l'administre ; de Palm s'enfuit à Bâle, s'introduit déguisé dans un couvent de religieuses où son sexe reste ignoré jusqu'à sa mort. On ne sait ce que devinrent Tégerfelden et Fustingen. Le seul de Wart paya son crime de sa vie. Livré pour une somme d'argent par son cousin Thibault, comte de Blamont, surnommé dès lors *le marchand*, la veuve d'Albert fait instruire son procès à Bruck ; il entend avec fermeté l'arrêt qui le condamne à périr sur la roue. Ce fut vainement que sa jeune femme, de la maison de Palm, vint solliciter sa grâce. Ni ses larmes, ni sa beauté, ne touchèrent les juges. De Wart est attaché à la queue d'un cheval, traîné au supplice, rompu vif, exposé sur la roue où il vécut encore trois jours. Chaque soir sa femme vient au pied de l'échafaud et console le malheureux de Wart, comme s'il eût été dans son lit de mort, prie avec lui et adoucit les longs tourmens qu'il endure. En vain il la conjure de s'éloigner au nom des propres douleurs et des angoisses qu'elle éprouve elle-même, cette noble femme ne veut le quitter que lorsqu'elle a fermé ses yeux, après la plus affreuse des agonies. De l'échafaud de son mari, elle se rendit à pied à Bâle, où elle vécut encore quelques années, estimée et admirée de tous, dit une vieille chronique, mais consumée de mélancolie, ayant sans cesse présent à son souvenir le plus déchirant des spectacles. Elle mourut à la fleur de l'âge et en odeur de sainteté.

WINDISCH. — Quand vous avez passé les eaux impétueuses de la Reuss, un peu au-dessus de sa jonction avec l'Aar, retournez-vous, regardez sur une colline charmante, un petit village nommé Windisch, et cherchez-y l'ancienne *Vindonissa*, ville connue des Romains, qui en avaient fait, dit Tacite, un boulevard de leur empire contre les Germains ; ville épiscopale dans les premiers siècles de l'Eglise, et dont Bruck n'était originairement qu'un faubourg. Maintenant, le pampre recouvre les vestiges de son enceinte presque effacée. On moissonne et on vendange sur l'emplacement de ses rues principales ; la mousse et le lierre dérobent aux regards le nom de Vespasien qu'on y lisait naguère dans une inscription placée au centre de Vindonissa. Depuis long-temps l'évêché a été transféré à Constance. Un pasteur de village prie Dieu en allemand dans l'endroit où l'on chanta si long-temps ses louanges en latin. Il ne lui reste qu'un nom dans l'histoire. L'an 71 de l'ère chrétienne, Cécinna, général de Vitellius, battit, dans le voisinage de cette cité, les Helvétiens qui refusèrent d'obéir à l'empereur, courut de là porter le fer et la flamme dans Avanches, et n'éteignit sa colère que dans le sang de Julius Alpinus, dont la malheureuse fille a transmis sa douleur aux siècles suivans par une si touchante épitaphe. Ce fut sous Windisch qu'en 298 Constance Chlore tailla en pièces une armée d'Allemands, et retarda ainsi la marche de ces soldats à travers les provinces de l'empire, voisines du Rhin. Près de cette ville se réunissent trois rivières larges et profondes : l'Aar, la Reuss et la Limmat, qui, plus loin, vont grossir le Rhin du tribut de leurs ondes, et y versent le superflu des lacs de Wallenstadt, de Zürich, de Lucerne, de Zug, de Sempach, d'Hallwyl, de Brientz, de Thun, de Neuchâtel, de Morat et de Bienne. Vu du haut de la colline, ce labyrinthe de fleuves sinueux, dont on a peine à démêler les traces presque confondues dans leurs rapprochemens, n'est pas une des moins grandes beautés de cette intéressante contrée.

LAUFFENBOURG. — Le Rhin, sur le bord duquel cette petite ville est située, se trouve resserré entre des rochers d'une assez grande élévation, qu'il franchit avec fracas, en formant une suite de chutes d'un effet pittoresque. Ici les bateaux seraient brisés infailliblement contre les aiguilles des rocs, si on n'avait la précaution de les retenir par des cordages et de leur faire ainsi descendre lentement ce passage difficile. Dans un des angles formés par les rochers est une pêcherie de saumons. Sur une colline contiguë à la ville s'élèvent les ruines du château de Hapsbourg-Lauffenbourg, qui fut détruit pendant la guerre de 30 ans. L'agriculture, le commerce d'expédition, la navigation et la pêche forment les ressources de cette petite ville. Un pont découvert, jeté sur le fleuve, sert de communication entre la rive argovienne et la rive badoise.

RHINFELDEN est une petite ville du Frickthal où l'on compte 1,500 habitans. La navigation, et la route de Bâle à Zürich, à Aarau et à Schaffhouse, qui traverse ses murs, favorisent son industrie. Elle communique avec la rive droite du Rhin au moyen du pont jeté sur le fleuve, dans l'endroit où ses vagues sont partagées par une petite île, et se brisent en formant un courant dangereux connu sous le nom *Hœllenhaken*. Les ruines du château appelé Stein de Rhinfelden, couronnent l'île qui s'élève du milieu des eaux. La ville a des écoles bien dirigées, un chapitre de chanoines et un hôpital. Rhinfelden eut beaucoup à souffrir pendant les longues guerres de 30 ans. Ses fortifications ont été démolies par les Français en 1744. C'est à Rhinfelden que les armées coalisées passèrent le Rhin en 1813.

HAPSBOURG. — On va visiter les ruines remarquables de ce château, situé sur le Wülpelsberg, à peu de distance de Schinznach. Ce château, berceau de la maison d'Autriche, fut construit, l'an 1020, par Radbot, petit-fils de Gontram, gentilhomme alsacien de la famille des anciens comtes d'Altenbourg. Gontram, après avoir été dépossédé par l'empereur Otton des fiefs qu'il tenait en Allemagne, se retira, en 990, dans sa petite terre d'Eigen, près de Kœnisfelden, tandis que son fils Lancelin vint habiter Altenbourg, près de Windisch, où il mourut au commencement du XI° siècle. Le fils de ce dernier épousa Ida de Lorraine, agrandit ses possessions et prit le nom de comte de Hapsbourg. En 1257, les trois Waldstetten se mirent sous la protection du comte Rodolphe, en s'engageant à lui payer une redevance annuelle. Quelques années plus tard, Rodolphe fut élu empereur d'Allemagne. Telle est l'origine de la maison d'Autriche.

CURIOSITÉS NATURELLES. — MONUMENS.

BAINS DE BADE (*Baden*). — Ces bains, les plus anciens et les plus fréquentés de la Suisse, sont situés sur les deux rives de la Limmat, qui sont jointes par un pont. Ses eaux thermales sont sulfureuses; leur chaleur est à 37 ou 38 degrés de R. Il est probable qu'elles doivent cette chaleur et les particules minérales dont elles sont chargées à la formation de gypse et de marne du Lägerberg. La forme des salles de bains est très singulière et paraît imitée des Romains. Les grands bains, situés sur la rive gauche, sont destinés aux gens de condition. Ici, les murs sont chargés d'écus armoriés. Les petits, qui se trouvent sur l'autre rive, ne servent guère qu'au peuple. Là, on voit une foule de paralytiques, d'estropiés, d'infortunés perclus et souffrans, qui se baignent ensemble dans de vastes réservoirs publics, où chacun passe en revue les maux de la vie, et prend des leçons d'humilité et de commisération! Mais veut-on adoucir ces tristes sentimens, qu'on interroge le pasteur : il vous dira qu'il reçoit annuellement des sommes considérables, soit des cantons de Bâle, de Berne, de Zürich, soit de la bienfaisance des étrangers; et le cœur se dilate en pensant que ces malheureux ne sont pas là sans amis et sans secours.

Baden est fréquenté surtout par une foule de dames zūricoises de tout âge, qui s'y rendent autant par plaisir que par raison de santé. On disait autrefois qu'elles stipulaient dans leur contrat de mariage qu'elles auraient le droit d'aller aux eaux de Baden au moins deux fois par an. Mais aujourd'hui elles n'ont plus besoin de cette clause juridique. Ces eaux, s'il faut en croire quelques médecins, sont efficaces contre la stérilité. Les femmes qui ont le désir de devenir mères doivent s'asseoir dans les bains publics sur un certain trou dit de *Sainte-Verène*, et y rester quelques heures. Jadis ce bain se prenait en plein jour, maintenant on y va le plus souvent de nuit et en secret. Luc de Linda, dans sa description du *Monde*, raconte entre autres choses plaisantes sur la Suisse, que la nature a rendu stériles toutes les femmes de Bade et des environs, et qu'elles vont par milliers à ces bains, que la nature a aussi mis là tout exprès pour que le pays ne vînt pas désert.

On ne quitte point Bade sans avoir visité deux endroits remarquables : le champ de bataille Tettwil et le couvent de Wettingen. A Tettwil, l'an 1341, un millier de Zūricois, surpris par 4,000 Autrichiens dans une embuscade au fond d'un défilé, les battirent, leur enlevèrent six bannières et soixante-cinq casques couronnés.

Les Zūricois trouvèrent parmi les debris et transportèrent dans leur ville une inscription qui a fort occupé les savans. L'église paroissiale, à laquelle est attaché un chapitre de chanoines, est fort ancienne. Le toit du clocher est formé de tuiles de diverses couleurs, selon la coutume du XV° siècle. L'intérieur a été décoré à neuf il y a quelques années. C'est dans l'hôtel-de-ville que les confédérés tenaient autrefois la diète, et que la paix fut signée, en 1714, par le prince

Eugène de Savoie et le maréchal de Villars. Il y a aux portes de Bade deux couvens, l'un de femmes et l'autre de capucins. L'hôpital des bourgeois a été fondé et doté par Agnès, reine de Hongrie. La maison de correction du canton d'Argovie est située dans l'enceinte même de la ville. Les principales ressources des habitans consistent dans les produits de l'agriculture, dans le commerce de transit et dans le séjour des étrangers qui fréquentent les bains. Leur commerce en vins est actif. En été, de nombreux confiseurs et pâtissiers sont occupés pour le service des thermes, et des comédiens ambulans établissent un théâtre non loin des Bains.

BAINS DE SCHINZNACH. — Ces bains, qui, comme ceux de Baden, attirent chaque année un grand nombre de Suisses et d'étrangers, sont situés au pied du Wulpelsberg, sur la rive droite de l'Aar, dans une contrée fertile, sur la route de Bruck à Aarau et à Lentzbourg. La chaleur des eaux thermales est de 25 degrés R. Elles sont limpides, se troublent à l'air et exhalent une forte odeur de soufre. Éminemment détersives et toniques, elles sont surtout efficaces contre les maladies de la peau et les plaies invétérées. Il serait difficile de trouver, en Suisse, des bains mieux tenus, de plus beaux appartemens. Des allées ombragées, un petit bois touffu offrent d'agréables promenades. Konigsfelden, Windisch, Baden, Wildeck, Lentzbourg, Aarau, le château de Hapsbourg et la montagne de Gislifluc, sont autant de buts d'excursions intéressantes. M. Henri Meyer de Bruck a légué, en 1821, pour les pauvres qui font usage de ces bains, la somme de 6,000 livres de [Suisse. C'est à Schinznach qu'en 1760 fut instituée la société helvétique, qui, dans la suite, se transporta à Olten, et dont le but principal était de rapprocher les hommes les plus distingués de la Suisse, et de les mettre en rapport pour le bien commun de la patrie.

LE LAC D'HALLWYL peut avoir deux lieues de longueur sur une demi-lieue de largeur. Peu de paysages sont comparables à celui qui s'étend tout autour de ce lac pour les grâces et la variété. Ses bords sont très peuplés; la plupart des villages qui l'entourent sont situés à mi-colline, masqués par un rideau de vergers et de bosquets qui s'abaissent vers les eaux. Une foule d'oiseaux aquatiques habitent ses bords, tels que le râle, le pluvier, la bécassine, le vanneau et diverses espèces de canards sauvages.

Rien de plus agréable qu'une promenade sur le lac d'Hallwyl; le bateau fuit sur une onde limpide, suit les détours gracieux des anses et des caps, tantôt côtoyans des massifs d'arbres et de saules, tantôt glissant sur les larges feuilles du nénuphar, entre les touffes fleuries du trèfle de marais. Le vieux château d'Hallwyl, au lieu d'être placé comme tous les châteaux de la Suisse, sur une colline ou sur un rocher, est situé dans une espèce d'île que forme l'Aabach en sortant du lac; situation qui le rendait jadis assez fort en l'environnant d'un fossé dont les eaux baignaient le pied de ses tours. On prétend que, pour intéresser le ciel à sa conservation, ses premiers fondateurs avaient renfermé dans son enceinte un couvent de l'ordre de Saint-Benoît. Il fut le berceau de l'une des plus illustres familles de l'Helvétie. A la bataille de Morat, Jean d'Hallwyl commandait l'avant-garde, composée des bannières de Thun et de l'Entlibouch; et, par sa valeur autant que par son intelligence, contribua à la défaite des Bourguignons auxquels il enleva leur artillerie. Stettler, dans sa chronique, nous a conservé la harangue que ce franc et loyal chevalier adressa aux soldats qu'il conduisait au combat. Au moment où il s'apprêtait à les haranguer, le soleil parut à travers des nuages brumeux qui obscurcissaient l'horizon. « Braves confédérés! dit-il, le ciel est pour nous : Dieu nous exauce; marchons droit à l'ennemi. Hommes mariés! pensez à vos femmes, à vos enfans; et vous qui avez des fiancées, si vous les aimez en tout bien tout honneur, ne les abandonnez pas aux brutalités de ceux que vous voyez devant vous. »

Les tombeaux des membres illustres de cette antique famille sont dans l'église de Sengen.

HISTOIRE NATURELLE.

GÉOLOGIE. — MÉTALLURGIE. — MINÉRALOGIE. — La partie septentrionale de ce canton est située entre les montagnes calcaires du Jura; tout le reste du pays est dans la formation de grès. Sur la hauteur du Staffeleck, on trouve, entre Küttigen et Danspüren, un banc d'albâtre de trois pieds d'épaisseur. Cet albâtre est d'un blanc de neige pur, à moitié transparent, et n'a que peu de veines. A Biberstein, situé à une demi-lieue d'Aarau, on trouve beaucoup de pétrifications. On y voit quelquefois des cornes d'Ammon d'un pied et demi de diamètre. On rencontre, en général, une grande variété de pétrifications au pied du Jura, depuis Biberstein jusqu'au Botzberg, près de Bruck.

La ville de Baden est située précisément dans l'endroit où le Lägerberg présente l'aspect d'un déchirement opéré par la violence des eaux. La direction de cette montagne est de l'ouest à l'est, et la Limmat traverse ses rochers calcaires en coulant du sud au nord. Le géologue qui examine attentivement le Lägerberg et la montagne sur laquelle le Schlossberg était jadis élevé, acquiert la preuve certaine que ces deux montagnes n'en formaient autrefois qu'une, dont les couches épaisses,

Château de Hapsbourg.

Ville et Château de Baden.

composées d'une pierre calcaire des plus solides, opposaient sans cesse une digue impénétrable aux efforts des eaux du midi. Le Lägerberg formait entièrement la vallée de la Limmat, et un lac immense couvrait alors toutes les contrées situées depuis cette montagne jusqu'à Schwanden, dans le canton de Glaris et même dans les Grisons. La débâcle des eaux venues du sud déchira cette digue, et entraîna dans son cours furieux une énorme quantité de débris qui servirent à recouvrir les abîmes qu'elles avaient creusés et à préparer le sol des vallées fertiles qui les ont remplacées dans la suite. Il est probable qu'autrefois le Rhin passait, près de Bade, au travers de l'ouverture des rochers déchirés par les courans, et qu'il existait une énorme cataracte avant que les eaux eussent formé de si profondes excavations entre le Lägerberg et la colline qu'elles en ont séparée.

Le canton d'Argovie possède plusieurs sources sulfureuses et minérales. Les principales sont celles de Baden et de Schinznach. (Voir *Curiosités naturelles*).

Les bains de Leerau, dans le cercle de Kulm, sont recherchés, dans la belle saison, par les habitans de la contrée. Ceux de Schwartzenberg, près de Gontenschwyl, dans le même cercle, et ceux de Niederwyl, ne sont pas moins estimés.

On trouve, dans le Frickthal, des sources d'eau salée, des carrières de grès et de houille. Il y a aussi une mine de houille à Gundischwyl.

CULTES.

La religion catholique et le culte réformé sont également professés dans le canton. 72,000 habitans environs sont catholiques romains, et 77,800 protestans. L'église réformée se compose de 52 paroisses et de deux décanats. Elle est sous l'inspection d'un conseil ecclésiastique, présidé par un conseiller d'état et composé de dix membres dont cinq sont laïques. L'église catholique compte 71 cures et relève de l'évêque de Bâle. On trouve dans l'Argovie trois villes collégiales : Zurzach, Baden et Rhinfelden. La plus ancienne est celle de Zurzach, qui fut fondée en 881 par l'empereur Charles-le-Gros. Parmi les couvens du canton, on remarque celui de Muri, de l'ordre de saint Benoît, fondé en 1025, qui possède une riche bibliothèque et un cabinet curieux de médailles romaines; celui de Fahr, aussi de l'ordre de saint Benoît, fondé en 1130; celui de Vettingen, fondé en 1227, et ceux de femmes d'Hermetschwyl et de Gnadenthal; le premier fondé dans le IIe siècle, et le second en 1344. Il y a aussi deux couvens à Baden, l'un d'hommes et l'autre de femmes, et un couvent de capucins à Bremgarten.

Les juifs ont le libre exercice de leur religion dans les communes d'Endingen et de Lengnau, du district de Zurzach.

BIOGRAPHIE.

ZSCHOKKE (Jean-Henri-Daniel), l'un des hommes qui aujourd'hui jette le plus d'éclat en Suisse, où il habite Aarau, est né le 22 mars 1771. Un de ses maîtres, nommé Copsius, apprécia les qualités brillantes de son élève, et les cultiva avec autant de zèle que de succès. A quinze ans, il lisait tour à tour Swedenborg, Spinosa, Albert-le-Grand, Plutarque, Platon, Ossian, et parcourait à tort et à travers les domaines des sciences les plus obscures. Il fit ses études académiques à Francfort-sur-l'Oder, où il suivit les cours de la faculté de théologie. Ses études terminées, il ouvrit lui-même des cours particuliers sur l'histoire ecclésiastique, la philosophie morale, le droit naturel, etc. Ces cours étaient très goûtés; mais ayant blessé la vanité du ministre de l'instruction publique, Zschokke fut obligé d'abandonner la carrière universitaire.

Il débuta au théâtre par *Abellino, le grand Bandit*. Cette tragédie fit presque autant de sensation en Allemagne que *les Brigands* de Schiller dont elle est une imitation. *Abellino* fut accueilli avec transport, et bientôt tous les directeurs de spectacles s'empressèrent de la mettre en scène.

Zschokke décria la pièce avec un incroyable acharnement; mais il ne put rien contre l'engouement du public. L'auteur a coutume d'appeler cet ouvrage son péché de jeunesse. Il en publia plus tard une seconde édition, où, dans la préface, il avoue qu'il n'a pu se décider à voir jouer cette pièce plus de trois fois dans toute sa vie.

Il écrivit à la même époque plusieurs autres pièces de théâtre : *Monaldeschi*, *l'Homme au masque de Fer* et *Jules de Sassen*. On lui doit une traduction estimée des comédies de Molière en vers allemands.

Zschokke, mécontent du peu de bienveillance qu'on lui avait témoigné à Francfort, résolut de s'expatrier. Imbu de principes républicains, il se trouvait déplacé dans cette Allemagne toute monarchique et toute féodale. Il vint se fixer dans le pays des Grisons. Le bourguemestre de Coire lui confia la direction de l'établissement de Reichenau où le duc d'Orléans, aujourd'hui roi des Français, donnait des leçons, et y était connu sous le nom de Gabos. Il n'entre pas dans notre plan de donner ici la vie tout entière de cet illustre écrivain; disons seulement que Zschokke a pris part à tous les événemens importans qui se sont passés en Suisse. En 1804, il fut nommé membre de l'administration des mines et des eaux-et-forêts du canton d'Argovie, dont il eut plus tard la direction. A cette époque, une petite commune, Uckaen, lui donna le droit de citoyen, qui lui fut aussi conféré peu après par la ville d'Aarau.

De tous ses ouvrages, celui auquel Zchokke attache le plus de prix, et qu'il regarde comme l'acte le plus méritoire de sa vie, est une feuille populaire dont voici le titre : *Le Sincère et bien expérimenté Messager Suisse, qui raconte à sa manière tout simplement ce qui s'est passé dans la chère patrie suisse, et en outre ce que les gens sensés et les fous font par le monde.* Ce journal, écrit d'un style simple et franc, empreint tour à tour d'une bonhomie moqueuse et d'une force de raisonnement qui s'allient partout avec la plus familière et la plus transparente clarté des idées, eut un prodigieux succès. Comme historien, cet écrivain a établi sa réputation par deux ouvrage importans : l'*Histoire de la Bavière* et l'*Histoire populaire de la Suisse.* Ce dernier, écrit dans le même sens que le *Messager suisse*, est un Manuel destiné à mettre le peuple au fait des événemens les plus importans de l'histoire de la confédération. Ce livre utile est répandu dans tout le pays : on le trouve sur les bureaux des hommes d'état, dans l'atelier des artisans, dans les écoles, et même dans la chaumière du berger des Alpes.

C'est à Bremgarten que naquit le fameux Henri Bullenger, qui joua un si grand rôle au temps de la réformation, et qui succéda à Zwingle dans la charge de premier pasteur de Zürich. On trouve dans la vie de ce réformateur, écrite par son gendre Josias Simler, que Henri Bullenger passa trois ans à l'université, n'ayant reçu de son père pour y aller que les vêtemens qu'il portait, et un léger viatique. Il fut forcé de gagner son pain en chantant et mendiant de porte en porte, non pas, dit l'historien, que son père n'eût de quoi l'entretenir, mais parce qu'il voulait que son fils, connaissant à ses dépens quelle est la misère des pauvres, apprît à les soulager et à être lui-même frugal et économe.

INSTRUCTION PUBLIQUE.

Un conseil de sept membres, présidé par un conseiller d'état, surveille les écoles du canton. Chaque district possède une école secondaire, et il y a une école supérieure pour tout le pays. Dès l'année 1803, il existait à Aarau un institut particulier estimé, où huit professeurs enseignaient les langues française, allemande, italienne, latine et grecque, les mathématiques, la physique, l'histoire naturelle, l'histoire, la géographie, les notions générales du commerce et le dessin. Le gouvernement a élevé, en 1813, cet institut au rang d'*école supérieure du canton.* Il a aussi converti en institut pour les jeunes filles, le couvent de femmes d'Olsberg, fondé en 1083, dans le district de Rhinfelden. On enseigne dans cet établissement les langues française et allemande, la géographie, l'histoire, le dessin, la musique et les principaux ouvrages de femmes. Il existe encore sept colléges ou écoles secondaires : à Lauffenbourg, Zurzach, Bruck, Bade, Bremgarten, Lenzbourg et Zoffingen. Dans la plupart des districts, on a fondé des *écoles des pauvres*, destinées à l'éducation des enfans, qui, sans elles, seraient livrés à l'oisiveté et au vagabondage.

AGRICULTURE.

L'Argovie est renommée pour la fertilité de son sol et l'excellence de ses prairies. Les habitans semblent avoir porté au plus haut degré de perfection l'irrigation des champs. L'aisance des Argoviens est due en partie à leur industrie active. Le nombre de leurs fabriques est considérable. Les principaux objets d'exportation sont le blé, les fruits, des étoffes de coton, du fil, des rubans, des mouchoirs de soie, des chapeaux de paille, des cuirs et de la coutellerie. Les objets importés sont des étoffes non préparées, qui sont ensuite travaillées dans le pays, quelques articles de luxe, de la draperie, des ustensiles en métaux divers, des épiceries, du papier et du sel. Lauffenbourg et Bruck font un assez grand commerce de transit.

POPULATION.

La population d'Argovie était, en 1818, de 149,000 habitans. Suivant le tableau officiel dressé par la *Société patriotique* du canton, ce nombre était ainsi réparti entre les 11 districts : Aarau, 13,000; Baden, 12,000; Bremgarten, 15,000; Brugg, 15,000; Kulm, 16,000; Lauffenbourg, 12,000; Lenzbourg, 13,000; Muri, 16,000; Rhinfelden, 8,000; Zofingen, 18,000; et Zurzach, 11,000.

BIBLIOGRAPHIE.

Lettre de Pogge, de Florence, à son ami Léonard d'Arezzo, sur les bains de Baden, en Argovie, écrite en 1416 (en latin).
Promenade dans une partie de l'Argovie en 1794.
Essai statistique sur le Frickthal.
Almanach helvétique (année 1819).
Carte du canton d'Argovie, par Scheuermann; 1 vol. Aarau.

ON SOUSCRIT CHEZ :

HIPPOLYTE SOUVERAIN, édit. 3, rue des Beaux-Arts.

Paris. — Imprimerie de BAUDOUIN, rue Mignon, n° 2.

Documents manquants (pages, cahiers...)
NF Z 43-120-13

CANTON DU TESSIN.

TOPOGRAPHIE.

SITUATION.—ÉTENDUE.—Le canton du Tessin a été formé des conquêtes successives que les Suisses firent sur les souverains du Milanais dans le XVe siècle. Il est en grande partie entouré par la Lombardie, et est aussi borné par les cantons du Valais, d'Uri et des Grisons. Sa plus grande longueur est de 20 lieues, et sa plus grande largeur de 15 ; sa surface est de 146 lieues carrées et 435 millièmes. Il renferme 25 à 30 vallées plus ou moins considérables, et offre en partie un des climats les plus chauds et un des plus froids du pays : ce qui tient à sa position méridionale et aux montagnes très-élevées qui le séparent, au nord, du reste de la Suisse.

SOL. — MONTAGNES. — Le sol du Tessin est très-fertile ; il produit par année deux récoltes de maïs. La plupart des montagnes sont couvertes de châtaigniers. La vigne, les mûriers, les figuiers, les amandiers, les grenadiers, les câpriers, les jasmins, les myrtes, les romarins, croissent en pleine terre dans les vallées et dans les plaines ; les orangers et les citronniers réussissent aussi dans les jardins, où on les cultive en espaliers. La plupart des montagnes du canton sont de nature primitive ; ces montagnes sont très-élevées sur les frontières des cantons du Valais, d'Uri et des Grisons ; elles portent même, sur quelques-unes de leurs sommités, des glaciers et des neiges éternelles, mais elles s'abaissent à mesure qu'elles se rapprochent du midi, et finissent, dans les districts de Lugano et de Mendrisio, par se convertir en collines, et même par se confondre avec les plaines de la Lombardie.

RIVIÈRES. — LACS. — Le Tessin, qui donne son nom au canton, en est la rivière principale ; il prend sa source sur le Saint-Gothard. Il a un cours de 16 lieues dans le canton, et se jette, à Magadino, dans le lac Majeur. La plus grande rivière après le Tessin est la Maggia, qui parcourt la vallée de ce nom, et qui, à Locarno, se jette aussi dans le lac Majeur. Le Brano ou Blegno, l'un des bras qui forment le Tessin, cause de fréquens désastres dans les terres qui l'avoisinent. En 1512, un tremblement de terre renversa deux montagnes entre lesquelles il passait : ce qui ferma sa route ordinaire et arrêta son cours ; alors il forma un lac qui s'accrut pendant deux ans. En 1514, ce lac rompit tout à coup la digue naturelle que lui opposaient les débris des montagnes écroulées ; il occasionna un tel débordement, que plusieurs villages furent détruits, et que 600 personnes périrent entraînées par les eaux. Le Tessin, grossi par cette épouvantable débâcle, emporta le pont ainsi qu'une partie des remparts de Bellinzone, et couvrit de sable un grand nombre de campagnes fertiles qui s'étendaient à droite et à gauche jusqu'au lac Majeur. Les autres rivières du canton sont : la Verzasca, l'Agno, la Tresa et la Muesa ou Moesa. Comme le Tessin, ces rivières occasionnent quelquefois de grands désastres au moment de la fonte des neiges ou après des pluies considérables : on attribue ces accidens à la conformation des montagnes du canton, qui sont plus escarpées et plus pressées les unes contre les autres que sur le revers opposé des Alpes.

Le lac Majeur appartient en partie au canton, qui renferme aussi le lac de Lugano.

HISTOIRE.

Le Tessin n'a point d'histoire nationale. Les habitans des divers districts qui composent ce pays étaient autrefois sujets des cantons helvétiques ; ce n'est qu'en 1798 que les Tessinois organisèrent des gouvernemens provisoires. Depuis 1802, ces états réunis forment le *canton du Tessin*. Les anciens confédérés attachaient un grand prix à la possession des bailliages italiens ; de leur côté, les habitans de ces contrées supportaient aisément un joug auquel ils étaient accoutumés depuis des siècles. Ils éprouvent néanmoins aujourd'hui un noble sentiment d'orgueil lorsqu'ils entendent mêler leurs noms à ceux des autres enfans de Tell.

Le canton est divisé en 8 districts et en 38 cercles : les districts sont ceux de Mendrisio, de Lugano, de Locarno, du Val-Maggia, de Bellinzone, de Riviera, de Blegno et de la Lévantine. Le grand-conseil et le conseil d'état résident alternativement dans les villes de Bellinzone, de Lugano et de Locarno.

MOEURS. — CARACTÈRES.

Beaucoup de voyageurs et d'écrivains ont peint sous de sombres couleurs les mœurs des Tessinois. La révolution, le passage d'armées étrangères et de nombreux voyageurs en ont altéré sans doute la primitive pureté; toutefois les Tessinois ne méritent pas tout le blâme qu'il a plu à quelques écrivains de déverser sur leur pays. Les visites nocturnes, ce fléau pour les mœurs de quelques cantons de la Suisse, ont cessé dans un grand nombre de districts. La révolution a amené des améliorations; elle a répandu le goût de l'étude. Autrefois peu de paysans savaient lire; aujourd'hui il est rare qu'un enfant n'aille point à l'école. Malheureusement, ce que l'éducation n'a pu affaiblir, c'est l'ivrognerie et la sensualité. Le temps n'est plus où le bourgeois de Locarno ou de Bellinzone soupait avec quelques conserves; il boit aujourd'hui à tous ses repas, et il boit, dit l'auteur de l'*Almanach helvétique*, comme *deux Suisses*. On pourrait ajouter qu'il mange aussi pour deux. La science médicale explique cet appétit, que partagent les deux sexes, par l'air vif du pays. Un bon repas ne peut guère se passer dans le canton sans un plat de riz. Le soir chaque Tessinois va ordinairement au cabaret, où il joue aux cartes ou à un jeu nommé *la mora*.

Quand un père de famille meurt, son héritage est partagé en deux portions : l'une appartient à ses fils, l'autre à ceux-ci et à leurs sœurs. Ainsi, en cas de deux sœurs et de deux frères, chacune des sœurs n'a que la huitième partie de l'héritage.

Quoique participant un peu des mœurs de l'Italie, le Tessinois ne se montre pas aussi jaloux que ses voisins de la Lombardie. En revanche il est beaucoup plus processif : c'est un défaut qu'il est difficile d'expliquer, et qui frappe en général l'étranger qui vient habiter le canton.

Les meurtres y sont plus fréquens que dans aucune autre partie de la Suisse; beaucoup moins pourtant aujourd'hui qu'autrefois, parce que le gouvernement met un grand soin à rechercher et à punir le meurtrier. Ne nous étonnons pas du reste de cette fréquence d'homicides, elle s'explique et par l'impétuosité du sang du Tessinois et par cette habitude qu'il a de s'expatrier. Il revient de l'étranger dans son pays avec toutes ces habitudes de corruption qu'il a puisées dans les grandes villes, ces mauvaises mœurs, ces penchans dangereux qui se sont développés dans de mauvaises sociétés. Rarement ce penchant au meurtre se montre chez l'habitant attaché au sol qui l'a vu naître.

Sous le point de vue de l'élégance et de la commodité, l'habitation du montagnard tessinois est de beaucoup supérieure à la demeure de l'homme de la plaine. Celle du premier, construite en bois à la manière suisse-allemande, ne manque ni d'agrémens extérieurs ni de propreté intérieure. Les maisons de la plaine, c'est-à-dire celles du plus grand nombre, sont construites, il est vrai, en pierre, mais sans goût, ni grâce, ni symétrie.

Parmi ces maisons de pierre qui forment l'habitation des bourgeois, il en est peu qui soient recrépies de chaux. On y trouve le poêle accoutumé des Suisses; mais on y chercherait en vain ces chambres élégantes des cantons de Berne ou de Zürich, ces jolies fenêtres ornées de rideaux, ces ottomanes si commodes aux voyageurs : vous ne trouverez point non plus, comme dans la plupart des autres cantons, ces fontaines si utiles qui servent à la fois aux besoins des habitans, qui entretiennent la fraîcheur dans l'air et la propreté dans le village; excepté peut-être la vallée de la Lévantine, c'est presque toujours à un ruisseau tombant de quelque montagne voisine que vont s'approvisionner tous les habitans.

COSTUMES.

Le peuple du Tessin, en général, n'a pas de costume particulier. Les bourgeois et les bourgeoises des villes suivent les modes françaises, qui leur viennent de Milan, c'est-à-dire lorsqu'elles sont déjà oubliées à Paris. Il n'est pas rare de rencontrer des femmes d'artisans vêtues de soie et de dentelles, et portant, lorsqu'elles sont à l'église, des voiles qui descendent fort bas. Les femmes du Val-Marobio, dans le district de Bellinzone, ont un costume qui approche de celui des capucins.

IDIOMES.

On parle dans le Tessin la langue italienne-lombarde, moins pure, mais plus énergique et plus pittoresque que celle qui est en usage aux environs de Milan. Quelques districts du Mayenthal parlent l'allemand du canton d'Uri. Dans aucun on n'entend la langue française, si ce n'est pourtant dans quelques parties du Tessin, surtout dans celles qui ont été occupées par nos armées ou qui sont traversées par les voyageurs.

VILLES. — VILLAGES.

Faido, chef-lieu de la vallée Lévantine, est situé dans sa partie méridionale et entouré de noyers et de vignes. Non loin du village est une belle cascade. La contrée reçoit ici un nouveau charme de superbes châtaigniers, dont les bouquets revêtent les pentes des collines d'une verdure ondoyante. Les sapins disparaissent, et les cimes des monts ne sont plus blanchies par les

frimas. Sur quelques plateaux voisins on aperçoit de jolis villages, parmi lesquels se distingue celui de Calonico. Le Tessin descend entre des massifs de rocs couverts de buissons, monumens de la chute des montagnes des environs. Retardées par ces nombreux obstacles, les eaux se précipitent dans un abîme qu'on traverse sur un léger pont de pierre. C'est là surtout que la nature déploie ses plus belles horreurs. Les cataractes qui vous entourent de tous côtés couvrent incessamment le voyageur de leur humide vapeur pendant le trajet qu'il est obligé de faire le long de la corniche pratiquée dans les rochers et qui le conduit à Giornico. Ce passage est connu sous le nom d'*Irnickserstalden*; c'est le dernier site sauvage que l'on rencontre sur le chemin de Locarno.

Giornico (*Irnis*) est un bourg avantageusement situé sur le Tessin. Dans les environs sont de belles cascades, de riches forêts de châtaigniers, et des restes de tours et de fortifications destinées à fermer ce défilé dans le Xe siècle. C'est entre Giornico et Poleggio, placé à une lieue plus bas, que s'étend la plaine coupée par le Tessin où fut livré, en 1478, ce *combat sur la glace* à la suite duquel les Milanais abandonnèrent leurs prétentions sur la contrée.

La régence de Milan avait voulu reconquérir cette partie de la vallée Lévantine. Elle avait armé quinze mille hommes qui pénétrèrent dans le pays, sous le commandement du comte Marsiglio Torelli, qui passait alors pour l'un des meilleurs généraux d'Italie. Les Suisses ne s'attendaient point à cette attaque subite; un petit corps de cinq à six cents hommes seulement gardait Giornico. Les Milanais crurent donc le moment favorable pour s'emparer de ce village dans lequel Troguer, le capitaine-général d'Uri, s'était retranché. Torelli détacha de son armée une colonne de deux mille hommes afin de prendre les confédérés en flanc par la vallée de Verzasca. Troguer tint aussitôt un conseil de guerre auquel il appela tous les officiers de sa petite troupe. L'un d'eux, dont la prudence et le courage étaient connus, proposa de se replier vers un point plus élevé de la vallée, et là de se préparer au combat; mais Stanga, banneret d'Uri, et qui à la bravoure helvétique joignait l'astuce italienne, ouvrit l'avis de faire cette nuit même refluer le Tessin sur les prairies de ses deux rives, afin d'inonder la chaussée et la plaine entre Poleggio et Giornico, et de s'entourer ainsi d'un rempart de glace. L'avis fut discuté et adopté. Tous les soldats reçurent l'ordre de garnir leur chaussure de crampons ou de clous aigus; on construisit à la hâte un certain nombre de traîneaux légers, propres à franchir des pentes rapides et à porter quelques hommes armés de longues perches ferrées.

Dès le commencement de la nuit du 27 au 28 décembre, les soldats et les paysans arrêtèrent le lit du Tessin, qui versa ses eaux sur les terres voisines, et bientôt le froid, qui était très-vif, les convertit en une plaine glacée. Le lendemain Torelli se met en marche sur cette surface polie et glissante, la cavalerie sur les flancs, l'infanterie, l'artillerie et les bagages au centre, et s'avance sur Giornico. Au moment où son avant-garde atteint le pied de la rampe qui conduit à ce bourg, Theilig, capitaine lucernois, fond sur elle avec la moitié des Suisses, la chasse jusqu'à Bodio et la rejette sur le gros de l'armée; là, l'autre moitié des confédérés rejoint la colonne de Theilig et commence un combat qui finit bientôt par la déroute complète des Milanais. Les Suisses, que l'habitude de marcher sur la glace rendait agiles, et que leurs crampons empêchaient de glisser, enfoncent la cavalerie dont les chevaux ne peuvent se soutenir, et tombent au moindre choc. Les cavaliers démontés sont réduits à se servir de leurs piques pour affermir leurs pas chancelans, bien loin de songer à se défendre; les soldats se culbutent les uns sur les autres, et le désordre le plus complet se met dans cette masse désorganisée, embarrassée par les chevaux et par les hommes renversés et incapables de se relever. Les Milanais qui veulent tenir ferme n'opposent qu'une faible résistance aux robustes montagnards qui fondent sur eux avec leurs lourdes épées et leurs pesantes masses d'armes. Un nouvel incident augmente la confusion, qui s'étend de rangs en rangs : plusieurs traîneaux, chargés de huit à dix hommes et hérissés de piques, glissent rapidement sur les pentes des collines latérales; aussi meurtriers que les chariots armés de faux des Anciens, ils entr'ouvrent la ligne des Italiens, qui n'ont rien à leur opposer. Ceux qui montent ces terribles traîneaux profitant de la brèche qu'ils ont faite dans les rangs, l'agrandissent à coups de massue et de hallebarde. Cette mêlée offrit le plus singulier comme le plus affreux spectacle; heureusement elle fut courte. Au bout de deux heures de combat, l'armée italienne prit la fuite, laissant quatorze cents morts sur le champ de bataille; sans compter ceux qui se noyèrent dans le Tessin et dans le Blegno, près du pont de Brasca, jusqu'où les confédérés les poursuivirent. Contre leur coutume de ne point faire de prisonniers, les Suisses firent quartier à douze cents Italiens ou Lombards (*Lamparten*), comme ils les appelaient.

Ceux qui échappèrent allèrent cacher leur honte derrière les remparts de Bellinzone ; Torelli lui-même eut beaucoup de peine à se sauver. Les vainqueurs perdirent peu de monde, mais ils eurent à regretter le brave Stanga, qui, mortellement blessé, expira dans cette journée et paya de sa vie le courageux avis qui procura la victoire aux Suisses.

Le butin fut considérable; les vainqueurs se partagèrent entre autres trois cents arquebuses. Une dizaine de pièces de gros canons restèrent à Giornico. Pour éterniser la mémoire de ce fait d'armes, on bâtit une petite chapelle non loin du champ de bataille, et Viol, barde lucernois, célébra cette victoire par des chants long-temps répétés dans les vallées du Saint-Gothard.

BELLINZONE est une jolie petite ville située à 126 pieds au-dessus du lac Majeur et à 696 pieds au-dessus de la mer; elle est bâtie sur le Tessin et commande un passage important. La vallée de Riviera, qui, conjointement avec le Val-Lévantine dont elle forme le prolongement, a 12 lieues de longueur, s'y rétrécit à tel point qu'il n'y reste de place que pour la grande route et la rivière. La ville est assise des deux côtés du Tessin sur la pente de la montagne. A l'est, on a construit deux châteaux-forts l'un au-dessus de l'autre, et il y en a un troisième du côté de l'ouest. Des murs descendent depuis ces trois châteaux jusqu'aux bords de la rivière, de sorte que les trois portes de la ville ferment toute la vallée. Bellinzone est donc la clef de la Suisse de ce côté, et le grand dépôt de toutes les marchandises qui vont en Italie, ou qui viennent par le Saint-Gothard et par le Bernardin.

Les montagnes des environs de Bellinzone sont entièrement composées de gneiss; mais il est difficile d'en observer la stratification, attendu qu'elles sont couvertes d'épaisses forêts. L'un des châteaux de Bellinzone est bâti sur un rocher dont les couches sont verticales. Il y a des carrières à Daro et à Pedevilla.

L'histoire de Bellinzone offre un fait d'armes qui mérite d'être cité : L'armée de Philippe Visconti, duc de Milan, forte de 24 mille hommes et commandée par Carmagnola et de Pergola, se tenait renfermée dans Bellinzone; de sorte que les confédérés étaient bien éloignés de la croire aussi considérable. Le 30 juin 1422, les quatre bannières d'Uri, de Lucerne, de Zug et d'Unterwald se trouvaient à Arbedo, formant un corps de 5,000 hommes armés. Les soldats, à demi nus à cause de la grande chaleur, ne se tenaient nullement sur leurs gardes; ils avaient détaché six cents hommes pour aller chercher des vivres dans la vallée de Misox. Dans la matinée, les contingens de Schwytz et de Glaris étaient partis de Poleggio pour se joindre au camp en avant de Bellinzone; mais ils ne purent effectuer cette jonction, l'ennemi ayant détruit le pont de la Moesa. Les Zuricois et les Appenzellois ne passèrent le Saint-Gothard que le matin de ce même jour. Carmagnola, informé de toutes ces circonstances, sortit de Bellinzone à la tête de son armée et fondit sur le corps des Suisses. Sa cavalerie fut repoussée, et les Lucernois s'emparèrent de la bannière de Milan. Alors l'infanterie ennemie s'avança en masse contre cette poignée de héros, qui cherchèrent vainement à gagner les hauteurs, toutes occupées par l'ennemi. C'en était fait des confédérés, lorsque les six cents Suisses qui avaient été envoyés à Misox tombèrent sur l'armée milanaise. Les soldats de Glaris et de Schwytz, ayant jeté un pont sur la Moesa, traversèrent au même moment la rivière : ce qui força Carmagnola à rentrer dans Bellinzone.

La bataille dura depuis neuf heures du matin jusqu'à cinq heures du soir. Les Suisses perdirent Hans-Rot, landammann d'Uri; Henri Bündtmer, banneret du même canton, et Pierre Collin, landammann de Zug. Le fils de ce dernier saisit la bannière teinte du sang de son père, se jeta au milieu des ennemis et périt bientôt lui-même; mais Jean Landwing arracha le drapeau des mains du héros et le fit flotter de nouveau à la tête des soldats d'Uri. La ville de Lucerne, à elle seule, eut à regretter quarante sénateurs; la perte totale des confédérés se monta à trois cent quatre-vingt-seize. Celle de l'ennemi fut de douze cents hommes. Les soldats de Schwytz, furieux d'être arrivés trop tard la veille et ne respirant que la vengeance, passèrent le lendemain sous les murs de Bellinzone, comme pour défier les Milanais, et poussèrent l'audace au point de s'avancer jusqu'à Domo-d'Ossola, sans que Carmagnola tentât de sortir de la ville pour se mettre à leur poursuite.

LOCARNO est le chef-lieu d'un des districts du canton du Tessin. La ville est abritée du côté du Nord et exposée au vent S.-E. : aussi jouit-elle du climat le plus doux. Bâtie au bord du lac Majeur, sa situation est délicieuse.

MENDRISIO. De toutes les villes de la Suisse, c'est celle qui est située le plus avant vers le sud. Depuis 1801 elle a été incorporée au canton du Tessin. Placée à l'extrémité des derniers gradins des Alpes méridionales, elle est à une lieue de lac de Lugano, à trois lieues de celui de Côme et à quatre environ du lac Majeur. Ses habitans se livrent à la culture des vers à soie. Le territoire de Mendrisio ne renferme qu'une seule vallée alpine, celle de *Maggia*, l'une des plus belles qu'il y ait dans toute la Suisse. Elle offre un caractère tout particulier; et les revers des montagnes opposées se rapprochent tellement par leurs bases, que les eaux paisibles de la *Breggia* trouvent à peine l'espace nécessaire pour s'échapper. Là les précipices sont semés de fleurs, et les pentes les plus escarpées sont revêtues, du pied jusqu'à la cime, de treilles, de châtaigniers, de noyers énormes, et de brillantes prairies. Les groupes de maisons qui forment les six villages de cette vallée pittoresque ressemblent à des habitations aériennes. Les ruisseaux roulent doucement leurs ondes argentées; aucun d'eux n'est dangereux. Nulle part on ne jouit plus délicieusement des contrastes du soleil et de l'ombre, de la douce chaleur et de la fraîcheur la plus agréable. Le *Val-Maggia* débouche près de *Balerna*; c'est là que sont situés les villages de *Morbio-Sotto* et *Sopra*, au-delà desquels la vallée s'étend à six lieues au nord du côté du mont *Generoso*, qui s'élève entre les lacs de Côme et de Lugano, et va se confondre avec les montagnes du *Val d'Intelvi*. L'aspect du village de *Buzello*, bâti sur de petites terrasses semblables aux marches d'un grand escalier, est d'un effet qu'on chercherait en vain à décrire, surtout quand on le regarde de bas en haut. De Buzello jusqu'à *Monte*, le chemin est tellement en zig-zag, qu'au bout d'une heure de marche on a fait à peine un quart de lieue de chemin; au-dessus de Monte, la vue est magnifique et d'une immense étendue.

Lugano. Avant le XIIIe siècle, Lugano fut soumis à la république de Côme, à cette époque rivale de Milan. C'est alors que les Luganois eurent à soutenir une lutte violente contre les Milanais, qui cherchaient à s'emparer de leurs châteaux-forts et de leurs retranchemens, et qui leur tuèrent leur chef, Aldéran Quadrio, guerrier issu d'une ancienne famille. L'an 1160, les Milanais s'emparèrent de vingt châteaux situés dans le pays de Lugano. En 1513, Maximilien Sforze céda cette ville et son vaste territoire à la confédération helvétique, en reconnaissance des services qu'il en avait reçus; dès-lors elle a servi de résidence aux baillis qu'y envoyaient alternativement les douze premiers cantons. Par la constitution de 1798, Lugano était chef-lieu de canton; mais en vertu de l'acte de médiation, elle fait, depuis 1802, partie de celui du Tessin. En 1808 son district comptait 29,141 habitans.

La situation de Lugano est extrêmement attrayante: vue du lac, elle offre un aspect pittoresque. A l'est s'élève le fertile *Monte-Bré* ou *Gottardo*, couvert de villages, de maisons de campagne, et de jardins qui présentent une forêt d'oliviers, de citronniers, d'orangers et d'amandiers, et les plus beaux berceaux de pampres, dont les festons sont suspendus gracieusement au-dessus des ondes azurées du lac. Le village de Castagnola, au-dessus duquel on voit celui de Bré, se distingue principalement par son aspect agreste. La montagne de Bré est riche en promenades délicieuses et en beaux points de vue. On voit à l'opposite s'étendre au sud-est l'âpre mont Caprino, au pied duquel on croit découvrir un hameau; mais les objets qu'on prend pour des maisons ne sont autre chose que les caves de la ville de Lugano: ces caves sont connues sous le nom de *Cantines de Caprino*. (Voir Curiosités naturelles.)

CURIOSITÉS NATURELLES.

Les Cantines ou *Caves de la montagne.*—Les rochers du Caprino sont remplis d'une quantité de fentes et d'ouvertures d'où il sort toujours un vent très-froid en été, et que, par cette raison, l'on nomme cavernes d'Éole (*Cryptæ æolicæ*). Les habitans de Lugano ont tiré parti de cette circonstance, en faisant élever des bâtimens devant et au-dessus de ces ouvertures, pour y conserver leur vin au frais, et y faire des promenades pendant les grandes chaleurs. On trouve de ces sortes de caves à Figino, lieu situé sur la rive méridionale du lac de Lugano, et en divers autres endroits de la Suisse, entre autres à Chiavenna, dans le Val-Lévantine, à Hergiswyl, au canton de Lucerne, etc.; de même qu'en Italie dans l'île d'Ischia, près de Rome et de Naples, non loin de Terni à la petite ville de Cesi, dont les habitans les désignent sous le nom de *Bocche de' venti* ou *d'Éole*. Ils font venir à leur gré, par des tuyaux, l'air qui sort de l'intérieur de la montagne, jusque dans leurs appartemens, et s'en servent même pour rafraîchir leurs boissons. Le 29 juin le thermomètre de Réaumur, observé dans ces caves froides du Caprino, y descendit à 2° $\frac{1}{2}$, tandis qu'en plein air il indiquait 21°.— Température des caves au mois d'août, 4° $\frac{1}{2}$; en plein air, 18°.— Température des caves au mois de septembre, 7°; en plein air, 16°.

Le mont Gamoghé. — Le sommet de cette montagne, la plus haute de toutes celles du canton du Tessin, présente une vue admirable. Le chemin qui y mène passe par le village d'Isone, situé à deux lieues de Bellinzone, au pied du Gamoghé. On part l'après-midi et on passe la nuit dans un des chalets du Gamoghé, afin de se trouver sur le sommet au lever du soleil. La vue s'étend sur tout le canton du Tessin, sur une partie de la

Valteline, et sur les contrées voisines du lac de Côme, jusque bien avant dans les plaines de la Lombardie. On aperçoit même, lorsque l'air est pur, la cathédrale de Milan, quoique cette ville soit à 20 lieues de là.

Mais rien n'est comparable à la majesté d'un orage vu du sommet du Gamoghé : ni la poésie, ni la peinture, n'en peuvent donner qu'une bien faible idée dans leurs vers et dans leurs tableaux. Le point où le spectateur est placé reste tranquille et serein, tandis qu'à ses pieds tout présage une révolution prochaine. Un nuage d'un rouge cuivré descend et couvre l'horizon; le vent y pousse, y accumule une masse de vapeurs sombres, de formes et de grandeurs diverses, qu'il ne tarde pas à transformer en un épais rideau noir. De ce rideau jaillit l'étincelle électrique qui le déchire et le sillonne en tous sens; soudain l'explosion se fait entendre : pendant un espace de temps plus ou moins long, les éclairs se succèdent, croisent les flèches enflammées de leurs feux rapides, et s'entrelacent en traits éblouissans et prolongés. Des détonations répétées éclatent de toutes parts; tantôt les batteries aériennes changent de place, tantôt elles restent immobiles. Le sol inférieur est bientôt inondé, haché par la grêle, frappé par la foudre, tandis que le sommet du pic jouit du calme le plus profond. Il n'en est pas ainsi du spectateur; il ne saurait rester indifférent et impassible comme le sage de Lucrèce, contemplant froidement un naufrage, et s'il goûte quelque plaisir à assister de loin à ce combat terrible des élémens, dont le théâtre peut d'une minute à l'autre l'envelopper, c'est une sensation d'un genre si neuf, si inattendue, qu'il faudrait, pour bien la rendre, inventer un mot exprès, et encore ce mot ne serait-il compris que de ceux qui ont eu l'occasion assez rare de contempler dans les Alpes une de ces convulsions si imposantes de la nature.

Le lac de Lugano (*lago Cerisio*) est situé à 198 pieds au-dessus de celui de Côme, à 234 pieds au-dessus du lac Majeur et à 288 pieds au-dessus du niveau de la mer. Sa longueur, de *Polezzo* à *Agno*, est de 10 lieues sur une de largeur ; ses sinuosités sont si considérables, que plusieurs des beaux golfes qu'elles forment portent les noms des lieux voisins, comme les lacs d'*Agno*, de *Morco* et de *Treza*. La seule rive le long de laquelle on voit s'élever les rochers du *Caprino* offre un aspect un peu nu. Ces bords montueux ont un rapport frappant avec les montagnes et les vallées des îles de la mer du Sud, et le vert foncé de ses eaux limpides rehausse encore la beauté du tableau. Nulle part, du côté septentrional, on ne trouve une nature aussi enchanteresse. Quand on a franchi dans une légère barque, l'espace d'une demi-lieue, en allant de Lugano dans la direction de *Capo di Lago*, on aperçoit, à l'est, le long golfe de *Porlezzo*, au fond duquel s'élève le *Pizzo Leggiano*; cette montagne présente à la vue un pic fort élevé, connu sous le nom de *Pane di Suggaro* (pain de sucre). A l'ouest, le sauvage *San-Salvador*, dont le pied fourmille de vipères (1), forme une longue presqu'île avancée dans le lac ; bientôt après on voit paraître le promontoire délicieux sur lequel est situé Mélide (*punta de Melli*), dont l'église et la chapelle ont été construites et restaurées en 1603 par un de ses habitans, le célèbre Fontana, et les regards pénètrent dans l'intérieur du golfe de *Morco*, dont les sinuosités s'étendent au loin du côté de celui d'*Agno*. Sur les bords du golfe de Morco on voit briller le bourg de Morcotte et plus haut le *Vico di Morco*, berceau du pape Anaclet II; sur les flancs fertiles du mont *Arbostora*, les villages de *Carona* et de *Ciona*; et sur la langue de terre qui s'étend dans le lac et sépare ce golfe de celui de *Riva*, le lieu nommé *Brusino*. Au S.-E., et à l'opposé de *Mélide*, des coteaux enchantés, couverts de chapelles bâties avec goût, forment le tableau le plus pittoresque et occupent agréablement la vue. On aperçoit les jolis villages de *Campione*, *Bissone*, *Maroggio*, *Mellano*, *Capo di Lago*, l'ouverture de l'étroite vallée de *Rogno* et de celle de *Rovio*; et à droite, au fond du golfe et dans le lointain, le superbe *Monte-Generoso*.

Le Val Tremola (*Vallée Tremblante*).—L'hiver dure 9 mois dans cette vallée étroite et solitaire, où les neiges s'accumulent en divers endroits jusqu'à 50 pieds de hauteur. On ne saurait traverser, sans terreur, ce passage dangereux. Des croix de bois, plantées de distance en distance, indiquent chaque année la place où des malheureux ont péri engloutis sous des avalanches. Les voyageurs, pendant la mauvaise saison, doivent garder, en traversant le Val Tremola, le silence le plus profond ; le moindre bruit pourrait détacher quelques-unes de ces terribles masses de neiges qui surplombent sur leurs têtes. Au-dessus du *Ponte Tremblant*(*Ponte Tremola*,) le site change; on traverse un beau pâturage, puis on atteint la forêt de Piotella, où l'on découvre la riante Lé-

---

(1) Les vipères sont si communes dans cette contrée, qu'elles ont forcé quelques-uns des habitans à leur céder la place. Ces reptiles traversent le lac en troupes pendant l'été pour aller chercher la fraîcheur dans les forêts de l'autre rive ; en hiver ils regagnent le pied du San-Salvador et s'entortillent et se roulent ensemble en pelotes toutes hérissées de têtes.

vantine supérieure, bornée par le Platifer. Au S.-O., on aperçoit la vallée de Bedretto. On n'est plus qu'à un quart de lieue d'Airolo, joli village qui fut, en 1799, le théâtre d'un combat sanglant, où 2,000 grenadiers russes, commandés par Suwarow, attaquèrent 600 Français qui, après s'être défendus pendant 12 heures, effectuèrent leur retraite en bon ordre par la vallée de Bedretto.

HISTOIRE NATURELLE.

Géologie.—Métallurgie.—Le Tessin est entièrement renfermé dans la formation primitive; ce n'est que dans la partie la plus méridionale qu'on voit s'élever des montagnes composées de pierre calcaire en bancs et de schistes calcaires. Le gneiss, le granit veiné, les schistes micacés, la roche calcaire primitive, sont les genres de roches que l'on rencontre dans ce canton. La partie supérieure de la vallée Lévantine, dans laquelle Airolo est situé, était jadis un lac, avant que les rochers du *Platifer* eussent été déchirés près de *Dazio Grande*. Les roches calcaires que l'on trouve dans la vallée de Bedretto, entre Fontana et Airolo, méritent l'attention du naturaliste. Le *Pesciumo* est composé de schistes micacés; à son pied sont des pierres calcaires mêlées de mica, des pierres calcaires pures, et enfin des pierres calcaires accompagnées d'une telle quantité de mica, qu'on a peine à les reconnaître. A Montana on voit du gypse mêlé de mica jaune. Dans les vallées de *Bedretto* et de *Ronco* jusqu'à *Lafena*, on rencontre une grande variété de schistes micacés qui présentent partout un tel nombre de débris, qu'il faut que des montagnes entières se soient abîmées autrefois dans ces lieux. Considéré sous cette face, le Saint-Gothard offre dans ces vallées les aspects les plus terribles.

Le sommet de la fourche de *Bosco* est composé de schistes micacés pleins de gros grenats. Du côté de Formazza, on voit sur cette montagne des schistes de hornblande et du granit veiné; du côté de *Bosco* on trouve aussi des schistes de hornblande et du gneiss. Le Pistino, près de *Dazio Grande*, est composé de gneiss à grains fins, dont le mica est d'un blanc argenté. Entre *Dazio* et *Prato*, dans une gorge nommée *Comba reale del fuoco*, ombragée des deux côtés d'une forêt de sapins, est situé le banc de *Sappare*, et sur le *Campo Longo*, à 6,000 pieds de hauteur, une couche de dolomie grise et blanche, mêlée de magnifiques trémolites, et renfermée entre des schistes micacés; cette couche, fort étendue, a 50 pieds d'épaisseur. On voit aussi dans le même endroit du talc vert, du mica jaune et du spath cacaire mêlé de trémolite et de dolomie jaune. La tourmaline verte et blanche y est rare. Les collines des environs de Mendrisio sont formées de brèches, de grès, d'argile et d'éboulis.

Règne végétal. Le canton renferme un nombre considérable de plantes rares, et inconnues au reste de la Suisse. Peu explorée jusqu'ici, la flore du Tessin offre cependant aux botanistes la plus belle et la plus abondante moisson. On trouve entre Osogna et Pessiano la *centaurea splendens*, l'*antropogon gryllus*, la *parietaria judaica*, le *lilium bulbiferum*; au-dessous de Bellinzone, l'*asplenum ceterach*, la *phytolacca decandra*, plante originaire d'Amérique, mais parfaitement acclimatée dans cette partie de la Suisse et sur le mont Cénéré; le *schœnus fuscus* et le *lycopodium complanatum*, espèces fort rares. Aux environs de Locarno on trouve le *peucedanum alsaticum*, le *panicum undulatifolium*, la *scabiosa graminifolia* et le *schœnus fuscus*; à Lugano, le *cyperus monti*, l'*helleborus niger*, le *geranium nodosum*, l'*osmonda regia*. Au bord du lac, sur la rive occidentale, le *cytisus hirsutus*; sur le San-Salvador, le *cistus apenninus*; sur les bords du lac, près de Gandri, l'*aristolochia rotunda*, l'*olea europœa*, le *ruscus oculeatus*; sur le mont Velche, le *cactus opuntia*; sur le mont San-Lucio, le *senecio abrotanifolius*; près de Mendrisio, l'*helleborus viridis*, le *thescium linophyllum*; au-dessus de Melano, l'*anthemis triumfolii*, le *keratrum nigrum*; et sur le Generoso, l'*atropa mandragora*, l'*inula urta*, la *gentiana purpurea* et le *ligusticum austriacum*.

BIOGRAPHIE.

Le canton du Tessin n'a produit ni écrivains, ni savans, ni magistrats, ni guerriers illustres, à l'exception de Simon de Muralt, qui naquit à Locarno et vivait au XIIIe siècle. En revanche ce pays a vu naître un grand nombre de peintres, de sculpteurs et d'architectes célèbres. Dominique Fontana, de Mélide, inventa, en 1586, une machine au moyen de laquelle il transporta du Cirque le grand obélisque que l'on voit à Rome sur la place du Vatican, et dont le poids est de 16,000 quintaux. Le pape Sixte-Quint accorda à l'artiste une gratification considérable; et une pension de 2,000 scudi, réversible sur ses héritiers; il le créa chevalier, et, pour immortaliser son entreprise hardie, il fit graver ces mots sur la base de l'obélisque : *Dominicus Fontana transtulit et erexit*. C'est Fontana qui, en 1590, acheva, conjointement avec les architectes Vignola et Della Porta, la coupole de l'église de Saint-Pierre de Rome, d'après les dessins de

Michel-Ange. Il mourut à Naples en 1607. — L'ingénieur Pierre MORETINI, qui perça, dans les rochers voisins du Pont-du-Diable, la belle galerie connue sous le nom d'*Urnerloch* (Voir CANTON D'URI), était né dans la vallée de Maggia. — Carlo MADERNA, de Bissone, bâtit le portail et le péristyle de l'église de Saint-Pierre. — Étienne MADERNA fut un sculpteur célèbre. Sa statue de sainte Cécile, qu'on voit dans l'église de ce nom, est un chef-d'œuvre. Bissone a encore donné naissance à deux artistes distingués, les deux TENCELLA, l'un peintre excellent, qui mourut dans sa patrie en 1685, et l'autre, le plus habile stucateur de son siècle, mort à Venise en 1748. — Bianchi DI CAMPIONE fut un peintre d'histoire estimé, et CARLONI de Rovio, un grand sculpteur. Ses deux fils, Jean et Baptiste, eurent aussi de la réputation ; le magnifique plafond de l'église de l'Annonciade à Gênes est leur ouvrage. — Joseph SARDI, architecte célèbre du XVII⁰ siècle, David-Antoine FOSSATI, peintre en fresque, et Georges FOSSATI, fameux graveur, étaient de Morco. Baptiste COLOMBA, son fils Antoine, et son petit-fils Innocent, d'Arogna, furent de bons peintres. Lugano a vu naître plusieurs artistes renommés : Maria NOSSÉNI, architecte, ALBERTOLI, sculpteur, Baptiste DISCEPOLI, peintre, et le célèbre Bernard FALCONI, auquel on doit la statue colossale de saint Charles Borromée érigée à Arona en 1697. (Voir LE LAC MAJEUR, *Lombardie*.)

CULTES.

La religion catholique est la religion du canton du Tessin. Deux évêques administrent les affaires spirituelles, celui de Côme et celui de Milan. Les diocésains qui ressortent de l'officialité de Milan suivent le rite ambrosien, qui dans quelques cérémonies et dans quelques pratiques diffère du rite romain : ainsi dans le rite ambrosien on enterre les morts dans un cimetière, dans le rite romain, dans l'église même.

L'officialité milanaise retire peu d'émoluments de ses administrés ; il n'en est pas de même de l'officialité de Côme. L'une entretient dans les districts de sa juridiction un ou plusieurs vicaires et l'autre un seul pour les districts de Riviera, de Blegno et de la Lévantine. Dans les districts du diocèse de Côme il y a un nonce apostolique dont l'office consiste surtout à administrer des dispenses de maigre : avant la révolution, ces dispenses étaient à la fois coûteuses et difficiles à obtenir ; il n'en est pas de même aujourd'hui où la taxe est fort modérée. Dans les districts qui suivent le rite ambrosien, il n'y a pas de nonce apostolique.

AGRICULTURE.

Il existe une grande diversité dans les produits du sol du canton : quelques-uns des districts n'offrent que des pâturages, tandis que d'autres ne le cèdent pas pour la fertilité aux riches plaines de la Lombardie. Les districts de Lugano, de Locarno et de Mendrisio se composent en grande partie de champs propres à la culture des céréales ; on y récolte aussi du seigle et du maïs. Le tabac réussit dans les terrains réputés les meilleurs. Le vin est l'un des principaux produits des districts de Bellinzone, de Locarno, de Lugano et de Mendrisio ; les districts de la Lévantine, de Blegno, de Riviera et du Val-Maggia, donnent aussi des vins, mais en plus petite quantité et d'une qualité inférieure. Ces vins, comme ceux d'Italie, ne se conservent point.

Les vers à soie réussissent dans les vallées abritées, où les mûriers prospèrent et se multiplient aisément. On tire un excellent parti des châtaignes et des noix dont le canton abonde. La plupart des fruits qui réussissent dans la Lombardie croissent dans le Tessin, particulièrement les abricots, les pêches, les figues, les pommes, les poires, les cerises et les prunes.

Les bêtes à cornes du Tessin sont d'une espèce moins belle que celles des cantons voisins. Les mulets sont estimés à cause de leur force et de la sûreté de leurs pas. Les chevaux sont peu nombreux.

COMMERCE. — INDUSTRIE.

Il y a peu de commerce et d'industrie dans le Tessin ; les seules fabriques du canton sont celles de Lugano et de Mendrisio. On exporte en Italie des fromages, du bois, du charbon, des bestiaux, du marbre, des cristaux, des chapeaux de paille tressée et des truffes. La soie du Tessin est renommée : on en recueille chaque année pour 300,000 livres de Suisse environ. Quelques habitans s'occupent aussi du transport des marchandises par le Luckmanier et le Saint-Gothard ; mais le nombre des Tessinois qui vont développer leur industrie dans les pays étrangers est surtout considérable. Les uns reviennent chaque année passer quelques mois dans leurs familles ; d'autres s'éloignent pour un temps plus long ou s'expatrient pour toujours. Ces émigrations nuisent essentiellement à la culture des terres : aussi, dans plusieurs districts, les travaux de la campagne, les soins du bétail et l'éducation des enfans sont le partage exclusif des femmes.

CANTON DE VAUD.

TOPOGRAPHIE.

SITUATION. — ÉTENDUE. — ASPECT. — Le canton de Vaud est situé dans la partie la plus occidentale de la Suisse : il est borné au nord par les cantons de Neuchâtel et de Fribourg ; à l'orient, par ceux de Berne, de Fribourg et du Valais ; au midi, par le Rhône et par le lac Léman ou de Genève, qui le séparent du Valais et des États-Sardes (Chablais) ; enfin à l'occident, par la France (Doubs, Jura et Ain) et le canton de Genève. Sa surface est d'environ 120 lieues carrées ; sa plus grande étendue du nord au sud est de 14 lieues, et celle de l'est à l'ouest de 20 environ. Sa forme, qui est irrégulière, est indiquée par les lacs de Genève, de Neuchâtel et de Morat, par les Alpes et par le Jura. Les riches coteaux qui s'élèvent depuis les bords du lac de Genève et du lac de Neuchâtel présentent le tableau le plus riant : partout le voyageur est récréé par la vue de beaux arbres fruitiers qui, pendant huit mois de l'année, sont couverts de verdure, de fleurs ou de fruits ; au printemps surtout, cette délicieuse contrée est un vrai paradis terrestre.

MONTAGNES. — Au-dessus des vallons et des coteaux, assez nombreux dans le canton de Vaud, s'élèvent trois espèces distinctes de montagnes : 1° une chaîne des Alpes occupe la partie E. du pays ; le plus haut pic de cette chaîne, l'un des Diablerets, est élevé de 9,967 pieds au-dessus du lac Léman et de 11,092 pieds au-dessus du niveau de la Méditerranée ; 2° une partie du Jura qui s'étend sur une longueur de 12 lieues dans le canton, renferme plusieurs vallées intéressantes. Le Jura est bien moins élevé que les Alpes, puisque le mont *Tendre*, son point culminant, n'est qu'à 4,045 pieds au-dessus du lac Léman ; 3° enfin le Jorat est une suite de collines beaucoup moins élevées et de plateaux qui s'étendent depuis les Alpes au Jura, en longeant d'abord le Léman depuis Vevey, passant à La Sarraz et se prolongeant jusqu'au lac de Neuchâtel.

LACS. — Le canton de Vaud renferme plusieurs beaux lacs qui présentent les aspects les plus variés. Le *Léman* (lac de Genève) est le plus vaste et le plus majestueux (Voir LAC DE GENÈVE). Celui d'*Yverdun* ou de Neuchâtel a quatre états de la Suisse pour riverains : Vaud, Neuchâtel, Fribourg et Berne ; sa plus grande longueur est de 9 lieues et sa largeur d'une lieue et demie ; il est encadré d'un côté par le Jura et de l'autre par les pentes les moins élevées du Jorat : ses eaux sont moins belles que celles du Léman. Le lac de *Morat*, au Nord, a environ deux lieues de long et une demi-lieue de large. On remarque aussi les lacs de *Joux* et de *Brenet*, dans le Jura, et celui de *Braï* ou de *Bret*, sur le Jorat.

RIVIÈRES. — Les rivières et les ruisseaux du canton de Vaud sont nombreux : outre le Rhône, le pays possède la Veveyse, l'Avençon, la Grionne, la Grande-Eau, l'Eau-Froide, la Venoge, la Sarine, la Broye, la Mérine, le Chendon, l'Orbe, le Thalent, la Brine, l'Arnon et la Mantua. Le Rhône, après avoir séparé le Bas-Valais du canton de Vaud sur une étendue de 6 lieues, se jette dans le lac de Genève par deux embouchures. L'Orbe, en sortant du petit lac des Rousses (France), dans le Jura, forme les lacs de Joux et de Brenet, dans la vallée de Joux, où elle se perd vers le moulin de Bonport, entre les fissures d'un rocher ; à plus de 700 pieds au-dessous de sa perte, cette rivière reparaît, arrose les environs de Vallorbe, et se précipite ensuite jusqu'à Orbe, en formant de magnifiques cascades ; au-dessous de cette ville, son cours, devenu plus paisible, reçoit le *Thalent*; elle prend alors le nom de *Thièle*, et va se jeter dans le lac de Neuchâtel.

GLACIERS. — Il existe quelques glaciers dans la partie orientale du canton : ce sont ceux du *Sex-Rouge* et du *Pillon*, d'où tombent en belles cascades les eaux qui forment le *Dard* et se réunissent à la Grande-Eau, et les glaciers des *Diablerets*.

HISTOIRE.

Pendant plus de cinq siècles les Romains possédèrent le pays de Vaud, ainsi que l'atteste un grand nombre de colonnes milliaires trouvées à Clérolles, à Entre-Roches, à Nyon, à Villeneuve, etc. Au VIe siècle, les Bourguignons et les Francs s'emparèrent de cette belle contrée et en chassèrent les Romains, et c'est alors que se forma le nom de *Wat* ou de *Welschland*, que les Allemands donnent à ce pays. L'an 1273, le duc Philippe de Savoie en fait la conquête. En 1536, Vaud est obligé de céder aux armes victorieuses des Bernois, en conservant toutefois ses franchises et ses libertés : cette conquête est l'affaire de quelques semaines. Les vainqueurs remplacent l'évêque de Lausanne, le bailli de Vaud, et les États de la Baronnie, par des baillis tirés de la bourgeoisie de Berne. Lausanne perd son indépendance et se soumet, après de longues négociations. C'est à cette époque que Pierre Viret, natif d'Orbe, vient dans cette dernière ville où, réuni à Guillaume Farel, à Jean Lecomte et à Calvin, il jette les premiers fondemens de la réforme. Bientôt les couvens et les églises sont dépouillés de leurs richesses transportées à Berne. Pendant que les chanoines de Lausanne et les religieuses de Sainte-Claire de Vevey se retirent à Évian (Savoie), Farel et Viret fondent une académie, et, les premiers, y professent la théologie. Jusqu'alors on s'était servi, dans tous les actes publics, de la langue latine : en 1539 cet idiome est banni, en même temps que le clergé romain. Saint-Pierre, Saint-Paul, Saint-Étienne, églises magnifiques, sont démolies, et les matériaux qui en proviennent servent à réparer les murailles de la ville. Pour s'attacher le cœur des vaincus, les Bernois octroient à Lausanne, en 1544, la charte appelée la *Grande Largition*. Avec le réveil des lettres, les sciences commencent à faire quelques progrès dans le canton. Un siècle est à peine écoulé depuis l'invention de l'imprimerie, que déjà Lausanne a fait venir de l'étranger d'habiles ouvriers qui dotent la ville d'un grand nombre de livres ascétiques. Le canton jouissait d'une paix profonde, les querelles religieuses étaient apaisées, tout semblait promettre un heureux avenir, quand tout à coup, en 1584, un tremblement de terre renverse un grand nombre de maisons à Lausanne, à Montreux, à Aigle : Yvorne et Corbeyrier sont ensevelis sous les décombres d'une montagne voisine. C'est à cette époque à peu près que le bourguemestre de Lausanne, Isbrand d'Aux, tente de faire rentrer le pays de Vaud sous la domination du duc de Savoie ; mais la conjuration est découverte par les Bernois ; les conjurés sont obligés de fuir ; leurs biens sont vendus à l'encan. A cette conjuration succède une peste affreuse qui désole Lausanne et tout le pays, et enlève plus de quinze cents personnes à Vevey et à La Tour-de-Peilz. Un fléau plus terrible était une multitude de prétendus sorciers qui infestaient le pays. Déjà des députés de Berne, venus exprès à Lausanne, avaient cherché les moyens de bannir ces imposteurs sans y réussir, lorsque (1653) deux synodes composés du clergé s'assemblent, l'un à Lausanne, l'autre à Moudon. Il est décidé qu'on cessera d'avoir recours à la force brutale, et qu'on tentera les voies de persuasion : à cet effet un *catéchisme contre la sorcellerie* est imprimé, et les ministres chargés de l'enseigner au peuple. Ce moyen réussit. — Le tabac à son tour est persécuté et défendu comme trop coûteux et nuisible ; tout ce qu'on peut en trouver dans les magasins est solennellement brûlé sur les places publiques. Le gouvernement publie des lois somptuaires qui répriment le luxe des repas et des cérémonies funèbres, et indique minutieusement les vêtemens que chacun doit porter, suivant le rang qu'il occupe dans la société.

En 1686, Lausanne et tout le pays de Vaud virent affluer un grand nombre de Français qui, fuyant la persécution dirigée dans leur patrie contre les protestans, à la suite de la révocation de l'édit de Nantes, viennent se réfugier dans cette contrée hospitalière, où ils établissent les premières boutiques qu'on y connût jusqu'alors, le commerce se faisant exclusivement par des colporteurs. L'activité, l'intelligence de ces nouveaux hôtes, excitent une grande émulation parmi les ouvriers vaudois. L'agriculture et l'industrie font de sensibles progrès.

Les milices vaudoises, sous la bannière de Berne, prennent part, en 1712, à la guerre qui éclate entre les cantons catholiques et les cantons protestans.

Lausanne et tout le canton de Vaud supportaient impatiemment le joug des Bernois. Au moment où éclata en France la révolution, un mécontentement général se manifesta dans le pays de Vaud. Les Bernois veillaient sur leur conquête ; au premier signe d'insurrection, ils font occuper le pays par 5,000 soldats allemands, arrêtent et jettent en prison les patriotes suspects, confisquent leurs biens et les bannissent du canton. Le mécontentement des Vaudois allait toujours croissant ; le colonel Laharpe part secrètement, se rend à Paris, et vient se mettre sous la protection de la république Française : le Directoire promet sa médiation. Berne veut que le peuple vaudois sous les armes lui jure serment de fidélité ; les courageux citoyens refusent de le prêter, et le 10 janvier 1798 voit le pouvoir de Berne s'écrouler, et Vaud, destiné à la liberté, devenir un des cantons helvétiques.

Vaud, qui avait pris le nom de *canton du Léman*, prend, en 1803, celui de *canton de Vaud*, après qu'il a été reconnu par l'acte de médiation qui a donné à la Suisse une constitution fédérale. La cocarde rouge, verte et jaune disparaît, et l'on adopte la couleur verte et blanche. Pendant plusieurs années rien ne vient troubler la paix heureuse de ce pays, qui consent (1813), comme le reste de la Suisse, à recevoir les troupes étrangères qui le traversent pour entrer en France.

De nos jours, le canton de Vaud a été agité, à la suite de la révolution de 1830, par des mouvemens intestins, sans que son repos en ait été toutefois gravement troublé, grâce à la sagesse de ses habitans. L'ancienne constitution a été abolie, et une constitution aux formes largement démocratiques a été votée, aux applaudissemens unanimes du pays.

MOEURS. — CARACTÈRES. — COUTUMES.

La charte de Moudon, du 14 juillet 1359, contient des détails curieux sur la police et les lois pénales alors en vigueur dans le canton : nous en extrayons quelques articles pour donner une idée des mœurs de ces temps reculés.— « Celui qui frappera d'un bâton et d'une arme offensive, soit que le sang s'ensuive ou non, paiera aux seigneurs 60 sols d'amende. — Celui qui frappera du poing paiera 3 sols au seigneur et 13 deniers à celui qu'il aura frappé. — Qui donnera un soufflet, paiera 5 sols et 3 deniers. »

Lorsque les Bernois prirent possession du pays de Vaud, ils publièrent des ordonnances où l'on remarque, entre autres dispositions, que : — « Les *gloutons* ou *gourmands* paieront 10 florins d'amende ; — les femmes, 5 florins ; les ecclésiastiques et fonctionnaires publics seront privés de leurs charges. — Les danses étaient alors déclarées scandaleuses et interdites, sous peine de 3 florins d'amende ; on permettait néanmoins *trois honnêtes danses* les jours de noces. » Aujourd'hui on danse à Lausanne comme à Genève : on y donne des concerts qui sont fort suivis ; Lausanne même accueille quelquefois des comédiens ambulans qui donnent en passant quelques représentations. On s'est relâché insensiblement de la sévérité des premiers temps de la réforme ; mais l'intolérance de cette époque se manifeste malheureusement quelquefois jusque dans les décisions des conseils. C'est ainsi qu'une ordonnance a été rendue récemment contre les *momiers* (méthodistes), que M. le comte de Walsh regarde, dans son voyage en Suisse, comme un monument digne des temps de barbarie.

Chaque année Lausanne est envahie par une nuée d'Anglais qui viennent *économiquement* y passer la belle saison, et qui n'ont pas peu contribué à répandre dans les réunions cette froideur, ce flegme qu'on rencontre dans les sociétés de Londres. Toutefois on ne trouve pas dans la haute société ce pédantisme de manières que M. Raoul-Rochette a reproché, à tort ou à raison, à l'aristocratie de Genève. Les rangs y sont plus confondus, les distinctions sociales plus effacées. Lausanne s'est toujours distinguée par son amour pour les lettres.

On parle dans les villes du canton un français mêlé d'une foule de locutions locales ; les paysans ont un langage tout-à-fait inintelligible pour l'étranger, dont beaucoup d'expressions sont empruntées à la langue latine et à l'idiôme celtique, si l'on en croit quelques savans.

On retrouve dans quelques districts vaudois des fêtes et des coutumes dont l'origine remonte à plusieurs siècles, et encore empreintes des traces du paganisme : telle est, entre autres, la *fête des vignerons* à Vevey, qui a été célébrée en dernier lieu en 1833, et qui, à cette époque, attira un tel concours d'étrangers, qu'un grand nombre de voyageurs furent obligés de coucher sur les places publiques. Cooper en a donné une description aussi vraie que piquante dans son roman du *Bourreau de Berne*. Cette fête agricole présente un intéressant mélange de cérémonies païennes, de scènes tirées de l'Ancien-Testament, d'usages domestiques, de processions, de chants, de danses, où l'on voit figurer de 500 à 600 acteurs habillés, les uns en patriarches, les autres en abbés mitrés, la crosse en main ; en Hercule armé de massues, en Jupiter ; de jeunes filles en Vestales, en déesses, en bergères ; tous vêtus avec autant de richesse que d'élégance, et qui, la cérémonie finie, viennent prendre part à un immense banquet préparé sur la grande place, pendant que de nombreux musiciens jouent des airs nationaux. On a gravé cette scène originale tout récemment à Lausanne : ceux qui voudraient avoir une idée complète de cette cérémonie pourront y recourir.

VILLES. — VILLAGES. — CHATEAUX.

Aigle, — Chef-lieu de district, est un fort bourg sur la *Grande-Eau*. Ses maisons, bâties en marbre noir, lui donnent un aspect sombre, malgré sa situation dans une plaine riante et fertile, plantée d'arbres fruitiers. Le château, aussi bâti en marbre, d'où l'on jouit d'une belle vue, a été jusqu'en 1798 la demeure d'un bailli bernois ; il sert aujourd'hui d'hôpital. Les montagnes qui environnent ce bourg sont : les Tours d'Aï et de Mayen, Tompey, Arniaulaz, Ayerne, et la Tour-Verte.

Aubonne. — Cette ville, jadis grande et florissante, autrefois ancienne baronnie, appartint au célèbre voyageur Tavernier, qui l'habita à diverses reprises, et répétait souvent que dans ses longs voyages il n'avait trouvé que Constantinople qui pût l'emporter sur la beauté des points de vue dont on jouit depuis Aubonne. Il fit réparer et agrandir le château qui domine la ville; plus tard il fut forcé d'abandonner à ses créanciers cette belle propriété, qu'il avait achetée 43,000 écus. Dans la suite, le marquis Duquesne le vendit au gouvernement de Berne, pour 70,000 écus. Si le château est remarquable par son architecture singulière et la beauté de sa situation, l'ancienne église ne l'est pas moins par les tombes célèbres qu'elle renferme, et qui méritent d'être visitées. On a découvert des antiquités romaines dans les environs d'Aubonne.

Avenches se compose d'une seule rue. Son origine remonte à la plus haute antiquité; déjà avant le temps des Césars il est fait mention de cette ville. Dans la suite, les Romains l'agrandirent considérablement; elle fut embellie sous les règnes de Vespasien et de Titus, qui l'élevèrent au plus haut degré de splendeur. L'an 307, les Germains la dévastèrent entièrement. Rebâtie en 355, elle fut encore saccagée par Attila, l'an 447. Le comte Guillaume de Bourgogne la releva en partie en 607. Les Allemands la détruisirent une nouvelle fois l'an 894, et Burkard, évêque de Lausanne, fonda en 1076 la ville actuelle telle qu'elle existe aujourd'hui. Elle est bâtie sur une colline à l'extrémité S. O. de l'ancien *Aventicum*. Si la ville romaine dans ses temps de prospérité a contenu jusqu'à 60,000 habitans, Avenches n'en renferme plus que 1,000 environ. La multitude de débris de monumens, de fûts de colonnes, de chapiteaux, de corniches, d'entablemens, qui gissent de toutes parts sur le sol, attestent l'ancienne magnificence de cette ville et l'opulence de ses habitans. Il existe encore à Avenches les restes d'un amphithéâtre et d'un aqueduc, des bains, une tête d'Apollon qui orne une fontaine, une autre tête de Jupiter-Apollon, des parties entières de mur d'enceinte, et une colonne de l'ordre corinthien de 37 pieds de haut. On a construit dernièrement dans cette ville un *casino* qui s'élève sur une esplanade près de la porte de Berne, non loin de l'ancien amphithéâtre, d'où l'on jouit d'une vue superbe.

Bex est l'un des plus beaux villages du canton. Il est situé dans une position charmante, à 10 lieues de Lausanne et à deux lieues d'Aigle. Beaucoup de ses maisons sont bâties en pierre. On y a construit des bains. La population de Bex s'élève à 2,400 habitans.

Château-d'Oex. — Chef-lieu du *Pays d'Enhaut*, a été consumé trois fois en 1664, en 1741, et le 28 juillet 1800. Depuis ce dernier incendie, les maisons ont été rebâties en pierre et couvertes en tuiles. De la terrasse de l'église, construite sur les ruines du château des anciens comtes de Gruyères, on jouit d'une vue fort étendue.

Châtillens est un petit village situé au milieu des forêts, à trois lieues et demie environ de Lausanne. Avant la réformation, ce lieu était visité par de nombreux pèlerins qui venaient en foule y prier devant une image de saint Pancrace. En 1361, un cochon ayant dévoré un enfant à Châtillens, fut jugé, condamné à mort et exécuté.

Chillon, Clarens et Coppet. — (Voir Lac de Genève.)

Grandson. — La fondation de cette petite ville date du temps des Romains. Elle a un port où l'on voit un rocher qui était consacré à Neptune, une vieille église appartenant jadis à un prieuré de Bénédictins, et un beau château qui fut jadis la demeure des barons de Grandson. C'est entre Grandson et Concise que se livra, le 3 mars 1476, la bataille mémorable de Grandson.

Après avoir conquis la Lorraine, Charles le Téméraire partit le 6 janvier 1476 pour la Suisse. Le 19 février il s'empara d'assaut de la ville de Grandson, où il fit noyer ou pendre la garnison entière. L'avoyer de Berne avait quitté Morat avec une armée de 20,000 hommes pour venir au secours des confédérés; celle du duc comptait près de 60,000 combattans. Les deux armées se rencontrèrent à quelque distance de Grandson. Les Bourguignons avaient dressé leurs batteries sur une hauteur; mais placées trop haut, elles ne produisirent aucun effet: trois fois leur cavalerie vint à la charge et trois fois elle fut repoussée. Engagés dans un espace étroit, les Suisses réussirent à se développer enfin en rase campagne. C'est alors qu'ils attaquèrent l'armée avec tant d'impétuosité, que Charles fut obligé de donner le signal de la retraite, qui s'opéra d'abord en bon ordre, mais qui finit par devenir une véritable déroute. Plus de 2,000 Bourguignons restèrent sur le champ de bataille; à peine si les Suisses eurent à regretter 100 de leurs combattans. Le butin fut immense: les vaincus abandonnèrent aux vainqueurs plus de 500 drapeaux, 400 tentes doublées de soie, un trône de vermeil, des buffets remplis de vaisselle d'or et d'argent. On trouva dans la tente de Charles 400 coffres de voyage, tous remplis d'étoffes d'or et d'argent. Les soldats se partagèrent l'argent monnayé et vendirent pour quelques batz des assiettes d'argent qu'ils prenaient pour de l'étain. On estima à 3,000,000, qui, aujourd'hui, représenteraient une valeur décuple, le butin pris dans cette grande journée. Charles, dans sa fuite, perdit le plus beau diamant qui

existât de son temps, et qu'il prisait à l'égal d'une province. Un soldat suisse l'ayant trouvé le vendit pour un florin au curé de Montagny, qui le revendit aux Bernois pour trois livres suisses. Ce diamant, après avoir passé dans diverses mains, fut enfin cédé par le trésor de Milan au pape Jules II, qui en donna 20,000 ducats. Quant au troisième diamant, les Suisses le vendirent 10,000 francs de notre monnaie; il appartient aujourd'hui à la couronne de France, et est estimé 2 à 3,000,000.

Deux autres diamans tombèrent aussi dans les mains des Suisses: l'un d'eux fut acheté, par Jacques Fugger d'Augsbourg, 47,000 florins, et vendu à Henri VIII, roi d'Angleterre, en 1547. La reine Marie le donna à Philippe II; il fait partie aujourd'hui du trésor impérial de Vienne.

LAUSANNE. — On rapporte l'époque de la fondation de cette jolie ville, chef-lieu du canton de Vaud, au VIe siècle, après qu'une inondation du lac eut détruit l'ancien *Lousonnium*, situé alors dans les plaines de Vidy. L'hôtel-de-ville, l'hospice cantonal, l'évêché, le collége académique et la maison cantonnale sont ses principaux monumens. La cathédrale, consacrée en 1275 par le pape Grégoire X, en présence de l'empereur Rodolphe de Hapsbourg, est un édifice gothique magnifique. Sa surface est de 450 toises carrées (mesure du canton); sa longueur est de 316 pieds et sa largeur de 187. La voûte du chœur a 102 pieds de haut. L'intérieur est orné de 1,000 colonnes environ, dont un grand nombre sont d'une élévation et d'une délicatesse surprenantes. Les bas-côtés supportent deux étages de galeries. Le chœur renferme un assez grand nombre de mausolées plus ou moins ornés de sculptures et de figures allégoriques. On remarque celui érigé en 1817 à Henriette Canning, « *épouse chérie, aussi aimable par son caractère que par sa beauté, brillante de jeunesse, heureuse autant qu'il est permis aux mortels de l'être...* » D'autres tombeaux attirent aussi les regards: ce sont ceux du chevalier Othon de Grandson, tué dans un *duel judiciaire* en 1398, par le sire Girard d'Estavayer, à Bourg-en-Bresse; d'un pape, qu'on croit être Félix V, etc., etc.

Lausanne possède un collége, une école de dessin, une bibliothèque, un musée, une caserne et un *casino* situé non loin de la maison qu'habita Gibbon, et où ce célèbre écrivain composa son ouvrage sur *la Décadence et la Chute de l'empire Romain*. Le commerce de cette ville est assez considérable. On publie chaque semaine à Lausanne plusieurs gazettes estimées et fort répandues en Allemagne.

MONTREUX. — La situation de ce joli village, bâti sur une colline, est délicieuse. On a sous les yeux le Rhône qui vient se mêler aux eaux du lac, les montagnes gigantesques et couvertes de glaciers du Valais, la Dent du Midi, les rochers de la Savoie, au-dessus desquels s'élèvent les *Cornettes*, la *Dent d'Oche* et la chaîne du Jura. Sur un plan plus rapproché on aperçoit le district de La Vaux, la ville de Vevey, les coteaux de Clarens, et les monts de Sonchaud et d'Arvell, qui descendent sur Veytaux, Chillon et Villeneuve. Les rochers agrestes de *Glion*, au pied desquels l'église de Montreux est bâtie, forment un contraste imposant avec la richesse et l'étendue de ce tableau. Sous le pont élevé qui réunit les petits villages de Sales, de Chêne et des Planches, l'impétueuse Baie de Montreux se précipite d'un rocher et forme une belle cascade. D'une grotte remplie de stalactites, qui s'étend au-dessous de l'église, on aperçoit une grande partie du lac. La paroisse de Montreux possède un hôpital bien administré.

MORGES. — (Voir LAC DE GENÈVE.)

MOUDON. — Cette ville est divisée en deux parties. La partie haute est bâtie sur une éminence que domine le château de Carouge. C'est la plus ancienne; elle s'appelle *le Bourg*. Elle est liée à la partie basse, nommée *Montborget*, par un pont en pierre jeté sur la Broye. La place d'Armes, avec une belle promenade, longe cette rivière. Les édifices les plus remarquables sont: l'église, la maison de ville, et l'ancienne tour carrée, reste du château bâti en 1105, par Conrad, duc de Zœringen. On a trouvé à Moudon des antiquités, des inscriptions et des médailles qui démontrent que cette ville est d'origine romaine. Les confédérés suisses s'emparèrent trois fois de cette ville en 1406, en 1475 et en 1536. En 1798, elle était encore au pouvoir du gouvernement de Berne.

NYON. — (Voir LAC DE GENÈVE.)

ORBE. — Sous les Romains Orbe était la capitale d'un des 4 cantons de l'Helvétie; dans le moyen âge, ce fut la principale ville de la Petite Bourgogne. Charles le Gros y donna un tournoi. A cette époque, le château, dont il n'existe plus que des ruines, était fortifié. Cette ville est bâtie sur une colline dans une situation assez pittoresque. Le pont d'Orbe, d'une seule arche, et élevé de plus de 100 pieds au-dessus de la rivière du même nom, est un monument remarquable.

PAYERNE. — Détruite dans le moyen âge, cette ville fut rééditée par un riche couvent de bénédictins, qui fut fondé et doté par Berthe de Bourgogne en 960. Les dépouilles mortelles de cette reine et celles de son époux Rodolphe y furent inhumées. Au mois d'octobre 1817, et environ neuf siècles après leur mort, on a découvert leurs ossemens dans la tour de Saint-Michel, qui faisait jadis partie de cette église; ils ont été réunis dans un même cercueil, sous un cénotaphe en marbre blanc. On y a gravé cette inscription:

« Piæ felicique memoriæ Berthæ, Rud. II, « Burgund. min. reg., conjug. optimæ, cujus « nomen in benedictionem, colus in exemplum; « ecclesias fundavit. Castra munit, vias aperiit, « agros conuit, pauperes aluit, transjuranæ patriæ mater et deliciæ. Post IX secula ejus se« pulc., ut traditur, detectum A. R. S. 1818. « Beneficior erga patris, memores filii rite res« tauravere S. P. Q. Vaudensis. »

« A Berthe de sainte et heureuse mémoire, très-excellente épouse de Rodolphe II, roi de la Petite-Bourgogne. Son nom est en bénédiction et son fuseau en exemple; elle fonda des églises; elle fortifia des châteaux; elle ouvrit des routes; elle mit en valeur des terres incultes; elle nourrit les pauvres et fut la mère de notre patrie transjurane. Après neuf siècles le sépulcre où, comme on nous l'a transmis, elle fut inhumée, ayant été retrouvé, l'an de grâce MDCCCXVIII, les fils, reconnaissans de ses bienfaits envers leurs pères, l'ont religieusement restauré.

« Le sénat et le peuple vaudois. »

Outre le château et le bâtiment de l'ancienne église abbatiale, Payerne possède une église paroissiale et un pont sur la Broye, où on lit une inscription romaine qui a donné lieu de croire que cette ville avait été jadis un des établissemens des Romains.

ROLLE. — (Voir LAC DE GENÈVE.)

VALLORBE. — La vallée dans laquelle Vallorbe est située est pittoresque et fertile. Non loin de ce joli village on va visiter la fameuse GROTTE AUX FÉES, l'une des merveilles du pays.

VEVEY. — Placé dans une situation délicieuse, sur une petite plaine, au bord du lac de Genève, Vevey, l'ancien *Vibiscum* des Romains, forme un triangle qui se termine à l'E. par une seule rue. Cette ville est généralement bien bâtie; ses rues sont larges. Entre plusieurs beaux édifices, on remarque le château, l'église de Sainte-Claire, la maison-de-ville, l'hôpital qui renferme la bibliothèque publique fondée en 1806, et la halle aux grains. Le pont de marbre sur la Veveyse a été bâti en 1808. Plusieurs fontaines construites en marbre noir, dans le style égyptien, ornent la ville. De la place du Marché, qui borde le lac et qui est ornée de jolies maisons au nombre desquelles est la douane, on jouit d'une belle vue sur le Léman. Les barques qui abordent ou quittent le rivage donnent à cette partie de la ville l'aspect le plus animé. De la promenade dite *Derrière l'aile*, et surtout de la terrasse de l'église de Saint-Martin, on a les plus beaux points de vue. A gauche on voit dans le lointain les montagnes du Valais et les glaciers du Saint-Bernard, plus près, les montagnes d'Aigle, la Dent de Jaman et les Alpes voisines semées de chalets; à droite, se présentent des monts et de fertiles coteaux; enfin on a devant soi le Léman, les rochers de Meillerie, les Alpes majestueuses du Chablais et le long rideau du Jura. L'église de Saint-Martin est un vaste édifice peu élégant, avec une tour carrée terminée par une galerie, et par quatre petites tourelles rondes à ses angles. On lit sur son portail la date de 1498. Entre les divers tombeaux qu'elle renferme, on remarque celui du voyageur Matte, qui se retira à Vevey après avoir parcouru l'Asie, l'Afrique et l'Amérique; celui d'Edmond Ludlow, l'un des juges de Charles Ier, roi d'Angleterre, sur lequel sa femme fit graver: *Acerrimus impugnator arbitrariæ potestatis*, et celui d'André Broughton, qui fut chargé de lire la sentence à cet infortuné monarque.

VILLENEUVE. — C'est l'ancien *Penniculus* des Romains qui, en 563, fut submergé et détruit lors de la chute du *Tauretunus* dans le lac. Située à l'extrémité la plus orientale du Léman, la rade de cette petite ville est ordinairement garnie de barques qui viennent y charger du bois et du plâtre dont les habitans font un commerce assez actif; ils se livrent aussi à la culture de la vigne et à la pêche.

YVERDUN. — Yverdun occupe la place où existait l'ancien *Ebrodunum* des Romains; on a trouvé dans ses environs des antiquités nombreuses, des médailles, des mosaïques, etc. Cette jolie ville est bien bâtie et dans une situation charmante sur le lac; ses principaux édifices sont : le château, flanqué de quatre tours, et où, de 1805 à 1825, a existé l'*Institut d'éducation* du célèbre professeur Pestalozzi; l'église, assez jolie; la maison-de-ville et le collège. Yverdun possède encore plusieurs instituts excellens: on distingue surtout celui des sourds-muets, dirigé par M. Conrad Nœf. L'hôpital, la bibliothèque, méritent aussi une mention particulière. Il y a des fabriques de toiles de coton, de cretonne, des blanchisseries, etc., etc. Les bains d'Yverdun sont situés à un quart de lieue de la ville.

HISTOIRE NATURELLE.

MÉTALLURGIE. — MINÉRALOGIE. — Le canton de Vaud est peut-être celui de la Suisse qui présente le plus de variétés et de richesses dans ses productions minérales. On y exploite pour les constructions un grès bleuâtre ou gris dans les environs de Lausanne, Moudon et Avenches; du jaune dans les environs d'Yverdun, ainsi que des marbres très-beaux et très-variés à Concise, à Saint-Triphon, à Bex et à Roche. Le gypse est commun, surtout dans les environs de Bex et de Villeneuve; ainsi que le tuf à Moncherand et à Montreux. On trouve du bois fossile, des os et des corps marins pétrifiés dans plusieurs endroits du canton, et même sur des montagnes élevées. Le fer qui provient des mines du Jura est d'une excellente qualité: aussi il fournit à la majeure partie des habitans de la commune de Vallorbe une branche lucrative d'industrie et de commerce. On exploite dans le Jura plusieurs mines de houille, entre autres à Belmont, à Paudex, entre Vevey et Saint-Saphorin, et on en a découvert un banc dans les rochers des Diablerets à 6,000 pieds au-dessus du Léman. On trouve à Chavornay, au Creux-Genou, près d'Orbe, et sur une des pentes de la Dent de Vaulion, des mines d'*asphalte* ou de pétrole, dont on tire quelque parti dans les arts. Enfin de toutes les productions minérales du canton, celles qui procurent le plus grand revenu sont les sources salées des environs de Bex, les seules de la Suisse, et qu'on exploite depuis 1554.

Règne animal. — Outre les animaux domestiques communs à toute la Suisse, on trouve dans le canton des lynx ou *loups cerviers*, des lièvres blancs, des marmottes, des loirs, des sangliers et des chamois. Presque tous les oiseaux qui habitent les régions tempérées de l'Europe s'y rencontrent aussi. Les lacs, les rivières et les ruisseaux abondent en truites et en perches, etc. On trouve quelquefois, dans la paroisse de Montreux, des lézards verts qui ont un pied et demi de long, et, non loin de là, des couleuvres qui ont quelquefois 8 à 10 pieds. Parmi la nombreuse classe des insectes, on distingue le *prie-dieu* (mantis religiosa). Quant aux vers et coquillages, on remarque de jolis testacés bivalves des lacs et des marais, entre autres l'huître d'eau douce, la telline cornée, la nérite fragile, etc., etc.

Règne végétal. — Il ne manque à la flore du canton de Vaud que 300 ou 400 espèces pour posséder toutes les plantes de la Suisse. Non loin de Vevey, on voit le romarin tapisser le bord des torrens, et on cueille les fruits du figuier, du grenadier et du laurier; si l'on remonte vers les sommets des Alpes, on peut ramasser les plantes de la Laponie: ainsi, dans l'espace de quelques lieues, on réunit les climats des pays de l'Europe les plus éloignés. C'est aux environs de Bex que le grand Haller a composé son savant ouvrage sur les plantes de la Suisse.

Sources. — Salines. — Dans le grand nombre de sources qui arrosent le pays, il y en a qui présentent des singularités remarquables; mais ce qui est fort précieux pour ses habitans, c'est que chaque village a son ruisseau, et des fontaines d'où jaillissent des eaux pures et abondantes. Plusieurs de ces sources, dont quelques-unes étaient connues déjà du temps des Romains, sont réputées pour leurs vertus médicinales. On cite entre autres celle d'Yverdun, celle de Rolle, appelée la *Fontaine de Jouvence*, celle d'Henniez entre Moudon et Payerne, celle dite de *la Poudrière* près de Lausanne, celle de Saint-Georges dans le Jura, celles de Morges, de Bex, de Lalliaz, etc., etc. Les sources salées des environs de Bex forment une des richesses du pays.

Les salines de Bex sont situées au N.-E. de Bex. C'est au Bouillet ou à la *galerie du Fondement* qu'on prend un guide, et qu'on se pourvoit d'une capote de mineur, de lampes et de tout l'attirail dont on a besoin pour parcourir les mines. On entre dans une galerie percée dans le roc vif, longue de 4,000 pieds environ, sur 3 et demi de largeur et 6 et demi de hauteur, garnie d'un revêtement de charpente, pour prévenir les éboulemens des parois et de la voûte. Au bout de sept à huit minutes de marche, on arrive au lieu dit de *La Rencontre*. Deux minutes plus loin, on voit sur la gauche un escalier taillé dans le roc par lequel les ouvriers se sont frayé une entrée dans ce souterrain. Un peu au-delà, et en continuant à suivre la principale galerie, on arrive au grand réservoir d'eau salée. On voit aussi la roue verticale de 36 pieds de diamètre qui, mise en mouvement par un courant d'eau douce tombant du haut de la montagne, fait agir les pompes destinées à extraire l'eau salée et l'eau sulfureuse des puits très-profonds dans l'intérieur desquels elles s'accumulent, et à les élever au niveau des rigoles qui les conduisent au dehors. Au-dessus de la roue est un soupirail presque circulaire, destiné à renouveler l'air de l'intérieur de la mine, et qui va aboutir verticalement au haut de la montagne. Les mineurs assurent que, lorsque le ciel est très-pur, on aperçoit les étoiles en plein jour, en regardant de bas en haut à travers ce soupirail. Un peu au-delà de l'endroit de la grande roue, on trouve, sur la gauche, l'entrée d'un escalier de près de 400 marches, par lequel on arrive, non sans quelque fatigue, dans la galerie dite du *Fondement d'en haut*, dont l'ouverture est éloignée d'environ une demi-lieue de celle du *Fondement d'en bas* par laquelle on a pénétré dans la mine. Cette sortie débouche dans un vallon étroit et sauvage, d'où l'on redescend par un sentier rapide, mais sûr, à l'endroit d'où l'on était parti pour commencer cette course souterraine. Si, au lieu de se diriger vers cette issue, on continue à suivre la grande galerie, on arrive, après quelques détours et en cinq ou six minutes de marche, au haut d'un escalier sinueux et assez raide, qui descend par six à sept cents marches dans la galerie du Bouillet. On voit ici l'ouverture d'un puits profond de 733 pieds, et plus loin, à peu de distance de la sortie du souterrain, un vaste réservoir destiné à recevoir les eaux salées, lorsqu'il y a quelques réparations à faire aux canaux de conduite. On revoit enfin le jour au hameau du Bouillet, après une course d'environ trois quarts d'heure d'une promenade dans l'intérieur de la montagne, sans avoir couru aucun danger. Du Bouillet on redescend en peu de minutes au Dévin, d'où on regagne la plaine par un chemin en pente douce, praticable aux voitures.

BIOGRAPHIE.

Peu de cantons ont fourni un plus grand nombre d'hommes célèbres dans les lettres, les sciences, les arts, le génie militaire, que le canton de Vaud. Forcés de nous borner, par le cadre étroit que nous nous sommes imposé, nous signalerons seulement quelques-unes des célébrités les plus illustres: d'abord le cardinal DUPERRON, grand-aumônier de France et archevêque de Sens; VIRET et FAREL, ces deux grands réformateurs, qui, les premiers, prêchèrent la doctrine de Calvin à Neuchâtel; BOCHAT et RUCHAT, historiens aussi profonds qu'érudits; VICAT, qui, avant de Candolle, a jeté un éclat si vif sur la science de la botanique; STRUVE et VAN BERCHEM, qui, avant Verner, illustrèrent la géologie de leurs doctes travaux; TISSOT, l'un des plus grands médecins dont s'honore le XVIIIe siècle et dont les ouvrages ont été traduits dans toutes les langues européennes; PH. BRIDEL, auteur du *Voyage de Bienne à Bâle*; le professeur BRIDEL, qui traduisit le Dante; DURAND, dont les sermons sont estimés des réformés; le colonel LAHARPE, qui fut professeur de l'empereur Alexandre, et que ses concitoyens choisirent tant de fois pour traiter avec les puissances étrangères; le général REYNIER, l'un des généraux les plus illustres de nos armées, etc., etc. Vevey s'honore d'avoir donné le jour à plusieurs hommes remarquables, tels que CH. LABELYE, célèbre architecte, auquel on doit la construction du pont de Westminster, à Londres; BRANDOUIN, peintre distingué d'aquarelles, qui séjourna long-temps en Angleterre et en Hollande, et dota sa patrie d'un grand nombre de chefs-d'œuvre; PERDONNET, philanthrope dont la mémoire vivra éternellement dans le souvenir des habitans de Vevey, dont il embellit la ville de plusieurs beaux monumens.

CULTES.

Les Vaudois professent tous la religion réformée, excepté quelques habitans de Lausanne et ceux d'une partie du district d'Échallens, pour lesquels il y a dans le canton quatre cures catholiques qui relèvent, quant au spirituel, de l'évêque résidant à Fribourg. Ces cures sont à Échallens, à Bottens, à Assens et à Lausanne.

Le clergé réformé est divisé en quatre classes ou chapitres, présidés, chacun pendant trois ans, par un doyen. Ces classes, qui comprennent cent cinquante-huit pasteurs, sont ainsi composées: celle de Morges a trente-huit pasteurs; celle de Lausanne, cinquante; celle d'Yverdun, d'Orbe et de Grandson, quarante-cinq; et enfin celle de Payerne et de Moudon, vingt-cinq; dans ces classes sont comprises quelques cures allemandes.

Il y a de plus sept suffragans, qui font les fonctions pastorales d'une paroisse; trois ministres subsidiaires, appelés stationnaires; un aumônier pour l'hospice cantonnal et les maisons de détention; deux sous-diacres à Lausanne et deux à Vevey, tous ecclésiastiques qui ne sont point membres de classe. Enfin on compte ordinairement près de soixante à soixante-dix suffragans ou vicaires; après avoir fait leurs études dans l'académie de Lausanne, ils desservent les cures des pasteurs, âgés ou infirmes, qui leur font un traitement de cinq cents francs par an.

Dès qu'un ministre est entré dans une classe et a obtenu une cure, il jouit d'un traitement annuel de 1,000 fr., et en outre, d'un presbytère.

Les pasteurs de chaque classe reçoivent tous les six ans une augmentation de 200 fr., jusqu'à ce que leur pension s'élève à 2,000 fr., somme qu'elle ne peut point dépasser.

BIBLIOGRAPHIE.

Les lois du pays de Vaud. 1616.
Almanach helvétique (Année 1815).
Itinéraire des rives du lac Léman, par M. Manget. 1 vol. in-12. Genève, 1825.
Manuel de Lausanne et du canton de Vaud, 1 vol. in-12. Lausanne, 1824.
Dictionnaire géographique et descriptif du canton de Vaud, 1 vol. in-12. Vevey, 1828.
Guide du Voyageur à Lausanne et dans ses environs, 1 vol. in-12. Lausanne, 1834.

CANTON DU VALAIS.

TOPOGRAPHIE.

Le Valais est l'une des plus considérables vallées de la Suisse. Sa surface est d'environ 90 milles carrés. Situé dans la partie méridionale, ce canton est borné au Sud par l'Italie, à l'E. par les cantons du Tessin et d'Uri, au N. par le canton de Berne, à l'O. par celui de Vaud, le lac de Genève et la Savoie. Outre la vallée centrale qui court du N. O. au S. E., depuis le lac de Genève jusqu'aux sources du Rhône, il comprend seize vallées latérales habitées, dont quelques unes ont jusqu'à 10 lieues de profondeur. Les plus considérables sont celles de Bagnes, d'Hérens, d'Anniviers et de Viège.

Montagnes. — Toutes ces vallées sont fermées par les deux plus hautes chaînes des montagnes de la Suisse. Ces deux chaînes d'abord très rapprochées à Saint-Maurice, où elles présentent les aiguilles ou dents de Morcle et du Midi, s'éloignent l'une vers le N. et l'autre vers le S. pour se rejoindre à l'extrémité orientale du Valais, près du Saint-Gothard. La chaîne méridionale qui s'étend du côté du Piémont présente en général de plus hautes montagnes que l'autre. De ce nombre sont le Mont-Rosa, le Weisshorn, le Maderhorn, etc.; le Simplon et le Saint-Bernard font partie de cette chaîne; le Mont-Blanc s'élève dans son voisinage. Les principales sommités de l'Oberland Bernois, telles que la Finsteraarhorn, la Jungfrau, le Schreckhorn, etc., ainsi que les passages du Grimsel et de la Gemmi appartiennent à la chaîne septentrionale. Le haut Valais communique avec le Saint-Gothard par le col de la Fourche. La plupart de ces montagnes sont couvertes de neiges éternelles.

Depuis le sommet de la Fourche jusqu'au pont de Saint-Gingolph, la longueur du canton est de 34 à 35 lieues communes. Sa largeur est très inégale. Ici la vallée centrale n'a qu'une lieue d'un flanc à l'autre; là où les vallées latérales s'ouvrent, elle est beaucoup plus vaste, mais à Saint-Maurice, les deux chaînes se rapprochent tellement qu'elles laissent à peine un passage aux eaux du Rhône.

Les montagnes qui entourent le Valais sont au nombre des plus hautes Alpes helvétiques; la cime de quelques uns de leurs pics atteint jusqu'à 13,800 et 14,600 pieds au-dessus du niveau de la mer (1).

(1) Voici le tableau des principales hauteurs mesurées par Deluc, Wild, Weiss, Pictet, Frey et Saussure.

ALPES.

	pieds
Mont Rosa, entre le Valais et l'Italie.	14,580
Aiguille du Cervin ou Silvio.	13,854
Combin, au fond du val de Bagnes.	13,253
Finsteraarhorn, entre les cantons de Berne et du Valais.	13,176

Routes, sentiers etc. Le Valais n'a qu'une seule grande chaussée praticable toute l'année; c'est la route qui conduit au Simplon, qui commence à St-Gingolph, et sort du canton au-dessous de Gondo pour entrer en Italie. Elle a 169,563 mètres de longueur (environ 43 lieues communes).

La route du St-Bernard se détache de celle du Simplon à Martigny; longue de huit lieues, elle atteint le couvent hospitalier placé sur la frontière d'Aoste. Celle des bains de Louëche à Kandersteg, canton de Berne, longue de six lieues, n'est fréquentée que dans la belle saison.

Toutes les autres communications du Valais avec les états voisins ne sont que des *sentiers* qui traversent des cols plus ou moins élevés et ne sont praticables, la plupart, que pendant sept ou huit semaines de l'année.

Fleuves, Rivières, Torrens. — Le Rhône, l'un des grands fleuves de l'Europe, naît au pied de la Fourche, à 5,418 pieds au-dessus de la mer; grossi successivement des eaux de plus de 80 rivières et torrens, il court sur une ligne assez droite jusqu'à Martigny, puis tournant vers le N., va se jeter dans le Léman. Il embrasse dans son cours plusieurs îles plus ou moins vastes, les unes boisées, les autres couvertes de gras pâturages, de joncs ou de plantes aquatiques. Claires en hiver, ses eaux sont troubles en été. Ce formidable fleuve est sujet à des inondations fréquentes: les plus désastreuses sont celles de 1472, 1571, 1620, 1636 et 1726.

Les rivières et principaux torrens qui ont aussi leur cours dans le Valais sont: l'Égine, la Viège, la Borgne, l'Armenzi ou Vesonce, la Dranse, le Trient, la Louza, la Raspille, la Sionne, la Navisanche, la Dala et la Saltine.

Forêts. — Le Valais étale dans ses vallées et sur divers plateaux et étages de ses Alpes de nombreuses et vastes forêts de châtaigniers, de chênes, de hêtres, d'érables, de bouleaux, de sapins, de mélèses, qui appartiennent soit à l'état, soit aux communes, soit aux individus.

Glaciers et Avalanches. — De vastes glaciers couvrent une partie des Alpes valaisannes; quelques uns envahissent peu à peu les terres inférieures. La seule vallée de Bagnes en compte dix-sept; la commune de Simplon huit, etc.: les meilleures cartes ne les indiquent pas tous. On les nomme *Trainoz* dans le patois du bas Valais, et plusieurs

	pieds
Viescherhorn, pic de Viesch	12,550
Breithorn, au fond de la vallée de Saint-Nicolas.	12,012
Balmshorn, entre la vallée bernoise de Gastern et le Valais	11,415
Gallenstock, entre les cantons d'Uri et du Valais.	10,972
Mont Velan près du Saint-Bernard.	10,391
Col du Cervin, passant de la vallée de Viège en Piémont	10,284

ne sont connus que des chasseurs de chamois. On peut dire qu'ils entourent ce pays d'une ceinture de glace, et qu'ils s'élèvent par degrés depuis la hauteur de 8,000 à 14,500 pieds au-dessus du niveau de la mer. Ce cirque glacial a ses pilastres, ses gradins, ses voûtes, ses portiques, d'une architecture qui n'appartient à aucun ordre connu, et dont nul pinceau de peintre ou de poète ne peut exprimer les scènes merveilleuses. Chaque année l'ordonnance de quelqu'une des parties de ces sublimes amphithéâtres varie. Ici, tombent de vieux glaciers, là, il s'en élève de nouveaux; des abîmes s'ouvrent entre leurs parois qui se fendent avec de formidables détonations, et de nombreux torrens s'élancent de leurs flancs déchirés. En 1595, un si grand nombre d'avalanches roula dans le Rhône qu'il en résulta un débordement qui entraîna plus de 100 maisons, et noya 60 personnes. Un de ces globes de neige, en 1720, ensevelit 40 individus dans le dixain de Brieg.

HISTOIRE.

Ce serait une belle histoire à écrire que l'histoire du Valais : quelques écrivains l'ont tenté, mais sans beaucoup de succès. Simler de Zürich a rassemblé, dans sa *Valesiana*, des matériaux plutôt que des faits. Son récit, du reste, pâle, inanimé, s'arrête à 1570. Breguet, dans la *Valesiana Christiana*, a, lui, ainsi que le titre l'indique, donné des Chroniques ecclésiastiques plutôt qu'une véritable histoire. A celui qui sera jamais tenté d'écrire les annales du peuple valaisan, nous indiquerons l'immense collection de manuscrits, d'imprimés, d'autographes, de la famille de Rivaz.

Essayons de jeter un coup d'œil sur l'histoire du Valais ; notre cadre ne nous permet pas de longs développemens.

§ I. *Le Valais avant l'ère chrétienne.* — Ses premiers habitans ne sont point Autochthones ; on les croit d'origine celtique. Des Cimbres, des Teutons, foulent tour à tour son territoire. L'an de Rome 646, Lucius Cassius traverse les Alpes-Pennines ; Divicon, à la tête des Tigurins, le rencontre dans les plaines voisines du Rhône et du Léman, le bat, le tue et met en fuite ses soldats. Les lieutenans d'Auguste font la conquête du Valais.

§ II. *Le Valais sous les Romains.* — Auguste, après sa victoire, cherche à gagner le cœur du peuple vaincu ; il fait élargir la voie militaire du St.-Bernard. *Sedunum, Tarnada, Octodurus*, deviennent colonies romaines. Cécina passe le Mont-Joux ; Maximien, en 302, fait massacrer la Légion Thébéenne près d'Aganum. Le christianisme s'introduit dans le Valais, Théodore, le premier évêque, siège à Octodurus. — Le colosse romain tombe. Le Valais est déchiré par des convulsions intestines.

§ III. *Le Valais sous les Francs.* — Passage des Lombards par le Simplon. Ils pillent le couvent de Saint-Maurice et sont battus par Teudefried, duc des Francs. — En 730, les Sarrasins s'emparent du passage des Alpes, et des hordes de Huns vont s'établir dans les vallées désertes des Alpes-Pennines.

§ IV. *Le Valais sous Charlemagne et ses successeurs.* — Cet empereur passe en 773 le Mont-Joux, pour aller détruire le royaume Lombard. Bernard, son oncle, impose son nom au Saint-Bernard.

§ V. *Le Valais sous les Carlovingiens.* — Le Valais fait tour à tour partie des états de Louis-le-Débonnaire, de Lothaire, de Charles-le-Chauve et de Charles-le-Gros. Après l'extinction des Carlovingiens, il passe successivement sous la domination du second royaume de Bourgogne et de l'empire d'Allemagne.

§ VI. *Guerre avec les Rarogne.* — Ici commence la lutte des patriotes valaisans contre les seigneurs et les évêques qui veulent reconquérir leurs droits : lutte sanglante, où, tour à tour vaincus et victorieux, ils offrent de beaux exemples de courage. La Savoie se ligue, vers 1400, contre le Valais, et menace son indépendance. La puissante maison de Rarogne fait cause commune avec les ennemis du Valais, et détache quelques fédérés de l'alliance contractée avec les patriotes. Un moment le Valais est sur le point de succomber sous les efforts de ses nombreux ennemis. Ce ne sont plus seulement les Rarogne qu'il s'agit de vaincre, mais Berne, avec ses auxiliaires de Schwytz, Soleure, Fribourg, Neuchâtel, Bienne. Les patriotes résistent, et, pendant huit années, se battent avec des revers et des succès balancés.

§ VII. *La Réformation.* — Aux factions politiques succèdent les factions religieuses. Quelques réformés parmi lesquels se trouvent des magistrats, des nobles, des hommes éclairés, prêchent les nouveaux dogmes ; ils font des prosélytes. Les Dixains se liguent avec les cantons restés catholiques, pour maintenir l'intégrité de la foi. La lutte entre les dissidens se prolonge. Enfin, en 1603, les patriotes assemblés en plein air, passent aux voix ; la pluralité conserve la communion romaine. La diète ordonne alors aux réformés de se rétracter ou de quitter le pays. Pendant ces que-

	pieds
Diablerets, entre les cantons de Vaud et de Valais	10,092
Dent du midi, au-dessus de Saint-Maurice	9,802
Dent de Morcles, entre les cantons de Vaud et de Valais	8,971
Fourche, le plus haut point du passage	7,503
Gemmi, hauteur du passage au col de Lauben	6,985
Grimsel, borne des deux cantons de Berne et du Valais	6,750
Simplon, hauteur du passage	6,173
LIEUX HABITÉS.	
Hospice du Saint-Bernard	7,542

	pieds
Chalets du val Sorvey	6,708
Hospice du Simplon	6,150
Bourg de Saint-Pierre	5,004
Simplon, village	4,355
Bains de Louëche	4,504
Bourg de Saint-Branchier	2,368
Brieg, bourg	2,184
Viège, bourg	2,004
Sion	1,746
Martigny	1,461

relles religieuses le Valais avait pris rang et s'était fait reconnaître dans la confédération helvétique.

L'histoire du Valais, pendant près de deux siècles, c'est-à-dire depuis 1600 jusque vers la fin du 18e siècle, offre peu d'événemens remarquables. A cette époque les troubles qui ont lieu en France réagissent sur ces peuples qui aspirent à l'indépendance et l'obtiennent de force en 1798. Les Français envahissent le Valais. La république y est proclamée ; double république : la république Rhodanique et la république Sarine ou de Broye. En 1799, les Autrichiens pénètrent par le Simplon jusqu'à Brieg. Insurrection contre les Français. Les patriotes sont de nouveau vaincus. Le premier consul Bonaparte passe avec 30,000 hommes par le Valais et le St.-Bernard pour aller en Italie.

En 1802, le directoire sépare le Valais de la république helvétique et lui donne une constitution qui le déclare état libre et indépendant.

Un décret du 12 octobre 1810 réunit le Valais à la France sous le nom de département du Simplon.

Par le traité de Paris du 3 mai 1814, la France renonce au Valais, qui est rendu à son indépendance primitive. Le 15 avril 1815, d'après le vœu général des 13 dizains, le Valais fait partie de la confédération helvétique. Il y rentre comme vingtième canton.

Depuis 1815 rien n'a troublé le repos dont jouit le Valais.

ANTIQUITÉS.

Le Valais ne manque pas de monumens qui attestent le passage et le séjour des Romains dans cette contrée. Quelques uns des marbres antiques copiés et publiés par des écrivains du XVIIe siècle n'existent plus, mais il en reste encore assez pour mériter l'attention de l'archéologue, du géographe et de l'historien. On ignore absolument ce qui concerne le Valais avant J. César : et le plus ancien monument où se trouve son nom est l'épitaphe de *L. Aurelius Respectus*, qualifié de citoyen du Valais, et les Equestres (*bis civi Valensi et equestri*), qu'on peut rapporter à la fin du XIe siècle. Ce fut sous Auguste que le Valais prit le nom de Vallée Pennine. Il fit ouvrir ou réparer les routes, et notamment celle du Saint-Bernard. Le temple de *Jupiter Pennin*, élevé au sommet du passage, était en grande vénération. Les voyageurs, et surtout les officiers des légions qui traversaient sans accidens cette dangereuse montagne, ne manquaient pas de témoigner leur reconnaissance à la divinité protectrice par des *ex-voto*, dont on a trouvé un grand nombre au *Plan de Jupiter*. Ces *ex-voto* la plupart gravés sur des plaques de marbre, ont presque tous la même formule, et ne diffèrent que par les noms de ceux qui ont accompli leurs vœux. Il y en a une trentaine dans la collection d'antiquités du Saint-Bernard. Des colonnes miliaires furent placées sur cette route. Il en reste trois : l'une au *bourg Saint-Pierre*, et les deux autres à *Martigny*. Une quatrième a été découverte à Sion et placée à l'Hôtel-de-Ville. On a trouvé encore dans le Valais une vingtaine d'inscriptions plus ou moins bien conservées : 8 ou 10 à Saint-Maurice, 3 à Martigny, 3 à Sion, 1 à Sierre, 1 à Fully, 1 dans la vallée d'Hérens, des médailles curieuses, etc., etc.

MOEURS, CARACTÈRES, COUTUMES.

Les mœurs valaisannes se sont adoucies dans les formes politiques ; on n'impose plus d'amendes arbitraires à un homme parce que ses richesses sont contraires à l'égalité démocratique ; on ne force plus le débiteur insolvable à s'asseoir en public sur une pierre glacée, presque nu, et dans une attitude suppliante ; on n'intente plus d'accusation de magie ou de sorcellerie ; on ne met plus à la torture un prévenu, pour lui faire avouer, par les tourmens, un crime qu'il n'a pas commis. Il y a bientôt trois siècles qu'on a enterré cette redoutable *masse*, qui détruisit tant de châteaux et ruina tant de familles. Chacun sait que, quand quelque personnage perdait la faveur populaire, tous ceux qui voulaient sa perte, enfonçaient un clou dans une massue, grossièrement façonnée en tête humaine. Quand le nombre de ces accusateurs semblait suffisant, ce signe de réprobation était porté devant la demeure de l'accusé ; l'avocat de la masse le citait pour se justifier, le cortège le condamnait sans l'entendre, on lui fixait un terme pour émigrer ; s'il refusait de partir et tentait de repousser la force par la force, son château était assiégé, pris, pillé, brûlé et démantelé. Ainsi furent traités les Rarogne, les Châtillon, les Supersax, le cardinal de Sion lui-même et tant d'autres barons, chevaliers et magistrats.

Dans les hautes vallées, les habitans, loin d'avoir le désir d'attirer l'attention, sont jaloux de leur obscurité, de leur ignorance, de leur pauvreté même, qu'ils croient nécessaires à leur bonheur. Robustes, sobres, aimant le travail, les *Anniviards* ont, dès long-temps, banni de leurs pays les cabarets et la mendicité, et ne connaissent d'autre luxe que celui *du repas des funérailles*, pour lequel ils dépensent souvent le revenu de plusieurs années. Là, le lien du mariage est scrupuleusement respecté. Le vieillard exerce une autorité patriarchale au milieu d'une famille docile et soumise, et si quelque jeune fille faible faillit, la réparation est prompte et le mariage suit immédiatement. Dans la vallée de Viège, les coutumes des habitans sont toutes religieuses. Au milieu d'une nature qui tombe en ruines, on sent plus intimement le besoin des secours du ciel, et ces bons paysans les demandent chaque jour avec ferveur. Autant cette peuplade se distingue par l'extrême simplicité de ses habitations, autant elle aime à parer les autels consacrés à son culte. Partout ce sont de vastes églises, de jolies chapelles, d'agrestes oratoires, attestant la dévotion de ceux qui les ont bâties et qui les fréquentent. Quel spectacle plus imposant, que celui de ces montagnards, exposés aux torrens, aux avalanches, aux chutes de rochers, s'assemblant chaque soir, sur la place principale du village, pour implorer, par une prière faite en commun, la sauve-garde d'un Dieu protecteur.

COSTUMES.

Dans les villes du Valais, à Sion, à Saint-Maurice, l'ancien costume national est depuis long-temps abandonné. Les hommes ont adopté nos vêtemens français; de leur côté, les dames valaisannes ont renoncé presque toutes à leurs vieilles modes; elles recherchent avec empressement ce qui vient de Paris. Les étoffes légères, les rubans élégans ont succédé aux riches brocards, aux dentelles de prix.

Dans quelques communes des dixains supérieurs, les femmes portent encore des coiffes rouges et des corsets cuirassés, aussi gênans que défavorables à la taille. Dans le val d'Illiez, où les paysannes ont souvent à traverser des neiges profondes ou de hautes herbes humides, elles ont de larges culottes, dans lesquelles elles rentrent leur jupe à mi-corps. Le corset et le chapeau indiquent seuls le sexe de ces intrépides amazones.

IDIOMES.

Sur le revers méridional des Alpes, dans les hameaux voisins de la Lombardie, l'italien est en usage. A Sion, à Saint-Maurice, à Martigny et dans toute la vallée du Rhône, on parle le français. Chaque vallée latérale a son dialecte particulier; dans celles de Bagnes, de l'Entremont, etc., on fait usage d'un patois composé du celte, du latin, de l'ancien gaulois, fort difficile à comprendre à cause de ses aspirations gutturales, de ses fréquentes élisions ou de l'absence de certaines lettres; ainsi on dit *o mulet* pour le mulet.

Il serait intéressant de faire des recherches sur l'idiome français vallaisan; si comme il le paraît, on y trouve plusieurs mots des langues des Huns, des Madschares, des Sarrasins, on pourrait conjecturer avec quelque vraisemblance duquel de ces peuples proviennent les premières colonies, qui ont défriché cette partie des Alpes Pennines; ce serait principalement le patois de la vallée d'Anniviers qui devrait attirer l'attention des glossophiles; dans cet étrange dialecte les *s* sont changés en *ch*, les *ch* en *z*, l'*i* final est suivi d'un *g* ou d'un *k*, ce qui donne à cet idiome un air bas-breton, ou gallique.

VILLES, COMMUNES, CHATEAUX.

Sion. — Cette antique cité, ceinte de fossés, de remparts et de tours gothiques, est, sans contredit l'une des villes suisses dont l'ensemble offre l'aspect le plus pittoresque. Située dans la partie la plus large et la plus chaude de la vallée du Rhône, et traversée par le dangereux torrent de la Sionne, qui l'a souvent désolée, elle est dominée par un immense rocher, qu'une profonde fissure a partagé en deux croupes. La plus élevée se couronne des ruines du château Tourbillon. Sur l'autre croupe, un peu plus basse et d'un abord moins pénible, est le château de Valérie et une église fort ancienne. Sion, dont l'origine remonte au siècle d'Auguste, et qui donna son nom latin aux *Seduni*, a été assiégée, prise et brûlée en tout ou en partie, huit fois depuis 888, que Rodolphe premier, roi de la Transjurane, s'en empara, jusqu'en 1798 que les Français l'emportèrent d'assaut, et en 1799, qu'elle fut quelque temps occupée par les Autrichiens. Elle a six portes, et se divise en quatre quartiers. Ses rues sont étroites et ses maisons inégales et construites comme si on s'était proposé d'intercepter les rayons du soleil. Cependant la partie de la ville neuve est bâtie sur un meilleur plan. Sion a cinq églises, un hôtel-de-ville, un collége, un arsenal, un cabinet de physique et d'histoire naturelle. Non loin de la ville, on visite le champ de bataille de *la Planta*, où les patriotes du haut Valais battirent complètement une armée de 4,000 Savoyards, le 13 novembre 1475, jour fameux dans les annales de ce canton, et dont l'anniversaire se célèbre encore. Les environs de Sion offrent de jolies promenades et des points de vue pittoresques. Le safran, le laurier, l'amandier, le grenadier, le figuier y croissent spontanément.

Iserabloz. — Village suspendu à un rocher presque inaccessible, bordé d'affreux précipices et couronné de sombres forêts d'érables, dont il tire son nom. Là vit une peuplade isolée, laborieuse et riche, qui a conservé une telle simplicité de mœurs, que la bonne foi y tient lieu de livre de compte, et soulage sa mémoire par des marques gravées sur des morceaux de bois. Il n'y a pas très long-temps qu'une porte d'écurie, chargée de croix et d'autres signes, fut apportée devant le juge et admise comme preuve irréfragable. Cette commune est souvent, en hiver, sans communication avec la plaine.

Martigny. — C'est l'*Octodorus* des Romains, ainsi que le prouvent plusieurs inscriptions mutilées, conservées dans l'église de Notre-Dame. Il est composé de Martigny *la Ville*, où sont l'église paroissiale, la maison-prévôtale de Saint-Bernard, le prieuré et quelques beaux bâtimens, et de Martigny *le Bourg*, placé plus haut à 1480 pieds au-dessus du niveau de la mer, et où se tiennent des foires considérables et des marchés hebdomadaires très fréquentés. En 1595, la Dranse ne laissa que trois maisons, à Martigny, et l'on ne se rappelle que trop les ravages qu'y a exercés la débâcle de 1818.

Saint-Maurice. — Jolie petite ville d'environ 1300 habitans, située au bord du Rhône. Sa rue principale est alignée et bordée des deux côtés de maisons hautes et régulièrement bâties. On y remarque l'abbaye et son église, l'église paroissiale, l'hôtel de ville d'une belle construction, le pont de pierre sur le Rhône, d'une seule arche, qui se fermait jadis par une porte qu'on appellait la *porte du Valais*. On montre dans l'église paroissiale la châsse de saint Sigismond, présent de l'empereur Charles IV, et l'écuelle de bois garni en argent dans laquelle ce roi canonisé mangeait la soupe quand il faisait pénitence, pour avoir tué son fils.

On va visiter aussi, près de Saint-Maurice, l'ermitage de N. D. *du Sex*, pittoresquement situé au milieu de rochers qui semblent inaccessibles.

CURIOSITÉS NATURELLES.

Le Simplon. — C'est à Gliss que commence la route du Simplon. Elle se termine à Domo d'Ossola. Cette étendue comprend une longueur de 65,670 mètres. Le trajet depuis Gliss jusqu'au pont du *Ganther* offre une promenade agréable. A mesure qu'on avance les sites deviennent plus pittoresques. La Galerie *des Glaciers* est parfois obstruée par les neiges qui se détachent du Schönhorn, et l'eau qui s'infiltre dans les fentes du rocher y forme une pluie continuelle. Après avoir tourné la base du Schönhorn, on atteint le plateau ou le *col du passage du Simplon*. C'est dans ce triste vallon, élevé à plus de 6,100 pieds au-dessus de la mer, qu'est situé l'hospice. Le village du Simplon, plus bas de 1620 pieds, est bâti au fond d'une gorge étroite, formée de masses imposantes de rochers. Les glaciers du Rosboden contribuent à rendre ce séjour des frimats, encore plus âpre et plus froid. A une demi-lieue du village du Simplon, la route tourne sur un angle très aigu, pour s'enfoncer dans l'étroite vallée de Krumbach, encombrée de blocs de granit et de gneiss que les torrens détachent continuellement des parois des montagnes. Il faut se résigner à errer pendant cinq lieues de chemin à travers des défilés qui semblent n'avoir pas d'issues et dans lesquels en beaucoup d'endroits les rayons du soleil n'arrivent jamais.

On pénètre dans la sombre vallée de Gondo par la galerie d'*Algaby*. A mesure qu'on avance, les montagnes se rapprochent et souvent laissent à peine assez d'espace pour la route qui, à chaque pas, doit disputer le terrain au torrent. C'est un labyrinthe entre des rochers qui, en beaucoup d'endroits, s'élèvent à plus de 2000 pieds. La grande galerie de *Gondo*, ouverte dans le granit, dans un lieu qui n'offrait aucune issue, est longue de 222 mètres. Elle a été tracée en ligne sinueuse, afin de faciliter la défense militaire de ce passage unique, à côté duquel il n'y a d'autre espace que celui de la fissure profonde, dans laquelle la Doveria se brise contre les blocs de granit qui s'y accumulent toujours davantage. L'effet de ce spectacle est encore augmenté par la cataracte de la *Frasinone* qui, à l'issue de la galerie, se précipite de plusieurs cents pieds de haut dans le gouffre de la *Doveria*. Le pont qui franchit ce torrent, au milieu de sa chute, est composé d'une seule voûte en pierre, jetée d'un rocher à l'autre en ligne oblique. Les efforts qui ont dû être employés dans cette partie de la route sont immenses. La grande galerie a exigé seule un travail de quinze mois, et plus de mille ouvriers y ont été occupés. Les ingénieurs qui ont dirigé spécialement l'exécution de ces travaux, auraient mérité une place sur la table de granit qui se trouve à l'extrémité de la galerie, du côté de l'Italie avec cette simple inscription : *Aere Italo 1815*.

Les rochers ont toujours des formes gigantesques, d'énormes blocs de granit détachés semblent près d'ensevelir les passans; on est impatient de sortir de cette gorge : on atteint bientôt une mauvaise auberge qui, par son architecture, ressemble plutôt à une prison qu'à une maison destinée à recevoir les voyageurs; plus loin, quelques chétives habitations forment le petit village de Gondo. A trois quarts de lieue au-delà est celui d'*Iselle*. En sortant d'Iselle, on entre dans le riant vallon de Dovedro; les vignes, les châtaigniers annoncent le pays fortuné qu'on va atteindre; mais bientôt les rochers se rapprochent et la route reprend un caractère sombre jusqu'au pont de Crévola, d'où l'on découvre tout à coup la belle Italie!

L'Hermitage de Longeborne, l'une des merveilles de la Suisse, est situé près du village de *Bramois*, à l'entrée de la vallée d'Hérens, au milieu d'une nature sauvage et menaçante. L'église, les chapelles, les escaliers, le réfectoire, les cellules, les caves, tout a été taillé, dit-on, dans le roc, par un seul anachorète. Cet édifice singulier, qui date du commencement du XVIe siècle, fut d'abord habité par des moines qui y moururent tous en quelques années, à cause de l'humidité des cellules. Il resta long-temps désert : depuis, des ermites s'y sont plusieurs fois établis.

La Cascade de Pisse-Vache. — Un objet à la fois sauvage et gracieux, c'est la belle cascade de Pisse-Vache, à qui la mythologie riante des anciens eût donné un plus beau nom. Il faut voir cette cascade le plus près possible de la montagne: de ce point, elle semble tomber du ciel; sa pluie argentée, ses nappes ondulantes, l'espèce de fumée qui en jaillit, les feux qui la colorent la font ressembler à un volcan. Le spectacle d'une rivière tombant du sommet d'une montagne est une chose que l'on voit rarement dans les autres contrées de la terre. De petites fontaines, des sources médiocres finissent par acquérir un cours superbe, un nom fameux, et portent à la mer le tribut de leurs ondes, mais la belle *Cascade de Martigny*, si digne de donner naissance à un grand fleuve, va mourir et perdre son nom dans le Rhône, qui coule modestement à ses pieds.

Le Saint-Bernard. — Tous les ans, 7 à 8,000 voyageurs traversent le Saint-Bernard. C'est au sommet même du passage qu'est situé l'hospice, bâti à 7480 pieds au-dessus de la mer. On le regarde comme une des habitations les plus élevées de l'ancien monde.

Une vaste salle, où l'on reçoit les passagers, occupe une partie du rez-de-chaussée du bâtiment principal; à côté est une cuisine spacieuse. Au-dessus de la cuisine est le réfectoire. Il est propre, clair, orné de quelques vieux tableaux et bien chauffé. Les tables, les chaises sont en bois de noyer. Le long du bâtiment règne un grand corridor qui sert de dégagement aux chambres et aux cellules; l'extrémité de ce corridor aboutit à l'église. Elle est petite, mais jolie. L'autel est décoré avec goût. On y voit le monument du général Desaix. Vis-à-vis de l'hospice, on a élevé un bâtiment destiné à loger les femmes. Non loin de là, du côté de l'Italie, est un petit lac, de l'aspect le plus triste. Ses eaux sont noirâtres ; aucune verdure n'égaie ses rives mélancoliques ; aucun poisson n'habite ses ondes glacées. Une demi-lieue plus bas, sur la route de Martigny, on trouve le Petit-Hôpital. C'est une voûte souterraine, où les voyageurs peuvent se mettre à l'abri du froid et de la tempête. On voit à côté un espèce de caveau destiné à recevoir le corps des passagers qui perdent la vie dans ce désert glacé. L'air y est si froid, que les cadavres restent ainsi exposés des mois entiers, sans être défigurés et sans donner des signes visibles de putréfaction.

Depuis 1798, époque à laquelle les Français pénétrèrent en Suisse, jusqu'en 1801, plus de 150,000 soldats gravirent le Saint-Bernard. Du 15 au 21 mai 1800, l'armée de réserve française, forte de 30,000 hommes et commandée par Napoléon, alors premier consul de la république française, passa le Saint-Bernard. Chaque soldat était pourvu de biscuit pour trois jours; et reçut une mesure de vin à son arrivée à l'hospice ; on employa soixante-quatre hommes à traîner vingt pièces de canons jusqu'au haut du col. Au mois de juin suivant, cette armée battit les Autrichiens, commandés par le général Melas, dans les plaines de Marengo, où Desaix termina glorieusement sa carrière.

Il existe encore dans le Valais plusieurs curiosités naturelles, telles que le Glacier du Rhône ou *mont Furca*, le Trou-des-Fées, près Saint-Maurice, la grotte de Saint-Léonard, le Pertuis-du-Chien, dans la paroisse d'Erschmatt et Pierrevoaz, (*le rocher de la Belle-Vue*), au-dessus du village de Verbier, dans le val de Bagnes.

HISTOIRE NATURELLE.

Le Valais est comme un vaste cabinet d'histoire naturelle. Chaque année la zoologie, la botanique et la minéralogie s'enrichissent de nouvelles découvertes, néanmoins plusieurs vallées de ce canton sont vierges encore de toute exploration, et promettent d'abondans trésors.

GÉOLOGIE. — Les deux chaînes de montagnes qui entourent le Valais sont en grande partie granitiques et appartiennent à la formation primitive. Celle de la gauche du Rhône se distingue de celle de la droite par des bancs de talc vert, et de rochers calcaires interposés entre des couches de gneiss et de mica. Il y a quelques chaînes secondaires, soit isolées, soit ramifiées des premières, composées de divers calcaires, schiste, gypse, etc.

RÈGNE ANIMAL. — Outre les animaux domestiques, communs à toute la Suisse, on trouve dans ce canton des ours, des loups cerviers, des cerfs et des chevreuils; le bouquetin et le chamois sont rares; le roselet, la marmotte et le lièvre des Alpes habitent les hautes vallées. Parmi les oiseaux, on distingue le vautour barbu ou *Lammergeyer*, qui niche sur les rochers les plus inaccessibles des Alpes; l'effraye, le couchas et la fauvette; l'hirondelle des rochers, l'ortolan, la bartavelle, la perdrix grise, la perdrix des neiges ou lagopède et la géliotte commune. L'ichtyologie valaisanne est moins riche que l'ornithologie; cependant on prend en abondance dans le Rhône des truites, dont quelques unes pèsent jusqu'à 20 et 25 livres, des carpes, des plattes, des perches. Les brochets sont plus rares. On pêche dans quelques lacs la petite truite saumonée, la carpe et la tanche. La côte valaisanne du Boveret à Saint-Gingolph, Féra, Naze, etc., est aussi assez poissonneuse. Parmi les amphibies et les reptiles, on trouve la tortue d'eau douce, le lézard vert, la salamandre noire, la vipère noire, la couleuvre, l'anvoye, la vipère commune, plusieurs espèces de serpens, etc., etc.

Les Alpes, vallons, bois et marais sont peuplés d'insectes rares, et de nombreux lépidoptères. On distingue surtout : le phléas, le paphia ou le valaisan, le cordula, l'alecto, l'égon, l'icarius, le petit apollon, le corydon, l'euroda, le lavatera, le damon, l'iris gorge de pigeon, et le grand apollon, si justement surnommé le roi des papillons des Alpes, qui déploie son vol brillant des basses campagnes jusqu'aux pics les plus élevés.

RÈGNE VÉGÉTAL. — La botanique valaisanne n'a pas de rivale. Il est aisé de comprendre la richesse d'une Flore qui s'élève des coteaux brûlans de Branson aux sommets glacés du Simplon, du Silvio, du Saint-Bernard, par une gradation de terrains si différens, et une échelle de température si diversifiée. Chaque zone a ses végétaux qui lui appartiennent. La zone des arbres s'étend depuis les bords du Rhône à 6,300 pieds au-dessus de la mer. La zone d s arbustes finit à 8,000 pieds. Les plantes granitiques en atteignent 10,000. Au-delà, on ne voit plus que quelques maigres lichens, et toute végétation finit vers 10,600 pieds.

Les lieux les plus riches en végétaux rares sont dans le haut Valais, les sources du Rhône, le Simplon, la vallée d'Herens, et les environs de Sierre et de Sion; et dans le bas Valais, Branson, Fully, la vallée de Bagnes, le Saint-Bernard et le val d'Illiez.

RÈGNE MINÉRAL. — Moins riche que le règne végétal, le règne minéral offre une quantité de substances rares et précieuses. Indépendamment du gypse, des ardoises, du charbon de terre, on trouve dans le Valais, de l'albâtre, des marbres, des cristaux de roche, de belles pyrites dodécaèdres, remarquables par leur grandeur, de l'argent, de l'or, etc., etc. Le Valais renferme aussi plusieurs mines : celles de marbre noir dans les environs de Sion; une d'or, (à Gondo, paroisse du Simplon), aujourd'hui abandonnée; celles de fer d'Ardon, de Chemin, de Chamoson, de Beauvernier et de Vallettes. Il existe une mine de plomb à Levron, près Saint-Branchier, plusieurs de cuivre dans la vallée d'Anniviers, etc.

BAINS, SOURCES, EAUX MINÉRALES. — Parmi les bains d'eaux minérales, on distingue ceux de Brieg et surtout ceux de Louèche. Ces derniers, situés à deux lieues au-dessus du bourg du même nom, au pied d'une paroi de rochers de 1,600 pieds de

Route du Simplon.

Paysans du haut Valais — pays fils des environs de Sion.

PITTORESQUE

haut, furent découverts dès le XII° siècle par des chasseurs de chamois, et attirèrent bientôt quelques pauvres paysans, qui s'y établirent. On construisit une espèce de retranchement en bois pour les mettre à l'abri des ours et des loups qui alors infestaient ces solitudes. L'évêque de Sion y fonda l'église de Sainte-Barbe : quelques seigneurs valaisans y bâtirent des maisons. En 1501, le cardinal Mathieu Schinner entoura la place des *Grands-Bains* d'édifices commodes, qu'une avalanche emporta, dix-huit ans après, avec 61 personnes. Cet accident, répété en 1719 et 1759, détruisit chaque fois une partie du village.

Les bains de Louèche sont fréquentés chaque année par une foule de baigneurs qui viennent y chercher la guérison de toutes sortes de maux et particulièrement des rhumatismes et des maladies de la peau. Les sources sont chaudes et sortent de terre à 5,060 pieds au-dessus de la mer; l'usage en général est de s'y baigner en commun, sans aucune séparation des deux sexes, et plusieurs personnes à la fois dans le même bain ; on y passe une grande partie de la journée. On est assis sur des sièges mobiles ou sur des bancs qui règnent tout autour du carré. Un tuyau pourvu d'un robinet fournit abondamment de l'eau chaude propre, où chacun peut remplir son verre, et sert à entretenir la température convenable dans les bains. Les baigneurs tiennent devant eux une petite table flottante sur laquelle ils placent leur déjeûner, des livres, etc. Les jeunes dames valaisannes ornent ces petites tables d'une sorte d'autel garni de fleurs des Alpes, auxquelles la vapeur de l'eau thermale rend toute leur fraîcheur et tout leur éclat, alors même qu'elles sont déjà presque fanées. Des allées règnent autour des compartimens, dont elles sont séparées par une légère balustrade. C'est dans ces allées que se placent les personnes, qui, ne prenant pas les bains, veulent visiter leurs connaissances, et leur aider à abréger le temps des cures.

CULTES.

Le Valais professe la religion catholique, apostolique et romaine. Le diocèse de Sion compte plus de 100 paroisses, desservies par des curés, dont quelques-uns s'appellent prieurs, recteurs, administrateurs. Outre le casuel, les revenus des curés sont généralement payés en *Censes* et *Dîmes* rachetables.

Il y a plusieurs maisons religieuses de femmes, dans le Valais : un couvent d'Ursulines à Brieg, une congrégation de sœurs grises et de Saint-Vincent de Paul à Sion et un couvent de Bernardines à Colombey.

BIOGRAPHIE.

Le Valais est le berceau de plusieurs grands hommes et d'écrivains célèbres : THOMAS PLATTER, né à Grechen, dans le diocèse de Viège, en 1469, et successivement gardeur de chèvres, vacher, mendiant, cordier, correcteur d'imprimerie, libraire et enfin professeur de grec à Bâle ; WALTHER DE SUPERSAX qui assura l'indépendance de sa patrie en 1475, par la défaite d'une nombreuse armée de Savoyards auxquels il reprit le bas Valais. MATHIEU SCHINNER, cardinal de Sion, mourut à Rome en 1522, dans un âge avancé. Il est à regretter qu'aucun écrivain suisse ne se soit occupé de la biographie de ce prélat, ami d'Érasme, et qui fut tout à la fois guerrier, diplomate et savant. Né de parens très pauvres à Mühlibach, dans le haut Valais, on l'envoya fort jeune à Berne. D'abord ce ne fut qu'en mendiant de porte en porte qu'il y put subsister. Enfin, une femme du peuple presqu'aussi indigente que l'écolier valaisan, le recueillit dans sa chétive demeure, et lui rendit tous les soins d'une mère. Mathieu grandit en âge et en science. Bien des années après, devenu cardinal, et envoyé avec le titre de légat du saint siège auprès des ligues grises, il vient à Berne suivi d'un cortège digne de son haut rang. Il s'informe à son arrivée de son ancienne hôtesse et apprend qu'elle vit encore. Dès le lendemain, il envoie son majordome dans son misérable réduit et ordonne qu'on le meuble avec magnificence et que l'on y prépare un repas somptueux. Quand tout est disposé, il s'y rend lui-même, se met à table au milieu des sénateurs qu'il avait conviés et fait asseoir à ses côtés la bonne vieille, toute confuse de cet excès d'honneur. Le cardinal l'appelle sa mère comme il l'avait fait dans son enfance, et exige qu'elle lui donne le nom d'amitié dont elle se servait autrefois. Il la comble de caresses et de prévenances et en la quittant, il lui laisse tous les meubles, la vaisselle et les tapis qui avaient été apportés chez elle, et lui assure une pension de cinquante ducats.

INSTRUCTION PUBLIQUE, SCIENCES, ETC.

L'instruction publique, long-temps négligée, compte aujourd'hui plusieurs établissemens importans : à Sion, le séminaire épiscopal dont les principaux professeurs sont choisis parmi les chanoines de cette ville, et le *collége*, où les études se font en allemand, sous la direction des jésuites ; à Brieg, un collége dirigé par les jésuites, et à Saint-Maurice, le collége de l'abbaye où l'enseignement se fait en français. Quelques communes ont des fondations destinées à salarier un régent qui enseigne le latin.

SCIENCES ET ARTS. — Il n'y a pas dans le canton de bibliothèque publique. Celle de l'abbaye de Saint-Maurice était autrefois fort riche en livres rares et manuscrits sur parchemin ; elle en vendit dit-on en 1627 plusieurs quintaux à 3 batz la livre. Le Saint-Bernard possède une jolie collection de minéraux, de riches médailles romaines, d'ex-voto et d'antiquités trouvés aux environs du couvent. Les amateurs apprécient quelques tableaux d'église à Sion, à Brieg, à Martigny, et le mausolée du général Desaix dans la petite église de l'hospice du Saint-Bernard.

AGRICULTURE.

Depuis vingt-cinq ans la culture des céréales a gagné en étendue par de nombreux défrichemens, et en produits par une méthode moins routinière. Le Valais, à moins d'années stériles, n'a pas besoin de grains étrangers, et pourrait au contraire exporter des siens. Les vins rouges de Sion, de Conthey, de Chamoson, les vins blancs de Vétroz, de Conthey, etc., sont estimés. Quelques coteaux donnent un muscat fort agréable, mais le meilleur des vins du canton est la Malvoisie de Sierre et de Sion qui a le goût et le bouquet des vins d'Espagne.

INDUSTRIE. — COMMERCE.

On trouve dans le Valais, à l'exception du sel, à peu près toutes les choses utiles à la vie : des grains, du miel, du beurre, des fromages, des fruits et de bons pâturages, qui permettent d'élever de nombreux troupeaux. L'hiver chaque habitant file la laine produite par ses brebis et en fabrique ces draps grossiers, d'une couleur brunâtre, dont se vêtissent les paysans; avec le chanvre, il fait de la toile pour lui et sa famille. C'est ainsi que les Valaisans suppléent aux manufactures qui font la richesse de tant de pays. On trouve cependant à Sion, à Saint-Maurice, à Monthey, des boutiques assez bien fournies d'objets de luxe et de première nécessité.

ÉTAT MILITAIRE.

Le canton qui compte à peu près 10,000 hommes en état de porter les armes, se divise en trois arrondissemens militaires : l'oriental, l'occidental et le central. Chaque arrondissement a son commandant qui prend rang de colonel. Il est chef d'un conseil de recrutement où siégent les présidens des dizains. Tout Valaisan doit servir de 20 à 50 ans.

SECOURS PUBLICS.

Il y a des hôpitaux à Sion, Viège, Brieg, Martigny, Saint-Branchier, Saint-Maurice et Monthey. On y reçoit les voyageurs pauvres qui à leur passage y sont logés, nourris et soignés, s'ils sont malades. Outre l'hôpital général, il y a Sion une bourse aumônière et un comité de secours pour les pauvres de la ville et de son ressort. Saint-Maurice a des confréries dont les revenus sont destinés à secourir les confrères qui sont dans le besoin et à faire apprendre des métiers aux pauvres enfans. Monthey possède une bourse qui fournit des vêtemens à ceux de ses bourgeois qui en manquent à l'entrée de l'hiver. Dans les dizains qui ont des pauvres, on pourvoit à leur entretien, soit à l'aide des revenus communaux, soit par des souscriptions en comestibles, soit enfin en permettant la mendicité dans le ressort.

STATISTIQUE MÉDICALE.

Un conseil de santé siège à Sion. Il examine et patente les médecins et chirurgiens étrangers, et ceux du canton qui ont pris leurs grades dans les écoles étrangères de médecine et qui veulent exercer dans le Valais.

Le Valaisan est sujet aux mêmes maladies que les Alpicoles des autres cantons, mais l'apoplexie et l'hydropisie y sont plus fréquentes et les fièvres sont endémiques dans plusieurs communes riveraines du Rhône. On ne connaît le crétinisme ni dans le dixain de Conches, ni dans l'Entremont, ni dans le val d'Illiez. Au contraire la population des deux côtés du fleuve, surtout de Tourtemagne à Saint-Maurice est frappée de cet affreux fléau. On observe cependant une diminution sensible dans le nombre de ces malheureux, plus ou moins stupides, car il y a parmi eux plusieurs nuances, depuis le crétin sourd et muet, immobile, impassible, qu'il faut faire manger, jusqu'au demi-crétin qui travaille, se marie et a des enfans.

Les médecins et les naturalistes ne sont point d'accord sur les causes du crétinisme ; les uns l'attribuent à la mauvaise qualité des eaux, les autres à l'influence malfaisante des marais putrides et infects : on dispute encore pour savoir si l'enfant naît idiot, ou s'il le devient après sa naissance. Ce serait donc rendre un grand service à l'humanité que d'appeler l'attention des premiers médecins de l'Europe sur cette déplorable maladie, et sur les préservatifs et les remèdes qu'il serait si utile d'y apporter.

POPULATION.

La sixième partie à peu près du territoire valaisan étant inhabitable, à cause des glaciers, des rochers, des torrens et des marais qui la couvrent, on sera moins surpris que sa population ne soit pas en rapport avec son étendue. Un des derniers recensemens officiels porte sa population à 64,750 âmes, dont 30,570 dans les sept dizains du haut Valais, et 4,180, dans les six du bas, ou Valais occidental.

BIBLIOGRAPHIE.

Descriptio Valesiæ, par J. Simler, Zürich 1574 et 1634.

Valesia christiana, par Sebastien Breguet, Lyon, 1744.

Essais sur les bains de Loueche, par Naterer, in-12, 1769.

Description du département du Simplon ou de la ci-devant république du Valais, par M. Schinner, in-8, Sion, 1812.

Lettres sur la route de Genève à Milan, par le Simplon, par M. G. Mallet, 1 vol. in-12, Genève, Paschoud, 1810.

Essai statistique sur le canton du Valais, par M. Ph. Bridel, pasteur de Monthey, in-18, Zürich, 1820.

Viaggio per la Swizzera occidentale, par T. Dandolo, Milano, 1829.

Lettres sur le Valais, par M. Eschasseriaux.

Essais historiques sur le Saint-Bernard, par le docteur Loges.

Course au Saint-Bernard, Conservateur Suisse.

HIPPOLYTE SOUVERAIN, édit, 5, rue des Beaux-Arts.

Paris. — Imprimerie de BAUDOUIN, rue Mignon.

CANTON DE NEUCHATEL.

TOPOGRAPHIE.

POPULATION. — SOL. — CLIMAT. — Le canton de Neuchâtel est borné à l'est par le canton de Berne et par le lac de Neuchâtel, au sud par ce lac et par le canton de Vaud, à l'occident par la France, et au nord par le canton de Berne. Son sol se divise en trois sortes de terrains différens : l'étroite bande de terre baignée par les eaux du lac, jusqu'à l'élévation de 4 ou 500 pieds ou la *région des vignes*, les vallées dont l'élévation n'excède pas 1,200 pieds ou la *région des champs* et les vallées et pics plus élevés ou la *région des pâturages*. Ces montagnes n'excèdent pas en général la hauteur de 5,000 pieds au dessus de la mer. La longueur du canton est de 8 à 10 lieues communes, de 25 au degré, sa largeur de 4 à 5, en sorte que sa surface est d'environ 38 à 40 lieues carrées.

RIVIÈRES. — LACS. — La Thielle, une partie du Doubs, la Reuse, le Seyon, et la Serrières, le lac de Neuchâtel, une partie de celui de Bienne, ceux de la Brévine et de Loclat et quelques ruisseaux et sources, dont les hautes vallées sont presque totalement dépourvues, forment toutes les eaux de la principauté.

HISTOIRE.

Un pays dont le bonheur consiste à être ignoré et oublié ne peut avoir d'histoire proprement dite. Le chevalier de Montmollin a prouvé que *Noidenolex*, détruit par les Helvétiens sous Jules César, rebâti sous Vespasien et de nouveau ruiné par les barbares, était situé dans le quartier de la ville nouvelle qui porte aujourd'hui le nom de *Vieux Châtel*. Les Romains avaient de nombreux établissemens sur les bords du lac, et à l'embouchure de quelques ruisseaux qui s'y jettent. Saint-Blaise, connu sous le nom d'Arcus (*arena*), Marin (*mala arena*), paraissent avoir été des ports fréquentés par les Romains, qui y embarquaient les pierres tirées des belles carrières d'Hauterive (*alta ripa*). Une route, dont les traces portent encore le nom de Vi detra (*via dextra*), traversait les forêts dont le pays était couvert, et se dirigeait directement d'Yverdun dans le Rauracie. Les irruptions des Barbares effacèrent les faibles traces de la culture et de la civilisation introduites par les Romains. Les noms du moyen-âge suffisent pour donner l'état déplorable où la contrée avait été réduite.

Les anciennes chartes désignent le pays en général sous la dénomination de *nigri montes*; la belle et riante vallée du lac de Bienne s'appelle *nigra vallis*, et par corruption *Nugerol*. Des hommes qui fuyaient la persécution et la mort s'établirent dans ces déserts sous la protection de barons dont ils se reconnaissaient les vassaux. Au VIIe et au VIIIe siècle, le pays qui s'étend depuis le lac de Neuchâtel jusqu'à l'Aar, et toute la vallée du lac de Bienne, appartenaient à une famille parente ou alliée des derniers rois de Bourgogne. A cette époque, le Jura n'était qu'une vaste forêt qui séparait la Bourgogne de l'Allemagne. Le val de Nugerol, incorporé dès le IXe siècle au comté de Bipp, reparaît, dans une charte du roi Conrad de 957, comme appartenant au comté de Bargen. Wippo, Hermann le Contract Heppidan, sont les premiers historiens qui fassent mention de Neuchâtel. Dans le XIe siècle, le pays passa sous la domination des empereurs d'Allemagne, qui accordèrent des franchises aux habitans. A cette époque, on distinguait trois espèces de citoyens : les hommes royaux, qui étaient libres, ne dépendaient que de l'empereur, et suivaient à cheval la bannière du comte de Neuchâtel ; les ministériaux, qui accompagnaient le comte en qualité d'écuyers ; enfin les serfs. En 1113, les habitans furent affranchis et devinrent taillables, c'est-à-dire imposables suivant leurs fortunes, mais le comte renonçait sur eux au droit de vie et de mort. Dans le siècle suivant, les libertés furent successivement étendues. L'acte de 1214 est le résumé des chartes neuchâteloises depuis 1113. Cet acte fut ratifié par l'évêque de Lausanne. Les progrès de la civilisation, quoique entravés par les altercations fréquentes d'une noblesse toute militaire, durent nécessairement s'étendre de la ville aux campagnes. Les montagnes du Locle, de la Sagne et de la Chaux-de-Fond ne commencèrent à être cultivées et habitées que vers la fin du XIIIe siècle. L'ancienne maison des seigneurs de Neuchâtel était dès lors puissante. Elle possédait des terres et des fiefs dans la partie occidentale de la Suisse. Elle se divisa en quatre branches, savoir : de Neuchâtel, de Vallangin, d'Arberg et de Ridau. Rollin ou Rodolphe céda sa seigneurie à l'empereur Rodolphe de Hapsbourg, qui la transmit à Jean de Châlons, seigneur de la Bourgogne. Ce dernier en conserva l'administration directe à l'ancienne famille. Isabelle, dernier rejeton de cette branche illustre, étant morte sans enfans en 1395, le pays de Neuchâtel, qui portait alors le titre de comté, passa à Conrad, comte de Frybourg, en Brisgaw.

En 1406, Neuchâtel contracta alliance avec la ville de Berne, dont la puissance était déjà formidable, et assura ainsi ses priviléges contre les futurs empiétemens de ses maîtres. Cette alliance fut bientôt suivie d'autres alliances contractées avec divers cantons de la Suisse. Neuchâtel, comme membre de la famille confédérée, prit part à presque toutes les guerres des XV° et XVI° siècles. Conrad de Frybourg mourut en 1424, et son fils Jean, qui lui succéda, institua en 1528, Rodophe, comte de Hochberg, pour son héritier.

La famille de Châlons, comme suzeraine du comté de Neuchâtel, fit d'abord quelques difficultés pour reconnaître Rodolphe, mais elle y consentit enfin. Sous le gouvernement de la maison de Hochberg, la prospérité du pays fit quelques progrès ; Rodolphe fut un prince sage et éclairé ; bien qu'attaché à la maison de Bourgogne, il prit le parti des Suisses contre Charles-le-Téméraire, en refusant à ce prince le passage des Verrières, et en envoyant les troupes pour secourir les Suisses qui, en 1416, remportèrent la victoire de Granson. Une chronique, conservée à Neuchâtel, rend compte des sentimens de Rodolphe au retour de l'armée victorieuse qui séjourna le 9 mai à Neuchâtel.

« De plus loin, dit-elle, que le seigneur Rodolphe vit la bandière de la ville ès poings du Banderet Varnoud, se princt à rire d'aise, esbattant ses mains, et cryant paroles d'affection audit sieur Banderet. » La bannière du Landeron et son banneret Bellenost, contribuèrent au gain de la bataille de Morat, en exterminant sur la Broye, les troupes du comte de Romont. Rodolphe mourut en recommandant son fils aux Bernois.

Philippe, fils de Rodolphe, mourut en 1503, laissant pour héritière, sa fille Jeanne, mariée à Louis d'Orléans Longueville. Ce prince fut reconnu comme souverain de Neuchâtel. Mais il s'attira l'inimitié des Suisses à cause de ses liaisons avec Louis XII, roi de France, leur ennemi juré. Berne, Lucerne, Fribourg et Soleure s'emparèrent de son comté en 1512, et l'administrèrent pendant dix-sept ans comme un pays conquis. Louis d'Orléans mourut dans cet intervalle, et Jeanne, sa veuve, obtint la restitution de ses états, moyennant la reconnaissance solennelle des priviléges et des constitutions de Neuchâtel, et la confirmation qu'elle donna aux traités d'alliances contractés avec divers cantons. A peine Jeanne avait-elle été rétablie dans son héritage, par décision de la diète, que la réforme fut introduite à Neuchâtel. Les bourgeois, assemblés le 4 novembre 1530,

abolirent le culte catholique romain. Leur délibération, prise contre le gré de Jeanne et de son gouverneur, ne passa qu'à la majorité de dix-huit suffrages. Guillaume Farel, théologien dauphinois, fut l'apôtre de la réforme dans le comté. Les biens des couvens et des églises furent confisqués et fournirent aux dissipations de Jeanne que ses désordres avaient fait interdire en France. A cette époque, un grand nombre de familles allemandes vinrent demeurer à Neuchâtel, et y apportèrent les usages de leur pays. C'est alors que s'établirent les corporations des métiers, d'arbalétriers, etc.

Jeanne mourut en 1543. Après elle, Léonor d'Orléans, Jacques de Nemours, Henri II de Longueville, Charles et Louis de Longueville, et enfin Marie de Nemours gouvernèrent successivement le pays de Neuchâtel et de Vallangin jusqu'en 1707, où leur famille s'éteignit par sa mort. Treize prétendans se présentèrent le 28 juillet, devant le tribunal souverain des états de Neuchâtel, pour demander l'investiture de la principauté, qui, par arrêt du 3 novembre, fut décernée à Frédéric III, roi de Prusse, pour être possédée comme un état indépendant, inaliénable et indivisible, à cause de son alliance par les femmes à la maison de Châlons.

En 1806, Napoléon voulant récompenser les services d'Alexandre Berthier, son compagnon d'armes, le nomma prince du pays de Neuchâtel, qu'il s'était fait céder par la Prusse. Ce n'est que depuis l'invasion de la France, par les puissances alliées, à la fin de 1813, que ce pays a été replacé sous la domination du roi de Prusse. En 1815, il fut réuni à la confédération helvétique et forme le XXI° canton.

Depuis cette époque, Neuchâtel a vécu tranquille sous le sceptre de la maison de Brunswick. Son repos fut cependant un moment troublé en 1831. Quelques communes se soulevèrent spontanément sous le commandement d'un chef nommé Bourquain, qui ne s'est pas trouvé à la hauteur de ce rôle. Il s'agissait de proclamer la république ; quelques coups de canon furent échangés entre les insurgés et les Neuchâtellois, commandés par le général Pfuel, gouverneur de la principauté. Bourquain fut obligé de chercher son salut dans la fuite. Ses partisans dispersés gagnèrent, les uns la France, et les autres, le pays de Vaud.

MOEURS. — CARACTÈRES. — COUTUMES.

On attribue à l'air vif du Jura la tête mousseuse des Neuchâtellois, selon l'expression d'un des hommes les plus marquans de la révolution française, M. Necker. Un sentiment profond d'honneur et de loyauté, de la prétention à la finesse, de l'abandon, de la légèreté, peu de goût pour le travail, beau-

Val de Travers.

Maison de J. J. Rousseau à Motiers 1765.

coup pour la dissipation et les plaisirs, tel est le fond du caractère de ce peuple. Ajoutez un vif attachement au sol natal et aux institutions de ses pères.

La langue du pays est la langue française, mais mélangée de mots latins, allemands et italiens, sorte d'idiome sensiblement varié d'une partie de la principauté à l'autre; nazillard et trainant au Landron et à Thielle; plus vif dans le vignoble et à l'ouest de la ville; lent et lour dau Val de Ruz, rapide et sifflant dans les montagnes. Un habitant du vignoble comprend difficilement le patois qu'il parle, lorsqu'il est prononcé par un paysan de la montagne.

Les habitations des pays de vignes sont bâties en pierres et couvertes en tuiles. Les villages de cette partie du pays attestent leur origine bourguignonne. Les maisons sont étroites et serrées les unes contre les autres. Dans les vieilles constructions, la cheminée est presque à elle seule toute une cuisine. Les granges sont placées au-dessus des étables.

Aucun habillement national. Hommes et femmes suivent de loin les modes françaises. Le luxe des vêtemens, les dépenses qu'il entraine, sont une des causes principales de la détresse d'un grand nombre d'habitans, lorsque les travaux cessent, ou que le prix des denrées augmente. Dans le val de Ruz, les vêtemens d'hommes et de femmes sont formés d'une étoffe dont l'usage remonte à plusieurs siècles. C'est un tissu moitié fil et moitié laine, de couleur noisette, et fabriqué dans le pays.

VILLES. — VILLAGES.

NEUCHATEL (en allemand *Neuenburg*) est situé sur le penchant du coteau au bord du lac, et sur le torrent du Seyon qui prend sa source au Val de Ruz et cause souvent de grands désastres dans le pays qu'il parcourt. La ville est bien bâtie et s'embellit chaque année par de nouvelles et élégantes constructions. Les rues en sont larges et bien percées. Elles renferment quelques édifices remarquables, parmi lesquels on doit placer en première ligne le gymnase, élevé tout nouvellement sur les bords du lac, et qui est destiné à renfermer les archives, la bibliothèque, etc. L'église cathédrale a été construite près du château des anciens princes de Neuchâtel, par Berthe, épouse du comte Ulrich de Vinelz. On y remarque le monument sépulcral qu'il fit ériger à sa maison, qui s'éteignit en sa personne, l'an 1373. Au milieu de la place qui règne devant l'église est, dit-on, encore aujourd'hui la pierre sépulcrale du réformateur Farel. La maison de ville est un bâtiment superbe. David Puri, qui avait amassé d'immenses richesses dans le commerce, en Angleterre et en Portugal, étant décédé à Lisbonne en 1786, légua sa fortune, qui s'élevait à 4 ou 5,000,000 de francs, à Neuchâtel, sa patrie, pour être employée à améliorer l'instruction publique et à construire un nouvel hôtel-de-ville. L'hôtel du Faucon est un bel édifice, qui a été élevé sur les dessins de M. Kolliker, architecte.

L'hôpital Pourtalès est dû à la générosité de J. Pourtalès, qui donna, en 1808, 700,000 francs pour le construire. Il est desservi par des dames hospitalières de Besançon; il y a trente ou quarante lits.

La caisse d'épargne, fondée en 1812, reçoit depuis 5 bats jusqu'à 150 livres par année, et donne trois et demi pour cent d'intérêt. Il s'est formé, en 1815, une Société Biblique à l'instar de celle d'Angleterre. La société d'Émulation patriotique, fondée en 1791, est composée de seize membres. Elle propose des questions, distribue des prix, et fait imprimer à ses frais les mémoires qu'elle a couronnés. Ces mémoires roulent en général sur des matières qui intéressent la principauté.

Neuchâtel possède un cabinet d'histoire naturelle qui lui a été donné par le colonel Meuron, et qui renferme une belle suite de coquillages de la mer des Indes; et un cassino, formé à l'aide de souscriptions particulières et où l'on trouve un grand nombre de journaux français, allemands et anglais. Cette ville est entourée de magnifiques promenades. On a des points de vue étendus sur la colline du château et dans un grand nombre de maisons de campagne, dont quelques unes sont pittoresquement situées, entre autres la *Rochette*, à un quart de lieue à l'est, et le *Chanet* à une demi-lieue à l'ouest de la ville.

Il serait difficile, à une hauteur aussi peu considérable, de trouver une position plus favorable pour étudier les alpes de la Suisse et de la Savoie; lorsque l'air est pur, on distingue parfaitement les montagnes des cantons d'Uri et de Schwytz; le Mont-Blanc, le Titlis dans le canton d'Unterwald, et le Pilate, dans celui de Lucerne. L'aspect de cette chaîne frappe d'admiration, surtout quand elle est éclairée par les rayons du soleil levant, et beaucoup mieux encore à la fin d'une soirée d'été. On aperçoit à droite de la ville les coteaux qui forment une partie des plans de ce tableau magnifique, et sur lesquels s'élèvent les villages de Peseux et Bolle, la petite ville de Boudri, le château de Beauregard; plus bas, au bord du lac, Colombier, Auvernier et Serrières; à l'est, toute la contrée qu'arrose la Thielle jusqu'à Jolimont et Aneth; au sud l'amphithéâtre qu'offrent ses collines et les montagnes des cantons de Vaud et de Fribourg, de Berne, d'Argovie et de Lucerne, dont les gradins s'élèvent du côté des sommités des Alpes.

L'horlogerie de Neuchâtel a de la réputation. Depuis quelque temps surtout, cette branche d'industrie a pris un développement tout particulier. MM. Perrin y ont formé un des plus beaux établissemens du canton. En été, cette ville est fréquentée par une foule d'étrangers qu'y attirent l'air pur dont on y jouit, l'aménité et la politesse des habitans, le bas prix des denrées et des objets de première nécessité, la bonté de ses vins et surtout la proximité du lac dont les bords sont rians et variés. Le mouvement de Neuchâtel sera encore accru par la facile communication avec les rives opposées qu'on devra au bateau à vapeur l'*Industriel*, construit tout récemment.

SERRIÈRES est une paroisse du canton de Neuchâtel où l'on trouve des fabriques d'acier, des papeteries et de nombreux moulins. Ces moulins sont en partie situés à la base de rochers et à une telle profondeur que les ouvriers semblent continuellement travailler dans d'épaisses ténèbres. Ce village, de 850 habitans, est extrêmement pittoresque; au-dessus s'élève le château de Beauregard, qu'il faut gravir si l'on veut jouir d'un vaste panorama. Il n'y a pas de pont en Suisse plus beau que celui que le prince Alexandre Berthier, gouverneur de Neuchâtel, a fait construire sur la Serrières, et dont l'arche unique est haute de 89 pieds.

MOTIERS-TRAVERS. — Genève avait décrété de prise de corps Jean-Jacques Rousseau, à l'occasion de l'*Émile*. Ce philosophe se trouvait alors à Yverdun d'où il fut expulsé par les Bernois. C'est à cette époque qu'il se retira à Motiers, après avoir obtenu du lord maréchal Keith, gouverneur de la principauté, la permission de chercher un asile dans les montagnes de la contrée. C'est à Motiers qu'il écrivit ses *Lettres de la Montagne* que le clergé de Genève dénonça au conseil d'état.

La protection que Frédéric accordait à Rousseau fut impuissante. Les esprits étaient tellement exaspérés qu'il fut insulté par la populace, obligé de quitter Motiers et de se réfugier dans l'île de Saint-Pierre sur le lac de Bienne. Voici comment il raconte lui-même les causes de ce départ dans ses *confessions*.

« ...La fermentation, dit-il, devenait plus vive, et malgré les rescrits réitérés du roi, malgré les ordres fréquens du conseil d'état, malgré les soins du châtelain et des magistrats du lieu, le peuple, me regardant tout de bon comme l'antechrist, et voyant toutes ses clameurs inutiles, paraissait enfin vouloir en venir aux voies de fait; déjà dans les chemins les cailloux commençaient à rouler après moi, lancés cependant encore d'un peu trop loin pour pouvoir m'atteindre. Enfin la nuit de la foire de Motiers, qui est au commencement de septembre, je fus attaqué dans ma maison, de manière à mettre en danger la vie de ceux qui l'habitaient.

A minuit, j'entendis un grand bruit dans la galerie qui régnait sur le derrière de la maison. Une grêle de cailloux lancés contre la fenêtre et la porte qui donnaient sur cette galerie y tombèrent avec tant de fracas, que mon chien, qui couchait dans la galerie et qui avait commencé par aboyer, se tut de frayeur, et se sauva dans un coin, rongeant et grattant les planches pour tâcher de fuir. Je me lève au bruit, j'allais sortir de ma chambre pour passer dans la cuisine, quand un caillou, lancé d'une main vigoureuse, traversa la cuisine, après en avoir cassé la fenêtre, vint ouvrir la porte de ma chambre et tomber au pied de mon lit, de sorte que, si je m'étais pressé d'une seconde, j'avais le caillou dans l'estomac. Je jugeai que le bruit avait été fait pour m'attirer, et le caillou lancé pour m'accueillir. Je saute dans la cuisine. Je trouve Thérèse qui s'était aussi levée, et qui, toute tremblante, accourait à moi. Nous nous rangeons contre un mur hors de la direction de la fenêtre, pour éviter l'atteinte des pierres, et délibérer sur ce que nous avions à faire : car sortir pour appeler du secours était le moyen de nous faire assommer. Heureusement la servante d'un vieux bon homme qui logeait au-dessous de moi, se leva au bruit, et courut appeler M. le châtelain dont nous étions porte à porte. Il saute de son lit, prend sa robe de chambre à la hâte, et vient à l'instant avec la garde, qui, à cause de la foire; faisait la ronde cette nuit-là, et se trouva tout à portée. Le châtelain vit le dégât avec un tel effroi qu'il en pâlit, et, à la vue des cailloux dont la galerie était pleine, il s'écria : Mon Dieu ! c'est une carrière ! En visitant le bas, on trouva que la porte d'une cour de derrière avait été forcée, et qu'on avait tenté de pénétrer dans la maison par la galerie. En recherchant pourquoi la garde n'avait point aperçu ou empêché le désordre, il se trouva que ceux de Motiers s'étaient obstiné à vouloir faire cette garde hors de leur rang, quoique ce fût le tour d'un autre village.

Le lendemain le châtelain envoya son rapport au conseil d'état, qui, deux jours après, lui envoya l'ordre d'informer sur cette affaire, de promettre une récompense et le secret à ceux qui dénonceraient les coupables, et de mettre en attendant, aux frais du prince, des gardes à ma maison et à celle du châtelain qui la touchaient. Le lendemain le colonel Pury, le procureur-général Meuron, le châtelain Martinet, le receveur Guyenet, le trésorier d'Ivernois et son père, en un mot, tout ce qu'il y avait de gens distingués dans le pays vinrent me voir, et réunirent leurs sollicitations pour m'engager à céder à l'orage, et à sortir au moins pour un temps d'une paroisse où je ne pouvais plus vivre en sûreté ni avec honneur. Je m'aperçus même que le châtelain, effrayé des fureurs de ce peuple forcené, et craignant qu'elles ne s'étendissent jusqu'à lui, aurait été bien aise de m'en voir partir au plus vite pour n'avoir plus l'embarras de m'y protéger, et pouvoir le quitter lui-même, comme il fit après mon départ. Je cédai donc, et même avec peu de peine, car le spectacle de la haine du peuple me causait un déchirement de cœur que je ne pouvais plus supporter. »

On montre à Motiers la chambre qu'occupa Rousseau, mais non plus dans l'état où il la laissa, des Anglais en ayant acheté tous les meubles.

Le Locle, bourg riche et célèbre par son industrie et ses artistes, est situé dans la vallée du même nom, au milieu des montagnes de Neuchâtel. Le Locle offre un aspect pittoresque. Les montres, les travaux d'orfévrerie, les dentelles, forment la principale occupation de ses habitans. L'hiver y dure sept mois, pendant lesquels la neige s'élève souvent à la hauteur de trente pieds dans la vallée. La terre y est ingrate et stérile, et l'on est obligé d'y transporter péniblement tout ce qui est nécessaire à la vie.

La vallée du Locle mérite toute l'attention de l'observateur qui se plaît à suivre la marche de l'industrie humaine, ses développemens et ses succès. En 1679, un enfant de 15 ans, Daniel Jean Richard, essaya de raccommoder la montre d'un maquignon qui la lui avait confiée, comme à la seule personne qui s'occupât de mécanique. L'enfant sentit développer en lui le goût de l'horlogerie à la vue des diverses parties de la montre qu'il avait démontée, et se livrant à son inspiration, il inventa un si grand nombre d'instrumens, qu'au bout de quelques mois il put faire une montre qui marchait admirablement. Son premier ouvrier, car il était devenu maître, fut Jacques Brand, de la Chaux-de-Fond. Au commencement du XVIII° siècle, Richard était un véritable artiste. Il vint s'établir au Locle où il mourut en 1741. Ses fils furent pendant quelque temps les seuls horlogers de toute la vallée; mais bientôt cette branche d'industrie prit un tel accroissement et devint si florissante, que la vallée du Locle et de la Chaux-de-Fond quadrupla sa population. Une industrie toute nouvelle était créée. On vit naître alors une foule d'ingénieux artistes français, genévois, allemands, qui se distinguèrent par de belles inventions et devinrent de grands mécaniciens. Longtemps les instrumens les plus précieux dont les horlogers de Londres faisaient usage, se fabriquèrent dans ces vallées. Tous les habitans, hommes et femmes, s'occupent de quelques branches d'art; les uns travaillent en or, d'autres en bois, en ivoire, en écaille; il y a des peintres, des graveurs, des ouvriers préparateurs d'instrumens nécessaires en horlogerie; tout le monde est occupé dans cette colonie.

La Chaux-de-Fond. — C'est un des bourgs les plus beaux du canton de Neuchâtel. On y compte 6,000 habitans. L'église, de forme ovale, est élevée sur une éminence, et offre un plafond voûté d'une construction ingénieuse. Cet édifice, qu'un incendie dévora presque en entier, a été rebâti avec beaucoup plus de luxe. Une école de charité pour les jeunes filles, y a été fondée en 1815. Après le Locle, la Chaux-de-Fond est le centre de la fabrication qui a acquis une célébrité extraordinaire dans toute l'Europe. Du haut des collines voisines, on découvre des vues charmantes sur toute la vallée. De toutes parts on aperçoit des bâtimens construits récemment, remarquables par la largeur de leur toit, leur hauteur et leur régularité. Les maisons du bourg sont contiguës et forment de larges rues bien alignées.

Château de Rochefort. — A l'entrée du défilé, près de la forêt de Corcelles, entre les monts de Tourne et de Boudry, sont les restes du château de Rochefort qui servait autrefois de repaire aux barons de ce nom, et d'où ils sortaient pour rançonner les voyageurs. Le dernier propriétaire de ce château se nommait Vauthier et était fils naturel de Louis, dernier comte de Neuchâtel. Après avoir long-temps exercé le métier de brigand, il mourut sur l'échafaud pour crime de falsification d'acte public. Son supplice eut lieu en 1412, et le même jour le château fut rasé. Pour venger sa mort, sa femme et ses enfans mirent, en 1434, le feu à la ville de Neuchâtel, qui fut presqu'entièrement consumée. Les incendiaires cherchèrent ensuite un refuge dans la Guyenne, où l'on prétend que leur postérité existe encore.

CURIOSITÉS NATURELLES. — MONUMENS.

Le Temple des Fées. — Ce temple est une grotte qui s'ouvre au-delà de la cabane du Cret, dans la vallée de Verrières; l'entrée en est si étroite qu'on n'y peut pénétrer qu'en se courbant presqu'à terre, mais bientôt elle s'élargit, et forme trois galeries dont celle du milieu a deux cents pieds de long sur six de large. Elle aboutit à une ouverture d'où l'on découvre la vallée de Sainte-Croix, située dans le district d'Yverdun. Cette grotte est incontestablement la plus belle qu'il y ait en Suisse.

La Source de la Reuse. — On trouve un grand nombre de curiosités naturelles dans les vallées de la principauté de Neuchâtel. A Saint-

Sulpi, on va visiter la belle source de la Reuse, dont les eaux limpides s'épanchent en long bras du pied d'une montagne escarpée. Il est probable que cette source n'est autre que l'écoulement du lac d'Etalières, près de la Brévine.

A peu de distance du sentier qui conduit à la Brévine, sur le Jura, est une glacière naturelle; des buissons en cachent l'entrée, et l'on ne peut la trouver sans guide. On y descend au moyen d'une échelle. Le sol de la caverne est couvert d'une épaisse couche de glace, d'où l'on voit s'élever verticalement cinq ou six belles colonnes. Cette caverne et celle de Saint-Gurga, à une lieue au-dessus de Rolle, sont les seules du Mont-Jura où la glace se conserve toute l'année.

MOULINS SOUTERRAINS. — Les moulins souterrains des roches près du Locle sont extrêmement curieux. La petite rivière du Bied rendait autrefois la vallée marécageuse; on lui a procuré une issue en perçant un canal de mille pieds de longueur à travers un rocher situé à vingt minutes du bourg du côté de l'ouest. Trois moulins souterrains suspendus les uns sur les autres, sont mis en mouvement par un mécanisme ingénieux à cent pieds du sol, au moyen de la partie des eaux qu'on laisse écouler dans les fentes de la terre. A peu de distance, une ouverture pratiquée dans la parois de la montagne par la nature, et agrandie ensuite par la main de l'homme, laisse entrevoir une partie de la France et du Jura.

LE SAUT DU DOUBS. — C'est au village des Brenets qu'on s'embarque ordinairement, dans de petits bateaux, pour aller visiter cette belle cataracte. Après avoir navigué un quart de lieue environ, la végétation des rives cesse, la rivière s'élargit, devient de plus en plus profonde et n'a plus qu'un court sort lent; on arrive et l'on voit le Doubs qui tombe d'une hauteur de plus de 80 pieds avec un fracas épouvantable; l'effet de cette masse d'eau, transformée en colonnes d'écume d'une blancheur éblouissante, est d'un effet magique.

HISTOIRE NATURELLE.

GÉOLOGIE. — MÉTALLURGIE. — Considéré sous ses rapports géologiques, Neuchâtel appartient presqu'en entier à la formation du Jura. Les montagnes de cette chaîne sont formées d'environ 960 couches plus ou moins calcaires, différant entre elles par la couleur, la densité, la cassure, la compacité ou l'adhérence, et qui, prises ensemble, ont une épaisseur de 2,900 à 3,000 pieds.

Entre Travers et Couvet, au-dessus du bois de Croix, on a découvert dans le siècle dernier une roche nommée dans le pays asphalte; c'est une pierre oolitique imprégnée d'un bitume que l'on extrait par la distillation. On emploie ce bitume ou *huile d'asphalte* à plusieurs usages. Dans le vallon de la Brévine, on trouve du gypse en rognons isolés, et à Boudry du gypse en filets fibreux dans la Marne que renferme la *molasse* ou grès tendre des environs. Cette molasse est une formation postérieure à celle du Jura. Au pied de la Clusette, et dans le champ du Moulin, on voit des pyrites aurifères, qui contenaient l'or qu'on a tiré du sable de la Reuse; on y trouve encore de beaux spaths rayonnans, et des pierres de cornes. La face du Jura est couverte d'une infinité de pierres roulées alpines : on en compte soixante espèces environ, toutes de la même nature que les roches des montagnes du Valais. Parmi les pierres roulées on remarque des blocs de granit à angles émoussés et arrondis, superposés au sol et dont quelques uns sont d'une grosseur prodigieuse. Le plus considérable est dans la forêt de Pierrabot, à une demi-lieue de Neuchâtel et à 800 pieds au dessus du lac. Il a plus de 50 pieds de long, 40 pieds de haut et 20 pieds d'épaisseur. On trouve aussi des pierres alpines roulées sur les bords du lac, dans les environs de Corcelles, d'Hauterive, de Rochefort et au dessus de Serrières.

RÈGNE ANIMAL. — Les anciennes chartes rapportent qu'aux XIIe et XIIIe siècles les forêts du Jura servaient de repaires aux ours, aux cerfs et aux chevreuils. Ces animaux ont diminué à mesure que la population s'est accrue; les derniers ours ont été tués dans la montagne au dessus de Boudy, il y a plus de 50 années. La liberté de la chasse, dont la principauté de Neuchâtel a joui pendant le XVIIIe siècle, a à peu près anéanti la race des cerfs, des ours et chevreuils, les lièvres mêmes commencent à devenir assez rares. Le renard seul est commun, grâce aux nombreuses retraites que lui offrent les fissures des rochers. Sa fourrure, d'un roux éclatant, est recherchée.

Les oiseaux du Jura diffèrent peu de ceux des plaines de la Suisse et des Basses-Alpes. Les seigneurs de Neuchâtel attachaient jadis un grand prix à la conservation des faucons qui se nichaient au creux du Van, roche à pic et demi-circulaire, située en face du village de Brot, et à la roche blanche au-dessus des buttes.

Les poissons de rivières et du lac de Neuchâtel sont assez nombreux : les principaux sont : l'anguille, la lotte, la perche, le chassot, le salut, la truite du lac, la truite de la Reuse et des ruisseaux, la truite du Doubs, l'ombre chevallier, le lavaret, le brochet, le barbeau, le goujon, la tanche, la lamproye et la carpe.

RÈGNE VÉGÉTAL — La situation du pays de Neuchâtel, occupant les vallées, entre trois des plus hautes cimes du Jura, et dont la pente méridionale, couverte de vignes dans sa partie inférieure, s'étend jusqu'au lac, offre une variété de sites et de

Pont de la Chevrure

climats extrêmement favorables à la botanique. Parmi cette végétation si belle et si variée, on distingue : le *cyclamen europœum*, le *mispilus germanica*, l'*aster salignus*, la *lavandula vera*, le *linum bulbiferum*, le *rhododendron ferrugineum*, l'*arenaria grandiflora*, l'*erigeron alpinum*, la *cirsium tricephalodes*, l'*aspidium halleri*, l'*acrostichum septentrionale*.

BIOGRAPHIE.

Les Neuchâtelois ont la conception prompte et de l'aptitude aux sciences, mais peu de persévérance dans les idées, et ils répartissent sur un trop grand nombre d'objets les talens que leur accorde la nature. De là le petit nombre de productions véritablement remarquables que Neuchâtel a vu naître.

A la tête des hommes dont s'honore cette ville, on doit placer le chancelier Georges Monmollin, mort au commencement du siècle dernier, dont les mémoires historiques et politiques sont restés manuscrits. — J. V. Osterwald, mort doyen et pasteur à Neuchâtel, fut un théologien distingué. Son *grand Catéchisme* est encore en usage dans les églises réformées du canton. — J. R. Osterwald, son fils, qui fut pasteur à Bâle, est auteur des *Devoirs des Communians* et d'un recueil de prières intitulé *la Nourriture de l'âme*. — Vatel a écrit un *Traité* du droit des gens, traduit dans presque toutes les langues, et réimprimé récemment à Paris. — L. F. Petit-Pierre a traduit avec assez d'élégance la *Messiade* de Klopstock. — David Chaillet, ministre du saint Évangile à Auvernier, a rédigé long-temps la partie littéraire du journal helvétique. — Louis Bourguet s'est fait un nom par *ses Lettres philosophiques sur la formation des cristaux*. Voué d'abord au commerce, il obtint, en 1733, la chaire de philosophie que Neuchâtel créa exprès pour lui. Ce savant, dont Lebnitz faisait grand cas, était en relation avec plusieurs hommes célèbres de son siècle.

Droz père et fils, de la Chaux-de-Fond, furent deux grands mécaniciens. On regarde comme leurs chefs-d'œuvre une pendule à jeu de flûte, avec un nègre, qu'on voit encore à Madrid; l'écrivain, le dessinateur, la fille qui touche du clavecin, et un grand tableau où des automates représentent des scènes champêtres. — Pierre Droz, autre artiste de la même famille, a fait d'importantes découvertes dans l'art monétaire. En 1803, l'institut national lui en témoigna publiquement sa satisfaction. On admira surtout une main artificielle de son invention, constamment occupée à placer la pièce de métal sur le balancier et à l'en retirer.

David de Puri naquit à Neuchâtel en 1708. Il était fils de Jean Pierre de Puri, qui fonda la colonie de *Purisbourg* dans la Caroline méridionale. De bonne heure il quitta sa patrie et alla en Angleterre. Il se forma aux affaires sous d'habiles négocians, et établit le siège de son commerce à Lisbonne où il séjourna pendant quarante-deux ans. Cette longue absence ne diminua en rien l'affection qu'il avait vouée à sa ville natale. Ce sentiment si naturel à une ame noble parut même s'accroître en proportion des bienfaits qu'il répandait sur sa patrie. Un de ses premiers dons fut destiné, en 1779, à la construction d'un hospice; il assigna successivement des sommes considérables pour bâtir un hôtel-de-ville, former des routes, des établissemens utiles, etc. Il mourut à Lisbonne le 31 mai 1786, ne laissant en Europe que des parens éloignés. Par son testament, il institua pour ses héritiers universels la ville et la bourgeoisie de Neuchâtel, et chargea les magistrats de partager ses biens en deux portions : la première destinée à des œuvres pies, à l'avancement de l'éducation publique ; la seconde à l'embellissement de la cité. Frédéric le Grand accorda à ce vertueux citoyen le titre de baron, et rendit ce titre reversible à l'aîné de la famille de Puri l'Hôpital.

A côté de ce grand citoyen, plaçons le nom d'un autre Neuchâtelois qui fit moins de bruit dans sa vie, et dont la bienfaisance mérite aussi des éloges. Nous voulons parler de J. J. Lallemant, marchand épicier, mort en 1722, et qui légua par son testament une somme de 200,000 livres du pays, dont les rentes devaient être appliquées à l'éducation des enfans abandonnés. C'est à lui qu'on doit l'existence de la maison des orphelins, fondation qui dessert une chapelle que fréquentent les catholiques dans cette ville.

CULTES.

La *compagnie des pasteurs*, instituée par Guillaume Farel, examine les aspirans au saint ministère, nomme aux cures vacantes, suspend et dépose les ministres, règle la doctrine, l'ordre du culte, la discipline, surveille l'administration des fonds et des revenus attachés à chaque cure. — Les cures sont divisées en cinq *Colloques* : Neuchâtel, Boudry, le Val de Travers, le Val de Ruz, les montagnes. Chaque paroisse a un consistoire administratif ou de *mœurs*, présidé par le pasteur, et composé d'un nombre plus ou moins considérable d'*anciens*. Le roi répartit les fonds et les droits dont les rentes servent aux traitemens des pasteurs.

Les revenus des pasteurs consistent en dîmes, en vin ou en grains, en redevances fixes et annuelles, en denrées ou en argent. Dans les montagnes, ils sont salariés au moyen d'une imposition d'une *émine* d'orge, appelée *émine* de moisson due par chaque famille.

Le clergé catholique se compose d'un curé du Landron, nommé par le canton de Berne, sur la présentation du conseil de ville du Landron; du curé de Cressies, nommé par le roi. Le plus ancien de ces curés prend le titre de doyen du clergé du Landron. Un hospice de capucins, doté par le souverain, dessert les chapelles du Landron et de Combes; enfin un curé réside à Neuchâtel et est placé sous la direction nommée par le magistrat de la ville.

Le clergé catholique est soumis à la juridiction de l'évêque de Fribourg.

INSTRUCTION PUBLIQUE. — SCIENCES.

L'éducation publique est sous la surveillance immédiate des pasteurs. Les villes ou communautés choisissent ou salarient les instituteurs. Dans chaque village existe une école où, pour une modique rétribution et souvent gratuitement, on enseigne aux enfans à lire, à écrire, les élémens du calcul, le catéchisme, le chant et les psaumes. Quoique le salaire des régens soit modique, les écoles sont généralement bien tenues. On trouve peu d'enfans qui ne savent lire et passablement écrire. Les pasteurs sont chargés de l'instruction religieuse; presque tous remplissent leurs fonctions avec un zèle digne des plus grands éloges.

Neuchâtel a donné une grande extension à ses établissemens d'éducation. Il a des écoles nombreuses, un collége, une académie. Le collége s'est accru successivement par des dons particuliers.

Le Locle, la Chaux-de-Fond, ont des écoles qui prospèrent. Un véritable bienfait pour les sciences et les arts, est la bibliothèque fondée à Neuchâtel il y a environ cinquante ans, qui renferme un grand nombre d'ouvrages modernes, et qui est ouverte à tous ceux qui veulent la fréquenter.

AGRICULTURE.

La légèreté du sol, et l'inclinaison du terrain contribuent beaucoup à la qualité remarquable des vins. Les blancs sont légers et agréables; les rouges sont plus stomachiques que les blancs auxquels ils sont généralement préférés. Les meilleurs vins blancs sont ceux de Saint-Blaise, de la Coudre, de Hauterive, et de Neuchâtel; à Boudry, à Bolle, à Cresser, ils se conservent trente ans et au-delà.

Les meilleurs vins rouges croissent dans les graviers de Cortaillods. Dans les hauts pâturages, les propriétés rurales sont ordinairement construites en bois, et placées au centre d'un enclos qui fournit les herbes nécessaires à la nourriture des bestiaux pendant l'hiver. Les plus hautes montagnes sont divisées en *pacages* où l'on engraisse le bétail, ou en fermes où l'on nourrit pendant l'été de nombreux troupeaux de vaches, dont le lait est chaque jour converti en fromages. Trois ou quatre fermes réunissent leurs laitages, et n'ont qu'une fabrication commune. Ce genre d'association s'est même étendu à plusieurs villages des vallées inférieures, où le lait est porté dans un local commun, disposé pour la fabrication des fromages qui ont la même forme que ceux de Gruyères, et pèsent de quarante à cinquante livres. Le rapport d'une ferme de montagnes est d'environ cinquante francs de monnaie de France par chaque vache.

La race des bêtes à cornes s'est singulièrement améliorée depuis un demi-siècle; elle est maintenant aussi belle que celle des cantons de Fribourg et de Berne.

POPULATION.

La population de la principauté s'est considérablement accrue depuis un siècle. En 1752, on n'y comptait que 28,000 habitans. La disette qui survint en 1770 et 1771 en retarda les progrès. Les troubles intérieurs qui désolèrent Genève 10 ans plus tard, décidèrent un grand nombre d'artistes et d'ouvriers à s'expatrier et à se réfugier dans les hautes vallées de Neuchâtel. La population du Locle s'accrut de moitié dans l'espace de quelques années, et la route de cette petite ville à la Chaux-de-Fond, sur une longueur de plus de deux lieues, qui d'abord ne présentait que quelques maisons isolées, fut bientôt transformée en une sorte de rue, bordée des deux côtés de beaux bâtimens. Depuis, la population est allée toujours en croissant; un recensement officiel, portait en 1825, le nombre des habitans à plus de 50,000, et il est probable aujourd'hui qu'il monte à 60,000 environ.

BIBLIOGRAPHIE.

Carte géographique de la souveraineté de Neuchâtel et Vallangin, par L.-F. de Merveilleux. 1694.

Description des montagnes de la principauté de Neuchâtel et de Vallangin, par Osterwald. 1766, 1 vol. in 8.

Mémoires sur l'état de Neuchâtel. — 1794.

Recherches sur l'histoire helvétique et sur celle de la principauté de Neuchâtel, par D. Boyve,

Essai statistique sur le canton de Neuchâtel, 1 vol. in 18. Figures.

Vue de la ville de Neuchâtel, par Lori.

Vue du château de Vallangin, par le même.

ON SOUSCRIT CHEZ :

HIPPOLYTE SOUVERAIN, édit. 3, rue des Beaux-Arts.

Paris. — Imprimerie de BAUDOUIN, rue Mignon, n. 2.

CANTON DE GENÈVE.

TOPOGRAPHIE.

SITUATION. — ÉTENDUE. — Le canton de Genève, situé dans la partie méridionale et la plus occidentale de la Suisse, se compose de l'ancien territoire de la république de Genève et, depuis 1815, de diverses communes détachées de la Savoie et du pays de Gex. Il est borné, au Nord, par le canton de Vaud et la France (Ain); à l'Occident, par la France; au Midi et à l'Orient, par la Savoie. Sa surface, non compris celle du lac Léman (lac de Genève) qui lui appartient, est de 12 lieues environ: c'est le plus petit de tous les cantons suisses, sans en excepter le canton de Zug. Sa plus grande étendue, de l'extrémité de la commune de Chancy, jusqu'au village d'Hermance est de 5 lieues et demie. Le canton ne renferme point de montagnes; cependant il n'en offre pas moins une grande variété de formes et d'aspects. Il s'élève en amphithéâtre sur les bords du lac Léman, ainsi que sur ceux de l'Arve et du Rhône, et laisse ainsi jouir ses habitans des vues les plus variées et les plus pittoresques.

HAUTEURS DIVERSES DE QUELQUES PORTIONS DU SOL GENEVOIS.

	Au-dessus du lac.	Au-dessus de la Méditerranée.
Le lac de Genève,	» pieds	1126 pieds.
Genève (Observatoire),	96	1222
Bessinge (point culminant du coteau de Cologny,	359	1485
Village de Cartigny,	178	1304
Point culminant du coteau de Confignon,	277	1403
Point culminant du coteau de Choully,	367	1493
Château du Crest,	295	1421

Si l'on veut jouir du panorama du territoire genevois, il faut monter sur la plate-forme de l'église de Saint-Pierre à Genève. Mais pour n'avoir qu'une belle vue, il faut se rendre sur la place Maurice ou sur la terrasse de la *Treille* : le mont Salève du côté de la Savoie, l'Arve qui en contourne le pied pour mêler ses eaux à celles du Rhône, les collines de Bernex et de Confignon, ainsi que celles de Collonge, le long du fleuve, de Pregny et de Sannnex, sur le bord du lac, vis-à-vis des hauteurs de Bessinge : voilà les objets qui frappent la vue.

LAC. — RIVIÈRES. — Le lac Léman, dans la partie qui appartient au canton, présente une surface d'environ deux lieues carrées. (Voir LAC DE GENÈVE.)

Le Rhône sort du lac à Genève, et arrose ensuite, dans un cours de près de 4 lieues, l'intérieur et les limites du canton. Il baigne à droite les communes du Petit-Saconnex, de Vernier, de Russin et de Dardagny, et à gauche celles de Plain-Palais, de Lancy, de Bernex, de Cartigny, de Chancy, etc. Ses eaux sont d'une limpidité parfaite en sortant du lac, mais elles commencent à se troubler lors de son mélange avec l'Arve, qui a lieu à peu de distance au-dessous de la ville dans la commune de Plain-Palais. — L'Arve prend sa source dans le Haut-Faucigny, achève son cours dans le canton et s'y promène sur une longueur d'une lieue et demie. — Les autres rivières du pays ne sont pas considérables et ne méritent guère que le nom de ruisseaux ; ce sont : le Brassu, la Versoix, le Vengeron, l'Avril, la London, la Laire, l'Aire, la Driz, le Foron, l'Hermance et la Seime.

HISTOIRE.

César est le plus ancien auteur qui fasse mention de Genève. Le pays des Allobroges, dont cette ville faisait partie, comprenait toute la Savoie et s'étendait jusqu'à Lyon et Vienne. César y établit une place de guerre, et fit construire sur la rive gauche du Rhône un mur de 150 stades (9,000 pas) de long sur 16 pieds de hauteur, et flanqué d'un grand nombre de tours, pour s'opposer au passage des Helvétiens au travers de la province romaine. Genève fut deux fois détruite sous les empereurs romains.

En 426, au moment où les barbares du Nord envahissaient l'empire Romain, elle passa sous la domination des Bourguignons, qui en firent la plus importante des capitales de leur royaume. Dans le siècle suivant, les Ostrogoths l'enlevèrent aux Bourguignons, mais ils ne la possédèrent que peu de temps, et la cédèrent, en 536, aux Francs. Ceux-ci y exercèrent le pouvoir souverain pendant trois siècles environ, jusqu'au temps de la décadence des successeurs de Charlemagne. Alors Genève fit tour à tour partie du royaume d'Arles et du second royaume de Bourgogne. Plus tard, elle eut des comtes et des évêques dont les longues querelles l'ensanglantèrent à plusieurs reprises. Depuis le milieu du XVe siècle jusqu'en 1536, elle eut à lutter contre l'ambition des ducs de Savoie; mais le courage de ses citoyens et l'assistance des Suisses assurèrent sa liberté et son entière indépendance. Une république fut proclamée. Quelques années avant, Genève avait embrassé la réforme prêchée en 1530 par Farel, Froment. Lambert et Bousquet, et dont Calvin fut un des plus zélés apôtres; il fut aussi l'un des législateurs de la république.

En 1584, Genève s'allia avec les cantons de Zurich et de Berne, et ce pays fut dès-lors considéré comme faisant partie des états de la confédération. Il contracta aussi des alliances avec les rois de France, Henri III et Henri IV.

En 1602, le 11 décembre, Charles-Emmanuel Ier, duc de Savoie, fit sur Genève, en pleine paix, une tentative connue, dans les annales du canton, sous le nom de l'*escalade*. Il fit escalader les murailles de la ville par un corps d'élite, et surprit Genève à l'improviste et sans défense. Mais le courage des citoyens triompha de cette trahison; ils se levèrent tous pour repousser l'ennemi: des 300 Savoyards qui étaient entrés dans la ville, la plupart y laissèrent la vie ou en furent chassés, et en moins d'une heure la joie la plus vive succéda aux angoisses les plus cruelles: aussi, depuis cette époque, l'anniversaire de l'*escalade* a été célébré presque sans interruption comme un jour de fête nationale.

Les XVIIe et XVIIIe siècles ont été des temps de paix extérieure pour Genève, mais de nombreuses dissensions intestines nuisirent trop long-temps au bonheur de ses citoyens et altérèrent la prospérité de cet intéressant état, qui fut atteint, en 1793, des convulsions politiques qui déchiraient alors la France, et se vit, pendant quelques années, en proie à toutes les horreurs de l'anarchie. Enfin, le 17 mai 1798, sa réunion à la république Française fut prononcée.

Depuis 1815, Genève fait partie de la confédération comme XXIIe canton; le congrès de Vienne, et les traités de Paris et de Turin, lui ont assuré un agrandissement de territoire, formé des communes de Versoix, de Collex-Bossy, de Pregny, du Grand-Saconex, de Meyrin, de Vernier, etc.

ANTIQUITÉS.

Genève a appartenu aux Romains pendant cinq siècles, ainsi que le prouvent un grand nombre d'inscriptions qui subsistent encore de nos jours: on en trouve en l'honneur d'Auguste, de Trajan, d'Antonin, de Marc-Aurèle, de Trébonien, etc. Apollon était, sous le paganisme, le dieu le plus révéré dans cette ville: il avait un temple sur le même emplacement où a été construite l'église de Saint-Pierre. Quelques inscriptions font aussi mention de Jupiter et de Mars. Selon les traditions les plus reculées, le rocher qui s'élève au-dessus des eaux du lac, non loin de Genève, et qui porte le nom de *pierre de Niton* (Nazon, *Neptune*), servait d'autel aux pêcheurs et était dédié à Neptune. Dans le XVIIe siècle, on a trouvé, au pied de ce rocher, deux petites haches et un couteau de cuivre semblable à ceux qui portaient, chez les Romains, le nom de *securis* ou *scuspita*, et qui servaient à égorger les animaux destinés aux sacrifices: on conserve ces instrumens curieux dans la bibliothèque de la ville.

Genève n'est pas la seule commune du canton qui offre des traces d'antiquités romaines; Carouge, Landecy, Pressinge, Corsier et quelques autres encore sont dignes d'intérêt sous ce rapport. On trouve fréquemment dans le pays des monnaies des IIIe et IVe siècles. En 1816, un paysan de Corsier a découvert, dans une ancienne muraille, des monnaies d'or des empereurs Néron, Domitien, Trajan, et de Julie, femme de Septime-Sévère.

Les rois de Bourgogne, de la première race, qui ont habité Genève avaient leur palais non loin de la porte de la ville qui communiquait au quartier du *bourg de Four*. On trouve, dans les constructions de la maison qui a succédé à ce palais, quelques traces de leur séjour. Leurs armoiries, qui consistaient dans des griffons, s'y voient encore sculptées sur quelques pierres.

MŒURS. — CARACTÈRE.

Les Genevois se distinguent en général par un esprit éclairé, une instruction assez variée; ils causent bien, s'expriment correctement, mais en s'écoutant; ils phrasent la conversation, et, comme dit un spirituel voyageur, ils causent par points et virgules.

Les Genevoises, sauf les exceptions, se ressemblent presque toutes; elles sont bien et jamais mieux. On dit que leur entretien a des charmes; mais il est difficile d'avoir une conversation suivie avec une Genevoise: nous voulons parler, bien en-

tendu, des Genevoises de la haute société. « Les dames de Genève nous font l'effet, dit quelque part M. de Bonstetten, de jeunes pensionnaires qui, vêtues de robes bien blanches, et tenant à la main une tasse de chocolat bien pleine, s'écrieraient dès qu'elles verraient un homme s'approcher d'elles : « Ah monsieur! prenez garde, vous allez tacher ma belle robe. » Un voyageur attribue cette apparente uniformité, cette pruderie, à l'ancien et singulier usage des *sociétés du dimanche*, qui partage en autant de coteries les jeunes filles et les femmes de la haute société. Voici ce qu'un Genevois, homme d'esprit, dit de cet usage : « Ceci a un fort mauvais effet sur l'esprit de nos dames ; circonscrites dans un cercle trop étroit, elles ne commencent à se développer moralement que vers quarante ans, sont aimables à soixante, et meurent de vieillesse au moment où elles vont devenir aimables. » Une femme, d'un esprit aussi naïf qu'original, disait en parlant de ces coteries féminines : « Nous avons ici trois sortes d'amies : les premières que nous aimons bien; les secondes dont nous ne nous soucions guère, et les troisièmes que nous ne pouvons souffrir. Cependant les Genevoises, quoique peu agréables en général, sont des femmes de mérite ; ce qui leur nuit, c'est qu'elles en ont trop. La passion des devoirs et de l'utile ne rend pas amusant et finirait presque par vous dégoûter. »

« Avec un ton dogmatique et froid, dit Rousseau, ils sont vifs et impétueux, et ont les passions très-ardentes. Ils diraient même assez bien les choses de sentiment, s'ils ne disaient pas tout ou s'ils ne parlaient qu'à des oreilles; mais leurs points, leurs virgules, sont tellement insupportables, ils peignent si poliment des émotions si vives, que, quand ils ont achevé leur dire, on chercherait volontiers autour d'eux où est l'homme qui sent ce qu'ils ont décrit avec ce style un peu guindé. Les Genevoises ne laissent pas d'être vives et piquantes. Dans la simplicité de leur parure, elles ont de la grâce et du goût; elles en ont dans leur entretien, dans leurs manières. Comme les hommes sont moins galans que tendres, les femmes sont moins coquettes que sensibles, et cette sensibilité donne même aux plus honnêtes un tour d'esprit agréable et fin qui va au cœur et qui en tire toute sa finesse. »

Dans les autres cantons, on trouve que le Suisse-Genevois est par trop mondain, par trop civilisé; « on le regarde, a dit Jean de Muller, comme tombé des nues dans la confédération. »

L'étranger qui visite Genève pour la première fois, et qui est admis dans les salons de l'aristocratie, est singulièrement frappé des préjugés nobiliaires, de la manie de distinction, de la morgue, du pédantisme de ces républicains de mauvais aloi. La richesse ne suffit pas à un homme nouveau pour lui ouvrir les maisons du Bourg-de-Four, qui est le faubourg Saint-Germain de Genève; il faut qu'il soit titré, qu'il ait une charge dans l'État, qu'il descende d'une grande famille.

Ce reproche d'aristocratie et d'esprit de coterie se retrouve dans tous les livres écrits sur Genève. Dans ses spirituelles *lettres sur quelques cantons suisses*, publiées en 1834, un de nos compatriotes s'exprime ainsi :

« L'aristocratie de société existe à Genève comme elle n'existe nulle part en Europe, pas même en Russie; jamais l'esprit de coterie n'a été porté plus loin, plus étroit et plus ridicule; et quoique le mal soit beaucoup plus dans la forme que dans l'intention, il entretient sourdement un malaise d'autant plus dangereux que personne ne veut en avouer et en reconnaître la cause. Cet esprit de coterie a exercé une funeste influence sur l'académie de Genève, dans laquelle les études littéraires ont été jusqu'à présent déplorables, tous les efforts ayant été dirigés vers les sciences, par la seule raison que l'aristocratie avait des savans et manquait de littérateurs. Un des jeunes écrivains de l'époque qui promettent le plus d'avenir, Charles Didier, est Genevois; et, au défaut d'une situation digne de son talent à Genève, il s'est fait de la France une nouvelle patrie littéraire. Un célèbre professeur, M. Rossi, a quitté également Genève. La situation littéraire de cette cité est en décadence, et Genève, qui doit tout ce qu'elle a à l'intelligence et à la pensée, ne sera plus qu'une bourse de commerce, une banque centrale, si elle ne se hâte pas de reprendre son sceptre intellectuel; et le seul moyen est de briser de tous côtés cet étroit esprit de coterie qui exile les talens et paralyse toute indépendance de pensée. Genève possède toutes les bases solides de l'éclat social : morale, patriotisme, lumière, sagesse; elle a des hommes distingués et des femmes dont une seule, madame Necker de Saussure, suffirait pour honorer un grand pays. Tous les élémens sont réunis, et rien cependant ne peut naître; c'est un faisceau inutile de choses excellentes serré dans un cercle de fer, l'esprit d'intolérance de la coterie. »

VILLES. — VILLAGES. — CHATEAUX.

GENÈVE. — On entre à Genève par de belles avenues : celle de Chambéry ou de la *Porte-Neuve* est magnifique. C'est la cité la plus peuplée de la Suisse. Elle s'élève en amphithéâtre sur une éminence; le Rhône la partage en deux parties inégales, entre lesquelles il forme une île couverte de maisons et qui communique par quatre beaux ponts avec le reste de la ville. Parmi les édifices que renferme Genève, on remarque: l'église de St-Pierre, dont la façade moderne offre un péristyle construit d'après celui du Panthéon de Rome, et dans l'intérieur de laquelle on voit les tombeaux d'Agrippa d'Aubigné et du duc Henri de Rohan; l'Hôtel-de-Ville, le Musée, le Collège, l'Observatoire, l'Hôpital, le Théâtre et quelques habitations particulières remarquables, entre autres le palais Eynard. La rue de *la Corraterie* est bien alignée, bordée de belles maisons, de vastes et élégans magasins, et présente un coup d'œil fort animé. On voit que Genève n'est point une ville aussi laide qu'on le prétend. « Les quartiers hauts, situés le long des remparts, m'ont paru assez bien, dit M. de Walsh (*Notes sur la Suisse*); mais la ville basse, en revanche, est tout ce qu'on peut voir de plus déplaisant, et rappelle cette hideuse queue de *marsouin* qu'Horace attache au buste d'une belle femme. Ces rues étroites et tortueuses, ces misérables échoppes régnant le long d'une enfilade d'arcades que forme la saillie des toits et que soutiennent des piliers grêles et à peine équarris; ces boutiques d'objets vendus plusieurs fois, et qui sont encore à revendre, cette population babillarde, plus remuante et plus active que propre, affecte désagréablement la vue de l'étranger. »

Voici ce que dit J.-J. Rousseau de sa ville natale :

« Il me semble que ce qui doit d'abord frapper tout étranger entrant dans Genève, c'est l'air de vie et d'activité qu'il y voit régner. Tout s'occupe, tout est en mouvement, tout s'empresse à son travail et à ses affaires ; je ne crois pas que nulle autre aussi petite ville offre un pareil spectacle.

« Visitez le quartier Saint-Gervais : toute l'horlogerie de l'Europe y paraît rassemblée. Parcourez le Molard et les rues basses : un appareil de commerce en grand, des monceaux de ballots, des tonneaux confusément jetés, une odeur d'Inde et de droguerie, vous font imaginer un port de mer. Aux Pâquis, aux Eaux-Vives, le bruit et l'aspect des fabriques d'indiennes et de toiles peintes semblent vous transporter à Zurich. La ville se multiplie, en quelque sorte, par les travaux qui s'y font ; et j'ai vu des gens, sur ce premier coup d'œil, en estimer le peuple à cent mille âmes. Les bras, l'emploi du temps, la vigilance, l'austère parcimonie, voilà les trésors des Genevois.

CAROUGE. — Cette petite ville, située à une demi-lieue de Genève, renferme 3,600 habitans environ et pourrait en contenir le double. Ce n'était encore qu'un chétif village en 1780, lorsque le roi de Sardaigne en fit la capitale d'une nouvelle province qu'il nomma *province de Carouge*, dans le dessein de la rendre la rivale de Genève. Il y fit construire une église et plusieurs autres édifices publics, et favorisa, par toutes sortes d'exemptions et de privilèges, les étrangers qui vinrent s'y établir ; enfin il érigea Carouge en ville en 1786 : il y fonda un hôpital et un collège, et permit peu après aux Juifs de s'y fixer et d'y avoir une synagogue. Le voisinage de Genève favorisa l'accroissement de cette nouvelle ville, qui comptait déjà 4,672 habitans en 1792. Plus tard, ce nombre s'éleva à près de 5,580 ; mais, en 1814, sa population avait diminué de plus de moitié. Il y a à Carouge des manufactures de poterie, plusieurs tanneries, etc. Son pont en pierre, sur l'Arve, se fait remarquer par son élégante architecture.

VERSOIX. — Cette jolie commune, située sur les bords du lac de Genève, renferme les châteaux de Saint-Loup et d'Ecogia ; elle a quelques fabriques intéressantes. En 1768, Louis XV voulut faire de ce village une ville florissante. On commença la construction d'un port, on traça un grand nombre de rues larges et bien alignées, mais on n'éleva qu'un petit nombre de maisons, ce qui fit dire à Voltaire, qui habitait alors Ferney :

<blockquote>A Versoix nous avons des rues,
Mais nous n'avons point de maisons.</blockquote>

FERNEY. — Quoique ce lieu soit situé en France, nous l'indiquons ici à cause de sa proximité de Genève. Quand Voltaire fit l'acquisition de ce village, en 1769, il était composé de 8 chaumières ; à sa mort, en 1778, on y comptait 80 maisons et 1,200 habitans. A cette époque, on accourait en foule de tous les pays à Ferney, pour entendre l'illustre écrivain, objet de l'admiration générale. De nos jours Ferney est encore chaque année le rendez-vous d'un grand nombre d'étrangers, qui viennent visiter le château et l'église sur la façade de laquelle on lit cette inscription : *Deo erexit Voltaire*. M. le comte de Lally-Tollendal a fait, comme tant d'autres, le voyage de Ferney. Voici comment il raconte ce pèlerinage littéraire :

« L'excursion à Ferney a excité en nous des sensations pénibles. D'abord nous avons été plus que surpris quand nous avons vu le cabinet où Voltaire a écrit la *Défense de Calas*, le *Siècle de Louis XIV* et les *Fragmens sur l'Inde*, changé aujourd'hui en une chambre de domestique, où l'on nettoie les bottes. Cependant la chambre à coucher et le petit salon particulier qui la précède sont encore dans le même état où les habitait l'auteur de la *Henriade* et de *Zaïre*. C'est toujours ce qu'on a décrit cent fois. Dans la chambre, un très-beau portrait de Voltaire à quarante ans ; un autre de madame du Châtelet ; un du grand Frédéric, envoyé par lui à Voltaire, quand le prince voulut regagner les faveurs du poète, après lui avoir retiré les siennes ; un de la reine Catherine, fait en tapisserie, de sa main impériale ; Calas et Sirven ; Franklin et Delille ; enfin le petit monument pyramidal élevé par la marquise de Villette, pour recevoir le cœur de son père adoptif, avec l'inscription qu'on y lit encore quoique le cœur n'y soit plus :

Son esprit est partout, mais son cœur est ici.

« Une partie de ce monument est brisée, comme une partie des rideaux du lit est hachée : nous avons su positivement que c'étaient les dévots à Voltaire qui avaient voulu en emporter chacun un morceau.

« Dans le salon, j'ai demandé à voir ce dernier excès de l'adulation de la puissance envers le génie, ce buste de Voltaire en porcelaine, premier ouvrage sorti de la manufacture royale de Berlin, avec ce seul mot écrit au bas, en lettres d'or, de la main du grand Frédéric, IMMORTALIS. On m'a répondu que ce buste n'était plus à Ferney, mais à Paris. J'ai avisé alors, au-dessus d'une des portes, un tableau bien étrange, et dont je suis étonné qu'aucune des relations n'ait encore parlé, d'autant plus que Voltaire lui-même en aurait donné le sujet, en aurait dirigé la composition, au dire du *cicerone* qui nous le montrait, et qui ne cessait de répéter : *C'est son ouvrage*. Si cela est vrai, Horace n'eût sûrement pas trouvé dans cette composition son précepte : *Ut pictura poesis*; et, fort heureusement pour nous, la poésie de Voltaire n'aurait pas été *comme ses peintures*. Dans celle dont il s'agit, le sujet est double, et ce double sujet c'est Voltaire, et encore Voltaire. A gauche, Henri IV, la *Henriade* à la main, présente son chantre au dieu du Parnasse, et sollicite pour lui les honneurs du triomphe ; le dieu accorde au roi sa requête. En conséquence, le même Voltaire qu'on vient de voir pétitionnaire d'Apollon et client de Henri IV dans le côté gauche du tableau, on le voit dans le côté droit conduit en triomphe au temple de Mémoire par le chœur des Muses et par les groupes de génies. On voit ses ennemis et ses envieux oser prétendre à lui fermer ce temple. Ils gravissaient déjà la roche escarpée qui en est le fondement ; mais, tous, tant qu'ils sont, les La Beaumelle, les P.-touillet, etc., etc., sont renversés pieds par-dessus tête, et dégringolent l'un sur l'autre avec des grimaces effroyables, grinçant des dents, et cherchant à retenir dans leurs mains quelques restes de leurs diatribes, dont les feuilles déchirées volent au gré du vent. Shakespeare, auquel le poète de Ferney a tant reproché de violer dans ses pièces l'unité d'action, n'a pas du moins fait paraître à la fois, dans la même scène, deux représentations du même personnage. Une idée aussi bizarre, si elle est sortie du cerveau de Voltaire, n'a pu y naître que du désordre de la colère, et l'on sait que le *genus irritabile vatum* n'a jamais éclaté avec plus d'explosion que dans celui qui avait tant de raisons pour ne pas même honorer d'un regard de tels détracteurs.

« Voltaire s'entendait mieux en jardins qu'en tableaux, ai-je dit en entrant dans ses jardins et dans son parc, en voyant ses plantations devenues superbes, ses bois percés admirablement, les sublimes points de vue qu'il s'était ménagés dans la distribution de son terrain, enfin la terrasse élevée au niveau de son cabinet, sur laquelle il marchait à grands pas dans le feu de sa composition, et où les hauteurs de son génie s'exaltaient encore à la vue de ce Mont-Blanc qu'il a cependant fini par accuser de ses rhumatismes.

« Après avoir été un peu éparpillée par la promenade, notre société se réunissait sous l'ombrage de la belle futaie voisine du château, lorsque nous avons vu arriver à nous un vieux jardinier qui aujourd'hui se vante, la larme à l'œil, d'avoir long-temps servi l'auteur de *Mérope* et de *Tancrède*, et qui autrefois s'est effrayé ou moqué de lui, les jours où il venait commander à ses ouvriers, habillé dès le matin en *Narbas* ou en *Ægyre*, pour en jouer le rôle dans la soirée, et pour ne pas faire deux toilettes en un jour. Ce bonhomme nous a d'abord donné une note imprimée des principaux bienfaits que son maître avait répandus dans Ferney ; et nous nous sommes rappelé ce vers, charmant d'expression, parce qu'il l'est de vérité :

J'ai fait un peu de bien, c'est mon meilleur ouvrage.

« Le bon vieillard, ayant cru voir que nous sympathisions avec lui, nous a priés d'attendre un instant en nous disant qu'il allait nous apporter quelque chose que nous serions certainement bien aise de voir. Il est revenu tenant en main un petit in-folio relié en parchemin, un plus petit cahier aussi relié, et une étoffe qui renfermait quelque chose qu'on ne voyait pas. L'in-folio contenait une collection faite par Vagnière, secrétaire de Voltaire, des sceaux et cachets de tous les souverains et des plus illustres personnages, en tout genre, et de tous pays, qui avaient été en correspondance avec l'ancien maître de

Ferney : au-dessus de chaque cachet était le nom du correspondant. Cette première revue faite, le vieux jardinier, en nous présentant le plus petit cahier, nous a dit : « Vous allez voir l'écriture de M. de Voltaire. » L'intérêt allait croissant. Nous avons ouvert le cahier, et nous avons vu en effet l'écriture de Voltaire, mais c'était son compte d'un mois ou d'une année avec son valet de chambre. On y lisait : « J'ai reçu de monsieur tant, de madame Denis tant. » Et au-dessous de ces mots était écrit de la main de Voltaire : « Il redoit 47 livres 10 sols.—On lui doit 36 livres, etc. » Il ne nous restait plus à connaître que le mystère de l'enveloppe. Le bon vieillard l'a ouverte avec une impression de respect plus forte : il nous a montré un bonnet à rebord, de soie grise, brodé partout en or et argent, avec une houppe de même; et d'un ton plus qu'emphatique il nous a dit : « Voilà le bonnet que M. de Voltaire portait en été, quand il se promenait en faisant des gestes sur la terrasse. »

« Nous avons demandé à voir le théâtre; il n'existe plus, il a été détruit ainsi que la bibliothèque; et du moins, mieux remplacé qu'elle, il est devenu une fort belle serre.

« Et l'église érigée à Dieu par Voltaire, avons-nous dit, est-elle détruite aussi ? « Elle est conservée, nous a-t-on répondu : elle est restée la paroisse du lieu. » Une espèce de sacristain aussi vieux que le jardinier s'est alors emparé de nous, et nous a montré cette église en détail. Il nous a dit que Voltaire y venait régulièrement trois fois par an, les jours de Pâques, de la Pentecôte et de la Fête-Dieu. Il nous a montré le banc où s'asseyait le seigneur de Ferney, et sur lequel peut-être il avait fait son beau vers :

Si Dieu n'existait pas, il faudrait l'inventer.

« Le vieux sacristain nous a montré enfin le tombeau pour lequel Voltaire avait fait prendre sa mesure, et qu'il s'était fait construire en même temps que l'église, à laquelle il était attenant. « Mais il n'est ni dehors ni dedans, » disait une femme de beaucoup d'esprit. En effet, l'ouverture du tombeau était bien dans l'église, mais tout le corps du monument était et est encore en dehors.

« Après avoir examiné longuement le château et toutes ses dépendances, je n'ai pu que jeter un coup d'œil sur la ville, qu'on peut dire avoir été bâtie par les mêmes mains que le château. Les rues m'ont paru désertes, beaucoup de fenêtres fermées, beaucoup de maisons vides; nul indice, au moins extérieur, du commerce d'horlogerie que son fondateur y avait créé et y faisait croître de jour en jour. Enfin, j'ai emporté la crainte que Ferney ne fût plus aujourd'hui qu'une belle terre, après avoir été une petite ville, jolie, peuplée et commerçante : Voltaire n'y est plus. »

HISTOIRE NATURELLE.

Il est peu de pays aussi intéressant que le canton de Genève, sous le rapport de l'ornithologie. Outre la grande variété d'espèces indigènes, le lac est fréquenté par une multitude d'oiseaux aquatiques, et le voisinage des Alpes procure des genres d'oiseaux propres à des latitudes bien plus élevées que celle de cette contrée : aussi y trouve-t-on rassemblés une grande partie des oiseaux qui sont disséminés dans le reste de l'Europe.

On remarque parmi les espèces les plus rares et de passage : l'orfraie, le milan, la buse gantée, l'épervier, le faucon pèlerin (*falco peregrinus*), le faucon aux pieds rouges (*falco rufipes*), le grand-duc, le scops (*frix scops*), le pic de Norvège, le torcol, le guêpier (*merops apiaster*), le couchas, le rollier (*coracias garrula*), le serin d'Italie, l'ortolan, le merle de roche (*turdus saxatilis*), le gobe-mouche-bec-figue (*muscicapa luctuosa*), le rossignol, la fauvette-orphée; l'hirondelle de cheminée, de fenêtre, de rivage; la gélinotte, le héron blanc, l'aigrette, la cigogne noire, le grand-pluvier, le guignard, la perdrix de mer, le plongeon du Nord, l'hirondelle de la mer Caspienne, etc., etc.

BIOGRAPHIE.

Dès le temps de la réformation, Genève a donné naissance à de savans théologiens : Jean Diodati et Théodore Tronchin se distinguèrent au synode de Dordrecht; Louis Tronchin débarrassa la théologie de son temps de questions vaines et scholastiques; Benedict, François et Jean-Alphonse Turrettin, Benedict Pictet, Charles Chais et Jacob Vernet soutinrent avec un zèle infatigable les dogmes de la religion réformée. Isaac Casaubon, né à Genève, fut un critique excellent, et Mallet un écrivain distingué. Les principes du *Droit Naturel* de J.-J. Burlamaqui, et l'ouvrage de J.-L. Delolme, sur la *Constitution d'Angleterre*, ont été traduits dans toutes les langues. Genève compte aussi plusieurs médecins célèbres : Turquet de Mayerne, Pierre, Jean et Théophile Bonnet, Daniel Leclerc, J.-J. Manget, Tronchin, Butini, etc., etc.

Les sciences y ont été surtout cultivées dans le XVIIIe siècle. Parmi une foule de savans professeurs, on distingue Gabriel Cramer et J.-L. Ca-

Landriani et Lesage, mathématiciens célèbres; Jallabert, Fatio de Duilier, Micheli du Crest, Abraham Trembley, Charles Bonnet, de Saussure, naturalistes estimés, etc.

Jean Petitot naquit à Genève en 1607. Ses portraits sur émail sont tous des chefs-d'œuvre; ses médailles, gravées par Jean Dassier, sont fort recherchées. Jean-Antoine Arlaud, qui vivait en 1720, a laissé d'excellentes miniatures; mais une des principales gloires de Genève, c'est l'ami de la nature, le philosophe éclairé, l'éloquent auteur de la *Nouvelle Héloïse*, J.-J. Rousseau, né dans cette ville, le 28 juin 1721.

Abauzit, né en 1679, fut long-temps bibliothécaire de la ville de Genève. Après avoir fait ses études avec un succès éclatant, il visita l'Allemagne, la Hollande et l'Angleterre; se lia avec les savans les plus illustres, tels que Bayle et Newton, et gagna leur estime avec leur amitié. De retour à Genève, il vécut retiré et se rendit familières toutes les connaissances humaines: la physique, les sciences, l'histoire, les antiquités. Il était en correspondance avec les hommes les plus célèbres, qui le consultaient sur les questions les plus difficiles. Ce savant modeste n'a écrit que des morceaux de peu d'étendue, dont la plupart n'ont été publiés qu'après sa mort. On connaît le pompeux éloge qu'en fait J.-J. Rousseau dans une note de sa *Nouvelle Héloïse*. Abauzit mourut à Genève en 1767, âgé de 87 ans.

Necker fut d'abord associé du banquier Thélusson, syndic de la Compagnie des Indes. En 1775, le comte de Maurepas crut devoir proposer au roi de l'appeler à la direction du Trésor, et l'année suivante il devint directeur-général des finances. Après 5 ans d'un ministère où il avait trouvé un déficit de 34 millions, sans avoir eu besoin d'ajouter un sou d'impôt pour les dépenses de la guerre, il montra dans son *compte rendu* un état où la recette annuelle excédait de 10 millions la dépense ordinaire. Assailli par des haines puissantes, il sentit le besoin de justifier ses plans; il demanda l'entrée au conseil: on lui offrit les entrées de la chambre, il donna sa démission. Après la retraite de Calonne et du cardinal de Loménie, nommé ministre des Finances et principal ministre d'état, il détermina le roi à convoquer les états-généraux qu'il avait promis à la France. Les états s'ouvrirent, et Necker vit s'éclipser son crédit; après la séance royale, il reçut une lettre du roi qui lui ordonnait de sortir du royaume et de le faire sans éclat. Les vœux du peuple et les représentations de l'Assemblée nationale déterminèrent Louis XVI à le rappeler, et son voyage de Bâle à Paris fut une marche triomphale. Ses ennemis l'obligèrent de demander une nouvelle fois sa retraite; il quitta Paris pour retourner en Suisse, et n'arriva dans sa terre de Coppet qu'après avoir été sans cesse menacé dans sa route par ce même peuple dont il avait été l'idole. Il a publié différens écrits sur les finances et sur la révolution française. Necker mourut à Coppet en 1804.

CULTES.

Les protestans forment au moins les deux tiers de la population du canton; leur clergé jouit d'une réputation méritée de connaissances, de talens, de sagesse et de zèle. La réunion des pasteurs forme la *vénérable compagnie*, qui administre tout ce qui est relatif au culte; elle est présidée alternativement par chacun des pasteurs de la ville, et ce président temporaire prend le titre de *modérateur*. Le plus ancien des pasteurs est *doyen* de la compagnie. Le clergé est mal rétribué: le traitement d'un pasteur de la ville, à *paie entière*, ne s'élève pas au-delà de 2,000 liv., et plusieurs ne reçoivent que *demi-paie*; le traitement des pasteurs de la campagne n'est que de 600 livres par an.

Chaque commune catholique du canton a un curé et un vicaire, selon l'étendue de la paroisse. Genève, qui renferme 2,600 catholiques, a un curé et deux vicaires, qui célèbrent le service divin dans l'église de Saint-Germain.

Les réformés allemands et ceux de la confession luthérienne ont aussi une église à Genève, et il y a une synagogue à Carouge où les juifs célèbrent leur culte.

INSTRUCTION PUBLIQUE. — SOCIÉTÉS SCIENTIFIQUES.

Dès l'an 1429, cette ville avait une école où l'on enseignait le latin, la grammaire, la logique et les arts libéraux. Un siècle plus tard, Calvin fonda le *collège* et l'*académie*. Ce fut également ce réformateur qui rédigea le règlement concernant les fonctions des professeurs, des régens et des écoliers; ce règlement fut lu et approuvé le 2e mai 1559, dans une assemblée publique, tenue dans l'église de Saint-Pierre, où assistèrent environ 600 écoliers. Le collège et l'académie ont reçu depuis cette époque de nombreux accroissemens. Le nombre des classes a été augmenté; on a créé une faculté de droit et un cours de belles-lettres grecques, latines et françaises; on y enseigne l'histoire, la médecine, les mathématiques, l'astronomie, la mécanique, la physique, l'histoire naturelle et la chimie. Les leçons du collège et de l'académie sont gratuites ; les étrangers y sont admis.

Genève renferme encore divers établissemens fondés par la générosité des habitans. Ainsi la *société des Cathécumènes* entretient, sous le nom d'*Écoles du matin* et d'*Écoles du soir*, une douzaine d'instituts où l'on enseigne aux enfans des deux sexes la lecture, l'écriture, l'histoire, l'arithmétique et les principes de l'histoire naturelle; elle entretient aussi 6 écoles pour l'instruction religieuse des jeunes Cathécumènes ; enfin, elle distribue des prix aux enfans qui se sont distingués par leurs progrès et par leur application. La *société de la Musique Sacrée* fait donner des leçons gratuites de chant sacré, et l'*École de Dessin* reçoit chaque année un grand nombre d'élèves. L'éducation des enfans de la campagne n'est point négligée : il existe dans chaque paroisse une ou plusieurs *Écoles primaires*, où l'on enseigne la lecture, l'écriture, l'orthographe, l'arithmétique et la musique sacrée. Parmi les sociétés scientifiques que possède Genève, on distingue celle pour l'*Avancement et l'Encouragement des arts*, la société des *Sciences Naturelles*, la société *Helvétique*, les *sociétés de Médecine et de Chirurgie*, etc., etc.

SECOURS PUBLICS.

Il est peu de pays où les sources de secours soient aussi multipliées et aussi abondantes que dans le canton de Genève. Parmi les établissemens de bienfaisance, on distingue l'*hôpital-général*, qui existe depuis près de trois siècles, et qui assiste les Genevois âgés, indigens ; le *bureau de bienfaisance de Genève*, qui assiste tous les pauvres de la ville indistinctement ; les *bourses française, allemande et italienne*, fondées par des réfugiés protestans, français, allemands et italiens en faveur de ceux de ces réfugiés ou de leurs descendans qui seraient dans le besoin ; la *chambre des Tutelles et Curatelles*, qui exerce une surveillance sur les orphelins ainsi que sur les tuteurs ; le *comité des Orphelins*, la *maison des orphelins de Genève*, celle des *orphelines de la campagne* ; l'*école d'Agriculture de Cara*, pour les pauvres orphelins ; l'*asile fondé à Plain-Palais*, pour l'éducation des jeunes filles, etc.

COMMERCE. — INDUSTRIE.

Genève est une ville essentiellement industrieuse et commerçante ; ses fabriques de bijouterie et d'horlogerie sont surtout très-remarquables. Depuis 1789, la bijouterie a triplé ses produits annuels. Ses principaux ouvrages sont : les tabatières, les chaînes et clefs de montres, les cachets, les bagues, les étuis, les chaînes et les colliers. Il se fabrique par année à Genève 70,000 montres environ, la plupart en or; la moitié des montres d'or sont de petites *montres de femme* ou des montres à répétition et à musique. Les diverses professions qui font partie de la fabrique d'horlogerie et de bijouterie de Genève, sont les suivantes : cadraturiers, — blantiers, — finisseurs, — repasseurs, — denturiers, — fondeurs de roues, — tailleurs de fusées, — faiseurs de verges, — faiseurs de ressorts, — graveurs de coqs et de noms, — doreuses, — polisseuses de laiton, — polisseuses d'acier, — faiseuses de spiraux, — régleuses, — faiseuses de chaînes, — videuses de coqs, — monteurs de boîtes, — finisseurs de charnières, — faiseurs de ressorts de boîtes, — emboîteurs, — faiseurs de cadrans, — peintres en cadrans, — faiseurs de calottes, — faiseurs de ressorts de calottes, — graveurs de boîtes, — ciseleurs, — guillocheurs, — émailleurs, — peintres en bijoux. — friseuses, — rideuses d'or, — faiseurs de boucles, — bijoutiers, — joailliers, — polisseuses de boîtes, — polisseuses de bijoux, — polisseuses à la roue, — faiseurs d'aiguilles, — faiseurs de timbres, — faiseurs de ressorts de timbres, — faiseurs de limes, — faiseurs d'outils, — forgerons pour les burins, — faiseurs de clefs de montres, etc., etc.

Genève possède aussi des manufactures de draps et d'indiennes, et plusieurs tanneries.

BIBLIOGRAPHIE.

Histoire de Genève, par Spon, avec des notes et pièces justificatives, par Abauzit, 4 volumes, Genève, 1730.

Tableau historique et politique des révolutions de Genève dans le XVIIIe siècle, 1 vol. in-12.

État civil de Genève, par F.-A. Naville, 1 volume in-8, Genève, 1790.

Histoire littéraire de Genève, 3 vol. in-8, 1786.

Essai sur Genève, par A. Fischer, 1 vol. in-8, Berlin, 1796.

Almanach Helvétique (année 1817), 1 volume in-18.

Genève et les Genevois, par Mallet, 1 volume in-12.

LE LAC DE GENEVE.

TOPOGRAPHIE.

Le lac de Genève ou lac *Léman*, est situé, selon le chevalier Schuckburg, à 1,152 pieds, et selon M. Pictet, à 1,134 pieds au-dessus de la mer. Sa plus grande largeur est de quatorze lieues environ ; sa plus grande longeur entre Rolle et Thonon est de trois lieues un quart. A Nyon, cette largeur est d'une lieue seulement. Elle va toujours en diminuant jusqu'à Genève, où elle n'est plus que de trois à quatre cents pieds. Sa surface a près de 26 lieues carrées. Il a 620 pieds de profondeur à une lieue d'Evian, 312 pieds près du château de Chillon, et 950 aux environs de Meillerie. C'est-là, dit-on, sa plus grande profondeur. On a comparé la forme du lac de Genève à celle d'un croissant, mais cette ressemblance n'est point exacte et se trouve plus dans l'imagination que dans la réalité. Les bateliers nomment *petit lac* la partie étroite qui s'étend du cap d'Yvoire à Genève, et *grand lac* la partie plus large d'Yvoire à Villeneuve. Non loin de Villeneuve, le Rhône vient se jeter par trois bras dans le lac. Il en ressort à l'extrémité opposée et traverse la ville de Genève.

Le lac Léman a de tous temps passé pour le plus beau lac de l'Europe méridionale. Il n'y a que celui de Constance qui puisse peut-être lui disputer cette primauté. Mais la limpidité des eaux du lac de Genève, la grandeur de son bassin, découpé comme en festons, la forme gracieuse de ses rivages bordés de golfes et de promontoires, les Alpes majestueuses dont il est encadré à l'orient et au midi, l'immense variété d'aspects, pris soit des hauteurs qui le dominent, soit des bords et des divers points de sa surface, les effets superbes que produisent sur cette humide nappe, et les tempêtes bruyantes qui l'agitent quelquefois, et le calme qui lui prête le brillant d'un miroir où les paysages environnans se reflètent avec une vérité parfaite, les reflets lumineux dont la lune argente ses eaux durant les belles nuits d'été, tout enfin donne au Léman un charme inexprimable et qu'on ne saurait rencontrer en d'autres lieux.

Le Léman est comme encaissé par trois chaînes de montagnes : les Alpes, le Jura et le Jorat. Les Alpes l'entourent depuis Genève, par la côte de Savoie, jusqu'à Vevey, et se reflètent dans les temps calmes dans le miroir de ses eaux avec autant de vérité que de grandeur. Les pics voisins les plus élevés sont : le mont Salève, près de Genève, qui est à 3,072 pieds au-dessus du niveau du lac ; le coteau de Boisi, la Dent-de-Morcle, à 7,824 pieds ; la tour d'Aï, qu'on aperçoit au-dessus de Villeneuve, à 5,688 pieds ; la Dent-de-Jaman, au-dessus de Vevey ; et le plan de Jaman, sur le point le plus élevé de la route du pays d'en haut, qui est de 3,450 pieds, supérieur à la surface du Léman.

Le Jura, qui commence au fort de l'Ecluse, s'éloigne insensiblement du lac, à mesure qu'il court du Sud au Nord. Ses plus hauts sommets sont : le Thoiry, dans le pays de Gex ; la Dôle, au-dessus de Bonmont (3,948 p.) ; le Mont Tendre un peu plus bas, entre la vallée du lac de Joux et le pays de Vaud ; la Dent-de-Vaulion, au-dessus du village de ce nom (3,342 p.). Le Jorat est cette chaîne de collines, plus basse que les Alpes et le Jura, qui s'étend des premières au second, depuis la Veveyse aux sources de la Venoge, en formant une pente plus adoucie, dont les eaux vont grossir celles du Léman. Un de ses plateaux les plus élevés, auprès du Chalet-à-Gobet, entre Lausanne et Mont-Preveyre, est à 1,620 pieds ; la pointe que couronne l'antique tour de Gourze, et d'où l'on a une des plus belles vues du pays de Vaud, est à 1,630 p., et le Mont-Pèlerin, au-dessus de Chardonne, à 2,710 pieds.

L'eau du Léman offre généralement à l'œil une teinte bleuâtre ou verdâtre, selon le reflet d'un ciel plus ou moins serein. Elle est claire, limpide, transparente et laisse voir le fond jusqu'à la profondeur de dix ou douze pieds. L'agitation fréquente de ses ondes repousse vers ses rives ou précipite dans sa vase tout ce qui pourrait la troubler. Elle a un goût agréable ; aussi, à Genève, on ne boit presque partout que de l'eau du Rhône à sa sortie du lac. Dans certains endroits peu profonds, et quelquefois assez près des terres, on distingue des sources intérieures. Un grand nombre de rivières et de ruisseaux grossissent le Léman de leurs ondes ; ce sont, du côté de la Suisse : le Rhône, la Morge, le Vengeron, la Versoye, l'Asse, le Cordon, la Promenthouse, l'Aubonne, la Dalive, la Venoge, la Chamberonne, la Vachère, la Lautrive, la Salence, la Veveyse, la baye de Clarens et la Tinière. Ses affluens, du côté de la Savoie, se réduisent à la Dranse, le Trelon, le Redon, le Leucon, le

Thonon, le Foron, le Vion, l'Hermance et la Vierse.

HISTOIRE.

Le plus ancien auteur qui parle du lac de Genève est Jules-César, dans ses Commentaires; il le nomme *Léman*. Après lui, Pline le naturaliste, Pomponius Méla, Ammien, Marcellin, lui donnent le même nom. Lucain en fait mention dans ce vers si connu :

Deseruere cavo tentoria fixa Lemanno.

Et Ausonne, dans son poème sur Narbonne, le décore du titre plus pompeux que vrai de *père du Rhône.*

Qua rapitur præceps Rhodanus genitore Lemanno.

L'Itinéraire d'Antonin changea le premier cette ancienne dénomination, et lui substitua celle de lac de *Lousonne*, et celle de *Lacus Lasannete* parut ensuite dans *la table Théodosienne.* Vers le milieu du IX° siècle, les *Annales de Saint-Bertin* l'appelèrent la *Mer du Rhône* : depuis trois ou quatre cents ans, il fut plus connu sous le nom de *Lac de Genève (Genfersee)*, à cause de la ville de Genève, bâtie sur ses bords. Maintenant le nom de Léman reprend ses droits comme le plus ancien, le plus sonore et le plus poétique. Son étymologie se trouve naturellement dans *Lim* ou *Lem*, mot celtique qui signifie *eau*, *rivière*, *lac*, et qui est également la racine de *Limmat*, rivière qui sort du lac de Zürich. Strabon désigne ce lac par le mot *Limné*, et Ptolomée par *Limnéné*. Les Romains ayant pénétré jusqu'à ses rivages lui conservèrent son nom indigène, en ajoutant la terminaison latine ; car, avant de devenir leur conquête, cette contrée ainsi que l'ancienne Helvétie, étaient habitées par des peuples d'origine celtique. Les Druides, dont les premiers Helvétiens professaient la religion, avaient une vénération particulière pour les eaux, l'un des objets de leur culte, et ils donnèrent à ce beau bassin un nom générique, comme étant à leurs yeux un lac sans rival.

ANTIQUITÉS.

Quand les Helvétiens, subjugués par César et et ensuite par Cécina, virent leur pays devenir une province romaine, et qu'eux-mêmes obtinrent le titre de *citoyens romains*, leurs vainqueurs attirés par la beauté du site, par la salubrité de l'air, par le désir du repos loin du tumulte des villes, par la proximité de l'Italie et la facilité de passer dans les Gaules et dans la Germanie, se fixèrent en grand nombre sur les bords rians du Léman ; ils y établirent des colonies, ils y introduisirent leur culte, et y laissèrent divers monumens qui, de nos jours encore, attestent et leurs travaux et leur séjour dans cette charmante contrée. Deux grands chemins établis par eux favorisèrent le commerce en aidant aux communications. L'un, qui venait d'Italie, passait par le *Mont-Pennin* (le St-Bernard), traversait le Bas-Valais et la plaine d'Aigle, longeait le *Léman* de Villeneuve à Vevey, puis s'en écartant, se portait par Moudon sur Avenches, long-temps chef-lieu du pays : l'autre, qui venait des Gaules, entrait par le pas de l'Ecluse et par Nyon; puis s'élevant sur les collines supérieures au *Léman*, gagnait Orbe, et se dirigeait le long du lac de Neuchâtel sur Bienne, Pierre-Pertuis et Augst. Les restes de cette dernière voie romaine sont encore connus dans le Pays de Vaud, sous le nom de *Chemin de l'Etraz* (Via Strata.) Un troisième chemin allant de Nyon à Vevey, joignait, en suivant le lac, les deux précédens. L'*Itinéraire d'Antonin*, qui rapporte les distances de ces divers lieux, et les colonnes milliaires qui en font mention, sont aussi exacts qu'ils peuvent l'être, à une époque où les localités exigeaient de grands détours, dans un pays moins cultivé qu'aujourd'hui et de tous côtés hérissé d'obstacles.

Une foule d'inscriptions en l'honneur de Jupiter, de Mars, de Bacchus, de Sylvain, des *Sulives* (Sylphes) et des colonnes milliaires ont été trouvées sur les bords du Léman, à Genève, à Versoix, à Rolle, à Coppet, à Séligni, à Nyon, à Vidy, à Vevey, à Villeneuve, ainsi que des médailles et des bronzes, etc, etc. Tschudi, Gruter, Guillemain, Spon et Plantin en ont fait mention dans leurs écrits.

Quelques tombes antiques existaient le long du lac, et sont maintenant détruites. On en trouva plusieurs en 1756, au-dessus de Vevey, remplies de squelettes de 6 pieds de longs, et on conjecture que c'était là qu'on enterrait les soldats des légions romaines qui mouraient dans cette contrée. Il reste peu de monumens des anciens naturels du pays, et l'on ne saurait trop regretter la destruction des tombeaux en pierres plates, sans ornemens, trouvés sur la côte de Savoie, près du château de Boisi, et qui contenaient des ossemens. Plusieurs instrumens du culte des Druides helvétiens, parmi lesquels on remarque des serpes à couper le *gui sacré*, des marteaux, des haches, des lances de bronze ont été recueillis dans le voisinage d'Aubonne, et l'on voit à la bibliothèque de Berne, un joli groupe en bronze, trouvé à Vidy, qui représente un sacrificateur faisant une libation sur la tête d'un veau préparé pour le sacrifice.

Lac de Genève.

Château de Chillon.

LE LAC DE GENÈVE.

Le lac de Genève est navigable dans toute son étendue et dans toutes les saisons. Il est moins sujet que la plupart des autres lacs de la Suisse à ces coups de vent déréglés, à ces bourasques inopinées qui rendent la navigation dangereuse. Ses rives offrent d'ailleurs presque partout un abordage sûr et commode. La côte méridionale elle-même, redoutée autrefois à cause de ses escarpemens, est devenue accessible sur tous les points, depuis que les sombres rochers de Meillerie ont disparu pour faire place à une magnifique chaussée. Si la rive du lac du côté du Chablais présente dans quelques unes de ses parties un aspect un peu désert et même sauvage, on est bien dédommagé de cette vue monotone par l'aspect riant de la rive du pays de Vaud. Cette rive qui s'élève en amphithéâtre, offre un tableau riche, animé. Elle est couverte d'une multitude de villes, de bourgs, de villages, de châteaux, de maisons de campagne. La navigation du lac Léman est la promenade favorite des habitans de Genève et des étrangers qui visitent cette ville. Rien n'égale le plaisir de traverser en mille sens, dans une barque légère, cette immense nappe d'eau, pendant une belle matinée, ou dans une soirée d'été. Ce superbe bassin occupe le centre d'un paysage digne du pinceau de Salvator Rosa ou du Poussin. Il est bordé de montagnes qui appartiennent aux plus hautes chaînes de l'Europe, A chaque instant, c'est un point de vue nouveau; ce sont des villages, des vignes, des bois, des rochers. Avec quel délice on respire la fraîcheur des eaux dans ces courses rapides, quand le soleil darde ses rayons brûlans, ou lorsqu'il ne colore plus que la cime des hautes montagnes.

Parcourons donc ces rives délicieuses et visitons les villes, les villages et les sites si diversifiés qui les animent.

THONON, ville ancienne et irrégulièrement bâtie, sur le bord oriental du golfe de ce nom, est la première cité qu'on trouve au bord du lac en quittant Genève; elle se divise en haute et basse ville. Cette dernière est baignée par le lac et forme le port. La haute ville, plus considérable, a quelques édifices qui méritent d'être remarqués. Ce sont : l'Eglise principale, le Collège et le nouvel Hôtel-de-Ville.

Au sortir de Thonon, on aperçoit à gauche, à une certaine distance de la route, la Chartreuse de Ripaille.

EVIAN. — La jolie petite ville d'Evian, peuplée de 1,500 habitans environ, et fréquentée dans la belle saison par une foule d'étrangers, attirés par la beauté de sa situation, est, sans contredit, une des stations les plus pittoresques des bords du lac, du côté de la Savoie. Au-delà, la rive suisse se développe aux regards sur une étendue de plus de douze lieues.

MEILLERIE. — A une lieue environ plus loin qu'Evian, on atteint le village de Meillerie. Jadis composé d'une vingtaine de misérables cabanes, entassées les unes près des autres, ce lieu est devenu, depuis que la route de Genève à Milan le traverse, un endroit assez agréable.

Au-delà de Meillerie, le paysage devient à chaque pas plus imposant et plus agreste. On ne tarde point à arriver aux pieds des célèbres rochers chantés par Rousseau, et que la mine a mutilés sans leur ôter leur âpreté primitive. Mais quand la vue, attristée par l'aspect uniforme de ce site se reporte sur le bassin du lac et sur ses rives, on découvre avec joie le joli promontoire où est situé Saint-Gingolph, avec ses vergers qui s'abaissent en pente douce jusque vers la grève, et les embarcations dont le vent agite les voiles légères dans ce petit port.

VILLENEUVE (*Voir* : CANTON DE VAUD).

En sortant de Villeneuve, on suit les bords du lac que l'on ne quitte pour ainsi dire plus jusqu'à Genève. Aux paysages mélancoliques de la vallée du Rhône, dit M. Manget, dans son intéressant *Itinéraire des rives du lac Léman*, qui nous a fourni quelques unes de ces descriptions, succède un vaste et brillant tableau. Le lac ne se présente, il est vrai, qu'en profil, mais sa largeur est considérable, et sa longueur visible en ligne droite, est de plus de douze lieues. Quand l'air est calme, c'est une glace unie où les deux rivages viennent se réfléchir, et qui reproduit comme un second ciel et une seconde terre au-dessous de sa surface immobile. Mais lorsqu'un vent impétueux en soulève les eaux, ce tranquille bassin devient tout d'un coup une mer agitée dont les flots se pressent, se heurtent et se brisent avec un bruit effrayant. L'aspect âpre et sévère des montagnes qui l'entourent, la profondeur de ses eaux, la raideur de ses rives, la longueur de ce bassin, dont l'extrémité opposée disparaît dans les nuages, l'air de solitude des environs, tout semble combiné pour ajouter à l'effet de cet imposant spectacle.

Bientôt on passe au pied du CHATEAU DE CHILLON, élevé sur un rocher isolé. C'est dans un caveau obscur de ce château que François Bonnivard, l'héroïque défenseur de la liberté de Genève, languit pendant six années, enchaîné à un pilier, empreint encore du frottement de sa chaîne. Chillon renferme de profonds et ténébreux cachots, où les prisonniers étaient ensevelis vivans. Aucun escalier n'y aboutit. On n'y parvient que par une ouverture percée dans la voûte. On conduit les étrangers au haut d'un couloir étroit d'où l'œil ne plonge qu'avec peine jusqu'au fond de cette Érèbe.

L'édifice forme dans son ensemble une masse de bâtimens assez irréguliers, que domine un vaste donjon carré placé au centre.

En 1733, il fut converti en prison d'état, et conserva cette destination jusqu'à la révolution de 1798. Ce n'est plus aujourd'hui qu'un dépôt d'armes et de munitions, et quelquefois une maison de détention militaire. L'écusson du canton de Vaud et la légende *Liberté et Patrie*, peints sur ses murs blanchis à neuf, annoncent que le règne de la justice féodale est passé, et adoucissent les douloureux souvenirs que réveille la vue d'un édifice célèbre dans les fastes de la tyrannie.

Byron a dit de Chillon, dans son poème *The prisonnier of Chillon* :

« Dans les prisons froides et profondes de Chillon, il existe sept colonnes d'une structure gothique, noires et massives ; elles s'élèvent jusqu'à la voûte, éclairées par une triste lueur, faible rayon de soleil qui semble s'être égaré à travers les crevasses du rocher et de l'épaisse muraille, pour tomber là et s'y éteindre ; semblable aux feux livides qui apparaissent pendant la nuit au milieu des marais, il glisse lentement sur la terre humide du cachot. A chacune de ces colonnes, il y a un anneau auquel est suspendue une chaîne de fer : ce fer rongeur a laissé sur mes membres des traces que ne s'effaceront que lorsque j'aurai dit adieu à ce nouveau jour, si pénible à mes yeux, qui n'ont pas vu le soleil se lever pendant des années.... »

Non loin de Chillon, on entre dans la paroisse de Montreux, puis on atteint VEVEY (*Voir* : CANTON DE VAUD) et CLARENS, dont le nom s'associe encore au souvenir de Rousseau et aux scènes passionnées de la Nouvelle Héloïse.

LAUSANNE (*Voir* : CANTON DE VAUD).

MORGES. — Cette jolie ville occupe le fond d'une baie qui se dessine gracieusement au milieu du lac. Ses rues sont larges, régulières et bien bâties. Son église, de construction moderne, élevée à l'extrémité orientale de la ville, en décore agréablement l'entrée. Comme à Lausanne, on peut jouir à Morges des vues les plus pittoresques et les plus variées. Une immense ceinture de montagnes enferme l'horizon, et s'arrondit autour de la rive opposée. Le Mont-Blanc élève majestueusement son triple sommet, couvert de neige, au-dessus des Alpes du Chablais. Un long glacis, de la plus belle verdure, s'abaisse au pied des montagnes jusqu'aux bords du lac; il en suit les sommités et leur imprime ses formes ondoyantes. Un antique monument couronne le plateau au pied duquel est assise la ville de Morges. C'est le château de Vuflens, contemporain de toutes les époques de l'histoire de l'Helvétie, et sur lequel madame de Montolieu, dans son livre si intéressant, les *Châteaux Suisses*, a su répandre un si vif intérêt.

La beauté de la campagne, aux environs de Lausanne, répond à la beauté du site. Son charme particulier tient tout à la fois du mouvement du terrain et à la richesse peu commune de la végétation, entretenue dans une fraîcheur perpétuelle, sur un sol abondamment arrosé. L'excessive inégalité du sol, en repoussant les arrangemens trop symétriques, a conservé à la campagne une physionomie agreste, que l'art a su partout embellir, sans l'altérer. Une foule de charmantes habitations champêtres sont éparses autour de Lausanne. Elles n'étaient autrefois que simples et commodes ; aujourd'hui elles sont élégantes, mais de cette élégance de bon goût, qui n'est que l'art d'allier les convenances de la vie domestique avec les jouissances de la campagne.

En parcourant les environs de Lausanne, on est frappé de la diversité qu'un paysage, en apparence uniforme, tire de la différence d'élévation du sol et de la variété de végétation qui en résulte. Si des bords du lac, on s'élève jusqu'aux sommités qui couronnent la ville, on voit se succéder à peu d'intervalles les prairies, les vignes, les vergers les forêts de chênes, de hêtres et de sapins. On a conservé, à un quart de lieue environ de Lausanne, une forêt antique, dont les arbres se développent en liberté, et forment un épais ombrage. Cette promenade est connue sous le nom de *Bois de Sauvœbelin*. La plate-forme, qui la termine du côté du lac, se nomme le *Signal*. A l'orient du bois de Sauvœbelin est une vallée tortueuse et profonde. On y descend par d'étroits sentiers pratiqués sur les bords du *Flon*, qui s'échappe au travers des rochers, et va traverser la ville de Lausanne, au sortir de cette paisible solitude.

Si du *Signal* les regards s'abaissent sur la rive vaudoise, on jouit d'un magnifique aspect. Découpée par ses golfes et ses promontoires, quoique moins élevée que la rive opposée, elle est cependant fornée par une chaîne de collines dont les sommités la couronnent. On voit les vignobles de la *Côte* et de *Lavaux*, dominés, le premier, par la chaîne du Jura, le second, par une des sommités les plus élevées du Jorat, et, au milieu de leurs escarpemens, on aperçoit cette tour de *Gouze*, ruine d'un ancien fort, debout encore dans ces sites sauvages. Plus près, l'œil s'égare sous de rians tableaux. Ici, ce sont des vergers qui s'élèvent en gradins successifs sur une colline escarpée, montrant ce qu'on peut obtenir du travail et de l'industrie de l'homme. Là c'est Lausanne, sa cathédrale, la plupart de ses édifices publics, ses belles campagnes et son port; à gauche, Pully, Lutry, Grandvaux; dans le fond, Montreux, Villeneuve, Chillon; à droite, les villes de Morges et d'Aubonne; partout enfin, une succession de sites qui ne laissent aucun vide, un sol richement cultivé et une grande variété de villages, de fermes, de châteaux et de belles prairies. Derrière soi, on jouit encore depuis le *Signal*, de l'aspect d'une partie assez considérable du canton de Vaud, couverte de prairies, de forêts et de villages agrestes, dispersés sur le plateau du Jorat.

Lausanne est, après Genève, la station où les voyageurs étrangers qui font le tour du lac s'arrêtent ordinairement le plus longtemps. Beaucoup y prolongent même leur séjour, retenus par l'aménité d'une société agréable et hospitalière.

Ouchy, autrefois *Ripa*, située à peu de distance de Lausanne, sert de port à cette ville. On y descend en sortant de Lausanne, près de l'église de St-François, par une belle route ornée de plusieurs maisons de campagne, et d'où le lac et les Alpes se dessinent dans le lointain. Ce port est partagé par une jetée en maçonnerie construite en 1793, et qui, s'avançant dans le lac, offre un abri sûr aux barques et bateaux. Un vaste bâtiment de douane sert d'entrepôt aux marchandises. Deux bateaux à vapeur, le *Léman-vaudois* et le *Vinkelried*, construits récemment, animent ce village par le grand nombre de passagers qu'ils y attirent. Chaque jour, pendant la belle saison, ces bateaux font le trajet d'une extrémité du lac à l'autre. Le *Leman-vaudois* fait en outre assez souvent le tour du lac. Ces bâtimens sont commodes et élégans.

L'exposition d'Ouchy est des plus riantes; les maisons y sont en général bien bâties, et les environs sont ornés de jolies campagnes.

Rolle est une petite ville d'un aspect agréable, bâtie au bord du lac, vers le milieu d'une baie qui fait face au lac de Thonon. Elle a été fondée vers le milieu du XIIIe siècle.

Nyon. — Son origine remonte à l'époque de la conquête de l'Helvétie par les Romains.

A une demi-lieue de Nyon, on va visiter le château et le beau parc de Prangins. Cette propriété magnifique appartient, depuis 1815, à Joseph Bonaparte.

Coppet, la plus petite des villes vaudoises, de la vallée du Léman, est située au bord du lac, et se compose d'une seule rue, courte et étroite, bordée de magasins de peu d'apparence. Madame de Staël a long-temps habité Coppet. Pendant son séjour aux environs de Genève, lord Byron allait souvent visiter cette femme célèbre. Le poète lui a consacré les lignes suivantes, dans l'une de ses belles compositions :

« Quelqu'une des personnes que les charmes d'un esprit sans affectation et d'une aimable hospitalité attiraient dans les cercles de Coppet, devrait sauver de l'oubli les vertus privées de Corinne; il faudrait, non pas célébrer, mais dépeindre l'aimable maîtresse d'une maison toujours ouverte, l'ame d'une société toujours variée et toujours heureuse, et dont le créateur, dépouillé de l'ambition et de l'artifice des rivalités publiques, semblait ne briller que pour renouveler sans cesse la vie de ceux qui l'entouraient. Mère chérie de ses enfans, et les aimant avec tendresse, amie capable d'une générosité sans bornes, mais toujours raisonnée, patronne charitable de tous les malheureux, elle vivra toujours dans le cœur de ceux qu'elle a chéris, nourris ou protégés. Sa perte sera surtout sentie dans les lieux où elle était le plus connue. Qu'il soit permis à un étranger de mêler un regret sincère et désintéressé à l'affliction de ses nombreux amis, et de ceux plus nombreux encore qui eurent part à ses bienfaits. Au milieu des scènes sublimes que m'offrait le Léman, mon plus grand bonheur fut de pouvoir admirer et connaître les belles qualités de l'incomparable Corinne. »

HISTOIRE NATURELLE.

Règne animal. — On trouve sur certaines plages solitaires du lac des loutres qui pèsent jusqu'à 30 livres, et des rats-d'eau (*mus amphibius*). Parmi les espèces connues d'oiseaux qui forment l'ornithologie des bords du Léman, on distingue le *balbuzard* ou *aigle de mer*, qui ne vit que de poissons, le martin-pêcheur ou merle bleu, le plus bel oiseau de l'Europe, suivant Buffon; l'oie sauvage, le cygne, qui ne se montre qu'en hiver; le canard sauvage, le harle ou grand plongeon, le harle huppé, la grebe cornue ou *colymbe*, qui pond dans un nid flottant fait de roseaux, et donne une fourrure d'un blanc argenté ; le cormoran, la grande hirondelle de mer, qui enlève le petit poisson en rasant la surface des eaux ; la cigogne, qui se promène sur les bords marécageux de Villeneuve; l'aigrette (très rare), le butor, appelé par les paysans *bœuf de marais*, à cause des mugissemens qu'il pousse en plongeant ; le héron blanc, le courli vert, l'alouette de mer, l'huîtrier (très rare et qui ne vit que de coquillages), le pluvier doré, le guignard, le ralle d'eau, la perdrix de mer, l'ortolan des roseaux et la lavandière ou hoche-queue.

La classe des amphibies est peu nombreuse; il y a des lézards d'eau dans les puits et les ruisseaux voisins du lac; la salamandre-fluvine (*lauretta-salamandra*), le serpent d'eau se trouvent dans les flaques du rivage, à Vidy, à Villeneuve; la vipère, parmi les rochers de la Vaux et de Meillerie.

Les eaux du Léman contiennent de nombreuses espèces de poissons : la tanche, la lotte, la perche, la truite, la truite-saumonnée, l'ombre-chevalier (il y en a de 3 pieds de long), le féra, l'umble, le brochet (qui vit cent ans); la carpe (qui pèse jusqu'à 30 livres, et renferme quelquefois 30,000 œufs); le barbeau, le meunier (du poids de 25 à 30 livres); la brème, le goujon, etc., etc.

On trouve beaucoup d'insectes dans le voisinage du Léman. Les espèces suivantes vivent sur les eaux et dans les eaux mêmes du lac : le prie-dieu (*mantis religiosa*). Le taupin ferrugineux, le grand dytique, la grande punaise à aviron (*notonecta striata*); le scorpion aquatique, la punaise naïade (*cimex lacustris*); l'argus bleu, la julie, la louise, l'amélie, l'éléonore, (demoiselles); l'éphémère à pieds blancs, la phrygane printannière, la mouche des lacs, le scorpion araignée, l'écrevisse verte, la crevette épineuse, le scolopendre phosphorique (*scolopendra electrica*), etc. etc.

Le lac et ses bords offrent aussi quelques variétés de vers et coquillages tels que la sangsue-limace (venimeuse), la sangsue commune (*hirudo medicalis*); le ver de poisson (qui se trouve souvent dans les ouïes des brochets), la moule commune (*mya pictorum*), le grand buccin, le buccin évasé, le polype vert, le protée, etc., etc.

RÈGNE VÉGÉTAL. — La flore du Léman possède plus de 800 espèces de plantes. Les plantes *aquatiques* seules dépassent le nombre de 150. Les plus nombreuses sont : la menthe à feuilles étroites, la germandrée aquatique, la centenille bassette, la campanule à feuilles de pêcher, l'œnanthe aquatique, le rossolis à feuilles longues, l'épi d'eau feuilleté, la laurèole majeure, le nénuphar blanc, la morène grenouillette, l'anémone pulsatille, etc., etc.

RÈGNE MINÉRAL. — Le lit du lac, dans sa plus grande profondeur, est formé d'une vase très-fine, mêlée d'argile et de terre délayée. Les rochers qui sont sous ses eaux ou sur ses bords, proviennent des montagnes voisines, et quelquefois de lieux éloignés. Plusieurs sont des granits descendus des hautes Alpes, tels que la pierre de Niton, à l'entrée du port de Genève. Outre ces blocs de granit, il y a encore des blocs de roche de corne, et de roche feuilletée; la plupart des pierres de la grève sont des cailloux roulés ou galets. On y trouve aussi du jaspe, des grenats, du schorl, des pierres de corne de diverses couleurs, de la serpentine, du mica, des pierres calcaires, dont quelques unes renferment des vestiges de corps organiques pétrifiés, des granits simples, des roches feuilletées, des pyrites, des cornes d'ammon, des buccinites, des ostracites, des cochlites et autres pétrifications entraînées dans le lac par les torrens du Jorat et des Alpes. L'or en paillette est rare. On en trouve néanmoins quelquefois dans le sable, amené par les eaux des montagnes.

MÉLANGES ICHTYOLOGIQUES.

On nie l'existence de l'anguille dans le Léman; les plus vieux pêcheurs de la Vaux, de Vevey, de Villeneuve, assurent n'en avoir jamais vu, et tiennent de leurs pères que ce poisson, après avoir été abondant dans ce lac, a absolument disparu de ses eaux, parce qu'il en avait été chassé par un évêque de Lausanne. Cette légende est consignée et répétée dans plusieurs auteurs. Le premier qui la rapporte est Félix Hemmerlein, plus connu sous le nom de Malleolus, prévôt du chapitre de Soleure, grand chantre de celui de Zürich, et docteur en droit canon et civil. Né à Zürich en 1389, mort vers l'an 1460; ce docteur, très-érudit pour son siècle, s'exprime ainsi dans son Traité latin des exorcismes : « Dans les « anciens temps, un certain évêque de Lausanne « chassa publiquement et à perpétuité toutes les « anguilles d'un grand lac du voisinage, et de « toutes les eaux qui s'y jettent, de manière que « jusqu'à ce jour aucune n'y peut subsister. Or, « ce lac, qui a environ une journée de chemin de « long, sur deux lieues de large, et le fleuve du « Rhône qui le traverse, sont sujets au même ban. »

Dans un autre endroit du même traité, Malleolus appelle cet évêque Saint-Guillaume, et raconte qu'ayant à se plaindre des anguilles (*ab anguillis læsus*), il les maudit et les bannit toutes du grand lac de Lausanne. Effectivement, Guillaume de Champvent, dit *le Saint*, occupa le siège de Lausanne de 1274 à 1302. L'un de ses successeurs, Claude-Antoine Duding, rappela cette légende dans sa brochure latine, sur l'état du diocèse de Lausanne, en 1724; seulement, au lieu d'anguilles, il mit des serpens, dont l'expulsion eût été plus utile sans contredit. L'exorcisme de Saint-Guillaume n'eut cependant son effet que sur le Léman; car les trois autres lacs de son diocèse, ceux de Neuchâtel, de Bienne et de Morat, continuent encore à fournir d'excellentes anguilles aux gastronomes du pays. Il faut, d'ailleurs, dire à la louange de ce prélat, qu'il ne borna pas son zèle à excommunier les anguilles, mais qu'en 1296, dans un moment d'humeur, il

PITTORESQUE Grotte de Hautoir

excommunia aussi les bourgeois de Berne, de Fribourg, de Neuchâtel, de Moudon et de Romont.

Ce n'est pas tout : Malleolus nous raconte encore que l'évêque de son temps (Georges de Saluce, qui tint le siége de 1440 à 1461) s'occupa activement à guerroyer contre les animaux malfaisans, tels que les rats, les sauterelles, les chenilles, les vers terrestres et aquatiques, et autres bêtes nuisibles aux biens de la terre, principalement les sangsues qui s'attachent aux poissons. Il s'amusa dans ses passe-temps à composer un rituel dirigé contre eux, dans lequel il indique, avec beaucoup de complaisance, le mode de procéder à leur égard : il veut qu'on leur nomme un défenseur officieux, qu'on les cite à cris publics, dans les champs, dans les vignes et sur le bord des eaux, à comparaître dans les trois jours : que, s'ils paraissent, on écoute impartialement les raisons de défense exposées par leur avocat, et qu'à défaut de comparaître, ils soient bannis du pays par contumace. Le prélat prescrit de plus la formule des paroles à prononcer et des exorcismes à faire en pareille cérémonie. Il eut l'attention d'envoyer ce travail à Malleolus lui-même, comme au plus savant docteur en droit canon de son diocèse, et le docteur en fut enchanté : il s'empressa de le communiquer à son confrère, Jean Abundi, évêque de Coire, lequel l'employa contre les hannetons et leurs larves qui ravageaient la contrée, et auxquels, pour qu'ils ne manquassent pas d'aliment (car il faut que chacun vive), il assigna une vallée déserte, avec injonction de s'y transporter sans délai. Il est vrai que bien des gens se permirent de blâmer ou de tourner en ridicule ce rituel : mais l'évêque obtint des docteurs d'Heidelberg une approbation de son ouvrage en bonne forme et triompha de ses détracteurs.

En 1451, le conseil de Berne écrivit confidentiellement au même évêque, pour se plaindre des sangsues qui attaquaient et faisaient périr les truites qui habitaient l'Aar, et les saumons qui y remontent au temps du frai, et pour lui demander son secours contre ces ennemis de leur table. Voici la lettre, traduite du latin, qui servit de réponse à cette importante pétition.

« Au vénérable et prudent curé de Berne :

« Salut !

« Faisant droit à la supplique des nobles seigneurs, l'avoyer et les conseillers de Berne, touchant le cas mentionné dans leur lettre, dont la copie ci-jointe, ayant pris teneur en sérieuse considération, voulant bénignement pourvoir au bien d'eux et de leurs sujets, et nous confiant en vous, dont la loyauté et l'activité nous sont suffisamment connues, nous vous mandons et donnons commission, qu'à teneur des présentes, vous ayez à prononcer les malédictions, soit les imprécations usitées contre les sangsues et autres animaux mentionnés dans ladite lettre, après avoir préalablement convoqué le peuple dans l'église, et lui avoir exposé de quoi il s'agit, à forme et teneur de notre rituel, que nous vous envoyons, et cela à la place et par l'autorité de notre révérend père en Christ, le seigneur Georges de Saluces, par la miséricorde divine, évêque de Lausanne : suivant le mode prescrit dans nos lettres annexées, vous ferez donc toutes et chacune des choses mentionnées, et vous leur donnerez plein effet et due exécution, en lieu et au nom de notre prédit seigneur, l'évêque de Lausanne et de nous, en vertu de la commission que vous confère la teneur des présentes. Fait et donné sous notre seing-privé et sous le seing de notre cour, le 24 du mois de mars, l'an 1451. »

Au reste, l'auteur ne nous dit point si l'exorcisme réussit, et si les poissons de l'Aar furent délivrés du brigandage des sangsues.

Il paraît que cette méthode de procéder contre les animaux nuisibles fut en usage dans l'évêché de Lausanne jusqu'à la réformation. Ruchat nous apprend, dans son histoire ecclésiastique du pays de Vaud, que le diocèse étant fort incommodé des chenilles, on les cita solennellement, en 1479, pardevant la cour épiscopale de Lausanne, et qu'un avocat, nommé, dit-on, Perrotet, plaida leur cause ; mais il paraît qu'il la défendit mal et qu'il perdit son procès, puisque l'évêque Bénédict de Montferrand fulmina contre elles une sentence d'anathème et d'excommunication.

BIOGRAPHIE.

Ce fut dans un des villages situés non loin des bords du lac de Genève, que naquit, vers l'an 1565, le jardinier Allard, qui a joué pendant plus de 20 années un rôle si extraordinaire en Europe. A l'âge de 25 ans, il quitte furtivement Genève, et erre d'abord en Allemagne, d'où il passe en Suède. Jardinier du roi Eric XIV, il s'insinue si adroitement dans les bonnes grâces du monarque, que celui-ci le nomme son agent auprès de la république de Venise. De Venise il passe à Milan, où il se permet des discours injurieux contre le pape et les cérémonies de l'église. On l'arrête et il est transféré à Naples dans les prisons de l'inquisition ; mais Grégoire XIII, apprenant qu'un homme qui se dit ministre de la cour Suède, est détenu dans les cachots du saint-office, réclame Allard, le fait venir à Rome, s'entretient avec lui, et se trouve si satisfait de sa justification, qu'il lui rendit la liberté. Allard, ayant quitté l'Italie, passa en Dauphiné. Là il se présenta au connétable de

Lesdiguières, qui y commandait les troupes des réformés, et lui promit pour le roi de Navarre les soldats de la Suède et un subside de cinq millions dont il pouvait disposer. Lesdiguières l'adressa à Henri IV, qui accorda de la confiance à ses promesses, et s'en fit suivre à la Rochelle. Pendant son séjour dans cette ville, plusieurs capitaines suédois, ayant vu et reconnu Allard, déclarèrent publiquement que c'était un imposteur, qui avait déjà compromis le roi de Suède et rempli sa cour d'intrigues et de divisions. Allard, se voyant découvert, quitta sur-le-champ la Rochelle et vint à Paris. Ayant obtenu une audience de Henri III et de Catherine de Médicis, il leur dit qu'il pouvait faire recouvrer cinq millions à la couronne, et qu'il avait quitté le roi de Navarre, parce que celui-ci avait voulu l'engager à lui livrer cette somme. Le roi et la reine-mère le comblèrent de caresses, ce qui lui donna la facilité de se lier promptement avec les plus riches seigneurs de la cour. A cette époque arrivèrent à Paris les députés Suisses, qui venaient y renouveler l'alliance entre la France et le Corps helvétique. Allard les vit et leur dit, sous le sceau du secret, qu'il prêtait au roi de France 2 millions d'écus, une moitié en argent comptant et l'autre en billets hypothéqués sur les biens du connétable de Montmorency, tué en 1567, à la bataille de St-Denis. Il ajouta qu'il désirait acquérir la bourgeoisie de Lucerne, et offrit de la payer 20,000 écus. Sur leur assurance positive de succès, Allard part pour Lucerne, muni de lettres de recommandation des députés, se fait recevoir bourgeois et prête serment de fidélité. Bientôt l'aventurier revient à Paris, avec une garde de 12 hallebardiers, menant un train de prince, et jouissant d'un crédit assuré à la cour. Mais la scène change : la veuve du connétable, instruite de ses prétentions sur la succession de son mari, écrit au roi que le connétable n'a jamais vu Allard, qu'il ne lui doit rien, et que toute cette affaire n'est qu'un tissu de mensonges et d'escroqueries. On commence à ouvrir les yeux. Ternault demande des renseignemeus à Gargouillaud, maire de la Rochelle, qui répond qu'Allard n'est autre chose qu'un chevalier d'industrie. On s'empare alors de sa personne, et il est emprisonné à la Conciergerie.

Cependant il parvient à obtenir sa liberté, et part pour Lausanne dans un équipage brillant et accompagné de plusieurs gentilshommes abusés, qui lui forment une espèce de cour. Habile à nouer de nouvelles intrigues, il se rend à Berne, pour demander aux magistrats de cette ville, de lui avancer une somme de 100,000 livres sur une cédule de 500,000 écus d'Emmanuel de Savoie Pressé de l'exhiber, Allard ne peut la produire ; elle est restée à Paris, dit-il, et il se dispose à aller l'y chercher. Il part, mais à la réquisition du sénat de Berne, qui n'a pas tardé à voir en lui un aventurier impudent et dangereux, on l'arrête, et il est enfermé dans une salle située au second étage d'une vieille tour. Au bout de quelques jours, s'étant procuré une lime et une échelle de corde, il parvient à scier un des barreaux de sa fenêtre, et tente de s'échapper par cette ouverture. Il est sur le point d'y arriver, quand la corde trop faible pour soutenir le poids de son corps, se rompt et le précipite d'une hauteur de plus de 60 pieds. Allard est tué sur le coup, et termine ainsi, par une mort inattendue, sa vie coupable et ses indignes impostures.

Dès que la nouvelle de sa mort fut parvenue à Bâle, l'hôte de l'auberge de la Cigogne, où il avait long-temps logé et mené un train de grand seigneur, demanda à la justice d'ordonner l'ouverture d'une riche cassette, fermée de trois serrures et d'autant de cadenas, qu'Allard lui avait confiée avant son départ, afin de lui laisser entre les mains une garantie des avances considérables qu'il lui avait faites. On souscrivit sur-le-champ à son désir ; mais, à son grand étonnement, le bon Bâlois n'y trouva que des morceaux de briques rouges.

AGRICULTURE. — INDUSTRIE COMMERCE.

Les bords du Léman sont généralement bien cultivés. Les vins des coteaux de la Vaux, de la Côte et de Crépi, ceux de Boisi en Savoie, passent pour les meilleurs. Les châtaignes de Montreux et des environs de Rolle sont très-recherchées. La culture des arbres fruitiers a fait de grands progrès depuis la fin du siècle dernier. Celle des plantes potagères pourrait être plus avancée.

La pêche est la principale industrie et le revenu le plus assuré d'une grande partie des habitans des bords du Léman. Les endroits abondans sont la tête du lac, du côté de Villeneuve, et la partie qui s'étend de Coppet à Genève. On a remarqué aussi que la côte de Savoie est plus poissonneuse que celle du pays de Vaud, parce que les eaux y sont plus profondes, et que le poisson échappe plus aisément aux pièges qu'on lui tend, que dans les lieux d'une moindre profondeur. Néanmoins le lac n'est point aussi poissonneux que plusieurs autres lacs de la Suisse, et il est constant qu'il l'était beaucoup plus autrefois.

ON SOUSCRIT CHEZ :

HIPPOLYTE SOUVERAIN, édit., 3, rue des Beaux-Arts.

Paris.— Imprimerie P. BAUDOUIN, rue Mignon, n. 2.

VALLÉE D'AOSTE.

LA VALLÉE D'AOSTE.

La vallée d'Aoste commence au Pas-de-Bard ou de Saint-Martin, non loin des frontières du Canavois; le mont Jouet la borne à l'est : c'est une montagne dont le nom est un diminutif de Mont-Joux. L'ancienne Tarentaise et le Faucigny lui servent de bornes. Le pays que fertilise et arrose la Doire est riche en pâturages et en arbres fruitiers de toutes sortes. La vallée d'Aoste, ainsi que les vallons latéraux qui y aboutissent, furent habités jadis par un peuple fier et belliqueux, les Salasses ou Salaciens, amoureux de la liberté jusqu'au fanatisme. Les Romains vinrent attaquer jusque dans leurs déserts ces peuplades alpestres; Appius Claudius conduisit l'expédition, qui eut lieu l'an 603 de Rome, un siècle et demi avant l'ère vulgaire : ils s'attendaient à ne trouver aucune difficulté à un triomphe aussi prompt que facile. Les Salaciens les reçurent en hommes courageux, tuèrent plus de 30,000 de leurs soldats, et les chassèrent honteusement. Malheureusement ces succès ne se soutinrent pas. Terentius Varro répara la défaite d'Appius Claudius, les vainquit en bataille rangée, mit à l'encan et vendit publiquement les enfans des Salaciens, et distribua les terres aux soldats prétoriens. Auguste, voulant s'attacher ces peuplades remuantes, envoya à Cordella, capitale du pays, une colonie de citoyens romains, gouvernée par un préteur. Cordella prit dès-lors le nom d'*Augusta Pretoria*, d'où est venu par contraction le nom d'*Aouste* ou *Aoste*; étymologie qui paraît douteuse à quelques savans modernes, qui prétendent que cette ville portait jadis le nom d'Ostia, parce qu'elle était comme la porte de communication entre l'Italie et la Gaule. Il est facile de juger aujourd'hui encore, par l'enceinte même de la cité, de son importance et de sa splendeur dans les temps reculés dont nous parlons; de nombreuses ruines, encore debout, attestent tout à la fois sa grandeur et la puissance de ses anciens habitans.

Ce fut Caïus Avillus qui, sous Auguste, fit construire au-dessus du bourg d'Amerville ce pont qui fait l'admiration de tous les étrangers, pont d'une seule arche, d'une effrayante hauteur, jeté au-dessus d'un torrent aussi rapide que profond, et qui sert à la fois à passage aux piétons et aux bêtes de somme, et de conduit aux eaux qui tombent en abondance de la partie occidentale du vallon dans le versant oriental.

Auguste a laissé dans toute la contrée des traces de son génie et de sa magnificence. Les habitans, en reconnaissance des bienfaits de l'empereur, élevèrent à sa mémoire deux arcs de triomphe : l'un est le monument si connu de Suze, l'autre s'élève dans la cité d'Aoste; il n'en reste que quelques vestiges dans la partie orientale de la ville : il était percé d'une voûte unique; de sa base jusqu'aux premiers arceaux il était formé de pierres de diverses couleurs, dont les analogues n'existent pas dans la contrée. Un triple rang de colonnes corinthiennes du plus beau style soutenait le monument, leur base reposant sur un piédestal continu. La voûte a 50 pieds de hauteur, l'ouverture en compte 30 environ. On a cru long-temps que des excavations ou niches taillées dans la pierre étaient ornées de statues; mais les fouilles qu'on a faites n'ont pas permis encore de trouver un seul fragment de ces statues.

Ce n'est pas seulement cette porte que les Romains avaient embellie et ornée; la porte occidentale qui gît au milieu de masures, atteste que les mêmes soins, la même magnificence, avaient présidé à son érection.

Aoste fut érigée en évêché au VIIe siècle. Anselme, qui dans la suite fut archevêque de Cantorbéry, occupa le siège de la cité d'Aoste en 1093. Un siècle plus tard les comtes de Maurienne s'emparèrent de la vallée, qui tomba depuis dans les mains des ducs de Savoie, fut un moment partie de l'empire français, ainsi que le Piémont, et, après le traité de 1815, retourna à la maison de Savoie.

Il n'existe pas de peuple plus doux, plus poli, et d'une probité plus reconnue que celui de la vallée d'Aoste. Il rappelle, par ses mœurs hospitalières, celui des villes de la Forêt-Noire, si empressé à accueillir, à servir les étrangers. On parle ici le français, peu le piémontais, et presque pas l'italien. Les habitans ont bien moins de rapports avec leurs compatriotes les Piémontais, qu'avec les Savoyards ou les Valaisans du Bas-Valais, leurs voisins, dont ils possèdent toutes les qualités, sans en avoir les défauts.

Aoste a donné naissance à un philanthrope dont

le souvenir ne saurait être assez entouré d'hommages, nous voulons parler de Bernard de Menton, archidiacre de cette ville, qui fonda, sur l'une des montagnes presque inaccessibles qui l'entourent, une communauté de cénobites dévoués par état à prêter aux voyageurs égarés dans les neiges un appui secourable. C'est sur le mont *Joux* que Bernard fonda cette généreuse institution. Ce fut lui, dit-on, qui, dans un accès de zèle que le siècle où il vivait pourrait à peine justifier, détruisit la statue de Jupiter Pennin qu'on y adorait, et que l'artiste avait représenté sous la figure d'un jeune homme rayonnant de majesté comme l'*Apollon du Belvédère*. « Étant allé sur le mont consacré à Jupiter, dit une ancienne Chronique, Bernard en chassa un grand nombre de démons qui tourmentaient les habitans et les passans. »

Un homme célèbre, dont les environs de la cité d'Aoste furent quelque temps la résidence, fut Amédée, duc de Savoie, qui devint pape sous le nom de Félix V, et qui mourut en philosophe, après avoir abdiqué la tiare. Félix demeurait depuis trois ans à Bâle, où il était venu, en 1440, se réunir au concile assemblé dans cette ville pour donner la paix à l'Église et mettre fin au schisme qui la déchirait depuis neuf années, lorsqu'il en partit pour venir à Lausanne, où ce concile venait d'être transporté. Le 3 avril 1449 Félix V se rendit dans l'église du couvent des franciscains; là, entouré de tous les princes de l'Église, il renonça volontairement à l'héritage de saint Pierre, quitta ses ornemens pontificaux, traversa le lac, et se retira dans son ermitage de Ripaille, en conservant l'évêché d'Ostie et le titre de cardinal-légat et vicaire perpétuel du Saint-Siège dans les états de la maison de Savoie, et dans les diocèses de Lausanne, de Bâle, de Coire, de Constance, de Sion et de Strasbourg. Il ne survécut que peu de temps à son abdication, et mourut à Genève le 7 janvier 1451, âgé de 67 ans. On ne pense point à la singulière destinée de cet homme tour à tour prince souverain, ermite et pape, sans se rappeler ces vers un peu profanes de Voltaire, dans sa charmante *Épître à sa Maison des Délices*.

« Sur les bords de ce lac où s'égarent mes yeux,
Ripaille, je te vois... O bizarre Amédée !
Est-il vrai que dans ces beaux lieux,
Des soins et des grandeurs écartant toute idée,
Tu vécus en vrai sage, en vrai voluptueux ;
Et que lassé bientôt de ton doux ermitage
Tu voulus être pape, et cessas d'être sage !
Lieux sacrés du repos, je n'en ferais pas tant ;
Et malgré les deux clefs dont la vertu nous frappe

Si j'étais aussi pénitent
Je ne voudrais point être pape. »

Les environs d'Aoste sont frais et pittoresques ; sa situation sur l'ouverture des deux vallées du Grand et du Petit-Saint-Bernard, et sur les deux torrens qui s'y réunissent, ajoute à cette fraîcheur et plus encore à la variété des aspects et des sites. La culture, qui se rapproche beaucoup de celle des jardins, le blé de Turquie, le chanvre, les arbres fruitiers, tel est le tapis verdoyant autant que riche qui couvre le territoire d'Aoste. Ce beau tapis, où dominent de superbes noyers, se relève comme en draperie sur les bases des montagnes, dont la vigne occupe toutes les parties qui lui sont favorables, et d'une telle hauteur qu'elle doit atteindre le maximum de l'élévation à laquelle peut réussir la culture de cet arbuste. Les plus hautes sont environ à 200 toises au-dessus de la vallée, dont la hauteur perpendiculaire au-dessus du niveau de la mer est évaluée à 300 pieds. La culture de la vigne ne cesse donc, dans la contrée, qu'à 500 toises au-dessus du niveau de la mer, hauteur moyenne des principales montagnes de l'intérieur. Après le tribut d'étonnement payé à cette prodigieuse élévation des vignobles d'Aoste, on leur en doit un autre pour la bonne qualité des vins qu'ils produisent.

Cette contrée, une portion des Alpes Pennines grecques, est exposée à de fréquens orages et à des pluies abondantes. La sécheresse y dure souvent plusieurs mois ; tantôt des grêlons d'un volume considérable et d'une dureté qui égale celle du caillou, naissent au milieu des airs, balaient et dépouillent les campagnes de leur riche verdure, et ravagent l'habitation du cultivateur ; quelquefois la neige couvre la terre pendant plusieurs mois consécutifs ; et l'hiver souvent est si rigoureux, que la plupart des habitans ont coutume d'enterrer les vignes pendant cette saison. L'hiver s'annonce par de violens orages mêlés de tonnerre et d'éclairs. Le grain mûrit fort tard ; sa récolte ne se fait guère que vers le milieu de l'automne ; et bien qu'alors les épis soient desséchés, l'abondance des pluies a été telle, que le chaume nage pour ainsi dire dans l'eau ; aussi, pour le recueillir, les moissonneurs sont-ils obligés de se mouiller jusqu'à la ceinture.

La culture du mûrier est une des richesses du Piémont, et quoique cet arbre ne soit pas cultivé dans le val d'Aoste avec autant de bonheur que dans les autres parties du pays, cette culture n'en forme pas moins une des branches principales de l'industrie. On choisit pour le planter des endroits arides où ne pourraient venir ni la vigne ni les arbres fruitiers. Plus tardif que tous les autres

arbres, le mûrier est par-là même moins exposé aux vicissitudes des saisons. Dès le printemps, on le dépouille de ses feuilles, qui servent à nourrir les vers à soie, dont l'éducation est aussi une des occupations des habitants.

Les vins sont le principal objet d'exportation et l'une des ressources du pays. Cependant il arrive souvent que les habitants n'en tirent pas tous les avantages qu'ils pourraient en attendre, le canton du Valais, seul débouché du val d'Aoste, vers la Suisse, étant lui-même embarrassé de la surabondance de ses récoltes. Les fromages et les cuirs forment une branche moins étendue du commerce, mais bien plus assurée.

Toutes les montagnes de la vallée d'Aoste et des vallées latérales qui y aboutissent présentent un grand intérêt aux géologues. Ces montagnes, peu étudiées jusqu'ici, s'étendent jusqu'aux plus hautes Alpes primitives, depuis le mont-Blanc jusqu'au mont Rosa, et coupent, en divers sens, le revers septentrional des Alpes Pennines et la plus grande partie des Alpes Grecques : La Cité, Châtillon, Verrex, Saint-Martin, La Salle et Courmayeur, sont les stations les plus commodes pour ceux qui veulent explorer ces vallons latéraux. Du côté du S.-E., au-delà de la cité d'Aoste, les roches calcaires primitives alternent avec la roche de corne verte. En avant de Châtillon il y a des schistes micacés, et au-delà de ce lieu des roches calcaires primitives. Le mont ***, chemin taillé dans le roc, situé entre Verrex et Châtillon, est extrêmement remarquable. On rencontre successivement, en le parcourant, de la pierre ollaire verte, de la pierre ollaire fibreuse et brillante, de la pierre ollaire recouverte de rouille, du schorl, des éboulis de roches de schorl déplacées, du schorl d'un vert foncé en aiguilles brillantes, avec des grenats rouges ; de la pierre calcaire mêlée de mica et de quarz, de la pierre de corne schisteuse, un mélange de quarz, de mica et de pierre calcaire, etc., etc. Toutes ces couches reposent les unes sur les autres et sont inclinées au N.-O. Quelques-unes cependant sont verticales. Dans les vallées de Tornanche, de Challant et de Lys, on voit alterner le gneis, la roche calcaire primitive et la serpentine. Dans divers endroits on y trouve en abondance de magnifiques fossiles. De Verrex jusqu'au fort de Bard, on voit des couches verticales de gneis. D'Ivrée jusqu'à Saint-Ja***, toutes les collines sont composées de débris et de sable.

Il y a dans le val d'Aoste et dans les vallées voisines des mines de plomb, de fer, de cuivre, etc. Le ruisseau de *** , dans la vallée du même nom, charrie du sable d'or; et celui de ***-

*** , des paillettes du même métal. Près de *** il y a du minéral *vert de plomb*, très-lisse, lustré, presque transparent et d'un vert fort vif, et sur les hauteurs de *Nuss*, des pyrites cuivreuses ; on en trouve aussi à *Champs de Praz*, dans une gangue de grenats. L'Avançon et plusieurs ruisseaux qui se jettent dans la Doire, charrient des paillettes d'or et des quartiers de quarz qui contiennent aussi des morceaux d'*émeril* qui égalent en grosseur ceux qu'on trouve sur les côtes de Guinée. On trouve des pyrites d'or et de la mine de plomb dans le val de *Lys*.

Le pays est riche en plantes rares : on distingue surtout le *thymus vulgaris*, le *chenopodium botrys*, le *tribulus terrestris*, l'*hieracium piloselloides*, l'*aegilops cylindrica*, l'*inula montana*, l'*osena oflaginea*, l'*adianum fragrans*, l'*asphodelus ramosus*, etc.

C'est cette pittoresque contrée que M. de Maistre a choisie pour la demeure de son *Lépreux de la cité d'Aoste*. Nous pensons que le lecteur nous saura gré de n'avoir pu résister au plaisir de placer ici le fragment suivant de ce drame si simple, si plein d'intérêt, si touchant.

« La partie méridionale de la cité d'Aoste est déserte, et paraît n'avoir jamais été fort habitée : on y voit des champs labourés et des prairies terminées, d'un côté, par les remparts antiques que les Romains élevèrent pour lui servir d'enceinte, et, de l'autre, par les murailles de quelques jardins. Cet emplacement solitaire peut cependant intéresser les voyageurs. Auprès de la porte de la ville on voit les ruines d'un ancien château, dans lequel, si l'on croit la tradition populaire, le comte René de Châlons, poussé par les fureurs de la jalousie, laissa mourir de faim, dans le XV siècle, la princesse Mencie de Bragance, son épouse ; et le nom de *Bramafan*, qui signifie *cri de la faim*, donné à ce château par les gens du pays. Cette anecdote dont on pourrait contester l'authenticité rend ces masures intéressantes pour les personnes sensibles qui la croient vraie. Plus loin, à quelques centaines de pas, est une tour carrée, adossée au mur antique, et construite avec le marbre dont il était jadis revêtu : on l'appelle *la Tour de la Frayeur*, parce que le peuple la crut long-temps habitée par des revenants. Les vieilles femmes de la cité d'Aoste se ressouviennent fort bien d'en avoir vu sortir, pendant les nuits sombres, une grande femme blanche, tenant une lampe à la main. Il y a environ 15 ans que cette tour fut réparée par ordre du gouvernement, et entourée d'une enceinte pour y loger un lépreux, et le séparer ainsi de la société en lui procurant tous les agrémens dont sa triste situation était susceptible. L'hôpital de Saint-Maurice fut chargé de pourvoir à sa subsistance, et on lui fournit quelques meubles, ainsi que les instruments nécessaires pour cultiver un jardin : c'est-là qu'il vivait depuis long-temps, livré à lui-même, ne voyant jamais personne, excepté le prêtre qui, de temps en temps, allait lui porter les secours de la religion, et l'homme qui, chaque semaine, lui apportait ses provisions de l'hôpital.

Pendant la guerre des Alpes, en l'année 1797, un militaire, se trouvant à la cité d'Aoste, passa un jour par hasard auprès du jardin du Lépreux, dont la porte était entr'ouverte, et il eut la curiosité d'y entrer. Il y trouva un homme vêtu simplement, appuyé contre un arbre et plongé dans une profonde méditation. Au bruit que fit l'officier en entrant, le solitaire, sans se retourner et sans regarder, s'écria d'une voix triste : « Qui est-là, et que me veut-on ? — Excusez un étranger, répondit le militaire, auquel l'aspect agréable de votre jardin a peut-être fait commettre une indiscrétion, mais qui ne veut nullement vous troubler. — N'avancez pas, répondit l'habitant de la tour en lui faisant signe de la main, n'avancez pas ; vous êtes auprès d'un malheureux attaqué de la lèpre. — Quelle que soit votre infortune, répliqua le voyageur, je ne m'éloignerai point : je n'ai jamais fui les malheureux ; cependant si ma présence vous importune, je suis prêt à me retirer. — Soyez le bien-venu, dit alors le lépreux en se retournant tout à coup, et restez, si vous l'osez après m'avoir regardé. » Le militaire fut quelque temps immobile d'étonnement et d'effroi à l'aspect de cet infortuné, que la lèpre avait totalement défiguré. — Je resterai volontiers, lui dit-il, si vous agréez la visite d'un homme que le hasard conduit ici, mais qu'un vif intérêt y retient. »

LE LÉPREUX.

De l'intérêt!... je n'ai jamais excité que la pitié.

LE MILITAIRE.

Je me croirais heureux si je pouvais vous offrir quelque consolation.

LE LÉPREUX.

C'en est une grande pour moi de voir des hommes, d'entendre le son de la voix humaine qui semble me fuir.

LE MILITAIRE.

Permettez-moi donc de converser quelques momens avec vous et de parcourir votre demeure.

LE LÉPREUX.

Bien volontiers, si cela peut vous faire plaisir.

(En disant ces mots le Lépreux se couvrit la tête d'un large feutre dont les bords rabattus lui cachaient le visage). Passez, ajouta-t-il, ici, au midi : je cultive un petit parterre de fleurs qui pourront vous plaire ; vous en trouverez d'assez rares. Je me suis procuré les graines de toutes celles qui croissent d'elles-mêmes sur les Alpes, et j'ai tâché de les faire doubler et de les embellir par la culture.

LE MILITAIRE.

En effet, voilà des fleurs dont l'aspect est tout-à-fait nouveau pour moi.

LE LÉPREUX.

Remarquez ce petit buisson de roses, c'est le rosier sans épines, qui ne croît que sur les Hautes Alpes ; mais il perd déjà cette propriété, et il pousse des épines à mesure qu'on le cultive et qu'il se multiplie.

LE MILITAIRE.

Il devrait être l'emblème de l'ingratitude.

LE LÉPREUX.

Si quelques-unes de ces fleurs vous paraissent belles, vous pouvez les prendre sans crainte, et vous ne courrez aucun risque en les portant sur vous. Je les ai semées, j'ai le plaisir de les arroser et de les voir ; mais je ne les touche jamais.

LE MILITAIRE.

Pourquoi donc?

LE LÉPREUX.

Je craindrais de les souiller, et je n'oserais plus les offrir.

LE MILITAIRE.

A qui les destinez-vous?

LE LÉPREUX.

Les personnes qui m'apportent des provisions de l'hôpital ne craignent pas de s'en faire des bouquets. Quelquefois aussi les enfans de la ville se présentent à la porte de mon jardin : je monte aussitôt dans la tour, de peur de les effrayer ou de leur nuire. Je les vois folâtrer de ma fenêtre et me dérober quelques fleurs. Lorsqu'ils s'en vont, ils lèvent les yeux vers moi : » Bon jour, Lépreux, » me disent-ils en riant, et cela me réjouit un peu.

LE MILITAIRE.

Vous avez su réunir ici bien des plantes différentes. Voilà des vignes et des arbres fruitiers de plusieurs espèces.

LE LÉPREUX.

Les arbres sont encore jeunes ; je les ai plantés moi-même, ainsi que cette vigne que j'ai fait monter jusqu'au-dessus du mur antique que voilà, et dont la largeur me forme un petit promenoir ; c'est ma place favorite.... Montez le long de ces pierres; c'est un escalier dont je suis l'architecte. Tenez-vous au mur.

LE MILITAIRE.

Le charmant réduit! et comme il est bien fait pour les méditations d'un solitaire!

LE LÉPREUX.

Aussi je l'aime beaucoup; je vois ici la campagne et les laboureurs dans les champs; je vois tout ce qui se passe dans la prairie, et je ne suis vu de personne.

LE MILITAIRE.

J'admire combien cette retraite est tranquille et solitaire. On est dans une ville et l'on croirait être dans un désert.

LE LÉPREUX.

La solitude n'est pas toujours au milieu des forêts et des rochers. L'infortuné est seul partout.

LE MILITAIRE.

Quelle suite d'évènemens vous amena dans cette retraite? Ce pays est-il votre patrie?

LE LÉPREUX.

Je suis né sur les bords de la mer, dans la principauté d'Oneille, et je n'habite ici que depuis quinze ans. Quant à mon histoire, elle n'est qu'une longue et uniforme calamité... Je n'ai jamais eu d'ami.

LE MILITAIRE.

Infortuné!

LE LÉPREUX.

Tels sont les desseins de Dieu.

LE MILITAIRE.

Quel est votre nom, je vous prie?

LE LÉPREUX.

Ah! mon nom est terrible! Je m'appelle *le Lépreux!* On ignore dans le monde celui que je tiens de ma famille, et celui que la religion m'a donné le jour de ma naissance. Je suis *le Lépreux*, voilà le seul titre que j'ai à la bienveillance des hommes. . . . . Mais ne craignez-vous point de vous trouver si près de moi? Asseyez-vous ici sur cette pierre; je me placerai derrière le feuillage, et nous converserons sans nous voir.

LE MILITAIRE.

Pourquoi donc? Non, vous ne me quitterez point; placez-vous près de moi. (En disant ces mots, le voyageur fit un mouvement involontaire pour saisir la main du lépreux, qui la retira avec vivacité.)

LE LÉPREUX.

Imprudent! vous alliez saisir ma main!

LE MILITAIRE.

Eh bien! je l'aurais serrée de bon cœur!

LE LÉPREUX.

Ce serait la première fois que ce bonheur m'aurait été accordé : ma main n'a jamais été serrée par personne. . . . . »

ALPES PENNINES.

Les Alpes, sous la domination romaine, ont reçu divers noms. On appela *Alpes Maritimes* celles qui s'étendent depuis la côte de la Méditerranée, Oneille et Toulon, par le *Col-Ardent*, et par celui de *Tende* jusqu'au mont *Viso*; *Alpes Cottiennes* celles qui partent du mont Viso au mont Cenis par le mont *Genèvre*, séparant ainsi le Piémont du Dauphiné. Cottius, qui était l'ami de César et d'Auguste, et qui résidait à Suze, capitale des états de ce monarque, a vraisemblablement donné son nom à cette partie des Alpes. *Alpes Grecques* : cette chaîne part du mont Cenis par l'*Iseran*, le Petit-Saint-Bernard, jusqu'au col du Bon-Homme, et divise le Piémont de la Savoie. En Allemagne ces Alpes portent le nom d'*Alpes Grises*, peut-être parce que, moins élevées que les autres, et beaucoup moins couvertes de neige par conséquent, de loin elles ressemblent à des montagnes tapissées de neige d'une couleur grisâtre. *Alpes Helvétiques*, celles qui s'élancent depuis le mont *Rose*, confin du Piémont, jusqu'au Bernardin et au Moschelhorn, dans les Grisons; ces Alpes règnent le long du Valais au nord et au sud, enferment tout le groupe du Saint-Gothard et du Lukmannier, séparant ainsi la Suisse du Piémont et de la Lombardie. *Alpes Rhétiennes* : depuis le Bernardin jusqu'au Dreyherrnspitz, sur les confins du Tyrol, de la Carinthie et du pays de Salzbourg. Les *Alpes Carniques* : depuis le mont Pellegrino, en suivant les montagnes qui s'étendent, au sud, de la Drave jusqu'au *Terglu*, où la Save vient prendre sa source. *Alpes Juliennes*, celles qui partent du Terglu, traversent les montagnes situées entre la Save, la *Coulpa* et la mer Adriatique, jusqu'au *Klek*, près de Zeng; *Alpes Dinariques*, celles qui s'étendent depuis le Klek, le long de la rive droite de la Save et du Danube, jusqu'au *Balcan*; enfin *Hautes-Alpes* ou *Alpes Pennines*, cette chaîne de montagnes qui s'étend depuis le col du Bon-Homme jusqu'au Mont-Rose, et enferme dans sa ceinture le Mont-Blanc, le Grand-Saint-Bernard, le Combin et le Servin, qui séparent le Piémont de la Savoie et du Valais. On croit que ce nom leur vient du celtique *penn* ou *penne*, qui signifie hauteur, ou *divinité suprême*. Lorsque les Romains fondèrent à Aoste l'*Augusta Pretoria*, dont nous avons parlé, ils élevèrent, sur le col du

Saint-Bernard, un temple où était une statue que les habitans de ce vallon avaient en grande vénération, et qu'ils appelaient Pœninus. Guichenon, dans son *Histoire de la Maison Royale de Savoie*, a donné la description et la figure de cette statue, qui portait l'inscription suivante:

« *Pœninus deo Pœnino optimo maximo donum dedit.* »

Pœninus a fait don de cette statue à Pœninus, très-bon et...

On peut conclure de cette inscription, que cette divinité était adorée simultanément par les Romains et par les habitans du val d'Aoste. Long-temps la statue resta sur cette hauteur, jusqu'à ce que Constantin, en introduisant le christianisme dans la Savoie et le Piémont, la fit abattre, et la remplaça par une colonne milliaire que l'on voit encore au village de Saint-Pierre. On a cru long-temps qu'Annibal, dans son expédition contre Rome, traversa la vallée d'Aoste, les Alpes Pennines, le Saint-Bernard; mais c'est l'opinion de quelques savans anglais, opinion qui a été combattue depuis victorieusement par un savant genevois, M. de Luc. Voici ce qui aura pu donner lieu à cette erreur: les Romains, ne connaissant pas l'étymologie du mot *pœninus*, crurent qu'il dérivait de *pœnus*, qui, lui-même, dérivait de *pœnus*, carthaginois; et ils crurent voir dans ce temple, où s'élevait la statue d'un dieu pœnique, la preuve irrécusable du passage d'Annibal dans cette partie des Alpes. Cette opinion, généralement répandue à Rome, a été réfutée par Tite-Live.

S'il n'est point avéré qu'Annibal ait franchi les Alpes dans le pays que nous décrivons, il est certain qu'un autre héros y fit passer une partie de son armée, ce fut Jules César. Entre autres passages qui l'attestent, nous citerons le suivant, dont voici la traduction: « César, au moment de retourner en Italie, dépêcha Galba avec la douzième légion et une partie de la cavalerie dans le pays des Nantuates, des Véragres et des Séduniens, peuples qui habitent le Haut-Valais, lequel s'étend depuis les frontières des Allobroges, le lac Léman et le Rhône, jusqu'au sommet des Alpes. Le but du général était de s'ouvrir un passage à travers ces montagnes où on ne pouvait pénétrer sans courir de grands risques et subir des vexations de la part des habitans. » Il serait impossible de ne pas reconnaître à cette description si exacte et si précise, comme toutes celles de ce grand capitaine, la partie des Alpes Pennines que nous parcourons en ce moment.

Nous savons encore que Charlemagne, passant en Italie avec une armée formidable pour combattre Didier, roi des Lombards, chargea le mont Cenis, et envoya Bernard, son oncle, avec le reste de ses forces, par le mont Jou. La marche de l'empereur, bien qu'il ne fût embarrassé ni par des éléphans, comme les troupes d'Annibal, ni par de l'artillerie, comme nos armées modernes, dut éprouver d'autres obstacles causés de la frayeur. Qu'un soldat tirât quelque coup de feu, que des pierres détachées des rochers écrasassent quelques soldats, que des avalanches engloutissent des escadrons, tous ces accidens étaient attribués alors, non pas à des causes naturelles, mais à de mauvais esprits. On allait faire la guerre aux ennemis de l'Église. Il paraissait naturel que les démons, fidèles auxiliaires de leurs adversaires, suscitassent des entraves à ceux qui venaient les combattre. De là, vraisemblablement, l'origine des exorcismes attribués à Bernard de Menton.

De nos jours, Bonaparte a fait, plus qu'Annibal et Charlemagne; il a traversé le Grand-Saint-Bernard avec un immense matériel d'artillerie. On sait que les soldats furent obligés de détacher les canons de leurs affûts et de les porter à dos d'hommes, au milieu de neiges, de glaces et d'avalanches qui menaçaient à chaque instant de les engloutir. Les généraux autrichiens, trompés par des renseignemens qui leur faisaient croire que l'armée d'observation n'était composée que d'hommes faibles et débiles, dépourvus d'artillerie, reposaient tranquilles; ils furent cruellement détrompés lorsqu'on vit à coup parmi eux dans la plaine les premiers escadrons de la cavalerie française.

Bonaparte fit reposer son armée pendant trois jours. Les soldats français ne paraissaient effrayés ni par la vue d'une des plus hautes montagnes de l'Europe, ni par les dangers qu'ils devaient courir. Considérant d'un œil calme les abîmes dans lesquels la moindre faux pas pouvait les entraîner, ils se préparaient avec joie à cette périlleuse entreprise. Les pentes étant trop rapides pour que les chevaux ou les mulets pussent porter l'artillerie et les munitions, ils se chargèrent de les transporter eux-mêmes. On ôta les pièces de dessus leurs affûts; on plaça les canons et les caissons dans des troncs d'arbres creusés; on mit sur les traîneaux, qu'on avait fabriqués exprès, les essieux et les caissons vides; et cent hommes attelés traînèrent chacun de ces pesans fardeaux. On mit les munitions dans des caisses de sapin qui furent chargées sur des mulets. Officiers et soldats, tous se disputaient à l'envie l'honneur de participer à ces travaux inouis. Tout fut terminé en deux jours. Les soldats, oubliant alors les fatigues inexprimables qu'ils avaient supportées, refusèrent de recevoir les mille francs que Bonaparte avait pro-

mis à tous ceux qui transporteraient un canon avec son caisson. On avait distribué aux troupes des vivres pour cinq jours.

Chaque soldat avait à porter, outre ses armes et ses munitions, celles de son camarade employé aux transports; de manière qu'en gravissant sur les montagnes, personne ne se trouva chargé de moins qu'un poids de 60 livres.

L'avant-garde quitta, le 17 mai, Saint-Pierre, où l'armée entière s'était réunie. A partir de ce lieu, on ne put plus se servir des voitures.

Portant son artillerie, ses munitions et ses vivres, l'armée française s'avançait cependant sur ces montagnes. Les soldats franchissaient en chantant les endroits les plus difficiles et les plus escarpés. Pour se désaltérer, ils trempaient dans la neige le biscuit qui, comme plus portatif, remplaçait, pour ce voyage, leur ration de pain.

Ce ne fut qu'après cinq heures de fatigue, que, le 18 mai, l'armée arriva sur la cime du Saint-Bernard. Bonaparte y avait fait préparer un repas qui, malgré sa frugalité, parut délicieux aux soldats. Les cénobites présidaient à la distribution du pain, du fromage et du vin; harassées, les troupes avaient grand besoin de cette halte pour se réchauffer et réparer leurs forces. C'était sans doute un spectacle aussi étonnant que bizarre, de voir sur un plateau glacé, dominant l'Italie et l'ancienne Gaule, une armée se reposant parmi des canons, des affûts, des caissons, des traîneaux, des mulets, des munitions et des bagages.

Il y a six lieues du mont Saint-Bernard à Verney, premier village du Piémont; on ne peut y descendre que par une pente extrêmement rapide et dangereuse. Ne pouvant rester sur leurs chevaux, les cavaliers étaient forcés de les précéder ou de les suivre. La fonte des neiges formait dans différens endroits des crevasses très-difficiles à traverser. Glissant sur la glace, les chevaux faisaient souvent des faux pas qui pouvaient les entraîner dans l'abîme avec ceux qui les conduisaient. Quelques précautions que l'on pût prendre, de temps en temps on voyait des hommes tomber et disparaître.

Bonaparte, après avoir pris au monastère seulement une heure de repos, se fit précéder par quelques fantassins qui frayaient le sentier devant lui, et il suivit ainsi son armée. Quand il fut à moitié chemin, il rencontra une pente de 200 pieds au moins, tellement rapide, qu'il fut obligé de s'asseoir, et de la descendre en se laissant glisser; il était précédé par Duroc, Le Marrois, Merlin, et ses autres aides-de-camp, qui firent tout le chemin à pied. L'armée marcha depuis une heure du matin jusqu'à neuf heures du soir. Il lui fallut trois jours pour arriver près des postes autrichiens, établis aux environs d'Aoste et d'Étroubles.

LE PETIT-SAINT-BERNARD.

LE PETIT-SAINT-BERNARD. — Nous ne décrirons point ici le Grand-Saint-Bernard; nous en avons parlé ailleurs. (*Voir* CANTON DU VALAIS.) Le Petit-Saint-Bernard est une montagne située entre le val d'Aoste et la Tarentaise, dans les Alpes Grecques. C'est un passage fréquenté par les voyageurs qui passent en Italie. Outre beaucoup de points de vue intéressans, de merveilles naturelles, il offre un grand intérêt historique. Sur le sommet du col est un hospice qu'il ne faut pas confondre avec l'HOSPICE DU GRAND-SAINT-BERNARD. Cet hospice est assis dans un vallon en forme de berceau large de 3 à 400 toises par le bas, véritable tapis de verdure, mais sans arbres ni arbrisseaux. Autrefois l'hospice était desservi par deux prêtres de la Tarentaise: aujourd'hui c'est le séjour d'un aubergiste qui reçoit du gouvernement sarde une certaine somme pour recueillir et soigner les voyageurs surpris par la tempête. En face de l'hospice et au S.-E. s'élève le mont Valaisan, sur le sommet duquel est une redoute construite en 1791 par les ordres du roi de Sardaigne, et prise d'assaut en 1793 par les troupes françaises. élevée de plus de 10,000 pieds au-dessus de la mer, c'est probablement le plus beau belvédère qu'on puisse trouver sur les montagnes. En partant de l'hospice pour se rendre à la vallée d'Aoste, on commence par monter une pente douce, sinueuse, qui aboutit au point le plus élevé du vallon. A quelques toises au-dessous de l'hospice, là s'élève une belle colonne de marbre *cipolin*, qu'on a extrait des Alpes voisines, et qui a reçu le nom de colonne de Joux (*Jovis*) ou de Jupiter. Plus loin on remarque les restes d'un vaste cercle que l'on croit d'origine druidique: il a 4 toises de diamètre, et est formé de pierres placées de distance en distance. Dans le val d'Aoste on lui donne le nom de *cercle d'Annibal*, parce qu'on prétend que ce général y tint un conseil de guerre lors de son passage en Italie.

Au-dessous de lui, le voyageur qui parcourt ces âpres contrées remarque avec étonnement un joli petit lac enfermé dans un bassin de verdure, et plus loin un plateau incliné, couvert de masses de tuf calcaire jaune, sur lesquelles s'élèvent les ruines d'un bâtiment. On nomme cet endroit les *Eaux rousses*. Partout on rencontre des traces d'avalanches qui ont détruit, ravagé les montagnes et brisé le peu d'arbres qui y croissaient. A une petite demi-lieue au-delà, est le village de Pont-Serrant, non loin duquel est un pont construit sur un torrent qui coule à plus de 100 pieds de profondeur, entre deux roches de calcaire grenu. On arrive enfin au village de La Tuile, et c'est là que finit la descente du Saint-Bernard. Ce village est situé à l'entrée d'une gorge, au bord d'une petite plaine surmontée de montagnes assez arides, et du beau glacier le *Ruitor*, dont les eaux, après avoir formé le torrent de *la Baltique*, vont se joindre à d'autres ruisseaux, qui tantôt alimentent et tantôt ravagent la vallée.

IVRÉE. — LE FORT DE BARD.

Ivrée est située au pied des Alpes Pennines, à peu de distance du débouché du val d'Aoste : c'était la capitale des Salasses du temps des Romains. Sous Marius elle devint colonie romaine, et prit le nom d'*Eporedia*. Turin n'était point, à cette époque, colonisé. Ivrée, sous Charlemagne, fut la résidence d'un marquis chargé de la défense des frontières du Piémont. Une position aussi importante, en quelque sorte la clef du pays, dut naturellement allumer l'ambition des gouverneurs de cette place : aussi voyons-nous quelques-uns d'entre eux s'insurger contre leurs maîtres, soulever le pays, armer leurs vassaux, se déclarer indépendans, franchir les frontières, aller porter la guerre dans le sein de l'Italie, s'emparer du trône qu'avaient fondé les Lombards, et y exercer un moment la puissance sous le nom de *rois d'Italie*. Leur fortune ne dura pas long-temps.

Ivrée, en 1802, devint le chef-lieu du département de la Doire ; c'est une petite ville heureusement située, propre et renfermant quelques jolis édifices et une place publique assez belle. Son commerce est de peu d'importance.

LE FORT DE BARD. — Si l'on suit les rives de la Grande-Doire, on remarque à chaque instant des passages bornés par des sites pittoresques, défilés impraticables à l'artillerie, célèbres de tout temps par les forteresses qu'on a construites pour en défendre le passage. C'est là que s'élevait cette forteresse antique de Verex, dont Antonin fait mention dans son *Itinéraire*, sous le nom de *Vitricium*. Cette citadelle est aujourd'hui totalement détruite. Au pied de la colline où elle s'élevait jadis on a construit une ville ou plutôt un bourg qui coupe en diverses parties un torrent fougueux en hiver ; les maisons en sont aussi élégantes que commodes ; les environs offrent aux voyageurs, ainsi que l'a remarqué le célèbre Saussure, des études nombreuses de géologie. Il est une autre forteresse plus importante, plus connue dans l'histoire de nos temps modernes surtout, c'est le FORT DE BARD, qui fut pris si audacieusement par les troupes françaises dans les guerres de la révolution. Bard et son château passaient alors pour un rempart inexpugnable. Mais rien de plus merveilleux que l'arche qui a été taillée dans le rocher vif à quelque distance de Donax, entre Aoste et Ivrée. On ignore quel est l'auteur de cet admirable travail. Ce passage a 12 pieds de largeur, et non-seulement on le traverse à pied et à cheval, mais de profondes ornières sillonnées dans le roc attestent qu'autrefois des chariots même y ont passé. Dans ce site sauvage les montagnes se rapprochent tellement, que la Doire elle-même peut à peine y trouver un libre passage. La route qui la côtoie a été creusée dans le roc, et semble suspendue comme sur un abîme. Ce chemin a quelques pieds de largeur. En face, de l'autre côté de la route, est une muraille de rochers durs, noirâtres, taillés à pic, et qui atteste un merveilleux génie dans ceux qui entreprirent d'exécuter un travail aussi gigantesque, dans un moment surtout où on ne connaissait ni la poudre à canon ni l'art de miner le roc.

Les gens du pays, imbus de cette opinion erronée qu'Annibal a traversé leur patrie pour marcher contre Rome, n'ont pas manqué d'attribuer la construction du chemin de Donax au général carthaginois. Ils s'appuient sur ce que la pierre est taillée avec tant d'art, qu'elle semble s'être divisée sans efforts, et aussi aisément que l'on coupe les matières les plus tendres ; et ils ne sont pas éloignés de croire avec Plutarque, Tite-Live et Ammien-Marcellin, qu'Annibal coupa ces rochers après y avoir fait allumer un grand feu, et les avoir arrosés de vinaigre.

Diduxit scopulos et montem fregit aceto.
JUVÉNAL.

Ceux qui répètent cette fable ne songent pas sans doute à la prodigieuse quantité de combustible et de vinaigre qu'il aurait fallu pour amollir des masses aussi considérables de rochers, et l'on sait que les silex, les porphyres, les basaltes, ne sont pas susceptibles de céder à un agent aussi peu énergique que le vinaigre.

BIBLIOGRAPHIE.

Antiquités d'Aoste, 1 vol. in-12.
Voyage en Piémont, par J.-B.-J. Berton, 1 vol. in-8, Paris, 1803.
Voyages dans les Alpes de la Savoie, 2 vol. in-12.

CHAMBÉRY.

TOPOGRAPHIE.

Situation. — Étendue. — La vallée de Chambéry est située entre deux rangs de montagnes qui semblent être les premiers gradins des Alpes, savoir : au nord et à l'est, les montagnes des *Beauges*; à l'ouest et au sud, celles appelées du *Chat*, de l'*Épine*, d'*Aigue-Bellette*, d'*Entremont* et du *Grenier*. Ce dernier rang de montagnes part des bords du Rhône et se continue jusqu'à l'Isère; il paraît ne former qu'une même chaîne qui fléchit considérablement vers le centre, ou vis-à-vis de la gorge de Saint-Thibaud-de-Couz. La partie supérieure de cette chaîne appartient à la vallée de Chambéry, tandis que la partie inférieure appartient plutôt à la vallée d'Aix.

Le point le plus remarquable de la chaîne des Beauges est la *Dent de Nivolet* : on appelle ainsi un angle de rocher nu qui avance en forme de promontoire sur la vallée, à une élévation de 4,200 pieds au-dessus du niveau de la mer, et de 1,405 pieds au-dessus du sol de Chambéry. Ce nom lui est venu, sans doute, de ce que le petit plateau du Nivolet, incliné du côté de Chambéry, se couvre ordinairement de neige quelques jours avant qu'il n'en tombe dans la vallée. Les vapeurs dont il s'enveloppe indiquent à l'avance les changemens de temps, et il jouit encore des rayons du soleil, après que les ombres du crépuscule sont descendues dans la plaine. L'élévation du *mont du Chat* est de 4,851 pieds au-dessus du niveau de la mer; celle de la montagne du *Grenier* de 5,550 pieds.

La vallée de Chambéry, depuis le lac du Bourget jusqu'à Montmélian, a 9 lieues de long environ sur 1 lieue et demie de largeur; son élévation au-dessus du niveau de la mer est de 684 pieds mesurée au Bourget, et de 810 pieds mesurée au pont de Montmélian : ce qui indique un exhaussement intermédiaire de 126 pieds. Elle court du nord-ouest au sud-est, sur un plan faiblement incliné, à partir du pied de la montagne de Chignin jusqu'au lac; elle a aussi, à son extrémité supérieure, un léger versant du côté de l'Isère.

La partie inférieure de la vallée est couverte d'une immense prairie qui venait autrefois jusque sous les murs de Chambéry, et dont on évalue encore la superficie à plus de 1,000 hectares; cette prairie est malheureusement en proie à toutes les dévastations de l'Aisse, qui charrie, tantôt d'un côté, et tantôt de l'autre, une énorme quantité de gravier. Le bassin de Chambéry s'étend sur les plaines de Saint-Alban, de la Madeleine, de Bassens et de Bissy. Son sol est formé, en grande partie, de terre d'alluvions, de sables et de gravier; on y trouve des coquilles fossiles, qui paraissent avoir été fluviatiles. Les collines qui l'environnent sont calcaires et coquillières; leurs bases indiquent presque partout l'ancien séjour des eaux. Ce bassin est en général riche et fertile; son exposition est agréable autant que saine : il est abrité, par les montagnes latérales, contre les vents du nord et du sud; il est ouvert au nord-ouest et au sud-est, ayant, de ce dernier côté, une vue fort étendue sur les sommets neigés de la Maurienne. Michel Montaigne, revenant d'Italie en 1581, passa dans cette vallée; il en parle ainsi dans son journal de voyage : « Chambéry, ville principale de Savoie, petite, belle et marchande, plantée entre des monts, mais en un lieu où ils se reculent fort et font une bien grande plaine. » En qualifiant de cette manière la plaine de Chambéry, Montaigne faisait allusion, sans doute, aux étroites gorges de la Maurienne, qu'il venait de traverser.

Les collines adossées à la chaîne des Beauges sont en général couvertes de vignobles; le plus estimé est celui du *mont Ternino*, qui s'étend depuis le bourg de Saint-Alban jusqu'à la cascade du *Bout-du-Monde* (*Voir* Curiosités naturelles).

Climat. — Vents. — Un sol aussi inégal et aussi entrecoupé de montagnes que celui de l'ancien département du Mont-Blanc ne peut qu'être très-varié dans sa température. Souvent au fond d'une vallée le voyageur supporte avec peine l'ardeur d'un soleil brûlant, en même temps qu'il aperçoit, sur les monts qui l'environnent, les frimas d'un éternel hiver; d'autres fois, après avoir traversé des neiges ou des glaces sur les cols des montagnes, il rencontre, en descendant dans la plaine, d'abord des bois, ensuite une riante verdure, plus bas des fleurs ou même des fruits. Cette étonnante variété, qui tient surtout à celle des expositions et des sites, fait que dans certaines vallées, notamment à Chambéry, on possède pendant long-temps des fruits printaniers, dont la jouissance, dans les pays de plaine, n'est que momentanée ou passagère; les fraises, par exemple, y durent près de six mois de l'année, et l'on en sert même quelquefois depuis les premiers jours de mai jusqu'au milieu de novembre. Ainsi dans ces bizarres contrées on peut joindre les productions du printemps à celles de l'automne, et réunir sur la même table des fraises, des cerises et des raisins.

Chambéry est situé à 104 mètres plus bas que Genève. Cette circonstance, jointe à sa position dans un bassin fermé au nord par les montagnes des Bauges, y produit une différence sensible dans la température : les hivers y sont plus doux et de quinze jours moins longs qu'à Genève.

Les contrées de la Tarentaise et de la Maurienne sont beaucoup plus froides : les hivers y sont plus longs, plus vifs, et les chaleurs de plus courte durée que dans celles de Chambéry et d'Annecy. Ces phénomènes tiennent à ce que les deux premières sont plus élevées que les deux autres ; d'ailleurs celles-ci sont plus abritées, et comme leurs montagnes sont calcaires, elles sont plus propres, par leur forme et leur couleur, à répercuter les rayons du soleil.

En général, le climat de ce pays offre souvent, dans la même journée, le passage subit du chaud au froid, et l'on prétend que la destruction des forêts a rendu plus sensibles ces brusques changemens atmosphériques.

Pour ce qui est du bassin de Chambéry, le vent dominant est celui de l'ouest : il passe par dessus la montagne de l'*Épine*, qu'il coupe à angle droit. On lui donne aussi le nom de *Traverse* ou de *Lyonnaise*, parce qu'il semble venir du côté de Lyon. Il souffle surtout par la gorge de *Couz*, et entraîne alors toutes les vapeurs amassées sur la ville et sur ses environs. Ce vent est communément doux et humide ; il occasionne des rhumatismes et des fièvres catarrhales ; il favorise la végétation, parce qu'il n'est point accompagné d'un certain degré de froid, à moins qu'il ne souffle avec violence.

Les mois d'avril et de mai, et une partie de juin, constituent ordinairement à Chambéry la saison pluvieuse ; les vents de sud et de sud-ouest règnent alors le plus souvent. Ceux d'ouest, de nord-ouest et de nord leur succèdent; ils amènent avec eux l'été, qui est communément beau, chaud et sec. Souvent sur la fin de juin et pendant les mois de juillet et d'août, il y a des orages accompagnés de tonnerre et quelquefois de grêle : ce dernier météore, fléau redouté des campagnes, est heureusement assez rare ; on a remarqué qu'il l'était encore davantage avant que les bois et les forêts eussent été dévastés.

HISTOIRE.

Chambéry existait autrefois sur le revers oriental du Lémenc, sous le nom de *Camberiacum*. Le Lémenc et ses dépendances furent cédés en 1029 à l'abbé d'Ainay par Rodolphe III, duc de Bourgogne. Thomas Ier, comte de Savoie, acheta en 1232, de Berlion, vicomte de Chambéry, tous les droits que celui-ci pouvait avoir sur le *bourg de Chambéry* (*in burgo Camberiaci*), pour la somme de 32,000 sous de Suse (environ 84,147 fr.); le prince Thomas y établit une administration municipale et diverses franchises en faveur des bourgeois.

Amédée V, en 1288, acheta le château actuel des seigneurs de La Rochelle, y fixa sa résidence et fonda la Sainte-Chapelle ; Aymon, son successeur, y créa une cour de justice.

L'érection de la Savoie en duché fut célébrée avec une grande pompe, à Chambéry, sous Amédée VIII, en 1416. L'armée de François Ier entra dans Chambéry en février 1536 ; ce prince y établit un parlement et une chambre des comptes. La paix du Cateau-Cambrésis rendit au duc de Savoie ses états ; Emmanuel-Philibert prit possession de Chambéry le 7 août 1559.

Henri IV y entra le 21 août 1600. A la paix de Lyon, faite au mois de janvier suivant, la Bresse, le Bugey, le Val-Romey et le pays de Gex furent cédés à la France en échange du marquisat de Saluces. Sous le règne de Louis XIII, les Français se rendirent encore une fois maîtres de Chambéry, et Louis XIV fit occuper cette ville pendant ses démêlés avec Victor Amédée II, jusqu'à la paix d'Utrecht en 1713.

Les Espagnols s'en emparèrent en 1742. L'année suivante, l'ancien château de Chambéry, résidence de l'infant D. Philippe, fut entièrement incendié. Réparé en 1775, à l'occasion du mariage du prince de Piémont, Charles-Emmanuel, avec madame Clotilde de France, il fut de nouveau brûlé dans la nuit du 13 au 14 décembre 1798 ; plus tard, le gouvernement français en ordonna la restauration, qui n'a pas été achevée. C'est en 1792 que Chambéry et la Savoie furent incorporées à la France ; en 1815, ce pays est rentré sous la domination de ses anciens souverains.

ANTIQUITÉS.

Les antiquités romaines que renferme la Savoie ne se rencontrent que sur les anciennes voies romaines et dans les vallées principales. La ville de Chambéry n'en possède aucune, mais ses environs en offrent un grand nombre de vestiges. On en trouve des débris épars dans la colline du Lé-

mene, où était bâti l'ancien *Lemincum* ou *Lemincum*, dont parlent l'Itinéraire d'Antonin et les Tables de Peutinger. On prétend qu'il y avait dans cet endroit un temple à Mercure, sur les ruines duquel l'église actuelle aurait été bâtie au commencement du VIe siècle. On voit sur une pierre placée dans la maçonnerie de l'église Saint-Alban, les restes suivans d'une ancienne inscription : *Serenus Decius... ... millia... mon... etia.. Caseru... es. V. IIII. vir flam.* La fente dite de *Saint-Saorlin*, pratiquée près de là, au pied du mont Nivolet, sur l'ancienne voie romaine *près Saturnius*, qui conduisait de *Lemincum* à Genève, est elle-même une antiquité fort remarquable. Il y avait autrefois, dit-on, un temple à Saturne, à la place où se trouve bâtie la chapelle de Saint-Saorlin. On a découvert à Cognin plusieurs restes d'antiquités ; on y a aussi trouvé des médailles consulaires et quelques-unes du temps des empereurs.

Dans un mur de l'église basse du Bourget, on lit cette inscription : *Mercurio Auguste, T. Terentius Catulus, V. S. L. M. vatum scilic. H'ens merito*. Vœu adressé à Mercure, dieu protecteur des voyageurs. On croit que ce dieu avait un temple près de là, sur la montagne de l'Épine, que traversait la voie romaine de Vienne.

MŒURS. — CARACTÈRES. — COUTUMES.

« Le moral des Alpes n'est pas moins intéressant que le physique... Dans ces hautes vallées où il n'y a ni seigneurs, ni riches, ni un abord fréquent d'étrangers, le paysan, ne voyant que des égaux, oublie qu'il existe des hommes plus puissans ; son âme s'ennoblit et s'élève ; les services qu'il rend, l'hospitalité qu'il exerce, n'ont rien de servile ni de mercenaire.... » Ce portrait de l'habitant des Alpes, par Saussure, convient aussi à l'habitant de la Savoie, dont ce naturaliste célèbre parcourut les montagnes à pied, le marteau à la main, y prenant souvent une retraite ou un repas frugal sous l'humble toit du laboureur. Chez cette nation aimante et simple, l'indigent était assuré de trouver partout des consolations et des secours ; le voyageur égaré ou surpris par l'orage, un asile hospitalier : avant de lui faire aucune question, la table était servie, et on le pressait de s'y rafraîchir. Cette teinte des anciennes mœurs se fait encore remarquer dans les hautes vallées ; on en trouve encore quelques restes même dans les villes, où il est d'usage d'offrir à goûter dans les visites que l'on se rend : il semble que cette vieille bonhomie, cet aimable abandon, en bannissant l'étiquette, disposent davantage à

la confiance et à la douce amitié. La révolution a sans doute exercé une grande influence sur le caractère du peuple : les traits de candeur et de simplicité qui le distinguaient se sont considérablement affaiblis : la confiance a fait place à la réserve, la timidité à une plus grande estime de soi ; mais aussi les nouveaux systèmes étonnent moins, et les esprits paraissent avoir reçu une trempe plus forte et plus susceptible des grandes choses. Quoique l'habitant de la Savoie se montre en général doux et affable, son caractère paraît avoir beaucoup de force et de fermeté. A Chambéry l'on a remarqué dans tous les temps la politesse française et le ton de la bonne société. La nombreuse noblesse qui s'y rassemblait avant la révolution « suivait, a dit Jean-Jacques, le conseil de Cynéas : elle dévouait sa jeunesse à l'état militaire, puis revenait vieillir paisiblement dans ses foyers ; l'honneur et la raison présidaient également à ce partage. »

Les passions, les goûts dominans, sont le jeu et la bonne chère parmi les gens aisés, et le vin dans les classes inférieures ; l'amour du jeu se fait principalement remarquer à Chambéry, où il est entretenu par l'oisiveté. Quoique le paysan aime beaucoup le vin, il en boit peu dans les montagnes à cause de sa cherté, qui résulte de la difficulté des transports. Sa principale nourriture se compose de laitage, de légumes, de pommes de terre et d'une espèce de bouillie. Le pain qu'on y mange est de seigle mêlé d'orge ou d'avoine ; celui de seigle pur est réservé pour les jours de fêtes. On y fait aussi usage de biscuits de farine d'avoine et de seigle, que l'on ne cuit que deux fois l'an. On fait des salaisons de vache, de mouton et de chèvre, qu'on conserve pour l'hiver. Dans la vallée de Chambéry et dans quelques autres vallées inférieures, l'usage du vin est beaucoup plus répandu ; le pain est toujours de seigle ou d'orge mêlé avec du blé noir ou de l'avoine. Le porc est la principale viande salée que l'on y mange ; on y consomme aussi beaucoup de châtaignes et de noix.

L'habitant des montagnes est intelligent et laborieux : il supplée, par son activité, à l'infertilité de son sol, et il sait mettre tout à profit pour améliorer sa situation. Chaque parcelle de terrain cultivable qu'il découvre sur le flanc des rochers ou que la retraite des eaux et des glaciers lui abandonne, il s'en empare pour l'ajouter à son champ. Il construit lui-même sa demeure, dont la toiture consiste en des sommiers recouverts de planches sur lesquelles on place de grandes pierres plates ou dalles ; il fabrique aussi les meubles nécessaires à son usage. Un reproche qu'on fait généralement aux Savoyards, c'est d'aimer l'argent; mais si l'on considère qu'une grande partie d'entre eux est réduite à vivre d'un travail journalier ou des soins qu'elle rend aux voyageurs, on reconnaîtra peut-être que ce reproche est peu fondé. Ici le moindre service attend une récompense, et encore semble-t-il que ce soit moins un salaire que l'on exige qu'un bienfait que l'on reçoit : si cet indigent qui s'est réjoui à la vue de la petite pièce de monnaie que vous lui avez donnée vient à trouver votre bourse sur son passage, il courra après vous, et avec non moins de joie, pour vous la remettre.

Plusieurs *vogues* près de Chambéry jouissent d'une grande célébrité : celles connues sous le nom de *Saint-Barthélemy*, des *Carmes*, de *Mian* surtout, dépeuplent en quelque sorte la ville le jour qu'elles ont lieu. On dresse en plein champ, ou dans un verger, des tables chargées de pain, de vin, de fruits et d'autres provisions : les uns se régalent assis sur la pelouse, tandis que les autres dansent ou se promènent. Dans l'hiver, les hommes de la campagne ne sont guère dans l'usage de veiller; ils se couchent de bonne heure et se lèvent de très-grand matin pour battre le blé dans les granges. Les femmes se réunissent dans les étables, ordinairement vastes et commodes, où elles filent, cousent ou tricotent à la lueur d'une lampe entretenue à frais communs ; cette *veillée* est égayée par les contes des vieilles mères et par le chant des jeunes filles, ainsi que par la présence des jeunes garçons. Dans les villes et dans les bourgs, le jeu remplace communément les veillées laborieuses de la campagne.

Les femmes de Chambéry jouissent d'un certain embonpoint et de beaucoup de fraîcheur. A Annecy, elles ont des formes plus sveltes; presque partout elles ont la poitrine large, les dents belles et bien rangées.

Dans quelques communes de la Savoie, lorsqu'une personne est près de sa fin, on croit devoir la laisser mourir en paix. On va chercher un *couseur* ou une *couseuse*, suivant les sexes : ce sont de pauvres gens à qui on abandonne pour salaire la dépouille du mort. On laisse le couseur seul à côté du lit de l'agonisant, avec une lampe funéraire, de l'eau bénite, un linceul et tous les apprêts relatifs à son triste ministère. Endurci par l'habitude ou trompé par son impatience, il n'attend pas toujours le dernier soupir du moribond pour commencer son opération ; plus d'une fois des malheureux ont survécu à la fatale précipitation de leur couseur. Hâtons-nous d'ajouter que cet usage déplorable et barbare d'abandonner ainsi un mourant est aujourd'hui fort rare, grâce au zèle et à la surveillance des magistrats et des curés.

Les deux plus proches voisins du défunt creusent sa fosse : quatre autres sont chargés de le transporter au lieu de la sépulture ; les parens et les voisins assistent à cette cérémonie ; elle est terminée au retour par un repas où l'on boit à la mémoire de l'inhumé et à la santé de ceux qui ont *fait la terre*. On distribue aussi du pain aux pauvres. Ces *repas funéraires* remontent à une haute antiquité. Le duc Amédée VIII, dans ses statuts de 1430, liv. v, crut devoir en modifier la dépense : *In prandiis sepulturæ* (pour toutes les classes au-dessous des barons et des vassaux), *non servitur nisi de uno ferculo duplo moderato ad unam assisam.* Pendant une année la famille du mort fait déposer sur sa tombe, chaque dimanche, un pain de quatre livres et quelquefois aussi une pinte de vin : ces offrandes appartiennent au curé. Dans le canton de Saint-Michel en Maurienne, à Saint-Martin-la-Porte, le cercueil d'un chef de famille est suivi par une chèvre que la faim fait bêler, et qu'on donne aussi au curé. C'est une opinion commune dans quelques villages, que lorsqu'un individu est mort, et jusqu'à ce que son corps soit enterré, son âme va se reposer dans le champ le plus voisin : de là l'usage qui subsiste encore en Tarentaise, de porter aussitôt après le décès un peu de paille sur le lieu où l'on présume que cette âme se reposera.

VILLE.

Chambéry. — Agréablement situé sur les deux petites rivières de l'*Albane* et de l'*Aisse*, il offre des aspects aussi variés que pittoresques. La plupart des maisons sont élevées de trois étages et couvertes d'une ardoise commune. Ses rues sont assez belles et assez commerçantes, mais il en est une dont la plus grande ville s'honorerait : c'est celle pour la construction de laquelle M. de Boigne a donné une somme considérable, et que la reconnaissance des habitans a dotée de son nom ; elle est transversale à la grande place.

L'ancien château était bâti sur une éminence qui domine la ville et les environs. Incendiée en 1742, et réparée en 1775 à l'occasion du mariage du prince de Piémont, il fut de nouveau presque entièrement consumé par le feu dans la nuit du 13 au 14 décembre 1798. Le gouvernement français en avait ordonné, dans le temps, la restauration, qui n'a pas été achevée. On remarque à Chambéry l'église de *la Sainte-Chapelle*, dont les vitraux et les marbres précieux de l'autel sont dignes de l'attention des amateurs ; celle du collège, nouvellement restaurée ; l'église cathédrale, d'architecture gothique, et dont le sanctuaire a été décoré en 1810 ; l'église des Jésuites, dont le chœur, d'ordre corinthien, est tout en marbre; et l'église des Capucins, bâtie en 1823.

Indépendamment des hospices et hôpitaux que Chambéry possède, il faut remarquer le bel hospice de Saint-Benoît, fondé en 1820 par la générosité du général de Boigne, qui a acquis le local, l'a fait restaurer, et l'a doté à perpétuité pour y entretenir un certain nombre de vieillards des deux sexes parmi ceux qui, ayant vécu dans l'aisance, ont éprouvé des revers inopinés de fortune. Cet établissement, unique dans son genre, mérite d'être visité avec soin.

Le collège royal est dirigé par les Jésuites.

Chambéry a des écoles spéciales où l'on enseigne les mathématiques, la théologie, le droit civil et canonique, la médecine, la chirurgie, la chimie, la géographie, la langue italienne, le dessin et la peinture.

Le théâtre, entièrement reconstruit en 1823, est encore dû à la munificence du général de Boigne.

La ville a aussi une bibliothèque publique, un musée, et une société littéraire, fondée en 1820 sous le titre de *Société académique de Savoie*.

Les environs de Chambéry ont totalement changé d'aspect depuis la fin du siècle dernier. Les murs dont il était entouré ont été abattus, les fossés ont été comblés ; on a bâti sur une partie de leur emplacement, et de nouvelles promenades ont été établies. Le *Verney* a été agrandi d'une portion considérable de terrain sous le nom de *Champ-de-Mars*.

LES CHARMETTES.

Pour aller aux Charmettes en sortant de Chambéry, il faut passer auprès de la grande caserne construite sur l'emplacement du couvent des Ursulines, au sud de la ville. On marche depuis là, pendant quelques momens, au bord de l'un des bras de l'*Albane*, rivière qui coule du levant au couchant et se distribue par un grand nombre de canaux souterrains dans la plupart des rues de Chambéry. Quand on est arrivé au lieu dit *le Bocage*, près de l'ancien séminaire, on quitte brusquement la plaine pour monter à droite, par un chemin assez rapide pratiqué sur le roc; on passe sur une carrière qui fournit des meules de moulin; après quelques pas, la pente s'adoucit tout à coup et l'on tourne au sud.

C'est ici que commencent les Charmettes, dont le nom s'étend aux deux coteaux qui s'élèvent à droite et à gauche. On se trouve au-dessus des moulins des Charmettes, et l'on touche le clos du même nom, où l'on voit la maison qui appartenait à M. de Conzié, l'ami de Jean-Jacques, à qui celui-ci entreprit d'enseigner la musique et dont il s'est rappelé si long-temps la douce liaison.

La maison est un peu élevée au-dessus du chemin; au-devant est une terrasse environnée d'un parapet à hauteur d'appui ; ce parapet est coupé par une grille de bois à deux battans qui ferme l'entrée de la terrasse, sur laquelle on monte par quatre marches de pierre. La face principale de la maison est tournée au levant et parallèle au chemin. C'est un petit bâtiment régulier, de forme rectangulaire; il est couvert d'un toit rapide en ardoise à quatre pans et surmonté de deux aiguilles. Les rustiques sont au midi et attenant à la maison; le jardin est du côté du nord. Dans le même mur antérieur et sur la droite, est incrustée une plaque de pierre blanche portant l'inscription suivante, placée par Hérault de Seychelles, en 1792, lorsqu'il était commissaire de la Convention nationale :

> Réduit par Jean-Jacque habité,
> Tu me rappelles son génie,
> Sa solitude, sa fierté,
> Et ses malheurs et sa folie.
> A la gloire, à la vérité
> Il osa consacrer sa vie,
> Et fut toujours persécuté
> Ou par lui-même ou par l'envie.

Ces vers ont été attribués à madame d'Épinay.

La chambre qu'a occupé Rousseau est au-dessus du vestibule : elle est grande et n'a qu'une fenêtre. La chambre de madame de Warens occupe la face septentrionale, du côté du jardin.

Le rez-de-chaussée est composé du vestibule, d'une petite cuisine à gauche, qui n'existait pas du temps de madame de Warens; d'une première salle où était autrefois la cuisine ; d'un salon communiquant directement au jardin, et de quelques autres petites pièces.

L'escalier est intérieur; il est construit en pierres de taille et composé de deux rampes. Sur le premier palier est une porte extérieure qui s'ouvre sur une petite esplanade, derrière la maison où était un berceau de houblon dont parle Jean-Jacques. Sur ce même palier est l'entrée d'une petite chambre et d'un cabinet pratiqués sur un caveau et sur la cuisine actuelle, et qui n'étaient pas autrefois dans cet état. La seconde rampe conduit à deux portes, dont l'une, à droite, s'ouvre sur un corridor qui communique à la chambre de Rousseau, et qui la dégage par une porte de derrière ; l'autre porte introduit dans un vestibule où l'on avait placé une petite chapelle extérieure dédiée à la Vierge, et qui y est encore en très-bon état. De là on passe dans une chambre carrée, assez grande, très-éclairée, qui remplit l'angle de la maison au nord-est, et dont les fenêtres, s'ouvrant sur le jardin, présentent une vue étendue et fort agréable : c'était la chambre de madame de Warens.

Pour aller au jardin, on passe sur une seconde petite terrasse où Jean-Jacques cultivait des fleurs, et qui a encore la même destination. Le jardin est oblong, dirigé dans le sens du chemin ; il est situé entre la vigne et le verger. C'est à son extrémité septentrionale qu'étaient placées les ruches de madame de Warens.

Rousseau a décrit en peu de mots les dehors de cette retraite ; il n'y a rien à en dire après lui : tout est là tel qu'il l'a dépeint, sauf la chapelle extérieure, où l'on a établi depuis long-temps un four.

« Après avoir un peu cherché, dit-il, nous nous fixâmes aux Charmettes, terre de M. de Conzié, à la porte de Chambéry, mais retiré et solitaire comme si l'on en était à cent lieues. Entre deux coteaux assez élevés est un petit vallon nord et sud au fond duquel coule une rigole entre des cailloux et des arbres. Le long de ce vallon, à mi-côte, sont quelques maisons éparses fort agréables pour quiconque aime un asile un peu sauvage et retiré. Après avoir essayé deux ou trois de ces maisons, nous choisîmes enfin la plus jolie, appartenant à un gentilhomme qui était au service, appelé M. Noiret. La maison était très-logeable : au devant un jardin en terrasse, une vigne au-dessus, un verger au-dessous, vis-à-vis un petit bois de châtaigniers, une fontaine à portée ; plus haut, dans la montagne, des prés pour l'entretien du bétail ; enfin tout ce qu'il fallait pour le petit ménage champêtre que nous y voulions établir. Autant que je puis me rappeler les temps et les dates, nous en prîmes possession vers la fin de l'été 1736.

« Je me levais tous les matins avant le soleil. Je montais par un verger voisin dans un très-joli chemin qui était au-dessus de la vigne et suivait la côte jusqu'à Chambéry. Là, tout en me promenant, je faisais ma prière, qui ne consistait pas en un vain balbutiement de lèvres, mais dans une sincère élévation de cœur à l'auteur de cette aimable nature dont les beautés étaient sous mes yeux. Je revenais en me promenant par un assez grand tour, occupé à considérer avec intérêt et volupté les objets champêtres dont j'étais environné, les seuls dont l'œil et le cœur ne se lassent jamais..... Deux ou trois fois la semaine, quand il faisait beau, nous allions derrière la maison prendre le café dans un cabinet frais et touffu que j'avais garni de houblon, et qui nous faisait grand plaisir durant la chaleur. Nous passions là une petite heure à visiter nos légumes, nos fleurs, à des entretiens relatifs à notre manière de vivre, et qui nous en faisaient mieux goûter la douceur. J'avais une autre petite famille au bout du jardin : c'étaient des abeilles. »

Rousseau s'exprimait ainsi au sujet des Charmettes, peu d'années avant sa mort : « Depuis que je m'étais, malgré moi, jeté dans le monde, je n'avais cessé de regretter mes chères Charmettes et la douce vie que j'y avais menée. Je me sentais fait pour la retraite et la campagne : il m'était impossible de vivre heureux ailleurs. A Venise, dans le train des affaires publiques, dans la dignité d'une espèce de représentation, dans l'orgueil des projets d'avancemens ; à Paris, dans le tourbillon de la grande société, dans la sensualité des soupers, dans l'éclat des spectacles, dans la fumée de la gloriole ; toujours mes bosquets, mes ruisseaux, mes promenades solitaires, venaient, par leur souvenir, me distraire, me contrister, m'arracher des soupirs et des désirs. »

L'ABBAYE D'HAUTECOMBE. — Ce monastère de l'ordre de Cîteaux fut fondé par Amédée III en 1225 (Voir *Aix-les-Bains*). Déjà à cette époque ce lieu servait de sépulture royale. Parmi les princes de la maison de Savoie qui y furent inhumés on distingue particulièrement Humbert III, mort en 1223 ; Amédée IV, en 1253 ; Thomas de Savoie et son frère Pierre, surnommé le *Petit Charlemagne* ; Boniface et Philippe de Savoie ; Amédée V, qui mourut en 1323 à Avignon, et dont le corps fut apporté à Hautecombe ; ses deux fils, Édouard et Aymon ; Amédée VI, surnommé le *Comte Vert*, mort en 1383 ; Béatrix de Savoie, dont les quatre filles furent reines ou impératrices.

Le monastère actuel d'Hautecombe date de 1743. En 1793, les tombeaux furent mutilés et détruits, et les religieux forcés de se retirer en Italie. Le roi Charles-Félix a rendu à cette abbaye sa destination primitive. Des travaux considérables ont été entrepris : commencés en 1824, ils sont terminés aujourd'hui.

L'église a trois entrées ; le portail, de style gothique, est orné de statues de saints et d'ermites. Dans l'intérieur on remarque deux beaux monumens, les statues d'Amédée V et d'Amédée VI, et des bas-reliefs estimés. Dans la partie droite de la nef est le mausolée de Hubert III ; de l'autre côté est le tombeau de sa femme, Anne de Jérinhen. On voit encore les **tombeaux de**

Louis Ier, baron de Vaud, de l'archevêque de Cantorbéry, du comte d'Aymon et d'Yolande de Montferrat.

La chapelle des princes est ornée avec une grande magnificence. Autour de l'autel sont les statues des douze apôtres. La voûte est peinte à fresque et représente les quatre Vertus évangéliques. Les vitraux des fenêtres sont remarquables. La chapelle Saint-Félix, d'ordre ionique, est éclairée par le haut et d'un bel effet.

Tours de Saint-Joire. — Situées sur un plateau de rochers au pied des montagnes de la Thuile, les tronçons mutilés de ces tours se découvrent de fort loin : ce sont les restes d'un ancien château et de ses dépendances. On a trouvé dans ces décombres un énorme collier de fer ou *carcan*, garni de pointes aiguës dans son intérieur et fermant à secret : c'est un monument de la féodalité. Les anciens seigneurs de ces domaines le mettaient, dit-on, au cou des prisonniers de guerre pour les obliger à rapporter au plus tôt le prix de leur rançon.

CURIOSITÉS NATURELLES.

Cascade de Couz. — La cascade de Couz n'est pas fort éloignée de la petite rivière d'Yère ; ses eaux se précipitent d'un rocher coupé verticalement, et dont on évalue la hauteur à environ 50 mètres. Rousseau a décrit cette cascade, qu'il a admirée dans sa jeunesse. « Plus près de Chambéry, dit-il, le chemin passe au pied de la plus belle cascade que je vis de mes jours : la montagne est tellement escarpée, que l'eau se détache net, et tombe en arcade assez loin pour qu'on puisse passer entre la cascade et la roche, quelquefois sans être mouillé ; mais si l'on ne prend pas bien ses mesures, on y est aisément trempé comme je le fus : car, à cause de l'extrême hauteur, l'eau se divise et tombe en poussière ; et lorsqu'on approche un peu trop de ce nuage sans s'apercevoir d'abord qu'on se mouille, à l'instant on est tout trempé. » Les dégradations naturelles, survenues depuis le passage de Jean-Jacques, paraissent avoir changé une partie de ces accidents. La cascade a toujours la même élévation et la même beauté ; mais elle n'est plus assez arquée pour qu'il soit possible de passer entre elle et le rocher. Cette légère différence tient peut-être à la chute d'un gros bloc de rocher, autrefois placé en saillie, et qu'on voit aujourd'hui au pied de la cascade. Cependant elle se balance presque toujours d'une manière plus ou moins sensible, surtout au souffle des vents de N.-E. et de S.-E.

Le Bout-du-Monde. — Ce site sauvage est l'un des plus pittoresques que l'on puisse voir.

Deux hautes murailles de rochers vont se réunir au fond d'une enceinte, que l'on a comparée à un cirque et qu'elles terminent en s'abaissant toutes les deux, pour ouvrir un passage au courant extérieur, qui tombe de cent pieds de haut sur un tapis de mousse. A gauche de cette cascade, on en voit deux autres dont l'eau jaillit des fissures du roc, par des ouvertures que l'on croirait artificielles ; à droite, une suite remarquable de filets s'élancent de même dans le bassin commun, et se détachent avec grâce sur un fond nuancé de verdure et de tons variés du rocher. Quelques-unes de ces fontaines curieuses laissent d'abord tomber leurs eaux en faisceaux sur des corniches saillantes qui les repoussent et les dispersent en éventail :

L'eau se précipitant. . . . .
Court, tombe et rejaillit, retombe, écume et gronde.
Les Jardins, chant III.

Un beau moment pour jouir de ce spectacle est celui où les rayons du soleil, glissant sur les sommets des rochers latéraux, pénètrent dans cette enceinte profonde au travers des feuillages qui en couronnent les murs. Alors des filets d'or jaillissent d'un côté et se mêlent aux gerbes d'argent qui s'échappent de l'autre ; et les uns et les autres se croisent et se confondent avec la masse des flots écumans qui se précipitent au milieu.

Toutes ces eaux se calment tout à coup, et forment une première nappe en figure de croissant ; elles s'avancent lentement sur la circonférence antérieure du bassin : là, une partie se déploie en larmes transparentes et arrondies ; une autre se distribue en une multitude de nouveaux filets, dont les uns coulent d'un trait dans le lit du torrent, tandis que les autres descendent avec mesure l'escalier naturel des couches du roc, et glissent tranquillement d'un gradin à l'autre.

Pour voir le ciel et compléter le tableau, il faut se reculer et choisir un point de vue convenable. Alors on jouit une seconde fois de ces détails qu'on ne peut quitter : ils reçoivent un nouveau charme de cette voûte d'azur qui les domine : toute la partie inférieure du tableau s'obscurcit et le contraste est admirable. Il est encore embelli par l'éclat d'un terrain élevé qui, couvert d'un voile transparent et lumineux, et suspendu dans le haut des airs, surmonte cette scène d'ombre, de mouvement et de bruit, mais surtout par la tête colossale et dorée du roc de Chaffardon, qui couronne cet ensemble remarquable.

La cascade de Grésy. — Située dans un site pittoresque, sauvage et effrayant, la cascade de Grésy ne saurait manquer d'être l'objet d'une excursion spéciale. Un affreux précipice, des roches amoncelées, une onde furieuse qui s'engouffre sous les rocs avec un bruit épouvantable, un pont étroit sans parapet; le précipice, couronné par des moulins suspendus sur la crête du rocher, tout ici frappe le voyageur de crainte et d'effroi. On n'approche pas de ce lieu sans un frémissement involontaire. Au milieu de ces impressions sinistres, une pierre funéraire frappe les regards; on y lit cette inscription simple et touchante :

Madame la baronne de Broc, âgée de 25 ans, a péri sous les yeux de son amie le 10 juin 1813.

O vous qui visitez ces lieux, n'avancez qu'avec précaution sur ces abîmes; songez à ceux qui vous aiment!

Ce fatal événement s'est passé sous les yeux de la reine Hortense, pendant son séjour aux eaux d'Aix. Elle était venue visiter la cascade de Grésy. Une de ses dames d'honneur, madame de Broc, se fiant trop à sa légèreté, voulut franchir une des crevasses de la roche humide et glissante; elle disparut dans le gouffre; on l'en retira morte et horriblement mutilée.

BIOGRAPHIE.

La Savoie est la patrie d'un grand nombre d'hommes distingués par leur savoir, leurs talens et leurs vertus. Nous indiquerons ici quelques-uns de ceux nés à Chambéry et dans ses environs.

Antoine de CHALLAN, évêque de Lausanne, archevêque de Tarentaise et cardinal, né vers le milieu du XIVe siècle. Il assista au fameux concile de Constance, et fut l'un des cinq cardinaux envoyés en 1415 au pape Jean XXIII, alors retiré en Souabe, pour lui notifier sa suspension et sa prochaine déposition. — Louis ALLAMAN, connu sous le nom de *Cardinal d'Arles*; il présida le concile de Bâle, où le pape Eugène IV fut suspendu. — Jean DUPUY, auteur d'un poème sur la conquête de la Grèce par Ph. de Médicis. — Claude FAVRE de Vaugelas, né à Chambéry en 1585, membre de l'Académie française en 1634. Ce fut Vaugelas qui fut chargé de rédiger le *Dictionnaire de l'Académie*. — César VICHARD, surnommé *l'abbé de Saint-Réal*, que son élocution fleurie a fait comparer à Salluste, naquit à Chambéry en 1639. Distingué par son esprit, il brilla d'abord dans le monde, s'attacha à la belle Mancini, duchesse de Mazarin, l'accompagna à Londres et contribua, avec Saint-Évremont, à l'éclat de ses cercles, qui ressemblaient à des réunions académiques. Son *Histoire de la Conjuration des Espagnols contre la république de Venise* parut en 1674, et obtint un succès prodigieux.

Quoique les arts aient été peu cultivés en Savoie, ce pays compte néanmoins quelques artistes distingués : tels sont le célèbre PERRONET, auteur du pont de Neuilly-sur-Seine; F.-J. LANGE, qui vivait au XVIe siècle; DELALLÉE, connu par ses belles gravures, et PAUL, dont les paysages à l'huile sont estimés. Mais un homme qui mérite une mention particulière, et dont la mémoire sera à jamais un objet de vénération et d'amour pour ses concitoyens, c'est le général de BOIGNE, qui a doté Chambéry, sa ville natale, d'établissemens si nombreux et qui assurent à leur généreux fondateur une gloire aussi pure que durable.

Une noble ambition, fomentée par le goût des armes et des voyages, s'empara de lui dès sa première jeunesse. A vingt-deux ans il avait déjà parcouru l'Italie, la Corse, les îles de l'Archipel et la Grèce; il forma à cette époque le dessein de passer aux Indes-Orientales. Arrivé à Madras en 1777, il entra au service de la Compagnie anglaise des Indes, qu'il quitta quelques années après pour offrir son épée à quelque puissance indienne. Il s'embarqua pour Calcutta et arriva à Dehly après avoir séjourné quelque temps à Lacknau pour apprendre la langue du pays. La capitale du Mogol était alors bouleversée par des factions, et l'état était en guerre contre les Jattes. N'ayant pu parvenir jusqu'à l'empereur, il résolut d'aller offrir ses services au prince mahratte Madhadjy-Sindhyah, alors en guerre avec les radjahs voisins. Malgré les préventions de ce prince contre les Européens, il parvint à gagner sa confiance et devint général en chef de son armée. Partout il battit les ennemis de Madhadjy, notamment à la bataille de Djannah-Pannah, où l'armée mahratte remporta une victoire signalée : ce qui valut d'immenses trésors au prince victorieux et des présens considérables au général de Boigne, qui resta au service de l'empire Mahratte de 1781 à 1796, époque où le mauvais état de sa santé l'obligea de repasser en Europe, laissant au successeur du prince, Madhadjy-Dolat-Raou-Sindhyah, un pays conquis, un revenu considérable, une armée de 30,000 hommes bien disciplinés, et 150 pièces de canon.

BIBLIOGRAPHIE.

Histoire de la ville de Chambéry, 1 vol. in-12.
Dictionnaire historique, littéraire et statistique des départemens du Mont-Blanc et du Léman, par M. l'abbé Grillet.
Statistique du département du Mont-Blanc, par M. de Verneilh, ancien préfet. 1 vol. in-4°; Paris, 1807.
Notice sur les Charmettes et sur les environs de Chambéry, 1 vol. in-8°; Chambéry, 1824.

LE MONT-BLANC.

LE MONT-BLANC.

Le Mont-Blanc est la montagne la plus élevée de l'Europe : sa hauteur absolue est, selon Deluc, de 14,346 pieds; selon Schukburg, de 14,446 pieds; selon Pictet, de 14,556 pieds; selon M. de Saussure, de 14,700 pieds, et, selon Tralles, de 14,793 pieds : c'est 5,355 pieds de moins haut que le *Chimborazo*, dans l'Amérique méridionale. En revanche, la hauteur relative du Mont-Blanc est plus considérable : il a 11,532 pieds au-dessus de la vallée de Chamouny, tandis que le *Chimborazo* n'en a que 11,232 au-dessus de celle de *Tapia*.

Vu du N. et du S., le Mont-Blanc présente une pyramide majestueuse, dont rien n'égale la magnificence. Ses flancs s'élèvent du côté du S.-O. et du N.-E. jusqu'à la cime, en gradins arrondis. Au S., l'escarpement, presque vertical depuis le sommet de la montagne, a 9,660 pieds de hauteur ; la pente en est si raide que la neige et la glace ne peuvent s'y attacher. Au N. et à l'O. au contraire, la montagne s'abaisse doucement et ses flancs sont couverts de neiges et de glaces éternelles sur une étendue de 11,000 pieds de longueur depuis le bas jusqu'au sommet. La cime a la forme d'une moitié de sphère comprimée; vue du N.-E., elle ressemble à une bosse de chameau, elle est connue sous le nom de *Bosse du Dromadaire*. Des champs de glaces qui entourent les bases du Mont-Blanc on voit descendre 17 ou 18 glaciers : au N.-E., ceux du *Tacul* et des *Bois*; au N., ceux des *Nautillons*, des *Pélerins*, du *Midi* et des *Bossons*; au N.-O., ceux de *Taconay* et de la *Côte*; à l'O., les glaciers de *Bionassey* et de *Fréty*; au S.-O., le *Glacier*, au S., l'*Allée Blanche*, trois autres glaciers peu considérables qui n'ont pas de noms particuliers, et ceux de *Miage*, de *Fresnay* et de *Broglia* ; à l'E., celui de la *Brenva*. Il est plusieurs de ces glaciers qui ont 5 ou 6 lieues de longueur, et s'avancent jusqu'au fond de riantes vallées. Les stations les plus avantageuses pour contempler de près le Mont-Blanc sont le mont Breven, le col de Balme et le Buet, du côté du N.-O., dans la vallée de Chamouny; le Cramont, au S., le col de la Seigne, au S.-O., et le col du Géant, au N.-E.

Le rayon de l'horizon du Mont-Blanc a 66 lieues environ : on le voit de Lyon dans toute sa magnificence, dit le docteur Ebel, ainsi que des montagnes de la Bourgogne, de Dijon et même de Langres (68 lieues en ligne droite). M. de Saussure a cru même le reconnaître de la montagne de Caume, au-dessus de Toulon, et M. Bourrit affirme qu'il a distingué, placé sur le sommet de ce mont fameux, une partie de la mer Méditerranée. Malgré l'immensité de cet horizon, la vue qu'on embrasse du haut de ce colosse ne répond qu'imparfaitement à l'idée avantageuse que l'on pourrait s'en faire, soit à cause de la faiblesse de l'œil de l'homme, insuffisant pour un si vaste champ, soit parce que les couches d'air qui séparent cette haute sommité du reste de la surface de la terre, sont trop épaisses pour ne pas perdre une grande partie de leur transparence. Quoi qu'il en soit, un assez grand nombre de voyageurs n'ont pas craint de s'exposer aux dangers, aux fatigues et aux frais considérables qu'entraîne l'ascension du Mont-Blanc, se laissant sans doute séduire par l'espoir trompeur d'y découvrir des points de vue d'une magnificence extraordinaire. L'histoire de ces divers voyages doit naturellement trouver place ici.

ASCENSIONS DIVERSES.

Malgré la grande étendue que forme le circuit des bras du Mont-Blanc, on ne peut en approcher qu'après avoir surmonté des difficultés inouïes. Au S., au S.-O. et S.-E., d'énormes parois de rochers coupés à pic, et hauts de plusieurs milliers de pieds, le rendent absolument inaccessible ; au N., au N.-E., et au N.-O. il est entouré de glaciers immenses, de murs de glace, de précipices, etc., etc. Tels sont les obstacles qui rendent si pénibles et si dangereuses les approches de cette montagne. Cependant, en 1760 et 1761, M. de Saussure promit une récompense considérable à quiconque découvrirait un chemin, quel qu'il soit, par lequel il fut possible d'atteindre le sommet, offrant même d'indemniser ceux dont les tentatives demeureraient infructueuses. Pierre Simon, de Chamouny, fut le premier qui, en 1762, tenta sans succès d'attaquer le Mont-Blanc, du côté des glaciers des Bossons et du Tacul. En 1775, quatre Savoyards essayèrent tout aussi inutilement de suivre dans ce but la montagne de *la Côte*, qui court parallèlement au glacier des Bossons. En 1783, trois autres paysans prirent la même route; mais ils se trouvèrent atteints d'un sommeil si irrésistible, qu'ils ne purent s'y soustraire qu'en rebroussant chemin. La même année, M. Bourrit, de Genève, ayant entrepris ce voyage, fut accueilli par une tempête qui ne lui permit pas de le continuer. L'année suivante, au mois de septembre, il se munit de cinq guides, et se dirigea du côté de l'Ouest. La violence du froid et la fatigue empêchèrent la plupart de ces voyageurs de poursuivre leur route; il n'y eut que deux chasseurs de chamois, Marie Coutet et François Cuidet, qui continuèrent de monter. On les aperçut longtemps au milieu des neiges les plus élevées, et, à leur retour, ils déclarèrent qu'ils étaient parvenus jusqu'à 60 toises environ au-dessous de la plus haute cime. — L'an 1785, MM. de Saussure, Bourrit et son fils firent une nouvelle tentative, accompagnés de 15 guides. Ils partirent en septembre du village de Bionassey, passèrent au pied du glacier du même nom, et se dirigèrent au N.-E. par la *Pierre-Ronde*, jusqu'au pied de l'aiguille du Goûté, où ils arrivèrent après cinq heures et demie de marche, et où ils passèrent la nuit, à 8,532 pieds au-dessus de la mer, dans une cabane qu'ils avaient fait construire. Le lendemain, ils atteignirent l'aiguille du Goûté et la hauteur de 11,442 pieds. Mais les neiges étaient si molles qu'ils ne purent point monter au-delà. La chaleur était insupportable, quoique le thermomètre, exposé à l'ombre, ne fût qu'à 2, 5°, et au soleil, à 4, 7°.

En 1786, six hommes de la vallée de Chamouny firent de nouveaux efforts pour atteindre la cime du Mont-Blanc; mais la fatigue et d'autres circonstances les contraignirent de renoncer à cette entreprise. L'un d'entre eux, nommé Jacques Balmat, s'égara au milieu des glaciers où il fut obligé de passer la nuit; sa jeunesse et la vigueur de sa constitution lui sauvèrent la vie. Le lendemain il aperçut la cime du Mont-Blanc à une distance peu considérable, et découvrit un passage pour en approcher, qui lui parut plus accessible que tous ceux qu'il avait vus jusque-là. Dès ce moment, Jacques Balmat résolut d'atteindre le premier ce sommet vierge, et, le 7 août suivant, il partit de Chamouny, accompagné du docteur Paccard, afin d'exécuter son projet. Le lendemain, dès quatre heures du matin, les deux intrépides voyageurs entrèrent dans les champs de glace. A 3 heures après-midi, ils ignoraient encore quel serait le résultat de leur entreprise; le docteur était fort incommodé de la fatigue et du froid, et Balmat ne cessait de l'encourager. Enfin ils distinguèrent une cime au-dessus de leur tête: c'était le sommet du colosse! A 6 heures et demie ils atteignirent le point le plus élevé, à la vue de toute la population de la vallée de Chamouny et de plusieurs étrangers qui suivaient leur marche aventureuse à l'aide de lunettes. A 7 heures, il quittèrent la cime, gagnèrent vers minuit la montagne de la Côte, où ils prirent deux heures de repos, et arrivèrent à Chamouny, le 9 août à 8 heures du matin, après avoir passé 20 heures au milieu des glaces. Le visage de chacun d'eux était considérablement enflé: la physionomie de Balmat en fut méconnaissable pendant plus de 8 jours.

Dès la même année, M. de Saussure voulut suivre les traces du docteur Paccard et du brave Balmat. Il partit pour la Côte, accompagné de 17 guides, parmi lesquels se trouvait ce dernier; mais le temps devint si mauvais qu'il fallut revenir sur ses pas. L'année suivante, M. de Saussure se rendit de nouveau à Chamouny, où envoya Balmat et deux autres guides reconnaître l'état des glaces du Mont-Blanc; mais le mauvais temps retarda encore le voyage jusqu'au 1ᵉʳ août. A 7 heures du matin, l'illustre savant partit de Chamouny avec 18 guides chargés d'instruments de physique, d'une tente; d'un lit et de vivres, d'échelles, de perches, de cordes, de paille, etc. La caravane arriva à 2 heures à la montagne de la Côte, dont les énormes fentes présentaient de grands obstacles à vaincre. On marcha ensuite sur la neige jusqu'au dôme du Goûté, où les rocs étaient toujours plus escarpés et les glaciers plus déchirés de crevasses. A 4 heures, on s'arrêta à la hauteur de 11,940 pieds au-dessus de la mer. Après avoir passé la nuit sous la tente, les voyageurs se remirent en route le lendemain 3 août. La pente était si rapide et la surface de la neige si dure, que ceux qui marchaient les premiers étaient obligés de tailler à coups de hache des espèces de marches dans ce sol glacé, et ce ne fut qu'à force de précautions que l'on traversa sans accident ce passage dangereux. A 8 heures on vit, à Chamouny, la caravane occuper les dernières hauteurs. A 11 heures, lorsqu'elle eut atteint le sommet, on sonna toutes les cloches du village en signe d'allégresse. Madame de Saussure et ses deux sœurs, l'œil fixé sur le télescope, suivaient avec anxiété tous les pas du célèbre naturaliste. Les voyageurs mirent 2 heures à franchir la dernière rampe, qui cependant n'est point escarpée et n'a que 150 pieds de longueur; mais l'excessive rareté de l'air épuisait si promptement leurs forces, qu'au bout de 10 ou 12 pas, ils étaient obligés de s'arrêter pour reprendre haleine et se reposer un moment.

D'autres voyageurs suivirent l'exemple de Saussure. Voici leurs noms et les dates de leurs ascensions :

Le 9 août 1787, le colonel Beaufroy, Anglais ;
Le 5 août 1788, M. Woodley, Anglais ;
Le 10 août 1802, MM. le baron Doorthesen, de Courlande, et Fornerer, de Lausanne ;
Le 10 septembre 1812, M. Rhodes, de Hambourg ;
Le 4 août 1818, M. le comte Matczeski, Polonais ;
Le 19 juin 1819, MM. le Dr Rensselaer et Howard, Américains ;
Le 13 août 1819, le capitaine Hundrell, Anglais.

En 1820, le docteur Hamel, Russe ; M. Durnford, un autre Anglais et douze guides parvinrent sur le grand plateau, où ils furent atteints par une avalanche qui entraîna une partie d'entre eux, parmi lesquels trois périrent.

Le 18 août 1822, M. Tree Clissold, Anglais.
Le 4 septembre 1822, M. Jackson, Anglais ; le premier qui fit la course en deux jours.
Le 26 août 1825, MM. le Dr Edmond Clarck et le capitaine Markan Sherwill, Anglais ;
Le 25 juillet 1827, MM. C. Fellows et W. Hawes, Anglais.
Le 8 août 1827, M. John Auldjo, Anglais.

La seule femme qui ait atteint la sommité du Mont-Blanc est une nommée *Maria*, connue depuis sous le nom de *Maria du Mont-Blanc*. Après avoir montré dans cette ascension un courage au-dessus de son sexe, avoir traversé le *Grand-Plateau* et être parvenue aux *Rochers-Rouges*, il lui devint impossible d'aller plus loin ; mais les guides, pleins d'admiration pour son courage, jurèrent qu'elle serait la première femme qui aurait atteint la cime du Mont-Blanc, s'emparèrent d'elle, et, avec des efforts inouïs, la portèrent, en effet, jusque sur le plateau plus élevé de l'Europe.

NOUVELLE ROUTE POUR ATTEINDRE LE SOMMET DU MONT-BLANC.

Première journée. — En sortant du prieuré, on traverse l'Arve, on tourne à droite et on atteint le hameau des *Pèlerins* après une demi-heure de marche environ. On commence alors à monter à travers une forêt de sapins, non loin du glacier des Bossons, que l'on aperçoit par intervalle. On arrive ensuite au *chalet de la Para*, dernière habitation dans ces pâturages élevés, puis à un rocher énorme nommé *la Pierre Pointue*. Le sentier devient ici glissant et couvert des débris d'une pointe arrondie qui le domine ; cette partie du chemin est très-pénible, surtout dans la descente qu'on est obligé de faire en sautant d'arête en arête, de sorte que ce passage exige les plus grandes précautions dans tous les mouvemens.

Au-delà de *la Pierre Pointue*, on suit les *morraines*, où la marche, au milieu des débris mêlés de glaces, est difficile mais sans danger. En continuant la route sur les *morraines*, on parvient au-dessus du rocher, et l'on atteint un grand bloc de granit, de près de 50 pieds de haut, appelé *Pierre Sentenet* ou *Pierre à l'Échelle*, parce que c'est là que les guides, quand ils reviennent des *Grands-Mulets*, ont coutume de déposer l'échelle dont ils se servent plus haut pour franchir les crevasses des glaciers. Il y a dans cet endroit un écho fort remarquable ; c'est encore ici que les guides font la provision de bois nécessaire pour la station où l'on doit coucher. Après la *Pierre de l'Échelle*, on a à traverser une assez grande étendue de neige ; ce passage est dangereux à cause des avalanches : aussi les guides ont soin de recommander une marche rapide et le plus profond silence. On atteint peu après le glacier des Bossons. Depuis cet instant, on marche continuellement sur la glace, et comme souvent de profondes crevasses sont recouvertes par de minces couches de neige, qui peuvent céder sous les pas des voyageurs, on ne doit avancer qu'avec précaution. La traversée du glacier des Bossons exige environ 3 heures ; les Grands-Mulets sont deux obélisques en pyramides, qui s'élèvent perpendiculairement à 300 pieds environ au-dessus du glacier, d'un côté, et seulement à 108 pieds de l'autre. C'est à près de 20 pieds du sommet du plus élevé de ces rochers qu'on a coutume de passer la première nuit, parce que ce n'est qu'à cette hauteur qu'on trouve un espace suffisant et que d'ailleurs on ne peut être à l'abri des avalanches, très-fréquentes dans cet endroit, qu'en se logeant au-dessus d'elles. On atteint cette *plate-forme* en gravissant immédiatement le Grand-Mulet depuis son pied du côté du Prieuré ; mais comme cette montée est très-pénible et dangereuse, il vaut mieux faire un détour d'une heure pour parvenir sur le glacier du côté où, s'élevant davantage, il ne reste plus à escalader qu'environ une centaine de pieds de l'obélisque. La *plate-forme* présente à peu près un espace de 20 pieds de longueur sur 5 de largeur seulement. On y passe la nuit sous une tente que les guides ont soin d'apporter avec eux. De ce pic, la vue est d'une grande beauté : on distingue parfaitement toutes les montagnes environnantes, le lac de Genève, etc., etc.

SECONDE JOURNÉE. — En quittant les Grands-Mulets, on traverse, en se dirigeant vers le dôme du Goûté, le glacier de Taconay, qui présente moins de difficulté que celui des Bossons; mais c'est ordinairement à cette hauteur que l'on commence à sentir les effets d'un air plus raréfié. Le sommeil vous gagne, la respiration devient plus pénible, une soif ardente vous dévore; on arrive ensuite vers une masse de neige assez raide, appelée les *Petites Montées*, que l'on gravit en zigzag, jusqu'à ce qu'on atteigne son sommet, nommé le *Petit Plateau*, qui ressemble à une petite plaine de neige et est couvert de nombreux débris d'avalanches parmi lesquels on remarque un grand nombre de ces blocs de glace désignés sous le nom de *seracs*, à cause de leur ressemblance avec le fromage blanc compact d'où l'on tire du petit-lait et qu'on nomme dans le pays *serac*. On trouve ensuite une seconde rampe de neige durcie, par laquelle on parvient au *Second Plateau*; là s'arrêtent aussi quelques avalanches, mais en plus petite quantité que sur le *Petit Plateau*; on gravit enfin une troisième montée en zig-zag et encore plus raide que les précédentes, et l'on atteint le *Grand Plateau* ou *grande plaine de glace*, de deux lieues environ de longueur, terminée par une masse de rochers appelés *Rochers-Rouges*, balayée par de fréquentes avalanches, et au fond de laquelle se trouve la grande crevasse où périrent, en 1820, les guides du docteur Hamel. On traverse alors ce plateau en se dirigeant vers la gauche et laissant les *Rochers-Rouges* à droite; on suit encore une petite vallée qui conduit aux derniers rochers qu'on rencontre avant d'atteindre le sommet du Mont-Blanc. Ce sont deux petits rochers saillans au-dessus de la neige, auxquels les guides ont donné le nom de *Petits-Mulets*. De cet endroit, il faut encore monter une heure par une pente de glace très-rapide avant d'atteindre le sommet du mont. Ce sommet a environ 200 pas de longueur, et forme une arête si étroite que deux personnes ne sauraient y marcher de front; il s'élargit en descendant du côté de l'E. La vue, comme nous l'avons dit, est des plus étendues, mais à moins d'un temps très-pur, les objets paraissent en général peu distincts, et on ne voit bien parfaitement que les grandes masses, telles que le Jura, les Alpes, les Apennins, etc.

Lorsqu'on veut redescendre, la pente rapide des *Petits-Mulets* étant ordinairement trop glissante pour qu'on puisse se tenir debout, on s'assied alors entre deux guides, ou placé sur le dos d'un seul, on se laisse glisser ainsi jusqu'au bas de cette rampe. La descente se fait donc plus rapidement que la montée, mais elle offre aussi plus de danger, surtout si les neiges sont mauvaises. On doit quitter le Mont-Blanc de manière à pouvoir revenir coucher aux *Grands-Mulets*, que l'on atteint en moitié moins de temps qu'on en a mis pour parvenir à la cime du mont.

TROISIÈME JOURNÉE. — On emploie le troisième jour à redescendre au Prieuré en suivant le chemin par lequel on est monté, mais qu'on parcourt avec bien moins de lenteur.

EXCURSIONS AU CRAMONT, AU COL DE LA SEIGNE ET A L'ALLÉE-BLANCHE.

Le CRAMONT, situé au S.-E. du Mont-Blanc et en face de Courmayeur, est très-escarpé de l'un et de l'autre de ces côtés : aussi est-on obligé de faire un grand détour pour parvenir à sa cime. Il faut coucher la veille au village d'Eleva, à deux lieues de Courmayeur. On suit d'abord, en partant de Courmayeur, la grande route de ce village à Turin. Cette route, praticable pour les voitures, conduit à Saint-Didier : on la quitte à un hameau nommé *Palevieux* : de là, on descend vers la Doire, on la traverse et on vient rejoindre le village de Pré-Saint-Didier, non loin duquel sont des eaux thermales. On entre peu après dans une vallée qui conduit au Petit-Saint-Bernard, et dans laquelle coule le torrent de *la Tuile*. Ce torrent, près de Saint-Didier, passe dans le fond d'une étroite et profonde crevasse. Toute cette montagne est calcaire, et cependant ses bancs ne sont ni horizontaux ni réguliers. Les couches les plus basses et celles supérieures sont mêlées de veines et de nœuds de spath et de quartz de couleur blanche ou jaunâtre. La route ne passe pas par cet étroit défilé : elle s'élève par une pente assez raide qui conduit au milieu de précipices. A une demi-lieue de Saint-Didier, dans la montagne de l'autre côté du torrent de *la Tuile*, est une mine de cobalt. En suivant le torrent, on voit des bancs calcaires très-inclinés sortir leur tête hors de son lit et en diviser les ondes écumeuses. On traverse ici la Tuile et peu après on arrive à *Eleva*. Ce village, bâti sur le penchant de la montagne, dépend de la paroisse de la-Tuile. Pour monter au sommet du Cramont, on traverse successivement des champs, une pente pierreuse et inculte, un bois de mélèzes et des pâturages élevés. La montagne est extrêmement rapide; mais comme elle n'est point bordée de précipices, et comme les sentiers sont larges et bien entretenus, on peut atteindre les derniers mélèzes en une heure et

demie. Le reste du chemin est très-difficile et exige encore une heure avant que d'arriver au sommet. C'est surtout de cette station qu'on peut prendre une idée parfaite de la structure du *Mont-Blanc*. La cime du Cramont ne domine pas immédiatement sur l'*Allée-Blanche*; elle en est séparée par des chaînes de montagnes plus basses, qui empêchent que les yeux ne plongent jusqu'au fond de cette vallée. Néanmoins, c'est toujours à regret qu'on quitte le sommet de cette montagne, d'où l'on jouit du spectacle le plus imposant.

On met ordinairement deux heures pour atteindre le sommet du COL DE LA SEIGNE. En quittant le hameau du *Glacier*, on commence à gravir la montagne au pied de laquelle il est situé; cette montagne est couverte des plus beaux pâturages. A une petite demi-lieue plus haut, on trouve le chalet du *Motet* qu'habite, l'été, une famille de paysans. Au-dessus de ce chalet on voit un rocher calcaire élever fièrement sa tête gigantesque : c'est une pierre calcaire grise, à grain fin, traversée çà et là par des filets de spath calcaire. Partout où l'on peut découvrir le fond du sol, on distingue des ardoises noires, ternes, luisantes, micacées ou à feuillets très-fins. On trouve parmi ces ardoises quelques couches d'un schiste fort singulier. Ce schiste est d'un jaune fauve brillant comme du talc, et sa surface ressemble à du bois vermoulu, parce qu'elle est percée d'une infinité de petits trous dont quelques-uns contiennent du quartz qui paraît avoir pris la place des pyrites décomposées. Le sommet lui-même est formé d'ardoises et de grès feuilleté en état de décomposition. De ce point élevé on a comme sous les pieds l'*Allée-Blanche*, et dans la même direction la vallée de *Ferret*, terminée par le col du même nom. C'est ici que commence l'Italie, et les eaux qui descendent de ce côté de *la Seigne* vont se jeter dans le Pô, et de là, dans la mer Adriatique.

A peine a-t-on commencé à descendre pour gagner l'*Allée-Blanche* qu'on trouve des bandes de neiges très-rapides et qu'on ne saurait traverser avec trop de précautions. On suit plus tard un terrain plat, couvert en partie de débris et en partie de pâturages, à l'extrémité desquels on trouve les chalets dits de l'*Allée-Blanche*. On les laisse sur la gauche, et on passe au pied du magnifique glacier du même nom, formé par la réunion de trois glaciers qui versent leurs eaux dans le même bassin. Le rempart qui borde ce glacier est composé presque entièrement de granitoïdes à feuillets ondés, mêlés de schorl ou de hornblend, dont la décomposition donne à la surface de plusieurs d'entre eux une couleur de rouille luisante.

Après avoir visité le glacier de l'*Allée-Blanche*, on descend dans une plaine de forme à peu près ovale, à l'extrémité de laquelle est situé un petit lac nommé *le lac de Combal* ou *de l'Allée-Blanche*. On côtoie, pendant un quart d'heure environ, sa rive droite en suivant un sentier très-étroit, situé sur la pente rapide d'une montagne dont le lac baigne le pied. Ici les mélèzes commencent à croître; mais ils sont chétifs, rabougris: on voit que l'air est encore trop rare et trop âpre pour aider à leur végétation. Le lac et la petite plaine sont dominés, au N.-O., par la montagne de *Montsuc*, qui sépare le glacier de l'*Allée-Blanche* d'un autre glacier assez considérable, qu'on appelle la *Ruize* (glacier) *de Miage*. Ce glacier de Miage, auquel la montagne confine, ne se voit pas d'ici : on est plus bas que lui; il se trouve caché par la *morraine* ou par l'amas de pierres et de débris qui le bornent en l'encaissant. Cette morraine, haute de 100 à 150 pieds, court au N.-E., le long du petit lac que l'on côtoie, et qui, renfermé entre ces amas de ruines et de pentes rapides, parsemés de mélèzes rabougris et à demi-morts, présente un aspect triste et sauvage.

En quittant les mélèzes, on se trouve à l'extrémité du lac. On suit pendant une heure un sentier étroit, tracé entre le torrent qui sort du lac et la morraine du glacier de *Miage*, puis on entre dans une vallée riante, couverte de vertes prairies. A l'entrée de ces prairies, la vallée change de nom et prend, jusqu'à Courmayeur, celui de *Vallée de Veni*.

CURIOSITÉS NATURELLES.

Les environs du Mont-Blanc renferment beaucoup de grottes remarquables, surtout du côté de Chambéry et d'Annecy. La montagne de Margériaz offre plusieurs cavernes en forme de puits, où il y a, même en été, des blocs de glace. On vante, dans le pays, *la Madière*, grotte située sur le bord du Rhône; mais on parle davantage de la grotte DE BANGE, dans la commune d'Alève.

A la sortie de la montagne des Bauges, on traverse, sur le pont de Bange, une gorge étroite, où coule le torrent de *Chéran*, qui se réunit au *Fier*. Lorsqu'on est arrivé au village d'Aiguebellette, on aperçoit les TOURS-DE-RACHEROCHE : c'est une masse de rochers taillés à pic, et hauts d'environ 200 pieds, qui ressemblent à de vieilles tours à demi-ruinées, prêtes à tomber sur le village. C'est dans ces rochers qu'est située la grotte de Bange. Le chemin par lequel on y arrive est extrêmement périlleux : c'est une espèce de corniche, bordée d'un côté par des précipices. Si l'on a le courage de prendre ce chemin, on voit une première et une seconde entrée de la grotte, puis une plate-forme où, suivant une tradition, il y a eu jadis un moulin à vent. En continuant plus loin cette redoutable corniche, on arrive aux ruines du château du Cengle. On est étonné d'apprendre qu'il y a eu un château sur un terrain de 18 pieds de large, entre un rocher à pic et un précipice profond, qu'on ne peut aborder que par un chemin qui n'est pas sans quelque danger.

Les deux entrées de la grotte aboutissent à des glacières très-étroites et très-basses, où l'on ne peut pénétrer qu'en se baissant. Elle n'a que très-peu de stalactites, et point de cristallisations. On y voit un puits de 5 pieds de profondeur. Plus loin, il y a un lac dont l'eau s'échappe à travers le roc, pour former la source des *Eaux-Mortes*, tandis qu'un autre filet d'eau fait aller plus bas le moulin des Martinods. On croyait jadis que c'était au fond de ces eaux que des Genevois venaient, chaque année, chercher du sable mêlé de paillettes d'or. Ils avaient, dit-on, le soin de se cacher, et si l'on pénétrait dans la grotte pendant le jour, on n'y trouvait personne ; mais au mois d'août on voyait, la nuit, à l'entrée, un feu auprès duquel ils faisaient cuire leurs alimens.

On n'apprend pas sans pitié toutes les folies superstitieuses auxquelles a donné lieu l'erreur du peuple sur l'or de la grotte de Bange. Vers 1740, quelques fanatiques d'Héry-sur-Alby voulurent engager un prêtre à dire la messe à reculons, et à baptiser un chevreau, pour obliger le diable à leur découvrir les trésors de cet antre.

HISTOIRE NATURELLE.

Géologie. — Le Mont-Blanc est composé, comme toutes les aiguilles voisines, de couches ou tables verticales qui courent parallèlement les unes aux autres dans la direction du N.-E. au S.-O. ; elles s'écartent toutefois un peu de la situation verticale, étant légèrement inclinées au S.-E. Comme les granits de ces couches ont coutume de se fendre en prismes rectangles, et quelquefois en parallélipipèdes inclinés, la plupart des couches du Mont-Blanc et des aiguilles qui l'environnent offrent une forme pyramidale, et plusieurs de ces aiguilles sont tellement aiguës que l'angle de leur sommet n'est que d'environ 70°. On ne reconnaît nulle part plus distinctement cette stratification remarquable du Mont-Blanc que du haut des montagnes, d'où l'on est à même de voir en profil son corps gigantesque. De l'Aiguille du Géant on voit jusqu'à la cime du Mont-Blanc les coupes verticales de ses couches, sans que leur régularité présente aucune exception. Les bancs de rochers des aiguilles de *Charmoz*, de *Crépon*, de *Blaitière*, du *Plan* et du *Midi* forment au N.-E. les bases de ce colosse ; comme au S.-O. celles de *Bellaval*, du *Glacier*, de *Péteret*, du mont *Rouge* et de *Broglia*. On distingue au N. et au S. du Mont-Blanc des couches de pierre calcaire primitive et de schistes qui viennent s'appuyer contre ses bancs de granit et toujours dans une position semblable à celle de ces bancs eux-mêmes. Le *col des Fours*, dont la hauteur au dessus du niveau de la mer est d'environ 8,400 pieds, est entièrement composé de grès et de poudingues. Les diverses couches du Mont-Blanc sont formées de granits dont la composition présente de nombreuses variétés. On distingue à sa base, du côté N.-E., des couches de granit en masse, de granit veiné, et de gneis de trois pouces jusqu'à 60 pieds d'épaisseur ; d'autres de talc jaune, mélangées de rognons de quartz et enfin quelques unes d'une roche pesante et de couleur ferrugineuse ressemblant à la pierre de corne, alternant avec des rognons et des couches de granit. Au S.-O. du Mont-Blanc on trouve principalement beaucoup de *granitello* (*syénite et schistes de hornblend*) composé de feldspath blanc, de schorl noir, de quartz et de pyrites. A sa base occidentale on observe près de Bionassey des débris d'une pierre dure et compacte, d'un rouge violet, qui semble composée de feldspath et de pierre de corne, et des fragmens d'une pierre verdâtre et pesante, dans la composition de laquelle il paraît qu'il entre du quartz, de la stéatite et de la pierre de corne. Toutes les montagnes qui bornent la vallée de Bionassey au S.-E. sont composées de roche calcaire primitive, dont les couches coupent transversalement la vallée de Montjoie, dans la direction de l'E.-N.-E. à l'O.-S.-O. ; elles sont presque verticales et seulement un peu inclinées au S.-E., ainsi que toutes les couches de la chaîne du Mont-Blanc. Au-dessus de la roche calcaire on trouve du quartz mêlé de pierre de corne, puis des ardoises et enfin des schistes micacés avec un mélange de quartz et de rognons de feldspath ; ces schistes s'élèvent jusque sur l'aiguille du Goûté. A peu de distance au-dessous de la cime du Mont-Blanc on voit des rochers sortir de la neige ; au N. ils sont composés de feldspath, de quartz, de hornblend et de terre chlorite ; on y observe peu de feuillets de mica, mais un assez grand nombre de pyrites ; ces rochers sont parcourus par des veines de schorl vert et dans divers endroits par de la roche feuilletée, recouverts de terre argileuse, brune et coupée par une veine de *granitello* composé de feldspath et de hornblend. Non loin de la cime, à la hauteur de 14,400 pieds, on voit s'élever quelques bancs de rochers à 5 pieds environ au-dessus de la neige. Ces rocs sont de granit en masse, dans lequel on voit, au lieu de mica, de la hornblend et de la stéatite; le feldspath domine dans la composition de ce granit; il est d'un blanc terne et peu lustré, verdâtre par places, et recouvert d'un enduit de stéatite; ces granits ont un pouce de longueur sur six lignes de largeur.

On trouve une quantité prodigieuse de fragmens de toutes les espèces de granit observées dans la composition du Mont-Blanc, parmi les monceaux de pierres des grands glaciers formés à la base de ce colosse, et les amateurs de lithologie peuvent faire dans ces lieux les collections de pierres les plus belles et les plus variées.

BIOGRAPHIE.

Saussure (Horace Bénédict de), — Célèbre naturaliste, se distingua de bonne heure dans les sciences mathématiques et physiques, et plus tard, ami et collaborateur de Haller, la botanique lui dut d'importantes découvertes. Mais ce sont ses voyages en Angleterre, en France, en Allemagne et en Italie, et surtout ses diverses et courageuses ascensions aux sommets glacés des hautes montagnes de l'Europe, dont il a le premier décrit positivement l'ordre et la nature, qui ont fourni de précieuses rectifications au système de Buffon, et fait faire d'immenses progrès à la science de la minéralogie. Ses observations atmosphériques l'ont conduit à inventer ou rectifier des instrumens dont le secours est resté inappréciable. Cet illustre savant, mort à la fin du siècle dernier, fut long-temps professeur à Genève, et cette ville lui doit en partie l'établissement de la société établie dans son sein pour l'encouragement des arts. Ses *Voyages* ont été publiés : le premier volume, en 1779 ; le second, en 1786, et les deux derniers, en 1796.

Bourrit.—Chantre de l'église paroissiale de Genève, auteur de plusieurs ouvrages intéressans sur les Alpes. Le nom de cet écrivain n'est prononcé encore aujourd'hui par les habitans de la vallée de Chamouny, qu'avec une sorte de vénération. Sa *Description des glaciers de la Savoie* est le premier livre qui ait paru sur ces merveilles naturelles, qu'il a visitées mille et mille fois. « Lorsqu'il arrivait à Genève ou à Chamouny des curieux de distinction ou des personnes qui lui étaient recommandées, dit M. le comte de Walsh, il s'empressait de leur faire les honneurs du pays avec une extrême complaisance et un air d'importance amusant. Il vous accompagnait partout, et, ayant fait une étude approfondie de l'art de bien voir, il vous dirigeait dans vos plaisirs avec une obligeance souvent tyrannique. En montant au Montanvert, il imposait tout à coup silence à la bande qu'il conduisait, de peur que le retentissement des voix ne fît rouler des pierres du haut de cette pente rapide. Sur le point d'arriver en vue de la *mer de glace*, il vous disait de marcher à reculons, afin que, vous retournant subitement, vous fussiez plus frappés du coup d'œil général; lorsqu'il vous avait fait admirer un site sous tous ses aspects : Imitez-moi, s'écriait-il, et aussitôt il faisait volte-face, et, baissant la tête jusqu'à terre, il contemplait la nature entre ses deux jambes écartées, qui servaient de cadre au paysage; il mettait à tout cela une gravité singulière, et eût trouvé fort mauvais qu'on se fût permis de rire. »

DES GLACIERS.

L'origine des glaciers, leurs mouvemens, leur accroissement, leur diminution, la nature de leur surface, celle de leur glace, méritent une attention particulière. Ces masses glacées sont au nombre des objets les plus remarquables voisins du Mont-Blanc.

Les glaciers en général sont entourés de montagnes dont les ombres affaiblissent considérablement l'action du soleil durant l'été. Pendant neuf mois de l'année, les neiges s'accumulent dans ces hautes régions; des avalanches de neige tombent incessamment du haut des pics circonvoisins au fond de la vallée où elles s'entassent dans un bassin en couches très-compactes de plusieurs centaines de pieds d'épaisseur ; on conçoit qu'une telle masse ne peut pas se fondre entièrement pendant l'été, de sorte qu'au retour de l'hiver, elle a pris l'aspect d'un amas de neige congelée, consistant en petits grains que l'infiltration des eaux qui pénètrent de la surface dans l'intérieur de la masse réunit entre eux en augmentant leur volume. Le mouvement progressif des glaciers vers les vallées inférieures est sensible : comme il n'y a pas de vallées dans les Alpes dont le sol ne forme un plan incliné, lorsque la partie pierreuse d'une vallée est occupée par un glacier dont la masse et l'étendue augmentent toutes les années, en raison de l'accroissement du froid qu'il occasionne lui-même, il doit résulter de cet état de choses une forte pression des glaces vers la partie inférieure de la vallée, qui est le seul point où ils n'éprouvent aucune résistance. Quelquefois l'extrémité nférieure du glacier se porte en avant, pousse devant elle les monceaux de pierres qui bordent sa base, atteint les arbres, les courbe et les couvre, et l'espèce de ces blocs de pierre prouve que les grains ont autrefois occupé la partie supérieure de la vallée, car ils viennent évidemment de hautes montagnes éloignées, et dont la matière et la composition diffèrent beaucoup des rochers du bas de la vallée. Une suite d'observations, souvent répétées dans celle de Chamouny, où l'on a planté à cet effet des troncs d'arbres dans les fentes des glaciers, a prouvé que ces derniers avançaient d'environ 14 pieds par an. Ceux du Grindelwald ont franchi un espace de 50 pas en 6 années, ce qui équivaut à 25 pieds environ par an. Les glaciers augmentent d'étendue ou diminuent successivement. C'est ordinairement au printemps qu'ils prennent leur accroissement, et lorsque pendant le cours d'une année ils sont avancés beaucoup plus que de coutume dans l'intérieur d'une vallée, on les voit diminuer plusieurs années de suite; mais il faut un long espace avant que la vallée se trouve entièrement obstruée et que de nouveaux amas de glace aient produit le degré de pression nécessaire pour que l'action s'en fasse sentir à l'extrémité inférieure.

La surface et la figure des glaciers sont déterminées par le genre du sol sur lequel ils reposent. Dans les vallées unies et peu inclinées, ils sont aussi unis et ne présentent que peu de fentes. Au contraire, lorsqu'ils descendent le long d'une pente raide et sur un terrain inégal, leur surface est couverte de crevasses et d'élévations de 50 à 100 pieds de hauteur, dont l'aspect est semblable à celui des vagues de la mer. Si la pente a plus de 30 ou 40 degrés d'inclinaison, les bancs de glace se brisent, se déplacent, s'accumulent et prennent les formes les plus variées et les plus bizarres. La surface des glaciers est plus ou moins coupée de fentes, dont quelques-unes ont souvent plusieurs pieds de largeur et plus de 100 pieds de profondeur. Les grands froids, les changemens subits dans la température de l'air et les pentes du sol sont les principales causes de ces crevasses, dont le fond est d'un bleu foncé, et les bords, les angles et les pointes du plus beau vert céladon. Pendant l'hiver, le plus profond silence règne sur les glaciers; mais dès que l'air vient à se réchauffer et tant que l'été dure, on entend assez souvent un bruit considérable, accompagné de secousses effrayantes; toutes les fois qu'il se forme quelque crevasse, ce bruit ressemble à celui du tonnerre. Quand on entend plusieurs fois dans un même jour ces sortes de détonations, on en augure un changement de temps. Les crevasses se forment et varient tous les jours et à toute heure. Partout on voit et on entend dans les glaciers le murmure et le bruit de nombreux ruisseaux qui se fraient un passage sous les glaces. Souvent, lorsque ces eaux intérieures ne peuvent pas trouver d'issue, elles s'accumulent en si grande quantité, qu'elles finissent par briser les parois qui s'opposent à leur sortie, et on voit tout à coup un torrent furieux jaillir de quelques larges crevasses. On rencontre aussi souvent des puits de forme circulaire, creusés verticalement dans le glacier et remplis d'eau jusqu'à leur ouverture. Il est un petit nombre de glaciers tellement couverts de débris innombrables des montagnes voisines, que l'on n'aperçoit nulle part leurs glaces, si ce n'est au lieu même d'où le torrent en sort. Les monceaux de pierres que l'on voit au bas des glaciers sont d'une importance extrême aux yeux du naturaliste; ce sont pour ainsi dire d'immenses cabinets de lithologie, dans lesquels il se trouve des échantillons des sommités les plus élevées et les plus inaccessibles.

Les voûtes de glace que l'on observe au pied des glaciers, et d'où l'on voit sortir un torrent, se forment toujours dans le lieu le plus bas où viennent aboutir toutes les eaux qui proviennent de la fonte des glaces. En hiver ces voûtes ne sont point visibles, obstruées qu'elles sont par la glace et la neige; le ruisseau qui en sort est peu considérable; mais au printemps et en été, les eaux, considérablement enflées, rompent la glace, et il se forme des voûtes de 100 pieds de hauteur sur 50 à 80 pieds de largeur, dont la disposition et la grandeur sont sujettes à beaucoup de changemens. L'eau des glaciers est d'un bleu blanchâtre, et les torrens qui en sortent conservent cette couleur pendant plusieurs lieues, lorsque d'autres ruisseaux ne l'altèrent pas en se mêlant avec eux. Cette couleur, qui leur est particulière, provient de ce qu'ils charrient toujours de nombreuses particules de quartz, de feldspath, de mica et autres espèces de rochers fortement atténués par les frottemens.

On compte dans la chaîne des Alpes, depuis le Mont-Blanc jusqu'aux limites du Tyrol, environ 400 glaciers, dont un petit nombre seulement n'ont qu'une lieue de longueur, tandis qu'il en est une multitude dont la longueur est de six à sept lieues, sur une demi-lieue ou trois quarts de lieue de largeur, et sur 100 à 600 pieds d'épaisseur. Il est impossible de mesurer avec exactitude la totalité des surfaces de tous ces glaciers, réservoirs intarissables qui entretiennent les plus grands et les principaux fleuves de l'Europe.

VALLÉE DE CHAMOUNY.

TOPOGRAPHIE.

La Vallée de Chamouny a six lieues d'étendue, et une largeur d'une demi-lieue. Sa population, qui montait à peine autrefois à 2,000 ames, s'élève aujourd'hui à près de 4,000 ; non pas que le pays ait changé de climat, mais parce que l'industrie y a fait de grands progrès. L'argent que de nombreux étrangers y laissent chaque année, la culture progressive des champs, la réparation des chemins, l'aménagement des forêts, telles sont en partie les causes de ces améliorations et de l'accroissement de la population. La belle saison commence en juin et finit en septembre. C'est l'époque des travaux agricoles. Le passage de l'été à l'hiver n'est point aussi prompt qu'on pourrait l'imaginer d'abord. Le mois d'octobre et quelquefois le mois de novembre se passent souvent sans neige et sans pluie. L'hiver commence à la fin de novembre et finit en mai. Dans cette saison rigoureuse, la vallée est ordinairement couverte de plusieurs pieds de neige ; les nuits y sont pures, claires, et le thermomètre descend rarement au-dessous de 10 degrés R. Renfermés dans des chambres chauffées par d'énormes poêles, les habitans sortent rarement ; les femmes s'occupent à filer. La vallée est sujette à des ouragans terribles, dangereux surtout au printemps et en automne. Le vent de l'est est celui qu'on redoute le plus. S'échappant des gorges des montagnes, il en suit la base, souffle avec impétuosité, déracine les arbres, enlève les toitures des maisons et souvent les maisons elles-mêmes.

Les torrens causent aussi de grands ravages, ainsi que les avalanches. C'est au printemps que la vallée en est le théâtre. La scène est magnifique alors. La nuit, le jour, on ne cesse d'entendre leurs explosions, semblables au bruit du tonnerre.

Les hommes y sont d'une taille moyenne, mais forts et robustes. Leur physionomie a quelque chose d'énergique. Les femmes y sont en général fraîches. La bonne foi, l'ingénuité, le bon sens, distinguent ces montagnards. Ceux qui habitent les vallées éloignées du *Prieuré* ont conservé un jargon presque inintelligible pour les étrangers.

La terre est meuble et légère, la charrue n'y passe qu'une fois l'année. Elle fournit en abondance du froment, du seigle, de l'orge, de l'avoine, des pommes de terre, du chanvre. Il n'y a pas de vignes. Les pâturages font la richesse du pays. On y élève des génisses, des brebis. Le beurre, d'un goût balsamique, les fromages, le miel, qui ne le cède pas à celui de Narbonne, sont les ressources les plus importantes de la contrée. Les bois recèlent du gibier ; les rochers des coqs de bruyères, des marmottes, des chamois. L'Arve, qui traverse la vallée, nourrit quelques poissons. L'eau de cette rivière est froide, blanchâtre, et charie du sable, qui provient de la décomposition des montagnes de quartz, sans qu'elle soit pour cela nuisible à la santé des habitans.

HISTOIRE.

Ce fut en 1741 que Pocock et Windham, tous deux Anglais, visitèrent, pour la première fois, cette vallée aujourd'hui si fréquentée, et qu'ils donnèrent à l'Europe et au monde entier les premières notions sur cette contrée si intéressante. On pensait alors que ce pays était un repaire de brigands et le séjour de peuplades barbares et sauvages. On blâmait la résolution de ces nobles aventuriers, on leur conseillait de se tenir sur leurs gardes. Cédant à ces craintes exagérées, Pocock et Windham partirent de Genève armés jusqu'aux dents, avec une suite nombreuse ; n'osant entrer dans aucune maison, campant sous des tentes, entretenant des feux et des sentinelles pendant toute la nuit. Les *montagnes du Prieuré* étaient alors connues sous le nom de *montagnes maudites*. Les deux voyageurs réussirent, comme on sait. Leur récit excita une vive curiosité, et bientôt, après eux, s'élancèrent une foule de voyageurs désireux de voir par leurs yeux si la narration n'était pas empreinte d'exagération. M. Baulac, bibliothécaire de Genève, fut le premier qui, après avoir visité la vallée de Chamouny, donna la relation de son voyage. On la trouve dans le Mercure Suisse des mois de mai et juin 1743.

Cependant, long-temps après ces deux explorations, peu de personnes avaient été assez hardies pour suivre les traces des premiers voyageurs. Il n'y avait pas encore d'auberge au *Prieuré* en 1760. Ce fut à cette époque que M. de Saussure visita pour la première fois le pays. Ce voyage passait encore à Genève pour offrir de nombreux dangers. Enfin parut la description pittoresque des glaciers de cette vallée, ouvrage de M. Bourrit, chantre de l'église cathédrale de Genève; puis, quelques années plus tard, celui de M. de Saussure sur les Alpes, et l'attention du public fut excitée si vivement par les récits de ces deux savans, que la vallée de Chamouny fut, dès ce moment, l'objet de nombreux pèlerinages. Nous voyons que, depuis 1780 jusqu'à 1792, 1,000 à 1,200 étrangers étaient venus chaque année inscrire leurs noms sur les rochers de Chamouny. Alors les communications étaient encore difficiles, on restait plusieurs jours pour franchir l'espace qui sépare Genève du *Prieuré*, et de maigres et chétives auberges y attendaient le voyageur. Aujourd'hui, une route large, bien entretenue, conduit, sans l'apparence même du danger, aux différentes parties de la vallée; et arrivé au *Prieuré*, des hôtels qui peuvent rivaliser avec les hôtels les plus beaux de Genève, Lausanne, etc., offrent aux voyageurs toutes les commodités que pourrait désirer l'habitant des villes le plus délicat.

VILLES. — BOURGS. — VILLAGES.

La Bonneville est située dans une jolie plaine, au bord de l'Arve. Au premier coup d'œil, l'idée qu'on s'en forme est avantageuse. Elle a de remarquable une grande place ombragée par de belles allées de platanes qui contribuent à la salubrité de l'air et à modérer les chaleurs excessives qu'on y éprouve en été. Le gibier et le poisson de l'Arve y abondent, et les Genevois viennent s'y délasser, lorsque, rassasiés des bords de leur beau lac, ils veulent jouir de près de l'aspect des montagnes. De là, on distingue parfaitement les trois sommités du Mont-Blanc qui se présentent comme des nuages que le soleil éclaire, et qui, au coucher de cet astre, ressemblent à de l'or pur. Le paysage a un aspect tout-à-fait ravissant. Le Môle et le Brézon l'encadrent et forment le portail des montagnes. L'Arve passe au travers. Le Brézon, qui est sur la rive gauche, a de beaux rochers, des pentes d'un vert agréable; son sommet à pic présente un affreux précipice. En sortant de la Bonneville, du côté de Cluse, on traverse l'Arve sur un pont de pierre, long et étroit. A l'extrémité, du côté opposé à la ville, est une grande colonne en pierre surmontée de la statue du roi Charles-Félix. Ce sont les habitans de la Bonneville qui ont érigé ce monument en mémoire des dignes entreprises pour contenir l'Arve dans son lit.

Cluse, bâtie au pied d'une montagne, dont la structure est extraordinaire, n'a guère qu'une rue, qui se rétrécit en montant, parce que la ville est resserrée entre l'Arve et la montagne. Au bas, Cluse s'élargit, et là on aperçoit le long des maisons, des dômes ou arcades en bois, que soutiennent des piliers fort élevés, qui choquent l'œil de l'étranger, mais qui offrent une grande commodité aux piétons et aux marchands, dont les boutiques sont bâties à l'abri de ces arcades. Cluse était autrefois habitée en partie par des horlogers. Son horlogerie était estimée; mais cette branche d'industrie est presque tombée depuis l'invention des machines qui font toutes les pièces des mouvemens bruts.

Sallenche est une petite ville mal bâtie, et peuplée de 2,000 âmes. Elle est traversée par une rivière dont elle porte le nom, et dans le lit de laquelle on trouve de grands blocs roulés de différentes espèces de granit. La vallée qu'occupe Sallenche était autrefois un lac qui avait plusieurs lieues de long sur une lieue de large environ. C'est de Sallenche qu'on jouit du magnifique coup d'œil qu'offre le Mont-Blanc au soleil couchant.

Les environs sont champêtres. Une des sommités qui dominent la ville, est d'une forme exagone et tapissée d'un beau gazon. A deux cents toises au-dessous, elle est entourée comme d'une guirlande d'énormes rochers, coupés à pics, d'une construction admirable, qu'on dirait élevés pour lui servir de remparts. Du haut de cette forteresse, on domine un immense horizon. D'un côté, la vue plonge sur les lacs d'Annecy et de Genève, de l'autre, sur les vallées de Sallenche et de Maglan. En face, est le mont Varcus et le Mont-Blanc, avec ses magnifiques aiguilles. Rien de plus diversifié que le chemin qui conduit à ces sommités; on rencontre de beaux chalets, une gorge, où l'on voit une cascade qui se précipite de 200 toises, et dont les eaux vont se réunir à celles de la Sallenche. Ceux qui aiment les sites sauvages vont visiter les *horreurs de la frasque*.

Passy, qu'on laisse à gauche en allant au *Prieuré*, est situé sur la déclivité de la montagne, c'est un village fort grand, qu'entourent des vergers nombreux, au milieu desquels on voit s'échapper la pointe du clocher et les toits de quelques maisons.

Le portail de l'église de Passy offre un monument qui peut intéresser la curiosité des antiquaires. Ce sont deux *ex voto*, qui sont gravés sur le marbre, et qu'on a trouvés en bâtissant l'église. Les voici:

MARTI
AYSVGIVS AF
VOLTVATVRVS
FLAMEN AVGy

II. VIR AERARI
EX VOTO.

C'est un prêtre, qui, chargé de l'intendance du trésor, rend grâce au Dieu Mars. Dans la suivante, un ancien gouverneur rend aussi grâce au même Dieu de ce qu'il a sauvé son fils d'un grand danger.

MARTI AVG
PRO SALVTE
LVIBI Ly FIL
FLAVII VI
LVIBIVS VESTINVS
PATER
II. VIR. IVR. DIC.
III VIR LOC. PP.
EX VOTO.

M. Bourrit donne ainsi l'interprétation de ces deux ex-voto.

1° *Marti Aulus Isugius, Auli filius, voleaturus flamen Augustati II, vir ærari ex voto.*

2° *Marti Augusto pro salute Lucii Vibii, Lucii filii Flavini Lucius Vibius vestinus pater Duovir loco publico posuit ex voto.*

Chède et Servos forment deux petits villages. De Chède, la vue plonge sur l'Arve écumante. Resserrée long-temps entre d'énormes rochers, on voit cette rivière se presser, se précipiter, bondir pour arriver dans le sein de la vallée qu'elle arrose, embellit et ravage tour à tour. Près de là, un beau pont de pierre a été jeté sur l'Arve, et au-dessous de Chède le *pont aux chèvres* offre un point de vue très pittoresque. Ce pont a vraisemblablement été nommé ainsi parce qu'il n'était composé d'abord que de quelques misérables planches sur lesquelles des chèvres seules osaient à peine se hasarder. A cent pas au-delà on jouit d'un beau spectacle. On a devant soi l'Arve qui se précipite en flots tumultueux de la hauteur de 80 pieds. Les rochers qu'elle franchit, ou à travers lesquels elle se fraie un passage, en sont comme ébranlés. Les arbres qu'elle entraîne s'agitent, se tourmentent ; des parties de rocs, minées par ce choc continuel, s'écroulent et entraînent dans leur chute d'autres blocs qui se brisent et se dispersent. Quoiqu'à une assez grande hauteur, il semble qu'on participe à ce mouvement. On est enveloppé d'une poussière humide, qui, du fond de l'abîme, s'élance en tourbillons.

A Servos, on a construit récemment quelques bâtimens, entre autres une auberge de belle apparence.

Chamouny. — *Le Prieuré*, plus connu sous le nom de Chamouny, est le chef-lieu de la vallée. C'est un fort bourg, bien bâti, situé au pied du Breven, à 5,152 pieds au-dessus du niveau de la mer. On y trouve d'excellentes auberges ; les hôtels de l'*Union*, de *Londres*, de la *Tour* et de la *Couronne* sont les plus renommés.

Courmayeur. — La route de Courmayeur par le *Col-du-Géant*, est difficile et ne peut se tenter que par des personnes exercées à cette sorte de voyage. Le premier jour, on va coucher au *Tacul*; le lendemain on se met en route, et si le passage par le glacier de *Trélaporte* n'est pas praticable, on se dirige par le pied d'une haute cime nommée *la Noire*. Cette route n'est pas beaucoup meilleure que la précédente, et le danger des crevasses, cachées sous de minces plateaux de neige, n'est pas moins grand. Il faut six heures de marche pour arriver au sommet du Col-du-Géant, à l'endroit où est située la *cabane de Saussure*. La première partie de la descente du Col-du-Géant, du côté de Courmayeur, se fait sur des rocs incohérens, ce qui la rend pénible, mais elle est sans aucune espèce de danger.

Courmayeur est un grand village situé au fond d'une vallée, un peu au-dessous du confluent des eaux qui descendent du col de la *Seigne* et du col *Ferret*. Ces torrens portent tous le nom de *Doires*, et ces doires se distinguent par le nom de la vallée dans laquelle elles coulent.

Courmayeur possède des eaux minérales qui, chaque année, attirent dans l'été un assez grand nombre de malades. La source dont on fait le plus d'usage porte le nom de *Victoire*. Elle est située au nord d'un petit ruisseau, à une demi-lieue au sud du village. Les principes actifs que cette eau contient sont la *magnésie*, l'*acide carbonique* et le *fer*. Les eaux de la *Marguerite* sont plus rapprochées du village ; elles sont situées au bord de la Doire, et sur la rive gauche du torrent. Cette source est beaucoup plus considérable que la précédente.

Une autre source, dont on ne fait presque plus usage, et qui mériterait peut-être d'être employée dans les maladies de la peau, est située au nord de Courmayeur, au pied du village et de la montagne de la Saxe.

Chaque année, après que les blés ont été coupés, les terres ensemencées, les hommes du bourg et de la vallée de Courmayeur abandonnent leurs foyers, et se dirigent, les uns vers le Piémont et le Milanais, d'autres en France. Cette émigration, qui commence en octobre, finit au mois d'avril. Pendant ces six mois d'absence les femmes restent seules chargées du soin de diriger les troupeaux, et de l'éducation de leurs enfans. Presque toutes savent lire, écrire, calculer; quelques unes même entendent le latin, et voici l'explication que donne Bourrit de ce *phénomène*, que tous les voyageurs, après lui, ont remarqué.

« Il y a plusieurs confréries établies pour les processions, messes, etc.; chaque membre y contribue suivant ses facultés. Ces contributions se mettent en dépôt dans l'église, dont le secrétaire et celui de la confrérie ont chacun une clé, et comme les besoins du culte sont extrêmement bornés, on emploie ces fonds à entretenir des écoles primaires. Ces écoles sont fréquentées par les jeunes filles et les jeunes garçons, qui apprennent ainsi tout à la fois les principes de la religion et les règles de la grammaire, du dessin, etc. Les mères, peu occupées d'ailleurs dans cette contrée, servent, en général, de répétiteurs à leurs enfans... »

La vallée de Courmayeur est remarquable par un antique monument. Toutes les cartes indiquent une montagne, qu'on appelle la montagne du *Labyrinthe*. Elle est située à quelques cents pas du village. Peu d'habitans connaissent ce labyrinthe; des contes de fées les en éloignent : quelques voyageurs l'ont visité, et voici ce qu'ils en rapportent.

C'est une caverne assez étroite, et où l'on pénètre d'abord fort difficilement. A trente pas, la voûte se divise en plusieurs branches. La plus grande conduit à des salles spacieuses, où l'on trouve des cabinets, des cellules et des espèces de reposoirs. Plus loin, on parvient à un corridor soutenu par un double rang de colonnes, qui conduit dans d'autres salles, si vastes et en si grand nombre, qu'on ose à peine s'y engager.

D'autres grottes, creusées très anciennement par les hommes, et que l'on nomme dans le pays *Trou des Romains*, existent à une lieue environ, au sud-est de la montagne de la Saxe. Au chalets de *Chapi*, on laisse sa monture et on gravit pendant un quart d'heure un sentier étroit et scabreux, pratiqué sur le bord d'un rocher calcaire : on parvient ainsi à l'entrée des souterrains. On voit clairement, dès cette entrée, que c'est une galerie de mines pratiquée dans le roc pour en extraire une *galène* à petits grains, recélant de l'argent dans une *gangue* de spartz calcaire.

VALLÉE DE CHAMOUNY.

Rien dans la nature n'étonne, n'attire plus les regards de l'homme que le spectacle des montagnes : les tableaux en sont aussi riches que variés. Ces monts sourcilleux, chargés de glaces éternelles, offrent des aspects si imposans, si majestueux, et les richesses qu'ils étalent sont si diversifiées, qu'il serait impossible d'en donner une idée complète. La partie des Alpes où est située Chamouny, est la plus belle dans son ensemble, la plus étonnante dans ses effets.

Située aux pieds du Mont-Blanc, éloignée de tous les grands chemins, isolée, et pour ainsi dire séparée du reste du monde, elle s'élève vers la direction du nord-ouest au sud-ouest dans un espace de quatre à cinq lieues de longueur, sur une largeur d'un quart de lieue environ. L'Arve la parcourt d'un bout à l'autre. Elle est bornée au nord-est par le col de Balme; au sud-ouest par les monts de Lacha et de Vaudagne : le mont Breven et la chaîne des Aiguilles Rouges règnent au nord de la vallée.

Les vallées de Cluse et de Sallenche, qu'on traverse pour aller au Prieuré, présentent des aspects du genre le plus pittoresque. Les sinuosités des montagnes et des rivières, leurs contours gracieux, les mélanges de verdure et de rochers, les coteaux en pentes douces, contrastent avec des rochers à pic; la teinte noire des bois, l'éclat éblouissant des glaces, tout intéresse, émeut, et frappe l'imagination. De nouvelles idées naissent à mesure que les objets se développent, et les sensations prennent la teinte de ces objets extraordinaires et nouveaux.

Ces monts, qui bordent l'horizon de Genève, n'en sont éloignés que de 18 lieues. Les montagnes qui forment le premier plan ressemblent à des masses élevées pour leur servir de rempart. On craint de s'engager dans des défilés étroits et sauvages, et l'on s'imagine que les difficultés augmenteront à mesure qu'on y pénétrera. Sans doute ce furent ces craintes qui retardèrent si long-temps la connaissance de la vallée. Il n'y a pas environ un siècle qu'on parle de ces Alpes et qu'on les visite.

Trois sommets couverts de glaces éternelles et qui semblent se perdre dans les nues, se présentent d'abord aux regards étonnés. Au sud, on aperçoit le dôme du *Gouté*, haut de 6,000 pieds, aux murs de glaces déchirés et crevassés; à côté se dresse le Mont-Blanc, qui s'incline au midi, élevé de 2,400 toises environ, la plus haute sommité qu'on connût en Europe, avant qu'on eût mesuré le Mont-Rose. Semblable à un géant, ce mont énorme domine toute la chaîne des Alpes, on l'aperçoit de Genève, et en France, de Lyon et de Langres, lorsque le soleil se couche par un beau temps. Le troisième pic est le Tacul, ainsi nommé parce qu'il regarde la mer de glace qui porte cette dénomination. Plus élevé que le *Gouté*, il semble moins accessible encore.

Ces groupes forment le Mont-Blanc; à leur suite se réunit une chaîne de rochers pyramidaux aux formes hardies, abruptes, majestueuses, et qu'à leurs sommets effilés on prendrait pour des pointes ou aiguilles : ce sont *l'Aiguille percée ou du midi*, *le Plan de l'Aiguille*, *la Blaitière*, *les Charmoz*, *la Fourche* ou *Fourchue*, et *le Dru*.

Vues de loin, toutes ces sommités, dont quelques-unes atteignent à plus de 10,000 pieds de hauteur, ressemblent à autant d'obélisques ou de pyramides de glace. Ce sont là les réservoirs d'une foule de torrents qui descendent dans les plaines; c'est là que se forment les avalanches, là que les neiges durcissent et se convertissent en glaces. Le noyau de ces pics est formé de rochers de granit, dont les débris, roulés à leurs bases, forment d'immenses ruines, où il serait imprudent de se hasarder. Qui n'a pas parcouru et pratiqué ces montagnes en détail, ne peut ni les juger, ni en assigner la position.

Il serait difficile, dans un cadre rétréci comme le nôtre, de décrire les merveilles nombreuses de la vallée de Chamouny; toutefois, nous ne négligerons de faire connaître aucune de celles qui sont en possession d'exciter l'admiration des voyageurs.

GLACIER DES BOSSONS. — Ce glacier, que les habitans du pays nomment *bossons* ou *buissons*, est éloigné d'une lieue de Chamouny; on y arrive par un sentier charmant, qui court au travers d'un petit bois d'aunes le long d'un ruisseau qui sort du glacier, ensuite par des prairies, et par une forêt de sapins. Dans ce trajet on longe de belles pyramides de glace. Colorés par les rayons du soleil, ces grands obélisques présentent le spectacle le plus extraordinaire. Arrivé sur le plateau des Bossons, on se voit transporté sur un vaste champ de glace entrecoupé de crevasses, où circulent mille ruisseaux d'une limpidité parfaite. Quelques-unes des parties du glacier forment des voûtes azurées, des cavernes pittoresques, des parois incrustées. On les a vu croître pendant plusieurs années, s'avancer, menacer quelques parties de la vallée, les envahir un moment, puis finir par se retirer.

GLACIER DES BOIS. — Nulle part le géologue, le savant, le naturaliste, ne peuvent mieux étudier le phénomène si curieux du flux et reflux des glaciers qu'à celui des Bois. Leur base est entourée d'une ceinture aride qu'on appelle *Moraine*, et qui est formée d'amas de sable et de débris des monts qui les dominent. Ces débris, qui, par l'effet de la gelée ou du dégel, tombent dans les parties supérieures des glaciers, sont refoulés graduellement à leur base par le glissement lent, mais continue des glaces. Ce glissement successif qui les pousse au milieu des vallées, par conséquent dans un centre plus grand de chaleur, est un des moyens dont se sert la nature pour diminuer chaque année l'effet des neiges accumulées sur les hautes sommités où toute l'ardeur du soleil est insuffisante pour les faire fondre. C'est à ce combat continuel entre l'agglomération des neiges et leur fusion, qu'est dû le phénomène que nous venons d'indiquer, c'est-à-dire de la retraite et de l'envahissement des rochers.

Le glacier des Bois est situé au pied de l'aiguille conique du *Dru*; il repose sur une base granitique, et s'étend jusque dans la vallée entre le Montanvert et l'aiguille du Bochard. L'ensemble forme un spectacle admirable; mais pour le contempler dans toute sa splendeur, il faut être favorisé par le temps. Toutefois, quand l'air est agité, des nuages font souvent disparaître la masse gigantesque du *Dru*, que bientôt après ils laissent de nouveau à découvert; un brouillard demi-transparent semble se jouer alors autour de cette cime menaçante, et ces divers accidens créent à leur tour des tableaux neufs, variés, faits pour exciter l'admiration de l'artiste.

Au pied de ce glacier est le hameau des Bois, où pendant long temps on allait visiter des Albinos qui pouvaient à peine supporter la lumière du jour, et qui vivaient de l'aumône des voyageurs. Saussure en a parlé dans son *Voyage aux Alpes*.

SOURCES DE L'ARVEIRON. — Cette source sort du Glacier des Bois. On y parvient par une forêt de mélèzes et de sapins qui, à mesure qu'on avance, s'éclaircissent et finissent par disparaître entièrement. Rien encore qui fasse soupçonner la scène étonnante dont on va jouir; des dunes d'un sable de quartz la masquent encore, et ce n'est qu'après les avoir franchies qu'on découvre le plus bel amas de glaces dont on puisse se former l'idée.

On aperçoit d'abord une montagne surmontée de pics, inclinée et soutenue d'un large mur de granit le long duquel tombent des filets d'une eau qu'on prendrait pour des lames d'argent. Au bas est une caverne de glace de plus de 100 pieds d'élévation. Du fond de cette caverne sort avec impétuosité une rivière blanche d'écume, qui roule dans ses flots des blocs de rochers de glace; tous ces débris font entendre des frottemens aigus, entrecoupés, qui paraissent rouler du fond même de la caverne. Ici tout trompe l'imagination, tout fait illusion. On veut contempler de plus près ce grand spectacle, et l'on avance dessous ces voûtes de glaces que la moindre secousse peut abattre. Chaque année ce portique recule ou avance; chaque année varient ses tableaux. L'hiver et le printemps, ce n'est plus qu'un mur immense et congelé, qui croule et s'engloutit l'été; alors l'Arveiron et l'Arve sont suspendus dans leurs cours par l'accumulation des débris. Arrive le moment où les torrens vont briser ces obstacles. L'explosion est effrayante; le fleuve entraîne la digue qui le retenait, la rejette sur ses bords brisée en blocs énormes que le soleil dissout; c'est alors que toutes ces ruines offrent un coup d'œil magnifique. Les glaces brillent comme du diamant et se teignent, aux rayons du soleil, d'azur, de vert, d'or et de pourpre. Quelques curieux se hasardent sous la voûte de glace, et quelquefois ils ont payé de leur vie cette funeste imprudence. Deux voyageurs, MM. Maritz, voulurent essayer les effets d'une détonation dans cette caverne, et furent ensevelis dans les flots de l'Arveiron sous le poids d'énormes fragmens de glace qui se brisèrent sur leurs têtes.

L'Arveiron sort des extrémités de la mer de glace : il est formé par la réunion de ruisseaux divers qui filent à travers les crevasses des glaciers ; il charie des paillettes d'or : parmi les débris qu'il jette sur ses bords, on trouve quelquefois des cailloux de porphyre, de jaspe, de pyrites et de cristaux.

Le Montanvert est un pâturage élevé, au pied de l'aiguille de Charmoz, et immédiatement au-dessus de cette vallée de glace dont la partie inférieure porte le nom de *Glacier des Bois.* On y conduit ordinairement les étrangers, parce que c'est un site qui présente un magnifique aspect de cet immense glacier et des montagnes qui le bordent, et parce qu'on peut, de là, descendre sur la glace et voir sans danger quelques-unes des singularités qu'elle offre. Autrefois on ne pouvait arriver au Montanvert que par des sentiers escarpés et fort rudes. En 1802, on ouvrit une souscription pour construire un chemin jusqu'à la cime de la montagne. Ce chemin, tantôt oblique, tantôt direct, qui traverse des forêts de bouleaux, de sapins et de mélèzes ou des blocs de mica-schiste talqueux, est sûr et n'offre pas même l'apparence de danger.

En montant au Montanvert, on a sous ses pieds la vallée de Chamouny et l'Arve, qui l'arrose dans toute sa longueur, les villages, hameaux entourés d'arbres et de champs qui en bordent la surface. Arrivé au sommet, la scène change; et, au lieu de cette riante et fertile vallée, on se trouve presqu'au bord d'un précipice, dont le fond, couvert de neige et de glace, est bordé de montagnes colossales qui effraient par leur stérilité et leur escarpement.

Au haut de la pelouse qui domine le Montanvert, on arrive au pavillon construit, en 1795, par M. Jacquet, sculpteur de Genève, aux frais de M. Félix Desportes, alors résident de France auprès de la république. Ce pavillon, destiné à offrir un abri aux voyageurs qui venaient visiter le Montanvert, et un logement à ceux qui voulaient y passer la nuit pour admirer le lendemain la mer de glace, formait un petit bâtiment octogone, dont quatre des côtés, placés à angle droit, contenaient des armoires où étaient enfermés des lits de sangle. Les quatre autres côtés étaient occupés par deux fenêtres, la porte et une cheminée sur laquelle était une glace où venait se refléter la belle cascade qui tombe de l'aiguille du *Dru.* Respecté par les orages et les frimats, ce pavillon n'a pu résister à la main destructive des hommes.

Quelque dévasté que soit cet abri, il peut néanmoins encore offrir un refuge.

Le spectacle qui s'offre aux regards du voyageur placé au sommet du Montanvert est magnifique; la grandeur de ce tableau étonne. Les masses nues et déchirées qui le composent effraient l'imagination. Le silence qui règne dans ces déserts pénètre l'âme d'émotions singulières, et l'ensemble des objets dont on est environné paraît appartenir à un autre monde.

Mer de glace. — Lorsqu'on s'est reposé sur la jolie pelouse du Montanvert, et que l'on s'est rassasié, si on peut l'être jamais du grand spectacle que présente ce glacier et les montagnes dont il est bordé, on descend, par un sentier rapide, entre des rododendrons, des myrtils, des mélèzes et les aroles, jusqu'aux bords de la mer de glace. On traverse plusieurs grandes couches de roches feuilletées coupées d'énormes crevasses. Au bas de ce sentier est la *moraine* du glacier. De là on passe sur le glacier même, où il faut s'avancer trois ou quatre cents pas pour se faire une idée des ondes, des fentes, des courans et du beau vert de mer dont ces masses offrent le spectacle. Là, sur un bloc de granit, on peut s'abandonner à toutes les émotions, à tous les sentimens que le tableau unique de cette nature alpestre fait éprouver à l'âme. A la descente du Montanvert, et presqu'au bord de la vallée de glace, est un large bloc de rocher nommé *la pierre des Anglais*, en mémoire de Pocock et Windham, qui, les premiers, firent la découverte de cette contrée. Le voyageur surpris par la tempête peut trouver un abri sous cet énorme quartier de granit. La mer de glace paraît se diviser, à son extrémité supérieure, en deux grandes branches, dont l'une s'élève du côté de l'est, et prend le nom de glacier de l'*Echaud*; l'autre remonte au sud-ouest, passe derrière les aiguilles de Chamouny et se nomme le *Tacul*. La surface du glacier, vue du Montanvert, ressemble à celle d'une mer qui aurait été subitement gelée à l'instant où le vent s'est calmé après une tempête, et où les vagues, quoique très hautes, se seraient émoussées et arrondies. C'est cette apparence qui, vraisemblablement, a fait donner à cette vallée le nom de *Mer de glace*. Entre les montagnes qui fixent le plus les regards, est le pic du *Dru*, qui, par sa forme élancée, ressemble plutôt à une aiguille qu'à un obélisque.

Le Chapeau. — Les dames, qu'effraient les difficultés de l'ascension du Montanvert, et qui veulent connaître quelques-uns des effets de la mer de glace, sans ressentir de trop vives fatigues, vont visiter le Chapeau. C'est là où l'on contemple avec admiration le commencement de la mer de glace et quelques-unes de ses horreurs. Ce ne sont partout que des pilastres renversés, que des

corniches, des chapiteaux, des ponts à moitié rompus, et mille autres images bizarres et fantastiques. Le soleil qui éclaire ces masses, l'azur foncé qui en colore les excavations, forment des reflets magnifiques. A peine a-t-on les yeux fixés sur ces singuliers spectacles, que tout à coup on est surpris par la chute de quelques-uns des plans du tableau. Ici, c'est une tour qui s'écroule, là une pyramide qui se brise ; plus près, ce sont des blocs de rochers qui glissent sur leurs bases, entraînent d'autres blocs, d'autres débris, des arbres encore verts qui se posent perpendiculairement entre les pics de glace. Le bruit de leur chute, leurs éclats lorsqu'ils se heurtent, remplissent l'âme d'effroi. On a besoin, pour se croire en sûreté, de se cramponner à la montagne ; et du même lieu, l'œil atteint les diverses aiguilles, du Mont-Blanc, dont on admire la hauteur et la transparence ; puis la vue, en s'abaissant, embrasse les prairies, des champs, des rivières, des villages, et le double spectacle qui réunit à tant d'horreurs tant de beautés, forme un contraste merveilleux.

CURIOSITÉS NATURELLES.

BAINS DE SAINT-GERVAIS. — C'est au fond d'un petit vallon débouchant au nord dans le bassin de Sallenche que furent découvertes en 1806, les sources thermales de Saint-Gervais. Ce vallon est fermé au levant, au midi et au couchant par des rocs élevés et coupés à pic ; de leur sommet roule avec fracas un torrent d'eau froide qui forme une belle cascade. Non loin de là, on a jeté sur le torrent le *Bonnant*, un pont en zigzag d'où l'on jouit d'une vue très-pittoresque. Le bâtiment des bains est vaste et construit avec goût. Il y a des logemens pour plus de cent malades, des salles de réunion, de danse et de billard.

LA BALME. — A une petite lieue de Cluse, on passe au-dessous d'une caverne, située dans la montagne, à gauche de la grande route. On aperçoit de là son ouverture, qui ressemble à la bouche d'un four. Le village voisin de cet antre a reçu le nom de *Barme* ou *Balme*. L'entrée de la caverne est une voûte demi-circulaire, d'environ 10 pieds d'élévation sur 20 de largeur. Le fond est presque horizontal. Sa profondeur est de 640 pas environ, puis elle se resserre tellement qu'il est impossible de pénétrer plus avant. A 340 pas de l'entrée, se trouve un puits très profond. Les parois sont revêtues de stalagmites, de stalactites, et de cristallisations spathiques très épaisses.

L'accès de la *Balme* était autrefois assez difficile, mais un habitant de la vallée qui en a acheté le terrain, a fait établir des sentiers qui en rendent l'abord plus facile. Au-dessous, non loin de la grande route, ce propriétaire a fait construire une maison, où l'on peut se procurer des guides pour monter à cette grotte, ou pour aller visiter les bosquets de Maglan, placés sur des éminences rocailleuses, et entourés de vastes prairies, dont les bords sont baignés par l'Arve.

A une petite lieue au-delà, on rencontre de grands blocs de marbre gris, qui, pendant l'hiver de 1776, se détachèrent du haut de la montagne, et roulèrent jusque sur la route, et même au-delà. En levant les yeux, à gauche, on aperçoit, à la hauteur de 1400 à 1500 pieds, la place qu'ils occupaient, et qui forme une niche recouverte d'un épais plateau de roche sur lequel on voit des bouquets d'arbres. La forme de cette niche est celle d'un prisme triangulaire, dont la base est un triangle rectangle. Près de là, une jolie cascade, formée par un ruisseau nommé le *Nant d'Arpenaz*, présente un spectacle aussi nouveau qu'agréable pour le voyageur, peu accoutumé encore à ce genre de plaisir. Le géologue doit, en s'approchant de cette chute, s'occuper principalement du rocher du haut duquel elle tombe.

Ce rocher cache une montagne beaucoup plus élevée, et dont les couches sont la continuation des couches supérieures du rocher de la cascade, et forment des arcs concentriques tournés en sens contraires, en sorte que la totalité de ces couches a la forme d'un S dont la partie supérieure se recourbe fort en arrière. Vis-à-vis de la cascade, de l'autre côté de la rivière, on voit une chaîne de montagnes extrêmement élevées, nommée *Montagne des Têtes*, qui présentent leurs escarpemens au-dessus de Sallenche et contre le Mont-Blanc.

La vallée de Chamouny offre encore quelques phénomènes naturels qui frappent l'observateur, qui ne peut d'abord se les expliquer. Ce sont :

LES NEIGES ROUGES. — Sur les pentes du Bréven, on voit de la neige qui a en quelque sorte cette teinte, d'un rouge extrêmement vif. Cette couleur, sous la forme d'une poudre très fine, paraît-être d'une nature organique et analogue à cette matière rouge que l'on a observée sur les neiges du pôle, et que les naturalistes ont rangée dans la famille des *algues* et à laquelle ils ont donné le nom de *protococcus nivalis*. On l'a trouvée aussi sur les neiges près le grand Saint-Bernard et sur quelques glaciers. Il ne faut pas la confondre avec une autre poussière rouge, mais d'un rouge moins vif, provenant des débris des roches qui forment la base des aiguilles rouges et qui colore quelquefois les neiges situées au pied de ces aiguilles, et qu'on rencontre aussi aux environs du grand Saint-Bernard.

Les Pierres chatoyantes. — En montant à la cime du Bréven, on trouve, dans les débris des rochers que l'on traverse, des fragmens d'un *quarts blanc*, dont la surface présente à l'œil un chatoyement fort vif, qui rappelle l'idée de la *pierre de Labrador*, mais on n'en trouve point qui divise les couleurs.

HISTOIRE NATURELLE.

Règne animal. — Outre la plupart des animaux domestiques communs à la Savoie, il y a dans la vallée de Chamouny des chamois, des marmottes et plusieurs espèces de gibier. On y voit aussi le *vautour alimoche*, qui niche sur les rochers du Môle au-dessus de Bonneville, le *merle bleu*, le *petit tartras*, le *pinson des neiges*, et le *grand pic noir des Alpes*.

Règne végétal. — La vallée de Chamouny offre au botaniste une foule de belles plantes. On en trouve surtout près la source de l'Arveiron, au Montanvert, à Saint-Gervais, à la Forclaz, au Prieuré, à Cluse, à Servoz, au Buet, sur les bords de la *Mer de Glace*, sur les moraines du Talèfre, au Jardin, à la Valorsine, à l'*Allée Blanche*, à Courmayeur, etc., etc.

Parmi les espèces les plus remarquables, on distingue l'*euphorbia falcata*, l'*helleborus foetidus*, la *malva alcea*, le *rumex scutatus*, l'*erysimum alpinum*, le *myosotis lappula*, le *silene rupestris*, la *salvia glutinosa*, l'*astrantia major*, le *plantago alpina*, le *semper vivum arachnoideum* l'*alchemilla alpina*, l'*asplenium viride* le *crysanthemum alpinum*, le *juncus trifidus*, l'*empetrum nigrum*, le *pyrethrum alpinum*, la *sibbaldia procumbens*, le *vaccinium myrtillas*, la *veronica alpina*, la *rosa glauca*, le *rhododendron ferrugineum*, la *gentiana lutea*, la *phaca alpina*, le *salix herbacea*, le *trefolium alpinum*, la *campanula barbata*, le *silene quadrifida*, l'*arnica scorpioides*, le *circium spinosissimum*, l'*azalea procumbens*, la *veronica saxatilis*, le *juncus trifidus*, la *diapensia helvetica*, le *lichen falhunensis*, le *lichen pubescens*, l'*anthyllis vulneraria flore albo*, la *clavaria thermalis*, l'*hedysarum onobrychis*, la *statice armeria*, le *senecio incanus*, le *sisymbrium tanaceti-folium*, l'*ornithogalum luteum*, le *juniperus sabina*, l'*ononix natris*, la *stellera passerina*, le *lathyrus tuberosus*, le *molus alba*, le *salix phylicifolia*, la *castanea vulgaris*, l'*eleagnus angustifolius*, la *nepeta cataria*, le *tribulus terrestris* et la *centaurea crupina*.

Règne minéral. — On trouve sur le Glacier des Bois de la *koupholite* ou *prehnite prismitive*, de très beaux *sphènes* cristallisés et de la *chaux fluatée rose*. Vers la fontaine de Caillet de *l'amianthe*, du cuir ou *liège de montagne*, de l'*axinite* et de l'*épidote cristallisée*. On exploite du gypse près de Saint-Gervais, où l'on voit du beau *jaspe rouge*. Au sommet du Mont-Joli, les schistes qui le composent sont pleins de *belemnites noires*, traversées par des filons de *spath calcaire*. On remarque au glacier d'Argentière du *cristal de roche violet*, d'une belle eau, de belles aiguilles de *schorl* brun foncé; et aux cascades de la Barberine, de beaux granits, et de beaux porphyres. On voit aussi au-dessus des chalets d'*Arlevay*, de la *tourmaline noire* et de la *pinite*; et au-dessus des chalets de *Moède* une couche de *protogine rose*, et des *schistes* empreints de fougère. Au fond du Talèfre, on trouve des cristaux de *spath fluor rose*, de *sphène*, de *coryndon hyalin* bleu, etc. Dans les moraines du glacier de *Miage*, il y a une assez grande quantité de *feldspath cristallisé*, de *stilbite*, de *laumonite*, de *mésotype* pyramidée et de la *chaux fluatée primitive* incolore.

GUIDES.

On ne saurait se passer de *guides* lorsqu'on veut visiter sans danger la vallée de Chamouny. Ces guides sont soumis depuis 1823 à un règlement qui oblige de leur côté les voyageurs à se servir de ceux qui leur sont désignés par le *guide chef*. Il y a deux espèces de courses : Les courses *extraordinaires* et les courses *ordinaires*. La première espèce comprend les ascensions sur la cime du Mont-Blanc, au *jardin*, sur les glaciers, excepté ceux qui descendent dans la vallée, et également sur ces derniers, si le voyageur veut dépasser la ligne où cesse la végétation.

Le prix des guides pour l'ascension au Mont-Blanc est fixé à quarante livres neuves par guide, et il ne peut y en avoir moins de quatre pour chaque voyageur. Le prix des guides pour les courses au *jardin*, aux Glaciers des Bois, etc., est de dix livres par jour : ce prix est réduit à sept livres pour les excursions ordinaires.

BIBLIOGRAPHIE.

Nouvel Itinéraire des vallées autour du Mont-Blanc, 1 vol. in-12, par J. P. et F. J. Pictet.
Guide du voyageur aux glaciers de Chamouny, 2 vol. in-8. par Bourrit.
Voyage pittoresque au glacier de Chamouny.
Souvenirs de la vallée de Chamouny.

ON SOUSCRIT CHEZ :
HIPPOLYTE SOUVERAIN, édit., 3, rue des Beaux-Arts.

Paris.— Imprimerie P. BAUDOUIN, rue Mignon, n. 2.

AIX-LES-BAINS.

TOPOGRAPHIE.

La vallée d'Aix est formée de plusieurs chaînes secondaires alpines, qui l'enferment de trois côtés. Ces chaînes s'abaissent successivement jusque dans la vallée méridionale, et laissent voir dans le lointain trois grands pics, qu'on nomme dans le pays les pics de *Granier*, de *Montagnole* et de *Saint-Thibaut-de-Couz*. Tout à fait au dernier plan, quelques montagnes, couvertes de neiges et qu'on aperçoit distinctement de toute la contrée, font partie de la grande chaîne alpestre. A l'est et à l'ouest, deux montagnes courent parallèlement et bordent la vallée : l'une reçoit indifféremment dans le pays le nom de *Montagne de la Grotte*, d'*Aiguebelle*, de *l'Epine*, et du *Mont du Chat*. C'est celle qu'on a en face de soi aux bains d'Aix.

Le *Mont du Chat* rappelle un des plus grands souvenirs de l'histoire. C'est par là, s'il faut en croire Deluc, que passa Annibal, à la tête d'une nombreuse armée, pour entrer en Italie. La montagne qui s'étend au levant a reçu les noms de *Nivolet*, de *Clarafond*, de *Mouxy*, du *Grand-Revard*. Au nord est la montagne de *Saint-Innocent*, prolongement du Jura, et qui a deux issues, l'une qui conduit au lac, l'autre qui ouvre la vallée d'*Albin* et de *Rumilly*. Tel est à peu près le bassin où est assise la jolie ville d'Aix.

CLIMAT. — Ainsi placée, la vallée a des courans d'air d'une grande fraîcheur, qui épurent l'atmosphère et procurent aux habitans cette fraîcheur de carnation que remarquent les voyageurs. Le climat d'Aix et de Chambéry a été de tout temps réputé comme salubre. L'histoire s'accorde ici avec les observations statistiques et médicales. Lorsque la peste vint, à diverses reprises, affliger l'Europe, Aix échappa à ce fléau. On n'y observe point, comme dans la plupart des cantons de la Suisse, ces grandes variations atmosphériques si funestes à la santé, si communes en Suisse et auxquelles sont sujettes les contrées montueuses.

La végétation dans le beau bassin d'Aix est aussi active que vigoureuse : dès le mois d'avril les arbres se couvrent de fleurs; ils sont vivans et élancés. On y trouve le noyer, le mûrier, le cerisier et le poirier; toutes les variétés d'arbres à fruits, l'érable, le peuplier d'Italie, le saule y croissent abondamment. De tous les arbres, celui que l'œil rencontre le plus souvent, c'est le noyer, qui a quelquefois jusqu'à 12 pieds de circonférence.

Les coteaux sont couverts de vignes, dont les pampres, à la manière d'Italie, s'élancent le long de *hautains*, forment des berceaux, se mêlent au feuillage de l'érable, et rappellent les riches contrées de la Lombardie et du midi de la France.

HISTOIRE. — ANTIQUITÉS.

Les inscriptions qu'on a découvertes à Aix donnent le nom d'*Aquenses* à ses habitants. « Au village de *la Fin*, près d'Aix, était, dit Guichenon, la maison d'Allonius Anivus, citoyen romain et sénateur de Vienne; on y voyait son tombeau, celui de son frère Auchanius et celui d'Attinia, sa femme. Le tombeau du sénateur Allonius était composé de deux pierres, dont l'une est au cimetière; l'autre forme un pilier. » On ne saurait douter que les Romains n'aient connu Aix et sa vallée : les noms d'*aquæ domitianæ*, *aquæ gracianæ*, ne laissent aucun doute sur leur séjour dans cette contrée. Lorsque l'empire d'occident s'écroula, les barbares ravagèrent la ville d'Aix, détruisirent ses monumens, ses édifices et ses thermes, qui, dès ce temps, attiraient les étrangers. Quelques unes des ruines échappées à la destruction servirent depuis, ainsi qu'on peut le voir aujourd'hui, à la construction de nouveaux édifices. Aix, selon toutes les apparences, était une ville importante, remarquable par ses temples, ses statues, ses autels; malheureusement un faux zèle de religion poussa les premiers chrétiens à détruire toutes ces antiquités païennes. Les thermes, élevés par la magnificence romaine, furent enveloppés dans cet arrêt de proscription. Les mœurs chrétiennes s'opposant au mélange des sexes dans ces bains, Adrien prononça contre les femmes qui les fréquentaient la peine de la répudiation. On peut remarquer encore dans le temple de Diane des traces de mutilation. Souvent, lorsqu'on ouvre la terre, on rencontre des portiques, des colonnes, et d'autres fragmens des bains antiques. Presque toutes les maisons qui entourent aujourd'hui le bâtiment royal, ont été construites sur les ruines de ces anciens thermes. Sous l'une de ces maisons, on a découvert de vastes cavités, qu'on peut regarder sans doute comme les fondemens du primitif édifice.

On sait que les Romains étalaient une grande

magnificence dans la construction de leurs bains publics. Les thermes de Caracalla, où 3000 personnes pouvaient se baigner à la fois, qui étaient ornés de 1,600 sièges de marbre ; les thermes de Dioclétien, qui avaient 1,060 pieds de long, témoignent assez des richesses que les Romains aimaient à rassembler dans leurs bains publics. Si les bains d'Aix n'offraient pas une semblable magnificence, on ne saurait nier toutefois que ce peuple n'ait apporté dans leur construction le goût qui le distinguait. L'*Arc de Campanus* et le *Réservoir du Vaporarium*, qu'on trouve sous la maison Perrier, sont de beaux débris de ces thermes. L'édifice s'étendait sur une grande partie de la ville actuelle. Il était formé de trois corps de bâtimens, entouré de colonnades et de portiques, décoré dans les entre-colonnemens de sculptures et de statues d'un travail achevé ; des mosaïques d'un fini précieux, à en juger par les fragmens qu'on a déterrés, ornaient chaque salle et chaque cabinet ; des marbres de toutes les couleurs avaient été employés au revêtissement des murs et des parquets. En face des bains s'élevait une vaste place (*area*) : c'était là que se promenaient les buveurs, et que se donnaient les jeux publics. Les bains occupaient le centre, et, sur la circonférence de l'arc extérieur du bâtiment central, se trouvaient les deux piscines, l'une à gauche, l'autre à droite ; au milieu était la source d'eau froide dont on se sert encore aujourd'hui. Toutes les eaux, auxquelles venait s'unir le petit ruisseau d'Aix, se jetaient dans les bassins ou *conservæ*. Comme dans tous les thermes, on trouvait à Aix des bains de vapeurs (*vaporaria*). Deux grands réservoirs offraient aux baigneurs deux immenses piscines. On arrivait à ces bains par un arc magnifique, l'*Arc de Campanus* dont nous avons parlé, haut de près de 40 pieds, et comparable pour sa beauté et ses ornemens aux arcs d'*Orange* et de *Saint-Remy*.

Non loin des thermes s'élevait un édifice religieux, le *temple de Diane*, qui n'est peut-être, comme la Maison carrée de Nîmes, que le *Sacrarium* ou le sanctuaire d'un plus vaste monument. Les archéologues pensent que cet édifice doit remonter aux premiers siècles du christianisme. L'absence de ciment et de mortier fait présumer qu'il est postérieur au siècle d'Auguste. Il ne reste plus aujourd'hui de ce beau temple que quelques ruines, qui forment les trois côtés d'une aile du château du marquis d'Aix, dans laquelle se trouve le théâtre. L'édifice paraît avoir 40 à 50 pieds de l'est à l'ouest, et 29 de largeur. M. de Gimbernat a publié un beau dessin de l'*Arc de Campanus*.

MOEURS. — CARACTÈRES. — COUTUMES.

Les hommes de la vallée d'Aix ont le teint blanc, les cheveux châtains, la taille élevée. Les femmes joignent à une extrême fraîcheur une grande blancheur de peau. Les populations sont franches, religieuses, hospitalières et attachées à leur gouvernement ; leurs mœurs ont été peu altérées par le contact des étrangers.

Tous les voyageurs qui fréquentent la haute société d'Aix et de Chambéry y trouvent un mélange de politesse et d'affabilité vraiment françaises. Rousseau s'exprime ainsi à cet égard dans ses *Confessions*, livre V.

« L'esprit liant, l'humeur facile des habitans de la Savoie me rendit le commerce du monde agréable... S'il est une petite ville au monde où l'on goûte les douceurs de la vie dans un commerce agréable et sûr, c'est Chambéry. La noblesse de la province qui s'y rassemble n'a que ce qu'il faut de biens pour vivre ; elle n'en a pas assez pour parvenir ; et, ne pouvant se livrer à l'ambition, elle suit par nécessité le conseil de Cinéas. Elle dévoue sa jeunesse à l'état militaire, puis vient paisiblement vieillir chez soi. L'honneur et la raison président à ce partage. Les femmes sont belles et pourraient se passer de l'être ; elles ont tout ce qui peut faire valoir la beauté et même y suppléer. Il est singulier qu'appelé par mon état (1) à voir beaucoup de jeunes filles, je ne me rappelle pas en avoir vu à Chambéry une seule qui ne fût pas charmante. »

Quelques usages des habitans de la campagne, à l'occasion des naissances, des mariages et décès, offrent des singularités assez curieuses. Dans quelques communes, lors de la naissance d'un enfant, on plante dans un terrain choisi avec soin un bel arbre, que l'on protège et que l'on garde comme une relique précieuse.

Lorsque l'enfant est ondoyé, on le place dans un berceau et on le conduit à l'église pour le baptiser. Ce berceau est entouré de rubans et orné de cocardes de diverses couleurs. Il est aisé de deviner le sexe de l'enfant. Si c'est un garçon, le baptême est annoncé au son des cloches, et l'enfant placé dans son berceau, sous l'épaule droite du porteur. Le parrain a coutume de payer les frais du baptême, et d'offrir des cadeaux à l'accouchée. Le huitième jour, le parrain, la marraine, les amis sont conviés à un banquet qui a lieu chez le père. C'est une fête de famille fort ancienne, et qu'on nomme les *compérailles*. Le titre de compère ou de commère est un lien de famille respecté. Au cabaret, dans les grandes fêtes, le compère et la commère

(1) Rousseau donnait à Chambéry des leçons de musique.

ont une place de choix. Lorsqu'un jeune homme veut se marier, il se rend le soir avec un de ses amis dans la maison de la jeune personne qui a fixé son choix. Si, en l'apercevant, les parens ôtent un tison du feu, et le placent perpendiculairement au fond de la cheminée, c'est pour lui un signe de funeste augure : c'est un congé en bonne forme. Il ne lui reste qu'à se retirer sans demander d'autre explication.

Dans quelques communes, le prétendu invite son beau-père futur au cabaret, fait la demande de la jeune fille, et lui donne des *arrhes*. Le samedi suivant se célèbrent les fiançailles dans un repas de famille. La veille du mariage, nouveau repas chez le père de la jeune fille, où sont invités les parens et le fiancé, qui réclame sa future. On lui répond qu'elle a disparu. Il appelle alors le ménétrier, on cherche la fiancée au son de la cornemuse, on la trouve enfin aux cris de joie des deux familles rassemblées. La jeune fille est ramenée processionnellement chez elle, où l'on se met à table ; mais la future ne paraît qu'au dessert. Le jour de la bénédiction nuptiale, les parens et amis, en habits de fêtes, portant des branches de lauriers, viennent chercher la mariée. Le plus proche parent de l'époux lui donne le bras ; les musiciens du village raclent du violon, les jeunes gens déchargent des armes à feu, et c'est au milieu de ce tapage infernal qu'elle arrive au logis de l'époux, où l'attend sa belle-mère. Sur le seuil de la maison, on a placé un balai. La jeune fille oublie-t-elle de le relever, elle manquera d'ordre dans le ménage ; si elle le relève au contraire, c'est signe qu'elle sera bonne ménagère. La belle-mère lui jette une poignée de blé sur la tête. C'est un langage muet qui indique le souhait qu'elle fait d'une heureuse abondance pour les nouveaux époux. Alors un jeune garçon agite une quenouille garnie d'étoupes, à laquelle ses camarades essaient de mettre le feu à coups de pistolets. C'est un signe dit-on, que la maison est abondamment pourvue de linge. Quand ces cérémonies sont achevées, commence le repas de noce. Au milieu du festin, les jeunes époux se lèvent, vont chercher un gâteau surmonté d'une branche de laurier, qu'on donne à quelque garçon ou à quelque jeune fille, comme présage d'une union prochaine. Le repas se termine par une quête, que fait un jeune garçon vêtu de blanc, et qui est ensuite distribuée aux pauvres du village.

Le *dimanche des Bugnes*, c'est ainsi qu'on appelle le premier dimanche de carême, les enfans du village rendent visite à la nouvelle épouse, qui leur distribue des fruit secs et des gâteaux.

A Annecy, à Aix et dans les petites villes, on a coutume de se rassembler sous les fenêtres de la mariée en chantant : *allouia, madame est grosse*, et celle-ci jette des noix et des dragées en signe de remercîmens.

Le mariage d'un veuf ou d'une veuve donne presque toujours lieu à un charivari bruyant ; et dans les villes, il est accompagné d'épigrammes et de chansons.

Dans les fêtes populaires, les églises ne désemplissent pas. On commence la journée par des offrandes, des prières au patron de l'église ; puis on danse sur une place. Quelques unes de ces fêtes sont fort remarquables. Par exemple, dans les environs de Chambéry, on cite celle des Carmes, celle de saint Barthélemy, et celle du Myan.

Le dimanche des Bugnes, qu'on connaît en France sous le nom de *Dimanche des Brandons*, partout, sur les hauteurs, on allume des feux et l'on danse autour en tenant des torches. La Savoie a, comme la France, les *feux de saint Jean* et son *Mai*, que l'on plante le premier jour de ce mois. Les habitans de la vallée ont une foule de croyances superstitieuses, qui s'effacent peu à peu dans les grandes villes. Les cris du hibou, de la pie, les hurlemens des chiens sont autant de signes funestes. On croit que la femme enceinte qui tient un enfant sur les fonds baptismaux, porte malheur à son filleul. Qui refuse l'aumône à un mendiant attirera sur lui les malédictions du ciel. Qui s'est enrichi tout à coup sans qu'on connaisse la source de sa fortune, a nécessairement fait un pacte avec le diable.

Le Savoisien a de la disposition, en général, aux sciences et aux lettres, mais seulement lorsque le sort l'a jeté hors de son pays. Chez lui, il est paresseux, indolent. Aucun peuple n'a donné de plus éclatans exemples d'amour de la patrie. « Il résulta, dit l'abbé Grillet, du dénombrement des habitans de la Savoie, que le roi sarde fit faire par les curés, en 1783, que les absens, dans le seul diocèse de Genève, montaient au nombre de 44,000, dont plusieurs étaient établis en Asie et en Amérique. Chacun sait que beaucoup de négocians, originaires de la Savoie ont des maisons à Paris, Lyon, Bordeaux, Nantes, Strasbourg. D'autres sont banquiers, fabricans ou commerçans à Augsbourg, Constance, Munich, Vienne, Lamberg, en Pologne, etc. Cependant l'amour de la patrie, et le désir d'y finir ses jours, sentimens qui sont communs aux Savoisiens, aux Suisses et à tous les habitans des hautes montagnes, ramènent nos montagnards du centre des cités les plus opulentes dans l'habitation qui les vit naître, pour y jouir, au sein de leurs familles et de leurs amis, de la fortune qu'ils ont faite dans les pays étrangers. Il n'y a point de peuple, ainsi que l'observe le marquis de Barol, qui ait manifesté plus d'attachement à son propre pays que le Savoisien. Ceux qui, chez l'étranger, accumulèrent de grandes richesses, tels que le cardinal de Brogny et Eustache Chapuis, conseiller de Charles-Quint, en consacrèrent la majeure partie à des établissemens avantageux à leurs compatriotes; Falquet, Saillet, d'Arache, Poucet de la Frasse, Gennami, de Saint-Nicolas, de Verose, etc., etc., firent rebâtir les églises de leur patrie et y fondèrent des écoles pour l'instruction de la jeunesse. Mais, parmi les exemples que l'histoire de ce pays fournit à ce sujet, le plus mémorable sans doute est celui qui a été donné par le général de Boigne, qui a consacré plus de quatre millions à l'embellissement et au bien de Chambéry, sa ville natale. (Voir *Chambéry*).

COSTUMES.

On remarque dans les vêtemens des peuples des vallées savoisiennes une grande négligence et peu de propreté. Les femmes portent un corset rouge ou bleu, dont les manches, d'une autre couleur s'arrêtent au coude, une jupe d'étoffe grossière avec des plis nombreux, un chapeau de paille tressé grossièrement, qu'elles remplacent le dimanche par une coiffure d'une petite dentelle. Les hommes ont un habit long, de couleur éclatante, blanche le plus ordinairement, avec de larges poches, un bonnet rouge et les jours de fêtes un chapeau à larges bords. Ce bonnet de laine rouge est commun à tous les enfans qui ne mettent des souliers que les jours de grandes fêtes.

IDIOMES.

Le dialecte des habitans de la campagne est un patois doux et abondant en images. Il est formé, surtout dans l'arrondissement de Chambéry et d'Aix, d'un nombre de mots italiens, français et latins. L'idiome du peuple d'Annecy est traînant comme celui de Chambéry, et a de grandes affinités avec celui de Lyon. Voici une vieille chanson des gens du peuple des environs d'Aix.

> De bailleri un cartan de sataigne
> Que l'aisse fusse sandia
> In vin de sautague.
> De me enthieri dezo le pou,
> To de mon lou :
> Et de deri à l'aisso
> Lo bon Dio te eraisse!

La racine de cet idiome est latine, comme on peut le voir dans la conversation suivante, tirée du patois de la contrée.

Ma fellie (*filia*, fille), vaten dere à ton avo (*avunculus*, oncle) et à ton parè (*pater*, père) d'alla ara (*arare*, labourer) et d'alla sertié lo bou (*bos*, bœuf), que son dediou le pra... (*pratum*, pré), metta de phasous (*phaseolus*, haricot) dien l'ouda (*olla*, marmite), avoi un pou d'ouillo (*oleum*, huile). Di à ton parè de refendre cho bocon de trax (*trabs*, poutre)..., porta-lui son mantel (*mantile*, cappe), à causa de l'oura (*aura*, vent), o ben son vestie (*vestis*, habit).

Le dialecte tarentais se rapproche davantage de l'italien, comme on peut le voir dans la chansonnette suivante :

> Di bassà Tarentaisa
> Du pay dieu de s'ai
> Son trè zenti remò.
> Que son amoirou de mei
> L'ou è le fi d'on couto,
> L'atro è le fi d'on prince,
> Un atro è le fi d'ou rè.
> Et vèra, vèra, vèra,
> Sù, sù sù sù sù,
> O chè d'amor per mè!...

VILLES. — BOURGS. — VILLAGES.

Aix. — La ville d'Aix est située dans la vallée qui s'étend de Chambéry à Genève, et qui, interrompue par le mont Sion à Frangy, se prolonge d'une part à Grenoble par le Grésivaudan, et de l'autre sur le lac Léman et dans le pays de Vaud. Là partant de Genève, un jour suffit pour aller à Aix. Il est peu de ville aussi favorisée par la nature : la fécondité du sol, la salubrité de l'air, les plaisirs qu'offrent une société choisie et une admirable campagne, l'abondance et la qualité des eaux thermales font de ce pays un séjour délicieux.

Le nombre des voyageurs qui affluent à Aix pendant l'été s'élève ordinairement à 1,500, et pendant l'année entière à 2,000 environ. Bien que l'efficacité des eaux thermales soit beaucoup affaiblie dans les temps froids et pluvieux, elles ne sont pas sans action; et, lorsque la maladie l'exige on peut faire usage de ces eaux, même pendant l'hiver, en prenant des précautions contre le froid.

On a établi dans un vaste local un cercle où les baigneurs peuvent se rendre à toute heure du jour. Ces assemblées sont fort agréables; on y fait de la musique, on y joue au billard, aux cartes, aux échecs; on y trouve aussi une bibliothèque, des journaux, etc.; chaque soir on y danse, et une jolie petite salle de spectacle permet d'y jouer la comédie et l'opéra trois fois par semaine.

Les environs d'Aix présentent une foule de promenades charmantes, et les étrangers que la maladie n'empêche pas de marcher occupent leurs loisirs à parcourir la contrée. On trouve aisément des voitures légères qui servent à franchir les distances; on peut aussi louer des chevaux ou des ânes pour faire ces excursions salutaires. L'admirable campagne qui entoure la ville est un sujet inépuisable de contemplations; et, de quelque côté qu'on dirige ses pas, surtout si l'on ne craint point de gravir les rochers et les montagnes, on peut, en abandonnant sa marche presqu'au hasard, trouver entre deux haies vives, à l'ombre des noyers et des châtaigniers, un exercice agréable et des vues très pittoresques.

THERMES.

L'établissement royal présente un bel aspect. La façade offre quatre colonnes d'ordre ionique, surmontées d'un fronton décoré des armes royales. On y lit cette inscription:

VICTOR AMOEDEUS III. REX. PIUS. FELIX. AUGUSTUS.
P. P. HASCE. THERMALES' AQUAS. A. ROMANIS.
OLIM. E. MONTIBUS. DERIVATAS. AMPLIATIS.
OPERIBUS. IN. NOVAM.
MELIOREMQUE. FORMAM. REDIGI.
IUSSIT. APTIS. AD. ÆGRORUM. USUM.
ÆDIFICIIS. PUBLICÆ. SALUTIS. GRATIA.
EXSTRUCTIS. ANNO. MDCCLXXXIII.

On arrive aux thermes par quatre belles marches. Au centre, une cour est entourée de cabinets de bains. Ces bains ont trois robinets: l'un qui fournit l'eau d'alun, le second, l'eau de soufre, et le troisième, l'eau commune. Les cabinets de douches sont au nombre de 4. *La douche des princes*, la *douche des dames*, la *douche des hommes* et la *douche de l'enfer*. Il existe une douche écossaise, nommée *Thermopsyque*, où le malade passe d'une douche chaude à une douche froide qui l'inonde comme une pluie. C'est à cette douche qu'on soumet les malades attaqués de névralgie, les rachitiques, les aliénés. Les femmes, les enfans sont soumis à une douche d'une chaleur tempérée. La douche dont l'action est la plus énergique, est celle qu'on a nommée *douche d'enfer*. Il y a *l'enfer des hommes* et *l'enfer des femmes*. On y descend par un escalier de 16 marches. L'enfer des femmes a 8 pieds de longueur, autant de largeur, et 14 de profondeur. Deux robinets y versent à grands flots l'eau de soufre. L'enfer des hommes, à peu près semblable à celui des femmes, est formé d'une suite de gradins où la chaleur est à divers degrés. C'est une véritable étuve russe, où le malade reçoit sur la tête et les membres une colonne d'eau de 12 pieds de hauteur. Des *doucheurs* ou *doucheuses* saisissent le malade quand la douche a été administrée et lui frictionnent les membres afin de favoriser l'action des eaux. On l'emporte de là entouré de draps et de couvertures dans un lit chaud, où il est soumis aux soins d'un *sécheur*, qui répète à peu près les mêmes frictions que les *doucheurs*.

Tout récemment le bâtiment royal a reçu de grandes améliorations.

Il y a encore une cinquième espèce de bains à Aix; les *Thermes-Berthollet*. C'est un établissement naissant, mais précieux sous le rapport de la science et de l'utilité médicale qu'on en retire. Le comte Berthollet, l'un des plus célèbres chimistes modernes, était né en Savoie. Sa mort arrivée en 1822, époque de la restauration de ces thermes, engagea les autorités d'Aix à solliciter du gouvernement la faveur de donner son nom à cette nouvelle institution.

Ces thermes consistent dans un cabinet voûté où l'on administre la douche aux pauvres et aux militaires; au devant est un bain de vapeur; plus bas est le bassin pour la douche des chevaux et des autres animaux domestiques, et tout près de là sont les piscines, le bain de natation et une fontaine abondante qui fournit de l'eau pour les bains à domicile.

Les heureux effets des Thermes-Berthollet attirent une si grande affluence de malades, que, pendant plus de deux mois, ces bains sont occupés du matin au soir.

Le nom de *Bain-Royal* donné au grand bassin se rattache au souvenir du passage de Henri IV, qui le visita. Le docteur Cabias nous apprend que: « le grand Henri descendit de cheval vers le grand bain, auquel, avec plusieurs princes de sa cour, il se baigna et se lava l'espace d'une heure, avec autant de contentement que s'il avait joui du plus grand plaisir du monde: ce qu'il témoigna disant que tous les bains des baigneurs et étuves de Paris n'étaient rien aux regards de ceux-ci. »

Ce bassin, dans la partie qui n'est pas couverte, n'est plus fréquenté que par la jeunesse d'Aix, qui s'y exerce à la natation. On y douche aussi les chevaux. Les rapports d'habiles artistes vétérinaires constatent les effets remarquables et salutaires de ces eaux; ils n'hésitent pas à penser qu'elles peuvent offrir un moyen curatif pour beaucoup de maladies hippiatriques réputées incurables.

CURIOSITÉS NATURELLES.

La grotte des Serpens. — Elle est connue sous ce nom, parce qu'on prétend qu'elle était fréquentée autrefois par un grand nombre de serpens, qu'y attiraient la chaleur des eaux. On en rencontre encore par intervalles, mais ils ne sont pas dangereux; et les enfans du pays, qui les chassent, s'amusent à les montrer aux étrangers. La grotte est à quelques centaines de pas au-dessous du jardin Chevalay. On y pénètre d'abord debout, mais à une certaine distance il faut se courber et ramper pour avancer. On entend distinctement alors le bruit d'un courant d'eau. En hiver, les vapeurs qui s'exhalent de la source s'élèvent en forme de brouillard, qu'on aperçoit à une grande distance.

Le docteur Dacquin raconte qu'ayant pénétré dans une ouverture au niveau du terrain, il entendit un bruit semblable à de l'eau qui se précipite, qu'il fut arrêté soudain par le peu de développement du passage, et surtout par le haut degré de vapeurs qui le suffoquaient, et qui le forcèrent à sortir précipitamment.

LE PUITS D'ENFER. — C'est une grotte qui se joint à celle des Serpens. Il faut un certain courage pour y descendre. On se sert d'une échelle de 8 à 9 pieds; puis il se présente une seconde ouverture où il faut également descendre à l'aide d'échelons. Un guide vous accompagne, muni d'une lampe, qui ne jette qu'une pâle lueur au milieu des brouillards humides dont ces souterrains sont remplis. L'eau qui bouillonne répand des vapeurs suffocantes de 30 à 35 degrés de chaleur. Tous vos vêtemens sont bientôt imprégnés d'humidité. On ne peut se défendre d'un vif sentiment de crainte, lorsque le guide agite la torche qu'il tient en mains, et qui menace souvent de s'éteindre. Il y a quelque temps que lord Seymour essaya de pénétrer jusqu'à l'extrémité de ce souterrain; mais bientôt il revint, les vêtemens en lambeaux, et presque asphixié.

LA GROTTE DE MOUXY se trouve non loin d'Aix; elle a plusieurs soupiraux ou ouvertures. Le premier est de forme ronde et a environ 4 pieds de circonférence et 3 de profondeur. Il sort de ce soupirail une légère vapeur. Le thermomètre placé à cette ouverture monte en quelques minutes de plusieurs degrés. Au troisième soupirail, large d'un pied sur 4 de longueur et 5 de profondeur, on est frappé d'un volume considérable de vapeurs chaudes et humides qui s'en exhalent. En hiver, la neige qui l'entoure fond à un pied de distance. On a remarqué que la glace ne se formait jamais autour de cette grotte, et que les arbres et les arbustes à racines pivotantes y périssaient au bout de quelques années.

LE CUL-DE-LAMPE est un réservoir naturel qui s'élève à côté des *Thermes-Berthollet*. Il est situé dans une grotte circulaire de 10 pieds de diamètre. Là sont entassées les boues thermales déposées par les eaux d'alun. Ces eaux ont un degré de chaleur au dessus des eaux de soufre; elles se refroidissent lentement, et offrent alors un phénomène remarquable. En effet, un volume d'eau commune, dit M. le comte de Fortis, égale à celui d'un bain porté au degré d'ébullition (de 70 à 80 degrés de Réaumur), se refroidit au bout d'une heure, tandis que les eaux thermales, disposées à quatre ou cinq heures du soir, sont encore, le lendemain matin, au degré convenable pour le bain.

L'eau de soufre donne à l'argent une teinte cuivrée. Cette couleur s'efface par le frottement. La faïence, soumise à l'action de cette eau, prend une couleur de bronze. M. Dacquin a remarqué que l'eau d'alun ranimait les végétaux et rendait aux plantes tout leur éclat. Saussure, qui visitait les eaux d'Aix en 1790, a confirmé l'opinion répandue dans le pays que le bassin des eaux thermales renferme des animalcules vivans. Voici ce qu'il rappelle dans son voyage aux Alpes, tome III.

« Malgré la chaleur de ces eaux on trouve des animaux vivans dans les bassins qui les reçoivent. J'ai reconnu des rotifères, des anguilles et autres animaux infusoires. J'y ai même découvert en 1790 deux nouvelles espèces de *tremelles* douées d'un mouvement spontané. On peut voir leur description dans le *Journal de physique* de 1790. »

Un autre phénomène particulier aux eaux de soufre, et qui a long-temps excité l'attention des savans, est celui qu'elles ont présenté aux tremblemens de terre de Lisbonne en 1755, et de la Calabre en 1783. On vit les sources se refroidir, se troubler, se couvrir d'écume blanchâtre, tandis que les eaux d'alun restèrent dans leur état normal. On sait l'espace qui sépare Aix de Lisbonne. Par quels canaux souterrains la commotion a-t-elle pu s'étendre? C'était là le problème à décider. En 1822, une secousse se fit sentir depuis la chaîne du Mont-Blanc jusqu'au-delà de la ville de Lyon, agitant dans son passage, de quelques secondes, les bassins d'Aix et de Chambéry. Les sources sulfureuses offraient alors les mêmes phénomènes observés un demi-siècle auparavant; elles se troublèrent et se refroidirent pendant un assez long espace de temps, puis se couvrirent à leur surface d'agglomérations cendrées, gélatineuses, dont on peut voir encore quelques échantillons dans les magasins de l'établissement, et dans quelques cabinets de curieux, qui les emportèrent pour en enrichir leurs collections.

En quittant Aix et ses monumens, les regards se portent d'eux-mêmes sur le *lac du Bourget*, dont la belle perspective remplit au nord l'ouverture de ce cercle de montagnes qui vous environne. On voit de là ce lac dans toute sa longueur, depuis le Bourget et l'escarpement effrayant de

Bordeaux, qui serait au besoin un autre rocher de Leucate ou de Meillerie, jusqu'à la Tour de Châtillon. Cette plaine d'azur fait une agréable interruption dans ce cadre de rochers, qui semble s'ouvrir pour laisser échapper la vue avec les eaux qui s'y précipitent. Le lac du Bourget est abondant en excellens poissons de toute espèce, et surtout en *lavarets*. Ses eaux se dégorgent dans le Rhône par le canal de *Savière*, ce qui établit une communication directe avec la Méditerranée.

C'est sur la rive occidentale et dans un lieu enchanté, qu'est située l'ancienne abbaye *d'Hautecombe*, fondée par Amé III, en 1125; elle était célèbre par les tombeaux de quelques princes de Savoie, et notamment d'Amé IV, de Boniface, primat d'Angleterre et archevêque de Cantorbéry, mort en 1270 ; de Philippe Ier, d'Amé V, dit le Grand ; d'Edouard, d'Aymon, d'Amé VI, de Philibert Ier, etc. Le mausolée de Boniface était en bronze. La statue d'Humbert III avait été érigée en 1188. Ce monastère possède encore une foule de monumens très curieux et très intéressans pour l'histoire du pays.

Plus loin est la *Fontaine de Merveilles* si vantée dans la contrée. Son eau capricieuse s'échappe quand on s'y attend le moins, au travers du buis, du capillaire, du lierre et du scolopendre ; ce n'est d'abord qu'un petit courant fort paisible dont on s'approche avec sécurité ; mais bientôt l'eau augmente et vous entoure. Tout à coup on entend un murmure sourd, le filet est rompu, il cesse de couler, la fontaine retire son onde. D'autres fois la nymphe se joue impitoyablement des fatigues et de la patience des voyageurs ; on a traversé péniblement le lac, on a gravi la côte, on est pressé de retourner, on attend...... La quinteuse retient ses flots captifs et les refuse obstinément aux vœux des spectateurs ; il faut partir sans avoir rien vu, sous peine d'être surpris par quelque orage ou par la nuit, qui, ce jour-là, semble accélérer son retour.

Le P. de Challes a publié un petit écrit sur cette fontaine; MM. Pictet et Lefort l'ont décrite et ont essayé d'en expliquer le phénomène dans le journal de Genève du 16 janvier 1790.

Cette partie des bords du lac est d'une richesse et d'une beauté admirable ; tous les étrangers qui viennent aux bains d'Aix font une promenade à cette solitude d'Haute-Combe et à la *Fontaine des Merveilles*; c'est une des parties de plaisir les plus agréables que l'on puisse faire, si l'on traverse le lac par un beau jour, et si l'on est assez heureux pour obtenir la faveur des Naïades, des Napées, des Dryades, des Limniades et des Oréades, qui forment l'aimable cour des Nymphes du lieu.

BIOGRAPHIE.

La ville d'Aix est le berceau de plusieurs hommes célèbres. Claude de SEYSSEL, né au château d'Aix vers la fin du XVe siècle, fut un des savans les plus érudits de son temps. Il vint en France, où le roi l'appela dans son conseil, et il y déploya les talens d'un profond jurisconsulte et d'un habile homme d'état. Nommé à l'archevêché de Marseille en 1500, il fut envoyé plus tard au concile général de Latran, en qualité d'ambassadeur du roi de France. Il cultiva la littérature, et écrivait avec facilité. Il composa plusieurs livres estimés, parmi lesquels on distingue surtout l'Histoire de Louis XII. Profondément versé dans l'étude de la langue grecque, il fut le premier écrivain en France, dit le savant Naudé, qui fit connaître par des traductions les ouvrages d'Eusèbe de Césarée, de Thucydide, d'Appius d'Alexandrie, de Diodore de Sicile, de Justin ; il traduisit encore les œuvres de Sénèque, et plusieurs Vies de Plutarque. A une époque où la langue française, encore dans son enfance, n'offrait qu'un mélange barbare d'élémens sans ordre, sans grâce et sans lois, Seyssel s'éleva par la correction de son style au-dessus des auteurs de son siècle ; il fut un des premiers dont les ouvrages purent être cités comme des modèles de composition et de pureté.

Jacques MAISTRAFF fut, dans le XVIe siècle et au commencement du XVIIe, l'un des prédicateurs les plus célèbres par son éloquence et son zèle apostolique.

Parmi les savans contemporains nés à Aix, citons encore un écrivain qui réunit les études du naturaliste à celles de l'archéologue, M. le général comte Mouxy de Loche. On connaît ses travaux sur les abeilles et les lépidoptères, et ses recherches sur les antiquités de sa patrie. Les Mémoires de l'Académie de Turin et ceux de la Société royale de Chambéry contiennent différens traités remarquables de cet auteur.

HISTOIRE NATURELLE.

En considérant la configuration des plus hautes montagnes qui environnent les bassins d'Aix, de Chambéry, d'Annecy, on trouve une grande différence entre leurs sommités et celles des montagnes qui dépendent de la chaîne primitive des Alpes. Celles-ci en effet présentent des pics aigus, des arêtes déchirées, des pentes abruptes, recouvertes de leurs débris, ce qui les fait appeler *aiguilles* par les habitans de Chamouny et de toutes les vallées de même nature.

Le mont du Chat, celui de *Nivolet* et les autres hauteurs qui environnent Chambéry, offrent au contraire des plateaux formés de bancs plus ou moins inclinés, à l'est, vers la chaîne des Alpes, et dont l'extrémité supérieure a la forme de *dents* dont on leur donne la dénomination. Ces montagnes sont calcaires et appartiennent à la variété appelée *chaux carbonatée compacte*. Leur couleur varie; elle est plus généralement grise : elle passe souvent au blanc, au jaune, au rouge clair ou au noir. On rencontre, dans les fentes que présente ce calcaire, des druses de cristaux dont la forme est la métastatique et fréquemment celle de la crête du coq. On y trouve du sulfure de fer, et dans quelques endroits, notamment à Saint-Jean d'Arvey, il alterne avec des couches de quartz, agathe pyromaque bleuâtre, de deux pouces d'épaisseur. Outre une excellente pierre à bâtir, elles fournissent plusieurs espèces de marbres, d'une qualité commune et de couleur, en général, peu foncée. A Vimines, à Saint-Jean de Couz, Saint-Cassin, et la Grotte, ces marbres sont pour l'ordinaire des brèches à fragments de différentes couleurs, toujours compactes et jamais grenues.

On trouve fréquemment dans ce calcaire des coquilles qui appartiennent à la famille des ammonites et à celle des moules, des bélemnites, des oursins, des térébratules, etc. ; et dans quelques endroits elles sont tellement abondantes, qu'elles peuvent passer, suivant l'expression de M. le naturaliste Perret, pour un véritable *cimetière de coquilles*.

Les bancs de grès s'étendent depuis Saint-Jean de Couz jusqu'au lac du Bourget, en formant une lisière non interrompue dans le bassin de Chambéry, et toujours superposés au calcaire auxquels ils sont postérieurs. Ils forment la totalité de la colline de Tresserve, et se prolongent ensuite dans la Chautagne, la vallée de Rumilly et celle d'Annecy. Le grès est déposé en couches horizontales; quelquefois cependant il est totalement bouleversé, et l'on en trouve dont la situation est presque verticale. La nature et la forme de ces grès démontrent évidemment qu'ils doivent leur origine à des granits roulés par les eaux et agglutinés par un ciment calcaire. On y découvre à la loupe des grains verts, rouges ou noirs, qui grossissent insensiblement vers l'extrémité des couches, et finissent, en devenant gros comme des noix, par être un véritable poudingue composé de quartz, de jaspes rouges, de rubis noir, de porphyre, de talc, de granit, auxquels il faut ajouter des *glossopètres* ou *dents de squalus*, qu'on y rencontre assez souvent.

Formé de montagnes élevées, de collines, de vastes plaines, dont l'heureux mélange est si attrayant, le bassin d'Aix doit offrir une grande variété de productions naturelles; aussi voit-on croître, à côté de la plante alpine, la plante méridionale. Ici s'élance le pin toujours vert, plus bas sont des bruyères de serpolet ; là croît le figuier, plus loin le grenadier est cultivé en pleine terre. Les fruits qu'on y mange ont une odeur et une saveur exquises, qui rappellent les fruits du Piémont et de la Lombardie. Saint-Innocent fournit des marrons comparables à ceux de la Corse et de Lyon.

La botanique y est extrêmement riche. Il serait trop long de donner ici la nomenclature complète des espèces qu'on rencontre dans la vallée d'Aix et de Chambéry, des insectes nombreux que le naturaliste y trouve; nous dépasserions, en les décrivant, les bornes qui nous sont imposées. Nous aimons mieux renvoyer les botanistes, les entomologistes au livre de M. le comte de Fortis (*Voyage à Aix-les-Bains et ses environs*), observateur aussi ingénieux qu'instruit, et dont le bel ouvrage que nous venons de citer nous a fourni les plus curieux documens sur cette contrée intéressante.

BIBLIOGRAPHIE.

Description des Alpes grecques et cottiennes; par M. Albanis-Beaumont.

Essai sur la topographie d'Aix en Savoie et ses eaux minérales; par MM. Despine et Humbert.

Les eaux thermales d'Aix; par M. Dacquin.

Notice sur Aix en Savoie et ses établissemens; par M. Francœur.

Dictionnaire historique de la Savoie; par M. Grillet.

Des vertus merveilleuses des bains d'Aix en Savoie; par J.-B. Cabias.

Voyage à Aix-les-Bains; par M. le comte de Fortis. — Lyon, 1829; 2 vol. in-8°.

Recherches historiques sur les antiquités de la ville d'Aix; par M. le général comte de Loche.

Observations sur le monument sépulcral de Campanus à Aix en Savoie; par Millin.

Voyage en Savoie; par David Bertoletti, 1828. 2 vol. in-8°.

Analyse des eaux thermales d'Aix en Savoie, par M. Socquet.

ON SOUSCRIT CHEZ :

HIPPOLYTE SOUVERAIN, édit. 3, rue des Beaux-Arts.

Paris. — Imprimerie de BAUDOUIN, rue Mignon, n. 2.

FORÊT-NOIRE. — BADE.

TOPOGRAPHIE. — HISTOIRE.

Les montagnes connues sous le nom de la Forêt-Noire règnent depuis les frontières de la Suisse jusqu'à Enz, près de Pforzheim, d'où la chaîne s'étend au nord sous un autre nom. Du Rhin au Necker cette contrée, l'une des plus intéressantes de l'Allemagne, s'élève insensiblement en amphithéâtre. Les pics principaux et les plus élevés de la chaîne sont *Feldberg* au sud de *l'Hœllenpass*, le *Rohrathsberg* entre le *Hœlle*, le *Kinzig* et le *Kniebis* au nord du *Kinzig*. Toutes ces hauteurs sont presque toujours couvertes de neiges. Des bois sombres et tristes en partie formés de sapins couvrent la contrée dans une grande étendue. La chaîne est parsemée de villages tour à tour riants et fertiles, sauvages et romantiques.

16,000 habitans sont répandus sur une surface de 50 lieues, tous vivant du produit de leur bétail et de leur industrie. Cette industrie est fort limitée, elle comprend : l'horlogerie, la boissellerie, la fabrication des boîtes, des pelles, des sabots, des lattes, et des chapeaux de paille.

De chétives cabanes isolées forment leurs habitations; les toits s'abaissent en dehors et se projettent sur des galeries de bois qui tournent ordinairement autour du bâtiment; la grange est au dessous du toit; point de traces de maçonnerie, mais des poutres sciées et croisées ensemble : l'intérieur est boisé et noirci, ainsi que le plafond; ce qui donne un air sombre à ces rustiques demeures. Au lieu de chandelles, on se sert, pour s'éclairer la nuit, de flambeaux de sapin enduit de résine. Chaque maison a une petite fontaine et une auge pour conserver le lait en été; quelques uns de ces espèces de chalet sont aussi une petite chapelle dont la cloche sonne l'*angelus* et la prière le matin et le soir.

Cette contrée a joué un rôle important dans l'histoire : ce fut le berceau de ces formidables Allemands connus sous le nom de Teutons qui luttèrent si long-temps contre la toute-puissance de Rome, résistèrent à ses nombreuses armées, vainquirent ses plus grands capitaines, et finirent par échapper au joug de cette maîtresse du monde. Les premiers apôtres du christianisme, avaient construit des cellules sous les ombres des chênes et des sapins de ces sombres forêts. On retrouve Saint-Fridolin à Seckingen, Saint-Offon à Schouttern, Saint-Landolin à Ettenheim-Munster, Saint-Trutpert au village de ce nom. Les ducs, qui plus tard se rendirent maîtres de la contrée, luttèrent avec énergie contre le despotisme des Carlovingiens.

La Forêt-Noire conserve encore les mœurs et la langue des Teutons.

VILLES. — VILLAGES.

BADE, en allemand *Baden*, est situé à deux lieues du Rhin. C'est une ville irrégulière, à moitié construite sur un sol escarpé, de sorte que dans plusieurs quartiers on passe sans transition du grenier au jardin. Ses anciennes murailles et ses portes ont disparu entièrement. Un ruisseau couvert traverse et arrose la partie basse de la ville, qui contient, avec les faubourgs, 400 maisons environ. Des montagnes enferment Bade de toutes parts; elles sont couvertes de ces pins qui font une des principales richesses de la Suisse. Sur les collines sont des hêtres et des chênes élevés. Des bouquets de châtaigniers, de bouleaux, de houx toujours verts, de genièvre aux baies bleues, se groupent dans les taillis. L'église s'élève sur un tertre avancé de la montagne du château, non loin des bains. C'est peut-être l'édifice le plus ancien de la contrée; il remonte au VIIIe siècle. On en attribue la fondation aux moines de Wissembourg, à qui appartenaient les Thermes. Cette église a servi de sépulture à la plupart des margraves de la branche catholique depuis Bernard qui mourut en 1241. Parmi les mausolées, celui de Léopold est le plus remarquable.

Le château, bâti par les margraves au XIIIe siècle, s'élève au-dessus de la ville, et est dominé par des massifs de chênes et de sapins. Ce monument fut achevé en 1417, puis reconstruit par Philippe II, et terminé en 1579; incendié ensuite par les Français, relevé de ses ruines et reconstruit en entier, sa situation est la seule chose qu'on puisse louer, mais il en est peu de plus belle au monde. On va visiter les souterrains, où l'on arrive par un escalier à vis de la tour de l'angle droit du château, et en passant au près de bains de construction romaine. On entre dans une salle qu'on nomme *la Chambre de la Question*. On remarque, scellés dans le mur, les anneaux de fer où s'attachaient les instrumens de la barbarie de ces temps. On voit les sièges des francs-juges, et un couloir par où ils arrivaient dans cette sombre demeure. Le gardien du château montre encore en tremblant la place où s'élevait l'image de la Vierge. Lorsqu'un criminel était condamné, on amenait le coupable devant la madone ; la Vierge lui tendait les bras, l'infortuné s'y précipitait ; alors une trappe s'ouvrait, et le malheureux tombait dans un abîme où des couteaux, des roues de fer et d'autres instrumens de supplice mettaient fin à sa cruelle agonie. Il y a près d'un siècle qu'un chien étant tombé dans ces *oubliettes*, en l'en retirant on découvrit des lambeaux de vêtemens, des ossemens, des roues, etc., etc.

Dans ces derniers temps, on a construit à Bade de nombreux édifices. Ce sont : la *galerie des antiques*, dans laquelle on a placé quelques monumens romains trouvés à Bade et dans les environs, la *galerie des Buveurs*, située vis-à-vis de la précédente, et qui offre un point de vue charmant à travers ses colonnes d'ordre dorique, les *Réservoirs* dont on n'a point encore fait usage, et la *maison de Conversation*.

SASBACH. C'est à Sasbach que mourut un des plus grands capitaines dont s'honore la France. Turenne a immortalisé ce village obscur. Tous les voyageurs français ou étrangers vont visiter la place où un boulet vint terminer l'existence de ce grand homme, la veille d'une bataille ou d'une victoire, ce qui était la même chose pour le héros.

Ce monument ayant été détruit, le gouvernement français a fait ériger en 1829 un obélisque de granit, de 38 pieds de haut, avec ces mots :

A TURENNE ;
MORT A SASBACH,
LE 27 JUILLET 1675.

A quelques pas est l'arbre à demi brisé sous lequel il fut transporté. Cet arbre fléchit et meurt ; chaque année, il perd quelques uns de ses rameaux, et bientôt ce ne sera plus qu'un tronc informe. Une palissade en bois l'entoure pour garantir et préserver ses restes de toute atteinte. Les Badois eux-mêmes veillent à la conservation de cet obélisque. On montre à Sasbach le boulet fatal qui enleva Turenne à la France, et la carte sur laquelle il traça la position de l'armée française et celle des Impériaux.

HERRENWIESE. — Sur la pente sud de la montagne de Herrenwiese, se cache le petit village du même nom. Non loin de là est un lac appelé, dans le langage du pays, *Mounmelsée* (lac des Fées). Le climat est rude dans ces cantons ; et, s'il ne règne pas un vent du sud, la montagne est couverte depuis l'automne jusqu'au printemps d'une épaisse couche de neige, dans les momens même des plus grandes pluies des belles vallées et du Rhinthal.

Le village d'Herrenwiese est isolé, solitaire ; les champs dont il est entouré sont infertiles ; mais le gibier, le coq de bruyère, le mulet à collier, mets délicieux pour le chasseur, y sont abondans.

Le petit lac fournit des truites que l'on compare, pour leur saveur et leur délicatesse, aux truites qu'on pêche dans les lacs de la Suisse.

On descend du Herrenwiese, qui peut avoir deux lieues d'étendue, dans la direction ouest, vers le val de Bühl. Toute cette contrée offre un tableau fait pour inspirer un Ossian. Toutefois, avec des teintes moins sombres que les antiques vallées des Hébrides, vous y trouvez des rochers épars dont les flancs sont dépouillés de verdure ; mais à leurs froides parois s'attache une cabane champêtre, dont le possesseur cultive quelques champs fertiles parés de tous les dons de la nature. Des ruisseaux limpides s'échappent de tous côtés. Le raisin, la châtaigne croissent au-dessous des hautes futaies du sud, et au nord les vents se brisent à travers des hêtres au brun feuillage. Chaque portion de la vallée présente des tableaux aussi pittoresques que variés.

TAYBERG. — Au pied de trois montagnes de quelques centaines de pieds de hauteur est une ville de peu d'importance, mais dont le site a quelque chose d'enchanteur. Des masses de rochers, de gras pâturages, des cabanes appuyées sur de noires *Sapinières*, des cascades bruyantes, de nombreux troupeaux, des pâtres et des bergères qui s'occupent à tresser la paille forment un tableau que le voyageur qui traverse pour la première fois cette contrée ne peut assez admirer. Une église y attire chaque année depuis le XVIIe siècle un grand nombre de pèlerins. Voici, dit-on, l'origine de cette antique chapelle. Des soldats autrichiens, qui occupaient les hauteurs du *Schœnwald* et du *Schœnacher*, venaient fréquemment dans ce lieu. Un jour qu'ils s'en retournaient par les trois sentiers que borde le torrent de *Schœnach*, ils entendirent une mélodie qui semblait surgir du sein de la forêt. Ils la prirent pour un avertissement du ciel, cherchèrent et trouvèrent dans un vieux sapin, près d'un rocher, une image de la Vierge sculptée en bois de tilleul. Les soldats, après s'être agenouillés, prirent l'image sainte, l'encadrèrent, et mirent à côté un tronc destiné à recevoir les offrandes des fidèles. Les dons devinrent si considérables qu'ils suffirent pour jeter les fondemens d'une église, à l'achèvement de laquelle les princes d'Autriche et de Bade contribuèrent avec une grande munificence ; depuis de nombreuses troupes de pèlerins accourent chaque année pour honorer l'image sacrée.

Cette *merveilleuse* mélodie s'explique naturellement. La fondrière qui traverse le Schœnach est comme une harpe éolienne. Le souffle des vents frappe les sapins, et le murmure des eaux accompagne harmonieusement ces sons aériens. Encore aujourd'hui on entend quelquefois ces accords dans les nuits d'orage.

Un Passage de la Forêt Noire.

Le vieux Burg qui dominait la ville n'existe plus. Il fut pris d'assaut et démoli en 1642.

Tout autour de Tryberg la contrée participe du caractère des Alpes. Rarement les arbres fruitiers y réussissent, et l'on n'y voit guère de hautes tiges que l'alisier et le sapin. Les étés y sont courts.

Offenbourg, ci-devant ville impériale sur le *Kinzig*, fut fondée par Otto, qui lui donna son nom *Otto's Burg*. C'est la clef de la vallée de la Kinzig. Elle a 3,500 habitans. Jusqu'à la paix de Presbourg c'était le siège du bailliage impérial de l'Ortenau, et pendant quelques années de la révolution le grand chapitre de Strasbourg y chercha un refuge. La ville est belle, agréable; traversée par la route de Strasbourg à la vallée de Kinzig et celle de Bâle à Francfort. Dans le couvent des Cordeliers est un institut de jeunes demoiselles. Le collège occupe l'ancien couvent des Capucins. L'église a de beaux vitraux et quelques pierres sépulcrales du moyen âge.

Buhl est un bourg important, et le plus abondant marché du grand duché. Il appartenait jadis au seigneur de Windeck, qui y avait élevé un *burg* ou castel. Il n'y a pas long-temps encore qu'on y voyait une tour, ainsi qu'un portail aux armes de Windeck et de Reinach, avec la date de 1565. Ces armes sont maintenant placées dans un des murs de l'auberge de *la Tour de Bade*, qui a été construit sur l'emplacement qu'on appelle encore la *Cour du château*. Pendant plusieurs siècles il exista à Bühl une confrérie de fous; elle subsistait encore en 1750. On en a conservé les statuts et les registres.

Rastadt était l'ancienne résidence des margraves de Bade. Elle est tirée au cordeau et située sur la Mourgue. Le château, bâti par la margrave de Saxe-Lauenbourg, femme du général margrave Louis-Guillaume, est un bel édifice. On compte dans l'intérieur 365 salles presque toutes ornées de tableaux, parmi lesquels on distingue le portrait de Marie-Thérèse, et celui de la reine de France Marie-Antoinette. Quelques uns des trophées qui ornent les appartemens ont été conquis sur les Turcs par le margrave Louis-Guillaume. Presque tous ces trophés sont enfermées dans des armoires à glace. Ce sont de riches tapis, des bijoux, des armes guerrières, des pierres précieuses, des turquoises. L'armure du vainqueur rappelle celle des anciens Bourguignons; elle est en or fin et d'un poids immense. Dans un des salons est un tableau qui représente les personnages qui signèrent le traité du congrès en 1714. Dans un autre sont les portraits en pied de quatre esclaves turcs amenés par le prince Louis-Guillaume. Plusieurs pièces sont décorées de belles tentures des Gobelins, de porcelaines de la Chine; mais la chambre où l'on s'arrête long-temps, parce qu'elle rappelle de grands souvenirs, est celle où Napoléon coucha lors du congrès de Rastadt; on montre encore le lit où il reposa. La salle du congrès est immense, riche en tableaux et en ornemens. La façade du château est surmontée d'un belvéder terminé par une statue dorée de Jupiter, et d'où la vue est fort étendue. Les autres édifices qui méritent quelque attention sont : La fabrique d'acier fondu, le lycée, le séminaire catholique, les bains de la Mourgue. Rastadt a une imprimerie, des fabriques de tabatières en carton; elle fait un grand commerce d'expédition.

THERMES.

Les bains sont entretenus par de nombreuses sources d'eau chaude de différens degrés de chaleur. Presque toutes ces sources sortent d'un terrain sur lequel a été élevée la terrasse du château. La base de ce sol est formée d'une couche de charbon de terre. Voici les noms des thermes principaux :

Le Bruhbrunnen . . . . 50,5 deg. R.
Le Kuhlenbrunnen, 1re source, 43.3/4.
                    2e — 37.1/2.
Le Butte, ... 1re source, 52.
               2e — 53.
               3e — 45.
               4e — 40.
L'Hœllenquelle, ... 58,8.
Le Judenquelle, ... 54.
Le Klosterquelle, ... 51.
La Muhr, ... 49,5.
La Moorquellen, ... 50,6.
L'Ungemach, ... 52 1/4.
L'Ursprung, ... 54.

Cette dernière source était connue des Romains, à en juger par la voûte en marbre blanc qui décore ce bain.

Depuis quelques années de nouveaux thermes se sont élevés. 1° Le *bain à vapeur*, qui a remplacé l'ancien bain des pauvres, près de la galerie des antiques; 2° *le bain aux chevaux*, près de la porte Beuern, qui est d'une belle forme et construit sur les dessins d'un architecte du pays; 3° *le bain du charpentier Bahrdt*, agréablement situé sur le ruisseau limpide de l'OElbach; 4° *le nouveau bain de Lichtenthal*, situé près du couvent et dans une riante position.

Ces bains sont si fréquentés aux mois de juin, juillet et août, que les malades sont souvent obligés de se loger à quelque distance de la ville. Il y a bal pendant toute la saison. On danse jusqu'à minuit. Les jeux sont affermés.

La vie qu'on mène à Bade présente un tableau mobile et varié. La saison des bains se divise en trois périodes. La première commence en mai, et dure six semaines. Alors vous trouvez peu d'étrangers dans la cité; quelques malades seulement y viennent chercher la guérison ou le repos qu'ils ne peuvent trouver au milieu du mouvement et de l'agitation des villes. Les jeux ne sont point encore établis : les bals sont rares. Le temps se passe en promenades, en visites, en parties de plaisir. On se rend au *Houb*, au *vieux château*, aux *ruines d'Éberstein*, à la *vallée de la Mourgue*. On déjeûne, on dîne en plein air, et c'est à table que se forment des liaisons qui ne survivent point le plus souvent à la saison. Cette période ne manque ni de variété, ni d'agrément. C'est alors que commencent les représentations théâtrales, que les marchands arrivent de Strasbourg, de Carlsruhe, des villes voisines, et viennent s'établir dans de petites boutiques, en bois, rangées sur deux lignes parallèles, sous une longue allée de marronniers.

Depuis la première floraison jusqu'au commencement des chaleurs, la nature étale tous ses charmes à Bade. Les arbres se couvrent de verdure, le gazon a une fraîcheur extraordinaire, les collines, les vallons abondent en sources d'eau vive; partout des ruisseaux limpides; chaque sentier conduit à une promenade embellie par la diversité des points de vue.

La seconde période commence à la fin de juin, et finit à la fin du mois d'août. C'est la plus brillante et la plus animée. Alors vous voyez arriver une foule de calèches, de cavalcades, de voyageurs pédestres; la petite ville est métamorphosée en grande cité. Les hôtels, les maisons particulières sont encombrés. On ne trouve que difficilement place aux tables d'hôte, et souvent l'homme riche, le grand seigneur en sont réduits à se contenter d'un logement mesquin et incommode. Les promenades sont traversées par de nombreux équipages remplis de femmes élégamment parées, et presque toutes couvertes de diamans. Les bals commencent, plus brillans, mais bien moins agréables que dans la première période; car l'étiquette a remplacé le *laissez-aller* des premières réunions. Les jours de fêtes pour les banques et le tapis vert sont venus. On joue le jour et la nuit, et l'on perd à la fois sa santé, son repos et sa fortune. *La promenade* et l'allée de marronniers sont le rendez-vous de la haute société depuis onze heures de la matinée jusqu'à une heure après midi. Si l'on veut se dérober à la foule, échapper à ce monde bruyant, l'allée de Lichtenthal vous offre son abri touffu, ses *reposoirs* ombragés, ses vues étendues sur les hauteurs et les vallées des environs, sur les beaux jardins du château.

Arrive la fin d'août, et tout ce monde se disperse; c'est ici la troisième période. Les mois de septembre et d'octobre sont singulièrement agréables à Bade ; l'air y est doux, la nature a revêtu les livrées de l'automne. Les équipages ont disparu ; la vie champêtre succède à la vie tumultueuse des villes. C'est un doux repos, une solitude qu'animent encore quelques voyageurs retardataires. C'est alors que les habitans du duché arrivent en foule pour passer à Bade les derniers beaux jours de l'année.

Mais les véritables agrémens de Bade, ce sont ses vallées, ses bois nombreux, ses coteaux, ses vieux châteaux. Peu de villes ont des promenades plus variées et plus belles. Nous indiquerons ici celles que visitent de préférence les étrangers ; ce sont :

La Promenade. Elle longe l'Oelbach près de l'ancienne Arquebuse; on l'aperçoit de Bade à travers une quadruple allée de marronniers, dont les branches étendues forment un immense berceau; des deux côtés règne une suite de boutiques occupées par les marchands forains ; c'est sous le dôme de verdure de cette allée, magnifiquement illuminée le soir, qu'on danse une partie de la nuit. Le théâtre, bâti sous la direction de Weinbrenner, est un des ornemens de cette promenade; en été il est exploité par une troupe de comédiens français et allemands. On y joue les pièces de Scribe, et on y exécute la musique de Mozart, Weber et Rossini.

Le Géroldsau. — C'est un vallon solitaire à une lieue de Bade. Pour y arriver, on traverse l'Oelbach entre de puissantes masses de rochers; des noyers, des châtaigniers en ombragent le sommet. On entre alors dans le vallon où quelques habitations sont groupées au milieu d'arbres chargés de fruits. Sur les montagnes environnantes s'élèvent des ruines pittoresques. Un bois délicieux conduit à la cascade de Géroldsau. Des bancs placés de distance en distance invitent au repos; le regard fuit à travers les arbres et va s'arrêter sur de fraîches prairies, sur un torrent dont le murmure se fait entendre sous l'ombrage qui le domine. On continue cette route riante toujours tracée au dessus du ruisseau du Waldbach et enfin on arrive à un pont de bois; c'est là que la cascade se montre dans toute sa beauté; haute de 24 pieds, elle tombe et se précipite sur des blocs de granit. On retourne à Bade par un chemin différent, d'où l'on aperçoit les *burgs* d'Eberstein et de Baden.

Lyberg. — C'est le but d'une excursion que tentent les baigneurs convalescens. De loin on aperçoit les deux vieilles tours d'Hybourg qui s'élèvent au dessus de noirs sapins. On ignore le nom du fondateur de ce burg. Deux tours et un pan de muraille sont tout ce qu'il en reste. L'une d'elles est bien conservée, elle a 70 pieds de hauteur; il faut y monter avant le coucher du soleil pour jouir du spectacle qu'offrent les masses gigantesques de la Forêt Noire, ressortant dans une teinte demi-sombre jusqu'à ce que la lumière se répande sur les sommets, tandis que tout le paysage passe du sombre obscur au jour le plus éclatant. De ce point élevé vous voyez les montagnes qui se croisent ; ici des forêts, là des vallées arrosées par de nombreux ruisseaux; plus loin Bade qui apparaît entre deux montagnes avec son château, son église et les vieilles ruines qui le dominent. Tous les voyageurs ont été frappés ici d'un singulier effet d'optique : au moment où paraît le soleil, les pointes des clochers et quelques hauteurs, ressemblent à des îles flottantes au milieu d'une vaste mer; on les voit surnager s'élever insensiblement au dessus de la brume épaisse qui les enveloppe jusqu'à ce que le vent déchire cette espèce de voile et développe le panorama. Ce spectacle d'une vaste mer n'était point une illusion mais une réalité, dans les temps reculés où le Rhin formait un lac entre les deux chaînes parallèles de montagnes qui s'élèvent à l'est et à l'ouest, avant qu'il rompit sa digue à Bengen, et rendit à la culture les contrées qu'il couvrait autrefois de ses flots.

Le VIEUX-CHATEAU, la SCIERIE, la FAVORITE offrent aussi des sites charmants et sont les buts d'excursions et de promenades les plus agréables.

VALLÉE DE LA MOURGUE. — CURIOSITÉS NATURELLES. — TRADITIONS POPULAIRES.

VALLÉE DE LA MOURGUE. — La vallée de la Mourgue est sans contredit une des plus belles contrées de l'Allemagne. C'est la Suisse en miniature. L'entrée de la vallée est près de la petite ville de Kuppenheim, à une lieue de Rastadt.

GERNSBACH. — Deux chemins y conduisent. L'un est le sentier sous l'Amalienberg, l'autre est la chaussée qui passe à Ottenau et Hœrten. Les nombreux batelets qui descendent la rivière, les enfans qui s'y baignent journellement en été, animent le paysage. Gernsbach est bâti sur les deux rives, et en partie sur une colline couronnée par l'église paroissiale. Le château d'Eberstein et ses belles tours se détachent du rideau que forment les hautes montagnes de la Forêt-Noire. La ville, chef-lieu du comté d'Eberstein, est peuplée de 1,500 habitans et a deux temples, l'un catholique et l'autre réformé, et des bains qui commencent à être fréquentés. Les habitans sont industrieux. Les bateliers qui forment une société font un grand commerce en bois.

Dans les contrées montagneuses chaque sentier est une nouvelle promenade ; chaque hauteur présente un nouveau panorama ; chaque vallon offre de nouveaux charmes à l'imagination. Tout cela se trouve à Gernsbach. Au sud, si vous suivez les détours d'un vallon dominé par le haut Mireurd, vous arrivez au village de Stauffenberg, situé entre des prairies et des vignobles, des châtaigniers et des noyers, et dont les maisons se prolongent jusqu'à l'entrée de Vestesforets. Devant vous vous apercevez les montagnes de la Forêt-Noire et le village de Loffnau. Sur les hauteurs du joli vallon au bas duquel est assis Gernsbach, de nombreux troupeaux, le chant des oiseaux et des bergers ajoutent à l'agrément du site.

De Gernsbach on suit la chaussée de la Mourgue jusqu'à une petite colline où est une chapelle qui ressemble à celle de Guillaume-Tell, sur le lac des quatre cantons. Les toits du burg d'Eberstein se montrent derrière cette chapelle, à travers une forêt de sapins. A gauche s'élève une colline fertile qui va se perdre au milieu des champêtres habitations du hameau de Scheceern. La vallée se rétrécit, la rivière agitée bouillonne autour d'une ile couverte d'arbres, entre des blocs de granit que l'ouragan et les tempêtes ont jetés dans les flots.

La chapelle dont nous avons parlé se nomme *Klingel*; elle attire un grand nombre de pèlerins. Jadis la contrée où elle s'élève aujourd'hui n'était qu'un vaste désert. Un ermite vint qui y construisit une cellule ; souvent le cénobite, raconte-t-on, était éveillé par des chants qui partaient du voisinage, et une lumière inconnue éclairait sa solitude. Après bien des recherches, il trouva au milieu des buissons une image de la Vierge, et bâtit en son honneur la chapelle qui existe encore.

Derrière est un beau et large chemin qui mène à travers des clairières de sapins au burg d'Eberstein, qui n'était qu'un amas de ruines il y a 50 ans. Le margrave Frédéric, fils de Charles Frédéric, fit relever le château. L'intérieur en est simple, orné avec goût. On trouverait difficilement en Allemagne un site comparable à celui du nouvel Eberstein. La vue qui se perd dans les Vosges lointaines plonge sur Gernsbach, et rencontre le long des montagnes les villages d'Oberzoth, d'Hilpertsfacc et de Weissenbach, qui, à moitié cachés dans les bois, se développent le long de la rivière. Langenbrandt repose sur des granits élevés, et Bersmersbach paraît isolé au milieu des hautes futaies. Le château a un jardin anglais où l'art fut déguisé sous les plus riches ornemens de la nature. Au sud, un joli chemin conduit à une grotte pittoresque que tout naturaliste doit s'empresser de visiter.

Du burg d'Eberstein on arrive bientôt à Weissenbach. La contrée est ornée de vignes et de châtaigniers ; mais bientôt la vallée se rétrécit et devient plus solitaire. La Mourgue resserrée se brise avec fracas sur les lits de rochers qu'elle s'est formés. D'autres blocs qu'elle n'a pu détourner semblent encore lui fermer le passage. Les rives sont couvertes de monceaux de bois qui flotteront bientôt dès que les écluses seront ouvertes.

Le chemin de Forbach passe vis-à-vis le petit village d'Aue, derrière Weissenbach, et monte insensiblement à travers les rochers, entre des bancs de verdure et d'effrayans précipices. Ce n'est pas sans crainte qu'on arrive à ces hauteurs qu'atteignent les cimes de chênes antiques dont les racines sont attachées dans le limon, et dont les branches s'élancent à travers l'épais feuillage des taillis. Des crevasses sillonnées par les orages servent de passage aux courans d'eau-vive que forment de tous côtés les sources nombreuses qui jaillissent dans ces solitudes: ils vont se précipiter dans la Mourgue, qu'on voit écumer le long de la route à trois cents pieds de profondeur, et se briser contre d'énormes rochers qui s'élèvent dans une direction si escarpée, que jamais chasseur ne les franchit pour atteindre le chamois. On veut suivre du regard le cours du torrent, mais il se dérobe à la vue dans les replis tortueux de ces roches inaccessibles; nulle part on ne pourrait trouver un vallon plus sauvage, plus hardi dans ses proportions. Après une heure d'une marche pénible, souvent dangereuse, on arrive à Langenbrand, village dont les maisons toutes de bois bordent quelques espaces moins escarpés de la rive. On est dans la Forêt-Noire. L'habitant de ce vallon gagne sa vie à la culture des bois, qu'il travaille, et dont il fait des radeaux; à force de peine et de fatigue il parvient difficilement à gagner un morceau de pain noir pour sa nourriture. Les femmes cultivent ici le peu de terrain fertile que les rochers ont laissé à découvert. Ce n'est pas là qu'il faut chercher des hommes remarquables par leur haute taille. La nature est rabougrie. Des privations de tous les genres s'opposent au développement des organes; ce n'est que plus loin qu'on trouve ces belles proportions, ce beau sang, cette stature élevée qui distinguent certaines populations de la Forêt-Noire.

La rive gauche de la Mourgue devient de plus en plus sauvage, son cours plus hardi et plus irrégulier. Partout où se porte la vue, elle ne rencontre que des rochers immenses, des ruines de vieux burgs, des sapinières, des hêtres gigantesques.

A Gausbach la route a atteint son point le plus élevé. A gauche elle est fermée par de hautes montagnes; à droite, bordée de précipices. D'énormes blocs de granit se sont détachés de leur base, et sont venus tout à coup arrêter ses flots impétueux, rompre leur fureur, et les forcer à se frayer un nouveau passage. Dans le lointain on aperçoit, à travers les forêts, le village solitaire de Bermersbach. Tout le fond de ce tableau est couvert d'arbres résineux; les pins y sortent des interstices des rochers, et le triste genévrier y couvre d'un vert jaune les vieux troncs d'arbres dont les vents ont fracassé les tiges. Deux de ces rochers, trop escarpés pour retenir le peu de terre végétale dont les plantes ont besoin pour se développer, sont frappés de stérilité.

La Chaire du Diable. C'est le rendez-vous de tous les peintres paysagistes. La Chaire du Diable est un antique roc qui servait autrefois aux druides comme pierre de sacrifices. Il est vraisemblable que le tertre sur lequel s'élève cette roche fut jadis un lieu de sépulture des anciens Germains. Lors de leur conversion à la foi, on donna à cette pierre le nom de *Chaire du Diable*. Quelques antiquaires prétendent que c'était là que les Romains consacraient les prêtres destinés au culte de Mercure, mais cette opinion ne repose sur aucun document historique. On sait, du reste, que ces prêtres n'étaient initiés que dans l'enceinte même de Rome, et que les habitans des villes municipales suivaient un tout autre culte que leurs vainqueurs, même après avoir obtenu les droits de cité.

Herrnalb, Fraueralb sont deux abbayes à quelques lieues de Bade, dans la belle vallée de l'Alb.

Herrnalb est une fondation des comtes d'Eberstein. On y voit encore les sépulcres de Bertrand et d'Uda sa femme, ainsi que ceux d'autres membres de cette noble famille.

Le premier abbé luthérien fut élu en 1556, puis le couvent fut sécularisé: il sert de logement aujourd'hui à un officier du roi de Wurtemberg.

La vallée de l'Alb est d'une admirable beauté; au bas du hameau et le long du chemin est une suite de rochers semblables à la colonnade d'un vaste édifice; des habitations champêtres en décorent le sommet; de loin, il semble qu'une imagination fantastique en ait rassemblé les matériaux. C'est une charmante promenade que la vallée de l'Alb, surtout le soir, après le coucher du soleil, lorsque les ombres des collines y sont projetées et que l'étoile du soir brille à travers les sapins.

Fraueralb, ancienne abbaye de femmes, est à une demi-lieue de l'abbaye des hommes (Hewnalf). Les environs en sont plus déserts, plus mélancoliques; un pont d'une seule arche, artistement suspendu, conduit au village, dont l'église paroissiale forme par sa beauté et par sa splendeur un véritable contraste avec la simplicité de ces lieux.

L'abbaye d'Allerheiligen est à deux lieues d'Oppenau, dans un vallon sombre et romantique, entre des *burgs* ou châteaux dont les sommets sont éclairés des rayons du soleil, tandis que les tours sont encore enveloppées d'ombres. Jamais le printemps ne ranima ces déserts, et de toutes les

Vieux Château

Costume de ...

PITTORESQUE

productions diverses dont abonde la belle vallée du Rhin, il ne croît ici que de l'avoine et des pommes de terre. En approchant de ces murs abandonnés, on croit encore entendre les voix pieuses des solitaires qui jadis faisaient retentir les voûtes de l'abbaye de leurs accens, et rien ne fait plus d'impression sur l'âme que le son de la cloche auquel nul être ne répond dans ces solitudes.

L'abbaye fut fondée en 1196 par Uda, duchesse de Schauenberg, et confirmée par Evrard d'Eberstein son plus proche héritier. La chronique rapporte qu'indécise sur le choix du lieu où elle érigerait un monastère, elle s'en rapporta au hasard comme on faisait alors, et fit sortir de son burg de Gisback un âne chargé d'argent. L'âne frappa du pied à la hauteur qu'on nomme encore l'Eselsbrunn (fontaine de l'âne); il en jaillit une source; et l'animal, ayant apaisé sa soif, gravit la montagne où se trouve la chapelle : là il secoua le sac, qui roula jusqu'au bord du Nordbach, et la place du monastère fut ainsi trouvée. Le couvent fut donné aux Prémontrés qu'on y appela d'Erpiboldszell, et Gerong, fils unique d'Uda, en fut le premier abbé. Cette antique abbaye fut long-temps l'asile d'hommes pieux et de savans. Elle était renommée. On y établit un gymnase au XVIII° siècle. Une chose remarquable, c'est que des Bohémiens y ont conservé, pendant des siècles et très près du couvent, une colonie considérable qui habitait des antres retirés, vivait des aumônes du cloître, de l'argent des voyageurs qu'ils détroussaient et de la *bonne aventure* que les principaux d'entre eux allaient dire dans toutes les foires des environs. Ces Bohémiens étaient fort nombreux, au XV° siècle, en Suisse et dans toute la Forêt-Noire. Ils habitaient toujours les lieux les plus sauvages.

Une partie des bâtimens de l'abbaye fut consumée par le feu du ciel quelque temps après sa suppression. Elle n'est plus habitée aujourd'hui que par un religieux et quelques paysans.

LE MONT DE MERCURE. On y arrive par la *Chaire du Diable*. On dit qu'on trouva autrefois sur cette hauteur un autel et une statue qu'on a supposés appartenir à ce dieu. Partout sur les flancs de cette montagne on remarque les traces d'une violente révolution du globe. Peut-être fut-elle soumise jadis à l'action de quelque volcan éteint; c'est du moins l'opinion de savans Allemands distingués. Autrefois, sur le sommet de ce mont, était un burg qui appartenait aux Hohenstaufen; de là vraisemblablement le nom de *Stauffenberg* sous lequel cette montagne est connue dans la contrée. Il existe sur ce *Burg* la tradition populaire suivante.

Pierre d'Irminger, messire de Stauffen, revenait un soir de la chasse, il était seul; arrivé au village de Russbach, il se trouva accablé de soif et épuisé de fatigue. Une petite fontaine ombragé de beaux chênes était à côté du chemin. Irminger y vit une jeune fille, qui le salua. Le chevalier surpris lui demanda qui elle était et d'où elle venait?—Je demeure tout près d'ici, répondit la jeune fille; je vous ai vu souvent venir vous désaltérer à cette fontaine, vous et vos amis... Stauffen émerveillé des charmes de la jeune fille, de sa voix douce et pure, en devint subitement épris. Plusieurs jours de suite il revint à la fontaine pour y revoir l'inconnue. Un soir, comme il était assis sous un chêne, tourmenté de pensées chagrines, il entendit une voix qui semblait sortir du sein des eaux; il se leva, regarda de tous côtés avec une impatiente curiosité, et ne vit personne. Il allait se rasseoir lorsqu'il aperçut la jeune fille à la place même qu'il venait de quitter. Elle était riante, d'une humeur enjouée. Le chevalier lui parla d'amour, lui avoua sa vive passion; il demanda un rendez-vous, qu'on lui accorda sans trop se faire presser. Irminger s'y trouva à l'heure convenue; bientôt il aperçut la jeune fille sortant d'un taillis épais, si gracieuse et si belle, qu'il crut voir quelque ange descendu du ciel. Ses beaux cheveux blonds étaient ornés de fleurs des champs; elle tenait un bouquet à la main. Elle arrêta ses yeux étincelans sur le chevalier émerveillé et muet, qui prit une de ses mains et renouvela ses protestations d'amour. — Je ne suis point un enfant des hommes, reprit la jeune fille; les eaux m'ont donné naissance; je suis une naïade, une fée des ondes; nous n'accordons notre amour qu'avec notre main, et notre main qu'avec notre amour. Pensez-y bien, sire chevalier; si vous me donnez votre foi, votre fidélité doit être pure comme cette eau limpide, et ferme comme l'acier de votre épée. Si vous m'étiez infidèle, vous mourriez, et moi je serais condamnée à d'éternels regrets. Stauffen jura qu'il l'aimerait toute sa vie. Alors la naïade lui présent d'un anneau précieux. Il la pressa sur son cœur, et il fixa le jour où il s'unirait à elle dans la chapelle du *Burg* de *Stauffen*. Le lendemain, le jour commençait à peine à poindre que le chevalier, entrant dans sa salle d'armes, aperçut trois corbeilles artistement tressées : l'une d'or, l'autre d'argent, et la troisième de pierreries précieuses. C'était la dot de l'épouse, qui parut bientôt entourée de nombreuses compagnes. Avant de se rendre à la chapelle, la belle naïade voulut avoir un entretien particulier avec son amant. — Sire chevalier, lui dit-elle, encore une fois, réfléchissez bien à ce que vous m'avez promis. Si votre cœur jamais se refroidissait, si vous en aimiez une autre, vous mourriez, et cette main que vous apercevriez dans l'ombre serait le signal de votre fin prochaine. Le chevalier l'embrassa pour toute réponse, et le prêtre bénit leur union. Plusieurs semaines s'écoulèrent dans la joie et les plaisirs ; la jeune épouse, semblable à une fleur, croissait chaque jour en charmes et en beauté.

Pierre d'Irminger était brave et amoureux de la gloire. L'ambition entra dans son âme. La comtesse n'osa combattre ses nobles sentimens. Le chevalier voulait passer le Rhin pour s'illustrer sous les enseignes d'un duc des Francs. Les adieux furent déchirans. Au premier combat Stauffen montra une rare bravoure. Le duc sut apprécier son courage qui décida la victoire. Plein de reconnaissance, le chef des Francs proposa au jeune guerrier la plus jeune et la plus belle de ses filles. Stauffen raconta son amour et son hymen avec la naïade. Le duc secoua la tête, dit que l'esprit malin avait présidé à ce mariage, que le chevalier n'était pas tenu de garder parole à un être fantastique, et que pour le bien de son âme il désirait lui voir rompre des liens si dangereux. On consulta le chapelain, qui assura qu'aussitôt après la bénédiction nuptiale cette illusion diabolique disparaîtrait. Stauffen se laissa persuader. On fiança les deux amans. La noce fut remise à quelques semaines. La veille du jour fixé arrive au château un des gens de Stauffen, avec la nouvelle que sa femme a tout à coup disparu du burg. Irminger s'informe des circonstances de cette disparition, et il apprend qu'elle a eu lieu au moment même de ses fiançailles. Ce rapport le confirme dans le soupçon de magie qu'on lui avait inspiré ; et, libre et sans crainte désormais, il marche à l'autel, où le prêtre bénit la nouvelle union. Après la cérémonie on se mit à table. Le chevalier montrait une humeur joyeuse ; tout à coup il jette par hasard les yeux sur les murs de la salle, et il voit s'avancer dans l'ombre une main qu'il reconnaît pour celle de la fée. Saisi, épouvanté, il cherche à dissiper dans le vin de noirs pressentimens, et il y réussit. Le soir on retourne au château du duc ; il fallait traverser un pont. Irminger veut faire passer son cheval à gué. Il entre dans le torrent. Aussitôt l'eau s'agite et écume comme lors d'une tempête, les eaux s'élèvent comme des montagnes, le cheval effrayé se cabre et renverse son cavalier. La tempête augmente, puis tout à coup l'onde se calme et paraît apaisée par un pouvoir invisible, et les eaux reprennent leur limpidité accoutumée. Le chevalier avait disparu.... On ne put retrouver son corps.

Le burg de Magenheim.—Les environs de Magenheim sont très pittoresques. Le vieux burg est comme suspendu sur la pente d'une montagne à pic. Non loin est situé le couvent de Frauenalb. Sa fondation a donné lieu à une tradition populaire dont on s'entretient encore dans le pays.

Le comte Erchinger habitait le château de Magenheim. Il était à table avec Frédéric, duc de Souabe, prince qui était l'oppresseur de ses vassaux, et de nombreux convives, lorsqu'on vint lui annoncer qu'un cerf avait été aperçu dans la forêt de Stromberg. Albert de Simmern, son neveu, se lève, monte à cheval, et se met à la poursuite de l'animal. Mais tout à coup se présente à ses regards un homme d'une figure épouvantable, qui l'aborde, lui dit de n'avoir aucune crainte et de le suivre. Albert obéit. Bientôt il arrive dans une plaine fleurie. Devant lui est un immense château. De nombreux valets viennent le recevoir ; Albert est introduit dans une salle où le châtelain est assis entouré de courtisans. A la vue du comte il se lève, le salue, et lui offre une coupe. Albert contemplait avec admiration les vases d'argent étalés sur la table, la foule des domestiques, la beauté des vêtemens des conviés. Aucune parole ne lui avait été adressée. A un signe de son introducteur, le jeune homme quitte la salle du festin, et remonte à cheval. En chemin le comte questionne son guide. « Le seigneur qui était à table, répond l'homme mystérieux, est votre oncle Frédéric, qui a vaillamment combattu dans la Terre Sainte. Il opprimait ses vassaux ; nous, conseillers et serviteurs de son despotisme, nous souffrons ici la juste peine de nos méfaits et de nos complaisances coupables à servir la tyrannie de Frédéric, jusqu'à ce qu'il plaise à Dieu de nous pardonner. Albert, vous arrivez au pouvoir. N'imitez point votre oncle ; regardez, car le doigt de Dieu va paraître. A ces mots le fantôme s'évanouit. Albert se retourne, et voit les flammes qui dévorent le château. Saisi d'effroi, il retourne à Magenheim ; mais à peine si le duc Frédéric peut le reconnaître, tant sa barbe et ses cheveux sont blanchis. Il raconte son aventure, et demande à Erchinger la permission de faire bâtir une église à la place où lui était apparu le fantôme. Telle fut l'origine de la fondation de l'abbaye de Frauenalb.

BIBLIOGRAPHIE.

Manuel du voyage sur le Rhin depuis Schaffhouse jusqu'en Hollande, à Bade, à la vallée de la Mourgue, et dans la Forêt-Noire, etc. ; par A. Schreiberg ; 1 vol. in-8°.

Le Guide des Voyageurs à *Heidelberg*, à *Manheim, dans la Forêt-Noire*, etc., par l'abbé Henry. 1 vol. in-8.

ON SOUSCRIT CHEZ :

HIPPOLYTE SOUVERAIN, édit. 3, rue des Beaux-Arts.

Paris.— Imprimerie de BAUDOUIN, rue Mignon, n. 2.

CONSTANCE.

TOPOGRAPHIE.

Constance est située sur le lac du même nom, à 1,100 pieds environ au-dessus du niveau de la mer. Le Rhin, au sortir du lac, après de nombreuses déviations, va, en suivant une partie du canton de Thurgovie, se jeter dans le lac inférieur, que les Allemands connaissent sous le nom de *Untersée* ou de *Zellersée*.

HISTOIRE. — CONCILE DE CONSTANCE.

Les Romains, après s'être emparés de Constance, avoir embelli et doté cette ville de plusieurs monumens, dont quelques-uns existent encore, songèrent à défendre leur conquête. Ils fortifièrent donc Constance, établirent sur ses rives de vastes dépôts d'armes, et firent de Lindau une véritable place forte. Sur le sol qu'occupe aujourd'hui Constance on vit s'élever une vaste forteresse qu'on appela depuis du nom de *Valéria*.

Long-temps ces forteresses, ces chateaux, témoignage de la grandeur romaine et de l'importance de la cité que nous allons décrire, subsistèrent; mais quand le colosse romain, selon l'expression de Montesquieu, s'écroula, alors ces fortifications ou tombèrent en ruines par l'incurie des populations, ou, objet de la jalousie des seigneurs, des grands, furent attaquées, démolies et détruites de fond en comble.

La belle ligne de forteresses qui s'étendait le long du grand lac de Constance dut céder aux efforts des Allemands, qui, après avoir brisé le joug de leurs anciens conquérans, mirent une sorte de gloire à effacer jusqu'au souvenir de leurs ouvrages. Constance-Valéria tomba et couvrit de ses débris un vaste sol, que visite encore l'archéologue pour interroger des ruines, et reconstruire, par la pensée, une des plus belles cités qui s'élevaient jadis sur les bords du Rhin.

Cette horde de barbares qui s'étaient rués sur Constance, fut à son tour obligée d'abandonner les débris où ils campaient comme de véritables sauvages. Constantin-Chlore marcha à leur rencontre avec une armée puissante, leur livra bataille près de Valéria, les vainquit, les dispersa, et songea aussitôt après son triomphe à relever Valéria de ses ruines. Une ville nouvelle fut bientôt construite et porta le nom de son restaurateur, en signe de reconnaissance.

Peu d'événemens marquèrent pendant un assez long espace de temps l'histoire de Constance. En 630 l'évêché de Vindonissa est transféré dans ses murs; elle s'accroît insensiblement, s'étend, prospère à l'aide d'une sage paix, d'une liberté assez grande dont elle sait heureusement jouir : chaque jour ajoute à cette prospérité intérieure, qu'aucune dissension ne vient troubler. Déjà au moyen âge, Constance est citée comme une ville opulente, industrieuse; c'est une ville impériale avec toutes ses franchises, avec une grande population, un commerce étendu, de vastes magasins, d'immenses fortunes. Son enceinte trop étroite s'agrandit bientôt. Elle compte au XVe siècle près de 40,000 habitans. On cite à l'étranger ses manufactures, le goût avec lequel elle tisse ses toiles. Bientôt ses murs ne suffisent plus à ses habitans ou aux étrangers nombreux qui viennent de toutes parts y porter leur industrie. En 1400, Constance offre un spectacle unique peut-être dans l'histoire des cités; celui d'une population trop resserrée, qui étouffe presque entre des murailles étroites, qui manque d'air, qui est sur le point de mourir de faim, à cause de cet accroissement incessant de population. Une émigration devenait nécessaire. On vit donc un beau jour des flots de femmes, d'enfans, des commerçans, négocians, ouvriers de toutes sortes, quitter la ville et aller chercher ailleurs une cité où les denrées de première nécessité pourraient leur être livrées à un prix moins élevé.

C'est à cette époque que s'ouvre le concile de Constance, qui jette un intérêt si dramatique sur l'histoire de cette ville. Dès 1378, un schisme affreux déchirait l'Église d'Occident : deux papes se disputaient scandaleusement la tiare : la chrétienté était en proie aux plus funestes dissensions; un grand nombre de savans élevaient la voix, demandant que l'Église s'assemblât pour remédier à tant d'abus. L'Europe présentait à cette époque un spectacle qu'on trouve fréquemment dans l'histoire du moyen âge : tous les états, livrés à des guerres intestines ou étrangères, s'entre-déchiraient avec un acharnement auquel le schisme donnait une nouvelle ardeur. Parmi les monarques de l'Europe, un seul s'occupait avec activité de faire cesser tant de scandale; c'était

Sigismond, empereur d'Allemagne, prince zélé pour les intérêts de l'Église, et qui se faisait un point d'honneur de mettre un terme à de si longues querelles. De l'avis de tous les hommes éclairés de l'époque, la convocation d'un concile offrait l'unique moyen d'arriver à ce but universellement désiré. Sigismond se rendit donc à Côme et à Lodi pour conférer avec les députés des papes; ensuite il repassa les Alpes par le Grand-Saint-Bernard, et après avoir traversé les villes de Fribourg, de Berne, de Soleure et de Bâle, il convoqua le concile à Constance. Les empereurs, les rois, les princes, les villes, les églises, les universités de l'Italie, de la France, de l'Allemagne, de la Suède, du Danemark, de la Pologne, de la Hongrie, de la Bohème, de Constantinople, y envoyèrent des députés. La ville se remplit bientôt d'une foule d'étrangers, au nombre de plus de 100,000. Constance, pendant plusieurs semaines, fut le théâtre de pompes, de divertissemens extraordinaires. Jean XXIII arriva à Constance le 28 octobre : il y était accompagné de 9 cardinaux, de plusieurs évêques et d'autres prélats, et d'une cour nombreuse. On le reçut avec magnificence. Le clergé alla à sa rencontre, portant les reliques des saints en procession solennelle; tous les ordres de la ville s'étaient assemblés pour le recevoir.

Il fut conduit au palais épiscopal au milieu d'une foule immense de peuple. Quatre des premiers magistrats élevaient au-dessus de sa tête un dais de drap d'or. Le comte Rodolphe de Montfort et le comte Berthold des Ursins tenaient la bride de son cheval; le Saint-Sacrement était porté devant lui sur une haquenée blanche qui avait une clochette d'argent suspendue au cou; un clerc marchait à la tête des cardinaux, portant dans ses mains un chapeau jaune et rouge auquel était attaché par un riche cordon un séraphin d'or. Les cardinaux, en manteaux et en chapeaux rouges, marchaient à la suite du pape.

La ville de Constance avait fait au pape les présens ordinaires : un gobelet de vermeil du poids de 500 marcs, 4 petits tonneaux de vin d'Italie, 4 grands tonneaux de vin d'Alsace, 8 grandes tonnes de vin du pays, et 40 *maldres* d'avoine. Henri d'Ulm, monté sur le cheval du pape et accompagné de dix conseillers également à cheval, porta le gobelet d'argent. Le pape fit présent aux membres du concile d'une robe de soie.

Après de nombreuses séances, Jean XXIII fut, comme on sait, solennellement déposé. Il s'échappa déguisé en femme et fut bientôt atteint et repris, et enfermé par les ordres du concile.

Balthasar Cossa, c'était le nom du pape, reçut la sentence que vinrent lui lire cinq cardinaux, avec une grande résignation : « Je jure, dit-il en mettant la main sur sa poitrine, que jamais je n'appellerai de cette sentence; que jamais je ne la contredirai, soit en public, soit en particulier. Otez, ajouta-t-il en s'adressant à un de ses officiers, ôtez de ma chambre cette croix pontificale qui ne précédera plus mes pas? Je voudrais à l'instant même me dépouiller de ces vêtemens, marque importune de ma dignité passée. »

Peu de jours après, Balthasar Cossa fut mené, par les ordres du concile, dans la forteresse de Gottlieben, située à une demi-lieue de Constance; il y trouva un homme qu'il avait poursuivi aux jours de sa prospérité, et qui attendait au fond d'un cachot les suites d'une procédure criminelle intentée contre lui par Jean XXIII. Cet homme c'était *Jean Hus*.

Continuons l'histoire de Constance.

Après cette solennelle déposition l'Église respira; mais tout n'était pas fini. Sigismond quitta la ville et se rendit en Espagne pour vaincre l'obstination d'un autre pontife qui refusait de céder ses pouvoirs, c'était Benoît XIII; il revint à Constance après une absence de 18 mois. C'est à cette époque que 32 cardinaux auxquels se joignirent 30 électeurs, formèrent un conclave qui élut pape le cardinal Othon de Colonne, qui prit le nom de Martin X. L'année suivante, au mois de mai 1413, le concile ayant terminé la grande affaire de l'union, se sépara après quatre ans de durée. Mais tous les vœux de la chrétienté n'étaient pas remplis: l'Europe s'était attendue à une réforme dans l'Église, et néanmoins cette assemblée laissa subsister des abus dont elle avait promis la suppression, et qui se prolongèrent jusqu'à la convocation du concile de Trente.

A peu près à la même époque Constance était témoin d'un autre grand événement, la déposition du duc Frédéric d'Autriche, qui, malgré la sommation que lui avait faite Sigismond de se rendre à Constance, refusa d'obéir et fut mis au banc de l'Empire. Dépossédé de ses états, il se rendit de son propre mouvement à Constance. Là, il se jeta aux pieds de l'empereur, dans le réfectoire des carmes déchaussés, s'abandonna à sa miséricorde, implora humblement son pardon, et, après avoir prêté serment de fidélité, fut remis en possession de ses états: « Messieurs les Italiens, dit alors Sigismond aux assistans, vous connaissez maintenant la puissance et la grandeur de l'Autriche; apprenez par cet exemple ce que peut l'empereur.

Constance vit, au mois d'avril 1474, signer, entre la Suisse et Sigismond, long-temps divisés,

un traité de paix que Louis XI, roi de France, garantit et prit sous sa protection.

Peu d'événemens ont marqué depuis cette époque l'histoire de Constance; tout l'éclat qu'elle avait jeté dans le moyen âge s'éteint peu à peu; son commerce s'affaiblit, sa population diminue; on cherche vainement l'explication de cet affaiblissement de splendeur et de prospérité. Un moment elle se releva de ses ruines sous Napoléon, pour retomber ensuite dans le repos où elle est plongée à cette heure, ombre d'une ville antique renommée par sa magnificence et son commerce. Sous la main d'un génie puissant, il est permis de croire que cet état d'abaissement cessera bientôt, et que, grâce à son admirable position, cette cité prendra un rang honorable parmi les plus belles villes de l'Europe.

VILLES. — VILLAGES.

Constance peut le disputer par sa belle position à Gênes et à Naples même. De toutes parts l'entourent des collines boisées; un lac d'une grande étendue et d'une admirable pureté vient doucement baigner ses murailles. Il reste à peine quelques traces de son antique splendeur. La cathédrale est un édifice gothique assez estimé; la chaire à prêcher est d'un travail curieux. A Saint-Maurice, l'archéologue trouve quelques inscriptions romaines, les unes à demi effacées, les autres fort bien conservées. L'étranger rarement oublie de visiter le couvent des Franciscains, où fut enfermé Jean Hus, et la salle du concile, où sont rassemblées avec soin diverses antiquités trouvées dans des fouilles, des armes du moyen âge, les instrumens de supplice de Jean Hus, ses vêtemens. Cette salle est encore à peu près, dit-on, dans le même état qu'à l'époque du jugement du recteur de Prague, sauf les tentures qu'on en a retirées. C'est une galerie de 15 à 20 pieds de haut, soutenue par un grand nombre de piliers en bois, éclairée par de petites fenêtres vitrées qui donnent sur le lac, et dont le parquet est formé par des ais de chêne mal assemblés. Les places d'honneur réservées aux cardinaux, aux archevêques, aux évêques, à l'empereur, aux princes du saint Empire, étaient à l'extrémité de cette galerie, longue de plus de 600 pieds.

Constance n'est plus cette cité opulente du moyen âge où affluaient les étrangers, dont les rues étaient remplies de flots de marchands, de savans, d'hommes d'Église, de jurisconsultes; on n'y trouve plus ces écoles célèbres, ces gymnases, ces monastères, ces couvens d'hommes et de femmes qu'elle renfermait alors. De Thou, qui la voyait dans le XVIe siècle, à une époque déjà de décadence, ne la reconnaîtrait pas s'il la revoyait aujourd'hui. Les visites des voyageurs semblent devenir plus rares d'année en année; quelquefois plusieurs jours se passent sans qu'on y voie un étranger. Placée à l'extrémité de la Suisse, elle n'est plus abordée que par ceux qu'attirent la réputation de son lac, de ses belles rives, et qui aiment les souvenirs et les vieilles gloires, même déchues. Telle qu'elle est, elle est encore belle et mérite toujours les regards et l'admiration des voyageurs. On pourrait, comme Byron l'a fait pour la Grèce, la comparer à une statue antique : le temps l'a flétrie en passant et l'a mutilée; mais elle est encore reconnaissable.

Constance compte à peine aujourd'hui 5,000 habitans.

Le costume des Badoises se rapproche beaucoup plus à Constance que dans toute autre partie du grand-duché, du costume français. Elles sont jolies, coquettes, aiment la parure et écoutent avec plaisir les complimens que les étrangers ne manquent pas de leur adresser. Les femmes du peuple, les vieilles filles ont conservé la coiffure nationale, qui consiste en une coiffe de dentelle brodée d'or ou d'argent, dont les larges barbes ressemblent assez aux ailes d'un papillon.

Lindau est une ville antique. Lorsque les Romains, sous la conduite de Tibère, passèrent le lac, 27 ans avant J.-C., Lindau devint bientôt une place de guerre importante, un vaste entrepôt d'armes. C'est de là qu'ils firent aux Rhétiens, dont le camp était situé au sud de Constance, une guerre de six ans. C'est de là aussi qu'ils partirent pour se jeter dans les forêts de la Germanie, se frayer un chemin à travers des forêts, et porter la désolation parmi les peuples de la Souabe. En jetant les yeux sur le *Burg*, construit sous l'empereur Chlore, et sur ce mur qui a donné son nom au roman de Cooper, *die Heidenmauer*, on peut se former une idée de la hardiesse et de la grandeur du peuple conquérant.

Lindau était au XIIIe siècle regardée comme une des villes les plus importantes qu'on nommait *impériales*. Ce titre elle le conserva jusqu'en 1802 où elle fut donnée comme indemnité au prince de Bretzenheim, qui en 1804 la céda à l'Autriche, ainsi que le territoire qui en dépendait. Elle fut prise et reprise plusieurs fois, saccagée, ruinée dans la guerre de 1809, entre la France et l'Autriche. Depuis la paix de 1815, elle fait partie du grand-duché de Bade.

Bregenz est une petite ville du Vorarlberg, située au S.-E. du lac de Constance, au pied d'une chaîne de montagnes et au débouché d'un passage important par lequel la Souabe communique avec la vallée du Rhin. Les Romains y avaient bâti une place forte qu'ils nommaient *Brigantia*. On jouit, de cette ville, d'une vue ravissante du lac de Constance; près de Bregenz s'élève sur un rocher le château de Pfannenberg. C'est entre ce château et le lac que se trouve le défilé de Bregenz (*Bregenzer-Klausse*), où les Appenzellois furent battus en 1408 par les chevaliers de la Souabe. Ce défilé fut pris en 1646 par le général suédois Wrangel, et par les Français, en 1796 et 1805. Sur la route de Bregenz à Reineck on trouve MEHRERAU, ancienne abbaye de bénédictins supprimée en 1807. C'est là que *la Bregenz*, sur laquelle on flotte une grande quantité de bois des Alpes de l'*Algau*, se jette dans le lac, et plus loin on fait voir HARD, où les confédérés combattirent en 1499 contre les Autrichiens et les habitans de la Souabe, et où les Français et les Autrichiens en vinrent aux mains en 1796.

MORSBURG, petite ville située sur le lac de Constance du côté de la Souabe. Le comte Rodolphe de Souabe, que le pape Grégoire VII avait fait proclamer empereur en 1077, pour supplanter l'infortuné Henri IV, que ce pontife persécutait avec tant d'acharnement, perdit la vie à Morsburg dans une bataille, l'année 1080. C'est alors que Frédéric de Hohenstaufen, chef de l'illustre maison qui a donné tant de souverains à l'Empire, fut fait duc de Souabe. Dès le XVIe siècle, Morsburg a été la résidence des évêques de Constance; depuis quelques années cette ville appartient au grand-duc de Bade. L'évêque actuel de Constance y fait son séjour. On voit dans le palais épiscopal un des cabinets les plus curieux de coquillages qu'il y ait dans toute l'Europe.

UEBERLINGEN, petite ville de Souabe, située sur les bords du lac de Constance. On prétend qu'elle a été bâtie par les rois Francs. Après avoir été la résidence des ducs de Souabe, elle devint ville impériale en 1267, et dès l'an 1325 elle contracta plusieurs alliances avec Zürich, Schafthouse, Lucerne et un grand nombre de villes impériales; de sorte que, jusqu'au milieu du XVe siècle, elle jouit d'une considération distinguée. En 1802 elle perdit son antique constitution et fut incorporée au grand-duché de Bade. Elle est bâtie sur un roc. On y trouve une source minérale dont les eaux servent à alimenter des bains.

Au-dessous d'Ueberlingen on voit, sur les rives du lac, GOLDBACH, lieu entouré de rochers; SIRLINGEN et ses deux châteaux ruinés, dans une contrée rocailleuse, où l'on remarque des habitations et des escaliers taillés dans le roc et connus sous le nom de *Heidenköcher* (Grottes des Païens). On voit aussi SERNATINGEN et BODMAN, bourg avec un ancien château, jadis la résidence des empereurs carlovingiens.

LAC DE CONSTANCE.

LE LAC DE CONSTANCE, nommé en allemand *Bodensée*, et qui, du temps des Romains, avait reçu les noms de *lacus Rheni*, *lacus Acronius*, *lacus Brigantinus*, est un des plus beaux lacs du monde: il a 18 lieues environ de Bregenz au château de Bodmen; de Bregenz à Constance sa longueur est de 14 à 15 lieues; c'est entre Roschack et Langenargen qu'il est le plus large (5 lieues); entre Lindau et Mehrereau, il a plus de 2,000 pieds de profondeur. Calme et tranquille en été, il s'agite, bouillonne dans les tempêtes, et s'élève quelquefois de plus de 8 pieds dans l'espace de quelques jours; cette crue est due à la fonte des neiges sur les Alpes. Parfois une crue subite des eaux du lac, sans cause apparente, a lieu; on la nomme ici *rhus*; à Genève ce phénomène est connu sous le nom de *seiches*.

Le Rhin, l'Aachen, la Bregenz, se jettent dans le lac de Constance, au S.-E. entre Reineck et Bregenz; le Rhin en ressort à Constance. Ces trois rivières forment, dans leur cours, de grands atterrissemens. Ces atterrissemens, comme une véritable lave volcanique, gagnent insensiblement du terrain. Le golfe qui existait il y a plusieurs siècles, du temps d'Ammien Marcellin, et dont parle longuement cet écrivain, est aujourd'hui entièrement comblé; le rivage suit une ligne droite et perpendiculaire; on estime à près d'une lieue de longueur l'espace envahi par ces alluvions; les restes de ce golfe se retrouvent à Riedbuchsée, entre les villages de Stade et d'Altenzhein, et, sur l'autre rive du Rhin, dans les deux Logsée, situés entre Fanach et Saint-Jean Hoechst. Les bas-fonds du Riedbuchsée témoignent encore de l'ancien séjour du lac dans les marais qu'il occupe. A des époques reculées, ce lac était de 5 à 600 pieds plus haut que son niveau actuel; les naturalistes trouvent la preuve de cette mutation de lit dans les collines de sable de Berlingen et de OEningen, qui sont remplis de coquillages, d'empreintes de poissons, de débris de plantes aquatiques des environs. (Voir HISTOIRE NATURELLE.)

Deux îles charmantes, but de délicieuses promenades, s'élèvent au sein de ce vaste lac, véritable mer, comme on l'appelle encore: l'une est Lindau (voir VILLES, etc.), l'autre Meinau; toutes deux remarquables par leur position enchanteresse, leur fertilité, et la multitude d'aspects plus séduisans encore les unes que les autres qu'on y découvre.

Rien n'égale l'enchantement des deux rives du lac ; elles offrent une inépuisable richesse de sites pittoresques : les regards s'étendent sur une vaste nappe d'eau. Lorsque l'air n'est pas trop pur, trop serein, les ondes lointaines du lac se confondent avec l'horizon ; l'étendue se double, et on comprend alors que , séduits , trompés par cette perspective lointaine, les hommes du moyen âge, les artistes de nos jours, donnent à cette belle nappe le nom de *Mer de Souabe*; magnificence, éclat de couleurs, lointains vaporeux, richesse de jour, de lumière, tout se réunit pour enchanter les regards du voyageur. Aborde-t-on par exemple à Lindau, alors l'enchantement s'accroît : vous apercevez de là le lac de Constance dans toute son étendue ; vous distinguez même la forteresse de Hohentwidl, qui se perd dans un horizon de plus de 20 lieues : vous distinguez Bregenz, les montagnes du Vorarlberg, tout le Rhintal, Rhinek et son clocher , Roschach , Arbon , les clochers si pittoresquement arrondis de Saint-Gall, et par-delà les coteaux qui s'avancent jusque près du lac , les montagnes de l'Appenzell, l'âpre Sentis, la cime du Kamor, élevée de 8,000 pieds au-dessus du niveau de la mer, et dont l'aspect est aussi imposant que sublime. Si l'atmosphère est pure, Constance se déploie à vos regards avec ses maisons qu'illumine le soleil. Angélica Kaufman, née à Lindau, aimait à contempler ces belles scènes, qu'elle a rendues ensuite avec tant de charmes, et dont elle a placé quelques détails jusque dans ses tableaux d'histoire. (Voir BIOGRAPHIE.)

Si vous quittez Lindau et que vous preniez terre sur l'une ou l'autre rive , mais particulièrement sur la rive du grand-duché , la nature étale, dans un trajet de plusieurs lieues , à vos yeux éblouis , une succession de riches tableaux : vous apercevez entre Lindau et Morsburg toute la nappe d'eau du lac, le joli château d'Arghen, dans l'île d'Argenhorn, construit , en 1332, par un comte de Montfort; non loin de là , Langhen-Arghen, où on recueille une marne connue sous le nom de *langhenargen;* là se jette, furieux, le torrent de l'Arghen, après mille sauts capricieux. Plus loin , s'offrent à vos regards Eriskirck , puis la petite ville de Bouchkorn , qui partagea presque toujours le sort de Lindau et de Constance, fut grande avec ces villes et tomba avec elles; le couvent de Hofen , Mauzen , Fischbach , Immanstadt, Kirchberg, château bâti sur une hauteur, Hegham et une multitude innombrable de villages et de hameaux.

On ne saurait se faire une idée de l'immobilité de ce beau lac lorsque le ciel est pur et que le vent ne souffle pas. Sa surface ressemble alors à un vaste miroir. Quelquefois cet absolu repos est troublé par le vol d'une troupe d'oiseaux aquatiques qui fuient d'une rive à l'autre en mouillant leurs ailes dans les eaux de cette mer, ou par le bruit des rames des bateaux qui la traversent ; mais à peine si dans deux heures de navigation l'un de ces légers accidens vient vous arracher à votre délicieuse contemplation. Vous êtes trop éloigné du rivage pour le voir fuir ou pour entendre le bruit de ses habitans ; l'horizon est trop loin pour qu'un coup de rame le rapproche , en sorte que vous avancez ayant presque toujours le même spectacle sous les yeux, bercé, endormi comme dans un doux rêve, par le mouvement égal des rames du batelier. C'est sur ce lac qu'on peut déjà étudier les illusions d'optique si fréquentes dans les Alpes : il vous semble qu'un léger coup de vent devrait vous porter sur cette rive voisine, qui est éloignée de vous de près d'une lieue , et vous avez peine à croire les bateliers qui vous disent que le lac est en cet endroit large de près de 3,000 toises. Cette voile latine , dont le mât léger s'avance en se recourbant sur l'onde où il projette une ombre que vous diriez toucher, est à plus de demi-lieue de distance.

HISTOIRE NATURELLE.

GÉOLOGIE. — PÉTRIFICATIONS. — Les *carrières de Zell* et de *Berlingen* contiennent de belles pétrifications de coquillages de rivière, de limaçons terrestres et aquatiques, de troncs et de branches d'arbres, de feuilles et de fruits des contrées voisines. Mais la plus curieuse de ces carrières est celle d'OEningen, à trois quarts de lieue de Wangen, à une lieue du lac, sur le revers méridional du Schienerberg, et à la hauteur de 5 à 6 pieds au-dessus du Zellersée. On en retire de belles pierres calcaires. Des statues de ces pierres se trouvent dans l'église du chapitre de Pétershausen. Les plus belles collections qu'on ait des pétrifications de cette carrière sont celles du chanoine Gessner, qui aujourd'hui font partie du cabinet de la Société de physique à Zürich.

La carrière supérieure, ou *carrière de Bülh*, a 31 pieds de profondeur. Elle est couverte d'une couche de terreau noir de 7 pieds environ. On trouve ensuite une couche de terre argileuse et de marne de 2 pieds, puis un banc composé de pierre puante schisteuse et d'empreintes de feuilles, de 8 pieds. Les bancs horizontaux, qui abondent en pétrifications, reposent sur le grès d'un gris bleuâtre, dont les couches règnent dans toutes les contrées voisines. La carrière de Wangen est située à un quart de lieue au S. de la carrière de Bühl, sur la pente d'une colline fort élevée, qui s'élève au-dessus du village de Wangen, par où on passe pour s'y rendre.

RÈGNE ANIMAL. — On compte 36 espèces d'*oiseaux aquatiques* sur le lac de Constance, 30 espèces d'*oiseaux de marais* sur les bords marécageux du Rhin, près de son embouchure, et 26 espèces de poissons dans les eaux du lac. Parmi les oiseaux aquatiques il y a un grand nombre de canards, de plongeons, de mouettes, de pélicans (*pelicanus onocrotalus*), de cormorans (*pelicanus carbo*), de pélicans-corneilles (*krahen pelican*), etc. Parmi les poissons du lac on distingue : le saumon du Rhin (*Rhein lanken*), qui pèse de 20 à 40 livres, et passe du lac dans le Rhin; la truite-saumon, pesant 15 à 20 livres ; la petite truite saumonée, le hautin (*salmo lavaterus*), l'emble, le brochet, la tanche et la brème, l'anguille, le lavaret, le lavaret bleu (*adelfelchen*); ces derniers, les plus excellens de tous, forment un des principaux produits de la pêche du lac. On les fait rôtir, on les met dans le vinaigre et on les expédie dans toute la Suisse et en Allemagne. L'an 1534, les pêcheurs du lac de Constance prirent 46,000 lavarets; mais le nombre en est aujourd'hui beaucoup moins considérable qu'autrefois.

RÈGNE VÉGÉTAL. — La végétation des rives du lac de Constance est aussi variée que brillante ; les forêts qui l'avoisinent sont épaisses et touffues, et fournissent une grande quantité de bois de chauffage et de construction. Le pin s'y élève à une grande hauteur ; le fourrage qui y croît sert à la nourriture des troupeaux. Les plaines, jadis couvertes de forêts, mais défrichées aujourd'hui, offrent un luxe étonnant de végétation, un agréable mélange de champs, de prairies artificielles et naturelles, de jardins et de vergers ; le noyer, le prunier, le pommier, le poirier y sont cultivés avec succès et produisent d'abondantes récoltes : la vigne donne un vin estimé, surtout le vin blanc. Au printemps, c'est un spectacle ravissant et qui émerveille l'étranger, que cette abondance de fleurs de toutes sortes qu'étalent les rives du lac, les îles fortunées de Meinau et de Lindau.

BIOGRAPHIE.

Bien que Jean Hus ne soit pas né à Constance, comme les derniers instans de cet homme célèbre ont jeté sur l'histoire de cette ville un vif éclat, nous plaçons ici quelques colonnes sur sa vie et sur sa mort.

JEAN HUS, ou de *Hussinets*, naquit le 6 juillet 1373, à Hussinets, bourg considérable de Bohême. Son éducation fut consacrée tout entière aux études théologiques, les seules qui fussent appréciées à cette époque. L'Université de Prague était alors florissante par le grand concours d'écoliers qui s'y rendaient de toutes les provinces de l'Europe. Jean Hus y franchit rapidement tous les degrés universitaires : il fut fait bachelier, maître-ès-arts, prêtre et prédicateur de la chapelle de Bethléem, doyen de la Faculté théologique, enfin recteur de l'Académie.

Choisi en l'année 1400 pour confesseur de Sophie de Bavière, seconde femme de Winceslas, il prit sur elle cet ascendant que lui donnait son ministère ; la faveur de cette reine lui procura de puissans amis à la cour. Les applaudissemens donnés à son éloquence, le crédit dont il jouissait, le portèrent à s'exprimer sans ménagement contre les pratiques de l'Église romaine et les déréglemens du clergé, selon la doctrine de Wiclef, dont il faisait de grands éloges. La plus grande partie de la Bohême embrassa les opinions du recteur de Prague, et le pape, informé de ce qui se passait, lança contre lui un décret d'excommunication. A peine la cour de Rome eut formé la résolution de convoquer un concile à Constance, que Jean Hus fut sommé d'y comparaître, pour y rendre compte de sa conduite en matière de foi. Après avoir obtenu un sauf-conduit qui lui fut accordé par le roi de Bohême, il partit de Prague le 15 octobre 1414. Le 18 du même mois, l'empereur d'Allemagne, Sigismond, qui devait assister au concile, lui expédia un nouveau sauf-conduit signé de sa propre main. Jean XXIII était depuis six jours à Constance, lorsque Jean Hus y arriva, accompagné des seigneurs de Bohême, à qui Sigismond et Winceslas son frère l'avaient confié.

Le 5 novembre, jour fixé pour l'ouverture du concile, était arrivé : dès le matin, on mit en mouvement toutes les cloches de la ville. Après une procession solennelle, le pape célébra pontificalement la messe du Saint-Esprit. Le plus jeune des cardinaux annonça que la session s'ouvrirait le 16 du même mois. Quelques jours après les cardinaux décidèrent que l'accusé serait emprisonné. Les seigneurs de Bohême réclamèrent, en faveur de leur compatriote, la foi publique, l'observation des sauf-conduits, et la parole du pontife. Jean XXIII répondit que les cardinaux et les évêques étaient tout-puissans à Constance ; qu'il n'y jouissait lui-même que d'une autorité

Port de Rorschach.

Chapelle sur le lac de Constance.

très-précaire, et qu'il était hors de son pouvoir de faire révoquer l'ordre. Le prisonnier, qui était tombé dangereusement malade, demanda qu'on lui donnât un avocat pour le défendre, sa position ne lui permettant pas de se défendre lui-même. Les cardinaux rejetèrent cette demande, en alléguant que le droit canon défendait de plaider la cause d'un homme suspect d'hérésie. L'empereur, instruit de ce qui était arrivé à Constance, envoya des ordres exprès à ses ambassadeurs pour demander la mise en liberté de Jean Hus; il leur ordonna même, en cas de refus, de rompre les portes de la prison; mais ses ordres ne furent point exécutés, et le pape continua à garder son prisonnier.

Le jour même de la publication du manifeste de l'empereur, ce prince était arrivé à Constance. On s'attendait à un acte d'autorité; mais les ennemis de Jean Hus parvinrent aisément à gagner Sigismond. On lui persuada qu'en vertu des décrétales il était dispensé de garder sa foi à un homme prévenu d'hérésie; que d'ailleurs il ne pourrait pas être accusé d'avoir manqué à sa parole, parce que le concile, qui est au-dessus des rois, n'ayant point accordé de sauf-conduit, il n'avait pas eu le droit d'en accorder un sans le consentement du concile, surtout en matière de de foi. L'issue du procès de Jean Hus fut facile à prévoir dès que l'empereur lui eut retiré sa protection. A peine la nouvelle de l'arrestation était-elle parvenue à Prague, que l'indignation publique avait éclaté de toutes parts. Les seigneurs de Bohême écrivirent à Sigismond pour lui demander la mise en liberté de leur compatriote. L'empereur ne répondit point à cette prière; une seconde lettre plus pressante et revêtue d'un plus grand nombre de signatures ne servit pas mieux à lui faire comprendre que la condamnation de l'accusé allumerait un incendie difficile à éteindre, et l'exposerait à perdre un des plus glorieux fleurons de sa couronne impériale.

Le jour fixé pour la comparution de Jean Hus (le 5 juin 1415), l'accusé fut introduit dans l'assemblée, où il comptait presque autant d'ennemis personnels que de juges. Un membre du concile se préparait à donner lecture des articles; mais à peine avait-il achevé de lire le premier, qu'une rumeur violente éclata de toutes parts. On n'entendait que des cris de colère, des démentis, des apostrophes pleines d'emportement dirigées contre l'accusé. Le 7 juin, il parut encore, entouré de soldats. On lui fit lecture de quelques propositions tirées de son livre *de l'Église*, et dont la plupart sont relatives à la prédestination. En voici les principales.

1. *Sans une révélation, personne ne peut assurer de soi ni d'un autre qu'il est le chef d'une sainte Église particulière.*

2. *Gardons-nous de croire que celui qui est pontife de Rome, soit pour cela le chef d'une Église particulière, si Dieu ne l'a prédestiné.*

3. *Le pouvoir du pape, comme vicaire de J.-C., est nul, s'il ne se conforme pas à J.-C. et à St Pierre dans sa conduite et dans ses mœurs.*

4. *L'obéissance ecclésiastique est une invention des prêtres, exigée sans une autorisation expresse de l'Écriture.*

5. *La grâce de la prédestination est le lien par lequel le corps de l'Église et chacun de ses membres sont inséparablement attachés au chef.*

L'examen sur les articles était terminé. Le concile se montrait peu satisfait des réponses de l'accusé. Au point où était venue l'animosité de ses ennemis, la rétractation la plus absolue ne lui aurait sauvé tout au plus que la vie. Il savait bien que ni la liberté, ni le retour dans sa patrie, ni le droit de prêcher ou d'écrire, ne lui seraient rendus par le concile. Entre les tortures d'un moment et les rigueurs d'une captivité perpétuelle, le choix est souvent douteux pour les hommes ordinaires; il ne l'est pas pour ces âmes ardentes qui, après une existence troublée par les controverses et les persécutions, ne voient dans la mort sur un bûcher que le complément de toutes les célébrités de leur vie. Jean Hus, refusant de se soumettre aux décisions des prélats et des cardinaux, fut dégradé de l'ordre de prêtrise. Dès ce moment, l'Église se dessaisit de lui, il fut déclaré laïque. Le concile prononça cette sentence: *Le sacré synode de Constance déclare que Jean Hus doit être livré au bras séculier; elle le lui livre en effet, attendu que l'Église de Dieu n'a plus rien à faire à son égard.* L'empereur, en qualité d'avocat et de défenseur de l'Église, se trouvait saisi du sort du condamné. Il ordonna à l'électeur Palatin, vicaire de l'Empire, de remettre Jean Hus entre les mains de la justice. L'électeur fit appeler le magistrat de Constance; celui-ci remit son prisonnier entre les mains de l'exécuteur des hautes œuvres, en lui disant « d'attendre que le concile eût terminé sa séance. »

La séance terminée, Jean Hus fut conduit, entre deux officiers, au lieu où l'on avait élevé son bûcher. Quand le cortége fut arrivé, la foule se répandit sur l'immense esplanade dont ce bûcher était le centre. Les places d'honneur étaient les plus voisines du théâtre de mort. Les princes et les cardinaux s'y rangèrent avec ordre. On vit alors un spectacle digne d'horreur et de pitié : des souverains, des évêques, des seigneurs revêtus des marques de leur dignité, se pressant autour d'un bûcher avec des moines, des soldats, des bourreaux. La nouvelle du supplice de Jean Hus, répandue en Bohême, y devint le signal d'une insurrection qui finit par embraser tout le royaume.

JÉRÔME DE PRAGUE. Le supplice de Jean Hus fut bientôt suivi de celui de l'un de ses disciples, Jérôme de Prague. Plus jeune que son maître, mais doué de plus vastes connaissances ou d'une subtilité d'esprit qui le rendait presque égal au docteur de Prague dans les controverses théologiques, il n'était pas comme lui engagé dans les ordres sacrés. Lorsque Jean Hus partit pour se rendre au concile, Jérôme l'exhorta à rester fidèle à ses opinions. Dénoncé pour les opinions qu'il professait lui-même, pour les injures qu'il avait proférées contre le concile, Jérôme fut cité à comparaître à Constance et à rendre compte de sa doctrine et de sa conduite : il refusa d'obéir. Trahi par ses imprudentes sorties contre les pères, il fut arrêté et conduit enchaîné devant le concile.

Son procès fut long et solennel. Interpellé plusieurs fois de se rétracter, il refusa toujours et se montra inflexible. On essaya de l'ébranler en lui parlant des horreurs du supplice. « Je connais votre malice et votre iniquité, répondit Jérôme ; ma mort laissera dans vos âmes un ver rongeur qui ne périra pas. Je vous attends dans cent ans d'ici devant le souverain juge. »

Sa prophétie fut accueillie par des rires universels. On lui lut sa sentence : il était condamné à mourir au milieu des flammes. On lui donna, comme à Jean Hus, une mitre de papier couverte de figures diaboliques. Jérôme jeta son chapeau au milieu des prêtres qui l'environnaient, en disant : « Cette mitre est plus douce que la couronne d'épines de notre Sauveur. » Arrivé à l'endroit où avait péri Jean Hus, Jérôme se mit à genoux au pied du poteau fatal ; il fit, à voix basse, une longue prière, puis il se dépouilla de ses vêtements. Les bourreaux couvrirent d'un mauvais linge ses épaules nues. On disposa autour du patient du bois, de la paille et d'autres matières combustibles, qu'on éleva par couches jusqu'à la hauteur du cou de Jérôme. Au milieu de ces apprêts, il chantait l'hymne pascal : *Salve, festa dies toto venerabilis ævo.* Au moment où les bourreaux approchèrent les torches enflammées, il dit tout haut : « Seigneur, je remets mon esprit entre vos mains. » Ses cendres furent jetées dans le Rhin.

Le célèbre Poggio, secrétaire de Jean XXIII, qui fut le témoin oculaire du supplice de cet hérétique, en parle avec une sorte d'enthousiasme, dans une lettre adressée à Léonard Arétin.

ANGELICA KAUFMANN naquit, en 1741, à Lindau. Elle montra de bonne heure du goût pour le dessin et la peinture. Son père, peintre lui-même, cultiva ses heureuses dispositions et lui donna des maîtres : la jeune fille fit des progrès étonnans. Devenue orpheline, Angelica conçut le projet de visiter l'Italie. Elle vit Milan, Florence, Rome, Naples. Un voyage qu'elle fit à Londres lui ouvrit la carrière des honneurs. Elle peignit la famille royale : dès ce jour elle fut à la mode ; c'était à qui obtiendrait l'honneur de poser devant Angelica. Un peintre habile demanda sa main, que la jeune femme refusa. La vengeance du peintre fut horrible. Un homme, de la dernière classe du peuple, mais beau de figure, se présenta à Angelica, lui fit la cour et obtint sa main. La cérémonie du mariage achevée, il révéla sa naissance et la vengeance dont il avait été l'instrument. Heureusement pour sa victime, cet homme mourut bientôt. Angelica quitta l'Angleterre, et vint se fixer à Rome, où elle ne tarda pas à prendre un nouvel époux, le peintre vénitien Zucchi.

Angelica Kaufman, pendant long-temps, reçut dans ses salons l'élite des gens de lettres de la capitale du monde chrétien ; son instruction était vaste, sa conversation pleine de charmes ; elle faisait les délices de la société romaine. Après une vie d'artiste, une existence remplie d'honneurs, d'éclat, cette femme mourut à Rome en 1807. Son buste en marbre est au Panthéon. Elle a fait un grand nombre de portraits qui brillent moins par le coloris que par une certaine grâce dont elle avait le secret et qu'elle a su répandre dans tous ses ouvrages. Elle étudia l'antique et reproduisit sur la toile un grand nombre d'hommes célèbres de la Grèce et de Rome. Elle a composé fort peu de grands tableaux. On estime singulièrement celui où elle a représenté les *Vertus théologales.*

BIBLIOGRAPHIE.

Chronique de Constance, 1418. 1 vol.
Histoire du Concile de Constance, 1516. 1 vol. in-4.
Histoire de Jean Hus. 1 vol. (En allemand.)
Coup d'œil sur le grand-duché de Bade, 1820. 1 vol in-8.
Essai sur la ville de Constance, 1814. 1 vol.
Description du lac de Constance. St.-Gall, 1814, 1 vol.

Documents manquants (pages, cahiers...)
NF Z 43-120-13

MILAN.—CAMPAGNE DE MILAN.—MONZA.

MILAN.

Milan porta autrefois le nom de *Rome nouvelle* (*Roma secunda*). Plusieurs monumens anciens et la fameuse épigramme d'Ausone apprennent qu'il y avait dans cette ville un cirque, des théâtres, des temples, des thermes, des palais impériaux, et que plusieurs empereurs romains y séjournèrent à diverses époques. On voit encore aujourd'hui quelques restes des monumens cités par Ausone.

Lorsque l'Italie fut envahie par les Barbares, Milan fut au nombre des villes presque détruites par Attila. Vers le milieu du VIe siècle, elle fut saccagée de nouveau par Vitigès, roi des Goths; elle le fut une troisième fois par Alboin, roi des Longobards, que Narsetès et la faiblesse des empereurs d'Orient avaient porté à tenter une descente en Italie. Agilulphe et Théodolinde se montrèrent favorables aux Milanais; il reste même plusieurs monumens de leur piété à Monza, où ils demeurèrent quelque temps. Mais l'empire des Longobards ayant cessé lorsque Didier, leur dernier roi, fut fait prisonnier, la ville passa sous la domination de Charlemagne, puis sous celle des empereurs d'Allemagne. Elle s'érigea plus tard en une espèce de république, présidée tantôt par ses archevêques, tantôt par les notables (*ottimati*), sous l'influence des ministres envoyés par les empereurs (*missi dominici*).

Ce fut en 1162 que Frédéric Ier, surnommé Barberousse, se rendit maître de Milan, en fit sortir les citoyens, ordonna qu'on renversât les fortifications, fit abattre les murailles et une grande partie des maisons.

Les factions des Guelfes et des Gibelins, et la rivalité de deux puissantes familles, les Visconti et les Torriani, qui dans le XIIIe siècle se disputèrent la possession de Milan, tantôt sous le nom de *capitaines* et de *défenseurs du peuple*, tantôt sous le prétexte de leur noblesse et de leur puissance, empêchèrent long-temps que cette ville recouvrât le calme et la paix; mais en 1310 l'empereur Henri VII chassa les Torriani de Milan et y établit Mathieu Visconti. En 1447, le duché de Milan devint le partage de François Sforza; sa famille en conserva la possession jusqu'à ce que Ludovic Sforza, surnommé *le More*, engagea les Français à faire une descente en Italie afin de chasser de Naples les Aragonais. La souveraineté des Français dans la Lombardie dura jusqu'en 1512. A cette époque, la couronne ducale fut rendue à Maximilien Sforza; mais à peine trois années s'étaient-elles écoulées, qu'il fut contraint de céder de nouveau ses états au roi de France François Ier. Un des frères de Maximilien, François Sforza, recouvra plus tard le bien de ses ancêtres; mais lui aussi ne put le conserver: il mourut sans laisser d'héritier, et l'état devint un fief de l'empire et fut dévolu à l'empereur Charles V, qui en accorda l'investiture à son fils l'archiduc Philippe. La souveraineté passa ainsi au roi d'Espagne, et de ces derniers à la maison d'Autriche, qui la conserva jusqu'en 1796, époque à laquelle toute la partie septentrionale de l'Italie ayant été conquise par l'armée française, Milan devint la capitale de la république Cisalpine. En 1799, le pays fut repris par les Impériaux; mais ces derniers ayant été forcés d'abandonner l'Italie en 1800, Milan et les états voisins rentrèrent de nouveau sous le régime républicain. La république Italienne succéda à la république Cisalpine, et en 1805 elle prit le titre de royaume; Milan en fut la capitale. Les événemens de 1813 entraînèrent la chute de cet état et le démembrement de quelques provinces qui en furent détachées et rendues à leurs anciens souverains. Milan est aujourd'hui la ville principale du nouveau royaume Lombard-Vénitien, réuni aux domaines de la maison d'Autriche.

Les arts, les sciences et les lettres, protégés jadis à Milan par les Visconti, comme ils l'étaient à Florence par les Médicis, n'y sont pas de nos jours aussi cultivés qu'on pourrait le croire. L'école lombarde, dont cette ville fut le centre et Léonard de Vinci le fondateur, n'a fourni depuis bien des années que peu d'ouvrages et peu de maîtres; il faut en excepter, cependant, André Appiani, Bassi, et le sculpteur Bosio.

Le caractère, les mœurs, les usages des Milanais, offrent peu de traits particuliers. Quelques écrivains vantent leur désintéressement, leur hospitalité; d'autres, au contraire, les tiennent pour le peuple le plus intéressé et le moins hospitalier de toute l'Italie. Il ne faut pas croire les premiers au pied de la lettre, ni ajouter une foi entière à ce que disent les seconds. D'ailleurs il y a partout des exceptions, et si l'accueil amical de quelques Milanais est parfois calculé et peu sincère, beaucoup d'entre eux se font remarquer par leur franchise et un désintéressement absolu. Les spectacles réunissent en été, au sortir de la promenade, c'est-à-dire vers neuf heures du soir, les Milanais, dont une partie achève le reste de la nuit dans les bals et les fêtes, pour passer dans son lit la journée du lendemain : de là sans doute ce teint pâle, ces visages amaigris, ces corps élancés qui constituent en général la jeunesse de Milan. Il en est de même des dames à la taille si svelte, si délicieuse ; leur teint n'admet que les lis et rarement les roses, mais cela ne les empêche pas d'être charmantes et de posséder cette grâce, cette aisance qui distinguent nos séduisantes compatriotes.

Milan est située dans une plaine fertile, entre le Tessin et l'Adda. Ses murs actuels furent bâtis en 1549. Les fossés qui furent creusés par le peuple lorsqu'il tenta de se défendre des attaques de Barberousse, servent aujourd'hui en grande partie à recevoir les eaux et à les distribuer dans l'intérieur de la ville. Les portes que l'on voit encore en dedans du canal, dont quelques-unes sont doubles ou à deux arcs, comme la porte Neuve et la porte Orientale, sont les restes des anciennes murailles construites par les Milanais en 1167, lorsqu'ils rentrèrent dans leur ville après le saccagement exercé par Frédéric Ier.

On entre dans Milan par onze portes, dont six principales : la porte Orientale ou *Renza*, la porte Romaine, la porte de Pavie ou *Ticinese*, la porte de Verceil ou *Vercellina*, la porte de Côme ou *Comasina* et la porte Neuve. Les cinq autres sont : celles de *Tosa*, de *Vigentina*, de *Ludovica*, *Portello di porta Vercellina* o *del Castello* et celle de *Tanaglia*. Les rues sont en général larges et bien aérées. Des dalles en pierre y forment deux sentiers parallèles sur lesquels les voitures roulent sans bruit et sans cahots.

Milan renferme une foule innombrable d'églises, de chapelles, de monumens, de palais, parmi lesquels il faut surtout distinguer la cathédrale (*il duomo*), le palais de la Cour, le palais de l'Archevêché, les églises de la Vierge, de Saint-Nazare, de Saint-Ambroise, le grand hôpital, l'arc du Simplon, le théâtre della Scala, l'Arène, le palais des Sciences, les colonnes de Saint-Laurent, le jardin public, etc., etc.

IL DUOMO (le dôme). La cathédrale de Milan est un édifice admirable, soit par sa grandeur, soit par la matière qui a servi à sa construction, soit enfin par la singularité plutôt que la régularité de son plan, et par l'immense quantité de ses ornemens et le nombre prodigieux des statues qui l'embellissent.

Sa construction fut commencée en 1385. On continua à travailler pendant deux siècles, sur un plan qu'on attribue à Marc de Campione; mais lorsqu'on voulut entreprendre les travaux de la façade, les architectes furent d'avis que l'on tentât de réunir le style gothique au style grec, et le célèbre Pellegrino Pellegrini traça un nouveau plan qui ne fut exécuté qu'en partie, sous le cardinal Frédéric Borromée. Les derniers travaux de la façade du dôme n'ont été terminés que sous le règne du vice-roi Eugène Napoléon.

L'église est en forme de croix latine. Le plus long de ses bras, qui s'étend de la porte du milieu jusqu'à la croisée, embrasse cinq nefs; les deux bras latéraux et la portion qui renferme le chœur n'en comptent que trois. La hauteur de la nef principale est de cent quarante pieds environ ; celle des nefs latérales est de cent pieds, et celle des petites nefs, de quatre-vingts. La séparation des nefs est formée par cinquante grands piliers cannelés, dont la forme est presque octogone, tous égaux en grosseur, à l'exception de quatre principaux qui soutiennent le *dôme* ou la *coupole*, sans pour cela nuire en rien à l'effet de la perspective. Dans le mur d'enceinte, vis-à-vis des piliers, on a figuré un demi-pilier, et on en voit deux tiers prononcés dans les angles, destinés à soutenir le croisement des ogives. Chacun des piliers a sept pieds de tour.

La longueur intérieure de l'église, mesurée depuis la façade jusqu'à l'extrémité opposée de l'édifice, est de 460 pieds; la largeur des cinq nefs réunies est de 190 pieds, et la largeur totale de l'église, dans les deux bras latéraux de la croix sans les chapelles, est de 220 pieds ; avec les chapelles, elle est de 270 pieds. Chacun des deux bras et la portion qui embrasse le chœur, ont une longueur de 115 pieds; le mur d'enceinte a 7 pieds d'épaisseur.

Les chapiteaux des colonnes ou des piliers qui séparent la nef du milieu des moyennes nefs sont tous ornés de huit niches destinées à recevoir autant de statues. L'intérieur de la coupole est aussi orné de niches et de statues. Du pavé de l'église au sommet de la coupole, on compte 205 pieds. La lanterne qui couronne l'édifice a 27 pieds.

On a tellement multiplié les ornemens et les statues au-dedans et au-dehors de la cathédrale de Milan, que le nombre de ces dernières monte à 4,400 environ ; la partie où l'on a le plus prodigué ces décorations est le dessus de l'église. A l'extrémité des toits, on a établi un parapet à jour, qui sert de

Il Duomo-Cathédrale de Milan

couronnement; on y a ajouté des escaliers en marbre pour atteindre d'un toit à l'autre des gouttières, travaillées pour l'écoulement des eaux. Le nombre des aiguilles s'élève à 98, toutes ornées de statues et de sculptures dans le goût des arabesques gothiques. L'aiguille du milieu se distingue par sa hauteur et sa magnificence; son élévation, au-dessus de la lanterne, est de 95 pieds. On a placé à son sommet une statue de la Vierge, en cuivre doré, de la hauteur de 15 pieds.

On remarque les portes et les bas-reliefs qui les embellissent. Celui du milieu, qui représente la création d'Ève, a été sculpté par Gaspard Vismara; les bas-reliefs qui servent d'ornement aux portes latérales et aux piliers principaux sont dus aux ciseaux de Charles Biffi, de Pierre Lasagni, de Denis Bussola, de Joseph Vismara, de Charles Bono et de Prevosti. Dans les flancs des piliers, les sculptures sont de César Pagani, de Charles Buzzi, d'Ange Pizzi, de Rusca, de Ch.-Jérôme Marchesi, de Guidici, de Fr. Carabelli, de Douat, de Joseph Ferrandino et de Barthélemy Ribossi. Parmi les statues qui décorent la façade, on remarque plusieurs beaux ouvrages de Pacetti, de Rusca, de Monti, etc., etc.

En entrant dans l'église, on admire d'abord les belles colonnes qui servent d'ornement intérieur à la porte principale. Une inscription gravée sur cette porte apprend que le maître-autel fut consacré par Martin V, à son retour de Constance. A quelques pas de distance de cette porte, on trouve un beau baptistaire, construit d'après le plan de Pellegrini. On y admire un vase de porphyre magnifique, qui sert à la cérémonie du baptême, que l'on pratique ici suivant la discipline de l'église ambroisienne. Les colonnes qui soutiennent la voûte sont de marbre rouge et les chapiteaux sont de bronze.

Cérano, Martin Bassi, architectes célèbres, et Pellegrini, ont donné le plan de quelques-unes des chapelles qui furent construites en marbre. Dans toutes ces chapelles on voit des peintures estimées : *Sainte Agathe en prison, visitée par saint Pierre*, peinte par Frédéric Zuccari ; *Saint Augustin entre deux anges*, de Melchior Gherardini; *la Vierge* et *saint Victor*, par Rossetti, dit le *Fiammenghino*, attirent surtout les regards des artistes. Une de ces chapelles est remarquable par sa richesse : c'est celle où sont déposés les restes mortels de Jean-Jacques et de Gabriel de Médicis, frères de Pie IV. Le tombeau a été exécuté sur les dessins de Michel-Ange, et les statues et les bas-reliefs de bronze sont des ouvrages de Léon Léoni de Menagio.

La grande chapelle, construite à l'extrémité du bras droit de l'église, et dédiée à saint Jean Bon, renferme plusieurs beaux bas-reliefs, sculptés par Vismara, François Zarabatta, Zaunetti et Denis Bussola. A l'entrée, sont placées deux statues colossales en stuc, de Guidici.

La sacristie principale renferme plusieurs objets d'art estimés. On y admire une belle statue de *J. C. enchaîné*, de Christophe Solari ; deux statues d'argent, de grandeur naturelle, l'une de *saint Ambroise* et l'autre de *saint Charles* ; deux évangéliaires, l'un d'ivoire et l'autre d'argent, donnés en présent à l'église par l'archevêque Héribert en 1018 ; la croix du chapitre, entièrement en or, d'un travail précieux ; un magnifique devant d'autel brodé et un beau tableau du chevalier del Cairo, élève du Morazzone.

Derrière le chœur, on voit la statue de Martin V, sculptée par Giacobino de Tradate ; le mausolée élevé au cardinal Caraffa, gouverneur de Milan ; le tombeau de deux archevêques de Milan, Jean et Guidon Arcim-boldi ; mais ce qui attire surtout l'attention des étrangers, c'est la fameuse statue de *saint Barthélemy écorché*, dans laquelle on retrouve une étude approfondie de l'anatomie, bien qu'on accuse les muscles d'être trop prononcés. On lit, au-dessous de ce morceau curieux, le vers suivant :

Non me Praxiteles, sed Marcus fecit agrates.

La sacristie, située dans la partie septentrionale, renferme une statue du Sauveur, par Antoine de Vigiù, et un beau plafond, peint par Camille Procaccini.

La chapelle souterraine (*scurolo*) a été exécutée sous la direction de Pellegrini. Elle est décorée à l'extérieur de riches ornemens en marbre; à l'intérieur, l'enceinte qui la renferme, et qui sépare le chœur du reste de l'église, est divisée en neuf compartimens par les espaces compris entre les dix piliers qui s'y trouvent. Cette espèce de clôture est disposée en deux parties, dont la première comprend les portes et fenêtres qui éclairent le souterrain et qui y donnent accès. La seconde, plus haute, est enrichie d'une belle suite de bas-reliefs, qui représentent *la vie de la Vierge* ; ces bas-reliefs sont, pour la plupart, de Gérome Pristinari, d'André Biffi, et de Jean-Baptiste Bellandi. Le *Couronnement de la Vierge* est dû au ciseau de Gaspard Vismara.

De la chapelle souterraine on passe dans une autre où repose la dépouille mortelle de saint Charles Borromée. Cette chapelle, de forme octogone, est soutenue par des colonnes de métal précieux ; la muraille est couverte d'or et d'argent.

La châsse qui contient le corps du saint archevêque, revêtu de ses habits pontificaux, est en cristal de roche garni d'argent et de pierreries : c'est un présent de Philippe IV, roi d'Espagne.

Les deux grandes loges de cuivre doré qui servent de jubés et de chaires, et qui sont appliquées en forme d'anneaux ou de cercles aux deux premiers piliers au-delà de la croisée, sont enrichies de bas-reliefs magnifiques, et soutenues chacune par une caryatide en bronze, d'après les dessins de François Brambilla. Les orgues, appuyées à quatre de ces piliers, sont doubles en apparence. Les portes du côté de l'évangile sont peintes par Joseph Méda, Milanais, et celles du côté de l'épître, par Ambroise Figino. Les autres peintures sont l'ouvrage de Procaccini.

Les sculptures en bois des stalles du chœur sont très-curieuses; elles ont été exécutées sur les dessins de Méda, de Figino, de Procaccini et de Brambilla, et représentent des traits de la vie de saint Ambroise. On doit aussi au célèbre Brambilla le plan du tabernacle en bronze doré. Les statues en bois doré que l'on voit sur l'architrave à l'ouverture du chœur sont de Santi-Corbetta.

De belles chapelles décorent l'église. Dans celle de la *Sainte Vierge de l'Arbre*, ainsi nommée à cause d'un candélabre de bronze placé vis-à-vis de l'entrée et représentant un arbre avec ses branches, on voit de beaux bas-reliefs en marbre, par Brambilla, Augustin Busti, André Fusina et Christophe Solari. Au sommet de l'arc gothique, on voit *Dieu le père entouré de groupes d'anges*, sculpté par Charles Biffi; l'autel est construit en marbres précieux et orné de statues estimées.

Le pavé de la plus grande partie de la cathédrale de Milan est formé d'une espèce de mosaïque en marbre de différentes couleurs. Les piliers de la grande nef sont liés entre eux par des poutres auxquelles on suspend, dans les grandes solennités, des tableaux représentant des traits de la vie de saint Charles, l'invention de la Croix, ou des sujets analogues aux saints que l'on célèbre ces jours-là. Ces tableaux, dont quelques-uns sont des chefs-d'œuvre, sont dus aux pinceaux de Cerano, de Morazzone, de Camille Procaccini, de Lanzani, de Maggi, etc.

La cathédrale de Milan est desservie par un clergé nombreux, composé de deux chapitres, dont l'un porte le nom de *majeur* et l'autre est appelé *mineur*. Le premier, présidé par l'archevêque, comprend quelques bénéficiaires, dignitaires et plusieurs chanoines. Le second chapitre est composé du maître des cérémonies, d'un aide, de plusieurs chantres ou chanoines, qu'on nomme aussi *notaires*, *lecteurs* ou *mansionnaires*, et de deux chapelains-adjoints, vêtus à l'église, de même que les mansionnaires, d'une chape verte et noire. Il y a encore des clercs desservans, des musiciens dirigés par un maître de chapelle, des organistes et des vieillards des deux sexes chargés de porter, au nom du peuple, l'offrande à l'autel.

La Bibliothèque Ambroisienne passe pour la plus riche en manuscrits après celle du Vatican. Entre les plus précieux on remarque : les *Antiquités judaïques* de Joseph, traduites en latin dans le VIe siècle et écrites sur papyrus ; un *Virgile*, qui appartint à Pétrarque, chargé de nombreuses notes marginales de sa main, et un mémoire autographe sur la célèbre Laure; ce précieux volume est orné d'une miniature de Simon Memmi. Un manuscrit de Léonard de Vinci (*il Codice Atlantico*), composé de nombreux dessins et de notes écrites à rebours suivant sa coutume, c'est-à-dire de droite à gauche, des lettres inédites du Tasse, etc., etc.

Musée de Milan. — La galerie des tableaux de la Brera réclame toute l'attention des artistes et des amateurs étrangers. Nous nous bornerons à indiquer ici les tableaux les plus remarquables qui composent cette magnifique collection. Ce sont : *la Vierge avec l'enfant Jésus*, du Dominiquin; *Abraham et Agar*, chef-d'œuvre du Guerchin; *Jésus-Christ et la femme adultère*, de Caracci; *la Samaritaine*, du même; la *Danse des Amours*, de l'Albane; *Saint Pierre et saint Paul*, du Guide; plusieurs tableaux de Paul Véronèse; *la Piété*, de Benvenuto Garofolo; une *Vierge*, de Jules Romain; *l'Assomption*, par Moroni d'Albino; plusieurs tableaux du Tintoret; un *Saint Roch*, par Bassano; *Saint Pierre martyr*, par Cima de Conegliano; *l'Annonciation*, par Jean Sanzio d'Urbin; *la Vierge et l'enfant Jésus*, par Fra Carnevale, l'un des maîtres de Raphaël; *la Prédication de saint Marc à Alexandrie*, par Gentil Bellino; *Jésus-Christ crucifié*, par Michel de Vérone; plusieurs tableaux du Giotto; *les Noces de la Vierge*, peinture sur bois, par Raphaël.

Ce magnifique tableau appartint long-temps à la famille Sannazari, qui le légua au grand hôpital de Milan. Quoique ce soit un des ouvrages de la jeunesse de Raphaël, on voit aisément que le peintre s'était déjà élevé au-dessus du goût de son siècle. « La tête de la Vierge et celle de saint Joseph, dit l'abbé Sangi dans son *Histoire de la peinture en Italie*, sont d'une beauté que Raphaël surpassa à peine plus tard. »

On admire encore au Musée *l'Adoration des rois*, par Laurent Costa; *la Vierge*, par Moroni;

une Tête de vieillard, par le Titien; *Moïse sauvé par la fille de Pharaon*, chef-d'œuvre de Giorgione; *Saint Jérôme*, par le Titien; *Jésus-Christ avec ses disciples*, par Bonifazio; plusieurs tableaux de Vandick, de Rembrandt et de Miéris; *Saint Jérôme dans le désert*, par Salvator Rosa; *Saint Jean-Baptiste*, par N. Poussin; *Saint Antoine*, par Giordano; plusieurs tableaux de Riberas, surnommé *l'Espagnolet*, de Pompée Batoni, du Bramante, d'Ambroise Fossano, surnommé *le Borgognone*, d'Énée Salmeggia, de Daniel Crespi, etc., etc., etc.

La galerie de la Brera renferme aussi un grand nombre de statues, de bas-reliefs antiques, quelques ouvrages de Canova, les cartons de plusieurs dessins d'Appiani, entre autres, ceux des peintures dont il a orné une des salles du palais de Monza et la coupole de l'église de la Vierge.

ÉGLISE DE LA VIERGE près St-Celse. — Si l'on en croyait une ancienne tradition, saint Ambroise, ayant trouvé en ce lieu les corps de saint Nazare et de saint Celse, aurait fait élever, en souvenir de cet événement, un pilier sur lequel on aurait peint l'image de la Vierge qu'on voit encore aujourd'hui; mais il est aisé de s'assurer que ce tableau n'est point l'œuvre d'un siècle aussi reculé. Il n'est pas moderne non plus, puisqu'il était en vénération vers l'an 1460. Quoi qu'il en soit, l'église de la Vierge est remarquable par son élégance, sa richesse, et le nombre prodigieux des chefs-d'œuvre qu'elle renferme. Cet édifice se compose de deux parties : d'un vestibule ou d'une cour entourée de portiques, et de l'église, qui, par sa façade, se joint au vestibule. On entre dans ce dernier par 3 portes. Au dehors, il est orné de piliers, et au dedans, de colonnes placées sur un soc avec des arcs interposés d'ordre corinthien. On attribue au Bramante le plan de l'église et du vestibule.

L'église est à 5 nefs, avec des piliers cannelés adossés à d'autres piliers sur des bancs ou des socles. On ne saurait trop admirer l'heureuse proportion des arcs situés entre les piliers; les deux nefs latérales embrassent celle du milieu et se réunissent derrière le chœur. On distingue trois parties dans celle du milieu : la première est le bras le plus considérable ou le corps de l'église, composée de 4 arcades ou de 4 espaces de chaque côté; la seconde forme le centre de l'édifice, et est surmontée par un dôme ou coupole octogone avec un arc de chaque côté, et une niche avec une statue dans chaque angle, à la réserve du dernier espace du côté de l'Évangile, où l'on voit l'autel de la Vierge; et la troisième est un bras qui comprend le chœur et qui est entouré de 5 arcs. Les chapiteaux des piliers et les roses de chaque arc sont en bronze. La voûte est ornée d'ouvrages en stuc dorés et de nombreuses peintures.

Dans une chapelle, à droite, on voit une *Descente de croix*, peinte par J.-C. Procaccini, et le *Martyre de saint Nazare et de saint Celse*, par le même; *les Anges* de la frise sont de Storer, et les fresques de Cerano. Dans la chapelle du Crucifix, *l'Ange gardien* a été peint par Storer, et *Saint Joseph*, par Hercule Procaccini; les fresques sont du Fiammenghino. On voit aussi *le Baptême de Jésus-Christ* de Gaudence Ferrari.

Le tableau qui orne l'autel de la chapelle de Saint-Jérôme est dû au pinceau de Pâris Bordone, élève du Titien, ainsi que *les deux Prophètes*, peints à fresque, et qui sont admirables.

Dans une chapelle derrière le chœur, on voit *la Résurrection de Notre-Seigneur*, peinte par Antoine Campi; *l'Assomption* et *Saint Maxime* sont de Charles Urbin de Crema; *le Martyre de sainte Catherine*, du Cerano, et *Saint Paul*, d'Alexandre Buonvicino, sont deux tableaux magnifiques. Les voûtes de ce côté sont peintes par Calixte Piazza, Charles Urbin et Antoine Campi. Vis-à-vis de la chapelle de Saint-Jérôme un tableau de *l'Assomption* peint par Camille Procaccini. Dans une chapelle voisine, on voit *Sainte Catherine de Sienne*, de Gilardini. Le Fiammenghino a peint la voûte, et le Paufilo *la Gloire des Anges*. Les fresques sont du Cerano. La dernière chapelle du côté de l'Évangile renferme un superbe tableau d'Ambroise Borgognone, *la Nativité de Jésus-Christ*.

Mais ce qui attire surtout l'admiration de tous les amis des arts, c'est la coupole, dans laquelle le célèbre André Appiani a peint, en 1795, les quatre évangélistes et les quatre docteurs de l'Église. Le dessin et la disposition des figures, l'harmonie du coloris, l'artifice des lumières et des ombres, qui relève l'éclat de la composition, et l'effet prodigieux des vêtements, qu'on croirait surchargés de dorures, tout concourt à placer ce morceau parmi les plus belles peintures modernes. La statue de Marie qui orne l'autel de la Vierge est d'Annibal Fontana, qui modela aussi la figure de *la Piété* qu'on a exécutée en or, ainsi que le bas-relief en argent représentant *la mort de la Vierge*; et qui a pour pendant un autre bas-relief, *la Nativité*, par François Brambilla. Les colonnes de l'autel sont entièrement en argent, et l'image miraculeuse est couverte d'une plaque d'argent ornée de bas-reliefs curieux, qui fut donnée à l'église par saint Charles, et qu'on croit l'ouvrage de Fontana. Les deux anges qui soutiennent une couronne d'or enrichie de pierreries, sur la tête de la statue, sont de J.-C. Procaccini. Les statues en marbre placées dans des niches sous le dôme sont dues au ciseau de Lorenzi, à la réserve de celle de *saint Jean l'évangéliste*, par Fontana. Les prophètes placés près de la tribune des musiciens sont aussi de ce maître. Les caryatides des orgues ont été sculptées par Antoine de Vigiù, d'après les dessins de Martin Bassi.

Les portes de bronze qui ferment le chœur sont belles, et ont été fondues par Fontana. Le maître-autel est orné de pierres fines incrustées dans le marbre et le bronze.

ÉGLISE DE SAINT-AMBROISE. — Cette église est une des plus anciennes et des plus remarquables de la ville. Bâtie du temps de saint Ambroise, qui y officia pendant des années, son corps y fut inhumé non loin de ceux des martyrs Gervais et Protais. L'édifice est formé par trois nefs. Il a été rebâti en partie à diverses époques. Quelques arcs sont construits dans le goût du XIIIe siècle. On voit à gauche, dans la grande nef, une belle colonne de granit à l'extrémité de laquelle est placé un serpent de bronze ; on a publié une dissertation sur ce monument, sous le titre de *Serpente eneo*. A gauche, sous une espèce de tribune qui sert de chaire, on voit un sarcophage en marbre blanc très-ancien, couvert d'ornemens et de figures en demi-relief, qui était destiné à être isolé, et qui a servi probablement à recevoir les dépouilles de deux époux, ainsi que l'indique un bas-relief contenant deux figures, l'une d'homme et l'autre de femme. On assure que ce monument est du Ve ou du VIe siècle. Le père Allegranza a prétendu que c'était le tombeau de Stilicon et de sa femme Serena. Vis-à-vis de la tribune, construite en marbre blanc, sont placées les orgues. Dans un pilier à droite non loin des orgues, on voit une image très-ancienne de saint Ambroise, qui n'est pourtant pas aussi ancienne qu'il est dit dans une inscription qu'on trouve au-dessous et dans laquelle on lit que ce portrait a été fait d'après nature. Le maître-autel est un objet très-précieux pour l'histoire de l'art ; il est isolé et revêtu de chaque côté d'une espèce de devant d'autel, ouvrage du IXe siècle. Quatre belles colonnes de porphyre soutiennent une tribune dont les frontons sont ornés de bas-reliefs sculptés vers le même temps. Le devant ou pourtour de l'autel, qui le couvre de chaque côté, a été exécuté par un habile orfèvre nommé Wolvinus ; il coûta quatre-vingt mille florins d'or, somme immense pour ce temps-là. La partie principale est garnie entièrement de plaques d'or ciselées en bas-reliefs et entourées d'ornemens enrichis de perles, de pierreries et d'émail ; elle est divisée en trois compartimens, et les bas-reliefs représentent des sujets tirés de l'Évangile. Les côtés et le derrière de l'autel sont garnis de plaques d'argent doré, avec des bas-reliefs, des perles et des pierreries. Dans le bas-relief derrière l'autel, on a représenté quelques traits de la vie de saint Ambroise. Au milieu de deux médaillons placés à l'extrémité, on voit les portraits de l'archevêque Angilbert, le donateur, et de l'orfèvre Wolvinus.

La mosaïque qu'on voit dans la voûte du chœur, et qu'on assure être l'ouvrage de quelques artistes grecs au XIe siècle, mérite une attention particulière. Jésus-Christ y est représenté assis au milieu d'anges qui voltigent çà et là. D'un côté on remarque *saint Ambroise* qui s'endort en célébrant le sacrifice de la messe. On lit au-dessous le mot : *Mediolanum*, et de l'autre côté on voit l'*enterrement de saint Martin de Tours*, avec ce mot : *Turonium*.

Parmi les tableaux qui ornent les chapelles, on remarque une peinture fort ancienne représentant *la Vierge, saint Jean*, par Gaudence Ferrari, *la mort de saint Benoît*, par Charles Pietra ; *Saint Sébastien*, par Ambroise Besozzi ; *Saint Pierre recevant les clefs de Jésus-Christ, la Nativité*, par Landriani, etc., etc.

COLONNES DE SAINT-LAURENT. L'église Saint-Laurent, qu'on voit en entrant dans la ville par la porte Tessinaise, présente une magnifique colonnade en marbre de Paros, d'ordre corinthien. Les colonnes, striées jusqu'aux deux tiers de leur hauteur, s'annoncent par leur noblesse et leur vétusté, pour les restes d'un ancien monument des Romains : c'est l'unique qui soit encore debout, de tous ceux qu'ils ont élevés dans Milan. On y voit une inscription en l'honneur de l'empereur Vérus, qui se rapporte à l'an 165 de l'ère chrétienne. Quelques auteurs pensent que c'était un temple consacré à Hercule. Un mur de brique soutient ces beaux restes, qui semblent s'être conservés pour attester l'antique magnificence de la ville. L'église de Saint-Laurent fut bâtie au XVIe siècle. C'est une coupole octogone, dans laquelle on voit une mosaïque représentant *Jésus-Christ au milieu des docteurs*, et un tombeau qu'on croit être celui de Gallia Placidia, fille de Théodose-le-Grand.

ÉGLISE DE SAINTE-MARIE DE LA VICTOIRE. — Ce temple, dans l'architecture duquel règne un air de grandeur et de magnificence, est composé de quatre grands arcs surmontés d'une coupole. Les espaces vides des arcs sont remplis, l'un, par le maître-autel, les deux latéraux par deux chapel-

Arc de Triomphe du Simplon (Milan)

les, et le quatrième par la porte d'entrée. Les piliers sont d'ordre dorique composé, striés et placés sur un socle. Ces piliers, accouplés sous la coupole, laissent de chaque côté un interstice qui est occupé par quatre pyramides en marbre noir, chargées d'inscriptions et élevées par le cardinal Omodei à la mémoire de ses frères.

Dans la chapelle à droite, Hyacinthe Brandi a peint *Saint Charles administrant l'Eucharistie aux Pestiférés*; les anges qui soutiennent ce beau tableau sont en marbre de Carrare et sculptés par Denis Bussola. Sur le maître-autel on voit un ciboire en bronze, soutenu par des anges, et un beau tableau *la Descente du Saint-Esprit*, peinte par Camille Proccaccini. Dans la chapelle à gauche, on voit un tableau de Jean Ghisolfi, élève de Salvator Rosa, représentant *Saint Pierre délivré de prison*. Les anges en marbre qui soutiennent ce morceau remarquable sont dus au ciseau d'Antoine Raggi surnommé *le Lombard*, élève du Bernin.

Le Grand hôpital est l'un des plus vastes et des plus curieux édifices de Milan. Une première cour triangulaire l'annonce, dès l'entrée, d'une manière imposante ; les quatre façades qui entourent cette cour présentent deux belles colonnades ioniques, étagées l'une sur l'autre. Huit autres cours, moins considérables, sont également entourées d'un double étage de portiques. Une inscription placée dans la façade principale apprend qu'il fut érigé en 1456 par François Sforza, 4e duc de Milan, et par Blanche-Marie Visconti, sa femme, conjointement avec le peuple milanais. Le Grand hôpital de Milan renferme deux mille lits. On conserve dans une des salles la collection assez nombreuse des portraits des citoyens qui ont doté ce magnifique établissement.

L'ancien cimetière du Grand hôpital est encore un objet de curiosité par la magnificence qui le distingue des cimetières ordinaires. C'est une rotonde en galerie, sous les dalles de laquelle on enterrait les morts de l'hospice. Elle entoure un vaste terrain couvert d'un épais gazon. Une colonnade de granit, ouvert à jour sur ce vaste tapis vert, forme la façade intérieure de la galerie. Au centre du terrain s'élève une petite église isolée. Ce fut pendant les guerres de la révolution le *Panthéon des grands hommes*.

Le théâtre della Scala est le plus vaste de l'Italie. Le vestibule sert d'entrée et forme, avec la terrasse qui est au-dessus, l'unique ornement de la façade. Dans l'intérieur, la salle contient deux cent soixante-seize loges placées sur six rangs de hauteur. Beaucoup plus nombreuses que celles des autres théâtres, elles sont aussi plus grandes.

Ce sont autant de petites chambres qui se convertissent tantôt en salles à manger, où l'on soupe, tantôt en salons où l'on joue, et où l'on reçoit les visites que se font réciproquement les spectateurs pendant la durée de l'opéra ou du ballet. Un rideau de soie, en général de couleur verte, soustrait, lorsqu'on le souhaite, l'intérieur de la loge aux regards du public. L'ouverture de la scène est ornée de colonnes corinthiennes, et le plafond de la salle est divisé en compartimens qui renferment de belles peintures de Jean Perego, artiste habile.

Le Corso. Rendez-vous des fashionables de Milan, c'est un Longchamp quotidien. Un grand nombre de voitures, pour la plupart découvertes, se suivent au petit pas, en formant une double file le long de deux allées latérales dans lesquelles circulent à pied les curieux. C'est là qu'on passe en revue toute la population élégante de la ville. Aussitôt après le dîner, pour peu que le temps soit beau, chacun se fait un devoir de paraître au Corso pour y rencontrer ses connaissances, y former des projets pour la soirée, et y faire des remarques malignes sur des gens qui, de leur côté, se moquent de lui. Puis on rentre chez soi, après avoir respiré un air pur et frais, ce qui est réellement un besoin impérieux sous ce ciel brûlant.

Le Jardin public est situé au-delà du Corso. Il est séparé de la route par une suite de piliers de granit surmontés de vases élégans et par une grille de fer, avec les armes de la ville. Ses longues allées, ses verts bosquets, sa salle de danse vaste et décorée avec goût, y attirent chaque soir une partie de la population de Milan. Il y a aussi une salle de concert, un cirque, un amphithéâtre, et un petit canal.

L'Arène ou amphithéâtre est situé à l'une des extrémités de la place du Château. Construit dans le genre antique, il a huit cents pieds de longueur sur quatre cents de largeur, et il peut contenir trente mille spectateurs. Beaucoup plus vaste que celui de Vérone, le plus grand des monumens de ce genre que les siècles aient conservés, il est beaucoup moins élevé. Il sert aux courses de chars et de chevaux et aux naumachies. On remplit pour cela l'arène d'eau en peu d'instans, et les bateaux remplacent alors les coursiers et les chars. La porte de l'Arène est ornée d'un beau bas-relief exécuté par Monti, de Ravenne ; on admire aussi les belles colonnes de granit rouge qui ornent la loge royale, le *pulvinare* des anciens.

Arc de triomphe du Simplon. — C'est à l'une des extrémités de la place d'Armes, du côté où commence la route du Simplon, qu'on a élevé ce magnifique arc triomphal, construit sur les dessins du célèbre marquis Louis Cagnola. L'aspect de ce monument, qui supporte, au-dessus de sa corniche, cinq statues, un char et dix chevaux de bronze, seul au monde sous ce rapport, et l'un des plus grands ouvrages qui aient été exécutés jusqu'ici, frappe l'étranger d'étonnement et d'admiration. Le char est attelé de six chevaux magnifiques, dirigés par une Gloire, tandis qu'à chacun des quatre angles s'élance un cheval portant une Renommée embouchant la trompette. Les statues, les chevaux et les bas-reliefs qui décorent *l'arc de la Paix* (c'est ainsi qu'on le nomme officiellement) sont dus aux ciseaux des sculpteurs Pacetti, Monti, Acquisti et Marchesi. Les ornemens ont été modelés par Dominique Moglia.

CAMPAGNE DE MILAN.

L'Interna. — Chartreuse de Garigno. — Chiaravalle. — Castellazzo. — Un pèlerinage que ne manquent pas de faire les étrangers qui visitent Milan, est celui de l'Interna ou *Inverna*, célèbre par le séjour de Pétrarque et situé à environ trois milles de Milan, hors de la porte Vercelline. On croit que le poète choisit ce lieu retiré pour y faire sa demeure après la mort de sa chère Laure. Ce fut dans cette solitude qu'il pleura la perte de cette amante adorée et qu'il composa une partie de ces admirables sonnets où il peignit si noblement sa douleur, son amour et sa tendresse. Il a donné dans ses écrits, à cet endroit, le nom de *l'Internum*. Ébel, dans son *Manuel du voyageur en Suisse*, a fait mention de l'Internai; il dit que Pétrarque, durant le séjour qu'il y fit, y unit sa fille à François de Brusano.

On peut se rendre à Garignano, soit en sortant par la porte secondaire qu'on nomme *portello del Castello*, soit par celle de *Tanaglia*. La distance à parcourir est à peu près de trois milles. La chartreuse fondée au XIVe siècle par Jean Visconti, archevêque de Milan, n'existe plus depuis long-temps; mais l'église est toujours le rendez-vous des artistes et des curieux, à cause des belles peintures de Daniel Crespi et d'autres maîtres célèbres du XIIIe siècle qu'elle renferme. Daniel Crespi a représenté, dans une suite de fresques admirables, plusieurs traits de la vie de saint Bruno, fondateur des Chartreux.

On va visiter aussi l'ancienne abbaye de Chiaravalle, autrefois possédée par les moines de Cîteaux. L'église et le cloître méritent l'attention des artistes. L'église est ornée de peintures à fresque de Barthélemy Roverio. Le tableau, *les quatre Évangélistes*, placé sur le maître-autel, est estimé; et l'on admire la belle fresque de *la Vierge et l'enfant Jésus*, dû au pinceau de Bernardin Luini. Dans le cimetière sont les tombeaux des Torriani, si long-temps rivaux des Visconti, et celui de la célèbre Guglielmina Boema.

Hors de la porte de Ludovica on trouve, au-delà de Morivione, Castellazzo, où l'on voit une belle copie de *la Cène* de Léonard de Vinci, peinte à fresque par Marc d'Oggiono, son élève.

MONZA.

La ville de Monza est fort ancienne. C'est dans la belle basilique de Saint-Jean qu'on conserve la *Couronne de fer*, ainsi nommée, quoique ce soit une couronne d'or, parce qu'elle a dans l'intérieur un cercle de fer qu'on dit être un des clous de la sainte croix. Elle servait autrefois à la cérémonie du couronnement des rois lombards; elle servit aussi au couronnement des empereurs d'Allemagne depuis Henri IV jusqu'à Charles-Quint. En 1805, Napoléon posa lui-même la couronne de fer sur sa tête en disant : « Dieu me la donne, gare à qui la touche! » et en fit la devise de l'ordre qu'il créa à cette occasion : *Dio mi la diede, guai a chi la tocca*.

Un savant chanoine de Monza, M. Bellani, a publié une dissertation fort intéressante sur ce diadème célèbre, qu'il a envisagé sous les divers rapports de la religion, de l'histoire et des beaux-arts.

Le palais, situé non loin de la ville, est vaste et décoré avec somptuosité : c'est un séjour délicieux, et ce qu'on appelle en Italie *una villa reale*. Outre des appartemens magnifiques, il renferme une chapelle dont on admire l'architecture et une jolie salle de spectacle. Les jardins sont aussi fort remarquables. De nombreux bosquets de citronniers et d'orangers, les plantes les plus rares, les fleurs les plus variées, embaument l'air et présentent, à l'œil charmé, le mélange agréable de leurs vives couleurs. Dans une rotonde élégante, construite à l'extrémité d'une vaste orangerie, on voit un des chefs-d'œuvre d'André Appiani : *Psyché et Cupidon*. Des canaux pleins d'une eau limpide, de bruyantes cascades, des grottes pittoresques, embellissent toutes les parties de ce délicieux séjour, qui renferme encore un joli lac peuplé de cygnes nombreux et d'une foule d'oiseaux aquatiques. Des jardins on communique dans le parc, où l'on trouve de belles plantations d'arbres indigènes et exotiques. Ses allées ombragées offrent les promenades les plus délicieuses, et conduisent à plusieurs jolies maisons de campagne. La rivière du Lambro le traverse dans toute sa largeur. Il est entouré de murailles qui parcourent un espace d'environ neuf milles d'Italie.

LAC MAJEUR.

TOPOGRAPHIE.

Situation. — Étendue. — Le lac Majeur (*Lago Maggiore*), est situé sur les confins de la Suisse et du royaume d'Italie. Il a 16 lieues de longueur, environ (44 milles d'Italie), de Tenero, au N., jusqu'à Sesto, au S. Sa plus grande largeur entre Laveno et Fariolo est de 2 lieues et demie; sa surface est à 762 pieds au-dessus du niveau de la mer, selon Pini, et seulement à 636, selon Saussure. Il a 335 pieds de profondeur près de la chapelle de *Bardia*, vis-à-vis de Locarno, 1,100 pieds entre l'embouchure de la Toccia et Belgirato, et jusqu'à 1,800 pieds entre l'*Isla Bella* et Laveno. Les bateliers donnent au vent du S. le nom d'*Inverno*, au vent d'O. celui de *Margozzolo*, au vent du N. celui de *Tente ou de Maggiore*, et au vent du S.-E., qui souffle rarement, celui de *Bergamasco*. La navigation du lac Majeur est moins dangereuse que celle du lac de Côme.

Montagnes. — Rivières. — Sites. — Les bords du lac Majeur, entre les îles Borromées et Laveno, sont couverts de collines. Au N., on voit un coteau s'étendre du côté de l'Isola Bella. Un autre court au S.-E., et un troisième du côté de Palanza. Plusieurs rivières considérables, telles que le Tessin, la Verzasca, la Maggia, la Toccia ou Tosa, les eaux des lacs de Mergozzo, d'Orta, de Lugano, mêlées à celles de la Tresa, celles des lacs de Varèse, de Monate et de Comabio, se jettent dans ce beau lac.

Le lac Majeur est poissonneux : on y pêche en abondance la plupart des poissons communs aux rivières de la Lombardie, particulièrement des tanches, des perches et des anguilles. Les bords du lac sont en partie couverts de villages, de bois et de champs. On voit sur quelques côtes des vignobles bien cultivés. Les bateliers y sont expérimentés; mais les bateaux sont en général mal construits ou délabrés. Le commerce qu'on fait dans le pays consiste surtout en bois, en planches, en vin, en châtaignes, en pierres de taille, etc. La plus grande partie de ces objets s'expédient à Milan et à Pavie.

Une majesté sauvage, jointe aux beautés d'une nature douce et riante, caractérisent ce délicieux pays. La vue y est tantôt resserrée dans les plus étroites limites, et tantôt elle embrasse le plus vaste horizon. De hautes montagnes l'entourent au S.-O., à l'O., au N. et au N.-E. Celles de l'E. et du S. s'abaissent par degrés jusqu'aux plaines de la Lombardie. Au N.-E., entre Magadino et Laveno, les montagnes sombres et sauvages de Gamborogno s'élèvent rapidement du sein des ondes jusqu'à la hauteur de 6,000 pieds au-dessus de leur surface. Les flancs boisés du Pino et le mont Canobbio semblent fermer le lac; de sorte que sa partie septentrionale forme un bassin de 3 lieues de longueur, qui porte le nom de lac de Locarno. Ce bassin, situé sur le territoire de la Suisse, est très-poissonneux. Au-dessous de Canobbio et de Luino, le lac Majeur s'élargit vers le S.-O., et forme un golfe ovale de 2 à 3 lieues de largeur. Sur ses rives, on voit briller les villes de Palanza et d'Intra; l'Isola Bella, l'Isola Madre, l'Isola di San-Giovanni et di San-Michele, Locarno, Luino, Laveno, Sesto et Arona.

Les rives du lac Majeur offrent les promenades et les objets les plus variés. A Tenia, on voit un figuier dont le tronc a 12 pieds de circuit : Tenero, où la Verzasca tombe dans le lac, est un endroit délicieux. L'agreste vallée de Verzasca débouche au N., au-dessus de l'église de la *Madonna della Fraggia*. Le pont de Tenero a 120 pieds au-dessus du niveau de la rivière, et cependant les eaux impétueuses du fleuve blanchissent quelquefois de leur écume argentée le centre de ces hautes arcades. De Tenero, on découvre tout le bassin du lac de Locarno jusqu'aux monts Pino et Canobbio. Le sentier qu'on aperçoit vis-à-vis de Locarno, et qui, de Magadino, mène, le long du lac, à Molinetto, offre une route extrêmement pittoresque, surtout lorsqu'il est éclairé le matin par les rayons du soleil. Rien de plus ravissant que les promenades en bateau que l'on peut faire sur les eaux du *Lago Maggiore*. Une excursion charmante est celle au pont de Brolla, à l'ouverture de la vallée de Maggia, d'où la rivière du même nom sort avec impétuosité par des gorges resserrées entre des rochers menaçans. L'aspect de Pedamonte et d'Intragi, vus de l'entrée des vallées de Centovalli et d'Ouserrone, d'où le ruisseau du même nom va se jeter avec impétuosité dans la Maggia, et de la haute montagne de Finaro dans la vallée de Vicheza, déploient toutes les horreurs d'une nature menaçante et tous les charmes des paysages les plus agréablement variés. A Intragi, on jouit d'une vue dont on ne saurait donner ici qu'une idée imparfaite : les regards planent tour à tour sur les pentes douces de l'Arcumio, sur les rochers escarpés du Borghese-Locarno, sur une partie du lac, sur le mont Cenere, sur les villages de Magadino, de Podamonte, de San-Fedele, de Julio et de Cariglione, entre la Maggia et la Melezza, sur les ponts de la Melezza, de l'Onsernone et de la Maggia, et sur les déchiremens des gorges du val d'Onsernone.

Les vallées de Centovalli et de Vichezza, voisines du lac, courent de l'E. à l'O. et sont parcourues par deux rivières différentes, toutes deux nommées *Melezza*. Centovalli est moins une vallée qu'une gorge dans les rochers, munie dans toute sa longueur d'angles saillans et si fortement prononcés, qu'ils forment une multitude de petites vallées d'où de verts pâturages s'élèvent jusqu'aux pics voisins. Pendant trois mois de l'année, le revers méridional est privé de l'aspect du soleil. Le climat est doux, le sol fertile. Le printemps y commence en mars. La première récolte se fait au mois de juin, et la seconde, ainsi que la vendange, a lieu en septembre sur le même sol. Les figuiers sont énormes ; ils couvrent de leur ombre des maisons entières. Entre Locarno et Brisago, croissent le laurier, l'olivier, le laurier-rose, le cyprès, le grenadier, etc. A Brisago, les orangers, les citronniers et les melons viennent en pleine terre ; les haies sont formées de jasmins, de myrtes et de romarins ; les flancs escarpés des montagnes sont couverts de châtaigniers et des plus belles forêts ; la fougère élancée, le genêt fleuri, tapissent les rochers, et les chemins passent sous des berceaux de pampres.

La vallée de Vichezza court dans la même direction que Centovalli. Celle d'Onsernone, de quatre lieues de longueur, située entre celle-ci et celle de Maggia, est couverte de superbes forêts. Les hommes de cette contrée exercent le métier de ramoneurs. Ils se rendent, à cet effet, chaque hiver, en Italie, en France, etc. Les femmes fabriquent des chapeaux de paille.

La vallée de Verzona débouche non loin de Locarno, et s'étend sur une ligne de huit lieues entre la val Maggia et la Lévantine. Les parois des rochers qui la bordent sont tellement escarpées, que le voyageur ne peut parcourir les sauvages sentiers qui longent le bord des précipices du Verzona et des autres ruisseaux de cette contrée, sans s'exposer à de grands dangers, et que les habitans ne peuvent construire leurs maisons que les unes au-dessus des autres. Le Verzona coule à une profondeur considérable au pied des deux parois, le long desquelles les pêcheurs sont obligés de grimper comme des cha-

mois. Cette vallée très-pittoresque est peu fréquentée. Elle est couverte de pâturages alpestres, de châtaigniers et de noyers. Ses habitans cultivent la vigne, le maïs et le chanvre. Ils sont jaloux, vindicatifs et emportés à l'excès. Leur arme favorite est un couteau très-acéré, long d'un pied et recourbé en forme de serpe. Ils laissent pendre à la partie postérieure de leur ceinture cet instrument meurtrier dont ils se servent trop souvent.

Élévation des principaux lacs et montagnes de la Lombardie, d'après les calculs de M. le comte Oriani (1).

Le lac Majeur près d'Angera :	646
Le lac de Côme, près de Menagio.	654
Le lac de Lugano à Polezza.	874
Varèse.	1,226
La Madonna del Monte.	2,695
Sasso del Ferro, près de Laveno.	3,328
Pizzo.	3,011
Pino au-dessus de Campagnano.	3,690
Monte Beuscer.	3,853
Le Champ-des-Fleurs.	3,832
Montaveggia.	1,578
Saint-Ginesio.	2,662
Monte Gordona, dans la vallée d'Intelvi.	4,402
Monte Bisbino.	4,144
Monte Generoso,	5,320
(d'après Ebel, 5,557).	
Pizzo de Gino, dans la vallée de Cavargna.	6.995
Sommet de Canzo.	4,265
Ceramede, au-dessus de Tremezzo.	5,111
Calbega, ou della Gada, près de Porlezza.	5,254
Resegnone de Lecco.	5,824
(d'après Ebel, 5,590).	
Legnoncino ou petit Lignon.	5,325
Legnone.	8,132
(d'après Ebel, 8,731).	
Monte Rosa.	14,580

VILLES. — VILLAGES.

SESTO CALENTE est une petite ville avec un port sur le lac. C'est à Somma, situé à quelque distance de Sesto, que les éléphans d'Annibal passèrent le Tessin sur des radeaux, et que ce général carthaginois battit le consul Scipion, 300 ans avant la naissance de Jésus-Christ. On voit encore un certain nombre de tombeaux épars dans la plaine,

(1) On n'a pas seulement indiqué ici l'élévation au-dessus du niveau de la mer de quelques montagnes de la Lombardie, mais on trouvera dans cette nomenclature quelques-unes de celles qui tiennent à la grande chaîne des Alpes, afin de fournir au lecteur un point de comparaison plus varié et plus complet.

où on a aussi trouvé plusieurs inscriptions romaines. Au-dessus d'Angera, à une lieue de Sesto, du côté N.-O., s'élève un antique château dont les salles désertes offrent divers tableaux précieux représentant les exploits d'Otton Visconti, archevêque et premier duc de Milan. L'église est ornée de bas-reliefs et de statues antiques. C'était là qu'était autrefois l'ancien *statione*.

Varèse, située à quelques lieues de Sesto, dans une contrée superbe, et pendant l'été le séjour favori des riches Milanais, renferme un grand nombre de jolies maisons de campagne et plusieurs beaux palais. L'église date, dit-on, du VIIIe siècle. C'est le plus ancien édifice de la ville. Du *Sacro-Monte*, ou Calvaire, situé non loin de Varèse, on jouit de la vue la plus étendue. On y découvre les lacs de Varèse, de Comabio, de Ternate et de Monate, une partie du lac Majeur et de celui de Côme, les plaines de la Lombardie, jusqu'au-delà de Milan du côté des Apennins.

Parmi les maisons de campagne situées aux environs de Varèse, la plus vaste et la plus remarquable est celle qui appartenait jadis à François III, duc de Modène, et qui passa en héritage à la famille de Serbelloni Zinzendorf. L'étendue et l'élégance des bâtimens et des jardins font de ce séjour l'un des lieux les plus délicieux du pays. A Bicemo, la villa Schinchinelli mérite aussi une mention particulière. Du palais Biumi à Biumo Superiore, on jouit de la vue la plus variée et la plus étendue. C'est sur le penchant de la colline de Biumo que le célèbre Dandolo (voir Biographie) a fait élever une jolie *villa* d'après les dessins de l'architecte Polack. Ce chimiste célèbre a passé les dernières années de sa vie dans ces lieux enchantés, s'occupant sans cesse d'objets d'agriculture et d'économie rurale. On connaît l'excellent livre de Dandolo sur l'*Éducation des Vers à soie*, et ses savans traités sur la *Vinification* et sur la *Culture des Pommes de terre*.

Les belles habitations de MM. Kevenhüller, Recalcati, de Cristoforis, Maestri, San Vito, et celle de la famille Recaltati à Casbegno, sont aussi renommées. La multiplicité des points de vue qu'elles offrent, l'élégance des constructions, l'habile arrangement des jardins, tout concourt à leur mériter les suffrages des connaisseurs. L'ami des beaux-arts doit surtout s'empresser de visiter la *villa* Litta Mordignani, à Biumo Inferiore. On y voit de très-belles peintures à fresque, de Mazzucchelli, surnommé Morazzone; de Storer et de Chisolfi. Cette maison, rebâtie dans ces derniers temps, a été considérablement embellie d'après les dessins de l'architecte Simon Cantoni.

Les 15 chapelles du *Sacro-Monte* renferment de nombreux tableaux, des bas-reliefs et des statues, ouvrages des meilleurs maîtres. Ceux du Marazzone ornent la septième station; et la douzième contient les chefs-d'œuvre de Bianchi, de Panfilo, de Pristinani et de Legnani.

La hauteur du clocher du couvent de la *Madonna del monte* est de 2,094 pieds au-dessus du lac Majeur.

On prétend que la statue en bois de la sainte Vierge qui décore l'autel principal, a été sculptée par saint Luc. C'est assez l'usage d'attribuer à ce saint ces sortes de travaux; aussi s'est-on occupé, en Italie, de recherches touchant ce Luc, *peintre*, qui n'était pas aussi ancien que Luc l'*évangéliste*; mais personne ne s'est avisé de parler d'un saint Luc *sculpteur*. L'écrivain Amoretti pense que saint Luc l'évangéliste pouvait être à la fois médecin, peintre et sculpteur. Quoi qu'il en soit de son assertion, cette statue de bois, bien que vermoulue jusqu'au cœur, ne peut point avoir été sculptée à une époque d'où il ne nous reste à peine que quelques monumens en pierre.

Au-dessus de la porte de l'église de la *Madonna del Monte* on voyait encore, il y a quelques années, la peau d'un énorme crocodile, au sujet duquel on débitait les contes les plus absurdes. Cet amphibie, assuraient les uns, avait séjourné sur les bords du lac Majeur; d'autres racontaient que le monstre avait exercé des ravages terribles sur les troupeaux d'une vallée située entre le lac de Lugano et celui de Côme. Le même Amoretti a fait justice de ces histoires ridicules; mais il s'est laissé entraîner par le récit de quelques prétendus chasseurs, et il a supposé qu'on avait pu trouver dans les régions subalpines des lézards monstrueux de la longueur de deux mètres, et d'une grosseur proportionnée, qu'il a jugés de l'espèce des iguanes. Il est aussi absurde de supposer l'existence d'un iguane dans ces contrées, qu'il le serait de supposer celle d'un crocodile; mais en Italie comme ailleurs on aime à entretenir, par des contes et des préjugés, la crédulité du peuple, qui se borne presque toujours à juger les objets qui frappent sa vue, sans chercher quelles causes les ont pu produire. C'est ainsi qu'à Orta, en montrant dans l'Église une vertèbre de baleine suspendue à un pilier, on ne manque pas de raconter qu'elle appartenait à un serpent énorme que saint Jules chassa jadis.

Palanza. — La situation de cette jolie petite ville, bâtie sur la rive occidentale du lac, est délicieuse. Son climat est doux. De la colline de Castagnola la vue est magnifique. On découvre le lac, les îles Borromées, etc. On a trouvé dans les environs des antiquités romaines. L'église *della Madonna di Campagna*, située à peu de distance de Palanza, est ornée de belles peintures à fresque et de tableaux estimés.

Arona. — La ville d'Arona, assez bien bâtie, est fort commerçante à cause de son port sur le lac Majeur. La famille Borromée y possède un palais qui est loin d'offrir la splendeur de celui d'Isola Bella, mais où l'on montre la chambre où naquit saint Charles. On voit aussi un linge imbibé du sang du célèbre archevêque. Il est conservé dans une châsse de cristal, que le *cicerone* ne touche qu'avec les marques du respect le plus profond. Sur un monticule, vis-à-vis d'Arona, est située, dans la position la plus pittoresque, la petite ville et le gothique château d'Angera.

Lovino est un beau bourg où la famille Crivelli possède un palais magnifique. C'est à Lovino que naquit Pernardin Luini ou Lovino, peintre célèbre. Entre Grantola et Cunaido on trouve plusieurs monticules ronds, d'un ton rougeâtre et entièrement dépouillés de verdure. Quelques naturalistes les ont jugés volcaniques; d'autres les prétendent formés d'un porphyre noir à base d'asphalte, et d'un porphyre à base de jaspe rouge-brun qui contient des cristaux de Feldspath, et qui, se décomposant, présentent une surface toute parsemée de cavités.

CURIOSITÉS NATURELLES. — MONUMENS.

Iles Borromées. — Les îles Borromées n'étaient autrefois que des rochers stériles. Vitalien Borromée conçut le projet de lutter avec la nature, et fit construire sur ces rocs un des plus beaux palais de la Lombardie. Couvrir ce sol d'arbres exotiques et indigènes, le décorer de statues de prix, imiter les jardins suspendus de Babylone, ce fut le prodige que ce riche seigneur opéra.

C'est lorsqu'on est au centre du lac qu'il faut voir ces îles enchantées. On aperçoit au fond les montagnes de *Baveno* et de *Montorfano*, qui s'élèvent graduellement jusqu'à la cime du Simplon; on approche, et l'*Isola Bella* présente alors à la vue l'aspect ravissant de 10 terrasses élevées les unes au-dessus des autres. D'un côté, c'est une forêt d'orangers; de l'autre, un bois touffu de lauriers qui ombragent dans toutes les saisons d'une verdure riante ces lieux de délices. Les tours, les arcs, les statues, forment une espèce de contraste, et dissimulent la monotonie des citronnières adossées aux murailles, devant lesquelles sont disposés des parterres de fleurs aux couleurs les plus variées.

Un Pégase, placé sur la plus haute des terrasses, donne à l'île et à l'ensemble de ses décorations une forme pyramidale. De cette terrasse on découvre les îles voisines, les villes de Palanza, d'Intra, de Laveno, de Sonna, et de Ste-Catherine. Des lauriers couvrent les murs du côté du nord. On distingue parmi les statues de ces délicieux jardins, entretenus avec un goût exquis, un beau buste d'Achille. Le palais est vaste et magnifique. Les glaces, l'or, le marbre, ont été prodigués dans sa décoration intérieure. On voit avec une sorte d'étonnement la devise *humilitas* tracée dans ces salles où tout rappelle la magnificence. Il serait néanmoins injuste de reprocher des dépenses de luxe à la famille Borromée, tandis que saint Charles consacra tous ses revenus aux pauvres, et que le cardinal Frédéric fut le fondateur de la bibliothèque Ambroisienne. La galerie renferme une collection précieuse de tableaux, parmi lesquels on distingue des ouvrages du Titien, de Raphaël, du Corrège, de Paul Véronèse, de Lucas Giordano, de Camille Procaccini, de Schedoni, de Lebrun, etc., etc. Dans un des étages supérieurs on voit un appartement que le peintre Tempesta a décoré de tableaux remarquables. Son portrait, peint par lui-même, et celui de sa femme qu'il tua dans un accès de jalousie, ne sont pas les ornemens les moins piquans de ce lieu, où l'artiste passa dit-on le reste de sa vie loin du monde.

Du côté des jardins est un appartement souterrain dont les colonnes, les parois et le plafond sont revêtus de cailloux et de coquilles de diverses couleurs. Dans le fond on a placé de belles statues en marbre.

Rousseau dit, dans ses *Confessions*, qu'il avait long-temps pensé à faire des îles Borromées la demeure de Julie. Leur aspect délicieux l'avait d'abord transporté; mais il y trouva la nature trop sacrifiée à l'art. En effet, celui qui voulait passer sa vie dans l'île du lac de Bienne, ne pouvait se plaire dans celle du lac Majeur.

L'*Isola Madre*, située à une demi-lieue du rivage, a un mille de circuit. Elle doit moins aux efforts de l'art que l'Isola Bella, sa voisine; mais elle abonde en beautés naturelles. Les 7 terrasses qu'elle renferme, bâties aussi les unes au-dessus des autres, sont tapissées d'orangers, de limoniers, de citronniers, d'arbres fruitiers, de vignes, et dominées par le palais, d'une architecture qui réunit la simplicité à la grandeur: il est à regretter qu'il ne soit point achevé. L'île forme de tous côtés des bosquets habités par une foule de faisans, de pintades, qui voltigent sous les lauriers, les chênes et les pins d'Italie, et s'envolent bruyamment à l'approche du voyageur.

L'Isola Madre est garantie des vents du nord par les montagnes voisines. Les plantes des pays chauds, l'aloès, le cactus, y croissent sans culture et tapissent de leurs larges feuilles les rochers qui bordent l'île.

L'Île des Pêcheurs, proche de l'Isola Bella, semble par la rusticité de ses demeures et la pauvreté de ses habitans, comme placée exprès pour rehausser la magnificence de sa voisine. Elle est couverte de cabanes entassées et qui laissent à peine à chaque propriétaire la place d'élever une petite treille à côté de sa chétive demeure. Un clocher surmonte ce bouquet de maisons.

LA STATUE DE SAINT CHARLES. — Ce colosse est placé sur une colline qui domine Arona et une partie du lac Majeur. Le cardinal est représenté en habit de simple religieux. D'une main il tient un bréviaire, de l'autre il bénit sa ville natale. Au premier aspect il est difficile de se faire une idée de sa grandeur. La tête, les pieds et les mains sont en bronze fondu; le reste est en lames de cuivre fort épaisses. Au dedans est une colonne en pierre, destinée à donner de la solidité à la statue. On a pratiqué une espèce d'escalier intérieur par lequel on peut monter jusqu'à la tête du colosse. Ce monument curieux a été élevé en 1697, aux frais des habitans de la ville et des environs d'Arona, et de la famille Borromée.

Lorsqu'un voyageur survient, le gardien dresse une longue échelle qui atteint jusqu'à la première corniche du piédestal, et il vous invite à monter. Arrivé à cette hauteur, on trouve une seconde échelle qui conduit jusqu'aux pieds du saint. C'est par un des plis de sa robe qu'on pénètre dans l'intérieur du colosse : là on grimpe en s'accrochant à des barres de fer placées de distance en distance, qui lient les parois de la statue à la pyramide en pierre. Lorsque de ce lieu on jette un coup-d'œil sur la terre, on éprouve quelquefois des vertiges, les jambes vous soutiennent à peine, et on serait précipité, sans l'assistance du guide qui vous aide dans cette difficile ascension. Au sommet du monument, on jouit de la vue la plus étendue et la plus variée au moyen d'une espèce d'œil-de-bœuf pratiqué dans le dos de la statue. La largeur de la tête est telle, qu'en étendant les bras on ne saurait atteindre les deux extrémités ; on s'assied dans la cavité que forme le nez.

Les mesures suivantes donneront l'idée la plus complète de cette singulière image.

	Pieds.	Pouces.
Piédestal.	36	
Statue.	72	
Tour de la tête.	20	
Largeur du front.	7	2
Largeur du visage.	7	6
Hauteur du nez.	27	
Largeur du nez.	10	
Largeur de l'oreille.	2	7
Longueur des yeux.	1	6
Largeur de la bouche.	2	4
Longueur des bras.	28	
Hauteur du Bréviaire.	13	
Largeur du Bréviaire.	6	6
Épaisseur du Bréviaire.	2	6
Largeur de la main.	4	6
Longueur du pouce.	4	3
Circonférence de la main.	3	2
Longueur de l'index.	6	
Tour de l'habit.	54	
Largeur du pied.	4	

LA VALLÉE DE DOMO D'OSSOLA. — Nous avons parcouru naguère la plus grande partie du Simplon. (*Voir* CANTON DU VALAIS). La route qu'on va suivre conduit jusqu'aux rives du lac Majeur, et complète ce magnifique passage. Suivons donc l'élégant auteur des *Lettres sur la route de Genève à Milan*.

« A trois quarts de lieue de Gondo, on trouve Iselle. Au sortir d'Iselle, les rochers, qui jusque là s'élevaient à pic, s'écartent à l'est, et forment un amphithéâtre. Au milieu des prairies parsemées de châtaigniers qui tapissent ce vallon, on voit le village de Dovredo; des vignes qui croissent devant chaque demeure s'élèvent jusque sur les toits, et font d'une maison un massif de verdure. Cet heureux coin de terre produit un effet d'autant plus agréable, que bientôt les rochers se rapprochent, et que la route reprend un aspect triste et sauvage. On passe devant un pont remarquable par la convexité de sa voûte, placé près d'un autre pont détruit, dont les piliers reposaient sur d'énormes blocs au milieu de la rivière, et dont les restes sont maintenant cachés par les arbrisseaux qui croissent alentour.

« Bientôt les rochers s'écartent et laissent apercevoir la riante plaine de Domo. Le magnifique pont de Crevola, jeté d'une montagne à l'autre, ferme la vallée ; il est formé de deux arches en bois soutenues par un pilier remarquable par sa beauté et sa solidité : c'est le dernier des travaux du Simplon.

« Sur les bords de la rivière, on voit un village qui s'abaisse aux pieds du voyageur, et qui disparaît presque en entier sous les vignes et les plantes grimpantes qui le couvrent ; un petit pont formé de planches vacillantes sert encore à relever la hauteur et la régularité de celui sur lequel on passe avec rapidité. On est étonné d'avoir un même nom à donner à cette hardie construction qui ouvre le passage des Alpes, et à un ouvrage fragile qui réunit les habitans d'un petit village.

« La situation du pont de Crevola nous offre un contraste d'un autre genre : d'un côté, nous apercevons la sombre vallée d'où nous sortons, et la rivière qui coule encaissée dans de hauts rochers; de l'autre, nous découvrons de vastes prairies ombragées de beaux chênes qu'arrose la Toccia; la plaine de Domo se couvre de plantes nouvelles; les collines et les montagnes éloignées présentent sur leurs flancs des édifices d'une architecture élégante. Voilà donc enfin l'Italie telle qu'on nous l'avait dépeinte !

Italiam! Italiam!

« La petite ville de Domo d'Ossola est peuplée et commerçante. On y voit d'anciens couvens : celui qui appartenait aux Jésuites est de marbre noir et blanc. Les maisons sont assez bien bâties; elles sont ornées de peintures. Une foire est établie dans la ville; la place est couverte de boutiques; du sucre, du café, de la cannelle, rassemblés en tas sur des tables, parfument l'air et excitent l'envie des passans. Des femmes portent, à l'extrémité d'une perche, des fleurs faites de papier doré et de plumes peintes, dont elles détachent de petits bouquets pour les acheteurs; toute la ville est en mouvement. Aux dames, vêtues avec élégance, on voit se mêler les paysannes dans leur costume bizarre : elles portent des bas rouges; un mouchoir de coton ou de soie couvre leur tête; leurs cheveux, attachés derrière, sont retenus par une épingle d'argent; leur corset de brocart est à demi caché par un mantelet flottant. Plus loin, des Capucins, des religieux de différens ordres, marchent à l'écart; quelques masques grotesques parcourent les rues; des joueurs de gobelet annoncent au son du fifre et du tambour la grande représentation du soir; la cloche se fait entendre; la foule se dirige vers l'église pour assister au service divin.

« En sortant de Domo d'Ossola, un chemin en droite ligne nous conduit à Villa, où l'on passe un torrent sur un beau pont. Le village se déploie à la droite, et quelques édifices s'élèvent avec élégance sur une colline boisée qui le domine; la route traverse ensuite des terrains pierreux, où croît une herbe rare qui fournit une chétive nourriture aux troupeaux. Nous arrivons à Massone, sur les bords de la Toccia, que nous traversons dans un bac.

« Vis-à-vis de Massone, on voit le village de Pie-de-Mulière, où s'ouvre la vallée du Mont-Rosa. Cette montagne est élevée de 2,430 toises au-dessus de la mer; hauteur qui ne le cède que peu à celle du Mont-Blanc. Le Mont-Rosa est composé d'une suite de pics gigantesques, presque égaux entre eux, qui forment un vaste cirque; cette enceinte renferme des prairies parsemées de pins et de mélèzes, au milieu desquels est situé le village de Macugnaga. Les pentes escarpées et les glaciers qui le dominent forment le second degré de l'amphithéâtre, et s'élèvent peu à peu jusqu'aux cimes de la montagne. Cette vallée est remarquable par la beauté de sa végétation, et plus encore par ses mines d'or.

« Quelquefois les voyageurs abandonnent leur voiture sur les bords de la Toccia, prennent un bateau et descendent la rivière jusqu'au lac Majeur. »

Le lac de Varèse. — Situé à deux milles environ de la ville de ce nom, ce lac peut avoir six milles (de Milan) de longueur, et sa plus grande largeur n'atteint pas au-delà de quatre milles. Ses bords sont agréables. En les parcourant, on voit tour-à-tour Azzate, ancien et beau domaine appartenant à la famille Bossi; les villages de Bodio, de Cazzogo, ceux de Gavirate, de Bardello et de Biandrono. Au-dessous de Gavirate on trouve une énorme roche calcaire, qu'on appelle le *Sasso di Gavirate*. On y rencontre aussi de petites couches irrégulières de calcédoine blanchâtre et de cailloux de *silex pyromachus*. Quelques savans ont pensé que ces cailloux avaient été déposés graduellement dans ces bancs à la place de corps organisés détruits. Le nom ancien de *Glarcatum* donné à ce village prête un certain appui à cette conjecture. Le lac de Varèse est poissonneux.

Le petit lac de Comabio communique avec celui de Varèse par un canal qu'on nomme *la Brabbia*. Ce canal formait autrefois un marais très-étendu. Autour du lac de Comabio sont placés les villages de Comabio, où l'on voit dans une chapelle un tableau estimé de Gaudence Ferrari, représentant le *Purgatoire*; et ceux de Ternate, de Mercollo et de Corgeno, qui prêtent tour-à-tour leur nom à ce lac, qui a à peine trois milles de longueur sur un mille de largeur. Sa profondeur est de seize pieds. Parmi les poissons qu'on y pêche, on remarque surtout une espèce de sardine qu'on nomme *arborelle*, et qui lui est particulière.

HISTOIRE NATURELLE.

Géologie. — Métallurgie. — La plus grande partie du lac Majeur est renfermée dans la formation des montagnes primitives; la plus petite appartient aux Alpes calcaires méridionales, lesquelles courent du S.-O. au N.-E., s'étendent vers le N. jusqu'à Polcio, sur la rive occidentale, et jusqu'au district compris sur la rive orientale entre le Boetio qui tombe dans le lac à Laveno, et la Tresa, le long des vallées de Cuvio, de Travaglia et de Gana, du côté du lac de Lugano. Depuis Solcio jusqu'à Belgirate les rochers sont composés de schistes micacés et argileux. Aux environs d'Angera et d'Arona, les roches calcaires reposent sur des schistes argileux dont le grain est plus fin. Sur la rive orientale il y a, entre Angera et Ranco, des bancs de grès d'une étendue considérable ; ce grès a une couleur qui ressemble beaucoup à celle du porphyre. Les carrières de marbre d'Arona ont fourni le marbre dont la cathédrale de Pavie est bâtie. On trouve des schistes micacés contenant des grenats à Stresa près de Belgirate, sur la rive occidentale, et à Punta dell' Avello, promontoire qui s'avance au sud de l'embouchure de la Tresa, près de Luino.

Non loin de l'Isola Bella, on voit sur la rive méridionale de Baveno à Fariolo, et sur le Moutorfano, des carrières de superbes granits rouges et blancs, que les habitans appellent *megliardo rosso* et *bianco*. Les magnifiques colonnes de granit qui ornent les églises de Saint-Fidèle et de Saint-Alexandre, les façades du couvent des religieuses de Saint-Paul, du Séminaire et de plusieurs autres édifices remarquables de Milan, ont été tirées de ces carrières. Les couches granitiques du Fariolo sont verticales et courent du S.-S.-O. au N.-N.-E. Le granit est rouge, dur; il résiste à l'action de l'air et de l'eau; il égale en beauté le granit rouge d'Égypte. Il renferme en divers endroits du mica noir, du quartz blanc et de la hornblende. On y trouve aussi quelquefois des hyacinthes rougeâtres de la grosseur d'une noisette. Ses cavités et ses veines sont souvent pleines de beaux cristaux composés de quartz, de feldspath, de spath fluor, de mica et de schorl.

Ce que ces groupes offrent de plus remarquable, ce sont leurs cristaux de spath fluor, et ceux de feldspath rouge ou blanc ; les formes de ces derniers varient à l'infini et présentent des anomalies tout-à-fait extraordinaires. Le spath fluor est vert, violet ou blanc, et forme des pyramides triangulaires cristallisées à 8 ou 9 faces. Aux environs du village de Fariolo il y a des granits gris et blancs. C'est à l'Andoglia, à une lieue et demie du lac Majeur, au-delà du Mergozzo, que sont situés les *marbrières* d'où on a tiré les marbres qui ont servi à la construction de la cathédrale de Milan. Le Margozzolo est composé de gneiss. Il y a des forêts fossiles près du lac d'Orta.

BIOGRAPHIE.

Saint-Charles Borromée. — Ce prélat, célèbre par ses vertus, naquit à Arona en 1538, de Gilbert Borromée et de Marguerite de Medici. On le destina à l'Église dès son enfance. A douze ans il fut pourvu d'une abbaye et réunit en peu de temps plusieurs autres bénéfices importans. Son oncle, le cardinal de Medici, ayant été créé pape sous le nom de Pie IV, le fit, à l'âge de 21 ans, cardinal, archevêque de Milan, et lui donna l'administration des affaires pontificales. Le jeune prélat, au milieu d'une cour fastueuse, se laissa entraîner au luxe et à la magnificence, et réunit autour de lui un grand nombre de gentilshommes et de gens de lettres. La mort de son frère aîné, le comte d'Arona, qui arriva pendant son séjour à Rome, en lui rappelant la fragilité de la vie humaine, interrompit le cours de ses dissipations. Loin de renoncer à l'état ecclésiastique, comme ses parens l'en sollicitaient, il se pénétra du véritable esprit de sa vocation et se consacra tout entier aux devoirs qu'elle lui imposait. Il donna le premier l'exemple de la réforme prescrite par le concile de Trente, renvoya 80 domestiques de sa maison, et s'entoura d'ecclésiastiques qu'il attira auprès de lui. Il se rendit dans son archevêché, où il s'efforça de faire renaître dans le clergé l'ordre et la pureté des mœurs. Il remit en vigueur dans les couvens les règles sévères qui peu à peu en avaient été bannies, fonda des collèges et des établissemens pour les pauvres et pour les jeunes personnes exposées aux dangers du monde.

Le diocèse de Milan comprenait une partie des montagnes de la Suisse. L'ignorance et le désordre régnaient dans ces lieux reculés. L'archevêque voulut y porter lui-même les lumières et l'exemple de la vertu ; rien ne rebutait ce pasteur, qui allait chercher partout les brebis égarées et qui pénétrait sous le chaume des cabanes pour exhorter les paysans à faire instruire leurs enfans.

Le zèle du cardinal lui attira la haine d'un grand nombre de prêtres. L'ordre des *Humiliés* qu'il avait voulu réformer, suscita contre lui un de ses membres, nommé Farina, qui lui tira un coup d'arquebuse tandis qu'il faisait sa prière du soir. Heureusement la balle ne fit qu'effleurer le cardinal, qui demanda en vain la grâce des coupables : l'assassin et les prévôts de trois couvens furent punis de mort. L'ordre des Humiliés fut anéanti.

La peste qui éclata à Milan et qui y fit d'affreux ravages, fournit à ce grand homme l'occasion de déployer les plus rares vertus. Loin de suivre la multitude des habitans, qui quittaient la ville pour se dérober à l'influence du mal, il se consacra tout entier au service de ceux qui en étaient atteints. Il fit bâtir un lazaret, vendit, pour fournir aux dépenses nécessaires, ses meubles et ce qu'il possédait d'objets précieux, et joignit aux soulagemens de la charité les consolations de la religion.

Saint Charles, dans les dernières années de sa vie, ne prenait à ses repas que du pain et de l'eau, auxquels il joignait dans de certains jours du lait et des légumes. Il est probable que cette nourriture, insuffisante pour un homme d'une constitution faible et menant une vie laborieuse, hâta la fin des jours du cardinal : il fut attaqué d'un violent accès de fièvre pendant une visite qu'il faisait dans son diocèse : à peine de retour à Milan, il y mourut à l'âge de 46 ans, après 24 années d'épiscopat. La nouvelle de sa mort répandit une douleur générale dans la ville; ses habits furent emportés par le peuple comme de précieuses reliques. Le pape Paul V le canonisa en 1605.

La mémoire de saint Charles est en grande vénération dans le nord de l'Italie. On lui a élevé une statue au milieu d'une des places de Milan, et on conserve son corps dans une chapelle souterraine de la cathédrale. Le saint est renfermé dans un sarcophage de cristal, revêtu de ses habits pontificaux; sa crosse est ornée de pierres précieuses. La tête de l'archevêque est coiffée d'une mitre d'or et placée sur un coussin de même métal.

DANDOLO. — D'abord pharmacien à Venise, Vincent Dandolo s'éleva par son mérite personnel et les connaissances les plus étendues, au rang de comte et de sénateur de l'ex-royaume d'Italie. Adepte fervent de la chimie des Chaptal, des Thenard, des Gay-Lussac, il répandit dans son pays, avec un zèle infatigable, les ouvrages de ces savans illustres. Partisan des nouvelles idées politiques, Dandolo contribua aussi énergiquement au renversement de l'ancienne république de Venise. Chargé par Napoléon de l'administration de la Dalmatie, ce *provediteur-général* s'acquitta avec talent et dévouement de ces hautes fonctions, dans l'exercice desquelles il étala un luxe prodigieux. Rentré en 1815 dans la vie privée, le comte Dandolo reprit ses utiles travaux, et s'y livra avec passion jusqu'à sa mort, arrivée à Varèse en 1819.

Bossi (Joseph), ancien secrétaire de l'académie des Beaux-Arts de Milan. — Bossi étudia surtout la manière de Léonard de Vinci; il excellait dans le dessin, mais un coloris faux dominait le plus souvent dans ses tableaux et ôtait une grande partie de leur prix. Le prince Eugène le chargea, en 1810, d'exécuter une copie de la Cène, par Léonard, qui existe dans le réfectoire du couvent des Grâces à Milan. Bossi, après des recherches innombrables, comparant toutes les copies connues pour trouver la véritable tradition des portions effacées, fit un dessin de la grandeur même de l'original, où il restitua, d'après son opinion, les traits perdus ou altérés de quelques-uns des personnages : ce dessin était admirable. Le tableau qu'il peignit peu de temps après lui est bien inférieur. Ce fut cependant d'après ce tableau, que l'habile mosaïste Rafaelli exécuta la belle copie ordonnée par le vice-roi, et qui est aujourd'hui à Vienne.

APPIANI (André), peintre célèbre, né en 1754, se montra, au commencement de la révolution, le partisan des idées nouvelles. En 1797 il fut nommé membre du Corps-Législatif de la république Cisalpine, et en 1802 il entra dans le collège *des Doctes*. Comme artiste, Appiani excellait surtout dans la peinture à fresque : il a peint la belle coupole de l'église Saint-Celse, à Milan ; une salle du palais Busca, la rotonde du palais de Monza et les salles du palais de Milan. Le plafond qui représente l'apothéose de *Jupiter-Napoléon* est admirable. Le gouvernement autrichien a respecté cette belle composition. Appiani est mort le 8 novembre 1827.

LITTA. — Le marquis de Litta, d'une des plus grandes familles de Milan, celle de *Visconti-Arese*, fut conseiller d'état sous la république. Napoléon le nomma grand-chambellan du royaume d'Italie, grand-dignitaire de la couronne de Fer, grand-officier de la Légion-d'Honneur, sénateur, et lui conféra le titre de duc. M. de Litta avait des sentimens élevés et était cité pour ses heureuses réparties. Dès qu'il apprit que le cardinal Laurent de Litta, son frère, préfet de la Propagande et l'un des conseillers les plus fidèles du pape Pie VII, était exilé à Nîmes, pour s'être absteuu de paraître à la cérémonie du mariage de Napoléon, il s'empressa de lui assurer une pension considérable ; et sur ce que le vice-roi lui témoignait que cela pourrait déplaire à Napoléon, *S'il blâmait cette action*, lui répondit le duc, *dites-lui que j'étais frère du cardinal avant d'être grand-chambellan de l'empereur.*

LE TOURISTE.

ALPES VAUDOISES.

Paroisse de Montreux. — Les Planches. — Le Chatelard. — La Vallée de l'Eau-Froide.

Une promenade dans les Alpes suisses promet au poète des images et des pensées originales, au peintre des paysages variés, à l'observateur de la nature un ensemble majestueux et simple d'aspects gracieux et de sites sévères, de beautés mâles et effrayantes. C'est là qu'il faut venir voir le coucher du soleil, les reflets de la lune, une nuit étincelante d'étoiles, les détonations du tonnerre, les sifflemens d'un vent impétueux, le bruit tumultueux des torrens débordés, et l'éclat effrayant de l'avalanche. Dans ces contrées tout est nouveau; tout impressionne profondément. C'est en s'enfonçant dans ces vallées peu fréquentées, qu'on retrouve surtout les vieilles traditions helvétiques : c'est là que des mœurs simples et sévères, des coutumes justifiées par une longue expérience, des usages appropriés aux localités, au climat, aux besoins, aux ressources du pays, ont un empire plus fort que les lois. Les formes du gouvernement, les relations politiques, les codes, peuvent changer, mais ce qui dure éternellement chez les habitans des Alpes, c'est un attachement indestructible aux mœurs, aux leçons, aux usages qu'ils ont reçus de leurs pères, et qu'ils transmettront intacts à leur postérité. Nous allons donc parcourir successivement quelques contrées des Alpes vaudoises, valaisannes, fribourgeoises, etc., etc. Nous visiterons aussi, dans notre course rapide, quelques contrées des principaux cantons suisses, recueillant çà et là de nouvelles observations, et complétant ainsi notre travail.

La paroisse de Montreux est composée de 3 communes : Veytaux, Les Planches et Chatelard. Chacune de ces communes s'étend depuis les rives du lac de Genève jusqu'à 4 à 5 lieues dans les Alpes. Celles du canton de Vaud méritent surtout d'être visitées par les amateurs des beautés naturelles si communes en Suisse. Très-distinctes et séparées entre elles par de nombreux torrens, elles forment un amphithéâtre qui, vu de Vevey, paraît ne présenter qu'un seul massif, mais qui se compose cependant de 3 chaînes. La première s'élève de Chillon entre *la Veraye* et *la Tinière* par les monts de *Sonchaux* et de *Libeson* jusqu'aux rochers de *Naye*, d'où elle s'incline ensuite du côté de *l'Hongrin*. La majeure partie de cette chaîne appartient à la commune de Veytaux, qui possède non loin du lac des vignes précoces, des vergers fertiles, puis plus haut des bois de châtaigniers, des forêts, des prairies, et enfin des pâturages alpestres. Son plus haut point est la montagne de Naye.

Pour y arriver en quittant les bords du Léman, il faut marcher au moins 4 heures, et suivre des sentiers raides et fatigans, mais nullement dangereux. La route la plus fréquentée est celle qui suit les monts de *Cau*; on la prend en sortant de Montreux. Après avoir traversé les hameaux de Glion et de Vigneule, on commence à gravir les monts de Cau, couverts des plus riches pâturages et semés de chalets et de *fenils*. Du sommet de Cau la vue plonge sur une partie du lac de Genève et des cantons de Vaud et de Fribourg, où l'œil se promène sur un cirque de montagnes inférieures, derniers rameaux que les hautes Alpes projettent vers la plaine, et dont les têtes arrondies et boisées sont d'un aspect très-pittoresque. Les principales sont Azot, Plan-de-Châtel, la Goile-au-Cerf et Lancy. Derrière elles se prolonge, sur la frontière du territoire fribourgeois, la sauvage arête de *Verraux*, hérissée de pics plus ou moins aigus, sillonnée par des avalanches, et couronnée çà et là de sapins inaccessibles. La *Dent de Jaman* se fait reconnaître la première à sa forme singulière. Du sommet de Cau on distingue à gauche les pâturages de *Chamosalle*, dont les fromages sont fort estimés, et la *Tête de Pacot*, couverte d'une sombre forêt. On longe ensuite des rochers ruineux où le torrent de la *Veraye* prend sa source; ici le sentier, toujours plus pénible, circule entre des débris de rochers, et forme de nombreuses sinuosités; c'est ce passage qu'on appelle *les recourbes*, et qui conduit à l'entrée de *Naye*.

Il faut prendre un guide à Montreux et en partir à 11 heures du soir pour assister au lever du soleil, du point appelé la *Chaux de Naye*, qui forme la cime la plus élevée d'une arête de trois quarts de lieue de long. Là, assis sur une pelouse charmante, au bord de l'énorme mur de rochers qui fait face au lac, se développe une des vues les plus vastes et les plus variées de la Suisse. Elle embrasse tout le Léman, ses délicieuses rives, la superbe ceinture des Alpes de la Savoie, que dépasse majestueusement la tête argentée du Mont-Blanc, la ligne verte du Jura, qui s'étend du fort de l'Écluse au Chasseral, etc., etc. Du côté opposé, le tableau est aussi sévère, aussi imposant que le premier est gracieux et riant : c'est l'immense masse des Alpes depuis le Saint-Bernard jusqu'au Titlisberg, situé dans le canton d'Unterwald... Ce sont cinq chaines qui s'élèvent en gradins les unes au-dessus des autres... C'est la dernière de ces chaines, toute resplendissante de l'éclat des glaciers qui se mèlent à l'azur du plus beau ciel. Non loin de là les *Tours d'Aï* et *de Mayen* s'élancent fièrement dans les airs, et entre elles, comme à travers un portique, parait la *Dent du Midi*. Entre la première et la seconde chaine, l'œil embrasse 4 vallées : celle de Gruyère, dont on distingue les villages jetés sur les deux rives de la Sarine ; celle de Rougemont, dominée par la tête chauve du Rubly ; l'entrée de la vallée *des Messes*, et un des flancs de l'étroit vallon où sont situés les bains de l'Etivaz.

On s'éloigne non sans peine de cette intéressante station pour aller se reposer au chalet de Naye, situé trois quarts de lieue plus bas. Ce joli vallon, dont la longueur est d'environ une lieue et demie, sur une demi-lieue de largeur, forme comme un berceau régulier surmonté par deux arêtes, dont l'une, très-escarpée, fait face au lac, et l'autre, qui l'est moins, borne la montagne de *Chaude*, sur le territoire de Villeneuve ; ce pâturage peut nourrir 90 ou 100 vaches. C'est une propriété de la commune de Veytaux. On y a construit un des plus beaux chalets des Alpes : il a 755 pieds de longueur sur 22 de large. Comme on ne peut rester à Naye plus de 7 à 8 semaines, les neiges y tombant de très-bonne heure et n'en disparaissant que fort tard, les troupeaux séjournent plusieurs semaines sur les pâturages de *Liboson* et de *Sonchaux*, situés plus bas.

Au-dessus du chalet de Naye, sur la gauche, on va visiter le *Fairtho d'eigryn* (la cave qui dégoutte). C'est une excavation très-profonde, en forme d'entonnoir, d'environ 70 à 80 pieds de diamètre. Elle renferme une grande quantité de neige, que les plus ardentes chaleurs de l'été diminuent à peine, et qui, dit-on, a plus de 20 toises d'épaisseur. Les parois intérieures de cette glacière naturelle sont partout tapissées de longues touffes d'*impératoire*, plante qu'on nomme dans le pays *gaira*, et qu'on emploie avec succès dans certaines maladies qui attaquent le bétail. Un peu plus bas est la *Tanna a l'Oura* (la Grotte au Vent) ; c'est une fissure de rocher large d'un pied et demi, d'où sort un vent perpétuel et glacé. Si l'on jette dans cette fente des pierres ou autres objets, on les entend tomber avec fracas l'espace de 30 à 40 secondes, et retentir sourdement dans ses profondeurs. On pense que cette espèce de caverne a une ouverture pratiquée sur le flanc opposé de la montagne, ce qui explique le phénomène de ce singulier courant d'air. Cet antre éolien est le seul qui existe dans les Alpes du canton de Vaud ; mais il y en a plusieurs dans les Alpes des Grisons et dans la Suisse italienne.

La haute et longue arête de *Naye*, sans cesse battue par les vents d'hiver, rongée par les brouillards humides qui l'enveloppent pendant la moitié de l'année, chargée durant 7 mois au moins d'un poids énorme de neiges entassées, qui, en fondant, s'infiltrent dans ses flancs, s'abaisse peu à peu, et la montagne de Bonaudon, placée en dessous, s'encombre chaque année davantage.

La commune des Planches est située entre les torrents de la *Baye* et de la *Veraye*. Son territoire, très-étroit au bord du lac de Genève, s'élargit en s'en éloignant. Du rivage du Léman à la frontière du canton de Fribourg, il a environ 4 lieues de longueur. Cette commune se compose de montagnes, en gradins toujours plus élevés, dont la plus haute est la *Dent de Jaman*. Deux routes y conduisent du hameau de Grion : l'une remonte le long de la Baye ; c'est le chemin *des Grisallais* ; l'autre, plus rapide et plus courte, mène sur les monts de Cau, dont les riches prairies offrent le plus riant tapis de verdure, et aboutit entre les têtes de *Pacot* et de *Maerdasson*, à un défilé qui commence près des granges appelées *le Crêt des Bovets*, où l'on quitte le sentier de Naye. Arrivé sur la longue esplanade qui joint la base de la Dent de Maerdasson à la base de la Dent de Jaman, il ne faut pas négliger d'interroger l'écho ou plutôt les échos voisins. Prononce-t-on une phrase de cinq ou six syllabes, un écho la redit ; après un court silence, un autre écho la répète, puis un troisième, un quatrième, un cinquième enfin..... tous d'une voix distincte, mais toujours plus faible à mesure que le rocher qui la renvoie est plus éloigné. De cette même place on aperçoit, dans les flancs de Naye, un roc jaunâtre inaccessible qui renferme une caverne spacieuse, appelée dans le pays la *Tanne aux Chocs* (la Tannière des Choucas). C'est le refuge, pendant l'hiver, de tous ces oiseaux qui habitent ce coin

des Alpes ; ils s'y retirent par milliers, et n'en sortent qu'au printemps pour se rendre dans les champs ensemencés où ils causent de grands dommages.

La Dent de Jaman est un massif triangulaire totalement isolé des Alpes voisines. Cette dent s'aperçoit de très-loin, placée qu'elle est comme une sentinelle avancée de la première chaîne des Alpes. Elle est visitée assez souvent par les voyageurs. On ne parvient à son sommet que par le flanc opposé au lac. La pente est rapide et tapissée de gazon qu'on fauche de temps en temps. La cime forme un plateau où l'on ne court aucun danger, et d'où l'on jouit à peu près de la même vue que de la *Chaux de Naye*. Deux des triangles de la Dent de Jaman sont comme taillés à pic ; ils ont néanmoins été plusieurs fois atteints. On cite parmi les hommes hardis qui ont réussi dans cette tentative périlleuse, un chasseur de chamois nommé Michel Mamin, mort en 1779, à l'âge de 64 ans ; par son testament, il laissa son bien, *montant à un peu plus de 2,000 livres de capital, à tous les pauvres de l'univers*, qu'il institua ses héritiers. Depuis cette époque, la commune des Planches régit ces fonds, et en emploie les intérêts annuels au soulagement des étrangers indigens ou malades, excluant de cette aumône les pauvres d'entre ses bourgeois, et croyant par là remplir le but philanthropique du testateur.

Au pied de la Dent de Jaman, on trouve un chemin qui communique des vallées des Alpes au district de Vevey. Ce chemin, dessiné par la nature, frayé par les besoins des montagnards, est sans danger dans la belle saison, mais parfois il est fort périlleux en hiver et au printemps, soit à cause de la quantité des neiges qui l'encombrent, soit à cause des tourmentes connues sous le nom d'*arein*. Ce fléau, moins fréquent que l'avalanche, est peut-être aussi redoutable. L'*arein* se forme seulement quand les montagnes sont couvertes d'une neige fortement durcie par la gelée, et que sur cette couche compacte et immobile il tombe une seconde neige qui ne se lie pas avec la première pour faire corps avec elle. Si un vent violent s'insinue entre ces deux couches, la plus fraîche se détache de l'ancienne, glisse rapidement sur ce plan incliné, descend en tourbillon auquel rien ne résiste, déracinant les forêts, enlevant les chalets, et chassant devant elle une tempête dont le souffle est ordinairement mortel à ceux qui s'en trouvent enveloppés. Ces *areins*, dont le nom dérive, dit-on, du mot *arena*, parce que les neiges qui les composent, étant sèches et friables, ressemblent à du sable, sont communes dans le passage de Jaman et dans les sentiers des environs. Dans la nuit du 2 au 3 janvier 1767, un *arein* se forma entre le Jaman et le village fribourgeois d'Allières. Dans sa marche désastreuse, il culbuta plusieurs gros sapins, il entraîna une douzaine de maisons dans les précipices au fond desquels coule l'Hongrin, et, ayant atteint sur son passage le cabaret d'Allières, il scia la maison au-dessus du rez-de-chaussée, et enleva le premier étage.

Du pied de la Dent de Jaman, on n'est pas éloigné du *pertuis de Bonaudon*. Un sentier dangereux, appelé le *Chemin des Couronnes*, conduit du pied de Bonaudon au sommet de la Naye, et n'est guères pratiqué que par des bergers et des chasseurs de chamois.

La commune du Chatelard est vaste, et s'étend des bords du Léman assez avant dans les Alpes du pays de Vaud ; elle renferme des vignobles, des prairies et des pâturages alpestres. Des rives du lac aux plus hauts pics des Verreaux, sa longueur est de plus de 4 lieues. Il est nécessaire de se munir d'un guide pour parcourir cette contrée, parce qu'elle est coupée par plusieurs vallées plus ou moins profondes, qui s'ouvrent, d'un côté, sur le lac, et vont, de l'autre, se perdre dans le flanc des Alpes. Une excursion intéressante est celle qu'on peut faire dans ces régions, en se dirigeant, par les Villars et le Plan-de-Châtel, vers les Follys. On suit d'abord les riches plaines de Tavel, qu'ombragent encore les bosquets de Clarens. On visite le château du fier baron d'Étange ; et, de sa haute terrasse, l'œil embrasse tout le paysage environnant que Rousseau a peint avec tant de charmes. Le Chatelard est une tour carrée et massive que Jacques de Gingins fit élever en 1450 sur les ruines d'une forteresse beaucoup plus ancienne ; il fut longtemps la résidence d'un baron dont les domaines étaient considérables, puisqu'en 1352, lorsque le duc de Savoie Charles III fit un dernier voyage dans *son bon comté de Vaud, et s'en fust en un banquet chez le syre de Gingins, lors à sa rencontre vinrent* 300 *compaignons de la baronie bien embastonnés (armés), et tous en belle ordonnance*. Si, d'un côté, Le Chatelard domine des vignobles, de l'autre, il avoisine la dernière pente des monts, et il est entouré de villages et de hameaux plus ou moins rapprochés de la colline qu'il occupe, qu'on rencontre non loin de là.

Baugy a dû être, du temps des Romains, une ville considérable ; son nom est celtique, et signifie *maison de la colline*,(de *bau*, colline, et *guy*, *gy*, maison). Plus haut, dans un site romantique, s'élèvent *Brent* et sa vieille chapelle.

là finissent les vignes et commencent les prairies ; les arbres fruitiers succèdent aux ceps, et bientôt les sapins encadrent les plans supérieurs. Au-delà, on traverse une petite forêt nommée la *Joretta*, au débouché de laquelle on aperçoit la fertile paroisse de Blonay, le château de ce nom, le mont de la *Playau*, et les vertes collines fribourgeoises qui cachent les escarpemens de la Veveyse.

En continuant à monter, on entre dans le vallon de Tomay (*twen*, *dom*, *dan*, colline, éminence), et par des sentiers qui traversent successivement des prairies et de petits bois, on atteint le *Scé que pliau* (rocher qui pleut). Qu'on s'imagine un rocher de 300 pieds de diamètre, bordé d'alisiers, de genévriers et de jeunes sapins, et surplombant sa base caverneuse. De toute la partie supérieure découle sans interruption comme une pluie battante. Derrière cette espèce de cascade, est un massif de tuf poreux garni de stalactites et tapissé çà et là d'épaisses mousses, qui, en s'imprégnant de particules cristallines, passent peu à peu du règne végétal au règne minéral. Une foule de petits bassins que l'eau a creusés en tombant, se remplissent de stalagmites et de jolies incrustations. Le Scé que pliau n'indique d'ailleurs aucune humidité à son sommet, et c'est de l'intérieur du rocher que filtrent ces nombreuses sources plus faibles dans les temps secs que dans les temps de pluie, mais qui ne tarissent dans aucune saison. Non loin de là et un peu au-dessous, on remarque des excavations assez régulièrement arrondies, que les paysans des environs appellent *fours des fées*, et qui paraissent habitées non par des êtres fantastiques, mais par une foule de blaireaux et quelques oiseaux de proie. Sur le flanc opposé de ce vallon, courent des prairies parsemées de bouquets, d'arbres et de feuils ; au fond, gronde le torrent furieux de la Baye, dont le nom seul rappelle des idées de ravage et de dévastation. Mais qu'on se hâte, et bientôt on atteindra la vallée des *Villars*, couverte des plus riches pâturages. La source de l'Alliaz, dont Gaspard Ambuel, médecin de Sion, plus connu sous le nom de Collinus, fait mention dans sa *Description des eaux minérales du Valais et des environs*, est située au fond de cette vallée, entre les monts *de la Playau* et du *Plan-de-Châtel*. En 1813, on y a construit des bains commodes ; aussi, chaque année, l'air qu'on y respire, de belles promenades, et les sites pittoresques des environs, y attirent un grand nombre d'étrangers.

Le *Plan-de-Châtel* est abrité par une croupe arrondie et en partie boisée, qu'on appelle la *Tête des Follys*, et qui forme la limite du territoire fribourgeois. De son sommet, l'œil embrasse tout le pays situé entre les Alpes et le Jura. On compte six lacs : le Léman dans toute son étendue, une partie des lacs de Neuchâtel et de Morat, un coin du lac de Bret, le petit lac de Châtel-Saint-Denis, et celui de la *montagne des Joncs*, qu'embellit un chalet solitaire élevé sur ses bords rians. Le bourg de Châtel se déploie à vos pieds ; de tous côtés, on aperçoit de beaux villages, de jolis hameaux jetés çà et là sur le plateau des cantons de Vaud et de Fribourg. On distingue aisément l'antique *tour de Gourze* et les châteaux élevés de *Rue* et d'*Oron*. Le sommet aérien où l'on est placé est flanqué, d'un côté, par le revers de la chaîne occidentale des Alpes de Gruyère, et, de l'autre, par les pointes des Verreaux, la Dent de Jaman et le massif de Naye.

Mais il est temps de nous rapprocher de la plaine, et nous y redescendrons en suivant la ligne des pâturages *de la Plagne* (*plaen*, élévation) et le vallon d'*Arcevaux* (*arcta vallis*, vallée étroite). Ce vallon solitaire et presque ignoré renferme des prairies assez étendues. D'Arcevaux on se rend par des sentiers fort raides à Chernex (village élevé, de *cer*, *cher*, village, et *neach*, *nech*, haut), dont l'auberge, située sur une éminence, est renommée pour sa belle vue.

De Chernex on se rend aux prés d'Avent, en traversant quelques ravins dont le passage n'est pas toujours facile. Les prés d'Avent sont diverses pentes rapides couvertes de chalets, dont les croupes s'abaissent vers la Baye, qui les ronge continuellement et en fait écrouler les bords. Le joli ruisseau de *Tiollaire*, échappé d'une source écumeuse, épanche des eaux abondantes et fraîches et grossit la Baye. Dans les temps de pluie, une foule de filets d'eau se réunissent et forment des cascades variées, et des sources placées des deux côtés du chemin remplissent de petits bassins taillés dans le roc. Plus loin, on passe la Baye sur des sapins jetés d'un bord à l'autre, et dont l'état de vétusté inquiète le voyageur, qui préfère, la plupart du temps, faire de longs circuits, plutôt que de se hasarder sur quelques-uns de ces frêles et dangereux passages. Au-delà de la Baye, on pénètre par une montée très-raide dans l'étroit et sauvage vallon des Verreaux, long de près d'une lieue, mais étroit, parce que les deux pentes qui l'encaissent se réunissent en angle aigu vers le fond, et ne laissent que l'espace nécessaire au torrent qui le traverse d'un bout à l'autre. En le remontant, son côté gauche est en partie boisé ; le côté opposé est une rampe nue, d'une déclivité presque perpendiculaire ;

elle est terminée par une arête de rochers ruineux découpés en dents de scie, et marquant une ligne de démarcation entre les cantons de Vaud et de Fribourg. Cette chaîne remarquable ressemble aux murs crénelés d'une forteresse gothique. Chaque créneau, et il y en a un grand nombre, a une forme et une hauteur particulières : quelques-uns sont nus, sans buissons ni verdures ; d'autres ont comme une corbeille de fleurs qui couronne leur cime ; plusieurs sont surmontés de bouquets de sapins incessamment battus par les vents. L'un d'entre eux, appelé *Pereiaz*, dépasse la Dent de Jaman. Le plus voisin de cette montagne se nomme *Corey*. Un sentier difficile et peu fréquenté mène à travers les Verreaux dans la Gruyère par un pas très-dangereux, nommé le *Trou de l'Étoile*. Quelques intrépides chasseurs de chamois et quelques hardis bergers ont plusieurs fois suivi toute cette arête, en escaladant chacun de ces pics et en passant de l'un à l'autre ; mais c'est une excursion que peu de voyageurs oseraient tenter.

De la Baye jusqu'à ces rochers, la montée est très-rapide. On marche sur un gazon serré qu'on appelle *les prés maigres*. L'herbe de ces prés, délicate et aromatique, est composée des meilleures graminées, et donne un lait excellent aux vaches qui en sont très-friandes ; mais ces lieux sont d'un abord si difficile qu'on n'ose y aventurer les troupeaux. Au mois d'août, de nombreux faucheurs s'y transportent. Pour assurer leurs pas, ils garnissent leurs souliers de crampons de fer, et promènent la faux du haut en bas ; ce travail est entouré d'une foule de dangers. Quand l'herbe est coupée, on l'étend, et si le temps est beau et le soleil ardent, un seul jour suffit pour la sécher. Lorsqu'elle est sèche, les faucheurs prennent deux longues branches, les disposent à 4 pieds de distance, en chargent de foin, se placent à l'une des extrémités, dirigent cet appareil comme un traîneau, et glissent rapidement avec leur charge, du pied des rochers jusqu'à quelque plateau voisin de la Baye, à l'aide d'une manœuvre hardie, souvent périlleuse pour celui qui l'exécute. Là, on empile le foin en meules, et, pendant l'hiver, on profite des neiges pour le conduire dans les granges des villages inférieurs. Dans de certaines années, il n'est pas rare que l'avalanche épargne cette peine aux habitans de la contrée, en entraînant toute la récolte dans la Baye.

La Baye de Montreux a un cours de 3 lieues et demie : moins dangereuse que celle de Clarens, parce qu'elle est mieux encaissée, elle est cependant redoutable dans la saison des grandes pluies.

Alors elle sort de son lit, inonde une partie de ses bords, creuse des ravins profonds et nombreux et jette la désolation, surtout parmi les habitans des pays de Soderan, de Jor, de Coderay, etc.

Du chalet de *Soladiès*, on jouit d'une belle vue des Hautes-Alpes. La Dent de Jaman, la Chaux de Naye, les Tours d'Aï et de Mayen, se dessinent dans les airs au-dessus des vallons intermédiaires, et animent ce tableau imposant et sévère. A 200 pas au-delà de Soladiès, on domine le vaste bassin de *Caudon*, environné de pentes rapides où les habitans de Blonay récoltent, comme ceux des Verreaux, un foin excellent. La Veveyse y prend sa source, et coule assez paisiblement jusqu'aux environs de Châtel, d'où elle se porte vers le lac par une gorge profondément déchirée, qui offre de nombreuses traces de bouleversemens intérieurs. Un sentier facile, le long duquel le satyrion-rampant croît en abondance, conduit du Caudon à la *Plagne*, montagne à pâturages, située vis-à-vis de Jaman et des Grisallais, et séparée des prés d'Avent par un rideau de sapins.

Quand on mesure de l'œil le vaste rideau de rocs et de bois qui se prolonge presque perpendiculairement au-dessus du joli village de Roche, on ne peut pas croire qu'à l'aide d'un sentier sinueux, que bordent la *Caucalide grandiflore*, on puisse atteindre cette région élevée. Rien n'aide autant à supporter la fatigue de cette pénible route qui, pendant près de 3 lieues, circule sur les flancs d'un escarpement à pic, que les diverses échappées de vue qui apparaissent de temps en temps à travers les clairières de la forêt. Tantôt, c'est une portion du Rhône avec ses îles, son bras, et les villages semés sur ses bords ; tantôt c'est toute la large vallée au milieu de laquelle il se déploie majestueusement de Martigny au Boveret ; ici la double embouchure par laquelle il verse ses eaux jaunâtres dans le Léman ; là, quelques parties de ce superbe bassin et des riantes contrées qui l'avoisinent. Au-delà du torrent de Traversin, on débouche enfin, du milieu des arbres et des rochers, dans les fertiles pâturages des *Agites*, animés par les troupeaux de la ville d'Aigle et des villages voisins. Plus loin, on trouve la *Montagne des Effeuilleuses*. Ici s'ouvre une contrée des plus curieuses : la *Vallée de l'Eau-Froide*, qui court, du S. au N. E., l'espace de 4 à 5 lieues, depuis les pâturages des *Agites* jusqu'à ceux des *Anteines*. Elle est flanquée, d'un côté, par cette chaîne dont le mont Arvel, qui domine Villeneuve, fait partie, et dont l'arête se prolonge de Roche jusqu'aux Alpes les plus avancées du pays de Gruyère. L'autre flanc est une chaîne à peu près parallèle, qui commence au-dessus de *Corbeyrier*, et qui gagne l'Étivaz, où elle se joint aux chaînes les plus élevées du pays d'En-haut et du Gessenay. Elle est arrosée par l'*Eau-Froide*, qui se grossit d'une foule de ruisseaux, ou plutôt des torrens de *Préloury*, de *Nervau*, des *Males-Pierres*, de *Traversin*, etc., et qui se précipite enfin sur Roche. Arrivée dans la plaine, elle contourne doucement le pied du mont Arvel, et va verser avec lenteur ses ondes paisibles dans le lac de Genève, non loin de Villeneuve.

En remontant depuis les Agites la vallée de l'*Eau-Froide*, la chaîne de la droite attire l'attention par l'aspect imposant de 3 massifs de rochers calcaires qui la dépassent fièrement : ce sont ceux d'Aï, de Mayen, et de Famelon. On leur donne dans le pays le nom de *tours*, parce que ces pics, absolument nus, sont composés de couches horizontales très-distinctes, et semblables à des assises de maçonnerie.

Sur les deux flancs de la vallée sont des pâturages plus ou moins rapides, semés de chalets groupés ou solitaires, et entrecoupés par des bouquets de sapins, mêlés de quelques mélèzes. Là, sont les montagnes de *Folliau*, des deux *Ayernaz*, de *Préloury*, des *Crêtets*, d'*Avenaire*, de *la Barma*, d'*Arniaulaz*, de *Nervau*, de *Tompey* et des *Essarts*. La contrée est en général marécageuse. En plusieurs endroits, les chemins sont, comme en Russie, parquetés de troncs de sapins de 4 pieds de long, placés de flanc les uns à côté des autres ; mais les troupeaux qui les foulent journellement les brisent, les déplacent, les soulèvent, ce qui rend ces routes incommodes, et souvent même difficiles. Plusieurs petits vallons s'ouvrent dans les flancs de la vallée centrale, s'entrelacent ensemble, et forment comme un labyrinthe dont il n'est pas toujours aisé de sortir lorsqu'on est sans guide.

Au pied de l'Arniaulaz, est un étang de 1,000 à 1,200 pas de tour auquel on a donné le nom de *Lac rond*, à cause de sa forme circulaire ; il est au centre d'un pâturage marécageux. On ne peut en atteindre les bords, couverts d'une lisière de *trèfle de marais* et de *nénuphar jaune*, à cause des foudrières qui l'entourent. De ce joli lac se détache un filet d'eau qui serpente vers le fond de la vallée : c'est là la source de l'*Eau-Froide*. Si, de cet humide rivage, vous levez les yeux, ils sont éblouis de la majestueuse décoration du paysage supérieur : c'est un immense revêtement couvert de pâturages et de rochers que terminent, comme deux pilastres aériens, les gigantesques Tours de Mayen et d'Aï.

La double chaîne de monts qui bordent la vallée de l'*Eau-Froide*, nourrit en été un nombreux bétail. Les fromages qu'on fabrique dans les chalets situés sur ces pâturages divers sont estimés. Si, de la vallée de l'*Eau-Froide*, on ne se soucie pas de pénétrer plus avant dans les Alpes, on peut regagner la plaine par le *chemin des ravines*, qui mène à Aigle, ou par le *pertuis d'Avenaire* ; mais ce dernier passage est difficile, et souvent même périlleux. Il conduit à Villeneuve par un étroit vallon que la *Tinière* arrose.

LES MONTAGNES D'OLLON. — LA VALLÉE DE LA GRANDE-EAU.

La portion des Alpes vaudoises située entre la *Grande-Eau* et la *Grionne*, vis-à-vis du Rhône, doit être le but d'une excursion spéciale. En quittant Aigle, on suit, non la chaussée, mais un chemin qui traverse un joli bois. En avançant, on jouit bientôt d'une belle vue sur la vallée du Rhône et sur la plaine que ce fleuve arrose. Au milieu de cette plaine, s'élèvent deux vastes rochers isolés, d'environ 300 pieds de haut ; la terre végétale a peu à peu recouvert ces débris détachés des Alpes supérieures ; depuis nombre d'années ils sont tapissés d'un gazon épais, ombragés d'arbres et fécondés par l'agriculture : l'un, *Charpigny*, est surmonté d'une ferme ; l'autre, *Saint-Triphon*, se fait remarquer par sa belle tour carrée, reste de fortifications plus étendues qui commandaient toute la vallée. Cette tour n'est pas de construction romaine, comme on l'a prétendu : elle a tous les caractères de l'architecture du VIIIe ou du IXe siècle, ce qui n'empêche pas que les Romains n'aient fait usage du rocher de Saint-Triphon comme d'un poste militaire très-important, à la proximité de la route de Milan à Mayence par le Saint-Bernard. Une inscription, qui a disparu depuis des années, y fut placée en l'honneur de l'empereur Caïus César Germanicus, plus connu sous le nom de Caligula ; et une borne milliaire, trouvée près du village de Saint-Triphon, et qu'on a placée dans l'église d'Ollon, porte le nom de l'empereur Licinius : elle est de l'an 325 de l'ère chrétienne, et c'est la dix-septième pierre depuis Martigny, qui était alors le *forum Claudii Vallensium*. Une chapelle, dont on voit quelques ruines non loin de là, attirait jadis dans ce lieu beaucoup de pèlerins ; et l'on suit, pour y arriver, un sentier taillé dans le roc et qui s'appelle encore le chemin des *Donnes* (Dames), titre qu'on donnait alors aux religieuses.

Cette plaine, quoique marécageuse en quelques

endroits, est semée de vergers, de champs, de prairies, de bois et de pâturages, qui lui donnent tour à tour les aspects les plus variés. On quitte, non sans le regretter, ce riant paysage pour traverser Ollon, grand et beau village, qui s'élève au milieu d'un massif d'arbres fruitiers, dont les feuilles rapprochées le couvrent, en été, de verdure, d'ombrage et de fraîcheur. Arrivé à Huémoz, on retrouve l'architecture si pittoresque des Alpes. Les maisons sont en bois, les fenêtres petites, mais nombreuses; des vestiges de l'Écriture-Sainte sont gravés sur toutes les façades. A travers des coteaux bien cultivés, on monte d'Huémoz à Chessière, joli village, remarquable par la simplicité des mœurs antiques de ses habitants. Au-delà de Chessière, commencent les *mazots* : on nomme ainsi des constructions contenant une écurie, un fenil, une cuisine et une chambre servant de salle et de chambre à coucher. C'est là que les montagnards vaudois conduisent, au printemps ou en automne, leurs vaches pour consommer les fourrages recueillis dans les prés voisins. On voit ici une multitude de ces mazots jetés sur les premières pentes des Alpes, dans un espace de plusieurs lieues.

Après deux lieues d'une montée assez facile, à travers des prés et des pâturages, on atteint les chalets de *Bretaye*, situés au-dessus du petit lac du même nom. Pendant la belle saison, cette vaste montagne, qui appartient à la commune d'Ollon, nourrit plus de 400 vaches. Ses nombreux chalets sont partagés en trois villages d'été : *Morgex*, *Crettas* et *Conche*. Ces villages alpestres sont composés de deux sortes de bâtiments, de chalets et de *mazots*, où logent les bergers et où l'on fait le fromage, et de *settais* ou simples étables destinées au bétail. La situation de *Morgex* et de *Crettas* est délicieuse. Le premier couvre de ses chalets une éminence située à la tête du petit lac; le second les aligne sur une colline voisine; ils sont entourés de croupes arrondies, vertes, et d'un accès facile aux troupeaux. Quand le soleil luit sur le lac, tout le paysage se revêt d'une teinte brillante. Les chalets semblent animer les bords de ce joli bassin, qui, à son tour, jette de la variété sur la contrée. De toutes les croupes dont le lac baigne la base, la plus haute est celle de *Chamossaire*. De la cime de cette montagne, la vue est bien différente de celle des Alpes occidentales. Ce n'est plus ce superbe lac, dont on distingue à peine une bande étroite, pareille à une portion d'un fleuve qui se perd dans l'éloignement; à vos pieds se prolongent la sinueuse vallée des Ormonts, celle des Mosses, parsemée de nombreux chalets, et le vallon plus sauvage que ferme la pierre du Moëller; à l'occident, les Tours d'Aï et de Mayen se dessinent fièrement dans les airs, moins belles pourtant que lorsqu'on les voit du côté opposé, parce que, entourées d'une ceinture de rochers brisés, elles ne semblent dominer que de vieilles ruines et en préparer de nouvelles; plus au nord, les chaînes de la Gruyère, du pays d'En-haut, de Gessenay, de l'Oberland, bordent l'horizon d'un triple rempart. On signale, à l'orient, les gigantesques masses des Diablerets, de Cheville, d'Enseindaz, du Muveran, de la Dent de Morcles, chargées de glaciers et hérissées de pics plus ou moins aigus, entre lesquels on distingue, plus éloignée, l'immense arête du Saint-Bernard et les montagnes du Valais. Au midi, la cime argentée du Mont-Blanc dépasse avec majesté les Alpes de la Savoie.

Chamossaire est émaillée des plus rares plantes des Alpes; mais on n'y aperçoit guère d'autre oiseau que la *fauvette des Alpes*, dont le chant monotone interrompt seul le silence de ces solitudes élevées. Quatre petits lacs sont situés dans le voisinage. Le premier, le lac de *Bretaye*, est le plus élevé; il a 1,100 pas de tour et est entouré d'une ceinture de persicaires aquatiques, mêlées d'épi d'eau luisant (*potamogeton lucens*), qui forme, à quelques pieds du bord, un tapis rouge agréable à l'œil. Trois cents pas plus bas, est un second étang, appelé le lac *Noir*, à cause du reflet sombre des sapins dont une partie de ses bords porte un bouquet; moins grand que le lac de Bretaye, sa profondeur est considérable. Le lac *Loget*, qu'on trouve non loin de là, n'a ni forme ni étendue déterminées, parce qu'elles varient d'une saison à l'autre, suivant l'abondance des neiges ou de la pluie. Nulle part il ne paraît avoir plus de 4 pieds de profondeur. Son lit contient une vase blanchâtre, visqueuse, mêlée de fragments de végétaux pourris et de pierres calcaires décomposées. Il est parsemé, à sa surface, de petites îles flottantes, sur lesquelles croissent en abondance les plus belles plantes. Aucun chalet ne se rencontre sur ses bords. Plus bas, s'élève une colline qui fait partie de la montagne de Chavonnaz. C'est dans ses environs qu'est situé le dernier lac, qu'on appelle le lac *Serap* ou le lac *Vert*, à cause de la belle teinte de ses eaux, qui reflètent la couleur du gazon et des arbres qui l'entourent. C'est assurément le plus beau des quatre lacs que renferme cette pittoresque contrée. Sa forme est presque circulaire : il est successivement bordé de pâturages en pente douce, de bouquets de sapins disposés par étages, de rochers caverneux qu'habite un écho curieux qu'on se plaît à interroger dans cette profonde solitude; ses eaux sont fraîches et pures. Il ne manque à ce joli lac que quelques chalets jetés sur ses rivages pour communiquer un air de vie à cette petite contrée, dont il forme la plus gracieuse décoration. La grève qui le borde est jonchée de fragmens de rocailles, qui permettent partout d'en approcher aisément.

Brettaye, qu'on pourrait appeler le *Vallon des Quatre Lacs*, est une contrée romantique où l'imagination se promène avec délices, et qu'elle embellit de ces scènes fantastiques qui se créent si aisément à l'aide des eaux, des forêts, des vents, du silence, de la solitude et des ombres mystérieuses de la nuit. Si l'on écoute les bergers, ils vous assureront qu'on a aperçu autrefois sur le lac *Seray* un dragon couvert de plumes blanches, qui battait l'eau de ses ailes; mais le naturaliste ne verra qu'un cygne, fréquentant ces ondes solitaires, ou peut-être un pélican, oiseau qui n'est point inconnu en Suisse. Un autre vous racontera que la fille d'un baron du voisinage, craignant que ses bagues et joyaux lui fussent enlevés par les Valaisans, les renferma dans un coffre de fer, qu'elle jeta, il y a plusieurs siècles, au milieu du lac *Lagot*, que le coffre y est resté jusqu'ici malgré toutes les recherches qu'on n'a pas manqué de faire, et que la noble demoiselle se montre parfois, à la clarté de la lune, sur les rives du lac pour veiller à la garde de son trésor. Les fées jouissent aussi d'un grand crédit dans cette partie des Alpes; elles y ont leur *plan*, leur *seex* (rocher), leur *tanne* (grotte), leur fontaine, leurs bosquets. Elles visitaient souvent autrefois les jeunes bergers; elles les conduisaient dans leurs palais souterrains, leur enseignaient la connaissance des trésors cachés, des vertus des plantes. Ces fées ressemblaient assez aux jeunes filles du pays, ajoutent les narrateurs montagnards, excepté qu'elles avaient la peau noire, les pieds sans talons et les cheveux comme de l'or. Demande-t-on ce qu'elles sont devenues, on vous répond que la brutalité d'un jeune pâtre, qui avait épousé une de ces fées, et qui voulut la frapper avec son *débathiau* (1), l'engagea, elle et ses compagnes, à fuir la contrée, et à chercher un pays où les maris fussent plus aimables. On n'en voit donc plus, mais le soir, à la veillée et au *cotter*, on en parle volontiers.

Nous suivrons, dans la dernière course que nous ferons dans les Alpes vaudoises, cette longue et tortueuse vallée que la *Grande-Eau* a creusée. Partons d'Aigle et traversons le bois de Chesneau, dont le chemin est varié, pittoresque, là taillé dans le roc, ici obscurci par les arbres épais qui s'entrelacent et forment comme une voûte, plus loin déchiré par un torrent furieux. En sortant du bois, on voit la *pierre de la Barmaz*, qui sert de reposoir et de table aux *bottiers* des Ormonts, qui s'y arrêtent ordinairement pour y prendre leurs repas rustiques. On croise ensuite le torrent Tantin, redoutable par ses crues subites. Un peu plus loin, est le village d'Exergillod, lieu sauvage et parfaitement en harmonie avec le nom que lui donnent les paysans des environs *djerjelliau*, affreux. Le cercle des Ormonts, qu'on atteint ensuite, entièrement placé dans les Hautes Alpes, est composé de la vallée centrale qui court le long de la *Grande-Eau*, et de plusieurs vallons qui y aboutissent; il peut avoir 4 lieues de long d'Exergillod au Pillon, et une largeur à peu près égale, de la montagne de Charbonnière à la pointe septentrionale des Diablerets. Cette contrée élevée se partage en deux communes: *Ormont-dessus* et *Ormont-dessous*. La première se divise en quatre *seites* (sections) : *La Forclaz, Les Voëttes, Sepey* et *Cergnat*, dont les noms ont des étymologies très-caractéristiques dans l'ancien idiome du pays. La seconde n'a que trois *seites*, celle *dessus*, celle *du milieu*, celle *dessous*, sans autre dénomination. Il n'y a dans ce cercle aucun village remarquable; à peine si La Forclaz et Sepey méritent les noms de hameaux : ce sont des chalets disséminés sur les deux flancs et les différens plateaux de la vallée principale et des vallons latéraux, jetés en groupes, alignés à distances inégales sur un même plan, ou échelonnés et comme placés les uns au-dessus des autres sur des déclivités plus ou moins rapides. Quelques-uns sont isolés; mais tous communiquent par des sentiers qui se déploient, tantôt en ligne droite, tantôt en sinuosités qui sillonnent le pays. Toutes les maisons de la cure d'Ormont-dessus sont en bois et d'une architecture uniforme; chacune porte sur sa façade, outre la date de sa construction et les noms du maître charpentier, ceux du propriétaire et de sa femme, avec une sentence tirée de la Bible ou un vœu de prospérité pour ses possesseurs présens et à venir.

De La Forclaz on descend par un sentier très-rapide à la *Grande-Eau*, que l'on passe sur un pont de bois grossièrement construit, puis on gravit péniblement la côte opposée pour arriver au château d'Aigremont, dont on ne voit plus que quelques ruines. Jeté sur une haute colline, et d'un abord difficile, il commandait les vallées d'Ormont-dessus, d'Ormont-dessous et des Mosses. La solitude de cette forteresse, jadis la

---

(1) Bâton hérissé de pointes dont les bergers se servent pour briser le lait caillé.

demeure de suzerains altiers, a aujourd'hui encore quelque chose de sévère et de solennel. De ces massives murailles qui ceignaient le plateau, il n'existe plus que trois pans de mur d'environ 30 pieds de hauteur, dont l'un est un segment de tour. Le fossé qui séparait ce redoutable manoir des belles prairies qui l'avoisinent, offre à peine quelques traces. L'intérieur du château est inégal, caverneux, rempli de décombres et de halliers. Les massifs restés debout indiquent l'architecture grossière du XIIe siècle; leurs pierres sont brutes et liées par un ciment très-dur. Aigremont, qui rappelle le sauvage Aspremont des environs de Coire, appartient long-temps à une branche cadette de la maison de Gruyère. Son dernier châtelain était un chevalier de la famille de Pontverre. Soit que des ennemis étrangers assiégeassent le château, soit que des serfs se fussent insurgés, un jour de Saint-Jean les habitans de La Forclaz se levèrent en masse, coururent à Aigremont, et sauvèrent, au péril de leur vie, la belle Emma, fille du noble châtelain. En reconnaissance de ce service, la noble damoiselle octroya à ses libérateurs la jouissance à perpétuité de la montagne de Perche, sous la condition expresse que les femmes jouiraient de cette franchise comme les hommes, et que les filles qui se marieraient hors de la vallée y conserveraient leurs droits, elles et leur postérité, condition respectée encore il y a peu d'années, quoique l'époque de cette concession soit inconnue, et que la chartre, s'il y en eut une, n'existe peut-être plus depuis des siècles.

On longe le quartier des *Voëttes*, qui avoisine Aigremont, pour remonter la vallée. On traverse les hameaux alpestres de Cienanty, du Rosay et de Crettex. Un pont qu'on passe peu après ce dernier endroit mène aux *Aviolats*, maisons éparses sur le chemin de La Forclaz. A une demi-lieue au-dessus de l'église des Aviolats, la vaste plaine *des Iles* s'étend jusqu'au pied des glaciers : elle est couverte de maisons pittoresquement groupées. Au-delà *des Iles* est Surchamp, beau pâturage où se réunissent les cascades des glaciers pour former la *Grande-Eau*. Plus haut est l'Alpe reculée de *Prapios*, d'un abord dangereux, et où l'on garde le souvenir du grand Haller, qui vint y recueillir les plantes alpines les plus rares. Sur la droite des Iles on voyait autrefois la chapelle d'Esviaux. En creusant quelques portions de terrain qu'entourent ses ruines, on a trouvé des pièces de monnaie des XIe et XIIe siècles.

En marchant vers le nord des Iles, on voit de larges bancs de glace qui s'étendent depuis l'Oldenr jusqu'aux Diablerets. Ils sont bordés de rochers, dont le front chauve s'élance hors des lits d'une neige qui ne fond jamais. Dans cette arête sont le *Pillon*, les *Scex de Champ*, de *Culand*, d'*Orgevaux*, les *Arpilles*, etc. Ils entourent un superbe glacier sillonné de crevasses profondes, et décoré de pyramides granitiques. Pendant l'été on n'entend dans ces lieux solitaires que le bruit des eaux jaillissantes du glacier et des pans de glace qui s'écroulent. Quelques bandes de gazon paraissent entre ces aiguilles. C'est là que, bravant mille dangers, les hardis chasseurs ormonnins poursuivent les chamois qui n'y sont pas rares; c'est là que sont posées les limites de la vie et de la mort, de la nature animée et du stérile chaos, limites que les bergers de la contrée osent franchir à de certaines époques, pour se rendre des Ormonts dans le canton du Valais.

C'est aussi des Iles que part un chemin qui traverse le Pillon pour servir de communication avec Gsteig, premier village bernois dans le Gessenay. Sur la gauche est la montagne commune d'Isnod, dont les nombreuses *cases* ne sont habitées que cinq ou six semaines pendant l'été. Non loin de l'étang de Chelvieux, où sont situés les derniers chalets ormonnins, on distingue à une grande profondeur le sauvage lac d'Arnon, dont l'écoulement forme la bruyante *Reusch* qui va grossir la Sarine. Le silence de ces lieux est parfois interrompu par de fortes détonations, causées par l'éboulement des bancs du glacier supérieur détachés par la chaleur du soleil, qui tombent et se brisent en éclats resplendissans. En descendant le *Rettau* on passe non loin de Lavanchy, petit hameau plusieurs fois détruit par les avalanches. Placé au bas d'une côte rapide, rien n'empêche le large et épais tapis des neiges supérieures de descendre jusqu'ici, et d'entraîner tout ce qui se rencontre sous son passage. Heureusement les habitans de Lavanchy prévoient chaque année le retour de ce fléau; ils émigrent à son approche gens et troupeaux, et se hâtent de se réfugier dans des maisons qu'ils possèdent de l'autre côté de la rivière, et sous le toit desquelles ils sont à l'abri de cette destructive débâcle.

LE MONT ENSEINDAZ. — LES DIABLERETS.

Après avoir séjourné quelque temps à Bex, après avoir visité les ruines majestueuses de son vieux château, le lac singulier du *Luissel*, le confluent romantique du Rhône et de l'Avençon, le pont de Saint-Maurice et son ermitage, on peut faire une ascension au mont Enseindaz. On atteint bientôt Grion. Ce village, dont une moitié des habitans passe l'été sur la montagne de Tavayannaz, est situé sur une colline assez fertile, entre la Grionne et l'Avençon, et entouré des sites les plus pittoresques. Plus souvent qu'une autre vallée des Alpes, celle que Grion domine offre un spectacle dont, absent, on ne saurait se former une juste idée. Un coup de vent, déroulant en vapeurs les nuages entassés sur la plaine, couvre d'un voile léger tout le paysage qui disparaît entièrement à la vue; mais bientôt ces vapeurs s'évanouissent, et la contrée sort pour ainsi dire du néant, et se révèle à vous dans toute sa beauté.

Depuis Grion jusqu'au pied de l'Enseindaz, la route traverse une plaine assez longue couverte de riches cultures. Plus loin, on passe entre une multitude de blocs de rochers descendus des hauteurs voisines; la plupart, recouverts de terre végétale, ne se distinguent du reste du sol que par le tertre qu'ils forment; revêtus de plantes variées, ombragés d'arbustes épais, ils présentent un singulier aspect à l'œil et à l'imagination. Quelquefois, du milieu d'un roc fendu, sort un groupe de jeunes hêtres dont le feuillage clair contraste avec la teinte noirâtre des sapins. A mesure qu'on s'élève, les escarpemens se multiplient, les chaînes de rochers s'élancent et se prolongent, et la belle végétation des pâturages inférieurs contraste avec la stérilité de leurs chauves sommets. Au moment où, après une montée escarpée, au milieu du bruit sourd des torrens grossis par la pluie, du retentissement des échos, et du bruissement des forêts, on atteint les plaines de l'Enseindaz, parfois des écharpes de brouillards ceignent les 3 pics des Diablerets, un souffle léger découpe ces vapeurs, les frange, les replie sous mille formes diverses, et l'on craint que bientôt, étendues sur toute la surface de ces lieux élevés, elles ne vous privent du plus imposant des aspects, quand un coup de vent les brise en flocons, et les emporte rapidement par-delà les masses énormes qui vous entourent. Il n'est point surprenant que l'imagination ardente d'Ossian et des autres bardes calédoniens ait aperçu si souvent des génies aériens dans les montagnes si romantiques. Pour peu qu'on soit poète ou livré à la mélancolie, on éprouvera les mêmes visions dans les Alpes suisses, lorsque des nuages légers, s'élevant du fond des vallées, glissent le long des rocs supérieurs, en contournent les cimes menaçantes et hérissées de sapins, disparaissent un moment derrière elles, s'en détachent avec lenteur et majesté, se représentent cent fois sous un aspect toujours nouveau, et déroulent, en se balançant dans les airs, les plis majestueux de leur robe diaphane. L'illusion sera encore plus complète, si, pendant le silence de la nuit, la lune argente ces formes fugitives, en éclaircit les bords ondoyans, et semble leur communiquer le mouvement et la vie.

Les pâturages de l'Enseindaz sont couronnés par les rochers de l'*Argentine* et par l'effrayante chaîne des *Diablerets*. Ils communiquent, à droite, à d'autres montagnes qui s'abaissent vers le vallon *des Plans*, et contiennent quelques chalets jetés au hasard près des sources de l'Avençon. C'est là que les bergers de Bex et d'Ollon se rendent dans la belle saison avec leurs troupeaux. Isolés du reste du monde, ils passent la journée à traire les vaches, à préparer le fromage, à couper, à charier le bois qui leur est nécessaire. Leurs jours s'écoulent ainsi doucement, et les premières neiges les avertissent de descendre dans les pâturages inférieurs, sans qu'ils aient éprouvé un moment d'ennui. Chaque année, à la *Michautein* (le premier ou le second dimanche d'août), une foule de jeunes paysans et de jeunes paysannes de la plupart des villages du district d'Aigle se rassemblent sur l'Enseindaz. C'est un jour de plaisir et d'allégresse. On chante, on danse; tous les pics des environs retentissent des cris tumultueux de la troupe joyeuse. Chaque berger réunit autour de son chalet ses parens, ses amis, et toute cette robuste et belle jeunesse se livre aux transports d'une joie franche et expansive, se partage en groupes divers, dévore avec un appétit tout helvétique les mets simples mais abondans que fournit la contrée, et ne songe à regagner ses foyers, souvent éloignés de 6 ou 7 lieues, qu'en voyant le soleil dorer de ses derniers rayons le sommet des glaciers voisins. Ces fêtes alpestres, où un peuple libre, simple et franc s'égaie au milieu des beautés d'une nature qu'il ne dépare point, ressemblent peu à ces fêtes des villes où le plaisir se commande, où la joie est factice, et où l'ennui perce à travers les masques variés dont on cherche à le couvrir.

La source de l'Avençon, qui sort de terre près des chalets de l'Enseindaz, présente une singularité peu ordinaire; on y reconnaît en assez grand nombre, ainsi que dans le terrain qui l'avoisine, des coquillages pétrifiés. Cela n'étonnerait pas dans le Jura, mais dans les Alpes, et à une élévation semblable, ces *médailles du déluge* ne semblent pas devoir être communes. On distingue parmi celles-ci des strombites, des buccinites, des cochilithes, etc.

Cette intéressante contrée est assez peuplée d'animaux sauvages, mais il faut s'éloigner des lieux fréquentés par les bergers et leurs troupeaux, et des sentiers nombreux que leur marche uniforme

y a tracés. C'est sur certaines couches de neiges, voisines des glaciers, que l'œil exercé découvre les chamois paissant sur de petites places couvertes de verdure, entre les rocs et des précipices qu'on croirait inaccessibles. On voit courir çà et là des marmottes qui, au sifflement de leurs sentinelles, regagnent au moindre bruit leurs terriers à double issue. On remarque aussi une sorte d'hermine de couleur blanchâtre à laquelle un long corps effilé et des jambes fort courtes donnent de loin l'apparence d'un serpent : c'est le lagopède, dont les pieds destinés à fouler la neige, et comme recouverts d'une fourrure, sont velus. L'alouette, plus petite que celle des plaines, et l'ortolan, qui ne fréquente ces hauteurs que l'été, sont les seuls oiseaux qu'on rencontre sur l'Enseuda ; tandis qu'autour de vous voltige, par troupes, le brillant apollon, le roi des papillons des Alpes.

A l'extrémité de l'Enseuda on trouve une énorme ceinture de rochers qui forment comme une muraille qui sépare le canton de Berne du canton du Valais. Un sentier hasardeux, pratiqué au milieu de ces bornes naturelles, conduit de ce lieu dans une vallée profonde, habitée par des bergers valaisans. Les chalets de l'Enseuda sont de magnifiques palais en comparaison de leurs huttes. Elles se ressemblent toutes : ce sont des pans de murs composés de pierres mal jointes ; quelques planches grossières forment un toit percé à jour ; le tout est noirci par la fumée. De petites niches, où l'on ne peut pénétrer debout, servent de chambres à coucher à ces pâtres. De la litière ou des feuilles sèches composent leur lit, et ceux qui y ajoutent une grossière couverture passent pour aimer le luxe. Leur nourriture se borne, uniquement, au lait frais ou caillé, et au petit lait dans lequel ils broient quelques morceaux de seigle. La plupart de ces bergers sont vêtus de peaux de chèvre. En dépit de leur physionomie sauvage et de leurs costumes plus sauvages encore, ces braves gens reçoivent les étrangers avec cordialité. Il faut séjourner quelque temps au milieu de cette peuplade singulière. De quelque côté qu'on lève les yeux, les regards rencontrent les pics voisins des Diablerets. Ces lourdes masses, séparées par de profondes échancrures, et qui sont pressées du côté opposé par le poids d'énormes glaciers, sont au nombre de trois. Tout, dans ces lieux, annonce une longue succession de bouleversemens.

Le souvenir des deux derniers éboulemens, celui de 1714 et celui de 1749, ne s'effacera pas de long-temps de la mémoire des Valaisans. Si vous les interrogez sur les circonstances de ces catastrophes, ils vous répondent « que les Diablerets sont un faubourg de l'enfer... qu'il y a là une colonie de diables, ou tout au moins de gens damnés, tous très-malfaisans comme chacun sait ; qu'ils tiennent d'un jésuite de Sion que, depuis très-long-temps, les ennemis du genre humain étaient en force dans ce lieu-là ; qu'il y avait parmi eux deux partis, l'un qui voulait renverser la montagne sur le Valais, l'autre sur le canton de Berne ; et qu'enfin les premiers, ayant été les plus forts, avaient fait culbuter une partie de leur prison sur le Valais. Mais, ajoutent-ils, le jour de l'éboulement général est encore loin, et on nous a prédit qu'aucun Valaisan n'y périrait. »

L'éboulement de 1714 fut annoncé par des bruits souterrains qu'on entendit pendant plusieurs jours. Les bergers eurent le temps de s'éloigner en emmenant leur bétail. Ceux qui restèrent périrent tous. Au moment où l'un des pics s'écroula dans la vallée, on ressentit comme un tremblement de terre dans les environs ; il s'éleva une épaisse poussière causée par le frottement des blocs détachés, dont plusieurs ne s'arrêtèrent qu'à plus de deux lieues de distance. Dans le nombre des Valaisans qui disparurent, il y avait un paysan du village d'Aven. On fondait un service pour le repos de son âme ; ses enfans furent déclarés orphelins. Trois mois après, la veille de Noël, il reparaît pâle, décharné, pouvant à peine se soutenir, les cheveux hérissés, couvert de sales lambeaux. On croit voir un spectre. Tous ses voisins s'épouvantent. On court chez le curé afin de le prier de venir exorciser ce hideux fantôme, qui parvient enfin à se faire entendre. On l'écoute, et on apprend de lui qu'au moment de la catastrophe il était occupé dans sa maison ; un des rocs détachés vint s'appuyer, en formant un angle, contre celui au pied duquel était bâtie son habitation ; bientôt après un bruit affreux se fit entendre au-dessus de lui, et les terres et les pierres s'enlacèrent autour des deux rochers... formèrent une espèce de voûte comme pour le préserver d'une mort assurée. « Alors, dit-il, je n'eus point peur, je ne perdis point courage, je travaillai sans relâche à me faire une issue ; quelques fromages qui se trouvaient dans la pièce où j'étais me nourrirent ; un filet d'eau qui coulait entre les pierres m'a désaltéré, et, après bien des jours que je n'ai pu compter dans ce cachot souterrain, j'ai enfin trouvé une ouverture en rampant entre les décombres : j'ai revu la lumière que je ne puis encore supporter, et Dieu qui ne m'a jamais été l'espérance, et en qui je me suis toujours confié, Dieu me renvoie au milieu des miens pour y être un témoin de sa puissance et de sa bonté. »

La seconde chute entassa de nouvelles ruines sur les premières, porta ses ravages sur des pâturages jusqu'alors fertiles, et condamnés depuis à une éternelle stérilité, et détruisit plus de 40 chalets des Alpes. Les mêmes bruits souterrains s'étaient fait entendre, et les Valaisans, avertis par ce phénomène qui leur était connu, s'étaient retirés en toute hâte avec leurs troupeaux, après avoir pris la précaution de faire exorciser la montagne; mais cinq paysans bernois, qui étaient occupés à travailler dans un moulin situé à une lieue plus bas, prétendirent qu'à une telle distance ils n'avaient rien à redouter; ils méprisèrent les avis des Valaisans et restèrent. Bientôt un torrent de pierres et de terre entremêlé d'énormes quartiers de roc descendit de la cime des Diablerets, et les engloutit à jamais. On marche aujourd'hui sur la place occupée naguère par ce moulin, à 500 pieds peut-être au-dessus de son niveau primitif.

On parcourt, non sans une vive émotion, ces ruines immenses. Ici, à cette place nue et stérile, était une forêt de sapins... Là, où sont ces rocs entassés, on voyait une petite vallée... Un lac a pris la place de nombreux chalets répandus sur un vaste pâturage... La Lizerne, qui traversait ce théâtre de destruction, obstruée dans son cours, et arrêtée comme par une digue, disparut pendant huit jours et forma deux lacs; le moins petit, le lac de la *Derborentze*, est à peu près de la grandeur du lac de *Bret*, entre Moudon et Vevey. Rien n'est moins fréquenté que ces lieux si imposans. Quelques bergers des montagnes voisines, quelques chasseurs de chamois, voilà presque les seuls hommes qui passent dans ces contrées... Peu d'étrangers, aucun peintre, aucun naturaliste, n'ont jamais visité les bords du lac de la Derborentze. Néanmoins quoique le chemin qu'on a parcouru pour parvenir ici soit long et difficile, quoiqu'on ne puisse le faire qu'à pied, nous engageons les voyageurs qui aiment à étudier les sites sévères, les graves convulsions de la nature, à ne point négliger de visiter la vallée de *Cheville*. Après avoir quitté les derniers chalets, on marche pendant plus d'une lieue sur les débris les plus imposans. Ce ne sont pas les ruines d'une forteresse ni celles d'une puissante cité, ce sont les ruines de deux montagnes. De tous côtés s'élèvent des blocs plus ou moins grands et de formes les plus variées. Les uns ressemblent à de hautes pyramides, les autres forment comme de vastes amphithéâtres isolés ou entassés, dressés ici en colonnes, là appuyés les uns contre les autres comme des châteaux de cartes, et présentant tous, à quelque distance, un aspect ou singulier ou effrayant. Il est impossible de décrire la variété de groupes, de sites, d'accidens, qu'offre à chaque pas le sentier sinueux qui parcourt cette terre de désolation. Peu d'années après l'événement fatal, ce spectacle devait être plus sinistre encore; aujourd'hui les arbres renversés ont disparu, la terre végétale a recouvert une partie du sol, et des tapis de verdure et de fleurs ornent quelques-uns de ces tertres gigantesques. La gentiane, la renoncule, les linaires, en décorent les flancs. De leurs fentes s'élancent des saxifrages, des anémones et des immortelles aux couleurs les plus variées. La mouterine odorante, le lys jaune, l'orchis noirâtre, la primevère de montagne, y croissent à l'envi. De nombreux blocs de rochers sont revêtus d'une tapisserie diaprée, où l'on distingue la driade à huit pétales, le silène sans tige, des capillaires bruns et des fougères à feuilles étroites. Le rhododendron à fleurs couleur de feu, le citise, dont les bouquets pendent en grappe, et de nombreux saules nains y ont aussi leurs racines. Non loin des neiges que la chaleur de l'été n'a pu encore fondre, l'ériophore élève le duvet de sa tête cotonneuse; enfin, des rosiers sauvages, de jeunes sapins, des mélèzes dont la feuille rougit avant de joncher la terre, couronnent le front et couvrent les saillies de quelques rocs aux formes fantastiques. La nature oppose ainsi à des souvenirs de destruction des images pleines de vie; elle semble vouloir voiler par des lichens et des mousses légères ces débris épars, et cacher sous des apparences riantes les preuves des ravages du temps et de la vieillesse du monde. Plus on avance dans cette plaine dévastée et plus les rocs qu'on rencontre sont nombreux. Parvenu à l'extrémité de l'éboulement, on peut contempler à son aise le spectacle imposant qui vous entoure de toutes parts. On côtoie ensuite le *Chemin Neuf*. Ce chemin, qui tourne pendant plus d'une lieue autour d'un rocher immense, est des plus périlleux. Ici des arbres abattus sont substitués au sol qui manque; là on passe sous une cascade qui vous inonde, et sous vos pieds vous entendez mugir la Lizerne, qu'on n'aperçoit point. De tous côtés la mort est comme suspendue sur l'étroit espace qui vous porte. Ce chemin conduit au village d'Aven, et de là à Sion. Il est fréquenté par les paysans des hameaux voisins, qui le traversent pour se rendre à des pâturages éloignés, dont quelques-uns ne sont accessibles qu'au moyen d'échelles placées entre les rochers, et où il faut porter à dos d'homme les moutons et les chèvres qui y passent quelques semaines de l'été. C'est un paysan d'Aven qui, le premier, a frayé ce hardi sentier. C'est surtout à l'endroit qu'on appelle le *Saut du Chien*, qu'on se sent saisi d'un tremblement involontaire. On est sur le bord du précipice, et l'on découvre dans toute sa profondeur l'abîme qui semble prêt à vous engloutir.

VALAIS.

Le château de Séon. — Sion.

Plus loin, on trouve la petite chapelle de Saint-Bernard. De ce plateau la vue plonge sur la belle vallée qu'arrose le Rhône dans sa course majestueuse. On découvre 25 villages groupés çà et là, et, jusqu'à la ville de Sion avec ses deux monts si pittoresques. Le premier village valaisan qu'on rencontre est Aven. D'Aven on se rend en trois heures à Sion, à travers des champs et des vignes d'une fertilité remarquable, quoiqu'en général ils pourraient être mieux cultivés. On atteint bientôt les restes de deux châteaux fameux dans les temps orageux où la liberté luttait contre l'oppression féodale; plusieurs fois pris, brûlés, rebâtis par le peuple, les évêques et la noblesse, ils n'offrent à présent que des ruines et des souvenirs. C'est du haut de l'un de ces châteaux, celui de Séon, que le baron Antoine de la Tour fit précipiter, en 1375, son oncle Guiscard de Tavel, évêque de Sion, après l'avoir surpris et poignardé, ainsi que son chapelain. Mais l'assassin paya cher, quelques mois après, sa criminelle conduite. Ayant levé une armée contre le peuple qui voulait le punir de son attentat, il fut vaincu et tué dans un sanglant combat qui se livra à une lieue de Sion. Son château fut brûlé, et ses partisans chassés du pays.

On ne saurait entrer dans l'antique capitale du Valais, dans cette Sion si souvent agitée dans les temps passés par les révolutions politiques, si souvent victime de la longue lutte du peuple et des grands, et pittoresquement située entre deux rochers couverts de châteaux féodaux qui ne l'épouvantent plus, sans éprouver un sentiment de tristesse et de respect. Le château de Tourbillon, bâti en 1492, long-temps la résidence de l'évêque, a disparu depuis 1788. On voyait encore à cette époque, dans une des salles principales, une collection curieuse des portraits des évêques, depuis, assurait-on, saint Théodore, évêque d'Octodurum (Martigny), vers 380, jusqu'au XIIIᵉ siècle. Ces tableaux laissaient beaucoup à désirer sous le rapport de l'art et de la vérité historique; mais depuis Guillaume de Saillon, élu en 1203, les têtes étaient en général belles; elles annonçaient plus d'énergie que d'esprit, et plus de courage que de politique. A ses traits fortement prononcés, à son visage allongé, à sa mine hautaine, à son air fier, se distinguait dans le nombre ce fameux cardinal Matthieu Schinner, mort en 1523, que les plus vastes talens tirèrent de l'obscurité pour l'introduire dans le sacré collége.

Le Val d'Illiers.

Éloigné de toute route frayée, le Val d'Illiers est peu visité. Pour s'y rendre il faut passer le Rhône au pont de Saint-Maurice; de là on atteint Monthey, petite ville agréablement située dans une contrée assez fertile; de Monthey on monte près de 5 lieues jusqu'au fond de la vallée, fermée par une chaîne des plus hautes Alpes. Longue de plus de 4 lieues sur une largeur fort inégale, elle commence à l'église des *Trois torrens*, et ne renferme à peu près que deux villages : le Val d'Illiers, qui est le chef-lieu, et Champéry, situé beaucoup plus haut. Une multitude d'habitations et de chalets sont semés sur ses deux flancs, composés de collines diverses, placées comme par étages jusqu'aux rochers et aux pics escarpés qui les couronnent à une hauteur prodigieuse. Toute la contrée est ainsi encadrée par des Alpes très-élevées, dont plusieurs sont couvertes de neiges éternelles, et dont les sommets distincts et diversement groupés présentent l'aspect le plus pittoresque. La Viège, torrent impétueux, bruyant, quelquefois terrible, surtout à la fonte des neiges, et dont les bords dégradés annoncent les ravages, l'arrose. Quelques ponts hardis traversent ce torrent, tous dignes du pinceau des artistes, qui ne sauraient trop visiter cette curieuse contrée. Peu de sites sont dessinés d'une manière plus grandiose, et le paysage, toujours sublime, quelquefois affreux, varie à tous momens : ce sont des forêts, d'énormes blocs de granit, des eaux, des habitations. Les montagnards de cette région vraiment alpestre ont un génie bien plus vif, bien plus délié que les habitans de la vallée du Rhône; une originalité pleine d'énergie et de bonhomie tout ensemble, une simplicité quelquefois grossière, mais toujours franche, une complète ignorance des usages de la société jointe à tous les instincts de la nature laissée à elle-même, voilà ce qui caractérise cette intéressante peuplade. Les habitans du Val d'Illiers sont encore connus par leurs vives reparties, par la naïveté de leurs questions sur les autres pays, et par une promptitude de résolution où la vigueur du corps entre plus que la réflexion d'un jugement sain. S'ils sont prompts à s'écarter du devoir, ils ne le sont pas moins à y rentrer quand c'est le langage de la raison, et non la force, qu'on emploie pour les ramener. Leur patois, très-différent des autres dialectes de la Suisse, contient une foule de mots celtes, et d'autres termes qui dérivent sans doute du langage que parlaient originairement les premiers colons de cette vallée, qu'on croit venus du nord de l'Europe. Leurs habitations, toutes en bois, sont assez régulièrement bâties. Les femmes mariées et les jeunes filles partagent avec les hommes les travaux de la vie pastorale, et passent souvent seules plusieurs semaines dans les plus hautes laiteries qui avoisinent la Savoie. La race d'hommes est forte et courageuse, endurcie au froid et à la fatigue. On n'y voit ni goîtreux, ni crétins comme dans quelques-uns des villages du Bas-Valais. Ils mènent une partie de l'année une vie aventureuse, errant çà et là avec leurs troupeaux d'une habitation dans une autre. Le manque de chemins praticables les empêchant de rassembler dans une grange commune les foins de leurs diverses prairies, souvent éloignées entre elles de 2 ou 3 lieues, ils ont dans chaque possession un bâtiment qu'ils habitent tour à tour pour consommer le fourrage qu'il renferme. Aussi tel berger possède dix à douze habitations diverses, dans aucune desquelles il ne séjourne pas plus de 6 semaines par année. On attend la saison des neiges pour les transports, qui se font au moyen de traineaux : c'est alors qu'on amène aux villages les fromages faits pendant l'été dans les pâturages élevés.

LES ÉCHELLES. — LA GEMMI. — LES BAINS DE LOUÈCHE. — LE SIMPLON. — DOMO D'OSSOLA.

« En traversant le Valais, dit le spirituel auteur des *Lettres sur la route de Genève à Milan*, on se croit dans le moyen âge : il semblerait que ce pays n'a pas marché de front avec le reste de l'Europe, et que la civilisation et les lumières n'ont pu franchir encore les hautes montagnes qui le séparent du monde. Des châteaux placés sur des monticules, des villes bâties sur le flanc des montagnes et défendues par des tours, des maisons où l'on semble craindre la lumière du jour, rappellent ces temps de la féodalité où de petits princes étaient en état de guerre continuelle, et où les peuples avaient toujours à combattre pour défendre leurs propriétés ou leur vie. Les bornes de quelques-uns des dixains du Valais sont encore fixées par des potences qui s'élèvent sur des collines à côté des chemins. Cet usage semble venir des gouvernemens barbares, qui rappelaient leur pouvoir par le plus triste de leurs prérogatives. »

Le bourg de Sierre s'élève dans la situation la plus agréable. Les champs qui l'entourent sont fertiles ; l'air qu'on y respire est pur et salubre : c'est la résidence ordinaire des riches Valaisans. On y voit une belle église et quelques inscriptions romaines.

Après Sierre, de hauts monticules de sable s'élèvent en cônes dans la vallée ; le lit du Rhône se couvre de petites îles verdoyantes, formées par de nombreux troncs de sapins entraînés par le courant ; à gauche, on découvre Louèche, l'une des plus pittoresques stations du Valais. Les bains de Louèche (Baden), célèbres par l'énergie de leurs eaux, sortent de terre à 5,000 pieds au-dessus de la mer. C'est à une petite lieue de là qu'on trouve les *huit échelles* qui mènent au village d'Albinen. Cette contrée, bordée d'énormes parois de rochers, et ces échelles, qui forment un passage très-fréquenté, méritent d'être visitées par les voyageurs. Au premier abord, l'aspect de ce passage frappe d'épouvante et de terreur ; pourtant les habitans d'Albinen franchissent journellement les échelles, même dans l'obscurité ou chargés d'énormes fardeaux, sans qu'il leur arrive jamais le moindre accident.

La Gemmi, haute montagne de l'aspect le plus sévère, est située ici entre le Haut-Valais et le canton de Berne. Le chemin à l'aide duquel on y parvient est incontestablement le plus pittoresque passage que renferme la Suisse ; le revers méridional est à pic : c'est dans cette paroi escarpée qu'on a pratiqué cette étonnante route, accessible même aux mulets. Unique dans son genre, elle fut construite par des Tyroliens, et terminée en 1741. Partout elle monte en zigzag, de sorte qu'on ne peut apercevoir ni le chemin qu'on a fait, ni celui qui reste encore à faire. Arrivé au pied de la montagne, si l'on jette un regard sur l'énorme paroi qu'on vient de traverser, on est surpris de n'y apercevoir aucune trace de chemin : l'un des côtés de la corniche est partout bordé d'affreux précipices ; mais un espèce de parapet sert à rassurer le voyageur et à le mettre à l'abri du danger. Cependant les personnes sujettes aux vertiges ne doivent pas se hasarder à descendre ce passage difficile ; en montant, au contraire, aucun mal n'est à redouter, parce qu'on tourne sans cesse le dos aux précipices. Le col de la Gemmi, nommé *la Daube*, est à 6,985 pieds au-dessus du niveau de la mer. L'accès des glaciers voisins du Lammeren n'est point aisé. Le torrent que forment les eaux qui s'en échappent se jette dans le petit lac de la Daube, sur la rive orientale duquel passe la route. Ce lac, qui a environ une demi-lieue de longueur, demeure gelé pendant 8 mois de l'année ; et n'a

Vue du village du Simplon

pas d'écoulement apparent. A environ une demi-lieue du lac, est l'auberge de Schwarzbach, qui n'est habitée que pendant l'été; en hiver, il y tombe jusqu'à 18 pieds de neige. C'est là que le poète Werner a placé la scène de son drame si remarquable : le 24 *Février!*

Voici quelques fragmens d'un morceau dans lequel le poète allemand Hœlder décrit la descente de la Gemmi aux bains de Louèche :

« A la vue de ce terrible passage, l'effroi vous saisit, votre œil se ferme, vos pieds s'attachent au rocher, votre sang ne circule qu'avec peine, la parole vous manque, et l'approche soudaine de l'éternité semble lutter et combattre en vous avec la nature mortelle. Enfin, revenu à soi, on tente d'avancer quelques pas ; mais, au même instant, s'ouvre à vos yeux un abîme, un gouffre horrible et obscur qui se perd dans une profondeur que la vue ne saurait mesurer. Dans cet éloignement entouré d'une atmosphère bleu-grisâtre, on croit apercevoir un massif de chalets adossés à des rochers nébuleux. Sont-ce là les demeures tranquilles et paisibles des ombres? Et qui me guidera dans le chemin tortueux dans lequel je me suis aventuré?..... Ici le roc qui me porte s'arrête ; j'aperçois comme un sentier creusé dans la paroi unie du rocher ; courage donc ! il faut entrer dans ce nouveau labyrinthe ; mais comment avancer?... Doit-on descendre dans l'Erus avant que la volonté des Dieux ait ordonné de quitter la vie?... On entredans le sentier; on suit mille détours ; on descend ces rochers aussi vieux que le monde ; la mort vous suit ; à chaque instant elle attend avec avidité sa proie : un seul faux pas, et vacillante déjà, cette proie lui appartient. Mais ici le chemin étroit taillé dans le roc cesse.... Plus de soutien, plus d'abri en cas de chute : il faut marcher lentement à travers de longs détours, jusqu'à ce qu'enfin on atteigne le village des Bains, comme à dessein caché à la base de rochers immenses, d'où la source bienfaisante jaillit. »

La vallée du Rhône, souvent envahie par le fleuve, n'offre aux environs de Tourtemagne, petit village non loin duquel on voit une magnifique cascade, qu'une contrée triste, dont l'habitant abandonne la plus grande partie aux ravages des eaux. Bientôt la vigne disparaît presque entièrement, et fait place aux sapins qui couvrent les flancs des montagnes. Le bourg de Viège ressemble à une petite ville, à cause de ses maisons hautes et antiques; quelques-unes ont jusqu'à 5 étages. Le torrent qu'on y franchit est presque aussi fort que le Rhône ; il a sa source dans les glaciers de Charmontane, au pied du mont Rosa, le rival du mont Blanc. Au fond du bassin que forme la vallée, on aperçoit la petite ville de Brigg, dominée par un bel amphithéâtre de prairies. Une large croupe revêtue de sapins s'élève depuis ces belles prairies jusqu'à la région des neiges et des glaciers. Brigg a une jolie place, des maisons bien bâties, deux couvens et un château remarquable par sa construction quasi-gothique, et surtout par ses 4 tours quadrangulaires, surmontées d'énormes boules de fer-blanc, qui ressemblent, par leur forme et leur grosseur, à des ballons renversés, comme celles qui couronnaient les pavillons des czars à Moscou.

Au-delà de Brigg, on abandonne la vallée du Rhône, qui se prolonge encore à plus de 10 lieues au-delà jusqu'au berceau du fleuve, dans les montagnes de la Furka, et l'on gravit à droite les Alpes, pour les franchir au Simplon. Nous avons déjà parcouru cette route merveilleuse, qui, dans ses divers développemens, franchit des précipices, affronte des glaciers, s'embellit de paysages variés, des effets pittoresques de la montagne qu'elle traverse, et montre partout le triomphe de l'art sur les obstacles de la nature (*Voir* CANTON DU VALAIS, page 197). La scène qui s'offre à l'œil, lorsqu'on a atteint le col du Simplon, ne saurait se rendre qu'imparfaitement. L'aspect des plus affreux bouleversemens remplace la variété et les mouvemens du tableau de la vallée principale ; au bruit des torrens a succédé le triste sifflement des vents ; un froid glacier s'élève seul devant vous, et semble commander à une nature nue, stérile et déserte. On ne sent point cependant aussi vivement sur ce plateau l'effroi du silence et de la solitude que l'on éprouve sur le plateau des hautes montagnes. Sur le versant du mont, du côté du midi, on aperçoit quelques chalets, et à peu de distance, on trouve le village de Simplon, où l'hiver dure 8 mois. De ce village, la route conduit le voyageur dans la curieuse vallée de Gondo, que la nature paraît avoir coulée et frappée en bronze, comme le dit M. Eschassériaux dans ses *Lettres sur le Valais.*

Un peu après avoir dépassé la dernière galerie, on aperçoit la riante plaine de *Domo*, fermée par le pittoresque pont de Crevola, jeté d'une montagne à l'autre. La petite ville de Domo d'Ossola est peuplée et commerçante : on y voit de nombreux couvens : celui des jésuites est bâti en marbre blanc ; les maisons sont assez bien construites, et quelques-unes sont ornées de peintures à fresque. La principale place est vaste, et offre, les jours de fêtes, l'aspect le plus animé. Des fruits de toutes espèces, exposés en tas sur des tables, parfument l'air, et excitent l'envie des passans ; des marchandes ambulantes courent çà et là, portant à l'extrémité d'une perche des fleurs faites de papier doré et de plumes de diverses couleurs, dont elles forment de petits bouquets qu'elles vendent aux jeunes gens de la ville. Toute la population est en mouvement. Aux dames habillées avec goût, on voit se mêler les paysannes avec leurs bas rouges, leurs cheveux relevés par une longue épingle d'argent, et leur corset de brocard à demi caché par un mantelet flottant. Plus loin des capucins, des religieux de divers ordres, marchent à l'écart ; quelques chanteurs attirent la foule, et des joueurs de gobelets annoncent au son de la trompette et de la grosse caisse la représentation extraordinaire du soir.

Les environs de Domo sont couverts de champs de vignes, qui, soutenues par de légers piliers de granit, s'élèvent en treille à la hauteur de 6 à 7 pieds, et forment comme des berceaux, dont la vue réjouit l'œil du voyageur. On ne saurait quitter Domo d'Ossola sans visiter le *Calvaire* qui domine la ville. Sur la route s'élèvent, de distance en distance, de vastes chapelles, dans chacune desquelles sont représentées les scènes principales de la Passion. Du haut de cette colline, on découvre la vallée entière de Domo et son beau ciel.

LES GRISONS.

Trons. — Serment de la Ligue grise.

C'est à l'entrée de Trons, dans une vallée riante et fertile de la Ligue grise, au pied d'une montagne escarpée, qu'on aperçoit encore le tronc du tilleul antique et vénérable à l'ombre duquel Pierre de Putlingen, abbé de Disentis, Haus Brün, seigneur de Rœtsuns, et le comte Hans de Sax, jurèrent en 1424 de résister à l'arbitraire des nobles, et d'assurer la liberté de la Rhétie en fondant la Ligue grise, qui entraîna bientôt par son exemple les deux autres Ligues. Accablés sous un gouvernement insupportable, exposés à toutes les horreurs de l'anarchie féodale, victimes de l'avarice insatiable d'une foule de petits tyrans qui disposaient à leur gré de leur honneur, de leur propriété, de leur vie même, les paysans soupiraient après un libérateur. Les Suisses, leurs voisins, avaient déjà montré, un siècle auparavant, comment on brise ses fers, et les Grisons n'attendaient que des chefs et une occasion favorable. Le serment de Trons devient le signal de leur affranchissement. Au cri de liberté toute la population s'arme ; les campagnes ne sont plus couvertes de pasteurs : on ne rencontre partout que des guerriers. Ceux des suzerains qui voulurent résister au peuple sentirent combien est pesant le bras d'un homme qui combat pour l'indépendance. Vaincus, assiégés dans leurs châteaux, forcés de se rendre à des conditions honteuses, ceux qui furent assez heureux pour échapper aux assiégeans s'éloignèrent du pays pour toujours. Leurs forteresses, situées sur des rochers ou des montagnes presque inaccessibles, furent rasées ; leurs ruines, couvertes de mousses et ombragées de noirs sapins, se voient encore éparses çà et là ; et le berger libre et tranquille contemple aujourd'hui avec mépris les humbles restes de ces tours menaçantes que ses pères ne regardaient jadis qu'avec terreur.

Non loin du tilleul de Trons s'élève une chapelle érigée en souvenir de la délivrance de la contrée. On voyait encore, il y a quelques années, sur une des façades, en souvenir de la délivrance du pays, un tableau fort intéressant bien que grossièrement exécuté, et où les trois libérateurs étaient représentés debout sous l'arbre, couvrant chacun d'eux. L'abbé de Disentis, avec l'habit de son ordre, la tête découverte, levait les premiers doigts de la main ; quelques paysans sans armes étaient derrière lui. A sa droite était le comte de Sax, à la barbe longue, à la physionomie noble, à la taille haute. A sa large ceinture de cuir noir pendait d'un côté une longue épée de bataille, et de l'autre le sac qui renfermait son pain. Sa main gauche s'appuyait sur un bâton noueux ; la droite était levée ; quatre guerriers armés de longues piques l'accompagnaient. Le seigneur de Rœtsuns, plus jeune, mais habillé à peu près comme le précédent, et dans la même attitude que lui, était suivi de deux soldats. Telle fut la manière simple dont se passa ce grand événement, tels étaient la coutume et les mœurs de ces siècles, qui semblent si éloignés du nôtre. Sans appareil, sans pompe, sans bruit, ces héros jurèrent d'affranchir leur patrie, et ils tinrent leur promesse. Long-temps les communautés de cette Ligue envoyèrent leurs landammanns à Trons, afin qu'ils renouvelassent sous le tilleul même le serment prêté par leurs ancêtres. Ce fut en 1778 que cette cérémonie nationale eut lieu pour la dernière fois. Non loin de la chapelle, au milieu d'une petite vallée, au bord d'une source abondante et fraîche, s'élève un rocher isolé, dans les fentes duquel sont enfoncés de longs clous. C'est là qu'autrefois les députés des communes, avant de se rendre à l'assemblée, suspendaient leurs sacs de provisions, mangeaient, couchés sur l'herbe, leur pain et leur fromage, et buvaient de l'eau jaillissante à leur côté ; heureux de prendre ainsi, sur leur terre natale, un repas frugal, dont l'égalité assaisonnait et doublait à leurs yeux le prix.

Déjà le lecteur a pu s'apercevoir que nous ne suivons pas toujours dans nos courses une route déterminée, mais que nous passons brusquement d'un canton dans un autre, avançant ainsi au hasard, sans but fixe, et décrivant dans un même chapitre les contrées les plus opposées. Nous allons donc quitter le canton des Grisons pour visiter successivement le Saint-Gothard, le val Blegno, les bains de Baden, Gottlieben en Thurgovie, quelques-unes des Alpes fribourgeoises, etc., etc.

URI.

LE PASSAGE DU SAINT-GOTHARD.

Le passage du Saint-Gothard est l'une des plus curieuses courses qu'on puisse entreprendre, en quittant le canton de Lucerne. Pour un voyageur qui ne craint pas la fatigue, combien les chemins étroits et tortueux des Alpes sont préférables à ces larges chaussées alignées des plaines. Là une perspective uniforme fatigue le plus souvent la vue, mais la décoration variée des montagnes change presque à chaque pas, et embrasse tous les genres de curiosités naturelles.

C'est à Fluelen que commence la chaussée du Saint-Gothard; plus le voyageur s'élève, plus il admire cette route qui circule au milieu des précipices, qui perce d'immenses rochers, et paraît comme suspendue au-dessus d'affreux abîmes par des arches hardiment jetées d'un flanc à l'autre. Après avoir traversé Altorf, Erstfeld, Silenen et Amsteg, on passe, sur un pont de bois, le Kerstelenbach, qui se jette dans la Reuss au Maderamenthal. Deux sentiers côtoient ce fougueux torrent : l'un conduit, par la Sandalp, dans le canton de Glaris, et l'autre suit le Creutzli et va aboutir dans la Ligue Grise. Du pont de Stæg, le chemin s'élève brusquement au-dessus du lit tumultueux de la Reuss, entre des massifs d'arbustes et d'énormes sapins. Le village de Gurtuellen apparaît perché sur un rocher; les cascades se succèdent. Un peu au-delà de la seconde, on a le choix entre un joli sentier bordé d'un ruisseau, et un pont étroit, sans garde-fou, suspendu sur un abîme où les eaux tombent comme transformées en poussière légère. Bientôt des sapins vous reçoivent sous leur ombre, et l'église de Wasen couronne l'éminence que vous avez devant vous. Au-delà d'un pont de pierre d'une construction singulière, s'ouvre l'épouvantable précipice du Pfaffensprung (le *Saut du Moine*), au fond duquel la Reuss bondit de chutes en chutes avec le fracas du tonnerre, et reçoit bientôt le bruyant Mayenbach, qui se dégage d'une gorge latérale. On atteint ensuite le village de Wasen. Si vous aimez les vieilles légendes et les traditions superstitieuses, on vous montrera, au-dessus de Wattingen, le lourd quartier de roc que le diable, après avoir construit le fameux pont qui porte le nom de son architecte, voulut, dans un moment de dépit, jeter sur son ouvrage pour le détruire. Il y a même laissé l'empreinte de ses griffes; ce qui n'empêche pas les chèvres de brouter les gramens qui croissent sur ce monument infernal, et les jeunes bergères de venir folâtrer autour.

De nouveaux et nombreux détours conduisent par Gescheuen dans le célèbre passage des Schollenen, si souvent décrit et dessiné. Les plus grandes scènes se succèdent dans ce défilé d'un aspect profondément mélancolique. La nature y cache tous ses charmes sous le voile de la destruction, et la terreur y plane sur le chaos ! Plus d'arbres ni de buissons, plus d'ombrage ; çà et là quelques lichens couvrent la nudité d'un pan de rocher, ou quelques fleurs alpestres sortent de ses scissures. Des parois nues et perpendiculaires flanquent des gouffres inabordables : sur des entassements de schistes brisés, s'élèvent, comme des tours, rochers sur rochers, dont les échos répètent et doublent le fracas des eaux impétueuses. Quand on traverse cette plage désolée, éclairée par les pâles restes d'un crépuscule, tel que celui que les poètes placent sur les tristes bords de l'Achéron, l'âme s'émeut, le cœur bat, on se sent saisi d'une crainte soudaine. Il n'est donc pas étonnant que, dans les temps passés, l'imagination de bergers solitaires ou de timides voyageurs ait peuplé ces formidables déserts de démons et de spectres infernaux, surtout dans le voisinage du pont du Diable. Quoique les autres ponts des Schellinen ne soient ni aussi hardis, ni aussi gigantesques que le *Teufelsbrük*, ils sont comme autant de monuments du courage et de la patience de la peuplade qui les a construits. Ici le retentissement de la Reuss, renforcé par les rochers, est si assourdissant, qu'il faut renoncer à se faire entendre des compagnons de voyage. Lorsqu'il a dépassé le pont infernal, le voyageur ose à peine contempler ce théâtre des plus horribles, comme des plus sublimes beautés d'une nature en désordre. Il se hâte de sortir de ce défilé effrayant, et traverse l'*Unerlock*, passage que l'art et la force de l'homme ont percé à travers le roc, en dépit des élémens conjurés contre cet ouvrage. La transition est ici des plus brusques. On passe subitement d'un vallon enchanteur à un horrible désert, et bientôt après, comme à la suite d'un rêve fantastique, on s'échappe du Tartare pour entrer dans l'Élysée. Telle est, en effet, la sensation qu'on éprouve quand on atteint la vallée d'Urseren.

Au fracas succède le silence, à la stérilité, un paysage charmant, au mugissement des torrens, un ruisseau calme et paisible, à un désert inhospitalier, de riantes habitations qui invitent au repos.

Après avoir quitté Andermatt on traverse de riches pâturages, puis on atteint Hospital. Ici se réunissent les premiers versans de l'impétueuse Reuss: l'un descend des rochers de la Furcka, l'autre sort du pittoresque lac de Luzendro. Si l'aspect de cette contrée annonce le calme et la paix, le caractère de ses habitans porte l'empreinte des bonnes mœurs et de la liberté. Les hommes y sont robustes et endurcis à la fatigue.

Au sortir de la vallée d'Urseren, la route devient sinueuse. On n'a devant soi que les escarpemens de l'*Alpe Rodant*, et les rideaux de nuages qui vous dérobent les sommités du Saint-Gothard. On laisse derrière soi un plateau raboteux, ceint de rochers à pic que domine le glacial Orsino. A mesure que l'on monte, les neiges deviennent plus profondes et les reflets du soleil plus éblouissans. Le dernier pont sur lequel on passe est celui de Rodant. Au milieu de cette création inanimée, dont le murmure d'aucun ruisseau ni le chant de nul oiseau n'interrompt le monotone silence, et qui ne présente ni habitation ni habitans, on ne rencontre que quelques traîneaux attelés de bœufs, et quelques bêtes de somme qui cheminent péniblement sur les neiges amoncelées. Quoique le Gothard semble sans vie, il en porte cependant les principes dans les régions inférieures, par ses nombreux réservoirs dont l'écoulement intarissable fertilise tant de contrées. Ses croupes les plus élevées recèlent divers petits lacs, tels que celui de Stella, l'une des sources du Tessin.

La descente du Saint-Gothard est tortueuse et rapide. Le Tessin, qu'elle côtoie presque toujours jusqu'à Bellinzone, disparaît souvent sous des voûtes de glace et de neige. Quoique très-sauvage et très-incliné, le val Trémola (*la vallée tremblante*), n'est pas aussi effrayant que celui des Schollenen. Peu après qu'on a passé la rivière naissante sur un pont de pierre, le paysage change déjà, et à l'entrée de la vallée Léventine, le printemps, paré de tous ses charmes, succède aux rigueurs de l'hiver. On jouit avec délices de ce contraste subit. L'œil embrasse à la fois de vastes prairies, d'épaisses forêts, des chalets élevés et de nombreux villages groupés sur les deux rives du Tessin. Sans cesse augmenté par l'écoulement des ruisseaux et des petits lacs des Alpes supérieures, tantôt il s'échappe d'une cavité profonde, tantôt il franchit les parois de rochers qui le resserrent et que couvre son écume argentée, ou quelquefois il coule paisiblement sous l'ombrage des peupliers qui le bordent. A droite s'ouvre la sévère vallée de Bedretto, et paraît la cime neigeuse du Fibio.

TESSIN.

La vallée Léventine. — Le val Blégno.

Après avoir franchi le Saint-Gothard, le premier village de la Léventine est Airolo. Ici déjà on ressent l'influence du climat d'Italie. La chaleur est même excessive dans le fond de la vallée. Au-dessous d'Airolo, le bruyant Tessin coule à travers d'énormes blocs de rochers, qu'il semble avoir séparés pour se faire un lit. La chaussée traverse une espèce de caverne humide, au-delà de laquelle est une jolie chapelle entourée d'un bouquet d'arbres épais qui semblent inviter le voyageur à venir se reposer sous leur ombrage. Dazio et Faido sont situés plus loin. La Léventine reçoit ici un nouveau charme des superbes châtaigniers dont les bosquets revêtent les pentes des collines d'une verdure ondoyante. Les sapins disparaissent, et les cimes des monts ne sont plus blanchies par les frimas. Sur des plateaux de rochers on aperçoit quelques jolis villages, entre lesquels se distingue Calonico et son site romantique. Vient ensuite le bourg de Giornico, entouré de cimes escarpées et s'élevant sur les deux rives du Tessin, qu'un pont de pierre joint l'une à l'autre. Ses maisons à toits plats et ses tours gothiques semblent se perdre au milieu de châtaigniers et de coudriers épais. Le dernier village de la vallée Léventine est Poleggio. Partout sur la route de belles treilles offrent leur abri contre la chaleur et d'excellens raisins dans la saison. Un torrent qui vient encore grossir le Tessin marque la séparation du val Léventin et du val de Blégno. Des alpes très-escarpées séparent ce dernier des hautes vallées Rhétiennes. Non loin du pont de Biasca, les parois d'une montagne s'élèvent à pic. Les immenses décombres accumulés à leur base attestent que la majeure partie de cette montagne s'est écroulée jadis. C'est ainsi que le temps change la face de la nature, et que les blocs détachés des hauteurs viennent former de nouvelles collines dans les vallées. En général, l'habitant de ces contrées alpestres s'inquiète peu de ces désordres; il place hardiment son toit fragile sur les flancs d'un roc ruineux, ou sur les bords d'un torrent menaçant, et peu inquiet sur son avenir, il vit au jour le jour sans jamais penser au lendemain.

Au-delà d'une plage sablonneuse, on rencontre l'hôtellerie d'Osogna. A en juger par l'extérieur des habitations de cette vallée, on croirait y trou-

Supplice de Jean Hus.

ver de la fraîcheur; il n'en est rien. Les cours des auberges sont, il est vrai, entourées de galeries ouvertes; mais à peine a-t-on mis le pied dans la *Stanza* (salle commune), qu'on y respire un air étouffé et suffocant. On n'y trouve en général d'autres meubles qu'une table vermoulue et des bancs chancelans. On doit attribuer cette indifférence pour le bien-être intérieur à la coutume qu'ont ici les habitans de vivre habituellement en plein air, et de ne rentrer dans leurs maisons que lorsque la nuit est venue, ou que le mauvais temps les y oblige. Un peu au-delà d'Osogna, la vallée s'incline mollement, les collines sont peuplées de hameaux. Le pittoresque monastère de Claro attire les regards vers ses nombreuses cellules, dont les étroites fenêtres dominent le plus riant paysage. On entend le rossignol chanter, caché sous des buissons épais de romarin, et la fauvette semble lui répondre en voltigeant sur les rives du Tessin. Après avoir passé la Moesa sur un beau pont, on découvre les gothiques fortifications de la ville de Bellinzone, au-delà de laquelle s'ouvre une longue vallée arrosée par le Tessin, qui devient de plus en plus tranquille à mesure qu'il s'approche du lac Majeur.

Le Saint-Bernardin. — Le Splugen.

En sortant de Bellinzone, on entre dans le val de Misocco. C'est là que commence la nouvelle route du Saint-Bernardin, qui, après s'être élevée en pentes douces au moyen de quinze rampes successives, s'en va, en longeant la vallée, aboutir à un beau pont bâti récemment sur le Rhin. Ce fleuve est déjà ici capricieux, et il a fallu construire une forte digue le long de ses bords pour le forcer à passer sous le pont. Si la route exécutée à travers le Splugen a été conçue par le génie militaire, c'est l'esprit d'un ami de sa patrie et de l'humanité qui semble avoir tracé le plan des travaux du Bernardin, et créé, dans l'unique but de favoriser le commerce et de rendre les communications plus faciles, le chemin de Chiavenna à Coire, à travers les gorges étroites et escarpées de la Rofla et les abîmes de la Viamala.

Le village du Splugen est situé au point où la route de ce nom se joint à celle du Bernardin. Le commerce de transport occupe ici toute la population. Tout paysan qui possède un cheval, un mulet ou une vache, se fait voiturier, ce qui est une grande ressource pour ces pauvres montagnards, dont le pays ne produit que du foin qui s'y consomme, et des planches qu'on exporte en Italie.

ARGOVIE.

Le château de Hapsbourg. — Le Champ du Roi. — Les bains de Baden. — Le lac de Zurich.

Le château de Hapsbourg est bâti sur une colline escarpée; son aspect n'a rien d'imposant, rien qui émeuve l'imagination. Si l'histoire n'était là pour immortaliser ces vieux débris, on n'éprouverait guère que de la fatigue pour y arriver, car le sentier qui y mène est assez rude. Ses murs extérieurs n'ont pour eux que leur vétusté, mais cette vétusté saisit vivement l'âme, en lui rappelant les grandes révolutions dont ils ont été témoins, cette suite d'empereurs qu'ils abritèrent, et dont la puissance a duré moins long-temps que de simples pierres.

Le château de Hapsbourg fut jadis la retraite d'oiseaux de proie qui vinrent y construire leur nid. Des pâtres chassèrent un moment ces hôtes importuns, prirent possession des vieilles ruines, et y campèrent avec leurs troupeaux. Alors toutes les distributions primitives furent changées; on eût dit que ces maîtres nouveaux n'attachaient aucun prix à placer leurs grabats là où avait été élevée la couche ducale. Ils se hâtèrent d'abandonner cette demeure royale, où rentrèrent alors les aigles qu'ils en avaient chassés, et qu'aujourd'hui les pas du voyageur troublent seuls dans cette solitude.

Rien n'est changé autour du château. Les mêmes cabanes, réunies sous le nom de village de Hapsbourg, renferment encore les dépendances des anciens vassaux des comtes de ce nom; seulement le temps les a fait libres. Des vignes, des jardins, une forêt, ont remplacé les ouvrages avancés de la forteresse, et s'étendent jusqu'au pied de ses ruines, auxquelles ils prêtent un aspect moins triste. Demeure des empereurs, abri des bergers, retraite des oiseaux de proie, le château de Hapsbourg n'a plus rien qui puisse arrêter le voyageur.

La petite ville de Brugg n'a rien de remarquable que le pont sur l'Aar qui lui donne son nom. En avançant, on ne tarde pas à rencontrer un endroit fameux dans les annales suisses, le *Champ du Roi*, où Albert d'Autriche fut assassiné par son neveu, abandonné par les seigneurs de sa suite, et secouru, à son dernier moment, par une jeune paysanne, dans les bras de laquelle il expira le 1er mai 1308. Sa veuve Élisabeth et sa fille Agnès fondèrent l'abbaye de Kœnigsfelden, et le principal autel de l'église fut élevé sur la place même où l'empereur cessa de vivre. Des mausolées, des inscriptions, consacrèrent la douleur vindicative de ces deux femmes, qui confondirent les innocens avec les coupables dans leurs cruelles proscriptions. Elles y furent plus tard inhumées l'une et l'autre, ainsi que les deux Léopold d'Autriche, que les Suisses avaient vaincus à Morgarten et à Sempach. Ces écus antiques, ces vitraux qui représentent des actions de la vie des deux reines, tous ces monumens de vengeance, de deuil et de gloire, méritent d'être visités; mais les ossemens royaux n'y sont plus: en 1770, l'impératrice Marie-Thérèse les a réclamés, et ils reposent aujourd'hui dans des tombeaux somptueux, élevés par ses soins dans leur patrie.

Quand on a passé les eaux impétueuses de la Reuss, un peu au-dessus de sa jonction avec l'Aar, il faut se retourner et jeter un coup d'œil sur le village de Windisch. C'était là que s'élevait, au temps des Romains, l'ancienne Vindonissa, l'un des boulevards de l'Empire contre les Germains. Le pampre recouvre aujourd'hui les vestiges de l'enceinte, presque effacée, qu'occupait cette ville importante, qui fut pillée, brûlée, saccagée à deux ou trois reprises, et renversée de fond en comble. On moissonne, on vendange sur l'emplacement qu'occupaient jadis ses principales rues, et la mousse et le lierre dérobent au regard le nom de Vespasien, qu'on y lisait naguère sur une inscription. L'an 71, Cécinna, général de Vitellius, battit dans son voisinage les Helvétiens qui refusèrent d'obéir à cet empereur, courut de là porter le fer et le feu dans Avenches et n'éteignit sa colère que dans le sang de Julius Alpinus, dont la malheureuse fille a transmis sa douleur jusqu'à nos jours par une si touchante épitaphe. Ce fut encore non loin de Windisch, qu'en 298, Constance Chlore tailla en pièces une armée nombreuse et retarda de quelque temps l'irruption des Allemands sur les provinces voisines du Rhin. Que de sang versé dans ces belles plaines! Il fallait bien toute l'eau qui y passe pour en faire disparaître les traces. C'est ici le rendez-vous de trois rivières larges et profondes, l'Aar, la Reuss et la Limmat, qui, un peu plus loin, vont grossir le Rhin du tribut de leurs ondes réunies, et y verser le superflu des lacs de Wallenstadt, de Zürich, des Quatre-Cantons, de Zug, de Sempach, d'Halwyl, de Brientz, de Thoun, de Neuchâtel, de Bienne et de Morat. Vu d'une colline voisine, ce labyrinthe de fleuves sinueux, dont on a peine à démêler les traces, presque confondues dans leurs rapprochemens, n'est pas une des moins grandes beautés de cette intéressante contrée.

Parvenu sur la rive opposée de la Reuss, on suit une route agréable, non loin de la Limmat.

La vue des coteaux chargés de vignes dont cette rivière borde le pied, une multitude de petites vallées voisines, offrent aux regards une singulière variété dans le paysage. C'est au village de Gebisdorf (*Gabinii Villa*), que les curieux peuvent lire une inscription romaine, érigée en l'honneur d'un célèbre médecin de la XXIe légion. C'est un heureux présage pour les malades qui vont chercher la santé à Baden. C'est sans doute à ses eaux bienfaisantes que cette ville doit son existence dans un lieu retiré et escarpé. En la parcourant, on est surpris que Montaigne, dans le Journal de ses voyages, la trouve belle et bien bâtie. Il faut qu'elle ait bien changé depuis l'époque où l'on admirait les peintures, les devises et les curieux vitraux de ses gothiques édifices. Son château, qui domine la ville, déjà vieux du temps de Galba, tombe en ruines. On voit à Zürich une inscription en l'honneur du Mercure Marmus qu'on a trouvée à Baden, et qui a fort tourmenté les antiquaires, et certes il y avait de quoi: car, outre le nom du Dieu, il ne reste sur le marbre que quelques lettres éparses.

Le Pogge, qui fut successivement secrétaire de huit papes, puis chancelier de Florence, visita en 1416 les bains de Baden, d'où il écrivit à son ami Léonard d'Arezzo une lettre imprimée en latin dans les œuvres d'Æneas Sylvius (*Nuremberg*, 1497), morceau plein d'originalité et auquel Muller a emprunté plusieurs pages de son tableau des mœurs nationales helvétiques au commencement du XVe siècle. Voici quelques fragmens de cette épître peu connue.

« Je t'écris celle-ci de certains bains où, étant allé à l'aventure, j'ai trouvé la guérison de mes membres malades: j'en conclus qu'il vaut la peine de te décrire leur situation, les plaisirs qu'on y goûte, les mœurs de ceux qui les fréquentent et leur manière d'en user. Avant que de t'entretenir de ces bains, je te parlerai de la route qui y mène de Constance, pour que tu voies dans quel pays ils sont situés. Le premier jour, je vins en bateau par le Rhin à Schaffhouse, qui est à vingt-quatre milles de Constance; puis à cause des cataractes de ce fleuve à travers des rochers escarpés et de la rapidité de son cours, je cheminai à pied jusqu'à Kaiserstühl: cette ville, dont le nom allemand signifie le *siège de César*, l'a pris, je crois, de sa situation avantageuse sur une colline qui domine le Rhin: les Romains y ont eu autrefois une station militaire. Nous admirâmes sur cette route le *saut du Rhin*, qui tombe d'une montagne entre des écueils, avec un tel fracas, qu'on dirait qu'il se plaint de sa chute. A ce spectacle, je me rappelai ce qu'on raconte des cataractes d'Égypte, et je ne m'étonne plus que les habitans du voisinage deviennent sourds, comme on l'assure, par le bruit épouvantable de ces eaux bruyantes. Ici le Rhin ressemble au Nil par la terreur qu'il inspire et l'assourdissement qu'il cause à plus de quatre cents pas de distance. On découvre ensuite la ville assez considérable des bains (Baden). Elle s'élève dans une vallée, entre de hautes collines, près d'une rivière d'une étonnante rapidité, qui, deux lieues plus bas, se jette dans le Rhin. A six cents pas de la ville, au bord de la Limmat, sont situés les bains. Ce sont de beaux bâtimens tous placés autour d'une vaste cour centrale, et habités par la foule des baigneurs qui s'y rendent de divers lieux. Chaque maison a dans son intérieur un bain à l'usage seul des hôtes qui y logent. Il y a des bains particuliers et des bains publics. Ces derniers sont en plein air, des deux côtés de la cour centrale; c'est le lavoir du bas peuple, où les hommes, les femmes, les jeunes garçons et les jeunes filles descendent en foule : une mince barrière, dont la fragilité annonce qu'elle n'est faite que pour des personnes très-pacifiques, sépare les deux sexes. Il est plus que plaisant de voir de vieilles décrépites et de jolies adolescentes entrer sans aucun voile dans ces eaux, sous les yeux d'une multitude de spectateurs : j'ai ri plus d'une fois de ce singulier spectacle, qui me rappelait les jeux floraux, et j'ai admiré la simplicité de gens qui ne s'arrêtent point à regarder ces baigneurs en état de pure nature, ou qui, n'y voyant point de mal, ne s'avisent jamais d'en faire de mauvaises plaisanteries. Les bains particuliers à chaque hôtel sont très-propres et communs aux hommes et aux femmes. Une cloison, il est vrai, les partage en deux; mais cette cloison est percée de plusieurs petits guichets par lesquels ils peuvent se voir, se parler, et faire collation ensemble, comme c'est généralement l'usage entre eux. Tout autour de l'hôtel sont des galeries couvertes, qui servent de promenoirs, où l'on se rend afin de se voir et de faire la conversation : il est permis à chacun d'entrer et de rester dans les cabinets de bain, pour visiter les baigneurs et causer avec eux. Les femmes ne se gênent point; elles entrent au bain, elles en sortent devant ces témoins, sans trop s'inquiéter de leur toilette : aucune servante n'empêche de les approcher; aucune porte ne se ferme sur elles; aucun soupçon n'y aperçoit quelque chose d'immodeste; dans plusieurs hôtels la même porte sert aux baigneurs et aux baigneuses, et il arrive souvent que les uns et les autres se rencontrent et se croisent dans le plus grand négligé. Les hommes se contentent d'un long pantalon, les femmes s'enveloppent d'une espèce de chemise de toile de lin, ouverte sur les côtés, qui ne couvre ni les bras ni le col : on mange et on boit ensemble dans le même bain sur une table qui surnage. Les étrangers même sont priés à ces sortes de collations.

« Entre les nombreux amusemens de Baden, la promenade n'est pas un des moins intéressans. Non loin des bains, une grande prairie ombragée de plusieurs arbres s'étend au bord de la rivière ; c'est là qu'on se rassemble en foule après le souper, pour jouer à divers jeux : les uns dansent, les autres chantent; la plupart jouent à *la paume*, les hommes et les femmes ensemble : c'est un ballon garni de grelots, qu'un des joueurs jette à celle qu'il aime le mieux ; alors tous courent pour le saisir ; celui qui peut le prendre passe pour le plus adroit, et le jette à son tour à qui il lui plaît : comme tous l'attendent les mains tendues, il fait mine de le jeter à l'un, et soudain il le dirige vers un autre. Ils ont encore plusieurs autres amusemens qu'il serait trop long de détailler. Ce que je t'en dis suffira pour te prouver que c'est aux bains de Baden qu'il faut chercher la véritable école de la secte d'Épicure. Je crois être quelquefois dans ce jardin délicieux d'Éden, où le premier homme fut placé : car si le plaisir fait le bonheur; je ne vois pas ce qui manque ici pour y jouir de la félicité la plus entière et la plus parfaite. Tu me demanderas quelle est la vertu des eaux de Baden, et je te répondrai qu'elles en ont plusieurs ; mais une, entr'autres, si admirable, que je l'appellerais presque divine : c'est qu'il n'y a nulle autre part au monde des bains aussi favorables à la fécondité : aussi les femmes stériles s'y rendent de toutes parts, et en ressentent les plus heureux effets, pourvu qu'elles observent le régime et les règles que la médecine leur prescrit. »

Il ne faut pas quitter Baden sans avoir visité deux endroits remarquables, le champ de bataille de Dattwyl et le couvent de Wettingen, l'un et l'autre dans son voisinage. A Dattwyl, l'an 1351, 1,200 Züricois, surpris dans une embuscade au fond d'un défilé par 4,000 Autrichiens, les battent complètement, rapportent en triomphe six bannières et soixante-cinq casques couronnés, et placent cette journée parmi les plus beaux faits d'armes de leur pays. Le bourgmestre Braun se couvrit d'une honte éternelle, en les abandonnant dès le commencement du combat, et ce fut Roger Mannès qui prit le commandement à sa place. Wettingen est nommée dans les actes du temps l'*Étoile de la mer*, parce que Henri, comte de Rapperschwyl, fonda cette abbaye l'an 1227, en mémoire d'une étoile miraculeuse qui lui apparut, dit-on, en plein jour, pendant une tempête et le guida comme il revenait de la Terre-Sainte. On conserve dans la bibliothèque de Wettingen plusieurs anciens manuscrits fort curieux, et des médailles romaines, trouvées dans les environs. Les vitraux de l'église sont superbes.

Deux chemins conduisent de Baden à Zürich, l'un sur la droite, et l'autre sur la gauche de la Limmat. Le premier doit être préféré; c'est le plus gai, le plus pittoresque. Ici tout annonce l'abondance, tout invite à la joie, excepté le costume noir des paysannes, qu'on croirait en deuil. Ce costume contraste d'une manière lugubre avec l'aspect si beau, si riant, de cette heureuse contrée.

Peu à peu on découvre les hautes tours de Zürich. On cherche son beau lac, qui ne se laisse voir qu'aux approches de la ville; la campagne qu'on traverse est superbe. Non loin du courant de Farh, sont les ruines de la forteresse de Glantzenberg détruite en 1268 par Rodolphe de Hapsbourg.

Depuis le beau village de Hongg jusqu'aux portes de Zürich, on rencontre une foule de jolies maisons de campagne. Le lac se développe bientôt, la Limmat s'en détache avec rapidité, et forme une courbe gracieuse, bordée par deux chaines de monts qui se perdent dans une dégradation lointaine et vont se confondre avec l'horizon.

Les rives du lac de Zürich forment une des contrées les plus belles et les plus intéressantes de la Suisse. Nulle part la nature ne se montre sous des formes aussi gracieuses et aussi douces, jointes à une culture et à une population aussi florissante que sur ces bords enchantés. Les stations les plus avantageuses pour jouir de l'aspect de la ville et des contrées supérieures du côté de Rapperschwyl, se trouvent entre les villages de Thalwyl et de Herrliberg, et entre Oberrieden et Meilen, au milieu du lac. C'est là qu'on admire dans toute sa beauté l'ensemble magnifique de ces rives délicieuses, ainsi que des collines, des montagnes et des Alpes qui en forment le cadre. Plus on s'éloigne de la ville, et plus le paysage devient riant. Le second bassin, qui s'étend entre Stæfa, Richtenschwyl et Rapperschwyl, et forme la partie la plus large du lac, est d'une magnificence inexprimable. Les sommités neigées du *Glarnisch*, qui s'élève au-dessus des montagnes boisées, y produisent un effet extraordinaire.

THURGOVIE.
GOTTLIEBEN. — JEAN HUS.

On ne saurait traverser le canton de Thurgovie sans s'arrêter à Gottlieben et sans visiter le lieu qui fut témoin du supplice de Jean Hus. Deux poteaux de bois élevés au milieu d'un champ voisin du village marquent encore la place où fut exécutée la sentence prononcée par le concile de Constance. Voici les dernières scènes de ce drame sanglant.

« (1) On fit lecture de la sentence.... Lorsque l'évêque prononça ces paroles : « Comme il est clair que Jean Hus est opiniâtre, incorrigible . . . . — Je le nie, je le nie, » répéta Hus, et l'évêque acheva.

Quand il eut terminé, Jean Hus s'écria : « Mon Dieu! je vous prends à témoin de mon innocence! Pères du concile, vous allez brûler un oison (faisant allusion au nom qu'il portait); mais dans cent ans, s'élèvera de mes cendres un cygne que vous tenterez en vain de faire mourir. » La majesté du lieu saint fut alors troublée par des ris et des murmures.

Les évêques chargés de dégrader l'accusé ordonnèrent qu'on le revêtit des habits sacerdotaux. On lui mit d'abord l'aube, puis on plaça dans ses mains un calice, et les évêques lui dirent : « Jean Hus, rétractez-vous, au nom de votre salut éternel. — Non, non! peuple de Constance, je ne te scandaliserai pas par une rétractation impie, dérisoire; je suis innocent! — Judas, maudit de Dieu, dirent les évêques, en lui ôtant le calice de paix, nous t'arrachons ce calice qui contient le sang de Jésus-Christ. — J'espère de la miséricorde de Dieu qu'aujourd'hui même je le boirai dans le royaume éternel, » reprit Jean Hus.

On le coiffa ensuite d'une mitre de papier, sur laquelle étaient peintes des figures de démons. Sur une des faces on lisait, en gros caractères : *Hérésiarque*.

Jean Hus inclina la tête et dit à haute voix : « Cette couronne d'opprobre, je la porte avec joie pour l'amour de celui qui en a porté une d'épines. — Nous dévouons ton âme au démon, reprirent les évêques. — Et moi, dit Jean Hus, je la recommande au Dieu de miséricorde. »

Alors on entendit, dans le lointain, une voix qui cria : « Le sacré synode déclare que Jean Hus sera livré au bras séculier. — Électeur palatin, dit Sigismond, remettez Jean Hus entre les mains de la justice. — Magistrats de Constance, où êtes-vous? dit l'exécuteur, voilà Jean Hus que je vous remets. — Exécuteur, dit le magistrat, voilà Jean

---
(1) L'Ermite en Suisse.

Hus; tu le brûleras avec ses habits, sa ceinture, son couteau, sa bourse, sans lui ôter un denier; mais attends que le concile ait terminé sa séance. » L'exécuteur fit signe à ses valets, qui allèrent préparer tout ce qui était nécessaire pour le supplice. Quand la séance fut terminée, le bourreau donna le signal du départ.

Jean Hus ouvrait la marche funèbre. Il était à pied, les mains libres, au milieu de quatre archers, ayant à ses côtés deux officiers de l'électeur palatin. Venaient ensuite les princes de l'Empire, les grands seigneurs et leurs nombreux écuyers, puis les soldats à pied et à cheval, au nombre de près de mille, vêtus de leurs vêtemens de guerre, enseignes déployées; enfin un peuple immense d'hommes et de femmes qui criaient : Jean Hus! Jean Hus! et se précipitaient jusque sous les pieds des chevaux pour voir le prisonnier. Un moment cette multitude confuse rompit les lignes des soldats et arriva jusqu'au condamné.

On resta près d'une heure et demie en marche; enfin on atteignit le dernier terme de ce lugubre voyage. Les valets du bourreau travaillaient encore aux apprêts du supplice. On s'arrêta sur une espèce de champ très-vaste, alors stérile, et qu'on a depuis rendu fécond. Au milieu était le bûcher, à peu près où s'élèvent maintenant deux poteaux de bois, sur la route de Constance à Zürich, à quelques minutes de distance de la première ville. Cependant Jean Hus, la face humiliée, priait et élevait son âme à Dieu. Quelqu'un lui dit : « Jean Hus, voulez-vous un confesseur? » Il inclina la tête. Alors un prêtre, vêtu d'un juste-au-corps vert doublé d'écarlate, et monté sur un cheval fringant, s'avança, et, d'une voix tonnante, s'écria : « Point de confesseur à l'hérétique, » mais sa voix ne fut point écoutée.

Un prêtre de Constance, nommé Ulrich Sclorand, s'approcha de Jean Hus : « Me voici, dit-il, je suis prêt, si vous renoncez à vos erreurs, à vous donner l'absolution ; mais vous connaissez les lois de l'Église; si vous persistez dans votre opiniâtreté, je ne puis vous entendre. Vous savez qu'un hérétique ne peut ni administrer ni recevoir les sacremens de l'Église. — En ce cas, dit Jean Hus, je mourrai sans vous. » Il allait se tourner vers la multitude pour lui adresser un dernier adieu; mais l'électeur palatin cria aux bourreaux : « Faites votre devoir! » Les bourreaux saisirent le patient et l'attachèrent au bûcher, puis l'un d'eux prit une torche qu'il secoua fortement, et il étendit le bras..... Mais, en ce moment, l'électeur palatin, accompagné du comte d'Appenheim, maréchal de l'Empire, s'avança vers Jean Hus, faisant signe qu'il voulait parler.

Le bourreau abaissa la torche enflammée.

« Jean Hus, dit l'électeur, au nom de votre salut éternel, rétractez-vous. — Tout ce que j'ai écrit et enseigné, je le scelle en ce jour de mon sang... » Et il se remit à prier.

Le bourreau souleva la torche et mit le feu au bûcher. Un tourbillon de fumée enveloppa aussitôt le patient, le bûcher et le lieu du supplice. Pendant près d'une minute, le peuple ne vit rien ; on entendait seulement la voix du prêtre qui chantait des cantiques; mais un coup de vent dissipa bientôt ces épaisses vapeurs, et l'on aperçut une masse noire comme du charbon, compacte, informe, s'agiter, rouler,... et retomber aussitôt.

Un des soldats, quand la flamme s'éteignit, frappa de sa lance cette masse, et s'écria : « Voilà le corps de Jean Hus! » Puis toute la multitude s'écoula. Il ne resta que les enfans, qui se mirent à jouer avec les cendres du mort.

FRIBOURG.

Les Alpes Fribourgeoises.

En quittant le sommet du Patrachon, on laisse à gauche, en descendant, le chalet de Breminga, pour gagner celui des Hautes-Combes. Un roc voisin, où l'on prétend voir l'empreinte d'un pied, s'appelle le *Pas du moine*. Les vachers ont grand soin de régaler d'une belle histoire les curieux qui s'arrêtent ici ; mais la fameuse empreinte ne paraît être autre chose qu'un jeu de la nature dans des rochers où l'on distingue d'ailleurs quantité de bélemnites, de cornes d'ammon et d'autres corps marins pétrifiés. On arrive ensuite sur la rive méridionale du joli lac Domaine, et l'on peut y faire une station, grâce à l'établissement des bains, maison vaste et commodément distribuée où l'on rencontre presque toujours dans la saison un grand nombre d'étrangers et la société la plus agréable.

Du lac Domaine on peut se diriger sur le *Riggisalp* et le *Gaissalp*, belles et vastes montagnes contiguës, et couvertes d'un grand nombre de chalets. Le Riggisalp a quelques vastes étangs naturels où les troupeaux se désaltèrent, et que les bergers décorent avec complaisance du nom de lacs.

Le pied du Gaissereck est couvert de rosage velu (*Rhododendron hirsutum*), et à sa cime on rencontre les plantes les plus rares : le turbith des montagnes (*Athamanta libanotis*), la drave ciliaire, l'anémone printanière, la fétuque améthyste, etc. Du Gaissereck on atteint aisément le Kühboden; du Kühboden on descend au milieu d'un vallon désert, et peu après on entre dans le village de Bellegarde, chef-lieu d'une petite contrée Alpestre bordée par un long rempart de rochers très-élevés. Pendant plusieurs mois d'hiver cette vallée ne peut communiquer qu'avec Charmey, et se trouve absolument séparée de ses voisins les habitans du Simmenthal, par l'énorme quantité de neige qui couvre les monts intermédiaires. Vis-à-vis de l'auberge jaillit d'un rocher une magnifique cascade, et sur un roc élevé, situé non loin de là, on voit encore les ruines du château des seigneurs de Bellegarde, détruit en 1407 par les milices de l'Oberland.

Après avoir passé la Ionne sur un pont de bois, on se trouve au pied des montagnes des *Chattalets* (Sattel), remarquables par de vastes éboulemens de rochers et une nature qui tend à revêtir d'autres formes. Sur la dernière de ces montagnes on trouve une source fréquentée par les chamois et par les chasseurs ; elle s'échappe du pied d'un banc de schiste argileux auquel une dissolution de fer donne une teinte rougeâtre. En été les chamois accourent par troupes pour boire cette eau dont ils sont fort avides. Au-delà s'étendent les riches pâturages du Petit-Mont, dominés par une chaîne de rochers qui sépare le canton de Fribourg de celui de Berne. Sur l'autre côté, le Petit-Mont s'appuie seul contre le vaste massif d'Hohmatt, dont le chalet le plus élevé des Alpes fribourgeoises couronne le sommet. De là, la vue est superbe ; mais l'approche des pâturages voisins est si dangereuse, qu'on est obligé d'y garder le bétail nuit et jour, de peur que les vaches ne se précipitent au fond de quelques abîmes. La mythologie des Alpes a placé ici plusieurs de ses scènes naïves. Dans le vieux temps, disent les bergers, il y avait sur le Hohmatt un de ces esprits familiers nommé Servans, qui protégeait les troupeaux et les gardait d'accidens pendant la nuit. Chaque jour un des pâtres du chalet déposait sur le toit un baquet plein de crème, qu'on trouvait vide le lendemain. Or, il arriva qu'un jour au lieu de remplir le baquet de crème douce, le malin vacher, qui était un esprit fort, y mit tout autre chose, « plus, mais non mieux sentant que rose, » selon l'expression du jovial curé de Meudon ; le servant, très-offensé de cette mauvaise plaisanterie, cria pendant la nuit aux bergers d'aller aiguiser leur couteaux, parce que plusieurs vaches venaient de tomber dans les précipices ; et dès-lors il ne reparut plus.

Tous les pâturages du Petit-Mont sont excellens, à l'exception d'un bas fond très-marécageux qui jadis, dit-on, était un lac. Ce lac mina, avec le temps, les parois de rocher qui le contenaient ; et l'écoulement des eaux forma le *Rio du mont*, ruisseau peuplé d'un nombre considérable de petites truites très-délicates. Partout dans ces hautes contrées les bergers invitent les étrangers à entrer dans les chalets et à s'y régaler avec de la crème fraîche ou leurs meilleurs fromages. Cette coutume hospitalière vient des Celtes, qui voulaient qu'on donnât à manger à quiconque se présentait près de leurs habitations. En continuant la route, on trouve à deux lieues plus loin les Mortais, sur la frontière des cantons de Fribourg et de Vaud. C'est dans ces fertiles montagnes surtout, où la crème est d'un goût et d'un parfum délicieux, que se fabrique le fromage le plus gras et le plus délicat de toute la Gruyère.

Les Mortais sont le rendez-vous des chasseurs qui viennent en été y relancer les chamois cachés dans les angles de rocher, où la neige ne fond jamais. Ils y trouvent aussi en abondance le lièvre blanc, *l'orbanne* ou la perdrix des neiges, et le petit coq de bruyère. Si cette enceinte d'alpes escarpées est précieuse au chasseur, elle ne l'est pas moins au botaniste, qui y rencontre les plantes les plus rares et quelques-unes mêmes qui semblent n'appartenir qu'à la région des glaciers. Du chalet supérieur, l'œil embrasse l'une des plus charmantes perspectives des Alpes fribourgeoises. On domine la haute Gruyère gracieusement sillonnée par le cours de la Sarine ; on peut compter chacun de ses nombreux villages ; et les tours antiques du château de Gruyère rappellent ses anciens comtes si bons, si généreux, si braves.

Des pâturages inférieurs on descend par Bonnavalette au village de Grandvillard bâti sur deux lignes entre lesquelles court un torrent, dont les débordemens causent quelquefois des dommages considérables ; de là, le chemin conduit à un beau pont de pierre sur la Sarine, qui baigne toute la Gruyère, mais qui est trop souvent une voisine dangereuse. Cette vallée, peu large, est très-pittoresque, bien cultivée et semée de beaux villages ; le mont *Lévi de Nérive*, qui domine le joli village de ce nom, mérite d'être visité. Parvenu à son sommet la vue dont on jouit est admirable. Pour y parvenir, on suit un sentier étroit, difficile, pratiqué sur les flancs d'un rocher ruineux au-dessus de nombreux précipices au fond desquels mugit la bruyante Nérive. Le voyageur ne se hasarde pas, sans quelque crainte, dans ce chemin scabreux. A son extrémité, on trouve deux sentiers dont l'un mène aux montagnes *d'Albeuve*, que décorent des bosquets de Cytise des Alpes, et l'autre se dirige sur les pâturages de Villars-sur-Mont.

APPENZELL ET SAINT-GALL.

LE LAC DE WALLENSTADT-ENSIELDEN. — LE WILD-
KIRCHLEIN. — LE KAMOR. — L'ABBAYE DE SAINT-
GALL.

On ne saurait donner qu'une idée bien imparfaite du canton d'Appenzell dans une froide description, quelles qu'en soient d'ailleurs l'étendue et l'exactitude. Il faut appeler le dessinateur à son aide, si l'on veut faire connaître tout ce que ce pays intéressant renferme de curieux et de pittoresque : des torrens fougueux, des ruisseaux limpides, des bois touffus, d'âpres rochers, des antres sauvages, de riches vergers, chargés de fruits et tapissés de verdure et de fleurs, des sommets élevés couverts de sapins, voilà ce qu'on rencontre à chaque pas dans cette merveilleuse contrée.

C'est une jolie excursion à faire que celle de Saint-Gall à Appenzell. On traverse les sites les plus rians ; les champs qui vous entourent sont coupés de ruisseaux, de sentiers tortueux, de bosquets ombragés de nombreux arbrisseaux ; le silence vous accompagne et n'est interrompu que par le bruit éloigné de torrens, la marche des troupeaux et le chant des bergers regagnant la plaine.

La nature dans cette contrée est si grande, si belle ; elle présente des tableaux si variés ! qu'on s'imagine un vaste horizon fermé par des pics nombreux, de vertes collines, à différentes profondeurs, d'élévations et de formes diverses, semées de maisons isolées, de bourgs, de clochers, que des bois de sapins entourent de tous côtés. Voilà, en été, une des mille vues de l'Appenzell, pays impraticable en hiver, où toute communication y est interdite comme dans la Norwège ou la Laponie.

On s'éloigne à regret du lac de Wallenstadt. Laken est situé sur les bords du lac de Zürich, dans une position riante. De ce joli village à Ensieldeln, le chemin est pénible : on traverse de vastes forêts où le sapin domine, et des collines couvertes d'herbes, de fleurs et de troupeaux. Une foule de pèlerins suivent cette route chaque année. On monte environné de nuages épais ; un brouillard noirâtre vous entoure, mais bientôt ces vapeurs disparaissent devant la lumière du jour. Une mer de nuages, sans borne, légèrement ondée, s'étend sous vos yeux ; une multitude d'îles la dominent : ce sont les sommets élevés de tous les pics helvétiques. Zürich, son lac, les champs de Schwitz et de Glaris ont disparu ; c'est un monde nouveau planant sur l'ancien monde. Ici c'est un sommet à pic et dépouillé ; là des cônes chargés d'arbres et de verdure ; plus loin des glaciers éclairés par un soleil brûlant ; l'or et la pourpre les entourent ; une teinte rosée règne sur cette mer immense, mobile, sublime. Le ciel est pur et sans nuages ; les monts de l'Engelberg. Le Mittenen, les sommets du Rigi, du mont Pilate, et les glaciers de Glaris, semblent comme encadrer le vaste tapis vert sur lequel s'élèvent les bâtimens de l'abbaye, qui sont vastes et d'une assez bonne architecture ; l'effet en est imposant et noble. Des pyramides, des dômes, des clochers, les dominent. Tous ces objets sont surmontés par des collines élevées, ombragées de sapins. Dans le lointain on aperçoit les sommets de hautes montagnes couvertes de glaces et de neiges ; la plaine est peu boisée. A voir l'affluence des pèlerins qui visitent ce lieu sacré, on se croirait au milieu d'une capitale, et l'on est au sommet d'un mont élevé, dans la plus vaste solitude, dans le plus aride désert.

La chapelle des rochers *Wildkirchlein* est le but d'une promenade qui n'offre aucun danger, qu'on peut faire d'Appenzell en un jour à pied, sans fatigue, et qui présente des aspects variés et antiques. C'est d'abord Wissbad et ses pittoresques escarpemens, puis Im-Æscher, cabane encaissée entre des rochers, ensuite un pont de bois, jeté sur un précipice et assis sur des rocs de la hauteur de plusieurs centaines de pieds. C'est là qu'il faut s'arrêter, prendre ses crayons et esquisser les points de vue qui s'offrent de tous côtés. Le tableau est tout fait, on n'a besoin que de copier. Au sud, sont : la See-Alp, qui semble entourée par un ruban d'argent, formé par les eaux d'un petit lac et par celles de la Sitter, et l'Eben-Alp, qui couronne ce premier plan ; au fond de la vallée, est le *Hoch-Kasten*, qui s'élève majestueusement ; en face, les rochers de Marins, qui dominent les cinq têtes menaçantes du *Clockerne*. On atteint bientôt le *Wildkirchlein*, où habite une famille de paysans. Derrière la chapelle, s'ouvre une grotte dans le rocher, dont les parois sont couvertes de *lait de montagnes*, et dans laquelle est un autel où se rendent, dans la belle saison, une foule de pèlerins. La vue que l'on a d'une fenêtre pratiquée dans cette caverne est magnifique.

Une ascension sur le Kamor ne saurait être trop recommandée aux voyageurs. Si l'on veut jouir d'un beau spectacle, il faut partir d'Appenzell dans l'après-midi, et passer la nuit dans un des chalets du Kamor-Inférieur. On parvient avant le jour au *Hoch-Kasten*, qui s'élève à 5,540 pieds au-dessus de la mer, et au sommet duquel on a l'une des plus belles vues de la Suisse.

A peine le soleil paraît-il, que la Suisse orientale, le Rhinthal, le lac de Constance, et, plus loin, le Tyrol, jusqu'à la Carinthie et une partie de la Souabe, viennent se développer devant vous. A ses pieds, on voit le Kamor inférieur, le Staubern, le Kauzel et le Wieder-Alp.

L'abbaye de Saint-Gall, qui date des premiers siècles de notre ère, a été supprimée en 1805, et ne s'est plus relevée. Ces ruines sont encore éloquentes: c'est là que, dans des temps d'ignorance, se renfermaient des hommes érudits, à qui la science doit de grandes obligations; c'est là que l'Europe, lorsqu'elle sortit des ténèbres de l'ignorance, vint chercher quelques manuscrits antiques, qu'on copiait ensuite pour les répandre dans le monde civilisé; c'est là que furent trouvées les œuvres de Quintilien, de Silius-Italicus, l'*Argonautique* de Valerius Flaccus, les deux traités de Cicéron, *de Legibus et Finibus*, etc.

Que sont devenues toutes ces richesses? Où est passé ce livre de psaumes, écrit sur des écorces d'arbre, et ce codicille, dont toutes les lettres étaient tracées sur la cire en caractères romains, et ces riches présens des rois et des grands seigneurs du moyen âge?

Aucune larme ne fut donnée à la perte de ces richesses littéraires : on comprend fort peu, à Saint-Gall, les jouissances intellectuelles. Les muses s'en sont exilées avec ces religieux qui leur avaient donné, pendant si long-temps, asile dans leur couvent, et il ne paraît pas qu'elles doivent y rentrer de si tôt. La plupart des lieux consacrés à la prière ou à l'étude ont été transformés en ateliers, et bientôt il ne restera du long séjour des moines que le souvenir.

SOLEURE. — BALE. — BERNE.

COURSE DANS L'ANCIEN ÉVÊCHÉ DE BALE.

DORNACH. — LES CHATEAUX D'ANGENSTEIN, DE FEFFINGEN. — LE FORT DE ZWINGEN, ETC.

En suivant des sentiers solitaires, on atteint le pont de Dornach. Ce pont d'une architecture antique, le double cintre de sa voûte, la croix et la statue du saint protecteur qui s'élèvent sur le parapet pour attester la dévotion des siècles passés, la nappe blanchâtre et aérienne des ondes écumeuses de la Byrse, les habitations champêtres qui se mêlent aux bouquets d'arbres voisins, tout concourt à composer le tableau le plus pittoresque. Trois siècles plus tôt, ces mêmes lieux offraient des aspects bien différens. Ce fut non loin de ce pont, tour à tour pris et repris par les deux partis, que se livra une sanglante bataille, le 22 juillet 1499 (voir *Canton de...*). La victoire resta fidèle aux cantons, et plus de 4,000 Autrichiens vinrent expirer sur les bords de la Byrse dont le lit fut encombré de leurs cadavres sanglans. Une chapelle voisine du champ de bataille renferme leurs ossemens et s'élève comme un souvenir de leur invasion et de leur défaite; mais ce monument intéresse moins que celui de Maupertuis (voir *Canton de Vaud*), enseveli dans l'église paroissiale de Dornach. A l'aspect de ce mausolée modeste, on se rappelle les travaux, les voyages et les tribulations de cet homme célèbre, mort à Bâle, en 1749, dans les bras de son illustre ami Jean Bernouilli, avec lequel il avait autant de rapports par l'aménité de son caractère et ses qualités sociales, que par son goût et ses talens pour les sciences exactes.

Au village d'OEsch finissent les plaines et commencent les vallées du Jura, que la Byrse arrose depuis sa source, et qui sont en partie son ouvrage. Le défilé par lequel on y parvient, très-important autrefois, avait été fortifié avec un grand soin par les anciens maîtres du pays. A droite et à gauche s'élevaient deux châteaux peu éloignés l'un de l'autre, Angenstein et Pfeffingen, qui dominaient la seule route praticable, et pouvaient la fermer ou l'ouvrir selon l'intérêt de leurs avides possesseurs. De cette position inexpugnable, il était aisé de faire la guerre, de rançonner les voyageurs, de dépouiller les caravanes des marchands, et de porter l'épouvante jusqu'aux portes de Bâle.

De ces deux boulevards de la féodalité, l'un subsiste encore, c'est celui d'Angenstein, dont le nom allemand signifie *pierre de détresse* (voir *Canton de Bâle*). En attendant son dernier jour, ce château a déjà subi de rudes assauts : démantelé après un siège meurtrier, au XIme siècle, on répara presque aussitôt ses fortifications; culbuté par un tremblement de terre qui, en 1356, renversa une partie de Bâle et soixante châteaux du pays, on se hâta de le rééedifier; consumé par le feu du ciel peu de temps après, il fut rebâti l'année suivante. Il semble destiné à survivre à tous les châteaux voisins. Bérenfels, situé sur une colline peu éloignée, n'offre plus que des ruines insignifiantes; Pfeffingen dont l'approche est impraticable à cause de l'écroulement des pans de sa belliqueuse enceinte, n'offre plus qu'un amas de pierres. Plus loin, Furstenstein n'est qu'une masure presque effacée qui n'attire l'attention que par le bloc teint du sang de ses deux derniers seigneurs décapités au XIVme siècle, ces comtes de Thierstein si souvent nommés dans les annales de la Suisse au moyen âge, et qui tombèrent enfin, après quatre siècles de triomphe, sous les coups des cantons de Soleure et de Bâle, prompts à se partager cette riche dépouille.

Non loin du lieu où la Litzel se réunit à la Byrse, un édifice gothique ferme la vallée; c'est le vieux fort de Zwingen. L'épaisseur de ses murs et la distribution de son intérieur annoncent assez sa destination primitive. Ce n'était dans le moyen âge qu'une tour massive qui commandait ce passage étroit. Dans la suite, on a élevé autour quelques bâtimens irréguliers circulaires.

Un bras de la rivière remplissait autrefois les fossés de cette redoutable forteresse. On domine la vallée en tous sens de la plate-forme de la tour. Dans un des angles, on voit la *bouche* d'un de ces puits connus sous le nom d'*oubliettes*.

Au-delà de Zwingen, le vallon s'élargit, et bientôt paraît, au centre d'une campagne bien cultivée, la petite ville de Lauffen, agréablement assise un peu au-dessous du confluent de la Litzel et de la Byrse. Elle doit sa naissance au couvent de Saint-Blaise, situé dans la Forêt-Noire, et son agrandissement aux évêques de Bâle. Son enceinte forme un carré assez régulier et ne renferme rien de remarquable que le pont jeté pittoresquement sur une cascade.

Parvenu à l'extrémité de la gorge qui débouche de cette étroite et tortueuse vallée dans un bassin plus étendu, le voyageur est entouré de toutes parts d'une ceinture de rochers et de forêts, la Byrse coule doucement à ses pieds, et les sinuosités de la route sont bordées de bouquets d'arbres épars çà et là. On lève les yeux et, sur les escarpemens d'une arête grisâtre, on aperçoit les ruines d'un fort, qu'égale la cime des sapins voisins, et un peu plus bas, une terrasse en saillie, sur laquelle s'élève une antique chapelle dont la nef et la tour carrée sont encore dans leur entier. Ces deux constructions sont liées par une chaîne de rochers dont les uns étalent une paroi perpendiculaire, vierge de toute végétation, tandis que les autres semblent se cacher sous le feuillage des arbres dominant les diverses assises de cette haute colline. Cette chaîne s'abaisse vers le fond du paysage pour laisser un passage à la rivière, puis, se relevant brusquement de l'autre côté, elle achève de clore ce sauvage amphithéâtre.

Les débris du vieux castel dont de jeunes sapins escaladent les pans dégradés, dont les broussailles effacent les angles, dont le lierre et les scolopendres tapissent les brèches, contrastent pittoresquement avec le temple dont le style gothique et l'architecture annoncent l'antiquité. Habité par des barons avides, maîtres du passage et qui le faisaient payer chèrement, Vorbourg était devenu un objet de terreur et d'exécration pour les habitans des contrées voisines.

Les évêques de Bâle résolurent de mettre un terme à ces exactions: le château fut assiégé, pris et renversé; au milieu du saccage, la chapelle fut épargnée. Le calme succéda enfin au tumulte des armes, des devoirs pieux remplacèrent les exercices militaires, quelques anachorètes s'établirent dans ce lieu. Ces pieux solitaires sanctifièrent par leurs prières ce séjour long-temps souillé par des crimes, et les habitans des montagnes et des vallons du Jura vinrent en foule en pélerinage à cette chapelle, restée debout comme par miracle au milieu des décombres dont elle est entourée de toutes parts.

Il ne faut pas négliger de visiter cet ermitage. Le spectacle dont on jouit de cette station élevée est magnifique. On suit de l'œil le cours de la Byrse à travers les sinuosités d'une foule de jolis vallons; plus haut, on aperçoit les débris de la forteresse féodale qui menace de causer de nouveaux désastres par son écroulement prochain, des forêts verdoyantes, des rochers gigantesques et des formes les plus variées, des hameaux semés çà et là au milieu d'une riche culture, tel est le tableau qui s'offre de tous côtés à la vue, ensemble délicieux, dont chaque portion distincte ouvre un vaste champ aux regards comme à l'imagination.

La chapelle de Vorbourg fut consacrée par Léon IX dans le IXe siècle. Issu des comtes d'Égisheim et allié de Conrad le Salique, cet homme, qui devait un jour s'asseoir sur le trône de saint Pierre, suivit d'abord les drapeaux de l'empereur et donna des preuves de valeur dans plusieurs batailles. Plus tard, il quitta la carrière militaire, devint évêque de Toul et enfin pape, ne conservant de son premier métier qu'un courage héroïque qu'il déploya d'une manière plus brillante qu'heureuse contre les Normands, pour la défense des domaines de l'église.

VAUD.

LA GROTTE AUX FÉES.

La grotte aux Fées est située non loin de Valorbe; l'accès en est pénible. On suit, à travers des rochers et des escarpemens, le vestige presque effacé d'un sentier scabreux et l'on pénètre dans cet antre merveilleux. On suit d'abord avec curiosité ces sinuosités variées: ici la voûte rapprochée du sol laisse à peine un passage; là, s'élevant à une grande hauteur, elle échappe à l'œil qui se perd dans les ténèbres ; dans quelques endroits, encombrée par d'énormes blocs de mille formes bizarres, confusément détachés des rochers latéraux ou supérieurs, elle semble opposer une barrière insurmontable, souvent recouverte d'une mince couche de concrétions cristallines, elle reflète autour de vous la lueur vacillante des flambeaux et brille d'un scintillement diversement coloré. De larges fissures se présentent à droite et à gauche, mais leurs parois, se rapprochant brusquement, ne permettent pas de s'y enfoncer.

Après avoir parcouru ainsi un espace assez considérable, on atteint enfin le fond de cette caverne curieuse : là, elle ressemble à un temple gothique, dont la voûte entr'ouverte, la nef dégradée, les piliers renversés et les bas côtés écroulés, offrent de toutes parts le désordre imposant d'une lente destruction; mais à gauche s'ouvre une porte étroite par laquelle on parvient en rampant péniblement, puis on découvre bientôt une autre voûte plus ruineuse encore que la première, mais moins vaste.

En sortant de la grotte aux Fées, on jouit d'une vue délicieuse; là le vallon se développe dans toute sa longueur. A une grande profondeur, on aperçoit l'Orbe qui s'échappe en bouillonnant du sein d'un roc tapissé de mousse, puis, s'abandonnant à sa pente tortueuse, elle se promène, en ondoyant, à travers de fertiles prairies, jusqu'au village de Vallorbe, qui, par son double groupe de maisons et son pittoresque clocher, coupe admirablement ce riche paysage. Plus loin, l'œil distingue à peine la trace fugitive de la rivière devenue plus rapide ; le vallon se rembrunit et est terminé par de hautes collines qui interceptent la vue du lac de Neuchâtel. Rien n'offre un tableau plus riant pendant le jour que cette vallée fortunée, et la nuit, lorsque des torrens d'étincelles, s'élevant des cheminées de ses nombreuses forges, semblent autant de colonnes de feu, ce même aspect change et prend un caractère qu'on ne saurait en Suisse rencontrer que dans cette contrée.

La grotte de Vallorbe fut, dit-on, long-temps la demeure de fées ; mais la curiosité d'un jeune forgeron, qui surprit un jour une d'elles pendant son sommeil, les en éloigna à jamais. Voici cette histoire merveilleuse, telle qu'elle est conservée dans une vieille ballade qu'on chante encore dans toute la contrée :

Parmi les ouvriers des forges de Vallorbe, était un garçon nommé Donat : il était beau, robuste, adroit, hardi jusqu'à la témérité. Dans ce temps-là, les fées habitaient cette grande caverne qui s'ouvre dans les escarpemens du Jura. Personne ne pouvait pénétrer impunément dans leur demeure souterraine ; l'une d'elles venait se promener dans les environs de la grotte, chaque dimanche des Rameaux, conduisant une brebis blanche comme la neige, si l'année devait être abondante, ou une chèvre noire comme un corbeau, si le pays devait être frappé de mauvaises récoltes ou de disette. Une autre, ou peut-être la même, venait en été se baigner à minuit dans le beau bassin de la source de l'Orbe, sous la garde de deux loups qui écartaient les curieux. En hiver, quand les ouvriers s'étaient retirés, elles entraient dans les forges pour se réchauffer, et un coq vigilant annonçait par son chant, un peu avant le jour, le retour des forgerons, pour qu'elles eussent le temps de s'échapper. Toutes ces fées étaient belles, grandes et bien faites; leurs vêtemens se composaient d'une robe d'une blancheur éblouissante, qui traînait jusqu'à terre et qui cachait leurs pieds ; leur chevelure était épaisse, longue et flottante et leur servait comme de manteau; le son de leur voix était harmonieux et doux, car quelques habitans de la contrée prétendaient les avoir entendues chanter. Donat, ayant soigneusement recueilli toutes ces traditions, résolut de pénétrer dans la caverne, à travers les halliers serrés qui en masquaient l'entrée. Un dimanche matin, il gravit secrètement les rochers ; il perce une lisière de ronces et de buissons, et entre dans la caverne qu'il trouve déserte et sombre ; il la parcourt en tous sens, et il allait en sortir, quand il aperçoit dans le rocher une large fente; il s'y glisse et arrive au second étage de la grotte. Là il trouve, dans un coin, un lit de mousse et de fougère. Fatigué qu'il était, il s'étend dessus et ne tarde pas à s'endormir. A son réveil, la caverne est éclairée, et à ses côtés, il voit une belle dame enveloppée dans sa longue chevelure blonde; près d'elle étaient deux levrettes dont le poil était d'or et dont les yeux ressemblaient à deux énormes topazes. La fée lui tend gracieusement la main, et lui dit d'une voix qui allait au cœur : « Donat, veux-tu rester ici ; je te rendrai heureux pendant un siècle ; mes sœurs des grottes de Moncherad et moi nous te donnerons la connaissance des métaux précieux, des herbes qui rendent la santé, et nous t'apprendrons mille secrets mystérieux. » Le jeune forgeron accepte avec joie et reconnaissance la proposition. « Mais, dit la fée, je mets une condition indispensable à notre pacte : c'est que tu ne me verras que lorsqu'il me plaira de paraître à tes yeux. Si je me retire dans quelque autre partie de ma demeure, tu ne chercheras point à y pénétrer ; car, si tu le faisais, je l'abandonnerais à jamais, et tu te repentirais toute ta vie de ta fatale curiosité. Tiens,

voici deux bourses : chaque jour, je mettrai dans l'une une pièce d'or, et dans l'autre une perle. » Donat fut enchanté de cette promesse, et chaque soir il reçut la perle et la pièce d'or. Quand la cloche de l'église de Vallorbe sonnait midi, Donat dînait avec la jolie fée, qui le servait toujours elle-même sans qu'il parût jamais aucun être vivant. La table était abondante et délicate, rien n'y manquait : truites de l'Orbe, chevreuil du Jura, gibier de Pétro-Félix, crème de la dent de Vaulion, miel de l'abbaye du Lac, vin d'Arbois, fruits nombreux des montagnes et de la plaine. Quelquefois la belle dame, pour le distraire, lui racontait des histoires souterraines ; d'autres fois elle lui chantait des ballades en patois de Valorbe et de Romain-Motiers ; puis elle se retirait par une fente de la grotte, sans qu'il pût jamais la suivre.

Peu à peu Donat trouva le temps long, et la solitude dans laquelle il restait isolé quand la fée s'éloignait lui devint insupportable. Son imagination lui persuada que ces souterrains devaient offrir des scènes plus extraordinaires que celles dont il était témoin, et sa curiosité le porta à tenter de surprendre la fée dans sa retraite mystérieuse. En effet, vers la fin du seizième jour, comme elle quittait Donat, celui-ci la suivit avec précaution jusqu'à l'entrée d'une troisième grotte où elle entra. Il fut d'abord retenu par la crainte de lui déplaire en contrevenant à sa volonté, mais bientôt il s'enhardit, et, marchant sur la pointe du pied, il pénétra dans cet antre dont les parois étaient resplendissantes d'or et de rubis, et où il aperçut la belle fée couchée sur un lit de velours bleu azur. Elle était endormie ; sa longue robe blanche était un peu relevée et laissait voir un de ses pieds, ressemblant en tout point à une espèce de patte d'oie. Un rêve agréable paraissait occuper la fée, et le nom de Donat sortit plusieurs fois de sa bouche riante. Celui-ci contemplait avec surprise ce qui s'offrait à sa vue ; il croyait rêver, lorsqu'une des levrettes, couchée au pied du lit de sa maîtresse, se leva et se mit à japper. Le bruit réveilla la fée. Elle aperçut Donat et s'écria : « Qu'as-tu fait, Donat ! Tu as manqué à ta foi ! Et j'avais dessein de partager avec toi ma puissance, mes secrets et mes richesses ; quelques jours d'épreuve encore et je te nommais mon époux. Il n'en sera rien : fuis ces lieux, retourne à ta forge ; emporte les deux bourses que tu tiens de ma générosité ; mais oublie tout ce que tu as vu dans ma grotte. Si jamais tu révélais mes secrets, ton châtiment serait terrible. » La fée disparut. Donat, resté seul au milieu des ténèbres, chercha long-temps le passage par lequel il était parvenu dans la grotte. Il le trouva enfin et s'empressa de gagner la campagne. De retour aux forges, où on ignorait ce qu'il était devenu et où sa présence excita la curiosité de chacun, on l'interrogea et il raconta ce qui lui était arrivé. Il parla des trésors de la fée, de ses bontés pour lui ; il ajouta à ses récits des détails dans lesquels son amour-propre compromettait la vérité ; il dit qu'il n'avait tenu qu'à lui de devenir l'époux de la fée ; puis il se moqua de ses pattes d'oie. Les forgerons se moquèrent de lui : les uns le traitèrent de visionnaire, les autres qualifièrent ses récits d'impostures. Un d'entre eux, plus rusé que ses camarades, lui demanda qu'il fournît des preuves de ce qu'il avançait si hardiment...... Je vais vous en donner, reprit Donat, et il tira ses deux bourses ; mais quelle fut sa confusion ! l'une, celle qui renfermait les pièces d'or, ne contenait plus que des feuilles d'alizier, et l'autre, qu'il croyait remplie de perles, n'était pleine que de baies de genévrier. Depuis cet instant, le pauvre Donat devint la risée de tout le pays. Honteux et désespéré, il prit le parti de s'éloigner, et dès-lors on n'entendit plus parler de lui aux forges de Vallorbe. Quant à la fée, voyant sa demeure découverte et le secret de ses pattes d'oie divulgué, elle alla chercher une autre demeure ; mais, en souvenir de son séjour, son nom est resté à la caverne, qu'on appelle depuis la *Grotte aux Fées*.

BALE.

LES GORGES DE MOUTIERS-GRANVAL.

Les gorges de Moutiers-Granval passent pour ce que la Suisse offre de plus remarquable en ce genre. On se sent pénétré à la fois d'admiration et d'épouvante, au fond de ses abîmes qui, en quelques endroits, semblent vouloir se refermer sur votre tête, et ce n'est que lorsqu'on commence à se familiariser avec l'aspect effrayant de ces lieux, qu'on peut en apprécier la grandeur sauvage et les âpres beautés. Des rochers calcaires d'une prodigieuse hauteur s'élèvent à pic le long d'un gouffre tortueux et resserré, d'une de ces crevasses profondes dont les convulsions du globe ont sillonné sa surface. Ailleurs, leurs couches, jadis horizontales, sont devenues perpendiculaires, et, debout sur leurs arêtes, elles forment de longs et étroits couloirs parallèles. Affectant plus loin des formes moins bizarres, les rochers qui couronnent les hauteurs du défilé vous apparaissent semblables à des ruines se détachant de la verdure variée qui les entoure ; l'œil trompé croit y reconnaître les tourelles et les murs crénelés de quelque manoir croulant, sur lesquels de sombres sapins ont déjà pris racine. L'eau qui filtre goutte à goutte au travers des fissures et sur la surface de ces masses gigantesques, en a usé les angles, arrondi les contours, et, par son action lente mais continue, a creusé à leurs pieds de spacieuses cavernes. Par une belle matinée, ce trajet est d'un effet magique. Un des revers de cet étroit défilé, entièrement dans l'ombre, et vu au travers d'une gaze de vapeurs transparentes, contraste avec le revers opposé, qui présente, aux rayons obliques du soleil, les formes abruptes de ces roches, que revêt une végétation fraîche et épaisse, et sur la crête desquelles s'élèvent un hermitage, une chapelle solitaire, suspendue au-dessus de l'abîme. La route, peu large, serpente entre le lit sinueux de la Byrse et la base du rocher; lorsque l'espace lui manque d'un côté, elle franchit sur un pont hardi le cours du torrent, et se déroule au pied de la paroi opposée. De loin en loin elle s'élargit, et l'on voit, au-dessus d'un groupe d'arbres, se jouer en légers tourbillons une fumée bleuâtre qui annonce la présence de l'homme; on approche, et une ferme, un moulin, à demi-cachés par la verdure, animent pour un moment cette profonde solitude.

Ce fut saint Germain, premier abbé de Moutier, qui élargit et rendit praticable l'entrée de ces gorges, et la tradition n'a pas manqué d'attacher à cette opération une circonstance miraculeuse: c'est, dit-on, de ses mains qu'il écarta les rochers qui fermaient le passage.

FRIBOURG.
LE PONT SUSPENDU.

Nous avons déjà parcouru ce canton; le lecteur en connaît la capitale, si pittoresquement assise au bord de la Sarine, sur un terrain aux accidens les plus bizarres, les plus inattendus. Depuis plusieurs mois cette cité possède une des merveilles helvétiques, le gigantesque pont suspendu, construit par les soins d'un ingénieur français, M. Chaley. On ne saurait donner assez d'éloges à ce hardi travail. Le pont a 825 pieds de long; il est élevé de 148 pieds au-dessus de la rivière et de la vallée. Les chaînes qui le soutiennent sont composées de fils de fer d'une ligne d'épaisseur chaque, liés ensemble et formant des câbles de cinq pouces de diamètre. C'est le 29 octobre 1834 que cette grande route aérienne a été parcourue pour la première fois par les habitans de Fribourg et un grand nombre de Suisses et d'étrangers accourus des cantons les plus éloignés. Pour gagner la route de Berne, on était contraint, jusqu'ici, de traverser la Sarine sur trois ponts, construits à des distances diverses; il fallait côtoyer le ravin où coule la rivière, descendre ou gravir les pentes les plus escarpées. Ce trajet pénible durait une demi-heure environ. La distance à parcourir n'est plus aujourd'hui que de 900 pieds, et n'exige pas au-delà de quelques minutes. On marche dans une sécurité parfaite. Le sol que le pied foule vacille à peine, et l'on jouit, pendant ce court voyage au milieu des airs, du panorama le plus riche, le plus varié, le plus étendu.

La dépense nécessitée par les travaux considérables qu'il a fallu exécuter a dépassé, dit-on, 600,000 francs; et comme les revenus de l'état sont faibles, que les impôts s'élèvent à peine à 200,000 francs par année, c'est une compagnie qui a fourni les 600,000 francs ci-dessus, moyennant la concession qui lui a été faite pour quatre-vingts années des droits de péage. Cette époque écoulée, le pont de Fribourg deviendra la propriété des héritiers des actionnaires.

NEUCHATEL.
LE VAL TRAVERS. — LE CHATEAU DE ROCHEFORT. — MOTIERS.

En sortant de Neuchâtel par la porte des Chavannes, on marche une demi-heure, on traverse sur un pont de pierre le Seyon qui s'est frayé un lit profond à travers une masse de rochers, et dont les bords escarpés n'offrent partout que le morne et imposant aspect du ravage et de la destruction. C'est un spectacle intéressant pour le naturaliste, que de contempler à découvert les différentes couches de ce rocher calcaire, et de calculer les progrès de la main pesante du temps. Il a fallu une suite de siècles pour percer un pareil rempart et creuser cette tranchée profonde où viennent s'engouffrer les eaux bruyantes du torrent. Avant d'arriver à Peseux, on passe au-dessous du Chanet, solitude dans une situation tout-à-fait romantique.

D'un côté, l'œil plonge jusqu'au-delà de Valengin, à travers de profondes sinuosités creusées par la violence des eaux. Le Seyon s'élève, se précipite, se brise avec mille incidens divers. Il faut voir comme ces masses d'eau, qui perdent tout à coup leur point d'appui, acquièrent une vélocité effrayante, entraînant tout ce qui s'oppose à leur furie, et paraissant comme vouloir se cacher dans les entrailles de la terre; mais qu'on se retourne, et le tableau change comme par enchantement. A droite, se présente un paysage animé, semé de jolis villages, parmi lesquels on distingue Peseux, Cormondrèche, Bôle, la jolie petite ville de Boudry et le château de Beauregard. Les villages de

Collombier, d'Auvernier, de Serrières, se reflètent dans les ondes transparentes du lac de Neuchâtel, dont ils embellissent les bords. Une échappée de vue à travers les montagnes de Boudry et de la Tourne laisse entrevoir le passage du val de Travers ; à gauche, la vue parcourt les environs de la Thielle, d'Anet, du Jolimont, et plonge sur la ville de Neuchâtel ; devant vous, le lac déploie son vaste bassin. Le rivage opposé s'élève insensiblement ; un amphithéâtre, varié par différentes teintes du plus beau vert, conduit l'œil au pied de ces montagnes glacées, dont la cime majestueuse, couverte d'une neige éternelle, se perd dans les nuages. Au-delà des villages de Peseux et de Corselles, le chemin que l'on suit mène au val de Travers. La contrée change spontanément. Le pays devient montagneux, stérile, moins peuplé. On traverse quelques vignobles, puis on entre dans une forêt, dont le sol n'offre que des rochers entassés, à peine recouverts de quelques couches de terre. Le village de Rochefort, où l'on arrive ensuite, est adossé contre la stérile montagne de la Tourne. C'est le chef-lieu d'un pays qui renferme environ 2,000 habitans laborieux, habitués aux plus rudes travaux, et qui tirent un parti inimaginable du chétif terrain qu'ils occupent. Le vieux château est situé sur un roc isolé, à l'entrée du défilé, entre les deux montagnes, et commande la route qui conduit au val de Travers. C'était la demeure des anciens barons de Rochefort, qui exerçaient, dans les temps de barbarie, le noble métier de détrousser les passans. Ces nobles seigneurs gênaient à un tel point les communications entre la Suisse et la Bourgogne, qu'en 1412 les habitans des villages voisins se liguèrent pour détruire ce donjon redoutable. Ses ruines subsistent encore. Le rocher sur lequel elles reposent est plein, comme ceux qui l'environnent, de corps marins pétrifiés, mais la grossièreté du grain de la pierre calcaire qui les renferme en a, en général, altéré les formes. Ces productions marines, à des distances si éloignées de la mer et à des hauteurs si élevées au-dessus de son niveau, prouvent une submersion ancienne. Des poissons ont nagé dans ces contrées, long-temps avant qu'elles aient été desséchées et qu'elles soient devenues habitables. Les plus voraces d'entre eux ont joué, dans l'élément humide, le rôle tyrannique que les barons de Rochefort ont renouvelé dans des temps moins éloignés de nous.

Le chemin de Rochefort à Brot serpente sur la croupe de la montagne de la Tourne. Quelques sapins, quelques hêtres dont les racines se projettent à travers les fentes des rochers, sont la seule production de ce sol appauvri. Sur les points les plus élevés, quelques pics semblent n'attendre que le lendemain pour joncher la chaussée de leurs débris.

Motiers est non loin de Brot. Nous avons déjà visité ce village où J.-J. Rousseau composa ses *Lettres de la Montagne*. Au commencement de l'année 1778, à une époque où cet homme célèbre, livré au plus sombre désespoir, tourmenté de l'idée qu'il était odieux aux hommes, isolé du monde, se concentrait en lui-même, il écrivait la lettre suivante, qui ne fait partie d'aucune édition de ses œuvres, et qui prouve combien il eût été facile de le rendre heureux à peu de frais. Il ne fallait qu'un homme qui partageât la simplicité de ses goûts et ne lui parlât jamais du monde littéraire, où la gloire est si souvent accompagnée de tant d'orages.

« Paris, le 9 janvier 1778.

« A madame C....

« J'ai lu, madame, dans le numéro 5 des feuilles que vous avez la bonté de m'envoyer, que l'un de MM. vos correspondans, qui se nomme le *Jardinier d'Auteuil*, avait élevé des hirondelles. Je désirerais fort savoir comment il s'y est pris, et quelle contenance ces hirondelles, qu'il a élevées, ont faite chez lui pendant l'hiver. Après des peines infinies, j'étais parvenu, à Motiers, à en faire nicher dans ma chambre ; j'ai même eu souvent le plaisir de les voir s'y tenir, les fenêtres fermées, assez tranquilles pour gazouiller, jouer et folâtrer ensemble à leur aise, en attendant qu'il me plût de leur ouvrir, bien sûres (1) que cela ne tarderait pas d'arriver. En effet, je me levais même, pour cela, tous les jours avant quatre heures ; mais il ne m'est jamais venu dans l'esprit, je l'avoue, de tenter d'élever aucun de leurs petits, persuadé que la chose était non-seulement inutile, mais impossible. Je suis charmé d'apprendre qu'elle ne l'est pas, et je serai très-obligé, pour ma part, au *Jardinier d'Auteuil*, s'il veut bien communiquer son secret au public. Agréez, madame, je vous supplie, mes remercîmens et mon respect. »

---

(1) L'hirondelle est naturellement familière et confiante ; mais c'est une sottise dont on la punit trop bien pour ne l'en pas corriger. Avec de la patience, on l'accoutume encore à vivre dans des appartemens fermés, tant qu'elle n'aperçoit pas l'intention de l'y tenir captive ; mais sitôt qu'on abuse de cette confiance (à quoi l'on ne manque jamais), elle la perd pour toujours. Dès lors elle ne mange plus, elle ne cesse de se débattre et finit par se tuer. (*Note de Jean-Jacques*.)

GENÈVE.

BOSSEY. — LE NOYER DE J.-J. ROUSSEAU.

J.-J. Rousseau nous apprend, au premier livre de ses *Confessions*, que dans sa première enfance il fut mis en pension, avec un cousin de son âge, chez M. Lambercier, pasteur de Bossey, village alors dépendant de la république de Genève. Pendant son séjour dans ce village, le pasteur, pour donner de l'ombre à sa terrasse, y fit planter un noyer. La plantation de cet arbre se fit avec solennité : les deux jeunes pensionnaires en furent les parrains; et pendant qu'on entourait le pied de l'arbre de terre, ils tenaient le noyer chacun d'une main, et faisaient entendre des chants de triomphe. Après avoir raconté la charmante histoire d'un saule que son cousin et lui voulurent planter à l'instar du noyer, mais tout seuls, et de l'espèce d'aqueduc qu'ils construisirent pour l'arroser, Rousseau continue ainsi : « L'idée de ce noyer et la petite histoire qui s'y rapporte m'est si bien restée ou revenue, qu'un de mes plus agréables projets dans mon voyage de Genève, en 1714, était d'aller à Bossey, revoir les monumens des jeux de mon enfance, et surtout le cher noyer, qui devait alors déjà avoir le tiers d'un siècle. Je fus si cruellement obsédé, si peu maître de moi-même, que je ne pus trouver le moment de me satisfaire : il y a peu d'apparence que cette occasion renaisse jamais pour moi; cependant je n'en ai pas perdu le désir avec l'espérance, et je suis presque sûr que, si jamais, retournant dans ces lieux chéris, j'y retrouvais mon cher noyer encore en être, je l'arroserais de mes pleurs. »

Un Anglais, grand admirateur du philosophe genévois et exalté par la lecture du morceau attendrissant de ses immortelles *Confessions*, qui rapportent avec tant de grâce et de naïveté toute l'histoire de cet arbre, en demanda solennellement des nouvelles dans le *Gentleman's Magazine*, et voici la réponse qu'il reçut d'un Suisse dont l'enthousiasme pour Jean-Jacques ne le cédait point au sien.

« Monsieur,

« Vous êtes admirateur du grand Rousseau, je le suis aussi bien sincèrement. Cette conformité de goût semble indiquer une conformité de caractère. Dès lors, quelque différence qu'il puisse y avoir entre nos âges, notre condition, notre patrie ou notre fortune, nous sommes faits pour être unis. Je vous offre donc mon amitié, parce que je la crois digne de vous; je vous demande la vôtre parce que je sens qu'elle manque à mon cœur; et persuadé que ma proposition sera acceptée, je vous écris avec la confiance des belles âmes, comme je le ferais au plus ancien de mes amis.

« Vous demandez des nouvelles de ce noyer à la plantation duquel assista Rousseau ? Hélas! cet arbre n'existe plus à Bossey. Combien de fois mon œil avide ne l'a-t-il pas cherché? Je l'aurais visité avec la même dévotion que le pèlerin visite les saints lieux; j'aurais été lire, à l'ombre de son épais feuillage, les œuvres immortelles d'Homère, de Sterne et de mon infortuné compatriote J.-J. Rousseau; mais une main froidement méthodique l'a fait abattre, parce qu'il dérangeait la symétrie d'une cour. Qu'elle devait être étroite et glacée cette âme qui préféra une ennuyeuse uniformité à un souvenir délicieux! Je n'ai pas de fortune, mais je rachèterais cet arbre au prix du peu que je possède. Une commotion du sentiment qui échauffe le cœur, qui le vivifie, ne durât-elle qu'un moment indivisible, vaut les trésors du Nouveau-Monde et une existence de soixante ans! Ce que je dis là, je ne le dirais point aux hommes vulgaires et *fruges consumere nati*...., ils ne me comprendraient pas; mais pour vous, ce langage ne vous sera point étranger; votre cœur est fait pour le sentir; sans cela aimeriez-vous le citoyen de Genève! »

BIOGRAPHIE HELVÉTIQUE.

ABAUZIT, historien. Voir canton de Genève, p. 215.
ABBARTH, sculpteur. Voir Berne, page 32.
ABERLI, célèbre peintre de paysages.
ACONTIUS, poète d'Uri.
AEBLI, graveur.
AEBLI (Jean), landammann de Glaris.
AFFRY (Adam d'), l'un des capitaines à la journée de Morat.
AFFRY (Louis d'), premier landammann de la Suisse, en vertu de l'acte de médiation en 1803.
AGASSE, peintre de chevaux.
ALBERTOLI, sculpteur. Voir Tessin, page 176.
ALLARD, jardinier. Voir lac de Genève, page 223.
ALPISUS, poète.
ALTORFER, peintre et graveur.
AMBUEL (Mathias et Henri), héros glaronais.
AMMERBACH, célèbre imprimeur bâlois.
AMSTEIN, naturaliste.
ARDUSER, mathématicien züricois.
ARÉTIUS (Bénédict), l'un des premiers auteurs qui aient décrit les Alpes suisses.
ARLAUD, peintre. Voir canton de Genève, p. 215.
ASPER, peintre züricois.
ATTINGHAUSEN (Walter-Furst d'), l'un des trois fondateurs de la confédération en 1308.

BALM (Rodolphe de), l'un des assassins d'Albert I*r*.
BALTHASAR (J.-A.-F.), savant historien, fondateur de la bibliothèque du canton de Lucerne. Voir canton de Lucerne, page 47.
BARZE (Jean), poète.
BAUHIN (Jean et J. Gaspard), botanistes célèbres.
BAUMGARTEN (Conrad).
BÉDA, abbé de Saint-Gall.
BEL (Pierre), géographe.
BÉLI, landammann, fondateur de la ligue des Dix-Juridictions.
BENZ, peintre paysagiste.
BERCHEM (Berthoud de), auteur d'un *Guide en Suisse*.
BÉRENGER, historien de Genève.
BERNOUILLY (Daniel, Jacques et Jean), mathématiciens célèbres.
BÉRO, comte d'Argau, fondateur du couvent de Béronmünster. — Canton de Lucerne.
BÉROLDINGEN (de), noble famille d'Uri.
BERTHA, épouse d'Ulrich de Vinelz, fondatrice de l'église de Neuchâtel.

BERTHOLD, franciscain. Voir Unterwald, p. 71.
BERTHOUD (Ferdinand), Neuchâtelois, inventeur d'une montre marine pour déterminer les longitudes.
BÉZENVAL (le baron), né à Soleure, en 1722. Lieutenant-général des Suisses, il commandait, en 1789, les troupes réunies autour de Paris.
BIANCHI, peintre d'histoire, né à Lugano. — Tessin.
BIEDERMAN, peintre célèbre.
BIRMANN, peintre paysagiste bâlois.
BISCHOFFBERGER, chroniqueur d'Appenzell.
BLANKENBURG (de), l'un des capitaines bernois à la journée de Laupen.
BLEULER, peintre paysagiste. Voir canton de Schaffhouse, page 116.
BOCHAT, historien. Voir Vaud, page 151.
BODMER, poète züricois.
BONER, fabuliste. Voir canton de Zürich, page 14.
BONNET (Ch.), naturaliste célèbre. Voir canton de Genève, page 215.
BONNIVARD, fondateur de la bibliothèque de Genève. Voir lac de Genève, page 249.
BONSTETTEN (Albert de), l'un des plus anciens historiens de la Suisse.
— (Charles de), écrivain estimé.
— (Roll de), célèbre guerrier bernois.
BOSSARD, paysan züricois, éditeur d'une *Histoire de Savoie*.
BOSSARD, facteur d'orgues, du canton de Zug.
BOURGUET, naturaliste. Voir canton de Neuchâtel, page 207.
BOURRIT. Voir Mont-Blanc, page 247.
BOUSQUET, l'un des réformateurs de Genève.
BOYVE, auteur d'écrits sur les lois du pays de Vaud et de Neuchâtel.
BRAENDLI, d'Unterwald, tué à la bataille de Saint-Jacques en 1444.
BRANDENBERG (Jean de), peintre. Voir Zug, p. 87.
BRANDOUIN, peintre. Voir canton de Vaud, p. 151.
BREITINGER, Züricois, réformateur et théologien.
BREITINGER (J.-J.), savant critique du XVIII*e* siècle. Voir canton de Zürich, page 14.
BRIDEL (Philippe), écrivain distingué. Voir canton de Vaud, page 151.
BRIDEL (le professeur). Voir Vaud, page 151.
BRIENZ (Arnold de), fondateur du couvent de Seedorf.
BRIGUET, auteur d'un ouvrage sur le Valais.

Liv. 42. Suppl. 5. — 43 —

Bruckner, antiquaire.
Bruckner (Daniel), géographe.
Brun (Rodolphe), célèbre bourgmestre de Zürich. Cette ville s'allia avec les quatre cantons sous son administration.
Brunner, promoteur de la réformation.
Bubenberg, minnesänger zuricois.
Bubenberg (Adrien de), l'Aristide de la Suisse.
Bubenberg, avoyer de Berne. Voir Berne, page 32.
Buesinger, historien unterwaldois. Voir canton d'Unterwald, page 71.
Bullinger, historien zuricois. Voir canton de Zürich, page 14.
Bullinger, réformateur fameux, disciple de Zwingle.
Bullinger (J.-B.), peintre.
Bundt (Thomas), héros valaisan.
Burckhard, de Schwanden.
Burgauer, réformateur du Rhinthal.
Burlamaqui (J.-J.). Voir canton de Genève, p. 214.
Busin (Pierre), poète.
Bussnang (Ulrich de). Voir canton de Thurgovie, page 168.
Butini, médecin. Voir canton de Genève, p. 214.
Buttikon (Thuring de), capitaine bernois.
Buzelin, savant bénédictin. Voir canton de Thurgovie, page 167.

Calandrini, mathématicien. Voir canton de Genève, page 214.
Campel (Ulrich), historien. Voir canton des Grisons, *première partie*, page 141.
Campione (Bianchi de), peintre d'histoire. Voir canton du Tessin, page 176.
Canelino, peintre d'histoire.
Cappeler, naturaliste.
Carabelli, architecte célèbre.
Carloni, sculpteur célèbre. Voir canton du Tessin, p. 170.
Casaubon (Isaac), savant critique. Voir canton de Genève, page 214.
Chaillet, critique distingué. Voir canton de Neuchâtel, page 207.
Chais (Charles). Voir canton de Genève, p. 214.
Chavannes, écrivain né à Verey, auteur d'un ouvrage sur la méthode de Pestalozzi.
Childebrar, patriote grison.
Christen, guerrier d'Unterwald, tué à la bataille de Saint-Jacques.
Christen, sculpteur. Voir canton de Zug, p. 88.
Collin (Pierre). Voir canton de Zug, page 82.
Colomba (Antoine et Innocent), peintres. Voir canton du Tessin, page 176.
Commander, né dans le Rhinthal, réformateur des Grisons.

Conradi. Voir canton des Grisons, *première partie*, page 141.
Corrière (Gérard de), fondateur du couvent de la Valsainte. — Canton de Fribourg.
Cotta, peintre de la Valteline, né à Morbegno.
Cramer (Gabriel). Voir Genève, page 214.
Crauer, poète du canton de Lucerne.
Crest (Micheli de), savant. Un des premiers qui aient mesuré la hauteur des Alpes.
Crousaz, célèbre professeur de Lausanne. — Canton de Vaud.
Crousaz, colonel bernois, mort en 1798, victime de la fureur des milices bernoises.
Cuno, abbé de Saint-Gall.
Cysat, naturaliste.

Daegerfelden, l'un des assassins de l'empereur Albert I".
Delarive, peintre genevois.
Delolme (J.-L.). Voir canton de Genève, page 214.
Deluc, célèbre naturaliste genevois.
Diesbach (Nicolas de), l'un des plus grands hommes d'état de son temps.
Diesbach (Jean de). Voir Berne, page 32.
Dietschi, sculpteur zuricois.
Diodati (Jean), savant théologien. Voir canton de Genève, page 214.
Diogg, peintre de portraits, né à Andermatt.
Discepoli, peintre. Voir canton du Tessin, p. 176.
Divico, chef des Helvétiens, vainqueur d'une armée romaine.
Doret, sculpteur vaudois.
Droz, père et fils, mécaniciens célèbres. Voir canton de Neuchâtel, page 207.
Droz (Pierre). Voir canton de Vaud, page 207.
Ducroz, peintre vaudois.
Dufour, chef d'une colonie vaudoise établie au Kentucky, dans l'Amérique septentrionale.
Dunker, peintre bernois.
Duperron, fameux cardinal Voir canton de Vaud, page 151.
Dupré, ermite. Voir canton de Fribourg, p. 95.
Durand. Voir canton de Vaud, page 151.

Eckard, chroniqueur saint-gallois.
Edlibach, chroniqueur de Zurich.
Esch (Jacques), né à Zürich, auteur d'un voyage en Guinée, au XVIII" siècle.
Engelhard. Voir canton de Zurich, page 15.
Erlach (Ulrich d'), général des Bernois à la bataille de Donnersbuhl.
Erlach (Rodolphe d'), vainqueur à Laupen. Voir Berne, page 32.
Erlach (Rodolphe d'), l'un des plus vaillans généraux suisses à la journée de Morat. — Berne.
Erlach (d'), général de l'armée bernoise, tué en

1798 par ses propres soldats. Voir Berne, p. 32.

ERMELTRAUT, peintre.

ESCHENBACH (Walter d'), l'un des assassins de l'empereur Albert Ier.

ESCHENBACH-WARDENSCHWYL (Ulrich et Wolfram d'), poètes züricois, célèbres au VIIIe siècle.

ESCHER, savant minéralogiste et géologue. Voir canton de Glaris, page 71.

ESTAVAYER (Claude d'), noble fribourgeois.

EULER, l'un des plus grands mathématiciens. Voir canton de Bâle, page 111.

EXCHAQUET, savant ingénieur.

FAESI (J.-C.), auteur d'une *Géographie de la Suisse*.

FAESI, écrivain estimé.

FALCONI, sculpteur. Voir Tessin, page 176.

FALKEISEN, graveur célèbre.

FAREL, réformateur célèbre. Voir canton de Vaud, page 151.

FAUSSIGNY, général fribourgeois à la bataille de Morat.

FELLENBERG (Emmanuel de), célèbre agronome. Voir Berne, page 32.

FERRARI, peintre tessinois.

FLUE (Georges de), chef de parti valaisan aux XVe et XVIe siècles.

FLUE (Saint Nicolas de). Voir canton d'Unterwald, page 70.

FLUE (Walter de) (Supersax), évêque du Valais. Voir canton du Valais, page 199.

FONTANA (Dominique), architecte et mécanicien célèbre. Voir canton du Tessin, page 175.

FORSTER, général des Bernois à la journée de Morat.

FOSSATI (Antoine et Georges), peintres et graveurs. Voir canton du Tessin, page 176.

FREI, historien züricois.

FREUDENBERGER, peintre de scènes champêtres.

FREY (Jacques), graveur habile.

FRIES, savant züricois.

FRIZZONI, peintre. Voir canton des Grisons, *première partie*, page 141.

FROBENIUS, célèbre imprimeur de Bâle.

FROMENT, réformateur.

FUCUS (Ildéphonse), historien.

FUESSLI, peintre züricois du XVIIIe siècle.

FUESSLI (Gaspard, Jean, Henry et Rodolphe), écrivains distingués, auteurs d'ouvrages sur les peintres de la Suisse.

FUESSLI (Conrad), auteur d'une *Histoire des Vaudois*, etc.

FUESSLI (Henri), peintre paysagiste. Voir canton de Zürich, page 15.

FUNS (Adelbert de), abbé de Disentis au VIIIe siècle.

FURST (Walter), beau-père de Guillaume Tell. Voir canton d'Uri, page 56.

FUSS (Nicolas), célèbre mathématicien.

GALLATI (Gaspard). Voir Glaris, page 76.

GARTHENHAUSER, écrivain appenzellois.

GEBESTRASS (Pantaléon de), premier avoyer de Soleure en 1325.

GEILER, écrivain. Voir Schaffhouse, page 119.

GELTER, minnesänger valaisan du XVIIe siècle.

GENTIL, mécanicien neuchâtelois.

GESSNER (Conrad), naturaliste célèbre du XVIe siècle. Voir canton de Zürich, page 14.

GESSNER (Salomon), poète célèbre. Voir canton de Zürich, page 14.

GESSNER (Conrad), peintre de batailles et de paysages; fils du poète.

GESSNER (Jean), naturaliste célèbre; l'un des fondateurs de la Société de physique, d'économie et d'histoire naturelle à Zürich.

GIRAUDET, peintre et graveur, né au Locle.

GLAN, fondateur de l'abbaye de Hauterive.

GMUNDER (Jean). Voir Appenzell, page 127.

GOLDLIN, célèbre général züricois.

GOLDLIN (Henri), bourguemestre de Zürich.

GOZBERT, abbé de Saint-Gall; l'un des fondateurs de la bibliothèque du couvent de Saint-Gall.

GRAF, excellent peintre de portraits.

GREDER. Voir canton de Soleure, page 103.

GRUBENMANN (Ulrich), architecte célèbre. Voir canton d'Appenzell, page 127.

GRUNEG (Schmidt de), célèbre général suisse au service des puissances étrangères.

GRUNER, écrivain. Voir Berne, page 32.

GRUNER, naturaliste bernois.

GRUYÈRES (les comtes de), illustres et puissans Fribourgeois.

GULER (Jean), historien. Voir canton des Grisons, *première partie*, page 141.

GUMOENS (de), colonel bernois tué en 1798 par ses propres soldats.

GUNDOLDINGEN (de), avoyer de Lucerne. Voir canton de Lucerne, page 47.

HABSBOURG (le comte Rodolphe de), protecteur des Waldstetten, capitaine des Züricois, élu empereur en 1274.

HADLOUB, poète züricois du XIVe siècle. Voir canton de Zürich, page 14.

HAFFNER, historien. Voir Soleure, page 102.

HAIMENFELD (Goldast de), historien.

HALLER, réformateur célèbre. Voir Berne, page 32.

HALLER (Albert), surnommé le Grand. Voir Berne, page 32.
HALLER (Emmanuel), savant historien.
HALLWYL (Thuring de), tyran de Fribourg.
HALLWYL (Jean de), l'un des plus grands capitaines de la Suisse.
HARTMANN, peintre bernois.
HARTMANN (Léonard), naturaliste saint-gallois.
HARTMUND, abbé de Saint-Gall.
HARTSCH (Jacques), chef des Appenzellois, dans la première guerre qu'ils soutinrent pour conquérir leur liberté.
HASFURTER, homme d'état célèbre et général lucernois.
HEDLINGER, numismate célèbre. Voir canton de Schwytz, page 64.
HEER, promoteur de la réformation à Glaris.
HEFTI et HEITZ, Glaronnais, fameux chasseurs de chamois.
HEGI, peintre paysagiste et graveur.
HEIDEGGER. Voir canton de Zug, page 87.
HEINZ, de Stein, chef des paysans révoltés contre la noblesse, au IXe siècle.
HEMMERLIN (Félix), surnommé *Malléolus*. Voir MALLÉOLUS.
HENITZ (Joseph), peintre célèbre. V. Berne, p. 32.
HERLOBIG (Marguerite), femme de Werner-Stauffacher.
HERMANN, Fribourgeois, l'un des héros de Morat.
HERRENSCHWAND, célèbre médecin, né à Morat.
HERTENSTEIN, célèbre général lucernois.
HESS (J.-J.), théologien célèbre, auteur d'excellens ouvrages sur l'histoire sacrée.
HESS (L.), l'un des plus habiles peintres de montagnes.
HESSI (Gabriel), général suisse célèbre.
HIRZEL, savant écrivain, fondateur de la Société helvétique d'Olten.
HOFFMANN, réformateur de Schaffhouse.
HOFFMANN, peintre zuricois.
HOHENBAUM, l'un des plus savans bénédictins de la Suisse.
HOHENSAX (Ulrich de), célèbre général suisse.
HOHENSAX (Jean-Philippe de). V. St-Gall, p. 132.
HOLBEIN, peintre célèbre. Voir Bâle, page 111.
HÖPFNER, savant naturaliste, né à Bienne.
HORNER, professeur zuricois, astronome, navigateur, compagnon de voyage du capitaine Krusenstern, au commencement du XIXe siècle.
HORY, antiquaire neuchâtelois.
HOTTINGER (Henri), savant orientaliste zuricois.
HOTTINGER, historien zuricois. Voir canton de Lucerne, page 48.
HOTZE, célèbre médecin zuricois.

HUBER, peintre genevois.
HUBER, naturaliste genevois.
HUGO, évêque de Lausanne.
HUNWYL, célèbre général lucernois.
HUTTEN (Ulrich de), poète, guerrier. Voir Zürich, page 13.

IDA, comtesse de Habsbourg, fondatrice de l'abbaye de Muri.
IMHOF (de Blumenfeld), capitaine-général d'Uri, et l'un des membres du gouvernement de Zürich en 1799.
IRMINGER, boulanger. Voir canton de Zürich, page 10.
ISELIN, écrivain célèbre; l'un des fondateurs de la Société helvétique d'Olten.
ISO, savant bénédictin de l'abbaye de Saint-Gall.

JACOB, poète du moyen âge. Voir Soleure.
JALLABERT, naturaliste. Voir Genève, page 215.
JAUCH, héros d'Uri, au combat du Hirzel.
JEAN III, abbé de Disentis.
JETSLER, architecte. Voir Schaffhouse, page 126.
JUSTINGER, chroniqueur de Berne.

KASTOFFER, écrivain distingué. Voir Berne, p. 32.
KELLER (Félix), célèbre capitaine zuricois. Voir canton de Zurich, page 15.
KELLER (Jean-Balthazar), sculpteur célèbre du XVIIe siècle. Voir canton de Zürich, p. 15.
KELLER (Jeanne). Voir canton de Bâle, page 112.
KELLER (Henri), géographe estimé, auteur d'une excellente carte de la Suisse.
KELLER, peintre de montagnes et de paysages.
KÉRON, moine de Saint-Gall; savant écrivain.
KESSLER (Jean), promoteur de la réformation à Saint-Gall; chroniqueur et poète.
KIRCHER (Rost), minnesänger du XIIIe siècle.
KLAUBER, peintre. Voir canton de Bâle, page 110.
KLAUSNER, graveur zugois.
KLINGEN, minnesänger thurgovien du XIIIe siècle.
KLINGENBERG (Henri de), évêque de Constance, historien de la maison de Habsbourg.
KLINGENBERG (de), fameux chroniqueur du XIIIe siècle.
KÖNIG, excellent paysagiste. Voir Berne, page 32.
KÖNIG (Emmanuel), naturaliste bernois.
KUHN, naturaliste bernois. Voir Berne, page 32.
KUSTER, peintre zuricois.
KYBURG-THUN (Hartmann et Eberhard de). Voir Oberland bernois, page 34.

LABELYE, célèbre architecte. Voir canton de Vaud, page 151.
LACHENAL, botaniste célèbre.
LAFOND, peintre-paysagiste. Voir Berne, page 32.

LAHARPE (le colonel). Voir canton de Vaud, p. 151.
LALLEMANT (J.-J.). Voir Neuchâtel, page 207.
LAMBERT, réformateur. Voir Genève, page 210.
LANDENBERG, minnesänger du XIII° siècle.
LANDENBERG, bailli autrichien à Sarnen.
LANDENBERG (Hans), célèbre capitaine züricois.
LANGE, naturaliste. Voir canton de Lucerne, p. 47.
LAVATER, célèbre théologien et écrivain du XVI° siècle.
LAVATER (J. Gaspard), l'un des hommes les plus célèbres du XVIII° siècle. V. Zürich, p. 10 et 14.
LECLERC (Daniel), médecin. Voir Genève, p. 214.
LEEMANN, astronome du XVI° siècle.
LEFRANC (Martin), poète des XV° et XVI° siècles.
LENSBURG (Ulrich de) protecteur des V... stetten, au XVIII° siècle.
LESAGE, mathématicien. Voir Genève, page 214.
LEU (J.-J.), célèbre historien züricois.
LIPS, dessinateur et graveur züricois.
LIRONI, sculpteur tessinois.
LOBWASSER, écrivain allemand. — C'est lui qui a traduit en cette langue les psaumes français de Calvin.
LOCHER, peintre fribourgeois.
LOBIT, Glaronais. Voir canton de Glaris, page 76.
LORY, peintre-paysagiste. Voir Berne, page 32.
LUSSI (Melchior). Voir Unterwald, page 71.
LUTISHOFEN, célèbre avoyer de Lucerne.

MADERNA (Charles), architecte célèbre. Voir canton du Tessin, page 176.
MADERNA (Étienne), sculpteur. *Idem.*
MAGATI, peintre d'histoire. Voir Tessin.
MALLÉOLUS, chantre et chanoine. Voir canton de Zürich, page 14.
MALLET, historien. Voir Genève, page 214.
MANESSE (Roger), célèbre bourgmestre de Zürich, au XIV° siècle. Voir canton de Zürich, page 14.
MANGET (J.-J.), médecin. Voir canton de Genève, page 214.
MANUEL (Nicolas). Voir Berne, page 32.
MANUEL, naturaliste bernois. Voir Berne, page 32.
MARAT (Jean-Paul), né à Boudry, canton de Neuchâtel, en 1744. A peu près ignoré dans sa patrie, membre de la Convention nationale en France, et rédacteur du fameux journal l'*Ami du Peuple*, il mourut le 13 juillet 1793, assassiné par une fille héroïque, Charlotte Corday.
MEISNER, naturaliste bernois.
MEISTER. Voir canton de Zürich, page 14.
MELCHTHAL (Arnold de). Voir Unterwald, p. 70.
MERZ, poète züricois du X° siècle.
MEYER, de Knonau, capitaine züricois, en 1442.
MEYER, peintre züricois du XVII° siècle.

MEYER (Rodolphe), géologue, minéralogiste et écrivain züricois.
MOESCHIG, chroniqueur de Sarnen.
MOLA (P.-F.), peintre, directeur de l'académie de Saint-Luc.
MONTFORT (Rodolphe), poète du XIII° siècle. Voir canton de Saint-Gall, page 135.
MONTMOLLIN (Georges de). Voir canton de Neuchâtel, page 207.
MOOS, avoyer de Lucerne.
MOOSER, excellent organiste et facteur de piano estimé.
MORELL (André), savant numismate. Voir Berne, page 32.
MORETINI, ingénieur célèbre. Voir Tessin, p. 176.
MULLER (Jean), landammann d'Unterwald, vaillant capitaine.
MULLER (Jean de), célèbre historien. Voir canton de Schaffhouse, page 118.
MULLER (Jean), médecin. Voir Zug, page 87.
MULLER (Michel et Paul), peintres sur verre. Voir canton de Zug, page 87.
MULLER, mathématicien.
MULLINEN (Hermann de), général bernois.
MUMMENTHALER, mécanicien habile.
MUOSS (Béat). Voir canton de Zug, page 87.
MURALT (Simon de). Voir Tessin, page 175.
MURALT (Louis de), écrivain. Voir Berne, p. 32.
MURE (Conrad de), poète züricois du XVIII° siècle. Voir canton de Zürich, page 14.
MURER, peintre du XVI° siècle.
MURITH, chanoine de Saint-Bernard, naturaliste, antiquaire, auteur d'un ouvrage sur *les plantes du Valais*.
MURLER, général bernois.
MUTZ, savant professeur de philosophie. Voir canton de Thurgovie, page 167.
MUZ (Ulrich Hugwald), écrivain thurgovien.

NAEGLI, célèbre avoyer de Berne en 1536.
NECKER, ministre des Finances en France. Voir canton de Genève, page 215.
NECKER (madame), épouse du précédent.
NOSSENI, architecte. Voir Tessin, page 176.
NOTKER, religieux de Saint-Gall, écrivain, traducteur et poète.

OECOLOMPADE, célèbre réformateur.
OBRI, capitaine züricois au XV° siècle.
OSTERWALD, théologien neuchâtelois. Voir canton de Neuchâtel, page 207.
OSTERWALD (J.-R.), fils du précédent. — *Idem.*
OTMAR, premier abbé de Saint-Gall. Voir canton de Saint-Gall.
OWER (Hans), poète saint-gallois.

PARACELSE. Voir canton de Schwytz, page 63.
PATIN, antiquaire bâlois.
PESTALOZZI (Henri). Voir canton de Zürich, p. 14.
PETITOT, peintre sur émail, au XVI° siècle. Voir canton de Genève, page 215.
PETIT-PIERRE (T.-F.), traducteur de Klopstock. Voir canton de Neuchâtel, page 207.
PFINNENGER, peintre zuricois.
PFYFFER (Louis de). Voir canton de Lucerne, p. 47.
PICTET (Bénédict). Voir canton de Vaud, p. 214.
PICTET (Charles), écrivain estimé.
PISONI, architecte tessinois.
PLANEZIA (Guillaume), abbé de Disentis.
PLANTA (Martin de), physicien célèbre.
PLANTA (Pompée et Rodolphe de). Voir canton des Grisons, *première partie*, page 141.
PLATER (Thomas). Voir canton du Valais, p. 199.
PONTANINIA (Pierre de), abbé de Disentis, fondateur de la Ligue Grise.
POURTALÈS. Voir canton de Neuchâtel, page 203.
PÜNTINER, banneret d'Uri.
PÜNTINER, landammann d'Uri.
PURI (David de). Voir canton de Neuchâtel, p. 207.

RAETZI, landammann de Schwytz, l'un des commandans de l'avant-garde des Suisses à la bataille de Morat.
RAEZUNS (Hans-Henri, Ulrich et Brun de), les trois fondateurs de la Ligue Grise. Voir canton des Grisons, *première partie*, page 141.
RAHN, peintre paysagiste.
RAPPERSCHWYL (Albert et Werner d'Alt-), minnesängers du XII° siècle.
RARON, capitaine-général valaisan.
RARON (Guillaume de), évêque de Sion.
REDING (Rodolphe), landammann de Schwytz. Voir canton de Schwytz, page 63.
REDING (Just), l'un des schwytzois morts à la bataille de Saint-Jacques. V. Schwytz, page 63.
REDING (Ital), célèbre landammann de Schwytz, en 1415.
REDING (Ital), fils du précédent, aussi landammann en 1466. Voir Schwytz, page 63.
REDING (Aloys), capitaine-général des Suisses, en 1798. Voir canton de Schwytz, page 63.
REINHARD, peintre lucernois. Voir canton de Lucerne, page 47.
RESTI (Werner), célèbre landammann du Hasli.
REYNIER, célèbre général. Voir canton de Vaud, page 157.
RHEINER, peintre. Voir Berne, page 32.
RIETER, peintre paysagiste estimé.
RINGGLI, peintre zuricois du XVII° siècle.
RINGOLTENGEN (Rodolphe de), Bernois, célèbre au XV° siècle.

RINKENBERG (Cuno de), l'un des héros de la journée de Laupen.
RITTER (Joseph). Voir canton de Lucerne, p. 47.
RÖMER, savant naturaliste zuricois; auteur d'une *Histoire des Mammifères de la Suisse* et d'écrits relatifs à la botanique.
ROLL (Barbe de). Voir canton de Soleure, p. 103.
ROSCH (Ulrich), illustre abbé de Saint-Gall.
ROT (Hans), landammann d'Uri, mort à la bataille de Bellinzone.
ROTENBERG (Petermann Rot de), chef de l'état de Bâle en 1460.
ROTT (Pierre), capitaine bâlois, commandant les troupes de Bâle à la bataille de Morat.
ROUSSEAU (J.-J.). Voir canton de Genève, p. 215.
RÖUST (Marc), bourgmestre zuricois. Voir canton de Zürich, page 15.
RUCHAT, historien. Voir canton de Vaud, p. 151.
RUEF (Jacques), le plus ancien poète de la Suisse. Voir canton de Zürich, page 14.
RUGER, chroniqueur schaffhousois.
RUOD (Anselme), chroniqueur bernois.
RUSS (Antoine). Voir canton de Lucerne, p. 47.
RUSSINGER, abbé de Pfeffers.
RUTIMANN, Unterwaldois mort en héros à la bataille de Saint-Jacques.
RYHINER, colonel des troupes bernoises en 1798, massacré par ses propres soldats.

SALES (saint François de), né à Annecy en Savoie, fut évêque de Genève et se fit remarquer par sa piété; il fonda la congrégation de la Visitation, aidé de la baronne de Chantal, qui en fut la première supérieure.
SALIS (Rodolphe et André de), chevaliers au X° siècle. Voir canton des Grisons, *première partie*, page 141.
SALOMON, évêque de Constance et abbé de Saint-Gall au commencement du X° siècle. C'était le plus savant prélat de son temps.
SALTERIO, architecte habile. Voir Tessin.
SALZMANN (Léodegar), abbé d'Engelberg. Voir canton d'Unterwald, page 71.
SANG (Gaspard). Voir canton de Zug, page 87.
SARDI, architecte célèbre. Voir Tessin, page 176.
SAUSSURE (Horace Benedict de). Voir Mont-Blanc, page 247.
SAUSSURE (Théodore de), fils du précédent, savant chimiste, écrivain distingué.
SAX (Hans de), l'un des fondateurs de la Ligue Grise.
SCHELL (Charles), sculpteur zugois du XVII° siècle.
SCHEUCHZER (Jean), botaniste célèbre.
SCHEUCHZER (J.-J.), physicien-naturaliste zuricois.

Jean-Jacques Rousseau

Schick, landammann et capitaine-général du canton d'Uri, mort à la bataille de Saint-Jacques.
Schilling, chroniqueur bernois.
Schinner (Mathieu), cardinal, évêque de Sion. Voir canton du Valais, page 199.
Schinz (Rodolphe), auteur d'une excellente description de la Suisse italienne.
Schmidt (Vincent), historien du canton d'Uri.
Schmutz, mécanicien habile. Voir Zürich.
Schorer, fameux chasseur de chamois. Voir Saint-Gall.
Schultress, peintre d'histoire.
Schuppach (Michel), dit *le médecin de la montagne*. Voir Berne, page 32.
Schwand, capitaine zuricois célèbre.
Schweitzer, historien zuricois.
Schwerter, historien zuricois.
Seldenbüren (Conrad de), fondateur et religieux de l'abbaye d'Engelberg.
Senebier, naturaliste célèbre.
Seringe, naturaliste. Voir Berne, page 32.
Sillinen, guerrier d'Uri. Il périt à la bataille de Sempach.
Sillinen (Jost de), évêque de Grenoble et de Sion, l'un des plus grands hommes d'État du XVe siècle.
Silva (Augustin-Ch.-François et François), peintres et sculpteurs célèbres.
Simler, historien zuricois.
Sinner, historien bernois.
Spatig (Nicolas), poète latin. Voir canton d'Unterwald, page 71.
Spérer (Hans), chroniqueur bâlois.
Spon, historien.
Sprecher (Fortunatus), historien. Voir canton des Grisons, *première partie*, page 141.
Sprungli, naturaliste.
Stael-Holstein (madame de). Voir lac de Genève, page 221.
Stalder (Joseph), compositeur célèbre. Voir canton de Lucerne, page 47.
Stapfer (J.-F.), théologien. Voir Berne, page 32.
Stälder, savant écrivain lucernois. Voir canton de Lucerne, page 47.
Stapfer (Ulrich). Voir canton de Zurich, page 15.
Stauffacher (Werner), l'un des trois fondateurs de la Confédération. Voir Schwytz, page 63.
Steiger, célèbre avoyer de Berne. V. Berne, p. 32.
Stein (Georges de), illustre commandant des Suisses à Granson en 1476.
Steinbüchel, savant helléniste zuricois.
Steiner (Werner), chroniqueur zugois et auteur d'une Histoire de la Suisse. Voir Zug, page 87.
Steiner (Jean-Gaspard). Voir Zug, page 87.
Steiner (Werner), landammann de Zug, général des Suisses à la bataille de Dornach. Voir canton de Zug, page 87.
Steiner, né à Winterthour, peintre paysagiste.
Steinmuller, naturaliste glaronais; l'un des éditeurs de l'*Alpina*.
Stettler, colonel bernois, massacré par ses propres soldats en 1798.
Straetlingen, minnesänger zuricois.
Straetlingen (Rodolphe de), fait roi de Bourgogne au IXe siècle.
Straetlingen (Rodolphe II), roi de Bourgogne.
Straetlingen (Rodolphe III), dernier roi de Bourgogne, de la maison de Straetlingen au XIe siècle.
Strub, poète glaronais.
Struve, naturaliste. Voir canton de Vaud, page 151.
Studer, peintre de montagnes.
Stumpf, historien zuricois.
Stussi (Rodolphe). Voir canton de Zürich, p. 15.
Sulzer (David), peintre paysagiste.
Sulzer, écrivain distingué, auteur de plusieurs ouvrages sur la théorie des beaux-arts.
Suter (Joseph). Voir canton de Lucerne, p. 47.
Sutter, peintre fribourgeois.

Tachsel, l'un des héros de la bataille de Saint-Jacques.
Tanner, peintre de paysages.
Tell (Guillaume). Voir canton d'Uri, page 56.
Tencalla, peintre. Voir Tessin, page 176.
Theilig (Frischhans), chef des Lucernois. Il se distingua à la bataille de Giornico; plus tard il périt sur l'échafaud, victime de la haine du bourgmestre Waldmann de Zürich.
Thomas (père et fils), laborieux botanistes auxquels on doit la découverte d'un grand nombre de plantes suisses.
Tissot, célèbre médecin. Voir Vaud, p. 151.
Tockenbourg (Frédéric et Krafton de), minnesängers du XVe siècle.
Toriani (François et Innocent), peintres célèbres.
Travers (Jean de), homme d'état, guerrier, savant, réformateur. Il a écrit le premier en langue latine.
Trembley (Abraham), naturaliste. Voir canton de Genève, page 215.
Tribolet, botaniste bernois.
Trinen, peintre du canton d'Uri.
Tripel, sculpteur célèbre. Voir canton de Schaffhouse, page 120.
Troll, peintre de paysages.
Tronchin (Théodore), savant théologien. Voir canton de Genève, page 214.
Tronchin (Louis). Voir Genève, page 214.

TRONCHIN, médecin célèbre. — Idem.
TRUMPI, chroniqueur glaronais.
TSCHACHTLAN, chroniqueur de Berne.
TSCHARNER, historien. Voir Berne, page 32.
TSCHUDI (Joseph). Voir canton de Glaris, page 75.
TSCHUDI (Égide). — Idem.
TSCHUDI (Henri et Pierre), chroniqueurs glaronais.
TSCHUDI (Valentin), curé de Glaris. Voir canton de Glaris, page 76.
TURQUET DE MAYERNE, médecin. Genève, p. 214.
TURRETIN (Bénédict, François et Jean-Alphonse). Voir canton de Genève, page 214.
TURST (Conrad), chroniqueur züricois au XV° siècle.

UDELRICH. Voir canton d'Unterwald, page 71.
ULRICH (J.-J.), auteur d'une histoire des Juifs en Suisse.
USTERI, savant professeur züricois.
USTERI (Martin), dessinateur estimé. Voir canton de Zürich, page 15.

VADIANUS ou VATT (Joachim), bourgmestre de Saint-Gall. Voir Saint-Gall, page 134.
VAN-BERCHEM, savant géologue. V. Vaud, p. 151.
VARNBUHLER (Ulrich), bourgmestre de Saint-Gall, l'un des plus vaillans capitaines des Suisses à la bataille de Morat.
VATEL, légiste neuchâtelois. Voir canton de Neuchâtel, page 207.
VERNET (Jacob). Voir canton de Genève, page 214.
VIGAT, botaniste. Voir canton de Vaud, page 151.
VICTOR, premier comte de la Rhétie en l'an 600.
VIOL, poète lucernois. Voir Lucerne, page 47.
VIRET, célèbre réformateur. V. Vaud, page 151.
VOGELI, célèbre guerrier fribourgeois.
VOGELWEIDE (Walter de la), minnesänger thurgovien du XIII° siècle.
VOLMAR, peintre bernois. Voir Berne, page 32.
VORSTER, dernier abbé de Saint-Gall, en 1805.

WALDMANN. Voir canton d'Uri, page 87.
WALDMANN. Voir canton de Zürich, page 15.
WALKER (Ulrich), avoyer de Lucerne.
WALSER, chroniqueur de l'Appenzell.
WALTER, fameux théologien züricois.
WALTER (Gottl.), historien bernois, antiquaire.
WART (Rodolphe de), l'un des meurtriers de l'empereur Albert I°.
WASER, savant züricois.
WATTEWYL, historien bernois. Voir Berne, p. 32.
WEBER, peintre et compagnon de voyage du capitaine Cook.
WEIBEL, peintre bernois. Voir Berne, page 32.
WEISS, historien.

WEISSENBACH (Anselme-Charles), religieux auteur d'une histoire de l'abbaye de Muri.
WEISSENBACH (Jean-Gaspard), poète dramatique du XVII° siècle. Voir canton de Zug, page 87.
WERDENBERG (Henri de), fondateur de la Ligue noire des nobles.
WERDENBERG (Jean de), l'un des fondateurs de la Ligue de la Maison de Dieu.
WERDENBERG (Rodolphe de), illustre capitaine appenzellois.
WERDENBERG (Hugues de), l'un des fondateurs de la Ligue Grise, au XV° siècle.
WERDMULLER, peintre züricois.
WERKER (Dorothée). Voir canton de Bâle, p. 112.
WERNER (Joseph), peintre bernois. Berne, p. 32.
WIKARD (Michel), peintre et architecte du XVII° siècle. Voir canton de Zug, page 87.
WIKARD (Michel), né à Zug; fondateur de la riche bibliothèque des Capucins de Lucerne.
WINKELRIED (Arnold de), héros unterwaldois. Voir canton d'Unterwald, page 70.
WIRZ, auteur d'une histoire ecclésiastique de la Suisse.
WISARD, peintre bernois. Voir Berne, page 32.
WITTENBACH, savant naturaliste bernois, et fondateur, en 1786, d'une société d'histoire naturelle.
WOCHER, peintre bâlois.
WOGELWEIDE (Walter de la). Voir canton de Thurgovie, page 167.
WOLF (de Muri), peintre de montagnes.
WURFFLEN (Rodolphe de), avoyer de Fribourg, l'un des chefs des Suisses à la bataille de Morat.
WURSCH, célèbre peintre unterwaldois. Voir canton d'Unterwald, page 71.
WYST (Eberhard), chroniqueur saint-gallois.

ZAY, écrivain, né à Art, auteur d'une description de la Vallée de Goldau, avant et depuis la chute du Rossberg, en 1806.
ZELGER, historien et naturaliste. Voir canton d'Unterwald, page 71.
ZIMMERMANN, médecin célèbre. V. Zürich, p. 14.
ZIMMERMANN (J.-Ignace), poète dramatique lucernois, au XVIII° siècle. Voir Lucerne, p. 47.
ZOLLIKOFER, prédicateur éloquent. Voir canton de Saint-Gall, page 134.
ZSCHOKKE (Henri). Voir Argovie, page 159.
ZUBER, mathématicien züricois du XVIII° siècle.
ZURLAUBEN (de), héros de la journée de Morat.
ZURLAUBEN (Antoine-Dominique), lieutenant-général au service de France, savant historien. Voir canton de Zug, page 87.
ZWICKI, Glaronais, hardi chasseur de chamois.
ZWINGLE (Ulrich), réformateur célèbre. Voir Glaris, page 70; et Zürich, page 13.

VOYAGES, COURSES, EXCURSIONS.

DES DIVERSES MANIÈRES DE VOYAGER EN SUISSE.

Quiconque veut connaître la Suisse dans tous ses détails doit en entreprendre le voyage à pied. Rien n'échappe alors au voyageur : il peut s'arrêter, considérer à son aise les sites, les monumens, les curiosités naturelles qu'il rencontre ; il peut se transporter dans les contrées les moins accessibles, s'entretenir avec les habitans, s'y séjourner où il lui plaît, s'arrêter au milieu de sa course pour dessiner un site pittoresque, enrichir son herbier d'une belle plante ou recueillir pour son cabinet un insecte rare, une pétrification curieuse.

En voyageant à pied avec un guide qui portera le linge et quelques effets, on ne dépensera pas au-delà de 12 francs (1) par journée :

Déjeûner	1 fr. 50 c.
Dîner	3 »
Coucher et collation	2 50
Guide	5 »
	12 fr. »

On voit que la dépense de quiconque se résoudrait à voyager à pied, sans guide, ne s'élèverait à peu près qu'à 6 francs par jour ; et l'on peut parcourir une grande partie de la Suisse ainsi. On ne prend alors un guide que pour visiter quelques contrées spéciales, comme l'Oberland bernois, la vallée de Chamouny, les Grisons, et quelques passages difficiles des Alpes. Dans tous les autres cas, on fera transporter d'un lieu à l'autre son bagage, soit par quelque voiture de retour, comme on en trouve partout en Suisse, soit par un homme du pays que l'on garde une demi-journée, une journée, et auquel on ne donne pas au-delà de 3 francs par jour.

Ce qui rend assez dispendieux certains voyages en Suisse, c'est le manque des voitures de poste, qui ne sont pas communes dans ce pays, et le haut prix des voitures de louage, qui ne s'élève pas à moins de 30 fr. par journée, pour deux chevaux. On ne compte rien pour le louage de la voiture ; au contraire on exige souvent davantage de ceux qui ne prennent que des chevaux, parce que, dans ce cas, le voiturier ne peut point se promettre de trouver un nouveau bénéfice en ramenant d'autres voyageurs au retour. Il faut encore ajouter les étrennes ou pour-boire au cocher.

Quant aux chevaux de selle ou mulets, dont on fait usage dans les montagnes où les voitures ne pourraient passer, on les paie généralement de 6 à 8 francs par journée. Ce prix diminue quand on les retient pour quelques semaines.

Si l'on a des domestiques avec soi, il faut évaluer leur nourriture quotidienne et leur logement à 3 francs par tête.

Quand plusieurs touristes s'arrangent pour faire route ensemble, les frais du voyage sont moins considérables pour chacun en particulier, parce qu'alors le loyer des voitures, le prix des chevaux et des bateaux, ainsi que le salaire des guides, sont partagés également par tous.

DE LA SAISON A CHOISIR
POUR VOYAGER EN SUISSE.

Le mois de mai est communément plus beau en Suisse que le mois de juin, assez souvent pluvieux, et il n'est pas rare de voir le mauvais temps se prolonger jusqu'en juillet. Cependant les plus beaux jours sont, en général, ceux de juillet, d'août et de septembre. Ce sont donc ceux-là qu'il convient de choisir pour voyager dans les hautes montagnes, qui, d'ailleurs, ne sont praticables, à cause des neiges, qu'à cette époque de l'année. Du reste, les saisons sont assez souvent capricieuses, et quelquefois, dès le mois de juin, le temps est assez beau, pour qu'on puisse commencer un voyage dans les Alpes. Quelquefois aussi, quoique rarement, il arrive que le temps est si peu sûr, qu'on ne peut espérer d'avoir deux ou trois semaines sans pluie. Le mois de septembre, et plus souvent celui d'octobre, sont souvent aussi préférables, à cause de la pureté et de la sérénité du ciel et de la douceur de l'air, de sorte qu'en Suisse, et surtout aux environs de Genève et dans le canton de Vaud, l'automne est une saison délicieuse.

RECOMMANDATIONS DIVERSES.

Pour voyager commodément en Suisse, il faut être vêtu légèrement. Une blouse, un pantalon,

---

(1) Les dépenses sont indiquées en monnaies de France.

et des guêtres, soit en drap, soit en cuir : tels sont les vêtemens les plus usités. On aura soin de se munir de deux paires de souliers : l'une garnie de bonnes semelles, pour les routes unies des vallées, et l'autre pour marcher sur les rochers, sur la neige et sur la glace, les premiers ne pouvant résister que peu de temps au frottement et à l'action des pierres et cailloux tranchans et pointus qu'on y rencontre continuellement. D'ailleurs, on ne saurait trop prendre de précautions pour mettre ses pieds à l'abri du choc des pierres, et pour assurer son pas, autant qu'il est possible.

Les voyageurs qui veulent parcourir les Alpes ne doivent point former de caravanes trop nombreuses, car, dans beaucoup d'auberges, on ne trouve de lits que pour quatre ou cinq personnes. Ils se contenteront de faire un petit nombre de lieues à pied, le matin, surtout s'ils n'ont point l'habitude de voyager ainsi. Le touriste le mieux exercé ne commence jamais ses excursions que par de petites journées. Celui qui marche avec précaution pourra faire, chaque jour, quelques lieues de plus; mais pourtant, en général, il serait peu prudent de faire plus de huit lieues par jour.

Il faut aller lentement lorsque l'on gravit quelque hauteur. On doit éviter le soleil et la réverbération de la lumière, en choisissant le matin pour attaquer le revers occidental d'une montagne, et le soir, pour en parcourir la partie exposée à l'orient.

Quand on gravit les rochers et les glaciers, on doit agir avec prudence, ne pas s'éloigner de son guide, et suivre ses conseils. On se gardera soigneusement des illusions de la vue. La grandeur des masses trompe l'œil; les objets qui semblent voisins sont éloignés, et la sommité où l'on croit pouvoir s'élever sans peine est souvent inaccessible.

On ne se hasardera jamais à voyager dans les hautes Alpes avant la chute des avalanches du printemps. Après de longues pluies il faut aussi laisser passer un jour ou deux avant de se remettre en route pour traverser les hautes vallées, dans lesquelles, à la suite d'un temps pluvieux, se précipitent souvent de gros quartiers de pierres détachés des immenses parois qui les bordent dans toute leur longueur. Dans ces cas-là, si l'on est sans guide, on fera bien de consulter les habitans et de suivre scrupuleusement leurs recommandations.

Avant de s'exposer à un passage dangereux, il faut, pour ainsi dire, rassasier ses yeux de l'aspect des précipices dont on est entouré. On parvient ainsi à contempler de sang-froid les abîmes les plus redoutables; mais si l'œil ne peut s'accoutumer à voir le péril sans effroi, il faut revenir sur ses pas sans hésiter.

Il ne faut point s'aventurer sur un glacier couvert récemment de neiges, ni essayer de le traverser à l'heure de midi; car alors les neiges ramollies ne peuvent pas toujours supporter le voyageur qui enfonce à chaque pas, et risque de tomber dans des crevasses inaperçues.

Il est prudent de se munir d'un morceau de crêpe vert, afin de s'en couvrir les yeux, lorsqu'on aura plusieurs lieues de suite à faire sur la neige. La répercussion des rayons du soleil, réfléchie par la neige, fatigue excessivement la vue, et cause même quelquefois des douleurs cuisantes au visage, à la suite d'une longue marche dans les glaciers et sur les neiges; on calme ces douleurs, en se lavant avec de l'eau dans laquelle on a étendu un peu d'alcali volatil.

Au bout d'une marche longue et fatigante, on fera bien de prendre un bain de pied dans de l'eau tiède, mêlée avec du vin ou de l'eau-de-vie : on peut encore se laver les pieds avec de l'eau-de-vie pure. Il n'y a rien qui délasse aussi promptement et qui fortifie plus les pieds que cette espèce de bains.

Il faut bien se garder de boire avec avidité de l'eau des sources, ou de celle qui sort des glaciers, à moins d'y mêler quelques gouttes d'eau de cerises ou *kirschwasser*.

Si l'on est sujet à être affecté par le froid, il convient de se munir d'un gilet de flanelle que l'on portera sur la peau toutes les fois qu'on fera quelque excursion sur les hautes Alpes; car il arrive souvent qu'après une montée de plusieurs heures, au moment où la chaleur incommode le plus, le chemin tourne subitement autour d'un pan de rocher et prend une autre direction : alors on se trouve tout à coup exposé à un vent froid et piquant, qui est insupportable même quand on n'en éprouve aucun mauvais effet.

Il y a des contrées, dans les Alpes, dont les habitans montrent la plus grande défiance contre les voyageurs qu'ils voient dessiner, ce qu'ils désignent par une expression particulière : *Das Land abreissen* (tirer le pays). Dès que l'on s'apercevra de ces impressions, on cessera sur-le-champ, si l'on ne veut pas s'attirer quelque désagrément.

Quand on voyage à cheval dans les montagnes, il faut laisser aller sa monture à son gré sans chercher à la conduire. On se sert uniquement de mulets et de chevaux pour transporter les marchandises dans les passages des Alpes; aussi ces animaux sont-ils accoutumés à marcher sans cesse sur les chemins rocailleux et difficiles qu'on y trouve.

Souvent dans les montagnes, des rochers à pic règnent le long du chemin, et les chevaux ont coutume de côtoyer le bord opposé, pour ne point heurter contre ces rochers ; or le chemin est quelquefois bordé, de ce côté, par un précipice, dont l'aspect effrayant cause d'autant plus d'angoisses et de terreur au cavalier, qu'il se voit obligé de s'abandonner entièrement à son cheval. Quand on rencontre de semblables passages, il est assez à propos de descendre, si l'on sent qu'on ne peut surmonter les craintes auxquelles on est en proie ; mais qu'il laisse marcher ces animaux à leur fantaisie, le voyageur n'éprouvera aucun accident.

PLANS DE VOYAGES,
EXCURSIONS ET COURSES.

Parmi les divers itinéraires qu'on va lire, quelques-uns exigent plusieurs mois, d'autres ne demanderont qu'un mois, quinze jours, huit jours, six jours, etc. On s'est attaché à guider le voyageur de manière à lui faire voir autant de contrées qu'il est possible d'en visiter pendant le temps consacré à chaque excursion.

PLAN D'UN VOYAGE
DANS LES VINGT-DEUX CANTONS,
DONT LA DURÉE SERA DE 3 MOIS ENVIRON.

On partira de *Genève*, on verra Nyon, Rolle, Gimel, et, après avoir passé la montagne de Marchairu, on atteindra la vallée du lac de Joux. On fera le tour du lac des Brenets.

Du *Brassu* on ira au Lieu, puis, après avoir passé à côté du petit lac *Tar*, on visitera l'Abbaye, village situé sur le lac de Joux.

De l'*Abbaye* du lac de Joux, par Yverdun et Neuchâtel, on ira à Peseux, Corcelles, Rochefort, Brot, Noiraigues, Rosières, Travers, Couvet et Motiers.

De *Motiers* on ira, par Saint-Sulpi, Verrurel, Bayard, la Côte-aux-Fées, Brévine et Le Locle, à La Chaux-de-Fond.

De La *Chaux-de-Fond*, par les vallées de Sagne, des Ponts et de Ruz, à Neuchâtel.

De *Neuchâtel*, par Saint-Blaise, Marin, Pont de Thièle, Cerlier (Erlach), et au-delà, après avoir traversé le lac de Bienne en bateau, par Bienne, à Sonceboz.

De *Sonceboz*, par Pierre-Pertuis, Tavannes, Malleray, Court, Moutiers (Münster), La Roche, Courrendelin, Saugern (Soyhère), Lauffen, Grellingen, Aesch et Rheinach, à Bâle.

De *Bâle* à Schaffhouse, par Augst, Rheinfelden, Moli, Mumpf, Stein, Lauffenbourg, Hauenstein, Albbrug, Waldshut, Thungen, Erzingen, Neuhaus et Lauffen.

De *Schaffhouse*, par Stein, Constance, et Arbon, à Rorschach.

De *Rorschach* on suivra les rives du lac de Constance, la plus belle partie du Rheinthal, Eggerstenden et Appenzell.

D'*Appenzell* à Saint-Gall, en passant par Gais, Gabris, Trogen, Speicher et Vögliseck.

De retour à *Appenzell*, on ira à Glaris, par la forêt du Rheinthal, Eggerstenden, Kobelwies, Oberried ; on traversera le Hirzensprung, Sennewald, Saletz, Werdenberg, Buchs, Sevelen, Altemoos, Trübenbach, Sargans et Wallenstadt. On s'embarquera sur le lac de ce nom pour se rendre à Wesen, à Mollis ; puis à Glaris.

De *Glaris* on ira à Schwytz en passant par la vallée de Klonthal, le mont Pragel et le Muttenthal.

De *Schwytz*, en traversant le mont Haken, on ira à Einsiedeln (Notre-Dame des Ermites).

D'*Einsiedeln*, en traversant le mont Etzel, on se rendra à Rapperschwyl, d'où l'on ira à Zürich en s'embarquant sur le lac de ce nom.

De *Zürich* à Aarau, par Baden, Windisch, Königsfelden, Schinznach et Auenstein.

D'*Aarau* à Soleure, en passant par Olten, Aarbourg, Buren et Langenthal.

De *Soleure* à Berne, par Aarberg, Seedorf, Frinisberg et Bremgarten.

De *Berne* à Lucerne, en passant par Langenau dans l'Emmenthal, Eschlimatt, Schüpfen, Hasli, Entlibouch, la Brameck, puis en suivant par Schachen et Malters.

De *Lucerne* pour aller à Zug, on s'embarquera sur le lac, qu'on traversera jusqu'à Küsnacht, d'où l'on ira par terre à Immensée, sur le lac de Zug ; puis on traversera ce dernier.

De *Zug* à Egeri.

D'*Egeri* par Morgarten et Sattel, où l'on prendra un sentier pour passer le Steinerberg, et de là descendre à Art. OU BIEN : d'Egeri en traversant le Rotzberg pour se rendre à Art.

D'*Art* au Righi, d'où l'on redescendra par le Weggis.

De *Weggis* à Sarnen, par le lac des Waldstetten et Alpnach.

De *Sarnen* on ira par Kerns à Stanz.

De *Stanz*, pour aller à Altorf, on se rendra à Buochs, où l'on s'embarquera sur le lac. On se rendra à Fluelen, en visitant, chemin faisant, le *Grutli* et le *Tellen-plate*. De là on ira à Altorf.

D'*Altorf*, pour aller à Bellinzone, on suivra la vallée de la Reuss ; on traversera les villages d'Amsteg, de Wasen, de Göschenen, le passage de Schöllinen et le pont du Diable (*Teufelsbrucke*); on entrera dans la vallée d'Urseren, et, passant par les villages d'Andermatt et de l'Hospital, on atteindra le sommet du St-Gotthard. On descendra ensuite à Airolo et à Dazio; puis, après avoir dépassé les villages de Faido, de Giornico (*Irnis*) et de Poleggio, on arrivera à Bellinzone.

De *Bellinzone*, on passera le mont Cenere pour se rendre à Lugano.

De *Lugano*, on prendra le sentier qui suit les bords du petit lac de Muzzano et mène à Viglio, d'où l'on traversera en bateau le lac d'Agno et le petit lac (*Loghetto*), on débarquera au pont de la Trésa (*ponte Tresa*), puis on ira à pied à Luvino.

A *Luvino*, on s'embarquera sur le lac Majeur pour aller visiter les îles Borromées; puis on débarquera à Baveno, d'où l'on se rendra à Vogogna, Pallanzano, Villa et Domo-d'Ossola.

De *Domo-d'Ossola*, on passera le Simplon et l'on descendra à Brigg.

De *Brigg*, on se rendra à Obergestelen, presqu'au pied du Grimsel.

D'*Obergestelen* on entrera dans le Gerenthal pour aller visiter le glacier du Rhône, puis on montera sur le Grimsel en passant par la Mayenwand, et l'on redescendra à Spital (*l'Hôpital*).

De *Spital*, par le chalet de la Handeck et par les villages de Guttanen et de Hasli-im-Grund, on arrivera à Meyringen.

De *Meyringen*, on passera la Scheideck, et on descendra au Grindelwald. On ira par Zweylutschinen à Lauterbrunn, et en passant par Gsteig, Interlacken, Untersecn, on arrivera à Thun. (*Voir, pour cette excursion*, COURSES DANS L'OBERLAND BERNOIS).

De *Thun* on s'embarquera sur le lac du même nom et l'on ira jusqu'à Fulensée; ensuite on se rendra, par Eschi, Mullinen et Frutingen, au Kanderstag. De là on passera la Gemmi, on arrivera à l'auberge de Schwarrbach, puis on descendra aux bains de Louesche.

Des bains de *Louësche* on passera à Sierre (*Siders*), Sion, Martigny et Saint-Maurice.

De *St-Maurice*, pour se rendre à Montreux, on passera par Bex, Aigle, Roche et Villeneuve.

De *Montreux* on entrera dans le canton de Fribourg, en passant par la Dent de Jaman. On se rendra, par Montbovon, Albeuve et Heney, à Gruyères (*Greyerz*).

De *Gruyères* à Fribourg, en passant par Bulle.

De *Fribourg* à Vevey, en passant par Morat, Payerne, Moudon, Carrouge, Mézières, Essertes, et en côtoyant le lac de Bret.

De *Vevey*, par Lausanne, Morges, Rolle, Nyon et Coppet, à Genève.

De Genève à Chamouny. (*Voir pour cette excursion*: COURSE A CHAMOUNY.

VOYAGES DANS LES GRISONS.

COURSE D'UN MOIS (1).

De *Coire*, par Séewis, à Fidris, dans le Prettigau; puis à Davos, aux bains d'Alvenau, par Bergun, et, après le passage de l'Albula, à Ponte. Par St-Maurice, Selvapiana, et par le mont Julier, à Birio. De là, on passera par Savognin, Alvaschein, par le Pont, à Obervatz. On se rendra à Andeer par le Skyn, Tusis et la Via-Mala. D'Andeer on ira à Hinterrhein par le Splügen. On passera la montagne de Vals pour aller à Platz, dans la vallée de Vals. De Platz on passera par le village de Zavreila, par la vallée de Lenz, et, au-delà du lac du même nom, on se trouvera à Campo, dans la vallée de Scaradra. De Ghirone on ira à Olivone, dans la vallée de Blegno. De là, après avoir passé le Lukmanier, on se rendra à Medels, dans la vallée du même nom, d'où l'on ira voir la source du *Rhin-du-Milieu*. De la vallée de Medels, on passera par celle de Tavetsch, Karvoja, Sedrun et Salva, pour atteindre le Badus, où l'on voit le *Rhin antérieur* prendre sa source. De là on passera par Disentis, Trons et Ilanz, pour rentrer à Coire.

COURSE DE 3 SEMAINES.

De *Coire* à Malix, puis à Churwalden, Parpan, Lenz, les bains d'Alvenau, Filisur, Bergun, le mont Albula, Ponte et Samaden; de là on peut faire une excursion aux eaux de St-Maurice; puis on suivra, par Pontrésina, le mont Bernina, Poschiavo, Tirano, Teglio, Sondrio, Morbegno et Domaso, où l'on prendra une barque pour traverser le lac de Côme. On débarquera à Cadenobbia; on ira visiter la villa Plinia, puis on entrera dans Côme. On prendra ensuite par Mendrisio, Lugano, Bellinzone, la vallée de Misocco; on passera le St-Bernardin, d'où l'on ira voir la source du Rhin au glacier du Rheinwald; puis on retournera à Coire par Hinterrhein, le Splügen, la vallée de Schams, la Via-Mala et Tusis.

---

(1) Le voyageur qui suivra cet itinéraire s'éloignera souvent des chemins fréquentés pour passer par des vallées et des montagnes que l'on ne visite guère; mais il sera bien dédommagé de ses fatigues par la variété des sites qui s'offriront de tous côtés à sa vue.

EXCURSION DE COIRE A BORMIO.

On passera à Malix, Churwalden, Parpan, Lenz, Brienz, Alveneu (les Bains), Filisur, Bergun, Weissenstein, Ponte, Zoutz, Scanf, Casanalp, Livino, Trepall, San-Carlo, Isolaccia et Premaglia.

EXCURSION DE COIRE A CHIAVENNA.

On passera à Lenz, à Thiefenkasten, Konters, Tiutzen, Savoguini, Rofna, Mühlen, Marmels, Stavedro, Stalla (*Bivio*); puis on traversera le col du Septimer, Cassaccia, Vicosoprano, Stampa, Promontogno, Castasegna, Villa, et Santa-Croce.

EXCURSION DE COIRE AUX BAINS DE PFEFFERS.

1 JOURNÉE.

On passera à Masans, Zizers, Untere-Zollbruck et au couvent de Pfeffers.

PETITS VOYAGES DANS L'OBERLAND BERNOIS.

EXCURSION DE 2 JOURNÉES.

De Thun, en suivant les bords du lac, on passera par Helterlingen, Ralligen, Merligen, Neuhaus, Unterseen, Renkenberg, Ned, Ried, Ober et Eligen.

EXCURSION DE 4 JOURNÉES.

De *Berne* on va à Thun. On s'embarque à Thun, sur le lac, pour Neuhaus, on passe à Unterseen, à Interlacken et à Lauterbrunn, où l'on visite le Staubbach. On traverse la Petite Scheideck, on arrive au Grindelwald, où l'on va voir le glacier supérieur. On passe la Grande Scheideck, puis on entre à Meyringen, après avoir admiré la belle cascade du Reichenbach. De Meyringen on va à Brienz, on visite le Giessbach, puis on retourne à Berne par Neuhaus et le lac de Thun.

EXCURSION DE 6 JOURNÉES.

Partir de *Berne*, et continuer le voyage comme il est indiqué ci-dessus, en y ajoutant une visite au Schmadribach, à la chute supérieure du Staubbach, au village de Murren, dans la vallée de Lauterbrunn, une ascension sur le Faulhorn, dans la vallée de Grindelwald, et une autre au Hasliberg, dans celle d'Hasli.

EXCURSION DE 12 JOURNÉES.

De *Berne* à Thun. Visiter le Büchiholzlein, Schadau, la grotte St-Béat; se promener sur le lac. Visiter les environs d'Unterseen et d'Interlacken. Aller à Bönigen, à Ringgenberg. Monter sur le Petit Rugen. Aller à Zweylütschinen, Unsprünnen et Wilderschwyl. Faire une ascension sur l'Eisenfluh. Aller à Murren. De Murren aller, par Gimmelwald, à Stubelberg. Visiter la cascade du Schmadribach; visiter aussi les anciennes mines de Tachsellauenen. De Lauterbrunn aller, par la Petite Scheideck, au Grindelwald. Voir l'Jungfrau et visiter les deux glaciers. Monter au Grimsel. De l'hospice aller visiter le glacier du Rhône. Ascension au Sidelhorn. Descendre à Meyringen. Visiter le passage du mont Kirchket. Monter au Brunig par le Hasliberg. Redescendre dans la vallée d'Hasli, par le pont de Wyler, à Tracht ou Brienz. Visiter la cascade du Giessbach. Aller à Iseltwald, Interlacken et Unterseen. S'embarquer sur le lac de Thun, et aller à Spiez, à Amsoldingen et aux bains de Blumenstein. Retourner à Berne par le Gurnigel.

GUIDES POUR L'OBERLAND BERNOIS ET TOUTE LA SUISSE. — ÉQUIPAGES.

On trouve à Thun, au Freyenhof, des guides sûrs et complaisans qui ont une connaissance parfaite des localités qu'on désire visiter. Ils parlent généralement le français, l'anglais et l'allemand.

On leur paie 5 francs par jour, pour gages et entretien. Le même prix est accordé pour les journées de retour, depuis l'endroit où on les quitte.

Les cochers qui servent le même hôtel fournissent toute espèce d'équipages : des calèches à un cheval et à deux chevaux, des chars-à-banc, et des chevaux de selle. Les prix sont les suivans :

12 francs par jour, pour un équipage à un cheval, et 9 francs par jour et par cheval, quand on en prend plus d'un, *les étrennes* ou pourboire au cocher non compris ; mais on est obligé de payer le retour au voiturier, c'est-à-dire que, si l'on n'emploie un équipage qu'une journée, il faut en payer deux, et ainsi de suite pour de plus longs voyages.

Comme il y a toujours en été un assez grand nombre de voyageurs sur les routes, on trouve souvent des places dans les voitures qui s'en retournent vides, et ces places ne coûtent que la moitié des prix ordinaires, parce que, alors, on n'est point tenu de payer de retour. On s'épargnera donc des frais considérables en ayant soin de s'informer, dans les auberges, s'il n'y a point de *voitures de retour*, destinées pour les endroits où l'on se propose de se rendre.

EXCURSION DE GENÈVE A CHAMOUNY.

2 JOURNÉES.

On passera à Chêne, Annemasse, Vitré, Nangy, Contamine, Bonneville, Vaugy, Siongy, Cluses, Balme, Maglan, St-Martin, Chède, Servoz, les Ouches, Moncouart et le Prieuré.

GUIDES POUR LA VALLÉE DE CHAMOUNY.

Les guides de la vallée de Chamouny sont soumis, depuis l'année 1823, à un règlement qui oblige aussi les voyageurs à se servir des guides qui leur sont désignés par le guide-chef.

Il y a deux espèces de courses : les courses extraordinaires et les courses ordinaires.

Les courses extraordinaires sont celles :
1°. Sur la cime du Mont-Blanc ;
2°. Au Jardin ;
3°. Sur les glaciers (excepté ceux qui descendent dans la vallée de Chamouny), et également sur ces derniers, si le voyageur veut dépasser la ligne où cesse la végétation ;
4°. Sur les glaciers du Buet.

Le prix des guides, pour l'ascension au Mont-Blanc, est fixé à 40 livres neuves pour chaque guide, et il ne pourra y avoir moins de quatre guides pour chacun des voyageurs qui voudront l'entreprendre, quel que soit le nombre de ces derniers.

Le prix des guides, pour les autres courses de la première espèce, sera de dix livres par jour.

Un guide seul ne suffira jamais pour accompagner un voyageur quoique isolé ; ce dernier devra toujours en avoir deux.

Le prix des guides, pour les courses ordinaires, est fixé à raison de 6 livres par jour pour chaque guide.

Pour ces courses, un seul guide pourra suffire.

COURSES DIVERSES.

EXCURSION DE FRIBOURG A GESSENAY, EN PASSANT PAR GRUYÈRES.

3 JOURNÉES.

On passera à Villars, Poissieux, Arry, Vuippens, Bulle, La Tour-de-Trême, Heney, Villars-sur-Mont, Albeuve, Montbovon, La Tine, Château-d'OEx et Rougemont.

EXCURSION DE SAINT-GALL A EINSIEDELN.

3 JOURNÉES.

On passera à Hérisau, Degersheim, Brounadern, Lichtensteg, Wattwyl, Ricken, Bildhaus, Utznach, Grinau, Tuggen, Lachen, et le col de l'Etzel.

EXCURSION DE MARTIGNY A LA CITÉ D'AOSTE.

3 JOURNÉES.

On passera au Bourg, à Bovernier, Saint-Branchier, Orsières, Liddes, Alève, St-Pierre, à l'hospice du St-Bernard, à St-Rémy, St-Oyen, Étroubles et Gignod.

EXCURSION DE BALE A BERNE,

PAR MOUTIERS-GRANDVAL, BIENNE ET AARBERG.

3 JOURNÉES.

On passera par Rheinach, Aesch, Zwingen, Laufen, Saugern, Courrendelin, La Roche, Moutiers-Grandval, Court, Bévillard, Malleray, Tavannes, Souceboz, Ruchenette, Boujean, Bienne, Nidau, Belmont, St-Nicolas, Hermringen, Bühl, Aarberg, Seedorf, Raggwyl, Frinisberg, Maykirch, Ortschwaben et Neubruck.

EXCURSION DE BERNE A LAUSANNE,

2 JOURNÉES.

On passera par Bethlehem, Riedern, Cappelen, Gumminen, Gempenach, Morat, Faoug, Avenches, Domdidier, Dompierre, Corcelles, Payerne, Marnens, Henniez, Lucens, Moudon, Bressonnaz, Montpreveyre et les Croisettes.

EXCURSION DE BERNE A LUCERNE,

PAR L'EMMENTHAL ET L'ENTLIBOUGH.

3 JOURNÉES.

On passera par Gümlingen, Roufenach, Worb, Richingen, Ried, Höchstetten, Signau, Langenau, Troubschachen, Escholzmatt, Emmenbrücke, Schüpfheim, Hasli, Entlibouch, Wohlhausen, Wertenstein, Schachen, Malters, Platten et Littau.

EXCURSION DE BERNE A SOLEURE.

1 JOURNÉE.

On passera par Papiermühle, Uertenen, Jegistorf, Grafenried, Fraubrunnen, Boterkinden et Lohn.

EXCURSION DE SCHAFFHOUSE A CONSTANCE.

1 JOURNÉE.

On passera par Diessenhofen, Wagenhausen, Stein, Mammern, Steckborn, Berlingen, Manebach et Ermatingen.

Franç. De Sales   Croque de Fraueur

philippus   Jan Bus nyer
            Daniel Bernoulli

Lavater   Müller
            Marat l'ami du peuple
H. D'...
            Necker Stael de ...   L. Euler

                                                   Ul. Zwinglii
            Le MB DeSenval

                                                   Pictet
            Martinus Luther
Salomon Gesner   Bernoulli

            Calmy   Tronchin
de Candolle prof.
Bonnet d. l. R.   De Luc
                        Rapin
de Sau...   Rousseau

        Henri Zschokke

EXCURSION D'AARAU A LUCERNE.

2 JOURNÉES.

On passera par Schönenwerth, Daniken, Starkirch, Olten, Aarbourg, Zofingen, Reiden, Tagmersellen, Saint-Erard, Sursée, Oberkirch, Notwyl, Neukirch et Emmenbrücke.

EXCURSION DE GENÈVE A NEUCHATEL,
PAR GRANSON.

3 JOURNÉES.

On passera par Versoix, Coppet, Nyon, La Lignière, Rolle, Allaman, Aubonne, Bussy, Cottens, Cossonay, Lassaraz, Orbe, Mathod, Suceroz, Treicovagnes, Yverdun, Granson, Oneus, Concise, Vaumarcus, Saint-Aubin, Bevais, Boudry, Colombier, Auvernier et Serrière.

EXCURSION DE LAUSANNE A FRIBOURG.

UNE JOURNÉE ET DEMIE.

On passera par les Croisettes, Montpreveyre, Bressonaz, Moudon, Lucens, Romont, Chenery, Cottens, Neirux et Villar.

EXCURSION DE LUCERNE A BADEN.

UNE JOURNÉE ET DEMIE.

On passera par Ebikon, Dierikon, Root, Gislikerbrücke, Klein-Dietwyl, Rütz, Sins, Rüsseck, Müllau, Merischwanden, Bremgarten, Gösslikon et Mellingen.

EXCURSION DE SCHWYTZ A ENSIEDELN (NOTRE-DAME DES ERMITES).

DEMI-JOURNÉE.

On passera par Seewen, Steinen, Sattel et Roththourm.

EXCURSION DE SCHWYTZ AU RIGI.

2 JOURNÉES.

On passera par Seewen, Lowertz, Art, Bolliwald, Unter-Dachli, Malchus, l'Hospice, Staffel et Kessisbodenloch.

SYSTÈMES MONÉTAIRES.

Le système monétaire employé en Suisse subit presque autant de variations qu'il y a de cantons différens; aussi le change est-il une chose très-pénible pour les étrangers qui ont chaque jour de nouvelles études à faire s'ils veulent se rendre un compte exact de leurs dépenses.

Pendant la révolution, on décréta un système monétaire qui devait être commun à toute la Suisse. Les louis de 24 livres tournois valaient 16 francs, le franc 10 batz, et le batz 10 rappes. L'acte de médiation sanctionna ce système; mais il ouvrit la porte aux anciens abus en accordant à chaque canton le droit de battre monnaie. Plusieurs d'entre eux ne voulurent pas se conformer au titre adopté, et au moment même où se forma la nouvelle confédération, Genève, à qui il aurait été si facile de se soumettre à un meilleur système monétaire, reprit ses anciens florins.

Maintenant chaque canton frappe sa monnaie à son coin particulier et à un titre plus ou moins élevé. Cette différence en empêche souvent l'admission dans les pays voisins.

Les cantons de Berne, de Vaud et de Lucerne ont passé un concordat afin de frapper leurs monnaies respectives au même titre et leur donner un cours légal dans chacun desdits cantons. Plusieurs autres depuis ont accédé à ce concordat; mais le plus grand obstacle à son adoption générale est la difficulté de faire coïncider les différens titres de toutes les monnaies suisses.

L'unité légale d'après laquelle se soldent les comptes fédéraux est restée la même : c'est le *franc* ou *livre suisse*, qui se divise en 10 batz, et celui-ci en 10 rappes : ainsi 100 rappes fait 1 *franc* ou 1 *livre suisse*. Cette division s'accordait avec l'ancien système duodécimal des monnaies françaises abolies en 1834.

100 livres suisses représentaient 150 livres tournois.
16 livres suisses valaient un louis de France.
4 ———   ——— un écu de 6 livres.

Autrefois parmi les pièces d'or en circulation en Suisse les louis de France étaient les plus nombreux, et parmi les pièces d'argent les écus de 3 livres et de 6 livres. Maintenant ce sont les pièces de 40 francs, de 20 et de 5 francs qui sont les plus recherchées et les plus répandues. L'écu de 5 francs est taxé légalement à 34 batz et demi; mais il se reçoit communément pour 35 batz (soit 7 batz pour 1 franc de France), excepté dans le canton de Vaud où il n'a cours que pour la valeur taxée.

Dans la Suisse allemande, dont le canton central est Saint-Gall, on préfère les ducats, qui valent un demi-louis, et les écus de Brabant et d'empire. Ils y sont reçus pour 40 batz ou 4 livres, et seulement pour 39 batz dans les cantons de Vaud, de Genève et du Valais.

Dans les cantons italiens ce sont les monnaies de Milan qui sont le plus en usage.

Au reste, on compte ordinairement en livres de Suisse, quelquefois aussi en francs de France. Le tableau qui termine cet article pourra donner une idée assez complète du système monétaire actuel dans les divers cantons. Berne, Soleure, Fribourg, l'Argovie et Vaud suivent le système helvétique; Lucerne, Bâle, Neuchâtel et le Valais s'y conforment aussi, mais avec quelques restrictions. Les négocians bâlois comptent en florins de 15 batz, soit un franc et demi de Suisse. Les batz de Neuchâtel sont inférieurs d'un vingtième à ceux de Suisse, et ceux du Valais d'un quarantième, de sorte que la pièce qui vaut 20 batz de Suisse en vaut 21 à Neuchâtel et 20 et demi en Valais. Zürich a un système monétaire particulier qui est le même que celui du canton de Schwytz, etc.

Voici quelles sont les divisions usitées dans les divers cantons, là où elles diffèrent des francs, batz et rappes.

ZURICH.

Le *florin* ou *goulden* vaut 40 schelings, soit 60 kreutzer, soit 16 batz. Le *scheling* vaut 12 heller ou 4 rappes, le *kreutzer* 8 heller. La pièce de 4 batz vaut 10 schelings.

LUCERNE. — UNTERWALD.

Le *florin* fait 40 schelings ou 60 kreutzer; le *scheling* (appelé *scheling de Lucerne*), 12 heller.

URI. — SCHWYTZ.

Le *florin* se subdivise en 40 schelings ou 60 kreutzer, ou 15 batz: le *scheling* vaut 6 angster ou 12 heller, et le *kreutzer* 8 heller.

BERNE, BÂLE, ARGOVIE, FRIBOURG.

Le *florin* vaut 15 batz et le batz 15 kreutzer.

GLARIS. — ZUG.

Le *florin* vaut 40 schelings ou 60 kreutzer, ou 15 batz; le *scheling* 12 heller.

SCHAFFHOUSE, APPENZELL, SAINT-GALL, THURGOVIE.

Le *florin* se subdivise en 60 kreutzer.

GRISONS.

Le *florin* vaut 60 kreutzer, ou 70 bloutzger, ou 15 batz. Le batz vaut 5 bloutzger; 2 batz valent 9 bloutzger, et 3 batz valent 14 bloutzger.

TESSIN.

La *livre* ou *lira* milanaise a 20 sous ou soldi, soit 80 quatrini (elle équivaut presque à un demi-franc de Suisse, c'est-à-dire que 16 livres de Suisse valent 37 *lire* milanaises).

GENÈVE.

Le *florin* vaut 12 petits sous (un peu plus de 3 batz, monnaie de Suisse). On compte aussi en *livres courantes*, qui se subdivisent en 20 sous, et les sous en deniers: le *sou courant* vaut 2 sous, monnaie commune. — Le franc de France vaut 26 sous de Genève.

En Savoie on compte par *livres neuves*, dont le titre et la valeur sont exactement ceux du franc de France et de ses divisions.

Pour que le tableau que nous donnons ci-après ne cause pas un malentendu, nous ferons observer que les valeurs indiquées ne sont pas invariables, et qu'elles reçoivent des modifications, surtout dans les villes commerçantes.

TABLEAU DES VALEURS DE QUELQUES PIÈCES D'OR ET D'ARGENT [1].

Espèces.	Berne.	Zurich.	Bâle.	Lucerne.	Schwytz.	Glaris.	Grisons.	St-Gall.	Tessin.	Vaud.	Genève.
Pièce de 20 francs de France.	13 fr. et 5 batz.	8 fl. et 27 kr.	9 fl.	10 fl. et 5 schel.	11 fl.	8 fl. 3 ½ schel. et ½.	11 fl. et ½.	9 fl. et 17 kr.	28 lire 13 soldi et ¾.	13 fr. et 6 batz.	43 fl. et ⅔.
Écu de Brabant.	3 fr. et 9 batz.	2 fl. et 27 kr.	2 fl. et 36 kr.	2 fl. et 3 ½ schel.	3 fl. et 5 schel.	2 fl. 12 ½ sch.	3 fl. et 20 kr.	2 fl. et 17 kr.	8 lire 5 soldi et ⅜.	3 fr. et 9 batz.	12 fl. et 5 sols.
Pièce de 5 francs de France.	3 fr. et 3 batz ½.	2 fl. et 6 kr.	2 fl. et 15 kr.	2 fl. et 21 schel. et ½.	2 fl. et 30 schel.	2 fl. et 8 schel. et ½.	2 fl. et 5a kr.	2 fl. et 19 kr.	7 lire 3 soldi et ½.	3 fr. et ½ batz.	10 fl. et 10 sols.
Ducat d'Autriche et de Hollande.	8 fr.	5 fl.	5 fl. et 20 kr.	6 fl.	6 fl. et 30 schel.	5 fl. et 10 schel.	6 fl. et 28 kr.	5 fl. et 30 kr.	13 lire ½ soldi.	8 fr.	25 ½ fl.

(1) Nous recommanderons particulièrement aux voyageurs qui visitent la Suisse de se munir de préférence d'or ou d'argent de France et de se charger le moins possible de monnaies locales, attendu que souvent celles-ci cessent d'avoir cours d'un canton à un autre, tandis que les premières sont recherchées partout.

RANZ DE VACHES (*).

RANZ DES APPENZELLOIS.

(*) Les paroles de ces chants sont si simples, et les idées qu'elles expriment d'une si agreste naïveté, qu'elles sont intraduisibles en français; elles n'ont été conservées ici que, comme couleur locale, pour les personnes qui entendent les idiomes des divers cantons.

CHANT DU GUGGISBERG. (Canton de Berne.)

RANZ DE VACHES.

RANZ D'OBERHASLI. (BERNE.)

RANZ DU SIEBENTHAL. (BERNE.)

RANZ DE L'EMMENTHAL. (BERNE.)

TOPOGRAPHIE HELVÉTIQUE.

A

Aadorf, village du canton de Thurgovie, sur la frontière du canton de Zürich.

Aarau. Voir canton d'Argovie, p. 154. Chaque année on célèbre au mois d'août, à Aarau, la *fête de la Jeunesse et des Fleurs (Mayenzoug)*.

Aarberg. Voir canton de Berne, p. 20.

Aarbourg, petite ville du canton d'Argovie.

Aar (l') rivière. Voir Oberland bernois, p. 33.

Argovie. Voir canton du même nom, p. 153.

Aarwangen, vill. sur l'Aar ; cant. de Berne.

Abbaye, village du canton de Vaud, sur les bords du lac de Joux.

Ablentschen, petite commune de la vallée du même nom, à 3 l. de Saanen, cant. de Berne.

Adda (l'), rivière considérable qui prend sa source dans le pays de Bormio, traverse la Valteline, va se jeter dans le lac de Côme, en sort à Lecco, et va tomber dans le Pô.

Adelboden, vallée de l'Oberland bernois.

Adula, chaîne des montagnes alpines, qui part du Saint-Gothard, s'étend à l'E. vers le *Bernardin*, le *Vogelberg*, le *Mouschelhorn* et l'*Avicula*, et en forme les cimes les plus élevées.

Aesch, vill. situé à 2 l. de Bâle, sur la Birse.

Affeltrangen, village du canton de Thurgovie.

Agno, vallée du canton du Tessin.

Aigle. Voir canton de Vaud, p. 142.

Airolo. Voir canton du Tessin, p. 175.

Albis, chaîne de montagnes du cant. de Zürich.

Albula, montagne dans les Alpes Rhétiennes.

Albula, rivière du canton des Grisons.

Aletsch, glacier qui court du pied de la Iungfrau jusqu'au Valais-Supérieur.

Allmann, chaîne de montagnes du cant. de Zürich.

Alpnach, village du canton d'Unterwald.

Altishofen, vill. paroissial du cant. de Lucerne.

Altnau, village du canton de Thurgovie.

Altorf. Voir canton d'Uri, p. 52.

Altstetten, jolie petite ville du cant. de St-Gall.

Aveneu, bains sur l'Albula.

Ammon, commune du canton de Saint-Gall, située sur la montagne du même nom, au nord du lac de Wallenstadt.

Amsteg. Voir canton d'Uri, p. 52.

Amstoss. Voir Gaïs (ci-après).

Andeer, vill. du cant. des Grisons, situé entre les deux gorges de la Viamala et des Rofflen.

Andelfingen, bourg du canton de Zürich, sur la route de Winterthour à Schaffhouse.

Anderlenk, village du Simmenthal, dans l'Oberland bernois.

Andermatt ou Ursern, chef-lieu de la vallée d'Ursern. Voir canton d'Uri, p. 52.

Anniviers (*Einfischthal*) (Vallée d'), située dans le Haut-Valais.

Antonia, vallée du Prettigau, c. des Grisons.

Appenzell (Voir canton d'), p. 124.

Appenzell (Bourg d'). V. c. du même nom, p. 124.

Arbedo, village du canton du Tessin, situé non loin de Bellinzone.

Arbon. Voir canton de Thurgovie, p. 162.

Ardetz, village de la Basse-Engadine. — Grisons.

Ardon, village du district de Gonthey. — Valais.

Arisdorf, village voisin de Liestall. — Bâle.

Arlesheim. Voir canton de Bâle, p. 110.

Arnen ou Ærnen, bourg du Haut-Valais, dans le district de Gombs, dont il est le chef-lieu. — Valais.

Art. Voir canton de Schwytz, p. 59.

Arve (l'), riv. V. vallée de Chamouny, p. 250.

Ascona, bourg situé sur les rives du lac Majeur. — Tessin.

Assa (Vallée d'), dans l'Engadine-Inférieure.

Attalens, village du canton de Fribourg.

Attinghausen, village du canton d'Uri.

Artisholtz, bains situés à une lieue de Soleure.

Atzmoos, village du canton de St-Gall, district de Sargans.

Au (*Aoue*), presqu'île attenante au lac de Zürich.

Aubonne. Voir canton de Vaud, page 142.

Auenstein, village du canton d'Argovie, sur la rive gauche de l'Aar.

August (*Basel* et *Kaiser*). V. c. de Bâle, p. 110.

Auvernier (*Avernach*), joli bourg du canton de Neuchâtel.

Avenche. Voir canton de Vaud, p. 143.

Avry ou Affry, vill. situé entre Bâle et Fribourg.

B

Baar, village du canton de Zug.

Baeck, village du canton de Zürich, situé près de Richterschweil.

BADEN. Voir canton d'Argovie, p. 155.
BAGNES, vallée du Bas-Valais.
BAILLIAGES DU JURA. V. canton de Berne, p. 29.
BALDECK ou HEIDECKERSÉE, lac situé dans une contrée agréable du canton de Lucerne.
BALE. V. cantons du même nom, p. 105.
BALE-VILLE. Voir cantons de Bâle, p. 105.
BALE-CAMPAGNE. Voir cantons de Bâle, p. 105.
BALERNA, village du canton du Tessin, non loin de Mendrisio.
BALME (col de), montagne de Savoie, sur la frontière du Valais.
BASSERSDORF, vill. du cant. de Zürich, à moitié chemin environ de Zürich à Winterthour.
BAUMA, paroisse considérable du Strischenthal, canton de Zürich.
BÉAT (Grotte de St). V. Oberland bernois, p. 38.
BECKENRIED, paroisse du Bas-Unterwald, composée de deux villages situés non loin du lac des Waldstettes.
BEDRETTO (vallée de), canton d'Uri.
BEGGINGEN, village du canton de Schaffhouse, situé au pied du Randen.
BELFAUX (Gounschen), village du canton de Fribourg, à une lieue de la ville.
BELFORT, district du canton des Grisons.
BELLEGARDE, vallée du canton de Fribourg.
BELLINZONE (Bellenz). V. c. du Tessin, p. 172.
BELP, village du canton de Berne, bâti sur les rives de l'Aar.
BENKEN. Trois villages des cantons de Saint-Gall, Zürich et Bâle, portent ce nom.
BERGELL (Brygaglia). V. c. des Grisons, p. 151.
BERGUN, village du canton des Grisons, dans la ligue de la Maison-de-Dieu. La vallée de Tuorza et le défilé sauvage de Bergunerstein offrent les sites les plus romantiques.
BERLINGEN, village du canton de Thurgovie.
BERNARDIN. Voir canton des Grisons, p. 149.
BERNE (canton de). Voir p. 17.
BERNE (ville). Voir canton du même nom, p. 25.
BERNEGG ou BERNANG, vill. du cant. de St-Gall.
BERNINA, montagne située dans la chaîne centrale des Alpes Rhétiennes, entre la Haute-Engadine et la vallée de Poschiavo.
BERTHOUD (Burgdorf). V. c. de Berne, p. 19.
BEVAIX, village du canton de Neuchâtel, situé sur le lac du même nom.
BEX. Voir canton de Vaud, p. 143.
BIENNE (ville). V. canton de Berne, p. 20.
BIENNE (lac de). Idem, p. 21.
BILTEN (Ober et Unter) vill. du cant. de Glaris.
BINNENTHAL, vallée sombre du Haut-Valais.
BIRSE (la), rivière. Voir canton de Berne, p. 17.

BIRSIG, rivière du canton de Bâle. Elle se jette dans le Rhin, à Bâle.
BISCHOFFZELL. Voir canton de Thurgovie, p. 162.
BIVIO (Bévio), hameau de la vallée d'Oberhalbstein, canton des Grisons.
BLEGNO (Bellenzerthal), vallée du c. du Tessin.
BLIKENSTORF, village du canton de Zug. C'est le berceau du célèbre Waldmann, bourgmestre de Zürich.
BLUMENSTEIN, bains du canton de Berne. Le Fallenbach forme une jolie cascade près de ce lieu romantique.
BLUMLISALP (Frau), montagnes de l'Oberland bernois et du canton d'Uri.
BOCKE, bains situés sur une hauteur, au-dessus du lac de Zürich, à une demi-lieue de Holden, sur le chemin d'Einsiedeln et de Schwytz.
BODENSÉE. Voir lac de Constance, p. 276.
BOETZBERG, portion du Jura, qui s'élève au-dessus de Bruck, canton d'Argovie.
BOLLIGEN, village du canton de Berne, à une lieue de la ville de Berne, non loin de la forêt de Grunholz.
BOLLINGEN, village du canton de St-Gall.
BONHOMME (col du), montagnes de Savoie, voisine de la vallée de Chamouny.
BORROMÉES (îles). Voir lac Majeur, p. 300.
BOSCO, village du canton du Tessin.
BOUDRY, petite ville du canton de Neuchâtel.
BOUJEAN (Bötzigen), village du canton de Berne, à un quart de lieue de Bienne.
BOUVERNIER, petit village de la vallée de Bagnes. — Valais.
BREMGARTEN. Voir canton d'Argovie. C'est la patrie du réformateur Bullinger et du chroniqueur Schodeler.
BREMGARTEN (forêt de). Elle est située dans les environs de Berne, sur l'Aar.
BREMIS ou BRAMOIS, village valaisan.
BRENETS (les), village situé dans la vallée du même nom, canton de Neuchâtel. La grotte de Tofière et la forme singulière des rochers qui y bordent le Doubs méritent l'attention des voyageurs.
BRENO ou BLEGNO, rivière du cant. du Tessin.
BRET (lac de) ou BRAI. V. cant. de Vaud, p. 177.
BRÉVINE (la), vallée du Jura, la plus élevée de toutes celles du canton de Neuchâtel.
BRIEG (Brigg), bourg considérable du canton de Valais.
BRIENTZ, village paroissial de l'Oberland bernois.
BRIENTZ (lac de). Voir Oberland, p. 33.
BRISTENSTOCK, haute montagne du canton d'Uri.
BROYE (la) rivière. Voir canton de Vaud, p. 177.
BRUGG (Brouck), petite ville du canton d'Argovie,

Brunig, montagne située entre la vallée de Hasli et le Haut-Unterwald.
Brunnen, village du canton de Schwytz.
Buckendorf, bourg du canton de Bâle, situé au sud de Liestall.
Bubikon, village du canton de Zürich.
Buet (glacier du), vallée de Chamouny.
Bulach, petite ville du canton de Zürich, situé sur le grand chemin de Schaffhouse.
Bulle (Boll). Voir canton de Fribourg, p. 93.
Buochs, bourg du Bas-Unterwald.
Burgdorf. Voir ci-dessus Berthoud.
Buren, petite ville du canton de Berne, située sur les bords de l'Aar.
Buren ou Oberburen, vill. du cant. de St-Gall.
Burglen, patrie de Guillaume Tell. Voir canton d'Uri, p. 52.
Buttisholz, village du canton de Lucerne.
Butz, village de la vallée de Sulz, cant. d'Argovie.

C

Calanca, vallée de la ligue Grise, entre la vallée de Blégno, à l'E., et celle de Misocco, à l'O. Les ruines du château de Calanca, au-dessus de Santa-Maria, sont fort remarquables. — Grisons.
Capo-Lago, village bâti sur les rives du lac de Lugano. — Tessin.
Cappel. Voir canton de Zürich, p. 13.
Carouge. Voir canton de Genève, p. 212.
Cénéré, montagne du canton du Tessin.
Centovalli, vallée du canton du Tessin. Elle débouche à deux lieues au-dessus de Locarno, et elle a quatre lieues environ de longueur.
Cerlier (Erlach). Voir canton de Berne, p. 20.
Cévio, joli bourg de la vallée de Maggia. Tessin.
Chaluat (die Freyberge), vallée du Jura, canton de Berne. Ce vallon, élevé et solitaire, est habité par une peuplade d'Anabaptistes, dont les mœurs et les coutumes méritent une attention particulière. Ils ne portent point d'armes, ne prêtent aucun serment, ne souffrent ni jeux, ni danses, ni auberges, ni cabarets. Les arts et les sciences sont également bannis de leur société. Les hommes laissent croitre leur barbe dès qu'ils sont mariés; ils sont tous tisserands ou horlogers.
Cham, beau village du canton de Zug.
Chamoson, village du Bas-Valais, au nord du Rhône. — Valais.
Chamouny (vallée de). Voir Chamouny, p. 249.
Chasseron, pic du Jura, au canton de Vaud.
Chatel-St-Denis, village du canton de Fribourg.
Chasseral (Gesteler), pic du Jura, au c. de Berne.

Chateau-d'OEx. Voir canton de Vaud, p. 143.
Chaux-de-Fond (La) V. c. de Neuchâtel, p. 204.
Chède, village de Savoie.
Chenit, village de la vallée de Joux. — Vaud.
Chiasso, bourg du canton du Tessin, situé dans les environs de Côme.
Chiavenna. Voir Côme, p. 284.
Chillon. Voir canton de Vaud, p. 219.
Churwalden, village du canton des Grisons, situé dans une étroite vallée, à deux lieues environ au-dessus de Coire et sur la route de Chiavenna.
Claro, village du canton du Tessin.
Coblenz, village du canton d'Argovie, situé près de la jonction de l'Aar avec le Rhin.
Coire. Voir canton des Grisons, p. 140.
Colombier, joli bourg du canton de Neuchâtel.
Concise, village du canton de Vaud.
Constance (ville). Voir Constance, p. 281.
Constance (lac de). Voir ci-dessus Bodensée.
Coppet. Voir lac de Genève, p. 221.
Corandelin, village situé sur la Birse, dans la pittoresque vallée de Moutiers, cant. de Berne.
Cortaillod, village paroissial du c. de Neuchâtel.
Cossonay, petite ville du canton de Vaud.
Courmayeur. Voir Chamouny, p. 251.
Courtelary, bourg de la vallée de St-Imier, Berne.
Couvet, village du canton de Neuchâtel, dans le val Travers. On voit près de Couvet le moulin de la Roche, suspendu sur un abîme, dans un gouffre étroit et obscur.
Cressier, joli village du canton de Neuchâtel.
Cudrefin, petite ville du canton de Vaud, située sur la rive méridionale du lac de Neuchâtel.
Cully, petite ville du canton de Vaud, située au bord du lac de Genève, entre Lausanne et Verey.

D

Davos (vallée de). V. canton des Grisons, p. 145.
Dazio, péage situé dans la vallée Léventine, à 2 lieues et demie au-dessus d'Airolo. — Tessin.
Délémont (Delsberg), petite ville des bailliages du Jura, au canton de Berne.
Dettingen (le Petit et le Grand), villages du canton d'Argovie, situés sur les deux rives de l'Aar.
Diablerets (les), haute montagne du Valais.
Dielstorf, village du canton de Zürich.
Dientigen, village du canton de Berne, dans l'Oberland.
Dessenhofen, petite ville du c. de Thurgovie.
Dietikon, village du canton de Zürich.
Disentis, célèbre abbaye du canton des Grisons.
Dole (la), montagne du Jura, située dans le canton de Vaud.

DOMLESCH (vallée de). Voir c. des Grisons, p. 150.
DOMO D'OSSOLA. Voir lac Majeur, p. 302.
DORNACH ou DORNECK. V. c. de Soleure, p. 100.
DOUBS (le), rivière. V. c. de Neuchâtel, p. 201.
DRANSE (la), torrent du Valais.
DUNNERN, petite rivière du canton de Soleure.

E

EBEN ALP. Alpe dans les Rhodes intérieures. — Appenzell.
EBNAT, village du canton de St-Gall, dans la partie la plus élevée du Tockenbourg supérieur.
ÉCHALLENS, joli bourg du canton de Vaud. Il faut visiter aux environs le château de St-Barthélemy, d'où l'on jouit des points de vue les plus pittoresques et les plus variés.
EGERI (vallée d'), canton de Zug.
EGERI (lac d'). Voir canton de Zug, p. 86.
EGG, paroisse du canton de Zürich.
EGINE (vallée d'), Valais. Le torrent du même nom forme une belle chute, à l'ouverture de la vallée, près de Munster.
EGLISAU, petite ville du canton de Zürich.
EINSIEDELN (Notre-Dame-des-Ermites). Voir canton de Schwytz, p. 59.
ELGG, bourg du canton de Zürich.
ELM (Sernftthal), village paroissial de la vallée de la Sernft. Canton de Glaris.
EMBRACH, village du canton de Zürich.
EMME (la Grande), rivière. Voir cantons de Berne et de Soleure, p. 17 et 97.
EMME (la Petite) (Wald-Emme), rivière. Voir canton de Lucerne, p. 41.
EMMENTHAL (l'). Voir canton de Berne, p. 19.
EMS, village situé à une demi-lieue de Coire, dans la ligue de la Maison-de-Dieu. — Grisons.
ENDINGEN (Haut et Bas), villages du district de Zurzach, canton d'Argovie.
ENGADINE (vallée de l'). V. c. des Grisons, p. 147.
ENGELBERG (vallée d'). V. c. d'Unterwald, p. 69. Cette vallée, située dans le Haut-Unterwald, est entourée de tous côtés par de hautes montagnes dont les sommets sont situés au-dessus de la ligne des neiges, notamment le haut Titlis. On n'y voit ni champs, ni jardins, ni arbres fruitiers; toute la plaine est couverte d'un tapis de verdure émaillé de fleurs. Les ruisseaux sont la plupart bordés d'aunes, et les montagnes couvertes de pâturages, de forêts, de rochers et de neiges éternelles. La chute du Tetzenbach, qu'on voit près du couvent d'Engelberg, est d'un bel effet; elle tombe de 90 pieds de haut, et les masses de rochers ainsi que les sapins qui l'entourent la rendent très-pittoresque.

ENGISTEIN (bains d'). Ces bains sont situés dans le canton de Berne, à deux lieues et demie de Berne, sur la route de l'Emmenthal.
ENNENDA, bourg du canton de Glaris. Ennenda est situé sur la rive droite de la Linth, au pied des parois verticales du mont Schilt, haut de 6,000 pieds.
ENTFELDEN (Ober Entfelden), beau village du canton d'Argovie.
ENTLIBUCH (l'). V. canton de Lucerne, p. 42.
ENTREMONT, vallée du Bas-Valais, située au pied du Grand St-Bernard. Elle est riche en sites alpestres d'un genre tantôt pittoresque, tantôt sublime, tantôt plein d'horreur. L'église de St-Pierre, bâtie à 500 pieds au-dessus du niveau de la mer, est très-ancienne, et mérite d'être visitée.
ERGOLTZTHAL, vallée du canton de Bâle. Elle débouche à Liestall.
ERINGERTHAL. V. (ci-après) vallée d'Hérens.
ERISWEIL, village du canton de Berne.
ERLACH. Voir CERLIER.
ERLENBACH, village du canton de Zürich, situé dans une riante contrée, sur la rive occidentale du lac de Zürich.
ERLENBACH, village dans l'Oberland bernois.
ERMATINGEN, bourg du canton de Thurgovie, situé sur le lac Inférieur, en face de l'île de Reichenau.
ESCHENBACH, village du canton de Lucerne.
ESCHOLZMATT, village du canton de Lucerne.
ESTAVAYER (Stæfis) jolie ville du canton de Fribourg, située sur la rive droite du lac de Neuchâtel. V. canton de Fribourg, p. 93.
ÉTALIÈRES, petit lac dans le canton de Neuchâtel.
ÉTIVAZ (vallée d'). Elle débouche près de Château-d'OEx, dans le canton de Vaud. C'est une contrée sauvage et alpine, qui ne renferme qu'un seul village, mais où l'on trouve un grand nombre de chalets épars et des bains d'eau soufrée, très-fréquentés dans la belle saison.
ÉTZEL, montagne du canton de Schwytz, située entre la rive gauche du lac de Zürich et le Sihlthal.
ÉVIAN. Voir lac de Genève, p. 219.
EVOLÉNA, village du canton de Valais, situé sur la Borne, dans une contrée entourée de glaciers. Ses habitans sont tous pâtres, et se distinguent par des mœurs patriarcales.

F

FAHR, hameau et couvent de femmes de l'ordre de St-Benoit, situé à une lieue et demie de

Zürich, sur la rive gauche de la Limmat. Quoique enclavé dans le territoire du canton de Zürich, Fahr fait partie du canton d'Argovie.

FAHRWANGEN, village situé près du lac de Hallwyl, canton d'Argovie.

FAIDO. Voir canton du Tessin, p. 170.

FAOUG (*Pfauen*), village du canton de Vaud.

FERRÉRA, vallée dont la partie supérieure porte le nom de *Val d'Avers*. Elle débouche au château de Bärenbourg, dans la vallée de Schams, et s'élève entre de hautes montagnes, dans la direction du N. au S.-O.

FERRET, petit vallon situé à l'O. du Grand Saint-Bernard.

FESTAN (*Fetan*), village situé sur une éminence, au-dessus de l'Inn, dans la Basse-Engadine. — Grisons.

FEUERTHALEN, bourg du canton de Zürich, situé sur la rive gauche du Rhin, qu'on y passe sur un beau pont, et qui le sépare de la ville de Schaffhouse.

FEUSISBERG, paroisse catholique, située au-dessus de Pfeffikon, dans le canton de Schwytz, non loin du lac de Zürich.

FIDERIS, village du Prettigau, canton des Grisons. A une lieue de Fideris, on trouve les bains du même nom, agréablement situés et très-fréquentés pendant l'été.

FILISOUR, village du canton des Grisons, situé sur les bords de l'Albula.

FINSTERAARHORN. C'est la plus haute sommité des Alpes de l'Oberland bernois, et, après le mont Blanc et le mont Rosa, la montagne la plus élevée de l'Europe. Cette pyramide de granit et de gneiss n'a été gravie qu'une seule fois.

FINSTERMUNTZ, défilé remarquable, situé sur les confins du canton des Grisons et du Tyrol.

FISCHENTHAL, vallée située dans la chaîne de l'Allmann, sur la frontière orientale du canton de Zürich.

FISCHINGEN, village du canton de Thurgovie. — L'abbaye de Fischingen est fort ancienne, et située dans une contrée romantique au milieu des bois, sur les bords de la Moung, et au pied du mont Hörnli, où cette petite rivière prend sa source.

FLAACH, village du canton de Zürich, près de l'embouchure de la Tour dans le Rhin.

FLAWIL, village du canton de St-Gall, dans le Tockenbourg inférieur.

FLEURIER, village du canton de Neuchâtel.

FLIMS, village considérable du canton des Grisons.

FLUE ou FLUELI, hameau de la paroisse de Sachseln. Voir canton d'Unterwald, p. 70.

FLUELA, vallée latérale à celle de Davos. Voir canton des Grisons, p. 149.

FLUELEN, village du canton d'Uri.

FLUMS, village du canton de St-Gall, à une lieue au-dessus de Wallenstadt.

FORCLAZ (la), montagne du Valais, située entre la vallée de Bagnes et la petite rivière de Trient, au N.-E. du col de Balme.

FORGES, hameau situé à trois lieues de Délémont, dans la vallée du Jura, canton de Berne.

FOULY, village du Valais, situé vis-à-vis de Martigny, sur la rive droite du Rhône.

FRAUBRUNN, hameau de la paroisse de Grafenried, au canton de Berne.

FRAUENFELD. Voir canton de Thurgovie, p. 162.

FREIBERG, montagne du canton de Glaris. Elle sépare les deux vallées principales du canton, celle de la Linth et celle de la Sernft. Elle est peuplée de chamois; mais ce n'est qu'avec une permission du Gouvernement qu'on peut chasser ces animaux, dont la rareté se fait sentir dans beaucoup de contrées alpines de la Suisse.

FRIBOURG (canton de). Voir page 89.

FRIBOURG (ville de), V. cant. de Fribourg, p. 91.

FRUTZENACH, village du canton de Schwytz, situé près du lac de Zürich.

FRICK, bourg situé dans une contrée fertile du canton d'Argovie, près de la jonction des routes d'Aarau et de Zürich à Bâle.

FRICKTHAL (le), portion du canton d'Argovie, qui s'étend entre le revers septentrional du Jura, qui y forme plusieurs vallées, et le Rhin, qui le sépare de l'Allemagne.

FRUTTIGEN, vallée dans l'Oberland bernois.

FURKA (mont de la Fourche), haute montagne située sur les confins du Haut-Valais et des cantons de Berne et d'Uri. Le point le plus élevé du passage qui conduit du Valais dans la vallée d'Ursern, est de 7,795 pieds au-dessus du niveau de la mer.

G

GABRIS, montagne du canton d'Appenzell, à une lieue environ de Gais.

GAENSBRUNNEN, village du canton de Soleure.

GAIS. Voir canton d'Appenzell, page 124.

GAMPSEN, village du canton de Valais, sur la rive gauche du Rhône.

GASTER. Ce petit pays, jadis sujet des cantons de Schwytz et de Glaris, fait aujourd'hui partie du canton de Saint-Gall.

GASTERENTHAL, vallée étroite dans les Alpes bernoises, bailliage de Fruttigen.

GEBISDORF, village du canton d'Argovie.

GEMMI (la), montagne du Valais, située sur les confins de l'Oberland bernois, et dans la chaine des Hautes-Alpes.

GENÈVE (canton de). Voir page 209.

GENÈVE (ville de). Voir canton de Genève, page 211.

GENÈVE (lac de). Voir lac de ce nom, page 217.

GENTHELTHAL, vallée aride et solitaire, dans les montagnes de l'Oberland bernois, sur les frontières de l'Unterwald.

GERSAU. Voir canton de Schwytz, page 60.

GESCHENEN, village situé sur la grande route du Saint-Gothard, au canton d'Uri.

GESTELEN (Nieder et Ober), villages du canton de Valais. Le premier est situé au pied d'une haute paroi de rochers, non loin des ruines du château de Châtillon; Ober-Gestelen est bâti au pied du Grimsel.

GESSENAY. Voyez (ci-après) SAANEN.

GIESSBACH. Voir Oberland bernois, page 33.

GIORNICO (Irnis). Voir canton du Tessin. Voyez page 171.

GUBIASCO, village situé à une demi-lieue de Bellinzone, sur la route du mont Cénéré.

GLÆRNISCH (le). Voir canton de Glaris, page 78.

GLARIS (canton de). Voir page 73.

GLARIS (bourg). Voir canton de Glaris, page 75.

GOLDAU. Voir canton de Schwytz, page 60.

GOLDINGEN, vallée du pays d'Utnach, canton de Saint-Gall. Elle est située dans les montagnes de l'Allmann.

GONDO (Gunten) (vallée et village de). Voir canton du Valais, page 197.

GONTEN, village du canton d'Appenzell.

GOSSAU, village paroissial du canton de Zürich.

GOSSAU, village du canton de Saint-Gall, situé sur la route de Zürich à Saint-Gall et à Hérisau.

GOTHARD (le Saint). Voir canton d'Uri, page 54.

GOTTLIEBEN, bourg du canton de Thurgovie.

GOTTSTADT, paroisse du bailliage de Nidau, canton de Berne.

GRANSON. Voir canton de Vaud, page 143.

GRANDVAL (Graufelden), village du canton de Berne, bailliages du Jura.

GRANGES OU GRADETZ, village paroissial du canton de Valais, situé sur la rive gauche du Rhône. Lorsque les eaux du Rhône sont hautes, elles transforment ce village en une île malsaine.

GRAGHOLTZ, coteau couvert de bois, situé non loin de Berne, sur la route de Zürich et de Soleure, devenu célèbre par le combat mémorable qui s'y livra, en 1798, entre les milices bernoises et l'armée française, commandée par le général Schauenbourg.

GREIFENSÉE, lac du canton de Zürich.

GRIMSEL (le), haute montagne de l'Oberland bernois.

GRINDELWALD, vallée pittoresque dans l'Oberland bernois.

GRISONS (canton des). Voir pages 137 et 145.

GAIS, village du canton d'Appenzell.

GRUB, village du canton de Saint-Gall, situé dans le district de Rorschach.

GRUNINGEN, bourg du canton de Zürich.

GRUTLI (Rütli) (le). Voir canton de Lucerne, page 45.

GRUYÈRES (Greyern). Voir canton de Fribourg, page 92.

GSTEIG (le Châtelet), haute vallée du pays de Gessenay, dans l'Oberland bernois.

GUGGISBERG, district du canton de Berne. Voir canton de Berne, page 19.

GUNDISCHWEIL, village du canton d'Argovie, sur la frontière du canton de Berne.

GURNIGEL, montagne de la chaine du Stockhorn, située à 6 lieues S. de Berne. Les bains de Gurnigel occupent le pied septentrional de la montagne, et sont recommandés contre les obstructions et les maux d'estomac.

GUTENBURG, bains situés dans le canton de Berne, sur la route de Hutwyl, à 1 l. de Langenthal.

GUTTANNEN, village de l'Oberland bernois.

GUSLIFLUH, aiguille du Jura, dans le c. d'Argovie.

GISWEIL, village du canton d'Unterwald.

H

HAARSÉE, petit lac du canton de Zürich, dans le bailliage d'Andelfingen.

HABSBOURG. Voir canton d'Argovie, p. 157.

HOEGLINGEN, village du canton d'Argovie, à 1 l. et demie de Bremgarten.

HAKEN (le), montagne du canton de Schwytz, située à l'E. du chef-lieu.

HALDENSTEIN, village du canton des Grisons.

HALLAU (Haut et Bas), villages du Klettgau, dans le canton de Schaffhouse.

HALLWYL (lac de). Voir canton d'Argovie, p. 158.

HANDECK (la), chute de l'Aar. Oberland bernois.

HASENMATTE (la). De cette sommité du Jura, haute de 3,192 pieds au-dessus de l'Aar à Soleure, on jouit d'une des plus belles vues de la Suisse. L'aspect de la belle vallée où serpentent l'Aar et l'Emme, où l'on voit briller les lacs de Morat, de Neuchâtel et de Bienne, ainsi que les villes de Berne, de Fribourg et de Soleure, est ravissant. Au N. les regards pénètrent jusque dans la Forêt-Noire et dans les Vosges. De Soleure on atteint le sommet de la Hasenmatte en 3 heures de marche.

HASLI (vallée de), dans l'Oberland bernois.

HEIDEN, village du canton d'Appenzell, situé à l'E. de Trogen.

HÉRENS (*Eringerthal*) (vallée d'), canton de Valais.

HERGISWEIL, villages, dont l'un est situé dans le canton de Lucerne, et l'autre dans le canton d'Unterwald, sur le lac des Waldstettes, au pied du mont Pilate.

HÉRISAU, bourg du canton d'Appenzell.

HERZOGENBUCHSÉE, village du canton de Berne, situé dans une contrée fertile, sur le chemin de Berne à Zürich.

HINDELBANK, village paroissial du cant. de Berne.

HINTERRHEIN, hameau de la ligue Grise, situé à l'extrémité de la vallée de Rheinwald. — Grisons.

HIRZEL, paroisse du canton de Zürich. Du *Zimmerberg*, qui dépend de cette commune, on jouit d'une vue magnifique.

HOCHDORF, village du canton de Lucerne, situé non loin du lac de Baldeck. Les bains d'*Augstholtz* et d'*Ebenmoos*, peu éloignés de Hochdorf, sont très-fréquentés.

HOENGG, village du canton de Zürich, situé à une lieue environ de la ville de Zürich, sur la grande route de Baden, qui suit la rive droite de la Limmat.

HOERNLI, haute sommité de la chaîne de l'Allmann, située sur les confins des cantons de Zürich et de Thurgovie.

HOSWYLL. Voir canton de Berne, p. 23.

HOMBOURG, vallée du canton de Bâle. Elle débouche à Sissach, et s'élève en pente vers le sud jusqu'au sommet du Hauenstein inférieur.

HORGEN, village considérable du canton de Zürich, situé sur la rive occidentale du lac du même nom.

HOSPITAL ou HOSPENTAL, village du canton d'Uri, situé sur le chemin du Saint-Gothard. On y voit une tour, dernier reste de l'antique château des nobles d'Hospital.

HUNDWYL, village du canton d'Appenzell, situé près de Hérisau.

HUTWYL, ville du canton de Berne, située sur la frontière du canton de Lucerne, sur la route de Burgdorf et de Willisau.

I

ILANTZ, petite ville du canton des Grisons, située au confluent du Rhin et du Glenner.

ILLIERS (val d'), vallée du Haut-Valais.

ILLNAU (Bas et Haut), paroisse formant deux vill.

dans le bailliage de Kybourg, cant. de Zürich.

INDEN, petit village situé entre le bourg de Louësche et les bains du même nom.

INN (l'), rivière considérable, qui prend sa source dans l'Engadine.

INTERLACKEN, ancien couvent dans l'Oberland bernois, aujourd'hui siège d'une préfecture.

ISENTHAL, vallée du canton d'Uri, située sur la rive occidentale du lac des Waldstettes.

ISÉRABLOZ. Voir canton du Valais, p. 196.

ITTINGEN, riche couvent de Chartreux, situé dans une contrée fertile du canton de Thurgovie, non loin de Frauenfeld.

J

JAMAN (la Dent de), aiguille située sur les confins des cant. de Fribourg et de Vaud, dans le lieu où le Jorat se confond avec la chaîne des Alpes.

JÉGISTORF, village paroissial du canton de Berne, sur la route de Soleure à Berne.

JÉNATZ (les bains de), situés dans le Prettigau, canton des Grisons.

JOLIMONT, montagne située dans le canton de Berne, d'où l'on découvre la chaine des Alpes, depuis le Titlis jusqu'au mont Blanc.

JORAT (le), nom d'une chaîne de montagnes qui s'étend dans les cantons de Vaud et de Fribourg, entre les Alpes et le Jura.

JOUX (val de), vallée du canton de Vaud.

JULIER, montagne de la chaîne des Alpes Rhétiennes, située entre la vallée d'Oberhalbstein et la Haute-Engadine.

JUNGFRAU (l'). Voir Oberland bernois, p. 37.

K

KAISERSTOUL, petite ville du canton d'Argovie.

KALVEISERTHAL (*Calfeuserthal*), vallée du pays de Sargans, canton de St-Gall.

KAMOR (le), haute montagne du c. d'Appenzell.

KANDER (la), torrent impétueux. Voir canton de Berne, p. 22.

KANDERSTEEG, village situé sur la route de la Gemmi, dans un pays couvert de beaux pâturages.

KANDERTHAL, vallée de l'Oberland bernois.

KAPPEL. V. ci-dessus GAPPEL.

KERENZEN, paroisse du canton de Glaris.

KERNS, bourg du canton d'Unterwald, situé sur le chemin de Stanz à Sarnen.

KIENTHAL, vallée de l'Oberland bernois.

KILCHBERG, village du canton de Berne, situé sur l'Emme.

——— village du canton de Zürich, situé non loin de la rive gauche du lac de Zürich.

——— Village du canton d'Argovie.

Kinzigkulm, haute montagne située entre les vallées de Muotta et de Schéchen.
Kistenberg, haute montagne située entre les cantons de Glaris et des Grisons.
Klingau, petite ville du canton d'Argovie.
Klönthal (le), vallée du canton de Glaris. Voir canton de Glaris, p. 72.
Klosters, village du Prettigau.
Kloten, beau village du canton de Zürich.
Klous (le), défilé curieux situé dans le Jura, canton de Soleure.
Knonau, village du canton de Zürich.
Knoctwyl, village du canton de Lucerne.
Kobelwies, petit village du canton de St-Gall.
Kobelwies (Bains de); ils sont situés au pied du Kamor, sur le chemin d'Altstetten à Werdenberg.
Küsnach. Voir canton de Schwytz, p. 61.
——— beau village du canton de Zürich, situé sur la rive orientale du lac du même nom.
Kuttingen, village du canton d'Argovie.
Kybourg, vill. peu considérable du c. de Zürich. Le château, d'une grande antiquité, était jadis la résidence des nobles comtes de ce nom.

L

Laax ou Lax, village valaisan, dans le dixain de Conches.
Lachen, chef-lieu de la March, au canton de Schwytz.
Lac Majeur (le). Voir lac du même nom, p. 297.
Lægerberg (*Lägern*), chaîne de montagnes qui fait partie du Jura.
Landeron, petite ville du canton de Neuchâtel.
Landquart (la), torrent impétueux du canton des Grisons.
Langenbrouck, village du canton de Bâle.
Langenthal, beau bourg du canton de Berne.
Langnau. Voir canton de Berne, p. 19.
La Sarra ou Lassaraz, bourg du cant. de Vaud.
Laueren, village du canton de Berne.
Lowertz (*Lauertz*) (le lac de), cant. de Schwytz.
Laufen. Voir canton de Schaffhouse, p. 116.
Laufenbourg. Voir canton d'Argovie, p. 156.
Laupen, petite ville du canton de Berne.
Lausanne. Voir canton de Vaud, p. 145.
Lauterbrunn. Voir Oberland bernois, p. 33.
Lavaux (*Ryfthal*), district du canton de Vaud.
Lavizzara, vallée du canton du Tessin.
Leissigen, village dans l'Oberland bernois.
Lens, village valaisan, dans le dixain de Sierre.
Leventine (la vallée). V. cant. du Tessin, p. 170.
Lichtensteig, village du Tockenbourg, au canton de St-Gall.

Liestall. Voir canton de Bâle, page 110.
Ligertz, village du canton de Berne.
Limmat (la), rivière. V. cant. de Zürich, p. 8.
Linth (la), rivière. Voir cantons de Glaris, Saint-Gall et Schwytz, p. 73, 129 et 57.
Linththal (le), vallée du canton de Glaris.
Locarno. Voir canton du Tessin, p. 172.
Locle (Le). Voir canton de Neuchâtel, p. 205.
Lohn, paroisse du canton de Schaffhouse.
Lonay, village du canton de Vaud.
Lorze (la) (*Loretz*), rivière du canton de Zug.
Lostorf, village du canton de Soleure.
Louesche (*Leuk*). Voir canton de Valais, p. 198.
Lucens, bourg du canton de Vaud.
Lucerne (canton de). Voir canton du même nom, p. 41.
Lucerne (ville). V. canton de Lucerne, p. 41.
Lucerne (lac de). Voir *idem*, p. 41.
Lugano. Voir canton du Tessin, page 169.
Lukmanier (le), la plus haute montagne des Alpes Rhétiennes.
Lungern, village du canton d'Unterwald.
Lusnitz (*Lugnetz*), vallée du canton des Grisons.
Luterthal (le), vallée du bailliage de Willisau, au canton de Lucerne.
Lutry, petite ville du canton de Vaud.
Lutschine (les deux). Voir Oberland bernois, p. 33.

M

Maderan (*Kerstetnthel*), vallée du canton d'Uri.
Maennedorf, village du canton de Zürich.
Maggia (la), rivière. Voir canton du Tessin.
Maggia (le Val) (*Mayenthal*). Voir canton du Tessin, p. 169.
Malans, bourg du canton des Grisons.
Mallogia (*Maloia*), haute montagne du canton des Grisons.
Malters, village du canton de Lucerne.
Marbach, paroisse dans l'Entlibuch, canton de Lucerne.
March (la), contrée du canton de Schwytz, s'étendant le long de la rive gauche de la Linth et du lac de Zürich jusqu'au pont de Rapperschwyl, et comprenant Wäggithal, vallée qui s'enfonce dans les montagnes.
Margarethen (St.), vill. du cant. de St-Gall.
Mariastein, abbaye de Bénédictins dans le Leimenthal, canton de Soleure.
Marobbia (le Val), vallée du canton du Tessin.
Marthalen, village du canton de Zürich.
Martigny. Voir canton du Valais, p. 196.
Martinsbrouck (*pont de St-Martin*). Il est cons-

truit sur l'Inn, aux confins de l'Engadine et du Tyrol.

MARTINSLOCH. Voir canton de Glaris, p. 73.

MATTERHORN (*Cervin* ou *Silvio*). V. cant. du Valais, page 152.

MATTERTHAL (le), vallée de Zermatt. — Valais.

MATZENDORF, village du canton de Soleure.

MAYENFELD, petite ville du canton des Grisons.

MAYENTHAL, vallée du canton d'Uri.

MAYENWAND (la), nom d'une des rampes du revers méridional du Grimsel dans le Haut-Valais.

MEDELSERTHAL, haute vallée des Alpes Rhétiennes.

MEILEN, village du canton de Zürich. Ce lieu est situé dans une contrée ravissante, sur la rive orientale du lac de Zürich et au pied d'un coteau fertile. L'église est du nombre des plus anciennes du canton. Le village, dont les habitations sont très-dispersées, offre plusieurs jolis bâtimens, et des maisons riantes embellissent les environs. L'agriculture et l'industrie manufacturière sont les principales occupations des habitans. C'est non loin de Meilen que s'élève le Pfannenstiel, l'un des plus hauts pics de la montagne du même nom.

MEINAU, île du golfe septentrional du lac de Constance. Voir Constance, p. 276.

MELCHTHAL, vallée du Haut-Unterwald. C'est la patrie d'Arnold de Melchthal, l'un des trois fondateurs de la Confédération. Là vivait aussi, vers la fin du XVe siècle, un saint ermite, Klaus (Nicolas de Flue). Voir canton d'Unterwald, p. 70.

MELLINGEN, petite ville du canton d'Argovie. Elle est située dans une contrée fertile au bord de la Reuss, que l'on passe sur un pont couvert, remarquable par sa construction.

MEELS, bourg du canton de Saint-Gall.

MENDRISIO. Voir canton du Tessin, p. 172.

MENZIGEN, village du canton de Zug.

—— village peu considérable du canton d'Argovie dans le district de Kulm.

MESMER (haut), montagne de l'Appenzell.

METTENBERG, montagne entre l'Eiger et le Wetterhorn, dans la vallée de Grindelwald. — Oberland bernois.

MEYRINGEN, village de l'Oberland bernois.

MIDI (la dent du) — MORCLE (la dent de). Hautes montagnes situées vis-à-vis l'une de l'autre à l'entrée du Valais. La première renfermée dans le territoire du canton du Valais, la seconde dépendant en partie du canton de Vaud.

MISOCCO (*Misox*), vallée du canton des Grisons.

MÖNCH, haute montagne de l'Oberland bernois.

MOENCHENSTEIN, village des cantons de Bâle.

MOËSA (la), rivière, cant. des Grisons et du Tessin.

MOEREL (*Morge*), village valaisan dans le dixain de Rarou.

MOLÉSON. Voir ci-dessus BULLE.

MOLLIS, village considérable du canton de Glaris.

MONT-BLANC. Voir Mont-Blanc, p. 241.

MONTHEY, petite ville du canton du Valais.

MONTREUX. Voir canton de Vaud, p. 145.

MONT-TENDRE, hauteur du Jura, cant. de Vaud.

MONT-TERRIBLE, montagne située à une lieue et demie S.-O. de Porentruy.

MORAT (*Murten*). Voir cant. de Fribourg, p. 92.

MORBEGNO, bourg de la Valteline.

MORCLE (la dent de). V. ci-dessus MIDI (la dent du).

MORCOTE, bourg situé sur les bords du lac de Lugano. — Tessin.

MORGARTEN. Voir canton de Schwytz, p. 58.

MORGENTHAL, hameau situé sur le ruisseau de Murg, non loin de la frontière de Lucerne et de l'abbaye de St-Urbain, canton de Berne et d'Argovie.

MORGES. Voir canton de Vaud, p. 220.

MORGIN, vallée valaisane au dixain de Monthey.

MORO (*Montemort*), haute montagne du Haut-Valais.

MOTIERS (*Motiers-Travers*), village du Val-Travers. Voir canton de Neuchâtel, p. 204.

MOUDON (*Milden*). Voir canton de Vaud, p. 146.

MOUTIERS. (*Münsterthal*), vallée située dans le canton de Berne.

MOUTIERS-GRANDVAL, bourg du canton de Berne.

MULLINEN, village du canton de Berne. — Le château de Strättlingen, situé à une lieue environ de Mullinen, non loin du pont de la Kander, est remarquable par son antiquité. C'est le berceau de la famille des sires du même nom. Rodolphe, qui fonda le dernier royaume de Bourgogne en 888, était de cette maison.

MUMLISWYL, village du canton de Soleure. Il est situé à une hauteur assez considérable, non loin du Passawang. Voir ci-après. Le Limmernbach, qui sort d'une gorge remarquable, près de la route du mont Wasserfall, traverse ce village. On prépare, à Mümliswyl, d'excellens fromages ; ceux qu'on nomme *geiskäse* sont surtout très-estimés.

MUNCHEN-BUCHSÉE, village du canton de Berne.

MUNCHWYLER (*Villars-aux-Moines*), village du canton de Berne, enclavé de toutes parts dans le territoire de Fribourg, sur le chemin de Fribourg à Morat, et à une lieue de cette dernière ville. On conserve dans le château un grand nombre d'inscriptions romaines. On en retrouve même sur les murs de quelques maisons du village. Les environs sont riches en pétrifications.

Munsingen, village du canton de Berne.

Munster, bourg du canton de Lucerne.

Munster, vill. valaisan dans la dixain de Gombs. — C'est le village le plus considérable de la partie la plus élevée du Haut-Valais. Le climat y est fort âpre, et la neige y séjourne quelquefois jusqu'à la fin du mois de mai. On voit quelques poiriers dans le jardin du presbytère; ce sont là les premiers arbres fruitiers que l'on rencontre en descendant le Haut-Valais.

Munsterthal, vallée de la ligue de la Maison-de-Dieu, au canton des Grisons.

Muotta (le Val), vallée du canton de Schwytz.

Muri, riche abbaye de l'ordre de St-Benoît, située dans une belle et fertile plaine du canton d'Argovie.

N

Næfels. Voir canton de Glaris, p. 71.

Napf, haute montagne située dans l'Emmenthal, au canton de Berne.

Naters, bourg du canton du Valais.

Neftenbach, village du canton de Zürich. Il est situé au pied de la montagne de l'Irchel, à peu de distance de Winterthour, dans une contrée riante, fertile et parfaitement cultivée. On a trouvé à diverses époques des médailles romaines à Neftenbach. Non loin du village, on voit les ruines du château de Rodolph de Wart, l'un des complices de l'assassinat de l'empereur Albert Ier. Voir canton d'Argovie, p. 155.

Nesslau, paroisse du Tockenbourg, c. de St-Gall.

Neuchatel (canton de). Voir p. 201.

Neuchatel (ville). V. c. du même nom, p. 203.

Neuchatel (lac de). *Idem*, p. 201.

Neueneck, village du canton de Berne.

Neuhausen, village du canton de Schaffhouse.

Neukirch, petite ville du canton de Schaffhouse.

Neuveville (la) (*Neustadt*), petite ville du canton de Berne.

Nidau, jolie petite ville du canton de Berne, située à l'extrémité orientale du lac de Bienne, à l'endroit où la Thièle en sort. Non loin de Nidau on trouve à Studen et à Tribei beaucoup d'antiquités romaines, restes de l'ancienne cité de *Petenisca*, et des traces d'une route militaire qui menait d'Avenche à Soleure.

Niedelbad, bains situés au canton de Zürich, au-dessus de Rüschlikon, sur la rive occidentale du lac.

Niesen (montagne du). Voir Oberland bernois.

Nufenen, haute montagne située entre le Haut-Valais et le canton du Tessin.

Nyon. Voir canton de Vaud, p. 221.

O

Oberalp-Sée, petit lac formant une des sources de la Reuss, au pied du Crispalt.

Obergesteley, village valaisan.

Oberhalbstein (vallée d'), canton des Grisons.

Oberland bernois (l'). V. Oberland bernois, p. 33.

Oberland (l'), contrée du pays des Grisons; elle s'étend depuis Coire jusqu'aux confins du canton d'Uri, et forme une grande vallée qui remonte avec le Rhin antérieur, dans la direction de l'E. à l'O.

Oberrieden, village paroissial du cant. de Zürich.

Oberwald, vill. valaisan dans le dixain de Gombs.

Ober-Winterthour, village du canton de Zürich. C'est dans ce lieu que s'élevait le *Vitodurum* des Romains.

Œx (château d'). Voir canton de Vaud, p. 143.

Oldenhorn, montagne située entre le pays de Gessenai, cant. de Berne, et le cant. du Valais.

Olivone, village du val Blégno. A Olivone la vallée se divise, du côté de la Rhétie, en plusieurs vallons latéraux. On voit s'étendre au N.-O. la vallée de *Campo*, ou de *Zura*, dont la partie inférieure est couverte de prairies et de forêts. A l'E. N.-E. s'étend la vallée de *Ghirone*, du côté du hameau du même nom, situé à 2 lieues d'Olivone, où elle se divise en deux bras. Celui de l'O. porte le nom de *Val di Camadra*, et dans sa partie la plus élevée celui de *Centval*. L'étroite vallée de *Gajlanara* part du *Centval* du côté de l'E. Le ruisseau qui l'arrose sort d'un autre bras du glacier de *Médels* et forme une cascade à l'extrémité de ce glacier, dans un lieu qu'on nomme la *Scaletta*. La ramification orientale de la vallée de *Ghirone* s'étend à l'E. N.-E., porte le nom de *Val de Monterasch*, et se subdivise en trois petits vallons, celui de *Monterasch*, le *val Garsura* et le *val Gajlanara*. La vallée de *Ténij* ou de *Souvré* est fermée par une partie du glacier de Médels, d'où elle s'étend d'abord au N.-E. et ensuite au N. sur une ligne de 6 à 7 lieues de longueur jusqu'au Rhin antérieur. Elle débouche à Surrhein, près de Somvic et Trons.

Ollon, village du canton de Vaud, dans le district d'Aigle.

Olsberg, village du canton d'Argovie.

Olten, petite ville du canton de Soleure.

Onsernone, vallée du canton de Tessin. Elle débouche à Intragna, village situé à 2 l. O. de Locarno. Sa longueur est de 4 l. Elle s'élève entre les vallées de Centovalli et de Maggia, jusqu'au Cannarossa.

ORBE (l'), rivière. V. cant. de Vaud, p. 177.
ORBE, petite ville. Voir canton de Vaud, p. 181.
ORMONTS (vallée des), canton de Vaud.
ORON, bourg situé dans le Jorat, vers la frontière fribourgeoise.
ORSIÈRES, vill. valaisan au dixain d'Entremont.
ORTLER-SPITZ. La plus haute cime des Alpes Rhétiennes. Elle a été gravie pour la première fois en 1814. Elle est située non loin des frontières de la Suisse et des sources de l'Adda, de l'Adige et de l'Inn.
OSOGNA, village du canton du Tessin.
OSTERFINGEN, village du canton de Schaffhouse.
OTHMARSINGEN, village du canton d'Argovie.
OUCHY. Voir lac de Genève, p. 221.

P

PARADIS, couvent de femmes situé sur le Rhin, entre Schaffhouse et Dissenhofen.
PARPAN, village du canton des Grisons.
PASSAWANG, montagne de la chaîne du Jura, au canton de Soleure.
PAYERNE. Voir canton de Vaud, p. 146.
PAYS-D'ENHAUT-ROMAN. On désigne sous ce nom la partie du pays de Saanen ou de Gessenai où la langue française est en usage. Cette contrée alpestre forme un des districts du canton de Vaud, et Château d'OEx en est le chef-lieu. Situé au N. du district d'Aigle, et à l'O. du Gessenai bernois, ce district se compose d'une partie considérable de la vallée de la Sarine, et de plusieurs des vallons latéraux qui en dépendent. C'est un pays couvert de prairies, de pâturages et de forêts.
PFEFFIKON, bourg du canton de Zürich.
PFEFFERS (l'abbaye de), canton de Saint-Gall.
PFUNGEN, village du canton de Zürich.
PFYN, village du canton de Thurgovie.
PIERRE-PERTHUIS, c'est le nom d'un rocher percé qu'on trouve dans le bailliage du Jura, au canton de Berne.
PILATE (le mont). Voir canton de Lucerne, p. 45.
PIORA (le val) (*Alpes Piora*), vallée du canton du Tessin.
PISSEVACHE (*Cascade de Martigny*). Voir canton du Valais, p. 197.
PIZ-BEVERIN, montagne située entre les vallées de Schams et de Savien, au-dessus de la Viamala, au canton des Grisons.
PLATIFER, montagne située dans la vallée Léventine, non loin de Dazio-Grande.
PLESSUR, torrent du canton des Grisons.
POLEGGIO, village du canton du Tessin.

PONTE, village de la Haute-Engadine, au canton des Grisons.
PONTIRONE, commune du canton du Tessin, dispersée çà et là sur une montagne au-dessus de Biasca.
PORENTRUY, petite ville du canton de Berne.
PORTA, défilé situé au milieu de la vallée de Bregell, dans le canton des Grisons.
POSCHIAVO (vallée de) (*Pusclaverthal*), canton des Grisons.
PRAGEL (le), montagne située entre les cantons de Schwytz et de Glaris.
PRANGINS, village paroissial du canton de Vaud, avec un vaste château où se retira en 1813 Joseph Bonaparte.
PRETTIGAU, l'une des principales vallées du cantons des Grisons. V. canton de ce nom, p. 146.

R

RAETZUNS (le château de). V. canton des Grisons, p. 145.
RAFZ, village du canton de Zürich.
RAGATZ, bourg du canton de Saint-Gall.
RAPPERSCHWYL, petite ville du cant. de St-Gall.
RARON (*Raroigne*), chef-lieu d'un dixain, et bourg du Haut-Valais.
RAWYL, haute montagne de l'Oberland bernois.
RÉALP, village situé dans la vallée d'Urseren.
REGENSBERG, petite ville du canton de Zürich.
REICHENAU. Voir canton des Grisons, p. 145.
REICHENBACH (cascade du). Oberland bernois.
RÉMUS, village paroissial de la juridiction de Stalla, dans la ligue de la Maison-de-Dieu, au canton des Grisons. — Pendant la guerre de Souabe, en 1499, une paysanne de Schleins, petit village situé à une lieue de Rémus, s'occupait des préparatifs d'un *repas des funérailles*, tandis que les hommes du lieu étaient tous à l'église. 400 Autrichiens survinrent et demandèrent à Eupa, c'était le nom de cette héroïque jeune fille, pour qui ce festin était destiné : « Pour les confédérés, que nous attendons d'un moment à l'autre, » répondit-elle sur-le-champ. — A l'instant même la troupe prit son parti et commença la retraite ; mais Eupa ayant couru instruire les habitans de Schleins de ce qui venait de se passer, ceux-ci se mirent à poursuivre les Autrichiens et en tuèrent un grand nombre. — Lomartina, dernier village de la Basse-Engadine, du côté du Tyrol, dépend de la commune de Schleins. C'est là qu'on voit la gorge remarquable au travers de laquelle l'Inn s'échappe et entre dans le Tyrol, sous les murs du château de Finstermünz. Cette gorge est le seul pas-

sage qui s'ouvre ici dans l'énorme muraille des Alpes.

Reulissen, montagne de l'Oberland bernois.

Reuse (la), petite rivière du cant. de Neuchâtel.

Reuss (la), riv. considérable. V. c. d'Uri, p. 49.

Rhin (le). Voir canton des Grisons, p. 138.

Rhinau (Rheinau), petite ville du cant. de Zürich.

Rhineck (Rheineck), ville du Rhintal, au canton de Saint-Gall.

Rhinfeld (Rheinfelden), petite ville du Frickthal. Voir canton d'Argovie, p. 156.

Rhinthal (Rheinthal), contrée du cant. de St-Gall.

Rhinwald (Rheinwald) (vallée du). Voir canton des Grisons, p. 146.

Rhône (le). Voir canton du Valais, p. 152.

Richterschwyl, beau vill. du canton de Zürich.

Rigi (le). Voir canton de Schwytz, p. 61.

Riva, bourg situé sur les bords du lac de Lugano, canton du Tessin.

Riviera (le val), contrée du canton du Tessin.

Roche, village du canton de Vaud.

Rolle. Voir canton de Vaud, p. 221.

Romain-Motiers, bourg du canton de Vaud.

Romishorn (Romanshorn), petite ville du canton de Thurgovie.

Romont, petite ville du canton de Fribourg.

Ronco, dernier village du val Bedretto, au canton du Tessin.

Rongella, petit village de la vallée de Schams, canton des Grisons.

Roschach, bourg du canton de Saint-Gall.

Rosa (le mont). C'est l'une des plus hautes montagnes de la Suisse; elle est située sur la frontière du Piémont et dans la chaîne méridionale, qui commence au Mont-Blanc, et s'étend jusqu'au Saint-Gothard, dans toute la longueur du Valais. Sa cime a été gravie par M. Herschel, fils de l'illustre astronome, le 6 septembre 1821. D'après ses observations, le mont Rosa aurait 1,000 pieds de moins que le Mont-Blanc.

Rothenbourg, bourg du canton de Lucerne, situé à une lieue environ de la capitale. On y voit encore quelques restes du manoir des anciens barons de Rothenbourg.

Rothenthurm (la Tour-Rouge), village du canton de Schwytz.

Rotzberg (le), coteau situé dans le Bas-Unterwald, au centre de la vallée où s'élèvent Stanztad et Stantz.

Rougemont, village du canton de Vaud.

Rovérédo, village paroissial dans la vallée de Misocco, canton des Grisons.

Rud, petite ville du canton de Fribourg.

Rueras, village de la vallée de Tavetsch, au canton du Tessin.

Rüti, paroisse züricoise située entre Rapperschwyl et Wald.

Ruz (le val de). Cette populeuse vallée est située dans le canton de Neuchâtel. Elle s'étend, au N.-E. de Valangin, entre les croupes boisées du *Chaumont* ou *Jumont* au S.-E., le *Chasseral* à l'E., l'*Echelette* à l'O., et le *Tovier* et l'*Ancin* au N. Elle est arrosée par le Seyon. En 1291 plusieurs Génevois qui avaient abandonné leur patrie à cause des troubles, furent les premiers étrangers qui s'établirent dans le val de Ruz, où ils fondèrent les villages de Coffrane, du Haut-Geneveys et de Fontaine. La culture des champs, des prairies et des arbres fruitiers est l'occupation principale de la plupart des habitans. La montagne connue sous le nom de *Joux du Plâne*, située à l'E., est fertile en bons pâturages. On y cueille beaucoup de plantes rares. Villeux occupe le fond de la vallée, près de la source du Seyon.

Russwell, village paroissial du cant. de Lucerne.

S

Saanen (*vallée de la Sarine*). Cette contrée pastorale appartient aux cantons de Berne et de Vaud.

Saanen (*Gessenai*), bourg considérable du canton de Berne.

Sachseln. Voir canton d'Unterwald, p. 70.

Sagne, vallée du canton de Neuchâtel. Cette vallée se divise en deux parties, dont l'une conserve le nom de *Sagne*, et l'autre porte celui de *Vallée de Ponts*. P.-J. Richard, le premier qui s'occupa de l'horlogerie dans les vallées de Neuchâtel, et y fonda cette branche de commerce, aujourd'hui si importante, était natif de la Sagne. Il y a dans la vallée de Ponts une source d'eaux minérales, et dans la chaîne des montagnes du nord, une grande quantité de pétrifications. L'intérieur de la montagne de *Tourne* renferme plusieurs grottes remplies de stalactites.

Saignelegier, village du canton de Berne.

Saillon, bourg valaisan dans le dixain de Martigny.

Saint-Aubin, village paroissial du canton de Neuchâtel.

Saint-Blaise, village du canton de Neuchâtel.

Saint-Branchier, village de la vallée d'Entremont. La grande route du Saint-Bernard passe à Saint-Branchier.

Saint-Gall (canton de), Voir p. 129.
Saint-Gall (ville). V. cant. de Saint-Gall, p. 130.
Saint-Gingoulf. Voir lac de Genève, p. 219.
Saint-Imier, vallée du Jura. Canton de Berne.
Saint-Jacques, nom d'une chapelle située non loin de la ville de Bâle.
Saint-Maurice. Voir canton du Valais, p. 196.
Saint-Moritz, village dans la Haute-Engadine.— Grisons.
Saint-Niklaus (*Saint-Nicolas*), village valaisan dans la vallée du même nom.
Saint-Pierre (l'île). Voir canton de Berne, p. 21.
Saint-Pierre, village de la vallée d'Entremont, au pied du Saint-Bernard.
Saint-Saphorin, petit bourg situé au bord du lac de Genève.
Saint-Urbain, abbaye de l'ordre de Citeaux, fondée, vers la fin du XIIe siècle, par les barons de Langenstein. — Lucerne.
Saint-Ursanne, petite ville du canton de Berne, située au milieu de rochers, dans une contrée sauvage, au bord du Doubs.
Salève (le), montagne de la Savoie, située non loin de Genève.
Sallenche, petite ville de la Savoie. Voir Chamouni, p. 250.
Samade, village situé dans la Haute-Engadine, au canton des Grisons.
Sargans. Voir canton de Saint-Gall, p. 130.
Sarine, rivière. Voir canton de Fribourg, p. 89.
Sarnen. Voir canton d'Unterwald, p. 68.
Sasson ou Saxon, village valaisan.
Sattel, montagne du canton de Schwytz.
Savien ou Stussavia, vallée située dans la Ligue-Supérieure, au canton des Grisons. Elle s'élève avec le torrent du même nom entre les vallées de Schams et de Domleschg à l'E., et celle de Lungnetz à l'O., dans la direction du N. au S. Elle a 9 lieues de long sur trois quarts de lieue de large. Malgré l'extrême âpreté des montagnes voisines, cette vallée renferme d'excellens pâturages. Une nature alpestre et pleine de beautés, la végétation vigoureuse des prairies et des croupes de montagnes, des plantes très-rares, qui abondent particulièrement sur l'Alpe Camana, plusieurs antiques châteaux et de magnifiques cascades, tels sont les objets que l'on remarque dans cette intéressante contrée.
Savieze, paroisse valaisane dans le dixain d'Hérens.
Sax, village du canton de Saint-Gall.
Scaletta (la), montagne située entre le pays de Davos et la Haute-Engadine.

Scamf ou Scampfs, village du canton des Grisons.
Schächenthal, vallée du canton d'Uri. Cette vallée a quatre lieues de long, et s'étend de l'E. jusqu'à la *Balmwand*, au pied des Alpes *Clarides*. Elle est riche en excellens pâturages alpestres, très-peuplée, et habitée par la plus belle race d'hommes de tout le canton. A Unterschechen on voit un vallon latéral qui s'enfonce au S.-E., et à l'extrémité duquel le Scheerhorn élève sa cime neigeuse. C'est dans les glaciers de cette montagne que le torrent de Schechen prend sa source. Du haut des parois de rochers tombent plusieurs belles cascades, entre autres celle du Staubi. Les glaciers de Scheerhorn communiquent avec celui de la *Sand-Alpe* et avec celui du *Husijüren*, qui termine la vallée de *Madéran* ou *Kerschälethal*. Du sein de ces immenses glaciers s'élèvent le sombre *Dödi* et le *Rusein*. C'est à Burglen, village situé au débouché de cette vallée, que naquit Guillaume Tell. Voir canton d'Uri, p. 52.
Schænnis, village du ci-devant pays de Gaster, au canton de Saint-Gall, et situé au pied du Scham-Isserberg, dans une contrée agréable qu'arrose la Linth.
Schaffhouse (canton de). Voir p. 113.
Schaffhouse (ville). V. cant. du même nom, p. 114.
Schafmatt, montagne du Jura, située sur la frontière des cantons de Soleure et de Bâle.
Schalfick ou Schanfik (la vallée de). Elle est située dans la ligue des Dix-Juridictions, au canton des Grisons.
Schams (la vallée de). V. cant. des Grisons, p. 145.
Scharans, village de la vallée de Schams, au canton des Grisons.
Scheideck (la Grande et la Petite), montagnes de l'Oberland bernois.
Schelmenloch, cascade située non loin du village de Reigoldsweil, au canton de Bâle.
Scheerhorn, haute montagne du canton d'Uri.
Schiers, village paroissial dans la ligue des Dix-Juridictions, au canton des Grisons.
Schilt, montagne du canton de Glaris.
Schindellegg, petit village du cant. de Schwytz.
Schinznach (bains de). V. cant. d'Argovie, p. 158.
Schmelziboden, hameau situé au fond de la vallée du même nom, dans la ligue de la Maison-de-Dieu, au canton des Grisons.
Schmerikon, village du canton de Saint-Gall.
Schœnenwerdt, joli bourg du canton de Soleure.
Schornen, hameau situé sur les bords du lac Egeri.
Schreckhorn (le), montagne de la chaîne des Alpes. Oberland bernois.
Schupfzeim, village du canton de Lucerne.

SCHULS ou SCHOULS, bourg de la Haute-Engadine, au canton des Grisons.
SCHWANDEN, bourg du canton de Glaris.
SCHWARTZENBOURG, bourg du canton de Berne.
SCHWARZENSÉE, petit lac situé dans le canton de Fribourg, et sur les bords duquel on trouve des bains sulfureux.
SCHWELLBRUNN, village du canton d'Appenzell.
SCHWYTZ (canton de). Voir p. 57.
SCHWYTZ (bourg de). V. canton de ce nom, p. 59.
SEDRUN, chef-lieu de la vallée de Tavetsch, au canton des Grisons.
SÉELISBERG, village du canton d'Uri.
SÉEWEN, village du canton de Schwytz.
SÉEWIS, village du canton des Grisons.
SELVA-PLENA ou SILVA-PLANA, village de la Haute-Engadine, au canton des Grisons.
SEMPACH, petite ville du canton de Lucerne.
SENNWALD. Voir canton de Saint-Gall, p. 132.
SENSALES, village du canton de Fribourg.
SENTIS (le), haute montagne du canton d'Appenzell, située dans les Rhodes intérieures, sur la frontière du Tockenbourg. Les cimes du Sentis sont éternellement couvertes de neiges.
SEPRAIS, petit village du canton de Berne.
SEPTIMER (le), montagne située dans la haute chaîne des Alpes Rhétiennes, entre la vallée d'Oberhalstein et de Bregell.
SERNFTHAL, vallée du canton de Glaris.
SERRIÈRES. Voir canton de Neuchâtel, p. 204.
SERVOZ, village de la Savoie, sur la rive droite de l'Arve, à l'entrée de la vallée de Chamouni. (Voir Chamouni, p. 251.
SEYON (le). Voir canton de Neuchâtel, p. 201.
SIERRE (Siders), bourg du Haut-Valais.
SIGNAU, village du canton de Berne.
SIHL (la). Voir canton de Schwytz, p. 57.
SILHTHAL. La vallée de la Silh commence non loin du couvent d'Einsiedeln, et s'élève avec la Silh du nord au sud, jusqu'au mont Pragel, au pied duquel un des bras de la Silh prend sa source. Les rochers du Diethelm renferment de vastes grottes qui contiennent des stalactites. L'accès de ces cavernes est pénible et dangereux. — Canton de Schwytz.
SIMME (la). Voir Oberland bernois, p. 33.
SIMMENTHAL (Siebenthal), vallée de l'Oberland bernois.
SIMPLON (le) (Sempione). Voir canton du Valais, p. 197.
SINGINE (la), rivière. Voir canton de Fribourg, p. 89.
SION (Sitten). Voir canton du Valais, p. 196.
SISIKON, village du canton d'Uri. — En 1801, un rocher s'écroula dans le lac des Waldstetten, à peu de distance de Sisikon, ce qui agita tellement les eaux, que plusieurs maisons et onze personnes furent englouties par les flots.
SISSACH, bourg considérable du canton de Bâle. Il est situé à une lieue de Liestall, dans une riante et fertile vallée nommée Ergelzthal, sur la route qui mène de Bâle à Olten par le Hauenstein inférieur. Trois vallées viennent se réunir dans ce lieu romantique. Du haut de la *Sissackerflouhe*, à 1500 pieds au-dessus de la ville de Bâle, on jouit de la vue de toute la vallée.
SITTER (la). Voir canton d'Appenzell, p. 121.
SORENBERG, vallée étroite du canton de Lucerne.
SOGLIO, village de la vallée de Bregell, au canton des Grisons.
SOLEURE (canton de). Voir p. 97.
SOLEURE (ville). Voir canton de ce nom, p. 98.
SONCEBOZ, village du canton de Berne.
SONDRIO (Sonders), chef-lieu de la Valteline.
SONVILIER, village situé dans la vallée de Saint-Imier, canton de Berne.
SPEER, montagne du canton de Saint-Gall, entre le Tockenbourg et la vallée de la Linth, près de Kaltbrunn.
SPEICHER, joli village du canton d'Appenzell.
SPIETZ, petite ville de l'Oberland bernois.
SPLUGEN (le). Voir canton des Grisons, p. 146.
STAEFA, bourg considérable du canton de Zürich.
STANTZ. Voir canton d'Unterwald, p. 68.
STANTZSTAD. Voir canton d'Unterwald, p. 68.
STAUBACH (le). Voir Oberland bernois, p. 38.
STECKBORN, petite ville du canton de Thurgovie.
STEIN, village du canton de Schaffhouse.
STEINEN, village du canton de Schwytz.
STOCKHORN (le), montagne de l'Oberland bernois.
SUBINGEN, village du canton de Soleure.
SUHR (Sorr), village du canton d'Argovie.
SULGEN, village du canton de Thurgovie.
SUMMISWALD, beau village du canton de Berne.
SUNVIX ou ST MVIC, vallée composée de plusieurs villages dans la haute juridiction de Disentis, au canton des Grisons.
SURENES (les Alpes), chaîne de hautes montagnes qui s'étendent au nord du Titlis, entre les cantons d'Uri et d'Unterwald.
SUSS, village situé dans la Basse-Engadine, au canton des Grisons.
SUZE (la), petite rivière du canton de Berne.

T

TAEGERFELDEN, village du canton d'Argovie.
TAMINA (la), canton de Saint-Gall, p. 132.
TARASP, village de la Basse-Engadine.

TAVETSCH (la vallée de). Voir canton des Grisons, p. 144.
TAVANNES (Dalchsfelden), village situé dans la vallée de Moutiers, au canton de Berne.
TELL'S-KAPEL (chapelle de Guillaume Tell). Voir canton de Schwytz, p. 62.
TELL'S-PLATTE (rocher de Guillaume Tell). Voir canton de Lucerne, p. 45.
TESSIN (canton du). V. canton de ce nom, p. 169.
TEUFEN, beau village du canton de l'Appenzell.
THALWYL, village du canton de Zürich.
THAINGEN, bourg du canton de Schaffhouse.
THIÈLE (la) (Zihl). V. cant. de Neuchâtel, p. 201.
THIERACHERN, village du canton de Berne.
THONON. Voir lac de Genève, p. 219.
THOUN. Voir Oberland bernois, p. 36.
THOUN (lac de). — Idem, p. 33.
THOUR (la), rivière impétueuse du canton de St-Gall.
TIEFENKASTEN, village situé au bord de l'Albula, dans la vallée d'Oberhalbstein, au canton des Grisons.
TIRANO, bourg considérable de la Valteline. — Les environs de Tirano sont très-pittoresques. Au nord, on remarque une gorge fort resserrée qui forme le débouché de la vallée de Poschiavo, et d'où sort la rivière du même nom, qui se jette dans l'Adda. De l'église de la Madonna, on jouit d'une des plus belles vues du pays.
TITLIS, haute montagne du Haut-Unterwald.
TOCKENBOURG, pays considérable du canton de Saint-Gall, situé au sud-ouest de l'Appenzell.
TODI, haute montagne située sur les confins des cantons d'Uri, de Glaris et des Grisons.
TOMILS, village de la vallée de Domleschg, au canton des Grisons.
TÖSS (la), torrent impétueux du canton de Zurich.
TÖSS, village du canton de Zürich.
TRACHSELWALD, chef-lieu d'une préfecture bernoise.
TRAVERS (le Val de), vallée du Jura, au canton de Neuchâtel.
TREMOLA (le Val). Voir canton du Tessin, p. 174.
TRESA (la), petite rivière formée par l'écoulement des eaux du lac de Lugano, qu'elle met en communication avec le lac Majeur. Elle traverse une contrée riante et forme pendant plus d'une lieue la limite entre le canton du Tessin et le royaume Lombardo-Vénitien.
TRINS, village du canton des Grisons. On y voit les ruines du château de Hohen-Trins, construit, dit-on, par Pépin, lors de ses expéditions dans la Rhétie et en Italie.
TROGEN, bourg considérable de l'Appenzell. — Ausser-Rhoden.

TRONS (Truns), grand village paroissial dans la Ligue-Grise. Canton des Grisons.
TRÜLLIKEN, paroisse du canton de Zürich.
TSCHANGNAU ou SCHANGNAU, village du canton de Berne, sur la frontière de l'Entlibouch.
TURBENTHAL, vallée du canton de Zürich.
TOURTEMANN, village valaisan dans le dixain de Louesche.
TUSIS. Voir canton des Grisons, p. 150.
TWANN, village du canton de Berne.

U

UFENAU, île du lac de Zürich, située sur le territoire de Schwytz, et appartenant au couvent d'Einsiedeln.
ULRICHEN, vil. valaisan dans le dixain de Gombs.
UNTERSEE. Voir Constance, p. 281.
UNTERSEEN. Voir Oberland bernois, p. 37.
UNTERWALD (canton d'). Voir p. 57.
URI (canton d'). Voir p. 49.
URNERLOCH (l'). Voir canton d'Uri, p. 54.
URSERN (la vallée d'). Voir canton d'Uri, p. 54.
USTER, village du canton de Zürich.
UZNACH, petite ville du canton de Saint-Gall.

V

VALAIS (canton du). Voir p. 193.
VALANGIN, bourg du canton de Neuchâtel.
VALDBEE. Voir canton de Vaud, p. 147.
VALTELINE (la), vallée du royaume Lombardo-Vénitien, située au sud du pays des Grisons.
VAUD (canton de). Voir p. 177.
VAULION (la dent de), montagne du Jura, à l'extrémité septentrionale de la vallée de Joux.
VERRIÈRES (les), paroisse du canton de Neuchâtel.
VERSOIX. Voir canton de Genève, p. 212.
VERZASCA (le val), vallée du canton du Tessin.
VEVEY. Voir canton de Vaud, p. 182.
VIA-MALA (la) Voir canton des Grisons, p. 150.
VICOSOPRANO. Voir canton des Grisons, p. 152.
VIÈGE (Visp), bourg du canton du Valais.
VILLENEUVE. Voir canton de Vaud, p. 147.
VILMERGEN, village du canton d'Argovie.

W

WÆDENSCHWEIL, village considérable du canton de Zürich.
WEGGIS, village du canton de Lucerne.
WEGGITHAL, vallée du canton de Schwytz.
WALD, paroisse située dans les montagnes de l'Allmann, au canton de Zürich. Les écoles de Wald sont renommées.

WALDSTETTEN (les Quatre-), nom que portaient autrefois les territoires des cantons de Lucerne, d'Uri, de Schwytz et d'Unterwald.

WALDSTETTEN (le lac des). V. canton de Lucerne, p. 44.

WALLENBOURG, petite ville du canton de Bâle.

WALLENSTADT. V. canton de Saint-Gall, p. 131.

WALLENSTADT (lac de). *Idem*.

WANGEN, jolie petite ville du canton de Berne.

WASEN, village du canton d'Uri.

WASSERFALL, montagne du Jura, située dans la chaîne qui s'étend entre le Haueustein-Supérieur et le Passawang.

WATTWYL, village du Tockenbourg, au canton de Saint-Gall. Ce lieu est la patrie d'un pauvre tisserau, nommé Bräker, qui composa quelques ouvrages qui ont acquis une certaine célébrité en Allemagne. Les principaux sont : *la Vie et les Aventures d'un pauvre homme du Tockenbourg*, et le *Journal d'un pauvre homme du Tockenbourg*.

WEINTHAL, vallée du canton de Zürich, située au pied du Lægerberg.

WEINFELDEN, bourg du canton de Thurgovie.

WEISSBAD, bains situés non loin du bourg d'Appenzell, près des sources de la Sitter.

WEISSENBOURG, village et bains du Simmenthal, dans l'Oberland bernois.

WEISSENSTEIN, l'une des sommités du Jura, au canton de Soleure.

WEISSHORN, haute cime de la chaîne des Alpes qui séparent la Suisse de l'Italie. Elle est située dans le Valais, à l'O. du mont Rosa, et à l'E. de l'*Arc da Zan*. Sa forme est pyramidale.

WEISSTANNEN, vallée et village du pays de Sargans, au canton de Saint-Gall.

WENGERN-ALP ou petite Scheideck. Voir ci-dessus SCHEIDECK.

WERDENBERG. V. canton de Saint-Gall, p. 131.

WESEN, bourg du canton de Saint-Gall.

WETTINGEN, village du canton d'Argovie.

WETTINGEN, riche abbaye de l'ordre de Cîteaux, canton d'Argovie.

WIEDLISBACH, petite ville du canton de Berne.

WIGGER (les deux). Rivières. Voir canton de Lucerne, p. 41.

WILDHAUS, village situé au pied du Sentis et près des sources de la Thour, à l'extrémité orientale, et dans la partie la plus élevée du Tockenbourg.

WILDKIRCHLEIN (la chapelle des Rochers). Voir canton d'Appenzell, p. 125.

WILLISAU, jolie petite ville du canton de Lucerne.

WIMMIS, village du Simmenthal, dans l'Oberland bernois.

WINDISCH. Voir canton d'Argovie, p. 156.

WINTERTHOUR. Voir canton de Zürich, p. 12.

WOHLEN, village du canton d'Argovie.

WOLFENSCHIESSE, paroisse du bas Unterwald, située dans une contrée fertile.

WOLFS-HALDEN, paroisse située sur la frontière du Rhintal, au canton d'Appenzell.

WYL, petite ville du canton de Saint-Gall.

Y

YVERDUN. Voir canton de Vaud, p. 147.

Z

ZELLERSÉE. Voir ci-dessus UNTERSÉE.

ZERNETZ, village de la Basse-Engadine, au canton des Grisons.

ZILLIS, village de la vallée de Schams, au canton des Grisons.

ZIZERS, bourg dans la ligue de la Maison-de-Dieu, canton des Grisons.

ZOFINGEN, petite ville du canton d'Argovie.

ZUG (canton de). Voir p. 81.

ZUG (ville). Voir canton de ce nom, p. 85.

ZUG (lac de). Voir canton de ce nom, p. 85.

ZURICH (canton de). Voir p. 9.

ZURICH (ville). Voir canton de ce nom, p. 11.

ZURICH (lac de), *Idem*, p. 13.

ZURZACH, petit bourg du canton d'Argovie. On a trouvé à Zurzach des antiquités romaines. Quelques savans croient que cette ville est le *Forum Tiberii* des Romains ; d'autres pensent que c'est plutôt l'ancien *Certiacum*. Les ruines immenses du château de *Küssenberg*, ancien manoir des comtes de Sulz, qui inquiétèrent souvent les confédérés au XVe siècle, s'élèvent au-dessus de Zurzach. Ce château fut pris deux fois par les Suisses pendant le cours de ce siècle, et détruit, en 1633, par les Suédois, sous le commandement du feld-maréchal de Horn. En 1386, Jost de Küssenberg combattit contre les Suisses et fut tué à la bataille de Sempach.

ZUTZ, bourg situé près de l'Inn et sur la grande route qui traverse la Haute-Engadine, au canton des Grisons.

ZWEYLUTSCHINEN, hameau situé à l'entrée de la vallée de Lutschinen, Oberland bernois.

ZWEISIMMEN, village du Simmenthal dans l'Oberland bernois.

FIN DE LA SUISSE PITTORESQUE.

TABLE.

Nota. *Il y a trois feuilles mal paginées : ce sont la 10, la 23-24, et la 34.*

	Pages
Titre (imprimé)...............	
Introduction. (Esquisses historiques).....	i à viij
Faux titre. — Suisse pittoresque.	
1. SUISSE. Constitutions helvétiques. — Pacte fédéral..................	1 à 8
Cette feuille est paginée double.	
2. Canton de Zürich............	9 à 16
3. Berne (canton).............	17 à 24
4. Berne (ville)..............	25 à 32
5. L'Oberland bernois...........	33 à 40
Dans quelques exemplaires cette feuille 5 est signée 4 par erreur.	
6. Canton de Lucerne...........	41 à 48
7. Canton d'Uri..............	49 à 56
8. Canton de Schwytz...........	57 à 64
9. Canton d'Unterwald..........	65 à 72
10. Canton de Glaris............	
Cette feuille, paginée 69 à 76 par erreur, doit l'être, comme il faut lire.....	73 à 80
11. Canton de Zug.............	81 à 88
12. Canton de Fribourg..........	89 à 96
13. Canton de Soleure...........	97 à 104
14. Cantons de Bâle (Bâle-ville. — Bâle-campagne)	105 à 112
15. Canton de Schaffhouse........	113 à 120
16. Canton d'Appenzell..........	121 à 128
17. Canton de Saint-Gall.........	129 à 136
18. Canton des Grisons, 1re partie..	137 à 144
19. Ib. 2e ib............	145 à 152
20. Canton d'Argovie............	153 à 160
21. Canton de Thurgovie.........	161 à 168
22. Canton du Tessin............	169 à 176
23-24. Canton de Vaud...........	
Cette feuille, paginée double de 137 à 152 par erreur, doit l'être, comme il faut lire.	177 à 192
25. Canton du Valais............	193 à 200
26. Canton de Neuchâtel.........	201 à 208
27. Canton de Genève...........	209 à 216
28. Lac de Genève.............	217 à 224
Faux titre. — Environs de la Suisse.	
29. PIÉMONT. Vallée d'Aoste.......	225 à 232
30. SAVOIE. Chambéry...........	233 à 240
31. Le Mont-Blanc.............	241 à 248
32. Vallée de Chamouny..........	249 à 256
33. Aix-les-Bains..............	257 à 264
34. BADE. Forêt Noire...........	
Cette feuille, paginée par erreur 273 à 280, doit l'être, comme il faut lire.	265 à 272
35. Constance................	273 à 280
36. LOMBARDIE. Côme, Chiavenna, Valteline.	281 à 288

	Pages
37. Milan, Campagne de Milan, Monza.....	289 à 296
38. Lac Majeur................	297 à 304
Faux titre. — Le Touriste, etc., etc.	
39-40-41-42. Le Touriste........	305 à 336
Alpes vaudoises. Paroisse de Montreux. — Les Planches. — Le Châtelard. — La vallée de l'Eau-Froide. — Les montagnes d'Ollon. — La vallée de la Grand'Eau.	310
Le mont Enseindaz. — Les Diablerets...	313
Valais. Le Château de Sion. — Sion....	317
Le val d'Illiers	317
Les Échelles. — La Gemmi. — Les bains de Louèche. — Le Simplon. — Domo-d'Ossola.	318
Les Grisons. Trons. — Serment de la Ligue-Grise........	320
Uri. Le passage du Saint-Gothard.....	321
Tessin. La vallée Léventine. — Le val Blegno.	322
Le Saint-Bernard. — Le Splugen.......	323
Argovie. Le Château de Hapsbourg. — Le Champ-du-Roi. — Les bains de Baden. — Le lac de Zürich.	325
Thurgovie. Gottlieben. — Jean Hus.....	326
Fribourg. Les Alpes fribourgeoises.....	327
Appenzell, St-Gall. Le lac de Wallenstadt. — Einsiedeln. — Le Wildkirchlein. — Le Kamor. — L'abbaye de St-Gall.....	329
Soleure, Bâle, Berne. Course dans l'ancien évêché de Bâle. — Dornach. — Les châteaux d'Angenstein, de Feffingen. — Le château de Zwingen.	330
Vaud. La Grotte-aux-Fées..........	331
Bâle. Les gorges de Moutiers-Grandval.	333
Fribourg. Le Pont suspendu.........	334
Neuchâtel. Le val Travers. — Le Château de Rochefort. — Moutiers.	334
Genève. Bossey. — Le Noyer de J.-J. Rousseau	336
43. Biographie helvétique..........	337 à 344
44. Voyages, courses, excursions......	345 à 352
Des diverses manières de voyager en Suisse.	345
De la saison à choisir pour voyager....	345
Plan d'un voyage dans les 22 cantons..	347
Voyages dans les Grisons.........	348
Voyages dans l'Oberland bernois.....	349
Excursion à Chamouny...........	350
Courses diverses...............	350
Systèmes monétaires............	351
Tableau des valeurs de quelques pièces d'or et d'argent.	352
45. Rans de vaches..............	353 à 356
46-47. Topographie helvétique........	357 à 372
48. Table générale et ordre des figures....	373 et 374

Liv. 47. Suppl. 10. — 48 —

ORDRE DES FIGURES.

N. B. La désignation de chaque planche commence par le titre de la figure placée au haut de la gauche du lecteur.

Pages

Titre gravé en regard du titre imprimé.

1. Serment du Grütli. — Dévouement de Winkelried. — Guillaume Tell bravant l'ordre de Gessler. — Avant la bataille de Morat iii
    Écussons armoriaux de la confédération helvétique et des 22 cantons suisses 1
2. Costumes du canton de Zürich. — Châlet des environs de Zürich. — Intérieur d'un châlet. — Zürich. 11
3. Pont couvert sur la Kander. — Intérieur d'un châlet bernois. — Costumes du canton de Berne (Gouggisberg). — Île St-Pierre, sur le lac de Bienne. . 19
4. Tour de la Grande-Horloge. — Cathédrale de Berne. — Porte de Morat. 27
5. Paysans de la vallée de Hasli. — Jeune femme d'Interlaken. — Thun. — Grotte de St-Béat. — Cascade de la Handeck 35
6. Le mont Pilate. — Lutteurs de l'Entlibouch. — Lucerne, vue de l'église des Jésuites. — Le Monument du 10 Août 43
7. Tells-plate (chapelle de Guillaume Tell.) — Pont du Diable (ancien et nouveau). — Un passage du St-Gothard. — Costumes du canton d'Uri. . 51
8. Ruines du château de Gessler. — Jeux des Alpes ; lanceurs de pierres. — Notre-Dame des-Neiges, sur le Rigi. — Chapelle de Guillaume Tell, près de Küssnacht. 59
9. Costumes de l'Unterwald. — Ranft, ancienne demeure de Nicolas de Flue. — Châlet des environs de Stantz. — Stantzstadt. 69
10. Cours de la Linth. — Cascade de Dornhaus. — Trou de St-Martin, à Elme. — Costumes du canton de Glaris, fromagerie, page 71, qui doit être . . . 75
11. Lac de Zug. — Cimetière de Zug. — Vue de Zug. — Costumes du canton de Zug. 83
12. Ossuaire, 1793. — Obélisque, 1834. — Fribourg. — Morat. — Costumes du canton de Fribourg. . 91
13. Ruines du château de Dornach. — Soleure. — Ermitage de Ste-Frêne. — Costumes du canton de Soleure. 99
14. Bâle. — Costumes du canton de Bâle. — Bâle, porte de St-Paul. — Liestall. 107
15. Vue de l'ancien pont de Schaffhouse. — Vue de Schaffhouse. — La chute du Rhin. — Paysans schaffhousois. 115
16. Landsmeinde à Appenzell. — Chasseurs de chamois. — Appenzell. — Gais, cures de petit-lait. . . . 123
17. Rapperschwyl. — Gorge de la Tamina. — St-Gall. — Costumes du canton de St-Gall. 131
18. Vue de Castelmur. — Galerie du Trou-Perdu (Via-Mala). — Coire. — Reichenau. 139
19. Entrée de la Via-Mala. — Costumes des Grisons. — Via-Mala, pont du milieu. 147
20. Chute du Rhin à Lauffenbourg. — Costumes de l'Argovie. — Château de Hapsbourg. — Ville et château de Baden. 155

Pages

21. Château de Wolfsberg. — Vue intérieure du château de Wolfsberg. — Vue de la ville de Steckborn. — Paysans thurgoviens. 163
22. Lugano. — Costumes du canton du Tessin. — Gorge du Stalvedro (route du St-Gothard.) — Locarno (sur le lac Majeur). 171
23-24. Château de Blonay. — Pont d'Orbe. — Panorama de la ville de Lausanne, page 144, qui doit être 184
25. Bains de Louèche. — Sion. — Route du Simplon. — Paysans du Haut-Valais. — Jeune fille des environs de Sion. 195
26. Val de Travers. — Maison de J.-J. Rousseau à Motiers, 1763. — Pont de la Sertière. — Lac de Neuchâtel 203
27. Vue du palais Eynard. — Vue de Genève. — Rue de la Corraterie. — Rue Basse, vue du Molard. . . 211
28. Lac de Genève. — Château de Chillon. — Rochers de Meillerie. — Grotte de Montreux. 219
29. Ivrée. — Arc de triomphe d'Aoste. — Cité d'Aoste. Ruines d'un amphithéâtre 227
30. Cascades du Grésy. — Intérieur des Bains romains à Aix. — Château de Chambéry 235
31. Hospice du Grand-Saint-Bernard. — Le Mont-Blanc, vu du lac de Chède. — Panorama de la vallée de Chamouny. 245
32. Glacier du Valsoret. — Mer de glace du Montanvert. Courmayeur. — Vallée de Chamouny. 251
33. Les Charmettes. — L'abbaye de Haute-Combe. — Tours de St-Joire. — Le Bout-du-Monde (environs de Chambéry). 259
34. Un passage de la Forêt-Noire. — Le Vieux-Château. — Costumes de paysans du pays de Bade, page 275, qui doit être. 267
35. Port de Constance. — Port de Roschach. — Chapelle sur le lac de Constance. 275
36. Gravedona (lac de Côme). — Bellagio (lac de Côme). — Côme. — Villa-Sommariva (lac de Côme). 283
37. Il Duomo, cathédrale de Milan. — Arc de triomphe du Simplon (Milan). 291
38. Vue du lac Majeur. — Sesto-Calende. — Statue de saint Charles-Borromée. 299
39. Échelles servant de chemin d'Albinem aux bains de Louèche. — Bûcherons descendant une charge de bois. — Faucheur des Alpes 307
40. Vue de Domo-d'Ossola. — Vue du village du Simplon. 315
41. Supplice de Jean Hus. — Serment de la Ligue-Grise 323
42. Pont de fil de fer de Fribourg. 333
43. Madame de Staël-Holstein (née Necker). — J.-J. Rousseau 339
    Signatures autographes de Suisses célèbres. . . . 337
44. Carte détaillée du lac des Quatre Cantons. . . . 349
45. Costumes suisses de divers cantons réunis . . . 353
    Carte générale de la Suisse (à la fin du volume).

Les cinq planches indiquées sous les numéros 23-24, 31, 42, 44 (carte), 45, ne pouvant être ni cousues ni collées immédiatement sur le texte, devront être montées sur un onglet, afin qu'elles puissent s'ouvrir complètement.

FIN DE LA TABLE.

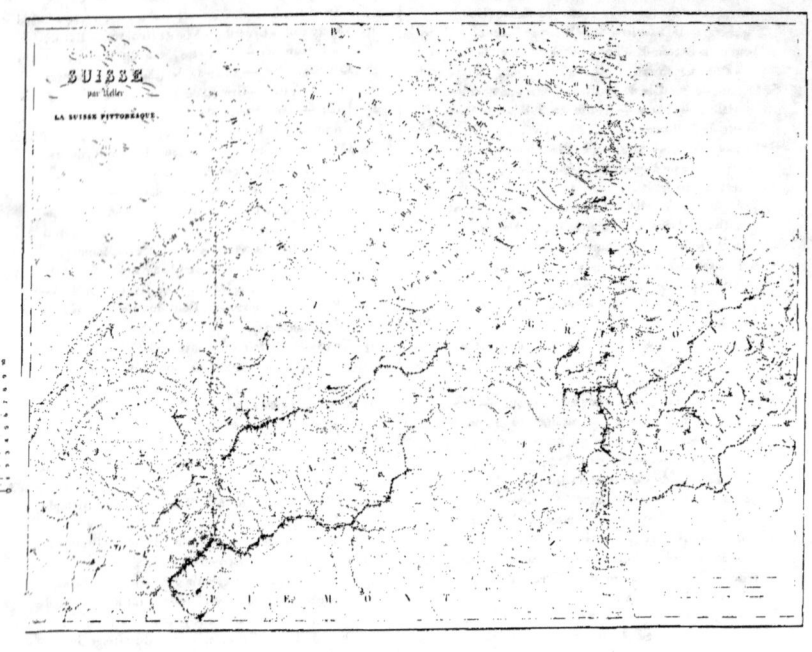

www.ingramcontent.com/pod-product-compliance
Lightning Source LLC
Chambersburg PA
CBHW070618230426
43670CB00010B/1576